海外中国研究丛书

刘东 主编

[法] 谢和耐 著
黄建华 黄迅余 译

LE MONDE CHINOIS

中国社会史

江苏人民出版社

图书在版编目(CIP)数据

中国社会史/[法]谢和耐(Gernet,J.)著;黄建华,黄迅余译.
—南京:江苏人民出版社,2010.9(2022.3重印)
(海外中国研究丛书/刘东主编)
ISBN 978-7-214-06471-4

Ⅰ.①中… Ⅱ.①谢… ②黄… ③黄… Ⅲ.①社会发展史
—研究—中国 Ⅳ.①K2

中国版本图书馆CIP数据核字(2010)第180344号

Le Monde Chinois
Copyright © 1972 by Jacques Gernet
Published by arrangement with Armand Colin
Simplified Chinese translation copyrights © 2008 by Jiangsu People's Publishing House
All rights reserved
江苏省版权局著作权合同登记:图字10-2005-252

书　　　名	中国社会史
著　　　者	[法]谢和耐
译　　　者	黄建华　黄迅余
责 任 编 辑	张晓薇
助 理 编 辑	解冰清
装 帧 设 计	陈　婕
责 任 监 制	王　娟
出 版 发 行	江苏人民出版社
地　　　址	南京市湖南路1号A楼,邮编:210009
照　　　排	江苏凤凰制版有限公司
印　　　刷	南京新洲印刷有限公司
开　　　本	652毫米×960毫米　1/16
印　　　张	42　插页4
字　　　数	558千字
版　　　次	2010年10月第1版
印　　　次	2022年3月第9次印刷
标 准 书 号	ISBN 978-7-214-06471-4
定　　　价	98.00元

(江苏人民出版社图书凡印装错误可向承印厂调换)

序"海外中国研究丛书"

中国曾经遗忘过世界,但世界却并未因此而遗忘中国。令人嗟讶的是,20世纪60年代以后,就在中国越来越闭锁的同时,世界各国的中国研究却得到了越来越富于成果的发展。而到了中国门户重开的今天,这种发展就把国内学界逼到了如此的窘境:我们不仅必须放眼海外去认识世界,还必须放眼海外来重新认识中国;不仅必须向国内读者迻译海外的西学,还必须向他们系统地介绍海外的中学。

这个系列不可避免地会加深我们150年以来一直怀有的危机感和失落感,因为单是它的学术水准也足以提醒我们,中国文明在现时代所面对的绝不再是某个粗蛮不文的、很快就将被自己同化的、马背上的战胜者,而是一个高度发展了的、必将对自己的根本价值取向大大触动的文明。可正因为这样,借别人的眼光去获得自知之明,又正是摆在我们面前的紧迫历史使命,因为只要不跳出自家的文化圈子去透过强烈的反差反观自身,中华文明就找不到进入其现代形态的入口。

　　当然,既是本着这样的目的,我们就不能只从各家学说中筛选那些我们可以或者乐于接受的东西,否则我们的"筛子"本身就可能使读者失去选择、挑剔和批判的广阔天地。我们的译介毕竟还只是初步的尝试,而我们所努力去做的,毕竟也只是和读者一起去反复思索这些奉献给大家的东西。

刘　东

目 录

译者的话 1

序 言 1

    地域与居民 2

    汉族 5

    非汉族之少数民族 10

    生活方式与文化 11

    以从事发达农业为主的定居居民 14

    草原地带的游牧居民 15

    喜马拉雅山系及其交接地区的山地居民 16

    华南与东南亚之混合文化 17

    定居居民文化与中亚绿洲商人 18

    欧亚大陆通道 19

    华夏世界历史演变梗概 20

        一、古代 22

        二、武士帝国 22

        三、1644 年之前的官吏帝国 23

        四、近代中国 24

        五、当代中国 24

    华夏文明的一般特点 26

文字　29

第一卷　从古老王国至中央集权国家

第一章　古老王国　35
　　一、新石器时代前期　35
　　　　夏朝　36
　　二、古老王国　37
　　　　青铜时期第一个朝代：商或殷　38
　　　　占卜与祭祀　41

第二章　列国时代　44
　　一、古老王国的衰落　44
　　　　周代前期　44
　　　　传统年表　45
　　二、从诸侯至列国　46
　　　　公元前9—前7世纪的贵族社会　46
　　　　贵族制度的衰落　49

第三章　中央集权国家的形成　52
　　一、变化加速　52
　　　　政治权力的变迁　53
　　　　战争性质变化　55
　　　　经济发展与技术革新　56
　　　　社会剧变　63
　　二、国家革命　64
　　　　建立中央集权国家　65
　　　　新国家的重大特点　66

第四章　古代遗产　68
　　一、公元前10—前6世纪的传统典籍　68
　　　　经典著作　68
　　　　传统经典的相对晚期性　70
　　二、伦常观念与政治思想的觉醒　71
　　　　孔子：儒家学派之宗　71
　　　　墨子：宣道社团的奠基人　72

三、公元前 4—前 3 世纪的思想潮流　73
　　国家论者　74
　　道家：从宗教仪式到哲学　76
　　孟子　78
　　荀子　79
　　诡辩家与"五行"家　80
　　文学　82

第二卷　中央集权国家的兴起、发展与衰落

第一章　征服者皇朝　88
一、自秦至汉　88
　　华夏诸国统一与最初的扩张倾向　88
　　秦亡汉立　89
　　法制的持续　92
　　缩减"封国"与抑制皇朝贵族　95
二、汉朝在亚洲的大扩张　96
　　蒙古与中亚　97
　　满洲与朝鲜　100
　　北方军事组织　101
　　汉人深入热带地区　103
　　第一次向东南亚与印度洋开放　105

第二章　扩张的原因与后果　107
一、经济与政治　107
　　贸易与扩张　107
　　赏赐政策与丝绸贸易　109
　　夷人汉化及其归附　111
二、经济与社会　113
　　技术进步与经济飞跃　113
　　富商与豪绅　116
　　经济自由或经济控制　117

第三章　豪强势力上升与政治制度危机　120
　　从宫廷阴谋至篡权　120

复辟皇朝的新基础　*122*

公元1—2世纪贸易关系的发展　*123*

新皇朝从建立至184年起义的变化　*124*

救世革命者　*125*

大兵横行的帝国　*126*

第四章　汉代文明　*128*

五行经院哲学　*128*

多种传统　*129*

谶纬大兴　*130*

繁琐哲学与当时现实的关系　*131*

学派之争与思潮对立　*132*

经典研究鼎盛时期与汉末思想文化更新　*134*

作为综合概括、政治探索与道德反省的历史学兴起　*135*

宫廷文学　*136*

第三卷　中世纪

第一章　胡人与贵族　*143*

一、概述　*143*

二、从军事专制到无政府状态(190—317年)　*145*

三国：华北的曹魏　*145*

蜀汉(四川)与吴国(长江流域)　*147*

内战与汉化雇佣军的反叛　*148*

三、长江流域的贵族统治　*149*

东晋　*150*

刘宋　*151*

南齐　*151*

梁朝　*151*

陈朝　*155*

四、华北汉化胡人诸国　*155*

五胡十六国(4世纪)　*155*

拓跋的兴起与北魏皇朝的形成　*157*

北部中国的紧张局势：决裂与分割(534—577年)　*160*

五、交往、影响及对外关系　162
　　华南、东南亚、印度洋　162
　　满洲、朝鲜、日本　163
　　蒙古与中亚　165

第二章　中世纪文明　168
一、玄学、美学与诗歌　169
　　从法家唯名论到本体论思辨　169
　　个人主义、自由、美学与诗歌　171
　　道教界　174
二、佛教热　175
　　佛教深入中国　176
　　适应环境　178
　　佛教在中国的大发展　181
　　宗教、社会与政治　183
　　朝圣　185
　　中文佛学译本与著作　187
　　佛教对华夏世界的贡献　188

第四卷　从中世纪至近代

第一章　贵族皇朝　195
　　581—683 年时期的政治史　196
一、唐皇朝的政治经济基础　198
　　浩大工程　198
　　行政系统　201
　　司法机构　202
　　土地法规　203
　　军队　204
二、7 世纪的大扩张　208
　　事件　208
三、684—755 年时期之政治史　211
　　武后与韦后　211
　　唐朝的黄金时代　212

755—763 年的军事叛乱　214

第二章　向近代过渡　215

一、叛乱的后果　215
　　退缩　215
　　税制变化与社会演变　216
　　水稻种植第一次大发展　218

二、皇朝崩溃　219
　　政治演变　219
　　政权新形式　221
　　10 世纪的地区自治与经济发展　223

三、结束语　224
　　新世界的曙光　224

第三章　从对世界开放到回溯经典传统之源　226

一、中世纪文化的顶峰　226
　　史学与诗歌　226
　　中国佛教的顶峰　229

二、外来影响　233
　　伊朗的影响　233
　　7—9 世纪的中国与伊斯兰　238

三、唐代文明的影响　240
　　中国对日本的影响　241

四、"民族主义者"反击与回溯中国传统之源　242
　　"古文"运动　244
　　反佛高压与佛教衰微　245

第五卷　中国的"文艺复兴"

第一章　新世界　253

一、历史及政治制度　253
　　事件　253
　　新国家　255
　　变革运动　258

二、军队　260

　　　　从募兵制到雇佣制　260
　　　　火器　262
　　三、**新社会**　263
　　　　食利者阶级　263
　　　　土地问题　265
　　　　城市飞跃发展　267
　　　　社会流动性更大　268
　　四、**经济大发展**　269
　　　　粮食增长　269
　　　　手工业生产及贸易大发展　270
　　　　重商之国　272
　　　　货币经济扩展　274
　　　　航海业大发展　275

第二章　中国"勃兴"的文明　279
　　一、**复兴条件**　280
　　　　雅文化与俗文化　280
　　　　木刻印刷与活版印刷　281
　　二、**科学与哲学**　284
　　　　宋代的印书与科学发展　284
　　　　科学考古学的开端　286
　　　　历史学的新趋向　287
　　　　宇宙论与伦理学：自然主义哲学的形成　289
　　三、**结束语**　291

第六卷　从汉化诸皇朝到蒙古人进占

　　　　10—14世纪的游牧民族与山地居民　295
　　　　三代游牧骑士　295

　第一章　**诸汉化皇朝**　297
　　　　契丹辽国　297
　　　　西夏：牧人与商队之国　299
　　　　女真金国　301

　第二章　**蒙古入侵与进占**　303
　　一、**蒙古政制**　307

7

蒙古开发制度确立　307
　　　种族歧视　308
　　　中国税制与财源开发　310
　　　起义与对抗占领者　311
　　二、东亚、基督教世界与伊斯兰诸国之间的关系　312
　　　基督教世界的使者与商人　313
　　　中国人散落在欧亚大陆　315
　　　蒙古人占领期间的文学、科学与宗教　317

第七卷　独裁君主与宦官之治

第一章　重建与扩张　326
　　一、元帝国解体与明朝建立　326
　　　国土解放　326
　　　重建农业经济　328
　　　人口控制　329
　　　专制主义倾向　330
　　二、继续扩张　332
　　　蒙古、满洲、越南　332
　　　航海大考察　333
　　　收缩开始　337

第二章　政治、社会、经济的变化　340
　　一、政治演变　340
　　　宦官与秘密警察　340
　　　迁都　341
　　二、社会与经济的演变　342
　　　军户问题　343
　　　匠户逐渐消失　345
　　　社会动乱　346
　　　经济变化　347
　　三、外患　348
　　　蒙古人的攻势　349
　　　海盗活动　349

第三章　近代中国的开端与明末危机　355
一、城市的复兴　355
大商业与工业手工场的发展　355
技术进步　356
都市化与商业性的新社会　358
二、最后50年的危机时期　359
财政危机　359
政治危机　361
民众大起义　362
满清威胁　363

第四章　明代精神生活　366
一、概说　366
二、正统派与独立派　366
直觉学派的发展　367
三、1550—1644年的"勃兴"　368
反陈规习俗　369
科学意识与对实学的新关注　370
都市文学　372
结束语　374
四、欧洲入侵与耶稣会教士　374
首批天主教士抵达东亚　375
对话之艰难　377
杰出的皈依者　380
相互影响　381
五、明末历史总结语　383

第八卷　独裁家长制

第一章　满洲政权进占与立国　388
一、满洲实力大发展　388
形成时期　388
入侵者立足于中国　389
二、延搁与困难　391
南明的抵抗　391

海盗再度复兴　*392*
　　　1674—1681 年"三藩之乱"　*393*

第二章　开明君主　*396*
　一、**纲常之治**　*396*
　　　笼络精英　*396*
　　　"儒家"帝国　*398*
　二、**世界上最辽阔的帝国**　*399*
　　　蒙古、中亚与西藏：战争、宗教与外交　*399*
　　　建立"新疆"　*401*
　　　国际性大陆帝国　*402*
　三、**繁荣时期**　*403*
　　　农业技术的高峰　*403*
　　　大型手工"工业"与贸易的空前大发展　*404*
　　　人口增长与移民开拓　*407*
　四、**边境冲突**　*408*
　　　与俄国在东亚的殖民推进的早期冲突　*408*
　　　殖民地民众起义　*410*
　　　越南海盗活动　*410*
　五、**政治社会气氛恶化**　*411*
　　　腐败蔓延与首次农民起义　*411*
　　　政治制度的弊端　*412*

第三章　17 世纪中叶至 18 世纪末的精神生活　*415*
　一、**17 世纪的哲学家**　*415*
　　　17 世纪思潮的连续性　*416*
　　　对专制主义的批判与中国思想文化史初探　*417*
　　　进化社会学　*418*
　　　顾炎武：史学与语文学的科学批评之父　*419*
　　　回归实学与教育新法　*421*
　二、**开明君主治下的政治、社会与思想文化生活**　*422*
　　　伦理纲常　*422*
　　　皇帝与富商对文化事业的支持　*425*
　三、**考据学大发展与 18 世纪的哲学家**　*427*
　　　批判研究学派形成　*427*

戴震：自然科学家、学者兼哲人 *429*
历史哲学 *431*

四、耶稣会士的业绩与中国对欧洲的影响 *432*
耶稣会士的科学著述及其对中国的影响 *432*
借鉴中国与欧洲的反应 *436*

第九卷 从衰落到外侮

第一章 大衰退 *444*

一、衰落的内因 *444*

二、走私与海盗活动 *446*
外贸亏损 *446*
第一次鸦片"战争" *449*
货币问题 *451*

三、中国与西方 *452*

第二章 社会大动荡及其后果 *455*

一、太平天国 *456*
革命传统 *456*
太平天国起义的发展与被镇压 *460*

二、其他暴动 *463*
捻军 *463*
受殖民奴役的民众 *464*

三、后果 *466*
优先重整农田 *467*
商业赋税日益加重 *467*
政治变化 *469*
矛盾出现 *470*

第三章 现代化失败与外国进一步入侵 *472*

一、现代化问题 *473*
首次工业化尝试 *473*
失败的原因 *476*
自由企业抑或国家经济 *479*

二、外国进一步入侵及其后果 *480*
受奴役的进程 *481*

11

　　　　　　受围　*484*

　　　　　　经济后果　*486*

　　　　　　心理与政治　*487*

　　　　三、结束语　*490*

　　第四章　19 世纪的各种思潮　*492*

　　　　　　改良儒学　*493*

　　　　　　正统派的反击与改良派的复兴　*495*

　　　　　　恢复被遗忘的传统　*497*

　　　　　　西方科学的影响　*499*

第十卷　苦难的中国

　　　　　　苦难年代的开端　*503*

　　　　　　惶惑茫然的种种表现　*505*

　　第一章　传统经济与社会的解体　*507*

　　　　一、中国经济崩溃　*509*

　　　　　　战争赔款的重压　*509*

　　　　　　经济受外侮　*511*

　　　　　　自然灾害　*513*

　　　　二、人口流动与社会变迁　*516*

　　　　　　迁徙与移民　*516*

　　　　　　传统社会解体　*519*

　　第二章　20 世纪前半叶的政治演变　*523*

　　　　一、袁世凯时代　*523*

　　　　　　旧制度的灭亡　*523*

　　　　　　袁世凯的专制统治　*525*

　　　　二、军阀混战时代　*526*

　　　　　　内政与外部势力　*526*

　　　　　　从孙文(孙逸仙)的努力至蒋介石取胜　*528*

　　　　三、南京十年　*530*

　　　　　　国民党政权的基础与特征　*531*

　　　　　　日本入侵满洲与红军的发展　*533*

四、自日本入侵至人民共和国成立　*535*
　　重庆时代　*535*
　　1946—1949年间的内战　*536*

第三章　哲学与文学的发展　*539*
　　日本影响与发现进化论学说　*540*
　　西方入侵　*542*
　　马克思主义的胜利　*545*
　　历史学科与自然科学　*547*

第十一卷　历史新篇章：中华人民共和国
　　新政权的特征　*554*

第一章　与苏联的关系从同盟至决裂　*556*
　　苏联模式　*557*
　　大跃进　*559*

第二章　与苏联决裂至毛泽东去世　*561*
　　1960—1965年的插曲　*562*
　　"文化大革命"　*564*
　　毛派时代的结束　*565*

跋　*568*

附录　*571*
　　一、参考书目　*571*
　　　期刊　*571*
　　　通史著作　*573*
　　　断代史著作　*578*
　　二、历史纪年表　*596*
　　　中国历代王朝大事年表　*596*
　　　中国历史和文明大事纪年表　*598*
　　三、谢和耐教授主要汉学著作目录　*638*
　　　专著　*638*
　　　论文　*639*

译后记　*643*

译者的话

桌前摆着两本厚书,我曾经一口气地对照着把它们读完,现在还不时翻阅其中令我感兴趣的有关章节。一本是英文版的《中国文明史》(*A History of Chinese Civilization*),另一本是法文版的《华夏世界》(*Le Monde Chinois*)[现取中译名为《中国社会史》]。两本原为一书,法文是原版,英文是其译本。这是属于"中国通史"之类的著作,600页左右的篇幅,译成中文大约有40余万字,但就延绵几千年、内容无比丰富的中国历史而言,书的分量其实不大。小学、中学我们都上过历史课。有一定文化的中国人对本国的历史都不会太陌生。我也不指望从这有限的篇幅中能读到什么新史料。翻阅本书,无非是抱着一种猎奇心理:看看外国人是怎样写中国史的。

开卷之后,一阵清新气息扑面而来,令人不忍释手。于是干脆对照两种西方文字,认真研读起来,心潮随作者的文笔而起伏。作者以俯瞰的目光,将中国放在亚洲地区乃至整个世界范围内衡量,从多角度描述华夏发展历程,视野开阔,令人耳目一新。尤为难得的是,作者摆脱了一些西方文化人所持的"欧洲中心论"观点。他这样写道:"虽然当前在日渐变小的世界中,中国已成为我们的邻居,然而,我们仍然固执坚持'西方文化至上论'。其实欧洲不外是欧亚大陆之组成部分,其历史也只是作为欧亚大陆史的一个方面……"请看,能站在这样的角度来看问题,是要有高屋建瓴、不囿于成见的气魄的。全书的史实叙述,能大体不失客观公允,恐怕其原因就在于此。

既然中国文明是人类文明的有机组成部分,如果游离地描述其发展历史,势必使其失去丰满的形象。作者凭着对西方文明史的深刻了解,行文中处处拿中国与西方对照,并勾勒出中国与邻国以及西方之间的相互影响,同时批评西方人对中国相沿成习的错误见解,鞭辟入里。还是听听作者怎样说吧:"16世纪以来欧洲发现中国的全部效应我们还远远未充分了解以及正确评价。……的确,自华夏世界经历衰落与屈辱时代以来,18世纪中国的社会政治制度、思想、技术及工艺曾引起的热烈兴趣已被遗忘。西方为自己的迅速进步而自豪,竟想将一切功绩全归自己。或许有一天我们对西方的飞速发展会有更恰如其分的判断。"谈及所谓"君主制"与"民主制"问题时,作者也有自己的独特见解:"我们所习惯的关于君主制与民主制的划分,未免过于绝对化。历史上并未出现过纯粹的民主模式,中国君主制亦并非排斥任何调节机制与民众表达形式。剥削弱小、专断强暴都不是华夏世界的特产。总而言之,历史上其他民族也不见得比中国有更多的正义、更多的人道。有人可以以极其暗淡的色彩描绘中国社会史、政治史,而就欧洲情况而言,要采取同样的处理办法也并非难事。"

读中国史的人,有一个问题常常横亘在心中:为什么中国竟落后了? 有人的答案是我们的"黄色文明"衰落,或者说我们没有去迎接"蔚蓝色的文明"。我们也来看看作者如何回答这个问题:"中国400年间曾是亚洲的海洋大国",也就是说它拥抱"蔚蓝色"极早,而且胸襟开阔。"华夏世界之所以适逢其时而却未能成功进入工业时代,原因主要是极其不利的历史际遇,而并非根本无能。19世纪上半叶,清皇朝经历没落与衰退时期,在这时期之后,有两件同时发生的事情更令华夏世界社会政治传统所构成的障碍愈加强化,这两件大事件是:1850—1875年间的国内大危机以及外国帝国主义军事、经济压力。"

那么"华夏文明衰败"的印象又是怎样来的呢?作者有自己的看法:"17世纪伟大的耶稣会教士是文化人、学者,渴望与中国精英人士接触,而十九、二十世纪的殖民扩张者却往往缺乏文化素养。他们只与远离中国社会中心的人物(佣人、捐客)往来,自视高人一等……他们对于与自己格格不入、难于了解的文明无甚兴趣,以为这种文明已完全衰败。然而西方各国对当代中国的印象正是通过他们的见证而来的。"只要我们留意一下西方影片中有时出现的华人形象,便可知作者的说法不妄。

读罢全书,仿佛服上了舒解的清凉剂,有说不尽的快慰感受。能从更广阔的角度去看华夏世界的升沉盛衰,特定时空的屈辱便不那么使人窒息,于是也就能够不卑不亢地面对世界和看待中国的过去以至展望它的未来。

原书行文紧凑、凝练,夹叙夹议,挥洒自如。尽管有一些提法我们未必完全同意,特别是有关中华人民共和国历史的叙述,不无偏颇之处,但仍然不失为一本"以外国人眼光看中国"的好书。法文原本于1972年初版,出版后陆续被译成英、德、意、葡等好几种文字。原著者是享有盛名的法国汉学家谢和耐(Jacques Gernet),他是法国研究院院士、法兰西学院教授。

黄建华

于广东外语外贸大学

序　言

　　本书的目标——毋宁说本书的奢望——是作为华夏世界史的入门。本书要展示：华夏世界形成的各阶段，其累积的经验，全球各地历代对华夏世界的奉献，华夏世界产生的影响及其对世界历史之贡献①。

　　中国目前的状况其实是漫长历史的产物与结果。倘若毫不了解自古代、中世纪、文艺复兴以来由何种因素促成欧洲各国，则不可能自称洞悉上述诸国；对于中国，其理亦同：一旦抹去其独特历史，中国当前情状如何，也会茫然无知。

　　中国之所以举足轻重，不限于其人口数量，亦不限于此拥有12亿人口大国之能量（其中大部分尚是潜能）。其重要性包括多方面，既归因于过去，也离不开现在：华夏文明激发过广大人类，它给人类带来文字、技术、人生观与世界观，带来宗教与政治制度。中国本土、朝鲜、日本、越南，均属同一文明集体。但中国的影响范围要广得多：传至蒙古与阿尔泰之突厥人、蒙古人、通古斯人，远播至中亚、西藏乃至整个东南亚。其影响还波及更为遥远的地

---

① 应考虑到此种情况：大家缺乏任何课本，亦不具备关于中国的基本知识，错误观念与偏见且撇开不提；故此必须逐步阐述，将史实置于其历史背景之中，并竭力显示各个不同方面演变之关系：社会、政治制度、经济、华夏世界与其他东亚文化之关系、欧亚大陆的其他文明、技术、精神生活等等。——原注

域——西方。后者迄今仍借鉴中国而却未意识到此点。西方并不了解从中国获得的益处,倘无此借鉴,西方就不会有目前的局面。

概括综合殊为困难,本书只能是个尝试。中国、日本、西方的学者对华夏世界史及中国文明史已做过大量研究,虽则其分量不如吾人探求古代与欧洲诸国之鸿篇巨制,但此类著述亦已十分繁多,无法一一披阅与利用。总览延绵3 500年如此丰富驳杂的史实,存在疏漏、不足与错误之处自是势所难免。

除上述难处之外,尚有另一类困难。欲想探讨东亚诸国的人士尚缺乏起码的知识积累,无论来自无意习得的日常生活知识或是来自正规教育的知识均告阙如。虽然有1/3人类生活在这片土地上,虽然当前在日渐变小的世界中,中国已成为我们的邻居,然而,我们仍然固执坚持"西方文化至上论"。其实欧洲不外是欧亚大陆之组成部分,其历史也只是作为欧亚大陆史的一方面,要站在如此角度观察问题,是需要费一番想象力的。

地域与居民

华夏世界史涉及十分广袤的地域:从西伯利亚至赤道,从太平洋沿岸至欧亚大陆中央,各地情况甚不相同。此片辽阔地区显示出多种地理条件,对此如无认识,则无从了解中国历史。但这里只限于指出其基本之点:整块大陆高原性质明显,西南部为连绵高耸的群山与高原,由喜马拉雅山褶皱构成,呈弧形状,从兴都库什山脉一直延伸至印度支那半岛;广阔的草原(更准确地说是牧场)地带间杂沙漠,覆盖着西伯利亚森林与华北耕作区之间的地段;存在着由大江大河冲积层构成的肥沃平原(满洲松花江流域与辽河流域、占地30万平方公里之华北大平原、长江中下游地带、广州地区平原①、越南红河流域以及印度支那半岛其他流域等

---

① 指珠江三角洲。——译注

等);海岸线漫长,从黑龙江河口直至马来半岛;有着成珠串状的大小岛屿,从日本群岛直至连成更大片的印度尼西亚各大岛屿(菲律宾群岛、婆罗洲①西里伯斯、大巽他各岛、苏门答腊)。除此种多样性之外,气候状况亦不同:东部与南部地区受季风交替影响,迥然异于亚洲内地干燥的大陆性气候,而纬度影响也并非无关紧要。因而中国既有西伯利亚的隆冬与严寒,亦有热带地区的温湿与闷热。

栖息于世界上这些地区的居民驳杂繁多,其生活方式、文化、语言各不相同。在各种差异中,首先要指出的恐怕是语言了。

东亚语言②

"阿尔泰"语言			东北亚语言	
突厥语族	蒙古语族	通古斯语族	朝鲜语	日本语
维吾尔语 哈萨克语 乌孜别克语 塔塔尔语 撒拉语 柯尔克孜语 裕固语	蒙古语 达斡尔语	满语 锡伯语 赫哲语 鄂伦春语		

汉藏语言

西藏-缅甸语族	泰语族	苗-瑶语族	汉语族
西藏方言 缅甸语 中国西南部与印支半岛的西藏缅甸少数民族语言	暹罗语 老挝语 中国西南部与印支半岛的傣族语言	中国西南部与印支半岛的少数民族语言	北方方言 吴方言 广州方言 闽南方言 闽北方言 客家方言 湖南方言

---

① 即加里曼丹岛。——译注
② 除日语外,本表列之所有语种均见于中华人民共和国大陆及台湾。请勿忘记:中华人民共和国境内有15 000塔吉克人(属伊朗语族)和9 700俄国人操印欧语言。——原注

澳-亚(洲)语言(孟-高棉语)	"马来-波利尼西亚"语言
高棉语(柬埔寨语) 占语(越南与柬埔寨东岸之少数民族语言) 孟语(下缅甸语) 云南、印支半岛以及尼科巴群岛的孟-高棉少数民族之语言	马来语 爪哇语 印尼"马来-波利尼西亚"的其他语言 台湾少数民族语言

东亚与中华人民共和国的口头语言隶属于五个不同语族,其地理分布相当明显。唯中国南部与印支半岛例外,此两地的语言异常重叠交错。

1. 自西伯利亚至华北地区,属华夏语言文化的人口占大多数,居民不限于中亚,而是大大超越于中亚区域,其语言隶属于突厥、蒙古、通古斯语族(从前称为"乌拉尔-阿尔泰"语)。

2. 朝鲜语与日语是与众不同的语族,从语言学观点来看,大异于汉语及与汉语有亲缘关系的语言,虽然二者都似乎表现出与突厥语、蒙古语、通古斯语有若干相近之处。

3. 操汉藏语之居民分布于以下各地:喜马拉雅山系整个高山和高原地带、印支半岛各国、中国本土即从黑龙江流域、蒙古一直延伸至缅甸、老挝、越南边界的 21 个省份。从操语言的人口数量而言,在这广袤而多样化的土地上,显然是汉语方言语族居于绝对优势。

4. 孟-高棉语族,中国西南部操此语种者不多,而印支半岛则甚为普遍。

5. 最后,再往南面,马来亚与东南亚各大岛屿是所谓"马来-波利尼西亚"语地域。事实上,此地域往东延至美拉尼西亚,往北伸至台湾岛,向西延至马达加斯加。

各不同语族在东亚之分布带有悠长的历史印记。这种分布是历史形成的结果。虽然不大可能了解远古时代其状况如何,但其大致演变脉络我们却是知道的。自公元前 1000 年初以来,汉语族诸语言便以其远古、中古、近代之各种形式蔓延开来：从黄河流域延伸至长江流域，其后又延至华南地区乃至东南亚。泰语、藏-缅语、孟-高棉诸语则从长江流域及汉藏接壤地区迁移以至伸展到华南地区、印支半岛；"马来-波利尼西亚"诸语言则从华南沿海传播至东南亚乃至更远地方。最后，历史上大部分时期在中亚绿洲上存在过的印欧诸语（例如：和阗语、东伊朗各种方言）今天已经完全不见踪影。

汉 族

东亚构成人类栖息之广阔地域，在这片土地上，汉族，即掌握汉语言文化的居民成为当今最重要的人群。其发展地域几达1 500万平方公里，自西伯利亚（北纬54°）至帝汶岛（南纬10°），从棉兰老岛（东经126°）到欧亚大陆之中央（东经73°，经线穿过位于印度西岸之孟买）。新加坡市有3/4的华人，自新加坡至黑龙江流域，其距离相当于从都柏林至中华人民共和国之西部边界。

1986年汉族人口已大大超过10亿。

中国大陆以外的汉族居民（1986年估计数）①

中 国 台 湾	19 500 000
中 国 香 港	5 600 000
中 国 澳 门	300 000
新 加 坡	1 800 000
泰 国	11 000 000
马 来 西 亚	6 400 000
印 度 尼 西 亚	5 100 000
越 南	1 500 000
总 计	51 200 000

汉族的分布并不平衡。在汉人居于多数的22个省中——而且还不断

---

① 为备忘起见，应当指出：印度、马达加斯加、非洲南部、欧洲、南北美洲均有华人社区。——原注

散居到这些省以外的地方,整个地域约达460万平方公里,幅员相当于直达苏联边界的欧洲。此22个省本书下文会经常提及。每省之面积大致介乎罗马尼亚与希腊的面积之间。其人口密度可与欧洲各国相比。1957年,人口密度超过荷兰的唯一省份是都市化程度极高的江苏省(上海目前拥有1 050万居民,南京160万,江苏许多城市人口均在50万以上)。

还存在海外的中国,由华人社区组成,定居于东南亚大多数国家(印支半岛、印度尼西亚、菲律宾)。马来亚的华人社区甚多,华人占人口1/3以上,沙捞越(婆罗洲西北海岸)、泰国也不少,越南、柬埔寨、爪哇、菲律宾亦非无足轻重。新加坡、马来西亚的槟榔屿、马六甲、越南的堤岸都是华人城市。

各地的华夏语言文化居民,并不构成清一色的整体,其传统、习俗、种族成分以及所操方言彼此各异。由于缺乏民族标界,无法像欧洲那样明确划分出法兰西人、西班牙人、意大利人、罗马尼亚人等,因而在华人世界中,此种源于历史的多样性便被掩盖起来,原先的多样性大体比现在更为明显。现时因教育与交通之便,各地区的独特性正日趋消失。但要写汉族移民史,要编属汉语言文化的不同居民的人种志,则是异常庞大的任务,从未有人系统做过,而这方面资料亦往往匮乏。

"方言"一词在我们心目中是指民族语言在有限地区的变式。虽然中国也用"方言"字眼,但中国方言为千百万人使用。各种方言之间呈现的千差万别,不亚于欧洲同一语族各语种之间的差异。实际上各种方言自成一体,而其内部还可见重要变式。

然而亦应指出:仍然存在一片相对一致的地带,即北方方言地区,1953年有3.87亿人操此方言,内中分三个不同支系。此处方言之所以相对统一,究其原因不外是历代造成的蒙古与长江流域之间人种混杂融合以及近代东北各省(满洲)与西南各省(云南、贵州)人口重大迁移。反之南部与东南部方言驳杂,其中好几种方言带有古语性质,由此也就表明,此等地区人群相对稳定。上述情况亦可从接二连三的移民浪潮加以解释。自古代末期开始,汉民族便趁移民浪潮散落到此处。

汉族居多数的省与欧洲各国面积之比较(单位:平方公里)

中国省(区)		欧洲各国
四川	569 000	
	550 800	法国
	504 900	西班牙
黑龙江	463 600	
	449 200	瑞典
云南	436 200	
甘肃	366 000	
	311 700	波兰
	301 100	意大利
	244 800	联合王国
	243 400	罗马尼亚
广东	231 400	
广西	220 400	
湖南	210 500	
河北(含北京、天津)	202 700	
陕西	196 750	
湖北	187 500	
吉林	187 000	
贵州	174 000	
河南	167 000	
江西	164 800	
山西	157 100	
山东	153 300	
辽宁	151 000	
安徽	139 900	
	132 500	希腊
	127 800	捷克斯洛伐克
福建	123 100	
	110 950	保加利亚
江苏	102 200	
浙江	101 800	
	93 000	匈牙利
	69 000	爱尔兰
	41 300	瑞士
台湾	35 960	
	30 560	比利时

中国人口正如欧洲人口一样,由多次人种混杂融合而成。以下诸因素促成其融合:战事、外族入侵、殖民扩张活动、人口迁移、邻近诸族往来接触。汉族之形成有赖于许多种族:突厥、蒙古、通古斯、朝鲜、藏-缅、傣、苗、瑶、孟-高棉,有时甚至还有来自印度与伊朗交接区域以及来自东南亚的远方民族。华北的种族成分由于在历史长河中加进原籍草原地带及北满的阿尔泰语民族而不断获得更新。西部各省份的种族则与喜马拉雅山地居民以及与青海省半游牧民族混杂。华南的种族混合亦一样深广,彼处之移民活动已延续两千余年,直至今日。现时整个西南(贵州、云南、四川、广西、广东等省)依然存在许多非汉人种族。

汉族居多数的省份以及汉族占少数的地区人口与密度

(1957年统计数,1986年估算数)

省　　份	人　　口	
省　　份	1957年	1986年
四　川	72 160 000	101 880 000
河　南	48 670 000	77 130 000
山　东	54 030 000	76 950 000
广　东	37 960 000	62 530 000
江　苏	52 130 000	62 130 000
湖　南	36 220 000	56 220 000
河　北	48 730 000	55 480 000
安　徽	33 560 000	51 560 000
湖　北	30 790 000	49 310 000
浙　江	25 280 000	40 300 000
辽　宁	24 090 000	36 860 000
江　西	18 610 000	34 600 000
云　南	19 100 000	34 060 000
黑龙江	14 860 000	33 110 000
陕　西	18 130 000	30 020 000
贵　州	16 890 000	29 680 000
福　建	14 650 000	27 130 000
山　西	15 960 000	26 270 000
吉　林	12 550 000	22 980 000

续表

人 口			
省 份	人 口		
省 份	1957 年	1986 年	
甘 肃	12 800 000	20 410 000	
青 海	—	4 070 000	
城市区域	1957 年	1986 年	面 积
北 京	—	9 600 000	16 800
上 海	—	12 170 000	6 200
天 津	—	8 080 000	11 300
汉族占少数的地区（自治区）	1957 年	1986 年	面 积
内蒙古	9 200 000	20 070 000	1 177 500
新疆(维吾尔)	5 640 000	13 610 000	1 646 900
西 藏	1 274 000	1 990 000	1 221 600
宁夏(回族)	2 050 000	4 150 000	66 400

密度(每平方公里人数)

省 份	密 度	欧洲国家密度	
黑龙江	32		
甘 肃	35		
云 南	44	爱尔兰	41
吉 林	67	西班牙	64
广 西	88	奥地利	87
陕 西	93	法国	91
贵 州	97		
山 西	102	波兰	102
江 西	113	捷克斯洛伐克	112
福 建	119		
四 川	127	民主德国	159
辽 宁	159		
湖 北	164		
广 东	164		
湖 南	172	意大利	177
河 北	221	英国	226
安 徽	240		
浙 江	248	联邦德国	233
河 南	291		
台 湾	346	比利时	315
山 东	352	荷兰	376
江 苏	443		

汉语方言及使用的人口

(1953年统计,单位:百万)

北方方言(四大系)	387
吴方言(四大系)	46
广东方言(五大系)	27
湖南与江西方言	26
客家方言	20
闽南方言	15
闽北方言	7
共　　计	528

以上数字未算台湾汉族(现下有1300万人,大部分说闽南话),也未算东南亚华人地区(大约有1100万人,按其原籍不同分别说广州话、客家话或闽南话)。

非汉族之少数民族

虽然汉族人占了中华人民共和国人口的大多数,但属其他民族的中国公民1957年时也有4200万至4500万之数。这些民族有50多个,均已获得正式承认并享有相对的自治权。

因此,显而易见:非但汉族人口构成不了划一整体(有人可能如此臆测),而且若干省份的种族差别还十分明显。台湾岛北部与东部仍然存在着操"马来-波利尼西亚"语的种族。

中华人民共和国主要非汉人民族(1957年统计)

族　名	种族语言组	地　域	人数(万)
壮	泰	云南、广东①	78
维吾尔	突厥	新疆、甘肃西部	39
彝	藏-缅	云南、贵州、湖南	32.6
藏	藏	西藏、青海、四川	27.7

---

① 疑原文有误,似应为"广西"。——译注

续表

族　　名	种族语言组	地　　域	人数(万)
苗	苗-瑶	西南各省	26.8
满　洲	通古斯	东北、蒙古、北京地区	24.3
蒙　古	蒙　古	蒙古、东北、甘肃、青海	16.4
布　依	泰	云南	13.2
朝　鲜	朝鲜	东北	12.5

历史上华夏语言文化的居民不断发展，汉人的生活方式与文化居于优胜地位，其文化随着自身进展以及与远方文明接触而改变自己，丰富自己，并显出其多样性。上述非汉族居民便是以汉族扩展、华夏语言文化得势为标志之历史的最后遗迹。种族融合、不同居民之间互相借鉴，出现文化同化现象(例如，汉族人接受游牧居民生活方式或华南土著居民生活方式，南方省份某些种族今天与汉人已没有多大差别)。种种情况表明：从历史角度而言，生活方式与文化至关重要。

生活方式与文化

东亚与中华人民共和国(该地区的所有语族均在其中有所反映)，其语言状况已显示出人口的复杂性，但尚有其他因素可将远东居民的生活状况鲜明地显露出来。采摘、狩猎、捕鱼、牧养、农业，形式不一，都是人类的基本活动，因为民以食为天。此类生活手段，加上掠夺活动(行劫、抢掠、海盗劫掠)及商业活动，均与文化密切相关，生活手段又作为文化的基础。因此，生活方式是对历史作任何综合解释之根据。

首先依据的是地域。地域导致采纳某种生活方式，并对其有所限定。在某一海拔高度之上，超乎某种气候条件，小麦便无法生长而要让位于大麦与小米。蒙古的广阔草原地带更有利于畜牧业而不宜于农业。水稻种植最适宜之处是热带与亚热带地区的灌溉平原……不过，也不应受某种地理决定论所支配：因为凭借梯田，水稻也可以上山，而且依靠灌

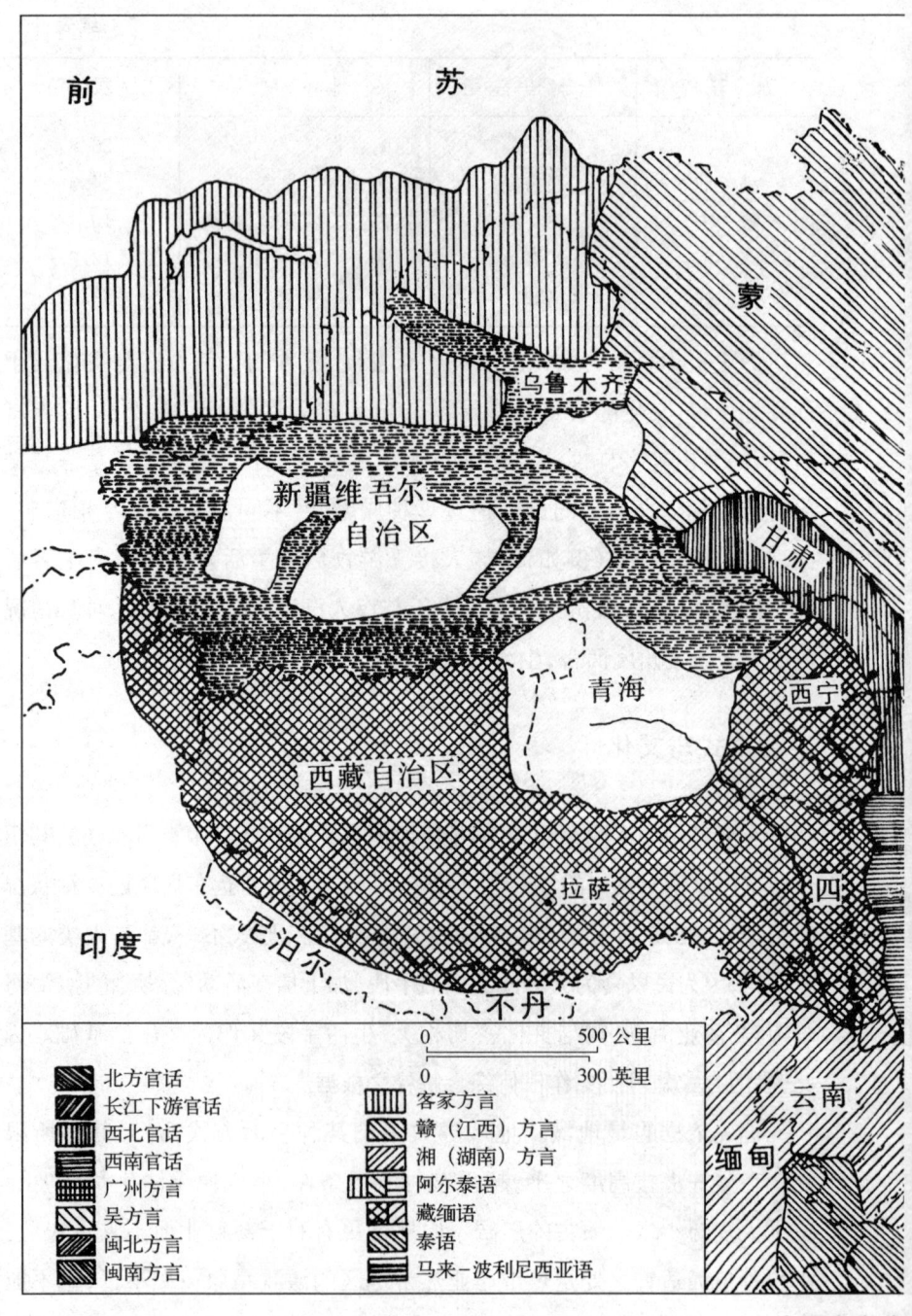

中国方言分

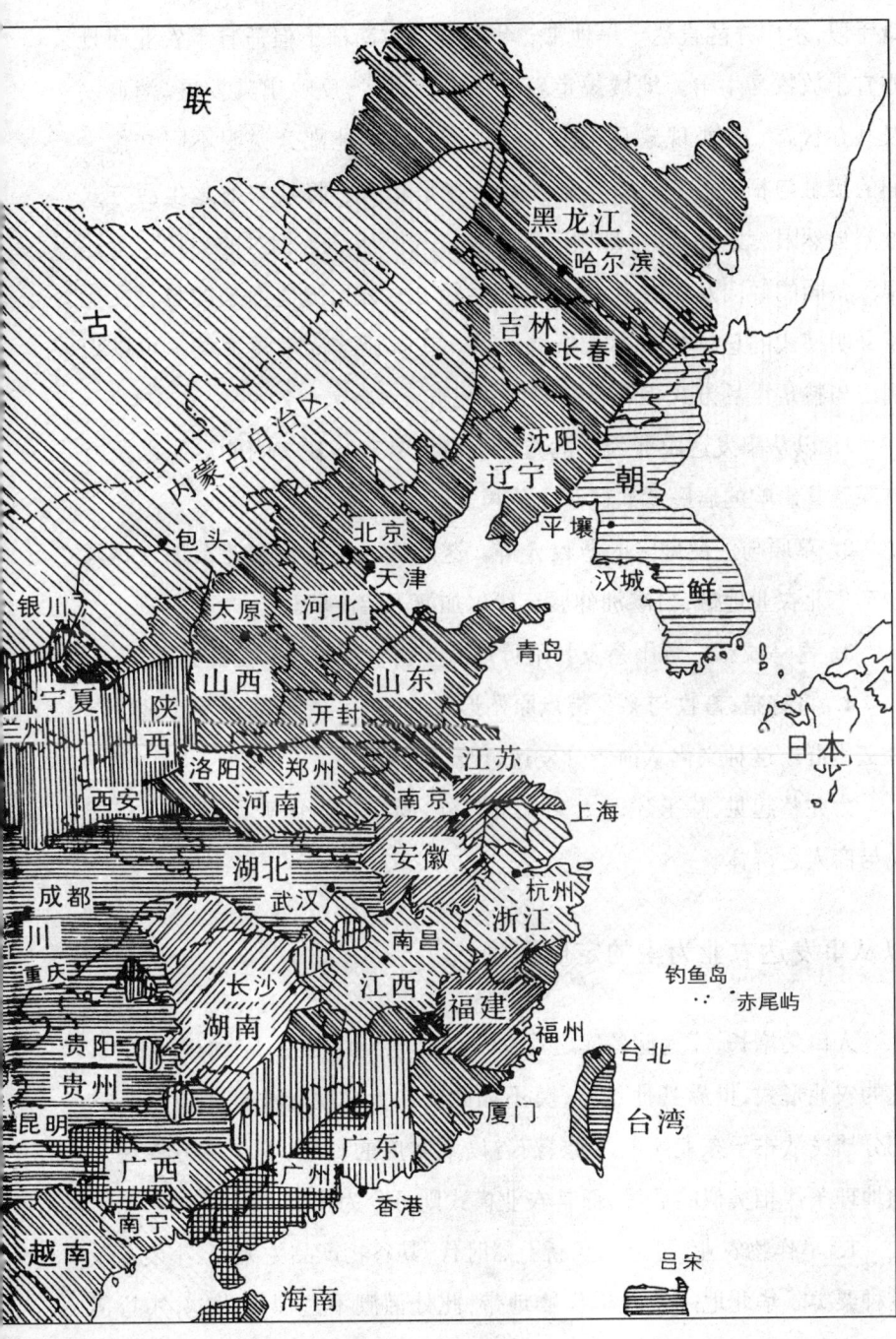

溉手段,水田亦能直达干旱地带。华北与蒙古南部不但适宜于农业而且亦宜于放牧马牛羊。地域规定着各种生活方式,反映出其发展、消退以及共存状态。此类现象具有重大历史意义而且能部分说明不同文化之间的接触与相互借鉴。但是人类社会总是趋向于将其依附之生活方式推到自然限度之外,而且地域条件也容许人类活动有相对的自由。上述根深蒂固的倾向及相对自由,与各种生活方式以及随之而来的各种文化及文明模式的总体分布亦无抵触之处。在东亚这片广阔地域上可以识别出与特定生活方式相联系的四大文化群:

1. 以从事发达农业为主的定居人群。具有华夏文明的居民以及所有深受其影响的居民均属此种文化模式。

2. 草原与沙漠地区的游牧人群。这片地区从西伯利亚泰加森林延伸至华北农业地带,自满洲伸展至伏尔加河下游流域。

3. 喜马拉雅广阔山系及其附近地区半畜牧半农耕的山居人群。

4. 将狩猎、畜牧与多少带点原始形式的农业结合起来的热带地区混合文化群。这种文化从前十分发达,现已日趋消失。

为完整起见,除上述四大文化群之外,尚应加上中亚绿洲的定居居民与商人之群体。

以从事发达农业为主的定居居民

人口之增长,庞大储备库之建立,有组织的国家之形成,均有赖于发达的农业形式,世界其他地方,莫不如此。伟大文明便由此而发端。这部分居民散布于东亚所有平原、河谷以及富庶的高原,其生活方式还影响地理条件相类似的居民,而其农业模式则可分为两类:

1. 旱作物农业,可追溯至新石器时代,其谷物产品为大麦、小麦以及各种粟类。华北地区便是旱作物地带,此处灌溉不过偶一为之,实行灌溉则可以提高产量,获得稳定收成。这片地区虽则以农业为主,但在远古时代(公元前2000—前1000年),畜牧(牛、羊、马)仍然相当重要,而且长时期维持着不可忽视的地位。不过,农业定居居民与游牧居民及山地居民不同,他们不喜欢饮用奶类,而且逐渐缩减肉类在饮食中的分量。

2. 水稻种植,公元1000年以前的十个世纪期间其增长仍非常缓慢,到此时期末期,才达到充分发展。农业技术极可能发源于多处(主要为印度北部与长江下游),但都获得巨大成功,推广到凡灌溉可及的温热潮湿地区(中国热带、亚热带之平原、河谷,印度支那半岛各地,印度尼西亚,朝鲜,日本)。在东亚居民的历史中,水稻种植的发展标志着一个新阶段。它从8—10世纪开始,便为此地区的文明带来新活力。

再者,东亚发达农业形态的历史异常丰富,也十分复杂。这段历史中以一系列的进展与变化为其标志。不唯水稻种植技术完善,而且由于品种精选,13世纪高粱引进以及美洲品种(红薯、花生、玉米、烟草、马铃薯)自16世纪起移入,遂引起已延续千余年的农业形态的根本变化。

草原地带的游牧居民

此处属"原始阿尔泰"与"阿尔泰"语系的居民在华夏世界历史中曾起过重要作用,而且对其文明产生过深刻影响。彼等之主要特点为:

1. 住所(蒙古包)、畜群(牛、羊、马、骆驼、牦牛)以及其他财产的迁移(妇女首饰是游牧居民的动产之一)。在夏季平原牧场之间以及在冬季避风牧场之间的流动往往不超过150公里。但必要时牧人部落亦可作长途迁徙。一般来说,受到更强大部落威胁之时便有此举。

2. 作为经常备战训练的生活方式(驯马、狩猎、马上弓箭或射击操练)。

3. 畜产品满足基本需要的经济(奶、奶酒、奶酪、羊毛及其他动物毛料、毛皮、燃料用干粪)。劫掠活动(窜犯定居居民或邻近部落,抢劫商队)、定居居民赠物、交易活动等可给予此种经济以若干补充:自10世纪起便带来金属、谷物、丝织品、奢侈品、茶叶。劫掠的目标是补充些谷物过冬,但往往也为了迫使定居居民开放市场。不过游牧居民也并非对大麦、小麦、小米等作物种植完全无知。某些时候他们还从事冶金工艺。此外,定居居民(农民和手工业者)生活于游牧居民当中,也是历史上一向存在的事实。

4. 草原人口在如下几部分人当中起着重要的媒介作用:西伯利亚森林地带捕毛皮兽类的猎人,生产织物与金属的定居居民,喜马拉雅山系的山地居民,从华北(甘肃省)延伸至外奥克散①绿洲地带的固定商人;中东与东欧的居民。

5. 基于强部落控制弱部落以及基于牧畜主贵族与奴隶或农奴阶层对立的部族社会。

6. 部落结盟与政治单位的不稳定性。此处尚须指出:当选首领的权力受到骑士或武士议会节制。与定居居民的接触及商业往来促进借鉴,导致经济变革与社会变革。最初倒可以使政治组织获得加强,使草原社会富庶起来,后来由于一部分部族或其贵族人士定居下来,久而久之便引起关系紧张与内部分裂。

喜马拉雅山系及其交接地区的山地居民

山地居民的栖息地带有 400 万平方公里左右,今天估计其人口可有 300 万至 400 万。谷物并不丰饶但能耐风寒(主要种大麦,有时在避风的河谷中也种小米、黑麦、荞麦、小麦)。谷物农作生产与马、牛、羊、牦牛牧养结合起来。类似于草原地带牧民从事的大畜牧在西藏、青海高原中也可见到。但在起伏不平的山区中仍然以冬栏饲养与转地饲养为主。自然条件不同(高原、山地、河谷)可说明何以牧民与农民专业化分工或同类居民实行农牧结合。牧人的黯黑帐篷与农人的砖瓦平顶房(有时甚至是多层的塔

---

① 古亚洲地区名,在乌浒水之外,包括粟特和大夏部分地区。——译注

楼式房子)形成鲜明对照。喜马拉雅山地居民(西藏人、羌人或唐古特人、羌戎人、彝人、纳西或摩梭人等)有尚武习俗,袭击商队,窜犯定居农民区域。他们在历史上曾经向东部扩展,进入现时的甘肃、四川、陕西等省,也曾往北发展,涌向绿洲地带。

华南与东南亚之混合文化

目下这类文化正在衰退之中,但从前却十分发达,一直推进到长江流域乃至东南亚。它将采摘、狩猎、饲养、次于汉族农业的耕作形式、沿海捕鱼与江河捕鱼等结合起来。由于平原水稻种植者的扩张,它便向山区后撤,而且普遍往南方退缩,因而要重现其古代状况并非易事。为了适应更困难的自然条件,若干部族便不得不改变生活方式,转而采取流动的农业形式。这类农业远古时代已见于东亚,当前华南与印支半岛的少数民族仍从事于此,例如:广西、广东、贵州、云南的苗族、瑶族,北越的苗人或蒙人,海南岛山区的黎族,等等。此种简陋农业要火烧灌木或森林,而且随着地力衰竭(四五年后即出现)便导致村庄迁徙。作物为块根植物(芋头、山药),用棍棒挖地下种,还有旱作谷物、山区稻米,最近几百年还种植玉米。这种古老居民(尤其是住于沿海,以渔业为主要活动者)其中一部分目下已经消失或者说已与从事发达农业的定居居民融合起来,后者则采纳其海上技术。某些种族改而从事水稻种植——如西南的重要少数民族傣族、1957年已有780万人口的壮族、缅甸的掸人、越南的泰人(土人、黑白泰人、侬人)便都是这种情况。他们在印支半岛长江大河的三角洲建立起有组织的国家。这些民族有文字记载的历史较为众人所知,而且凭此可以追溯其从华藏接壤地带、中国南部再往南方地区迁移的踪迹(缅甸人经伊洛瓦底河谷,泰人经湄南河流域,高棉人经湄公河流域,越南人经红河流域)。

虽然历史进程已将水稻种植从长江流域推至爪哇,因而使原先的格局大大改变,但中国华南地区无论从人口、语言、古老文化来说,仍然与东南亚息息相关。藏-缅、傣、苗、瑶、孟-高棉等少数民族既存在于中国南方,亦定居于印支半岛山区。

这类具有多样文化的居民,其中一些特点我们从文字材料与考古发现中已有所知。某些特点至今依然存在:流动式农业,吊脚居屋,水牛饲养,腌制鲜鱼,咀嚼蒌叶、槟榔,应用背筐,吹奏管乐器(老挝语称Knène,中国称"笙"),敲击铜鼓,流传关于种族开创与大洪水的神话,崇拜龙、蛇、虎、狗,信奉萨满教,等等。其中好几方面的文化特点甚而在中国南部与印支半岛发展程度最高的居民当中广为流传。

定居居民文化与中亚绿洲商人

有一道绿洲地带将甘肃西部与锡尔河及阿姆河(即希腊人所称的奥克苏斯河)流域联结起来,两侧均为塔克拉玛干沙漠,一直伸展至帕米尔之外:酒泉、安西(北边是哈密、吐鲁番、库车、阿克苏,南边为敦煌、鄯善、尼雅、于阗、莎车)、疏勒、浩罕、塔什干、撒马尔罕、布哈拉。这一带绿洲乃定居农人与商人的地域,曾是亚洲所有民族交会之处,计有:操印欧语的居民(库车人、于阗人、粟特人)、"阿尔泰"语居民(匈奴人、突厥人、维吾尔人、蒙古人、萨尔特人等)、汉藏居民(汉人、西藏人、唐古特人等)。1900年在甘肃西部敦煌城附近曾发现5—10世纪的各种手稿,手稿表明这一带绿洲居民有其国际性。汉人、草原牧民、喜马拉雅山系山地居民,以及建于帕米尔之外的各国在历史上为掌握此地的控制权,连年征战,从未停止过。除大量汉语手稿之外,尚有许多藏语文本,此外还有以下几种文字资料:维吾尔突厥文、粟特文(即东伊朗文)、唐古特文、于阗文、库车文、梵文、古印度文等。

这些绿洲从前十分活跃,曾是重要的交通枢纽。伊朗、印度、近东以至地中海居民的影响由此而进入东亚。

欧亚大陆通道

　　最后,远方文明影响亦应占据重要位置。在整个历史时期,总的来说,东亚与欧亚大陆西部及南部地区保持着联系,华夏世界尤其如此。这种联系引发了三个彼此密切相关的问题:巨大贸易潮流(海上运输与商队运输);大规模军事扩张与外交往来;宗教广泛传播与朝圣大发展。来往最频繁的路径因时代不同而异,因而与东亚各地区维持联系的地方亦并非始终如一。自中国古代末期(公元前3世纪)至9世纪,绿洲之路曾起过重大作用。十三、十四世纪北边的草原之路将蒙古、中国北部与欧洲及中东国家密切联系起来。各时期的海事扩展对欧亚文明史起过重要影响。印度、伊朗海运扩张是在2—8世纪,中国在11—15世纪之间,而欧洲则从16世纪初开始。

　　穿越欧亚大陆位于华夏世界接壤处的各条大路均通到商业中心,来自中亚、印度、中东的商人、使者、传教士曾经常来往于此。中国沿海口岸亦同样成为来自不同地区的水手、商人的会聚处,其中山东与江苏沿岸有朝鲜人、辽东人,浙江有日本人,东南亚与印度洋有印度人、伊朗人、阿拉伯人等,广东与福建有西方人(自16世纪开始)。漫长的行程以及年度季风环流均说明何以传播远方影响的外国移民地会在这类口岸形成,会在位于华夏世界商业枢纽的城镇中建立(交通枢纽有:将陕西渭河流域与长江下游地区连接起来的通道,通过湖南湘江流域、江西赣江流域将广州与长江中游连接起来的通道,将杭州地区与开封地区、北京地区联系起来的长江流域及大运河,等等)。中国大城市,尤其是首都,向来成为国际性都会;而另一方面,中国的军队、使团、朝圣者、商人、手艺人则几乎遍访亚洲所有地区。

　　将东亚生活方式与文化简要分类以及回顾外来影响可令人了解该地区复杂而丰富的人口现实。正如欧洲的省份一样,中国本身以及邻国的每个地区都有其自身的历史,也就是关于以下诸方面的历史:地区居民,地区在历史中所属的政治实体,地区从土著种族、从邻近或遥远地区居民处所接受的影响。语言、习俗传统、居民人种,处处都留有历史的痕迹,可以追溯到相当久远的年代。

华夏世界曾同生活方式及文化均与之迥异的民族保持接触乃至经常往来,而且多于其他任何地区。同时,中国所接受的文明(古美索不达米亚、伊斯兰教之前的伊朗、印度、伊斯兰国家、基督教的西方)均有其自身特点,对于中国来说是完全陌生的。由于许多不同成分参与华夏文明,促进其形成,使之丰富,并在历史过程中对其加以改进,因而华夏文明亦如历史上其他伟大文明一样,能够不断创造更新。

华夏世界历史演变梗概

中国史与西方自古至今的通史的根本差别在于分析准确程度不同。并非由于材料匮乏,而是资料过于丰富,对其利用方才开始。例如意大利或法国的16世纪历史我们逐年尽知,对该世纪所发生的历史变动的研究已进展到异常深入的程度,而相反,中国历史在西方则鲜为人知,大家仍往往参照长达三四个世纪的历史时期。如明代(1368—1644年),有时就作为均一的整体来援引,在这个整体中,只可能确定几桩大事件。而这段时期的历史尚有待分期、分地区去发掘,因为明代中国从热带地区延伸至西伯利亚,其覆盖面积相当于法国的十倍。

关于中世纪的研究尚未深入之前,大家普遍认为:我们的中世纪是一个黑暗、停滞的时代,而历史学家的研究却表明,其时的演变丰富而复杂。从前似乎是死寂的事物又呈现出生命、色彩与运动。中国历史如同我们未经开发的中世纪史。一再指摘这段时期停滞、往复循环、重蹈相同社会结构与政治观念,这种指责无非是对一段未知历史作价值宣判。无疑,20世纪以来中国、日本、西方国家有关中国史的大量研究已大大增进了我们的认识。但是,仍未深入细节之中,无法如我们研究西方历史那样精细,远远未达到分析水平,不足以去考虑对中国与欧洲的演变加以比较。

然而在这演变过程中,仍然可以辨别出异常不同的社会政治组织形式。古代信教、尚武的王国(约于公元前1600—前900年)与公元前3世纪建立起来的集权帝国事实上是毫无共同之处的,后者由享受俸禄、可以撤换的官僚执掌。公元前10—前7世纪的社会则完全别具一格。当时列国并存,其元首由出身于贵族家庭的高官辅佐,而且崇奉家族的长幼尊卑。但自从中央集权国家建立以来,其间变化之大就超乎通常人的想象。因为用词的一致掩盖了这种变化。3—4世纪之间,在长江流域的各国中形成一个拥有小城堡与属地的实行内婚制的贵族阶级,而且左右中央政权。这种现象在中国任何时代、任何地区都不曾出现过。宋代(960—1279年)初期的政治制度,其官僚阶层中存在着朋党之争,而明代皇帝于14世纪末期建立的却是独裁帝国,二者之间何啻天壤之别。1912年清皇朝的消亡被视为2 000年政治制度的终结,但这纯然是个幻觉。第一个皇帝是秦始皇(公元前221—前210年),最末一个皇帝是孩提时代便登基、年号为宣统(1908—1912年)的溥仪,虽然从前者至后者一直是帝位相传、朝代更迭,但是朝代与朝代之间却存在深刻差别,牵涉到国家组织以及通常掌握实权的社会集团(贵族军队统领、靠地租为生的士大夫家庭、宦官等)。要从中华帝国制度的整体,从其存在的整个时期去描绘其特点,这是方法上的严重错误,因为政治制度是活动机体,会不断适应社会变动与经济变动,只有短时期与之抵触。

我们所习惯的关于君主制与民主制的划分,未免过于绝对化。历史上并未出现过纯粹的民主模式,中国君主制亦并非排斥任何调节机制与民众表达形式。剥削弱小、专断强暴都不是华夏世界的特产。总而言之,历史上其他民族也不见得比中国有更多的正义、更多的人道。有人可以以极其暗淡的色彩描绘中国社会史、政治史,而就欧洲情况而言,要采取同样的处理办法也并非难事。

关于中国政治形式自远古至今日的更迭变化,下面的总框架可以为我们提供明确概念。

一、古代

约于前1600—前900年。这是宫廷文明时期,中东①的文明在同一时期亦出现类似的事例。国王是贵族阶级的第一号人物,其专门活动是祭祀与作战。国王既是军队的首领,也是祭祀的首领。所有活动都依附于王宫,王宫同时担负政治、宗教、军事与经济的职责,没有明确划分。

约于公元前900—前500年。贵族城邦制度取代了古老王国形式,各城邦既联盟又争夺。各诸侯国的首领在一种基于亲属关系、祭祀特权的等级制度中,通过家庭、宗教、政治、战事、经济等关系互相联系起来。但贵族城邦制度在此时期末年便告解体,而同时组成彼此争斗的大国。

约于公元前500—前220年。贵族社会的危机因发展了君主制而获得解决,最后创建了中央集权式国家。由于取消封地并消灭大贵族,中央集权国家便直接依靠作为经济力量与军事力量之源的农民。

二、武士帝国

公元前220—190年。中央集权式国家因征服各小王国而扩展起来,但其自身的演变亦十分迅速。集权有利于皇宫但损害官吏的利益,因而连续引起两次危机,第二次终于导致政治上的大混乱。

190—310年。各自为政争夺权力的军事首领终于瓜分了整个汉族土地:华北、长江下游、四川。华北建立起军事独裁制度,但遇到日益强大的豪强家族抵抗。豪强家族是1—2世纪发展起来的。

---

① 我们在书中采用英式的"中东"一词,指的是从北印度平原直至地中海的广阔地域,与"近东"一词相反,后者的含义仅限于地中海东岸各国。——原注

310—590年。非汉族居民自公元初年开始定居华北并在此建立国家。其政权机构为下述两方面传统的综合体：华夏世界的政制传统，草原牧民或汉藏疆界山地居民的传统。华北诸国日益汉化并依靠混血的武吏贵族阶层，后由其中的最强盛者统一起来，而在长江流域，4世纪初逃亡于此的中国精英之士则形成了内婚制的贵族阶层。他们在北方帝国统一华夏诸国之前，一直掌握着先后设于南京的各朝廷的实权。

590—755年。在新帝国之初居统治地位的华夷贵族阶级与为强化国家行政结构而组成的新官吏阶层开始冲突起来。给农民分田、对地主实行控制的制度自成立中央集权制国家以来便一直在华北实行，此时已趋于衰退。从8世纪末开始，便改为对收成征赋税的制度，即耕地税代替人头税与劳役税。同时征兵制很快让位于雇佣制。

755—960年。曾经统一华夏诸国、具有武士传统的贵族阶级已被消灭，同时在前一时期形成的官吏新阶层亦被清除。军事冒险者组成雇佣军，瓜分华夏土地。

三、1644年之前的官吏帝国

960—1280年。统一中国是其中某一军事首领的事。但是由于管理人才匮乏加之国家经济发展，于是导致官吏阶层迅速增长，政治与行政机器不断完善。文字材料的日常复制早于欧洲500年，这就促进了教育的传播以及智识阶层的扩大，这一阶层直至现代都一直支配中国的政治生活。在蒙古人统治时期，智识阶层受到排挤，由此便常常与中央政权发生冲突。

1280—1370年。借鉴中国政治体制的非汉族大帝国前一时期已在北方接壤地区建成。从8世纪初起便被日益强大的蒙古所消灭。蒙古的独裁、封建政权有其特殊性并一般依靠非汉族的人员。这一制度通过征战于13世纪末已扩展至中国南部，但后来被14世纪中叶开始的人民起义席卷而去。

1370—1520年。在元代末期通过人民起义而建立的帝国一开始便表现出极强的君主专制倾向。中央政权不信任地方官吏,而通过秘密警察监视之。

1520—1644年。由于经济、思想获得新发展,关系愈加紧张。政权机构的僵化与16世纪社会、经济的深刻变化,二者之间相互抵触。从1600年前后起,这一矛盾便导致严重的社会、政治危机,随之而来便是士兵与农民起义。

四、近代中国

1644—1800年。17世纪上半叶已占据满洲的汉化居民此时利用中原的一片混乱,以征服手段取代原先的汉族统治阶级。入侵建立起来的军事封建制度日趋温和;满洲人基本上采用前朝的政治结构,同时大力笼络前朝的士大夫阶级。阶级合作使新皇朝避免了17世纪上半叶所发生的紧张凶险。空前繁荣促进了社会稳定。

1800—1900年。但自1800年前后起,财政危机出现,腐败之风增长,经济衰退,局势因此而更为严重。19世纪上半叶形势继续恶化,终于导致1850—1870年间的社会激烈动荡。19世纪末年,由于西方诸国的高压(不久日本亦加入此行列)遂引起国家与社会解体,导致经济破产,民族独立丧失。

五、当代中国

1900—1950年。出现新的政治潮流,其主要代表为实业资产阶级。此阶级在各大口岸与东南亚形成。但借助列强势力的新军首领掌握着实权。这漫长的危机由于军事专制政权建立而获得部分解决。最后中国共产党领导的工农武装发展起来,扫荡了军事专制政权。工农军队的众领袖于1949年建立了中华人民共和国。

1950—1976年。仿效苏联制度的新政权重振经济并着手社会的彻底改造。毛泽东的乌托邦观念引发了大跃进(1958—1959年),随之而来的是变化节奏突然加速。1960—1961年的自然灾害以及苏联与中国决裂标志着1949—1976年的大转变。"文化大革命"之前,现实的考虑再度占上风。1966年,毛泽东在军队支持下发动"文化大革命"以期重掌领导权,防止革命退化。但是模仿苏联模式的机构顶住了风暴。

上列中国政治史的梗概极其简化,并未将其演变的其他重要方面考虑在内,如以下几个方面就未涉及:华夏语言文化的人口扩展,政治实体扩充;军事扩张周期,殖民化现象。中国远古的小城邦无非是处于大片不毛之地中间的飞地,并未超越黄河下游流域的限度。华北平原之开发始于公元前4—前1世纪。南方各省份的殖民地化是个长期现象,始于公元前3世纪末。6—8世纪,尚武的中国转向中亚,终于将其势力扩展至帕米尔以外的地区。12—13世纪,中国受草原诸帝国铁蹄的威胁,成了航海与贸易的国度。18世纪汉满帝国统治着亚洲大部分地区,更为重视大陆问题而不是通商贸易,不过其时南部与东南部各临海省份的通商贸易已非常活跃。

上述概要也没有将技术发展史的重大阶段考虑在内。技术不断进展,跟着人口大增长。古代华夏地区大体只有几百万人口,后来我们已知的第一次统计却表明,2世纪时已有5 700万。人口明显增长极可能是由于公元前4—前2世纪技术大发展所致。第二次技术革新的伟大时期处在8—11世纪之间(发展水稻种植、选种、印刷工艺、纸币、新机械、出现远洋大船等等),随即导致人口新增长,因而到11—15世纪之间人口总数已超过1亿。由于引进美洲作物而15世纪初以后手工业蓬勃发展,终于自此时期至1830年前后形成历史上的最大增长。新近的发展则自当代开始,与世界上其他国家的发展相类似,至20世纪下半叶人口大激增。

思想史、宗教史、文学史之所以在本书中占一席位置,并非要作为自成一体的政治史、经济史、社会史之附属物,而是因为这两方面的历史是一个整体,将二者区别开来不过是人为的划分。华夏世界有其思想文化发展史,也就是说,在所有的知识领域与思想领域中,都曾发生不断的经验积累,出现过纳新融旧、深化演进的运动,举凡历史都有此特点。指出或揭示此点,至为重要。必须强调中国思想文化传统的特殊倾向、其独树一帜之处,同时还须指出外来成分的影响。后者将中国与世界其余地区紧密联系起来而且反映出极为普遍的平行发展现象。中国佛教热的伟大运动与中世纪基督教运动如出一辙,十七、十八世纪伟大的中国思想家与我们启蒙时代的哲学家遥相呼应,对于这种现象,谁都会感到惊奇!况且,近代西方所能带给中国的事物,也并非是全新之物,而外行人却这样以为。数学、伦理观念、政治思想、社会学、历史评论、文献批评在漫长的历史过程中已经发展起来。在许多领域里,西方有所发现的时候,中国都完全可以与之相比。

华夏文明的一般特点

华夏文明的出现与发达农业类型相关,这种农业几乎囿于平原与河谷之内。中国或中国化地区,山地开发不多,山区一向是另一类居民的领地。此外,牲畜饲养亦只限于满足必不可少的驾车与驮运的需要。而在印度、中东、地中海盆地乃至欧洲,牧畜(牛、马、骆驼、绵羊、山羊)在经济上与观念上都起重大作用。上述所有地区,农业与畜牧业都紧密地联系在一起,而东亚则是世界上畜牧阶层与农业阶层二者截然分开的唯一地方。此二者的鲜明对照足以显示远东特色,其后果关系重大。它大致体现出文明特有的选择方式之一,这也是由地理状况促成的:重要畜牧地区位于肥沃的黄河流域大平原的北部与西北部。

近代人特别强调华夏地区农业经济的主导地位。但看来是由于晚近较为特殊的状况才促使他们过分注重华夏世界的乡村性质并由此引申出全面的结论来。事实上,经济严重衰退之后,中国20世纪上半叶便成了无组织的乡村社区群体，只靠农业资源已难于生存下去。在东亚其他居民眼里以至对于世界其他地区而言，中国至现代都表现出若干其他特征而不只限于经济上的农业基础。

中国最出色的成就之一是在漫长的演变过程中，发展了复杂的政治组织形式，成为人类社会史上最完善者。一种统一的行政制度能够在如此早期便延伸到如欧洲幅员的广阔地域，而其居民的多样性亦堪与欧洲相比，这确实令人惊讶，值得一书。请想一下米拉博①就1789年之前的法国发表的言辞，他将其视作是："一群分裂的缺乏组织的人民"！中国是这样的国度，它最留意系统安排自己的空间：道路、驿站、粮仓、城池、御敌围墙、河水调节、水库、运河等等。中国政治功能发达，而且大大高于其他功能（军事、宗教、经济等功能），这是中国最显著的特点之一。

但华夏文明首先也是一种技术文明。与利用毛皮的游牧居民相反，华夏文明很早就发明了精湛的织造技术：丝织始于公元前1 000多年，棉织始于13世纪末。而在炮火工艺方面华夏文明亦表现出卓越的技能。此外还有陶瓷技艺——中国陶瓷史是世界上最丰富的历史之一，中国的瓷器工艺从12世纪开始就已臻于完善。还有冶金工艺：公元前1 000多年商代的青铜是过去出产的最美的铜器。自公元前4世纪开始，铸铁便成为中国的大工业。两个世纪之后，中国的铸铁匠已经能够经常出产钢材。虽则近来有人将华夏文明形容为"植物文明"，但对于所有亚洲居民来说，中国仍然是一个拥有造诣极高的冶金工匠的国度。

中国的工匠与工程人员应召到伊朗甚至应召到俄国……直至19世纪，中国依然是豪华奢侈品的出口大国，其产品的贩运带来世界范围的贸易潮流：丝织品（自公元前3世纪至19世纪）、陶瓷、棉布、茶叶等。而应该一提的还有：铜镜、漆器、五金、家具、书籍、绘画。正因为东亚存在着非常活跃的贸易潮流，欧洲临海国家才于16世纪初以后千方百计地

---

① 米拉博(1749—1791年)，法国演说家、政治家，曾当选为议会议长。——译注

要打进去：一个纯农村经济的中国对欧洲各国毫无吸引力可言。

因此，通常人们对华夏世界所抱的观念是不正确的，不过还是反映了隐约可见的大体情况。也就是：由于政治功能占绝对优势，经济活动无法达到其他文明那种自主高度和专业高度，宗教活动与战争活动也不能达到这一点。无疑，华夏世界存在独立的宗教生活形式，存在战争传统与战争环境，也有过摆脱国家控制的异常活跃的商业部门，但是从来没有任何僧侣、任何军事集团、任何商业阶层能够在中国僭取政权。这大概便是华夏世界经久不变的重大特点之一。在这方面，华夏世界有别于其他国度。

在中国我们见不到人的秩序服从于神的秩序，也见不到诸如创造出于礼法而又由礼法加以维系的世界观念，以上两点均为印度精神世界所特有。草原牧民亦不可能如汉人一样观察世界与理解世界，后者是农业与手工业文明的产物。游牧牧民了解何为财产占有，因为这是他们的日常活动；作为战利品的财产、名副其实的奴隶、指挥的权力、在劫掠中夺得的牧场、财富与人员的分配，凡此种种都是游牧居民社会秩序与政治秩序的构成部分；这些展现出一个基于武力与权利的世界，也显示出我们较为熟悉的心态与行为，由于印欧历史乃拉丁、克尔特与日耳曼的历史，故此我们不甚了解华人的世界。印欧居民到组织国家的时期方才采用文字，口头语在他们当中一直拥有巨大价值与力量，而在华夏世界中，文字才享有此特权。

通常都将政权视为压制与指挥的权力，而中国却将其看作是推动与维护秩序的要素，虽然这种观念并不排除运用武力与粗暴干涉。但强制又总是与品行矫正的观念相配合。若将强调道德的调节作用仅仅视为借口，看作是专制制度的遁词，则是错误的，而其实它表达了一种极为卓越的政治行动方式，这种方式一直延续至今。因此，有人以为早已揭开纯粹独裁政权的假面具，其实不过是自己的误解而已。

我们来谈谈关于中国思想总特点这一荆棘丛生的领域。首先要了解涉及的方面：是什么年代，属于人类哪种活动领域，处于哪种社会环境。然而，所有接触过这一国度的人都明显感觉到：这里与我们成长起来的世界极不相同，而且至今仍然如此。中国的基本传统——无论政治、宗教、审美、法律——均与印度、伊斯兰、基督教的西方迥然不同（再者，处于喜马拉雅山系这个威严屏障之外的诸文明，彼此之间有过众多的经常性接触）。中国不了解超验真理、自然幸福观念、严格的私产概念。中国推崇互补、关联、汇聚、远距作用、示范等概念，将秩序观念视为有机的总体而排斥对立物、绝对观念以及精神与物质的截然分开。中国没有求助于美索不达米亚式的详尽表格，也不使用印度式的套接排列，而却运用变化能动的象征体系。就中国思想而言，这种体系更能反映万物与世界的秩序。中国逻辑不从言语的分析出发，而是基于运用具有相反、相承价值的符号。这种重要倾向终于导致书写符号凌驾于口语之上。或许文字也与这种深层倾向有关。

文　字

文字与文明密切相关，倘无此超越时空的传递与记录工具，伟大文明则无由发展。而通行的文字类型对于文明发展的总趋向亦产生深远影响。中国文字较之于其他文字更能令人认识这种重大效果。其起源如此独特（每一符号一般与一个意义单位相当）而且如此复杂，使用这种表达工具的人又占全人类如此大的部分，世界上只有这唯一的例子。文字复杂无疑有利于能够掌握文字的社会阶层，但有利程度远不如人们设想之高。历代社会，能读书的人只占极少数，华夏世界受教育者的比例似乎一般比西方为高，而西方学习拉丁字母却无需长期苦读。这种奇异现象可从中国重视识字与书本知识得到解释。

另一方面，中国文字起源之独特性在许多方面均产生重大后果，因为汉字几乎不随历代语音变化而变化，不随方言不同而变异，甚至不随语言结构变化而更动。公元前3世纪末期,秦始皇在华夏地区强行书同文。自此以后,中国文字便成为政治统一的最有效工具之一。一种书面语言便在中国发展起来,只供双目认读,并为全华夏地区所使用。这种做法既出于语言原因(方言差异),也出于政治与行政原因。迄今为止,原则上没有强制推行任何规范的口头语;同一篇文字可以用不同方言高声朗读出来。每逢口头无法交流的时候,运用笔头总可以彼此了解。因此中国文字凭其效力而成为华夏文明及受华夏文明影响的整个亚洲的一种通用表达工具。

其语言与汉语极为不同的民族(朝鲜人、日本人、越南人)都曾采用中国文字,他们用自己的方式、按照自己的语言习惯来读汉字,至今依然如此。越南被法国占领之前,中文一直是其文化语言与行政语言,朝鲜被日本兼并之前亦如此。日本情况也相似,汉字有好几百年时间成为日本文字,中国在日本的影响曾经占绝对优势。由此留存着整整一批汉字文献,其中的作者、诗人、历史学家、小说家、语言学家、哲学家并不是中国人,而是朝鲜人、日本人、越南人。因此可以说东亚存在一个以使用汉字为标志的真正的文明大集体。

这种文字起源的独特性还有另一后果,关系到华夏世界以及具有华夏文明的国度所形成的知识与文化类型。由于文字与语音变迁无关,书写传统便具有连续性,这一点为任何其他文明所无。虽则笔法因时代与文体不同而异,但是一篇公元前2世纪的文章并不比当代用古文写的著作难读多少,有时甚至还更易读。由此便可了解中国知识的传承性及其历代的惊人积累。在表达方面,已经形成一整套用之不竭的格式,储备了无数的双字词,都是历代诗人、政治家、历史学家、道德家、学者等不断贡献的结果。由于文字传统有着这种不同寻常的连续性,致使阅读文献需要有广博的文化知识,而文化知识的习得比学习文字本身还要费时久长。这种连续性可以说明文字作为政府工具与行政工具的作用,同时也可以说明"士人"的崇高威望。士人为文化人,有鉴赏力,能够履行政治

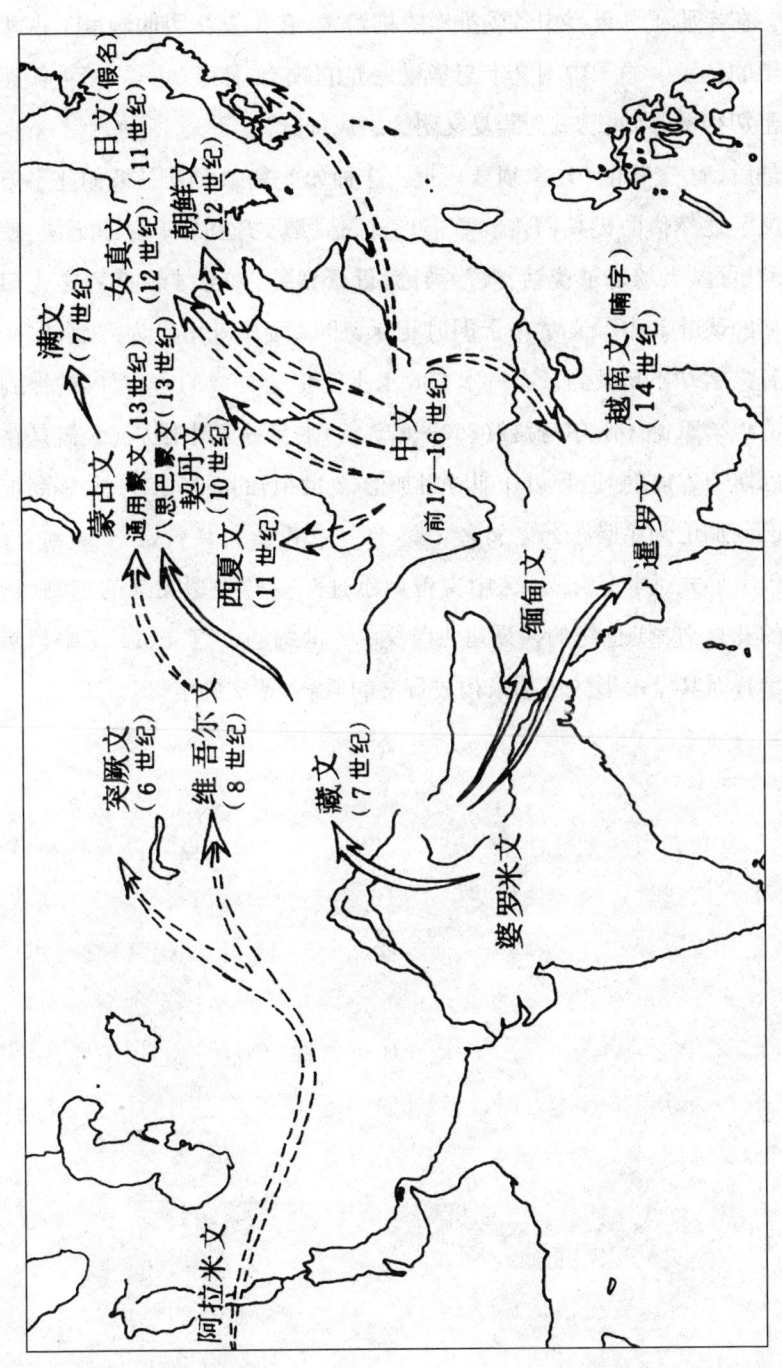

东亚主要文字及其起源示意图

职责。在希腊罗马世界中备受推崇的雄辩术,在华夏文明的国度只占极为次要的位置。由于中国文字与华夏世界的政治、社会、审美、精神等诸方面密切相关,因此已成为华夏文明的组成部分。

最后,有一个奇妙现象须要一提:这种如此复杂而且看来如此不方便的文字竟然借助极其简化的草书形式,造就历史上第一套速记法,使用便利,可以当场记录谈话、政治辩论、诉讼案件,乃至才情横溢之士口若悬河的谈吐。中国文字用于即时记录甚早,而且应用极为广泛,这一点拼音文字却不易做到。有一本988年于巴格达写成的著作,内中提到著名的穆罕默德·阿尔-拉兹(850—925年)眼见一名中国人(大概是路经阿巴斯德首府的)边听边译即时将加伦(2世纪)的著作录下来,感到惊奇不已。加伦为希腊医药之父之一。

汉字形式远非只此一家,中文曾启示过东亚同类型文字的创制(10世纪的契丹文、11世纪的西夏唐古特文、12世纪的女真文、14世纪越南的喃字),而其草书形式已用来构成日文的假名、朝文的字母。

第一卷
从古老王国至中央集权国家

第一巻

第一章　古老王国

一、新石器时代前期

自20世纪中叶以来①，中国各地区及边境地域均有大量的考古发现，大大增长了我们对这段最古老历史的认识，而且往往证实文字的依据，这也深刻改变了有关华夏文明起源的传统形象。华夏文明看来是多种文化的产物。

公元前8000年左右，一种还处于初级阶段的农业经济代替了仅仅以狩猎、采集和捕鱼为生计的经济。大家对这个时代的认识尚浅。但是关于随后几千年的状况，出土的证物并不缺乏：在渭水流域（现今陕西省）及黄河中游，公元前6500—前5000年的遗迹数量众多，表明当时的农业已相当发达（种植黍粟，饲养猪狗，也许还养鸡），还使用各种石制工具和骨制工具。陶器虽仍相当粗糙，但式样与图案已明显地随地区不同而异。不过发现最古老的陶片是在华南地区，大部分都饰以心形花纹。这许许多多的遗迹为我们证实：伟大的南方新石器传统早于公元前

---

① 这一段多得阿兰·托特先生的指点。——原注

5000年就已存在,过去是料想不到的。

关于在此之后的时代,新近的出土文物表明:有好几支不同的大文化分布于广阔的地段上。

1. 仰韶文化,以其几百处遗址而为世人所知(同位素碳14测定遗址的年份是公元前5150—前2960年之间),它从甘肃延伸至中原,包括山西与河北的南部地区。这一带是黄土地带,无疑是更新世时期积下的细尘,至今中国西北还留有其厚层。这支文化远非整齐划一,总的来说它具有如下特点:农业经济占重要地位,但仍结合狩猎、捕鱼、采集;运用石锄、石铲、石刀、石磨等工具;养猪、养狗,或许还养牛。陶器在制造技艺以及着色或心形装饰方面均呈现出不同地区的重大特点。最精美的陶器饰有几何图形,有时还带上程式化的鱼图,着黑色或红色。

2. 大汶口文化(约于公元前4746—前3655年),覆盖山东半岛及黄河冲积层的广阔流域。像仰韶文化一样,其经济以种植黍粟为基础。壶罐的形状较为精细,其图案通过镂空、镶贴或以编织物压印而成。色调的一定差异度以及泥浆的一致表明已经实行选土。

3. 在长江中下游流域可见另外四支文化,与仰韶文化及大汶口文化大体同时期,其技艺水平也可以与之相比。但因地理环境十分不同而有所区别:大约自公元前5000年开始,这里作为主粮的是大米,有两个品种。已证实水牛饲养与猪狗饲养是同时期的事。木制工具与骨制工具比石制工具占优势,住房建筑运用榫头与榫槽的巧妙接合。最古老的织布梭子也在长江下游发掘出来。在公元前4000年左右,烧陶温度已达950度至1 000度。

4. 再往南面,福建与广东两个沿海省份以及台湾的居民看来稍晚才到达农业阶段,他们似乎曾经实行过原始的园艺形式。关于这些居民我们所知还不多。

夏　朝

随着新石器时代中期各种文化的发展和扩大,各种接触与交流大大增加,更广阔、更一致的整体形成了。在公元前4000年及前3000年时期,可看到某些重大进步(玉器琢磨十分精细,长江下游已有竹器、丝织及麻织手工业;石制、贝制、骨制及木制工具进一步完善;更多地运用陶工旋盘;华北出现内壁细腻、精美非常的陶器)。某些特色已预示青铜时代的到来。如:一些器皿的形状,火灼兽骨的占卜方法,建于地面而不是半地下的房舍,重大的夯土工程,与屋基或墓穴相联系的牲祭,等等。铜或含铜量极大的合金开始制成。虽然还没有任何文物证据可以准确地认为那是夏朝之物(传说年代为公元前2207—前1766年,其历史只限于保留了一份君主的名单),但是其全部特征均为青铜时代的特征,这表明夏朝的存在几乎是确凿无疑的。宫堡城邦看来便出现于发达的新石器文化背景中以及人口相对密集之处,一个以拥有青铜兵器为基础的政权后来也在这种情况下于公元前2000年时期发展起来。总体条件与美索不达米亚、印度河流域、古埃及等早期文明的诞生条件大致相似,上述几支文明也都出现于江河大流域区之内。因此,将早期的宫堡城邦以及中国文明的初期表现追溯至公元前3000年末期,那是理所当然的。

二、古老王国

第二次世界大战之前考古发现已经不少,1950年以来更为倍增,虽则如此,黄河下游发现青铜器仍然带有偶然性,二战前考古学家已经为此惊讶不已。大陆西部经历过应用纯金属的漫长年代,这里青铜出现之前似乎无此漫长阶段。中国青铜出现亦比中东为迟,但其工艺却于公元前2000年之下半叶臻于完善,为其他地方所未见。无需长期探索而进展又如此神速,这一点或许可从东亚的某些特点予以说明。龙山陶工掌握熟练技艺,似乎早就能够烧出高温,加之在东亚技术传统中锤打、锻造所起作用有限,凡此种种无不令人认为:青铜合金是独立发现的。即便在青铜器方面(其他文明成分也一样)不能完全否定来自远方的影响,但显然这种影响已很快纳入古老中国的大环境之中。自新石器时代末期起，黄河下游便已形成一个文明中心，有自己的独特之处，其影响遍及整个东亚。

将青铜文明与龙山文化联系起来是有充足理由的，因为二者存在某些共同特点：

1. 采用逐层夯实泥土的工序；
2. 用夯土厚墙加固城址；
3. 借助火灼扁甲骨作占卜之用；
4. 山东(龙山)细黑陶与商代青铜器皿，二者非常相近，形状别具一格。

最后，据历史传说，早期皇朝从东往西迁都，这一传说与山东龙山文化策源地及商代设于西部各京都的状况相符。

青铜时期第一个朝代：商或殷

商代王国之前已出现预示商朝制度的政治组织形式，关于存在新石器朝代的传说(夏朝)也并非毫无根据；虽则情况极可能如上所述，但是青铜技术发展与古老文明的显著勃兴是同时发生的。殷商最后一个都城(位于河南省东北部，靠近现时的安阳)建于公元前14世纪至前11世纪末，其遗迹已反映出十分发达的文明，拥有整套精湛的技艺与知识，在此之前尚未有人发现先例。总而言之，黄河下游各种文明成分——文字、战车、建筑技巧、卜筮仪式、青铜工艺、各式祭器、装饰图案等等，均以极其精巧的形式出现。1950年以来的新发现无疑在某种情况下可以令人追溯到更久远的年代，但仍不足以说明商代后期每一领域何以达到如此精致复杂的发展程度。虽然将商代初期(大体也是青铜器的初制阶段)推定为公元前17世纪中叶或末叶不无理由，但是要描绘商代文明，仍不得不主要参照安阳的出土文物。

商代(或称殷，按后期通用名称)最后京城之遗址为大商或大邑商。

商朝最后 11 位国君均定居于此。商代共有国君 30 余人，据传说，曾在山东西部、河北南部、河南西部、安徽北部之间的地带六易其都；其遗物散布的面积极广。据挖掘所见，可断定商有一小城堡，其夯土围墙的走向从西往东，自南向北，即如后来华北的中国都市。坑内藏有骨器与龟甲，经过火灼用以占卜，其中许多刻有文字。房屋基础与长方形建筑的废址以石头垫基，以青铜为柱墩，用以支撑柱子。墓坑中有陪葬的人与犬(陪葬人置于建筑物之外，脸朝外面，配有战戈，身旁放置青铜爵器)。有五个坑穴藏有并驾战车及其御车者。有些墓穴发现被砍去头颅的遗体，而另一些墓穴则只见头颅。最后，有一些大墓穴已经挖掘出来，显然乃是君主墓穴。大部分发现于 1927—1936 年间完成。据此可以推想，曾经存在过与建筑有关的祭仪，并有过献祭战俘之举。

自 1950 年以来，华北地区探出许多商代遗址。1953 年，河南郑州郊区发现其中之最重要者。从中发掘出厚 20 米的夯土墙基及住宅、工场、窑炉的遗迹，还有青铜铸模以及大量陶器。没有找出安阳墓穴之类的大墓穴，不过与殷商最后一个京城相仿，其走向亦是从南往北，自西向东。青铜器皿构思较为简单，但工艺熟练程度已超过中东青铜技艺的最早遗物。

武器、祭器、车具、鞍辔为远古时代仅见的青铜铸品。商代末期的青铜器装饰复杂而精致，其式样、图案相对稳定，数量有限，而且也见于象牙、玉石、木器制品之上。装饰由图案与动物形状构成，勾勒鲜明，按一中轴线对称排列。这种动物艺术在新石器时代完全不见，这时突然出现，似乎是亚洲东北部青铜时代的特征，一直至南西伯利亚都可见到，尤其在卡拉苏克(位于鄂毕河与叶尼塞河之间的高谷)文化方面更是如此。这支文化似乎与商末、周初的中国青铜器发生过联系。对商代青铜的分析表明：不同器具，所需合金类型不同，据此铜与锡的比例因之而异。青铜中含有 5％～30％的锡，2％～3％的铅。最精美的成品显然是祭器，有各种式样，每一样式都为特定的典礼用途而设。此类祭器在商代仅铸上极其简短的文字或标记,大体起到相当于家族纹章的作用。这类标记亦出现于兵器上,其中最富于特征的是戈,一种兼斧与刃的长柄武器,用以钩住敌人,先行发击;这种兵器只见于东亚。

轻便而耐用的战车,大轮子,多辐条,已经属于后世通用的种类,但似乎当时并未十分通行。这种车子接近亚洲西部地区青铜时代的战车类型(请注意:战车以及用以牵引的驯马约于公元前 17 世纪出现于安纳托利亚与叙利亚),配有方形车厢、弯曲辕木,由两匹套上索轭的马牵引。在发明胸带与轭圈之前,这是世界上唯一通用的套马法。这是战争的工具亦是摆排场的工具,专供帝王、显贵之用。公元前 9—前 6 世纪的古老《诗经》就曾描述过豪华装饰的车及其华丽的套马。

战车以及若干在战争中使用的兵器(特别是混合式后弯弓,看来异常强劲)也用于行猎,狩猎为王家惯常仪式,铭文中曾不时提及。当时所获猎物异常丰富,如各种鹿类、野牛、熊、虎、野猪等。

凭考古资料与铭文,便可以对商代社会类型有一个起码的总概念。与后来材料作比较即发现普遍吻合,存在许多相似之处(看来周朝社会乃从商代社会演变而来),亦有不同寻常的特点。

筑墙城池、战车、青铜祭器,均为贵族阶级专有,此阶级可从其祭祀与参战而明确识别。出土文物与铭文提供有关贵族阶级的情况最多。因为农民阶层的存在只是隐约可见,其耕作方式与工具(石刀、短柄木锹)似乎与新石器时代并无重大差别。王宫是贵族社会一切活动的中心,而帝王则君临于贵族社会之上。再者,宗教、作战、行政、经济等职能密切联系,或者更准确言之,彼此之间没有真正明确的界线。王室世系居于氏族组织之首,而各族系首领同时为各家族祭祀之首领。当时已有地区政权,似乎近似于后世所见的采邑。这类政权,与侯、伯的名号相应,由王族成员执掌,但有时亦由名字不同的世系执掌。商朝领地延伸至整个中原地区,若干部分还伸展到长江流域。尚未归化商朝的居民被称为蛮夷,在这片土地上与出产青铜器的居民共同生活,二者常常处于敌对状态。这类部族在江苏北部、淮河流域尤为众多。

商代文明最明显有别于后世文明之处是其宗教仪式及宗教的主导作用,应当指出的是:后世只起次要作用的火灼甲骨占卜方式当时占有重要位置,对先君的祭祀享有特殊地位,而祭献仪式则大讲排场;曾实行人祭的做法,周代逐渐趋于消失。

占卜与祭祀

将献祭兽骨火灼作占卜之用,这种习俗为东亚特有。反之,东亚没有检查内脏的做法,而在欧亚大陆的西部,则是常事。已经证实,上述占卜习俗,自新石器时代起便存在了,到青铜时代大为发展并日趋完善,成为王室最重要的活动之一,导致真正的占卜技术出现。卜筮学科成为专门人士的特权。此时之卜骨更为精心制作,带有重叠的椭圆形或环形坑道,在火的作用下可得到T字形的碎裂花纹(即指这种古老占卜法的中文的"卜"字)。安阳时代末期,应用龟腹甲已十分普遍。自20世纪初以来,已发现十多万件刻有文字的甲骨。所有甲骨都出自殷商末期都城的遗址,仅有极少数例外。这当中,已公布出来并经过研究者,约达五万之数。首批刻有文字的甲骨出现于中药店,当时作为"龙骨"出售。这种"龙骨"刻文引起金石学者王懿荣(1845—1919年)的注意,由其友人刘鹗(1857—1909年)加以鉴定,确定为商朝史料。自此以后,许多中国学者致力于研究这种占卜文字(称"卜辞"或称"甲骨文")。与此同时,随着1927—1936年中央研究院开展的发掘运动以及1950年以来的各种发现,对商代遗址的科学认识已不断进展。由此,商代最后王朝的宗教、政治、社会等方面乃至一些细节情况都已弄清楚,虽然仍有不少尚未完全明确的事物,但成绩依然十分可观。

甲骨经火灼后铭刻用以作为所得卦象之解说词,其目标是积累资料,借此可以发展占卜学识。此种材料乃中国最古形式之历史编纂,从一开始便显示其基本特色:与政治活动紧密联系,表现出注重先人事例的面貌。事实上,占卜涉及所有与王室职能有关的活动:祭祖、祭神、出征、任命、临朝、城建、农事、气象(雨水、干旱、刮风)、疾病、远行、做梦、生子、未来旬或未来夜之祸福。

研究这种文字可以了解中文最古老的形式,揭示出书写传统异乎寻常的连续性:当今通行的文字可上溯到公元前 14—前 11 世纪的甲骨文,其发展并未中断过。这种古老文字,已经非常复杂,约有单字 5 000 个,其中 1 500 个已有人作出可靠解释,包含后来据此发展的大部分构字要素:象形者为"文",在其偏旁,再加上表意的"字"。但正如中东的古老文字一样,亦可见如下情况:若干符号只用于表音,而不论其原来意义如何。

负责王室卜筮的占卜与录事人员(在安阳时期有不同学派,有革新者也有传统派)也注意历算问题。在甲骨文中已发现两种算法形式,后来在整个中国历史时期都加以应用:一为十进制,以 1~10 的十个简单符号表示,还有 100 的符号,再加上 1 000 的符号;另一为十二进制,十进制与十二进制两套符号组合运用更为复杂,可用以构成 60 个双字符号的循环周期。这类符号当时只作为记录日子之用,60 的周期用于计年仅从公元前 2 世纪开始。旬及旬之组合是商代划分时日的基础。有人注意到,商朝君主的名字总带上一个记录旬日的字符。看来,这是表示对其进行祭祀的日子。

祭祀次数甚多,有些在固定日子进行,也有不大定期的。最重要的是与拜先君有关的祭祀,间或同时拜祭王后。根据甲骨文,可以开列商朝历代君主的完整名单,这份名单甚至上溯至商朝建立之前;继统法为兄传弟,弟统空缺时,则舅传甥。① 因此,虽则商朝共有 30 位君主,但只有 18 个世系。再者,这份商代君主的总名单与后来传记所记相符,仅有几处细节略有出入。司马迁于公元前 1 世纪写成的《史记》已记下商朝

---

① 原文如此。——译注

各君主。

牛、羊、猪、狗曾大量作祭祀之用。为一祖先献上三四十条牛的情况并不罕见。有些甲骨文字用以表示一百头牛或一百头猪的牺牲,也有表示上十头其他牲畜的献祭。如此大量的牲祭到后世已不复存在,由此可以设想,在古代社会的经济中,饲养业占有相当重要的位置。祭祀之时举行大宴,借此机会进行财富再分配。祭祀也可能带来巨大破坏,尤其是君主举行葬礼的时候。

1927—1936年间在安阳发现王室大墓穴,为我们提供了中国商代最生动的实物例证。陵墓平面成十字形,内有一条南北走向的长方形坑道,居中还有一条更小更深的坑道。有两道或四道15～20米的长廊直通主坑。君主的木制棺材置于居中的坑道上,坑中有一条献祭的狗。在长廊上以及在坑道四周的平台上留有武士遗骸,大概是君主的近人或侍从,还有国君的战车连同其马匹与驭车人,此外还有陶器、青铜盛具以及其他有价值的物品。在葬礼中,将君主近身侍从作为牺牲,而且要求将最贵重的财物以及表明下葬人身份的物品(主要是战车与战马)置于君主周围,青铜时代许多其他文明也有这种丧葬习俗。

卜辞亦提到其他祭礼。有一种重要祭祀取名为"帝"或"上帝"(后来此词用以指远古传说中的君主,公元前3世纪末第一个帝王据此创造了"皇帝"一词),似乎曾带来至高无上之神的观念,作为政治秩序(护卫都城与军队)与自然秩序(雨、风、旱)的保证。但也存在较为次要的神:东后、西王母、四方之神、流经安阳之畔的洹河水源、黄河、若干圣山等等。在某些祭礼中,似乎"尸"(此词含意为"尸体",在周代的葬礼中指代表死者受祭的人)"巫"亦参与其事。

殉人习俗看来是商代文明的特点之一:若干殉葬与建筑物落成仪式有关,另一些则与葬礼相联系,或用作对先君的祭祀。要求君主侍从妃嫔陪葬的习俗,后来只是零星残存。到公元前1000年以后,木俑、陶俑逐渐代替真人殉葬。

第二章 列国时代

一、古老王国的衰落

根据一个人们认为其无可置疑的传说,有一个称作"周"的城邦建于陕西,周为灭亡殷商者。这事看来发生在公元前1050—前1025年之间。这个城邦处于商朝领地之外,与西部地区蛮夷之人保持接触与经常往来,它似乎深得适宜于养马的地利之便:泾河上游流域与甘肃东北部,后世便成为种马场地区。周人的风尚较之殷人更为尚武,似乎已广泛使用战车而且早就发现四马并排的新型套车法。

周代前期

传说所叙述的殷传周的历史值得在这里简述一下,因为在鲁国士人即儒家传统学派的心目中,周朝开国者享有崇高声誉。

周人在后世史书称之为"文王"的领袖带领下,向河南进发,其时殷代最后一位君主正忙于与淮河流域的蛮人作战。周人正胜利挺进的时刻,文王战死,武王继位。殷人在黄河以北的牧野之战中彻底败北。殷朝末代君主纣辛被斩首。殷朝旧臣以及受纣辛残酷压迫的夷人将文王、武王作为解放者敬奉。胜利后武王将中原各城池交与武庚(即被斩首的暴君之子)管理,自己径直回陕西,不久便卒于故土。成王继位,内乱爆发,武庚借此时机,联合淮河流域的夷人起兵反叛周朝,年幼的成王的叔叔周公组织防卫并进而反攻。殷朝灭亡,淮河地区的蛮夷臣服。从此周朝有两处京都:一为宗周,靠近现今陕西的西安;另一为成周,在当今河南洛阳附近。周人为保持其对殷朝故土的统治,向旧城以及向当时建立的新城派遣自己的家族或近亲成员作为官长。

从后来的历史传说得知,归化的外族人曾在成王两位继任人的统治下起兵反叛;周人在穆王时代(公元前10世纪中叶或末叶?)曾致力向西北部扩展(至甘肃,有可能到达现今新疆东部);穆王征讨被称作"犬戎"的西北部族,亦攻打江苏北部的居民。

据1950年以来发现的遗址及文字记载,看来公元前1000年的初期的确是个扩张时期。当时周朝移民直达现今北京地区、山东东北端以及长江下游平原。

反之,公元前9世纪末至前8世纪大体是衰退没落时期,可能与外族入侵有关:宣王时期(公元前827—前782年),草原民族猃狁(或许已谙马术)窜犯;幽王时期(公元前781—前771年),犬戎入侵陕西。厉王时期(公元前878—前828年),周室进入衰落阶段。从此时起才有了年代准确的历史。中国史上第一个确切年代是公元前841年。

传统年表

传统史书将周朝分作两个时期:一为周朝诸王建都于渭河流域时期(此时期称"西周",从公元前9世纪至前771年),另一时期从迁都成周(靠近现今河南洛阳)至周朝被秦国于公元前256年灭亡(此时期称为"东周")。但也存在其他的传统分期法。其一是以山东鲁国的编年史为基础,涉及的年份为公元前722—前481年。因借用编年史的书题《春秋》,于是有了"春秋时期"的称谓。最后,帝国统一(公元前221年)之前的时期,由于当时战乱频繁,亦称"战国时期"。此时期的开端有时按公元前453年晋国领土权的实际分割而定(晋国领地延伸至山西以及河北、河南的一部分),有时亦按公元前403年周王正式承认这种划分,并承认由此而产生的诸国(韩、魏、赵)而定。

中国老一辈历史学家有鉴于典礼仪式、文化传统、家族等级等可能基本保留至公元前5世纪下半叶,后来才遭废除,因此他们将春秋时期与战国时期对举。古国的主要特点到周初依然存在。事实上自古国至中央集权国家,复至帝国统一的复杂演变,其间并没有中断时期。

二、从诸侯至列国

我们有关周代社会的知识主要来自《左传》(或称《左氏传》),此著作作为《春秋》的说明,大概成书于公元前5—前4世纪。而这种传说记载似乎十分忠实,再借助其他文字材料以及考古资料,便可以再度展示公元前9—前7世纪华夏诸国看来早已存在的社会类型。

公元前9—前7世纪的贵族社会

"封建"一词曾被极端滥用,现在已失去任何意义。最好是撇开此词而只限于就其特有的体制去说明其政治制度与社会制度的特点,即表述其在中国漫长历史中最接近西方历史学家第一次用"封建"一词去称呼的制度。况且,这种社会政治制度十分独特,因为存在着政治组织从属于家族祭祀,战争职能与宗教职能不分的密切关系。脱胎于古国,而仍然对之紧紧依附。

这种制度基于属地与家族祭祀的品级,最高级是君主领地与周室祭祖。国君号称"天子",被认为履行"上帝"职责,唯有君主才有权向上帝献祭。首都宗周位于渭河流域,是周代各城邦群的祭祀中心。先王的宗庙即设于此。

每一城邦的政权均由强大的家族掌握。其势力在于战车数量、宗教特权(有权举行某些祭礼,跳某种舞,唱某种特殊颂歌)等,亦在于其悠久传统及与王室之关系,还在于所拥有的徽记与财宝(青铜器皿、玉器、石钟与铜钟等)。为了使既得权利相传下去,自穆王(公元前10世纪中叶或末叶)起即奉行如下习俗:在用以祭祖的青铜器上刻上授爵与封赠仪式的记录。据此可知,封地、赐城、授职都附带有各种赠物:衣裳、布匹、青铜兵器、战车、祭祀器皿、贝币、奴仆、牲畜等等。

领地的扩展按蜂巢分群方式进行:封地制度可赋予某一贵族家庭在边界明确的领地中拥有宗教与军事权力("封"一词指封地,表示有一定界限),这种制度归根结底不过是王国在庞大的家族与领地等级关系中的一种对策。家族祭祀分两类,一为大宗(王室与王侯宗室者),另一为小宗,后者与整体维持一致。主祭首领在每一宗族中是立族祖先的直系后裔。祖先及其直系继承人世代受崇拜,而小宗的领祭只容许在其家族中祭祀四代的祖先(父亲、祖父、曾祖父、高祖父)。在所有贵族家庭中,均奉行如下规矩:由正室的长子继承职位与祭祀特权,起码自商代末期以来便已如此。由此可知确定承继子与正室何等重要。

诸侯国之组织("国"字表示围上城墙的城邦)仿效王室组织,在国君之侧,有"大夫"与"卿"。国君原先称为"公",后"公"字指贵族的五个等级之一。"卿"一词的古义显示出侍从与宗教职能的双重性质。此词原指大祭礼的主持者。显贵家族首领,"卿"或"大夫"为"公"尽职,其职务实际上乃是世袭制。这种家族在获得职务的同时,亦领受城邦(称"鄙")之外的土地(称"邑"或"采邑")。大夫与卿的属下为"士",出身于幼辈家族,其主要职能是在战车队中服务。农民提供兵员(称"徒"),耕种土地,土地收成供贵族享用。

卿与大夫除了侍奉国公与主持自身家族的祭礼之外,亦如王宫显贵,有责任应上级要求参与战事并提供战车与兵员。由此可知,军事组织是按政治与家族组织的模式而建立的。

依稀可知：这个基于家族祭祀等级制度以及基于维护祖先威望的社会，渊源何等久远，当时王权看来拥有绝对权威。商朝时期，先王祭祀以及王族世系权威似乎已经推动并支配整个社会政治组织；由于建立起更为复杂而又不稳定的制度，便导致王权只起仲裁作用。国君所授予的职务与特权原则上是可以撤回的。但诸侯国的发展以及显贵家族的强大却促使职务与特权世袭化，并令体制固定下来，这一体制想必原来较为灵活而且完全隶属于王权。此外，在公元前8世纪初叶，由于陕西平民犯上以及国王领地缩小，上述演变更为加速。郑国在周朝迁都时是周王的主要盟国，但不久便失去其重要地位。中原地带的其他强大诸侯国已在其旁边建立起来，有宋、卫、鲁、陈、蔡等。公元前8世纪时此等国家有12个，此外还有为数众多的小城邦。况且，自从周朝建立以来，王族家系便愈加复杂化，因为除了与周王同姓的直系家族，尚有异姓世系，其祖先曾是先王近臣。甚至商朝世系亦未中断，而是在河南西部的宋国延续下来。该处仍保存着安阳王国的古老传统。

在强弱诸侯国如群星并存的形势下，君主的宗主权与军事权已失却至高无上的地位，虽然求助于其裁决与依靠其精神权威的习惯依然存在。祭祀行动与熟习先人事例是这一新制度的基础。二者制约着各城邦的联盟或敌对关系，它们由于战争、仇杀、联姻、协约、财产与劳役之交换而分裂或联合起来。随着诸侯国发展与王室权力衰微，一个新社会与某些新风尚诞生了：出现珍惜自己特权与重视礼仪问题的贵族；产生贵族武士理想，注重荣誉与声望的道德规范。

这种社会显然属过渡性而且并不稳定；保持社会协调一致的祭祀等级制度与王家世系的优越地位相关联。王室衰落、地域分散使地区之间差异加深，诸侯国致力扩张并力图组成庞大的政治统一体，从而逐渐改变各城邦之间已经建立起来的平衡，并使各贵族诸侯国走上自我毁灭的道路。

贵族制度的衰落

春秋时代,中原旧城邦与周围城邦之间形成全面对抗。前者的王族世系上溯至周朝建国时代,为"中央之国",后来"中国"一词便应用于整个中国。后者正开始形成更为广泛、更为强大的政治统一体。老国的领土总比新国的支离残缺。正在形成的大国有:山西汾河流域的晋国,那是山地之国,宜于养马;山东西北部的齐国,为临海之国,由于渔盐、丝织品与金属贸易而致富;长江中游地区与湖北流域的楚国,其君主以"王"为称号,一如周朝君主,君主治下的广阔地区住着土著居民。这是半开化之国,其语言属另一语族,不同于中原语言,自公元前704年起它已扩展至河南南部。

这些王国的强盛得力于外部环境:公元前8世纪时,中国北部居民已构成入侵威胁,到公元前7世纪下半叶,情况愈益严重,导致齐、晋两国君主担当中原各国盟主与保护者的角色。草原地带最初的游牧部族可能已掌握驭骑技术,他们开始对非汉族居民施加压力,非汉族居民入侵有可能是受此压力而来的。无论如何,这种侵袭促进霸权兴起。公元前651年桓公(公元前685—前643年)主持会盟,齐国霸主地位形成;公元前632年,晋文公(公元前636—前628年)组成联盟,晋国成为霸主。

但自公元前597年楚庄王大败晋军以来,在公元前6世纪初,称霸的性质与含义便起了变化。从此强国欺凌弱国,而在威胁下进行的盟誓,便成为使强者地位合法化的手段。

随着地区性大统一体的发展,各国之间的斗争也表现出新的性质。由于传统与文化类型相同而联系在一起的盟国(亦是对手)要致力于用武力解决的已不再是家族之争。军事对抗伴随着更深刻的对立。山东齐国、山西晋国、陕西秦国各有其特点;三国的个性大部分是因为其地域条件差异而致(山区或平原区,畜牧业繁荣;近海地区,渔业发展,交通方便,贸易活跃,与远近不同民族保持往来……)。但北方这三国均与中原

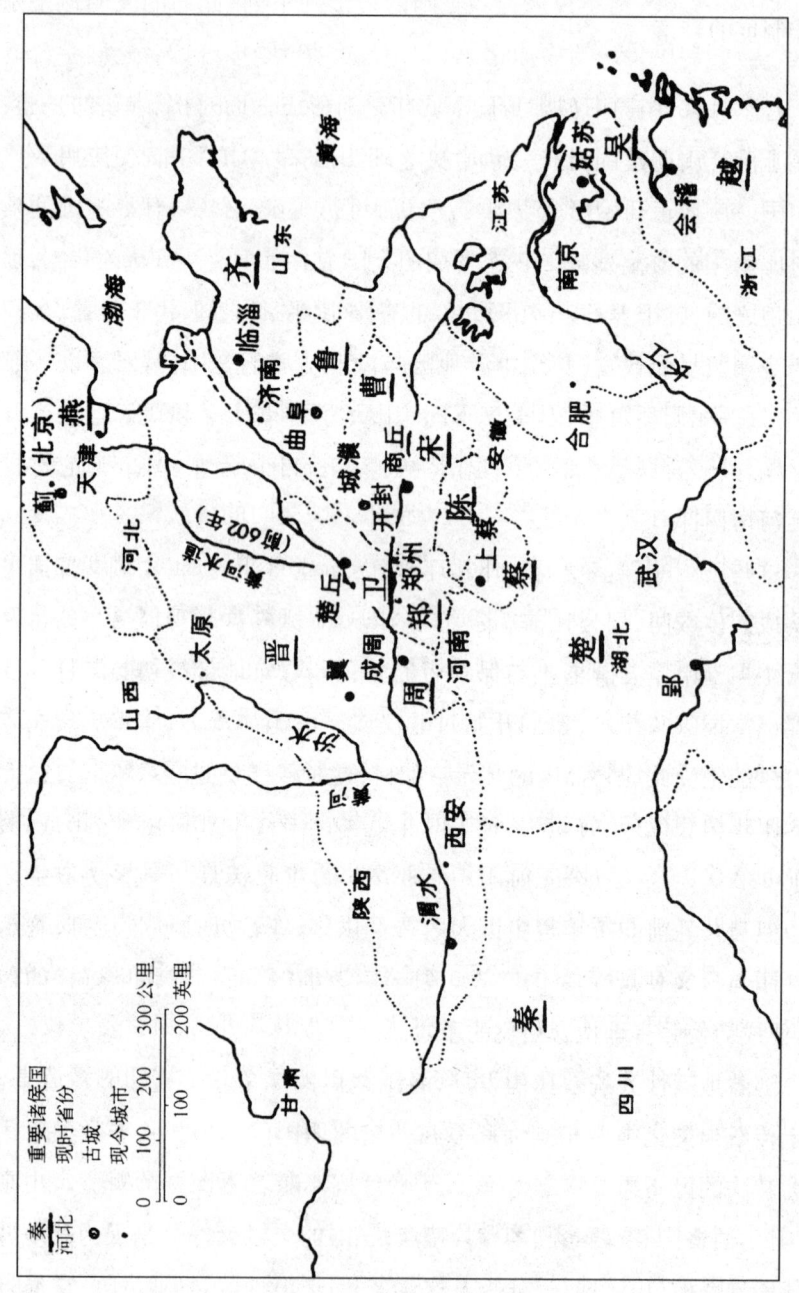

春秋时期各大诸侯国

城邦相接,与之区别不算太大。楚国的情形则不同,此间的文明似乎是当地"夷族"居民传统与中原诸国(中国)的"华夏"传统二者之间综合而成的产物。此外青铜文明向东南部的传播,促进另外两个国家的兴起:吴国在长江下游南部平原与湖泊地区,越国在浙江北部沿海。这两国的文化与黄河中原文化亦相去甚远。公元前6世纪末,这些拥有船夫、水手的国度迅速发展起来,遂导致其西部邻邦——楚国的衰落。在夫差(公元前496—前473年)治下,吴国扩展至长江中游及山东以南。但其对手越王勾践(公元前496—前465年)终于最后取胜,灭吴国且兼并其土地。在随后一个时期,即战国时期,楚越两国继续威胁着中原小城邦的和平与独立。

原先社会本以宗室祭礼为其基础,此时军事因素居于绝对优势,因而社会性质便有所改变。事实上,不仅诸侯国之间的传统关系形式受到影响,而且城邦中大家族之间的关系亦深受影响,因为社会制度是一个整体。约从公元前600年起,贵族社会的危机迹象便接踵而至。公元前6世纪时,事实上出现了新政制,其目标是加强君主权力与独立地位,公元前594—前590年之间,鲁国出现早期形式的农业税,郑国则于公元前543—前538年之间实行这种税制。为君主提供兵员的旧式赋役趋向于以供应兵器和粮食来代替。公元前6世纪下半叶出现第一批刻于青铜器上的法律条文。鲁国学派的儒者非常正确地将法律与赋税视为对于作为旧制度基础的传统习俗的第一次冲击。这两方面亦成为掌权大家族彼此之间斗争的标志。自公元前5世纪初开始,这种斗争愈益激烈。山东西部的鲁国,孟孙、叔孙、季孙三大豪强家族夺取了国家领导权,只让正统家系起名义上的作用,正统家系的祖先曾受封于周朝的缔造者。晋国六大卿家族统领全国三军,彼此争夺权力。公元前453年终于将领土瓜分并且组成三个政治实体,分别由韩、魏、赵三大家族统辖。公元前386年,齐国王族家系的所有特权终于被田氏家族僭夺。

这类内争与篡权活动是战国时期战争的前奏,已预示着行将到来的变化:权力集中于一人之手,形成中央集权的国家。

第三章　中央集权国家的形成

战国时代——从公元前5世纪末至前221年全国统一,是一个异乎寻常的时期,其间接连出现并行的变动,彼此紧扣,互相加强,推动历史的进程,引起社会、风俗、经济、思想全面变化。初期演变缓慢,公元前6世纪时,始显露端倪,接近公元前3世纪末期,变化加速,一代与一代之间的差别日益加深。

变化的起点自然是贵族社会及其制度与信仰面临危机。公元前6—前5世纪时大贵族家族之间的斗争以及政权集中于国公或君主手上的初步措施已将这种危机暴露出来。倘若要将帝国统一之前三个世纪的基本趋向概括一下,则可以作如下表述:政权逐渐摆脱其所处的粗糙母体——即摆脱公元前9—前7世纪所隶属的家族与祭礼背景;随着此种摆脱,政权便愈来愈明显地作为专门实体而设计。只说君主致力于摆脱显贵家族之控制,则这种说法尚不足以表达全部真相。事实上,在传统与时代新要求的冲突中,政权本身亦在改变其性质。

一、变化加速

政权逐渐趋向于成其为政权并巩固自身的权威,此事与某种军事扩张息相关。中央政权针对显贵大家族的斗争与各国之间为扩张领土、增加资源、赢取霸主地位的战争,二者相互呼应。内部问题与对外战争之间的这种密切关系成为这时期变化的真正推动力。因此"战国时代"的称谓完全名实相符;正是战争动力促使华夏各国在古代末期走上中央集权国家的道路。

这里不可能细述此时期的战争与结盟状况。争逐的国家共有七个:三分的晋国,即从晋国分出来的韩、魏、赵三国;田氏家族统治的古老而富庶的齐国;其力量刚显示不久的有两国,一为河北的燕国,其京城设于北京地区,紧靠游牧居民的大草原;另一为陕西的秦国,这是周朝初期君主的属地,马匹丰富,民风粗犷、尚武;最后是长江中游与汉水流域的楚国,属半华夏国度。以上便是"七雄",各国的短期结盟结而复解,时而魏国领先,时而秦国居优势。秦魏是这一激战时期的两个主要敌手。中原小城邦是古老传统的保持者,后都在争战过程中被周围强国兼并。

祖先习俗显得比以往更不适应时代的要求。无论是正统国君或篡位君主,只要想维持其政权便应拥有自己支配的资源、军队以及执行人。因而君主必须起用新人,为此,后来的国君便取消了大贵族家庭的职务继承权。

政治权力的变迁

春秋时代诸国养就一小批人员,其职责主要是处理祭祀与战争,但亦参与王室管理与领地治理。公卿大家族世代任高职("司徒"负责行政,"司马"为国防大臣,"司空"为主管公共工程大臣,"司寇"乃司法大臣),因国家不一而大同小异。除此而外,事实上还存在许多不甚显要但又不可缺少的官职,如:太史、内史、小史——其属下有不少人员(颂辞人、占卜师、预言者、祭礼舞师等),还有为君主个人服务的人员(马厩主管、马车夫、车管员、御膳试尝者等等)。任此类职务者,其出身家庭的祭礼地位与经济地位均大大低于大夫公卿家庭。此类人来自次子或非正室后代的家庭(即"庶子"),属于小贵族阶层("士")。小贵族中有武士,有传说记事之执掌者,有各种学识的专门家,他们不久便起决定性作用。君主就在其中起用第一批执行人。"士"一词春秋时代意指"武士、勇士",发展到中央集权国家形成之时,此词终于包含"文士"含义,即胜任基本上属于文职性质的政治职务的人士。

中央政权新形式渐趋成形,与此同时,地方政权亦起彻底变化。过去国君赐"采邑"、"封地"往往结合授职于宫廷或外地——这种赏赐形成文字刻于祭器上,铭文特别标示其世袭性质。旧习俗的国君赏赐在中原诸国中曾是地方权力的唯一来源,而在外围的秦、晋、楚等国中,此时却出现了一个新词汇——"县"。征服得来的乡镇,以"县"名之,大概是直接隶属于国君者。这字按以上含义初次使用始于公元前 688—前 687 年。上述改变并未立刻产生影响,因为在春秋时代的传统制度中,"县"不久亦成为大夫公卿家族的世袭领地。但县与旧式采邑的根本差别之处,在于其性质是征服得来的领土。这点后来成为地方政权起彻底变化的关键。国君依靠小贵族阶层借以摆脱大家族控制,此时新征服的土地便不再依传统由大贵族占据,而是受中央政权直接管辖。于是"县"便成为地方政权的一种新形式——由中央政权代表管理的行政区域。一旦君主强大到足以打垮旧大夫公卿家族之时,这种模式便扩展至全国。在秦孝公时代(公元前 361—前 338 年)商鞅变法之时,秦国第一次按此实行。当时建立的行政制度也就是后来秦、汉帝国所采取的制度:官职的等级与管辖土地的等级相当;几个县构成更大的地域取名为"郡";"县"与"郡"分别有县址、郡址以及行政长官(县为"县令",郡为"太守")。

演变的方向在于:最后成为一种政治制度,其特点是有一批受俸而又可以撤换的精选官员,受中央政权控制,是中央政权的延伸;另一特点是全国领土划分为行政区域。只是到了魏文侯(公元前 445—前 395 年)与秦惠文王(公元前 337—前 325 年)统治时期才出现"相"的职务;随之便系统划分文职与军职。至公元前 4 世纪时,才建立首批由官员管理的区域。要完成中央集权国家成立所带来的根本变化,仍须在政治演进之外,再加上有助于新国家形成的其他诸因素同时作用。政治演进已在大家族之间的争斗中,在中央政权为摆脱传统控制而作的努力中显露端倪。

战争性质变化

远古时代以及春秋时期,战争乃是高贵活动。战车、马匹、青铜兵器为少数参战人所拥有。战事在开阔原野进行,贵族家系在其间较量其勇武。由农人组成的步兵只起次要作用。但至公元前四、五世纪时,由于传统仪式与等级关系衰退,战争性质开始改变,而且斗争更为残酷:这时已不在于表现勇敢或必要时显示宽大以博取名声,而在于战而胜之并攻占土地。因而自此时起,战争便调动愈来愈多的人力、物力。春秋时代末期,战车数量增多。从前的战事只限于几次冲突,现在却持久进行。公元前4—前3世纪,围城之战已发展起来。原来习武是贵族的传统,与祭礼并行。这时指挥战斗已逐渐不再是贵族的事情,而是战术家、战略家的专责。追求效能并以此为目标乃是战争性质变化之本。演变反映在军队的构成上,也反映在对粮草的进一步重视上。公元前5—前3世纪,步兵发展起来,战车作用慢慢减弱,终于导致打破与驭车密切相关的贵族生活方式。若干新发明也促进这种作战形式的变化,如剑之出现(极可能于公元前6世纪自草原引进),又如弓弩与骑兵的运用。弩比古代游牧民族使用的双弯后拉弓更为强劲,更为准确。弩用脚张弦,是华夏世界使用最广泛的武器,后来不断完善,呈多种形式,一直使用至宋代(10—13世纪)。其广泛传播可能从公元前5世纪下半叶开始(据技术史家杨宽的说法),但亦可能稍晚一点。骑兵于公元前4世纪出现于北方诸国中,比战车更为机动也更加快捷。骑兵的运用系仿效游牧民族而来,与此同时也采用了草原骑士的装束(战袍与长裤)。

自公元前6世纪以来,步兵队伍得到了发展——晋国在攻打山西山区部族时使用了步兵,吴国、越国亦使用之,很可能因湖泊与河流众多而有碍于行车之故。步兵发展至公元前3世纪已成为庞大的步兵军团,由此而产生重大影响。可以说,中央集权国家的形成与作战技术变化密切相关。过去热衷于征伐与称霸的君主拒绝给徒兵(春秋时代为贵族武士的仆从)以应有的地位与尊严,这时徒兵在作战中的地位日益重要,甚而起决定性作用,君主也就不得不赋予徒兵原先不曾承认过的地位与尊严。中央集权国家将农民提到独立耕作人与武士的地位。土地权与在战场上博取军功的权利,二者同时并进。

但自公元前6—前5世纪起长期而激烈的冲突,以及公元前4世纪与公元前3世纪君主及其谋士的"务实"精神,引起对经济问题的进一步关注,或确切地说,意识到将经济视为明确实体;谁拥有更多人力,掌握更多各类资源以及储备更多粮食,谁就会赢得胜利。

关于政权与战争的变化,有其经济背景与社会背景,其重要性应予着重指出。

经济发展与技术革新

公元前4—前3世纪华夏地区经历了一个经济发展与技术革新突飞猛进的时期。其时由于各国国君鼓励加强垦殖,渭河流域、中原地带、四川成都盆地已成为连作区域。精湛的农艺也在这时候发展起来(施肥、区别土质、重视农时、引流排水等等)。放干沼泽地区,冲刷盐碱地带,就是这种周密的农业发展政策的重要表现之一。这时期的巨大灌溉工程,目标正是为了开发新耕地以及旱季用水。最著名的工程见于邯郸地区附近的邺城(位于今天河北省东南部)、四川成都地区、陕西渭河流域。组织这类伟大工程的治水专家在历史上留下了美名,如魏国的西门豹、史起,秦国的李冰父子及郑国。

公元前4—前3世纪,华夏地区人口开始第一次飞跃发展。虽然春秋时期人口无法估计,但是一切迹象表明:当时人口甚为稀疏,即便在华夏城邦众多的地区、黄河沿岸以及中原地带，因农业技术所限，人口密度也不可能太高。反之，公元前3世纪之古籍(尤其是韩非子著作)却提到韩国初期的人口飞速增长。由此可了解到历史上所知的第一次人口统计数字：公元2年时，共有57 671 400人，即略多于全罗马帝国大致同时的估计数字。

土地的开垦、新耕地的利用，大大有助于加强中央政权，促使其摆脱大家族的控制。事实上，通过对农户征税，中央政权便取得稳定的新财源，同时保证了对人的直接控制，因为定居于新土地的农民，不再像在旧采邑那样，隶属于大贵族。土地垦殖还可以扩大行政区域。现代史学家，其中包括中国的杨宽和日本的增渊龙夫，都曾指出公元前4—前3世纪推广铁工具以代替木制工具和石器的重大作用，由此促进深耕，便利垦殖，方便进行庞大工程。这类铁器铸造而成，并非是锻铁。华夏地区，凭借其用火的工艺经验，看来直接掌握了铸铁，而不像欧洲国家，须经历漫长的锻制过渡阶段。第一次提及铸铁品是公元前513年，这意味着当时已掌握铸铁技术而且已经常应用。

考古的证实稍晚一些，仅见于公元前400年左右以后，其时铸铁已经成为一种真正的行业。自1950年以来，在开掘出的遗址中大量见到战国时代的铸铁遗物(斧、铲、刀、剑等)。而且还发掘出用于铸铁器的模子，尤其见于靠近北京的燕国旧都遗址。铸铁较青铜为脆，锋利逊于青铜，而其优越之处是可以大量生产，在铁矿丰富的地区(如山西、陕西)，尤为如此。此外，由于熔铸与锻造结合，铁制兵器自战国时代起似乎已开始与青铜兵器匹敌，后者的应用当时仍然较为广泛。

中国在冶炼领域这种"突进"，有人可能感到奇怪：中国人公元前2世纪便能生产钢铁，而欧洲要等到中世纪末期才首试铸铁，钢铁生产则为时更晚。但此种差距更多地表明不同文明的独特性而并不仅是先进与落后的问题，其中可从如下两方面加以解释：一是华夏世界在铜的铸造方面已取得经验(因缺乏铜与锡便首先求助于铁)，二是战国时期风箱已大大改进。但似乎到了汉代才出现起双重作用的风箱,因为有双阀门系统,便可以连续鼓气,从而达到更高温度。这种风箱,16 或 17 世纪以后受到欧洲人注意,直至现代仍然存在于中国。

铸铁所产生的效果是使华夏世界很早便习惯于按同一模式成批生产某一器具的观念,而这种观念我们至近代工业发展以后才熟悉。通常古代每一件青铜器均为独一无二的制品,而铸铁的模子则用于成批生产,其通常的设计是一轮操作可制出许多件相同的物品。

技术上的其他进步亦见于交通工具:用轭套马的单辕车,到战国时代便让位于双辕车,而同时用胸索代替了轭索,而后一种套马方式依旧长期流行于世界上其他地方。上述新装置以及公元 5—9 世纪出现的轭圈,均标志牲畜牵引方式的巨大进步。由于使马匹摆脱令其几乎窒息的轭索,于是驾驭起来轻松得多,而所拉重量则愈来愈大。从前用两匹马甚至四匹马的,现在用一匹就足够了。值得注意的是,华夏世界战国时代出现的铸铁与合理的套马方式,在欧洲均到中世纪末才出现。二者极可能自中国传至西方,但尚未能绝对证实。

公元前 4—前 3 世纪,中国的车子广泛采用如下设计:辐条装置与轮辐成轻微倾斜角以增强抵御横向撞击的抗力。

战国时代之所以成为技术革新最丰富的时期之一,大体是因为愈来愈激烈的战争有此需要所致。各国君主,为了维护自身独立与增强本国军事力量,已不限于关心发展农业生产。他们都谋求新的资源。过去耕地以外的土地,如沼泽地带、灌木、森林地带,一直向农民开放,农民可以到此砍柴、捕鱼或狩猎。其时众君主开始占据这类地带并进行经营以开发自己的矿产、畜产及作物生产。对商品与店铺则实行征税制度。由于商业活动与手工业活动飞速发展,于是产生了商人新阶层。春秋时期,买卖只限于奢侈品,如珍珠、玉器等,而且这是与宫廷有特殊关系的商人的事情。后来,大规模商业发展起来,涉及大众消费品(布料、粮食、食盐)、金属、木材、毛皮等。富贾巨商将这类贸易与开办大型手工工场结合起来(尤其是矿山与铸铁工场),雇用大量工匠与商业代理人,配备名副其实的内河船队与马车商队。这类新活动已越出宫廷经济的传统范围,即超出宫廷贵族控制的职业群:制陶工、车匠、弓箭制造者、鞣皮匠、篾匠、雕刻匠等,而大工商主已构成社会集团,以其捐税及活动令国家大大富裕起来。他们是各国君主的盟友,有时还是谋士,在中国古代末期似乎对政治思想的演变曾起过重大影响。

各国京都已经不仅仅是政权所在地,而愈来愈成为大型商业与手工业中心。最近考古发掘表明,战国时代末年京都城墙已经加宽。在这类繁华都市中,应予一提的有:齐国的临淄,位于山东西北部,为当时最大、最富裕的居民点;赵国的邯郸,位于河北东南部;还有魏国的温、楚国的郢、周国的洛邑、韩国的荥阳。事实上公元前3世纪时的战争,其目标往往是夺取这类大型经济中心。

商业与私营手工业的蓬勃增长是城市发展的动因,由此亦导致金属货币流通。最初的货币始于公元前5世纪。考古发掘表明:货币有四种,在相当确定的地域内流通,其流通地区大体与经济大单位相当。形状与铁铲相仿的"布",在韩、魏、赵三国通用,三国乃晋国分裂而成;刀形的"刀",流通于东北部地区齐、燕、赵三国;状如小贝壳的"蚁鼻"流通于楚国地区、湖北、湖南,这种古老货币兼有装饰、首饰与护符的功用;有中孔的圆形硬币,流通于西北地区周、秦、赵三国。齐国由国家铸币,但其铲形币与刀形币往往刻上发行城市的名字,可能是富商的创举。

经济增长不限于对华夏诸国产生影响。秦帝国建立之前的两百年间与邻近居民的贸易往来已大大加强。燕国与满洲部族及北朝鲜部族通商,其京都就在现今北京地区;赵国、秦国与草原游牧居民交易。秦国的丝织品似乎自公元前4—前3世纪起便传入北印度(因而印度以"Cina"一词指丝绸之国)。南方的楚国似乎也在这时期与热带地区土著居民发展了贸易关系。顷襄王时期(公元前298—前263年),曾组织征讨四川(巴蜀二国)、贵州(黔中)、云南现今的昆明地区(滇国),按当时传统,楚国士兵就在当地安家而且娶了本地女子。周围大国的贸易扩展大大有利于向边境地区(南满、蒙古、现今南部与西南部各省)移居汉人,从而为秦、汉帝国的军事大扩张铺平了道路。

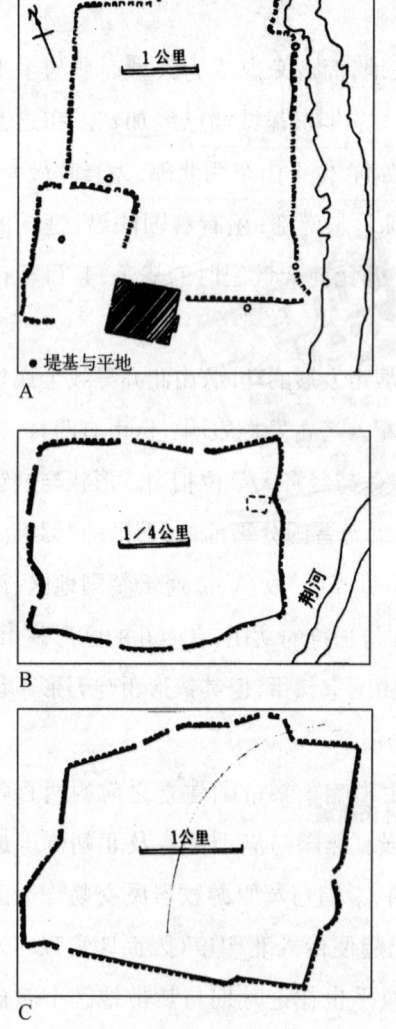
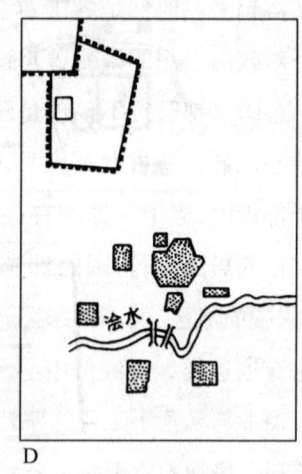

A. 山东临淄,齐国都城

B. 滕,在今山东南部的滕县附近

C. 薛,在今山东滕县附近

D. 新田城(山西晋国)

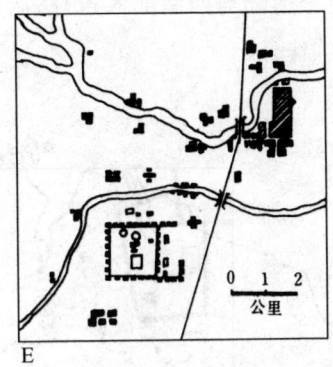
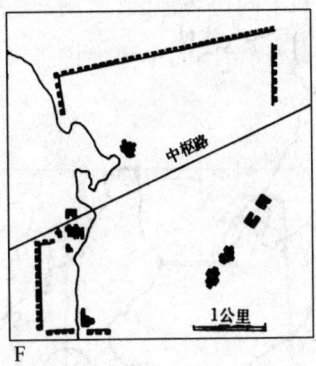

E. 洛阳附近的王城（河南）

F. 邯郸（河北）

G. 下都（河北燕国）

战国时代诸城

中国社会史

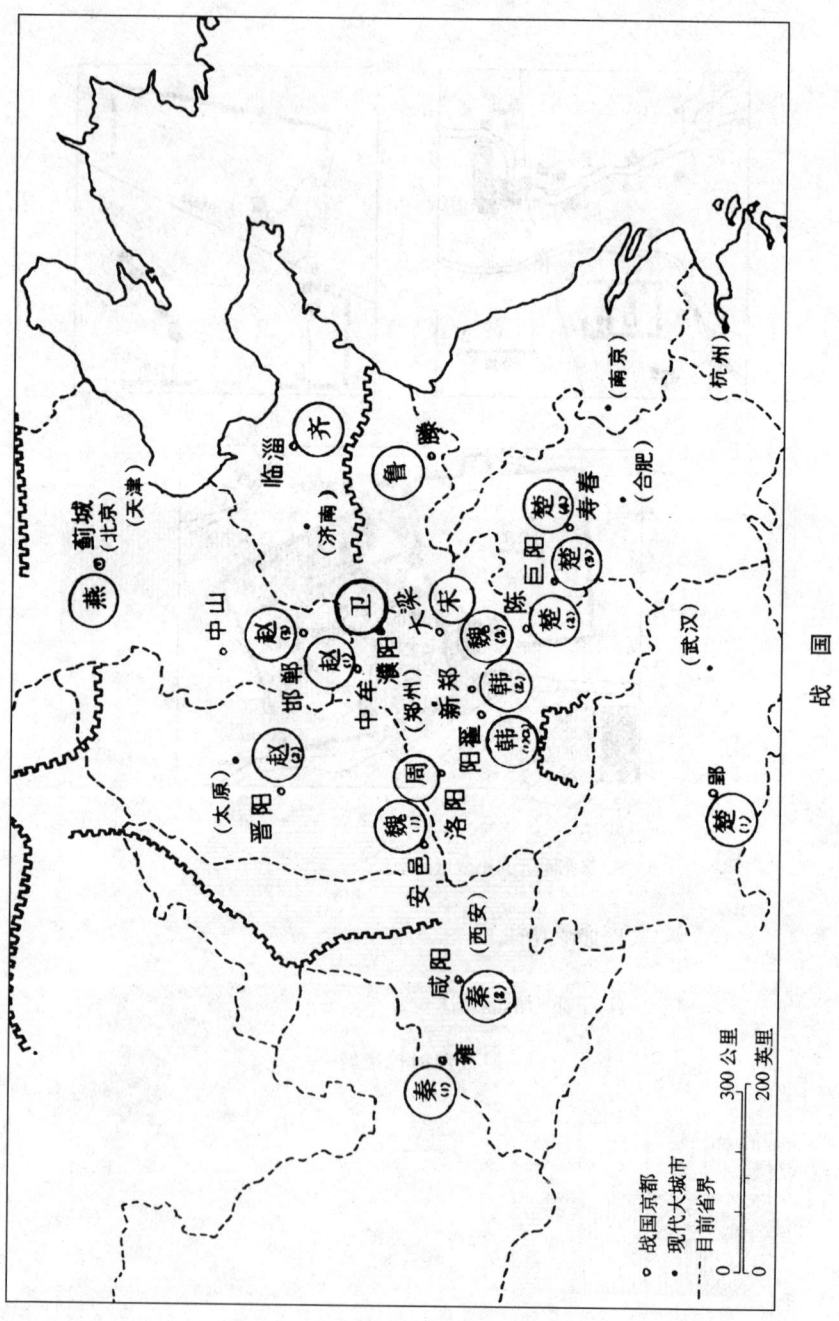

战 国

社会剧变

华夏诸国统一(公元前 221 年)前的两个世纪既是经济发展与大革新时期,亦是社会剧变时期。

旧贵族社会无法抵御力求垄断全部权力的新君主的打击,亦抗拒不了经济变迁的强大而深刻的影响。自远古传下来的大家族面临破产,失却权力,最后覆亡。其历代珍惜保存的宗庙亦随其领地与城邦的消失而消失,全皆并进各国的领土之中。

大贵族衰落,中央政权随之而加强,吸引了求职小士人到各国君主的

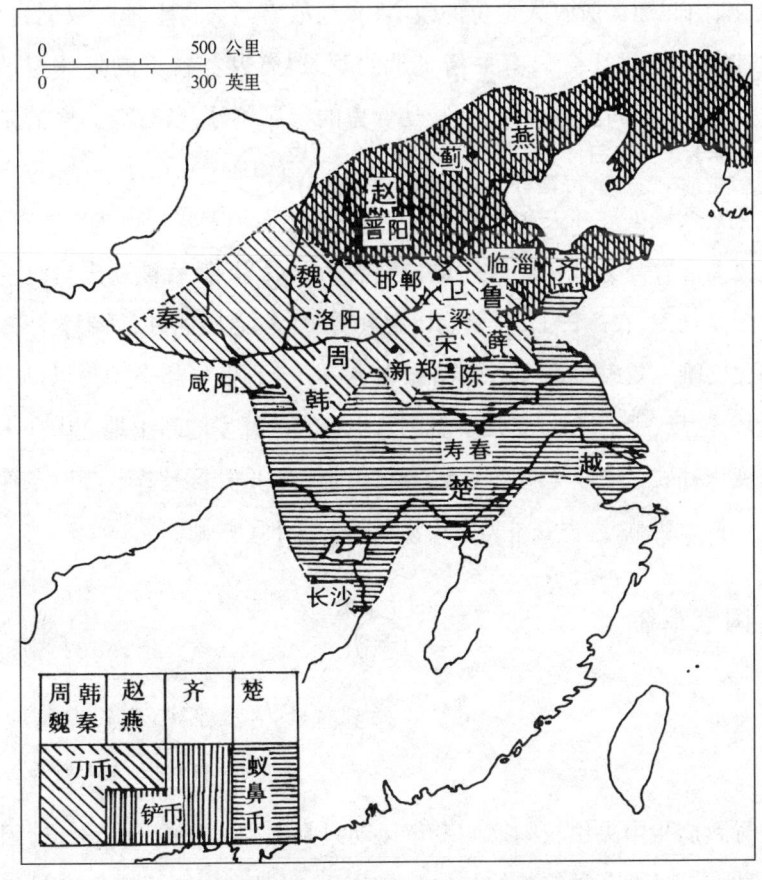

战国时代各类货币分布示意图

宫廷服务。这些人士修习各种技艺,展示本人才能,一心想应召至朝廷效力,将君主的亲密谋士紧紧包围。于是,各国朝廷外围以及诸大臣身侧形成一大群客卿("宾客"与"舍人"),他们成为威望与势力的源泉。伟大的历史学家司马迁在其《史记》(公元前1世纪初)中,为其中四位著名大臣立传:齐国孟尝君、赵国平原君、魏国信陵君、楚国春申君。他们懂得凭自己的慷慨与荣誉意识吸引大批宾客。公元前4—前3世纪的政治思想、伦理观念、谋略之学、论辩之术均在此阶层中发展起来。其时极适宜于产生宗派与学派,各派都十分关心当代社会与政治现实问题。

受社会变动影响的不限于大小贵族。默默无闻的农村环境亦起深刻变化,由此而促成农人地位的改变(参与战事与赢得土地的权利)。古代文献关于农村社会只有一鳞半爪的记录(管家监督下的集体劳动方式,宗教节日期间的集体婚礼,长幼尊卑的亲属关系,以时令为序的宗教生活)。

经济飞跃发展并未令所有人受益,反而使不平等状况愈加严重,导致出现富商巨贾与大地主的小阶层。贫农负债累累,最后被逐出自己的土地。于是佃工、农务长工、偿债奴仆大量增加。除苦役之外,后者为华夏世界所见的唯一奴隶形式。无地农民便受雇于各种发展起来的工场(矿场、铸铁场、盐场、手工场)或定居于各国君主正大力开发的新土地之内。上述所有变化打破了未分开的农民大家庭,引起农村旧社区解体。当时条件正适宜于重大变革,这类变革为中央集权国家打下了基础。

二、国家革命

运理群物,考验事实,各载其名。

——秦始皇所立刻石

导致产生中央集权国家的变革运动只是战国时期的一个潮流,因此不可能与这时期各种趋势的总体截然分开,当时是中国思想史上最丰富的时期之一。后人称变革者为"法家",他们的功绩在于:构想新国家的基本制度,随后设计皇朝政制。系统改革首先在西北部的秦国实行,然后于公元前231—前230年间在秦国向外征讨的过程中,将改革扩展至华夏诸国。

建立中央集权国家

法家所隶属的积极而又务实的思潮愈来愈明确意识到自己的目标、手段与哲学蕴涵,而且于公元前3世纪孕育出了一名伟大的思想家——韩非(公元前280?—前234年),这一思潮基本上紧扣帝国建立前两百年整个政治生活所关心的两大实际问题:一是"富国"(为君主提供富强的物质手段),二是"强兵"(以兵力确保君主广泛的霸权或主权)。秦国似乎比任何其他国家更具备适宜于实行彻底变革的条件。经过改革,秦国成为强国,大大有别于华夏世界当时存在的国家。秦国孤处于渭河流域,可免受外来袭击。秦国原是个穷国,相当落后,其贵族势力似乎也并不强大,但在其境内易于通过垦殖扩大治理区域。主张实行极权和务实政策的人士,自贵族商鞅(公元前390?—前338年)一直到巨贾吕不韦,接踵出现,后者是秦帝国缔造者、秦国最后一位相国。

公孙鞅,曾功封于商,称商君,故尤以商鞅之名传于世,属卫国的王族。卫是河南的小城邦。商鞅是秦国首次重大变革的主持者,他最初为都城在大梁(即今之开封)的魏国惠王的谋士,约于公元前361年抵秦国。商鞅倡导的首批改革方案大概于公元前359年颁布实行。其要点是:确立五家为"伍",十家为"什"共同负责的准军事组织;税制以小家为基础,不按未分开的大家族;按军功定爵位(秦汉时爵位共分21等);奖励垦殖与农业生产,将无军功的贵族成员贬为庶民;向新爵位领受者赐予土地、衣物、奴隶(惰民被贬为奴隶)。公元前350年迁都于咸阳(现今西安西北部,位于渭河东岸)之后,又进行了一系列新变革:宣布废除一统的大家庭,设立行政区域(县),重新划分领土;统一度、量、衡制度。

公元前 340 年,秦国战胜魏国后,公孙鞅因其功绩而受封于商。但这位改革家激起旧贵族的仇恨;他曾作秦孝公的谋士,孝公去世,他即被车裂而死,其事业后来由他人继承。

新国家的重大特点

中央集权国家出现,与此同时旧社会消亡,用"革命"一词形容这种情况最合适不过,因为帝国政权由此奠定基础,而且一直影响华夏世界的基本政治观念,故公元前 4 世纪中叶秦建立中央集权国家,在东亚史上占有重要地位,足可以与古希腊罗马及西方世界的城邦出现相比。此外,二者既有重大区别,也有明显的相似之处:中国与古希腊一样,贵族社会危机终于导致贵族制度的"民主化"。农民上升为"武士",摆脱贵族大家族控制,取得了爵位,亦即将贵族的旧等级移置于中央集权国家的新环境之中。同时,意味深长的是:"赋"一词先前意近我们中世纪的义务服役(赋指受封采邑者贡献人力、车辆,春秋末期已改为贡献财物),最后却应用于由国家向每个人征收的人头税及其他税项。

华夏世界发展之所以不同(总之其演变非常独特),是因为春秋时期的制度与印欧世界乃至古希腊的习俗毫无类似之处;后者拥有彼此权利平等的武士议会,城邦议会看来是武士议会的移用。

变革的最重要成果之一是将从前隶属于贵族家庭的农民变成新国家经济与军事力量的基础。生产职能与作战职能紧密结合,任何其他文明都未出现过这样的系统。这种结合至 9 世纪为止一直是华夏世界政治制度与社会制度的根基,但中间稍有中断。不过,这些亦农亦武的农人既非拥有随意生杀予夺之权的暴君的臣民,亦不是共同参与处理城邦事务彼此权利平等的公民。将公元前 4 世纪确立的新政治制度仅仅视为普通形式的专制主义,这是错误的看法。事实上与其说君主拥有专断的指挥权力,毋宁说他体现的是协调与推动的权能。

战国时代出现并形成的法律概念与我们通常理解的法律概念毫无

共同之处。它既不是从习俗而来,亦并非出自仲裁冲突的实践,而且也不是来自表达共同意愿的惯例。法律是对个人按贵贱功过实行等级分配的手段,它客观、公开、高于众人,不允许任何不同解释;同时也是令全体人的活动趋向于促进国家强盛与太平的得力工具。既然旨在建立秩序,因而不可能与事物及众生的本质发生矛盾。韩非(卒于公元前234年)曾提出"参验",认为君主应通过对证据的合理检阅而了解国情,他对这点极为重视。"律"为万物和谐之源,这字与"定音管"相通,是一切节律的基础,含有规矩、准绳之意(秦皇朝时代,"律"一词用于刑法)。

变革体现了一种可视之为符合理性的观念,其目的是以划一的规矩代替繁多的权利、特权、惯例,后者连同其贵族世系、从属关系、等级制度构成了旧社会(毋宁说"旧制度")的特色。国家各种体制(包括文职官员、军职官员、按不偏不倚规则实行的奖惩制度、论功绩授予的爵位、"伍""什"内部实行共同负责的连坐制、统一的度量衡等)替代了从前的习俗、祭礼、道德。新国家最大的特点在于其全部运作以客观标准为基础。

国家革命的影响极为深远而且触及一切领域。在此过程中,华夏世界无疑失却不少旧事物,许多旧的方面已逐渐不为人所认识。不过,虽然秦国的变革来得早而且彻底,华夏其他各国的变化却较为缓慢而且为时较晚。由于有这段时间差距,因此某些旧传统得以保存下来,虽然此时中央集权国家已扩展至整个华夏世界,而且秦始皇曾致力于毁掉举凡标志旧社会的事物。东部地区,山东的齐鲁古文化中心,似乎在动乱中仍然保存着自己的部分传统。这就不难解释,到了汉代,在大大有别于帝制以前的时代背景中,旧传统依然复苏。

第四章 古代遗产

古代留存的典籍,在中国文化史上,其重要性堪与西方圣经传说与古希腊经典相比。这类著作自公元前2世纪至当代历经大量诠释——亦可以说几经窜改与伪托相传下来——成为教育的基础,也成为哲学、政治、道德思想的基础。中国思想史很大程度上是历代对这份神圣遗产所持不同看法与观念的历史。华夏世界不懈地从其中探求逝去的智慧的遗迹。古籍注解与哲学诠释通常是表达不可改变之正统观念,但实际上却引起热烈而相互矛盾的争论,并产生重大效果,其影响一直延至今天。总而言之,这种情况似乎类似于我们的基督教传统。

一、公元前10—前6世纪的传统典籍

经典著作

由书面或口头传说相传下来的最老古籍来自于周代王宫及各国宫廷的书吏与史官之手。其时间是在公元前9—前6世纪之间。也就是说,这些带有政治、宗教、祭礼性质的文献,与我们约略了解的公元前10世纪初即列国时代的社会类型密切相关。其时贵族的主要职责是征战

与祭礼,并且十分关心维护本身自古已有的权利与特权。此类典籍似乎大部分来自于宫廷。部分古籍就语言与内容而言均接近同时代的金文(青铜器上的铭文,有锡命、诉讼判书),也有部分是祭礼舞蹈文本的断章。此类文章结集成册,取名为《书经》,又名《尚书》。可以认为,其中差不多一半是真本,书中有几章转载关于一段军舞的部分文本,军舞庆贺周武王战胜殷朝最后一名君主。宋国保存下来的殷代传统祭礼舞蹈的类似片段,以及讲话、演词、誓词等亦收入《尚书》之中。

另一集子题为《诗经》,其中大部分是祭礼乐章,如宴射之乐。此类诗歌,节段整齐,曾在周代宫廷中咏唱,伴以舞蹈与音乐,乐器以排钟、石鼓为主。至公元前8—前6世纪时,其主题愈益多样化,而且多了一个新品种"国风",看来是春日游乐时青年男女农人对歌的产物。这类情歌,形式比旧颂歌灵活、自由,主题与叠句大众化,将对唱者表达的感情与自然生活及村落生活的不同时序紧密结合起来。

编年史与古文献、祭礼舞蹈文本、雅颂之乐均出自同一环境,它亦是形式独特的古老传统典籍之一。这是些大事记录,事件似乎是逐日、逐月、逐季、逐年在宗庙中向王室或诸侯世系的祖宗禀告的,这种文献也可以称之为典礼文献,看来是安阳时代卜筮文献的接续,其目标是提供关于前人外交与祭礼、天文与自然的学识。记录的刻板与极端枯燥的形式以及时日的精确性的原因大体就在于此。按历史记载者的观念,时间契合与事件出现是密切不可分的:空间与时间被视为各具特殊效能。

最古的历史记载似乎可追溯到公元前9世纪。司马迁以文献为基础(文献后来已经失传),写出历史上第一个准确的日期——公元前841年。现在仍大部分保留下来的唯一文献是山东的鲁史,据其每段之首所提的时节而称为《春秋》。现存的部分写的是公元前722—前481年的事。某些著作提及晋史与楚史,但这些古代末期便已失传了,秦史被收入公元前1世纪初司马迁撰写的《史记》之中。最后,据279年出土的魏国一位君主墓穴的文物,亦可找到山西诸国的历史。文本写在竹片之上

(因而有"竹书纪年"之称),在相传过程中受到极大毁坏,至1917年才由学者王国维将其部分复原。

可以推断,华夏世界这种最古老形式的历史著作是甲骨文卜辞的延续,但卜辞本身在周初时代已独立发展起来。以火灼甲骨占卜因其神圣性而长期留存,与此同时又新兴一种更加便利也更为复杂的形式。用蓍草秆造成轻盈小棒,刻上奇数或偶数的横道,以此进行操作。共有64卦,表达并组成宇宙万物各种可能的结构,这种卦象因其或阴或阳的每条横道在其盈与亏中的变换可能性而具有能动之力。筮占卦师继承殷代卜者的传统,由此理出对世界看法的初步要素,将世界视为由力与能构成的相反相成的整体,从而推动了初期数学的发展。他们的思想成为华夏世界科学与哲学之源。

每个城邦都似乎有自己的占卜传统,但唯有周朝宫廷所用的卦书得以保留下来。此书名《易》,又称《易经》、《周易》。最古老的解释法言词简短、晦涩,包含许多其含义已经失传的术语,除这种解法之外,在1 000年以前曾出现一系列诠解、注释,表明卜筮传统之丰富而且持续不断。

以上便是古代书吏、史官、占卜师保留下来的最古传统的四大集子(《书经》、《诗经》、《春秋》、《易经》)。鲁国士人似乎是最早的传经者,在四经中还加上了《礼记》、《乐记》。前者定出关于人生所遇各种情况应该遵守的详尽规则,后者汉代已经失传。上述六本书由口头传说或书面记叙而集成不同文本,后经改动与增添伪文,汉代时被提到经典的地位。

传统经典的相对晚期性

最古的典籍,行文极简,不易透解,只占古代遗产的一小部分。公元前5—前3世纪还有另一些内容更为充实的旨在补充、诠释六经的著作。这类著作的所属时代是古代社会已经走向衰落或面临崩溃的前夕。因此,此类著述一方面坚执古老传统,另一方面亦呈现出新的性质。我们可以从中看出当时的理论与道德观念。如阴阳家、阴阳五行家的分类理论,其影响在《公羊传》中至为明显,此书是对《春秋》的诠释,似乎成书于公元前4—前3世纪之间,即与《榖梁传》——另一解释《春秋》的经文属同一时代。《周礼》或《周官》也与其他关于祭礼的著作(《仪礼》、《礼记》、《大戴礼记》)差不多于同时代成书(公元前4—前3世纪之间)。《周礼》在记录古老传统的同时以很大的篇幅叙述行政上的乌托邦。《左传》是一部驳杂的著作,文本不完整,古代末期经过改动,大部分为半小说化的历史记录,叙述齐晋两国的对抗斗争。

中国保留下来的最古遗产主要来自收集而来的公元前5—前3世纪的传说,汉代期间常常受到窜改,一直至公元3—4世纪仍然如此。因而关于传统典籍一开始便遇到不可回避的问题:如何解释以及如何看待后来的附加成分。

二、伦常观念与政治思想的觉醒

孔子:儒家学派之宗

汉代称为儒家学派的人士奉名为孔丘的圣人为宗。17世纪耶稣会士将此名字拉丁化,写作Confucius(孔夫子)。孔子留存下来的无非是带几分真实性的传说以及一本言论集——《论语》,是他死后由众弟子编定的。必要时可称为"孔子真传"之作的,是一套其性质与内容均相当驳杂的文字,包括六经、六经的最古诠释、《论语》以及公元前3世纪一些反映社会政治大动乱时代独特倾向的著作。"孔夫子主义"一词为西人所造,若说此词有何含义,则显然其含义大大超乎伟大哲人的人格本身。

大体可以认为,孔夫子时代是伦常观念发端时期,似乎因贵族社会危机与礼制衰落而引起。从孔子重视教授古籍可见,他与传说的书吏、史官阶层有密切联系。此阶层因旧例与旧制愈来愈受危害而不快,曾试图在行动上与用词上恢复正规礼制(后来发展起来的不太切实际的古礼制以及"正名"理论即证实这点)。此阶层的人士曾致力于明确何为"君子",而不论其已有的地位如何,看来这是很自然的。约略可见的总趋向大体如此。孔夫子(传说的生卒年月为公元前551—前479年)是提倡培养君子的一小学派的首领。他十分重视礼义的实行,视此为个人修身的原则,由此可制约自身的举止、行动、感情。孔子的伦常观念是对人长期考察的产物,无任何空洞要求。此伦常观念切实可行,孔子既考虑到每种特殊情况,也考虑到每个弟子的本性。完人的品质,首先是"仁"的品质("仁"可视为仁爱、宽容的性情)。这种品质不可能一次完成,而要按照不同情况、不同个人采取不同方法加以实现。明哲境界只有通过每时每刻以至毕生努力才能达到,即要约束自己最微细的行为,遵守社会生活准则(义),尊重他人也尊重自己,要有互相体谅的意识(恕)。孔子追求的不是关于人的抽象学问,而是包含心理、伦理与政治的生活艺术。人的德行是个人努力的结果(而不是贵族世系与生俱来的品德)。当时大贵族盛行竞争意识。孔夫子则提倡诚实、信任、谅解以对抗之。他认为古时后者支配着人际关系。孔子既体现个人文化也体现公众利益。

由此便出现教育新思想,这种教育首先忠实于传统。新思想至孟子(至公元前4世纪下半叶)与荀子(约于公元前298—前235年)时代在另一历史条件下发展起来并且带有新的含义。孔子在汉代而尤其是自宋代起(10—13世纪)之所以名声大振,是由于后人为其思想添加了理论与教义成分之故。

墨子:宣道社团的奠基人

墨子比孔子晚60年左右(约于公元前480—前390年),作为一个士人社团首领而出现。其派别与孔子默默无闻的小学派相反,在公元前4—前3世纪便取得重大成功。墨子对当时的冲突深有感触,他反对灾难性后果愈来愈明显的门户之见,而主张建立基于互助与忠于公益("兼利")的平等社会。墨子谴责利欲、奢侈、敛财、扩军、战争,认为战争不过是一种劫掠形式。他提倡普遍节俭,统制开支,严格遵守法律,敬畏鬼神,以此矫治时弊。由于认定家族自私是争执与冲突的主要根源,于是大力提倡"兼爱"。其弟子抱有强烈的宗派信念,过清贫生活,挺身而出去阻止战争并以武力保卫受到非正义袭击的城邦(耐人寻味的是,关于战国时代军事技术的精确情况竟可从坚定的和平主义者的著述中找到)。题为《墨子》的著作大部分为道德训谕,其主题极可能是宣道的主题,如:"节用"、"非攻"、"天志"、"明鬼"、"非儒"等。墨子推崇依靠小贵族的权威政权,希望此政权能使各人遵从伦常规矩。

这一独特学派在秦皇朝统一前的两百年间似乎有过不少信徒,但在中国思想史上留下的痕迹却不大。其最显著贡献乃是辩术。墨子及其门徒发展了以宣教为目的的修辞,因而大大增进思路的连贯、语句的灵巧。墨家提倡借助事例去说明训谕的主题,并借用类比法加以阐发。

三、公元前 4—前 3 世纪的思想潮流

公元前 5 世纪开始显露的社会经济变化以及中央政权趋向于依靠小贵族的现象均可说明何以客卿、宗派、学派如此众多。当时各国君主都在谋求各种策略或技术方案以期巩固政权,战胜敌手。求职的士人便致力于练就出众的技能,以争取君主任用。因而治国之法居于首位,诸如外交上的合纵连横之学、游说之方、政权的治理秘法,均属"文"的性质;而战术、战略、剑法则属"武"的方面。还有富国的技术(农学、水文学),令王者增强活力从而使之成为圣者的本领。掌握各式各样技艺的大师纷纷涌现而且均拥有数目不等的门徒。他们周游列国传授技艺,有时驻足于朝廷,有时则留寓于君主的谋士家中。派别林立,学识繁多,公元前4—前 3 世纪已愈趋明显。大体可以认为,孔子及墨子本人(且将其弟子除外)均属于一个其未来演变始露轮廓的时代。

这类学问主要追求实践目标而且与当代关注的政治、社会、经济问

题紧密联系,这就足以说明,何以其大都具有折中性质而且彼此之间极容易互相影响。这里面对的不是完整体系,也不是冷漠的哲学构想,而是难于为其划分明确界线的思潮。不过,这种实践倾向并不减弱当时中国思想家所提出问题的价值与实在的哲学含义。哲理推论原不限于抽象的逻辑方式。

国家论者

公元前4—前3世纪所有思潮中,最重要的大体是后来被称为"法家"的思想家所代表的思潮。起码此思潮切合当时国家与社会的变化,有效地推进变革。然而法家的历史我们并不十分清楚。商鞅是公元前4世纪中叶秦国改革的策动者。被认为是商鞅所写的著作——《商子》或《商君书》,据说是晚于商鞅几百年的后人的伪托。战国时代有一本署名管仲(公元前7世纪齐桓公国相)的庞杂著作,汉代的目录学家据此将这半传奇式人物奉为第一位法家。申不害与慎到在汉朝亦归入法家之列,但二人为何人,所知不多,其观点也不大为人了解。只有杰出的思想家韩非(公元前280?—前234年)的著作《韩非子》似乎大部分是真实的。书中的法家思想以最精湛的形式出现,作为一系列关于国家治理与组织经验的综合与思考的总结。上述经验也涉及外交、作战、经济、行政,而且反映出公元前5—前3世纪普遍关注的有关加强国家经济实力与军事实力的问题。

但法家的功绩在于:他们了解国家实力之本寓于政治体制与社会制度;其独创之处是要国家与臣民均服从于最高法律。

韩非认为,唯有君主方能行恩惠,施刑罚,此点至为重要。倘若君主将部分权力委托他人,则有可能为自己制造对手,不久即会大权旁落。同时国家官吏的职能也要严格界定与划分,以免出现职权冲突,避免官员利用权限不明而僭取其不应行使的权力。但为了保障国家职能,必须首先建立客观、普遍、而且有约束力的规例。在法家的哲学导向中,以不断追求客观性为其显著特点。法律非但要公开，众人周知，排除任何不一致的解释，而且其执行应不受众人变化无定的见解所影响。用砍下敌人头颅几个来衡量战功大小、勇敢程度，这种方法可能显得太粗糙，但其优点是可以避免任何争执。若无客观准绳，则无非是一己之见的主张而已。中国法律的总精神始终体现了法家的最初意向。审判官，即行政长官的作用，不是衡量是非，估量罪恶的严重程度并决定以强制手段实施刑罚，而在于正确界定罪过，审判官的责任只限于此。因为罪恶界定之后自然而然就可以实行法律规定的相应惩罚。在行政方面，则借助文件（管理报告、清单、逐日报表）、数字、客观证据（印章、两半合在一处便可证明真实性的符节）来保证指令的严格执行。国家机构与人员的价值应从其效能（"功用"）来加以判断。

人选问题，主张仁政的道德家视之为根本问题，但在法家看来却无关紧要。君主并不需要使用特殊人物，也无需依靠运气。任何愿意为其效力的人他都可以任用，因为已设立的机构应该可以保证国家与社会的正常运作。道德品质并无作用，甚至还会将事情弄糟，因为它会赋予有德之士以危及君主与法律权威的权力从而导致国家的覆亡。正如《商子》一书所说：政治与道德无关。《商子》虽然成书较晚，但仍然忠于公元前4—前3世纪的法家传统。政治无非是一整套保证与维持国家权威的积极手段与策略。

法律措施的目标不仅是彻底改革政治组织，而且谋求改造整个社会。定出罪恶尺度与爵位标准，二者构成不可分割的两部分，由此达到建立连续而又经常作调整的社会等级，以此引导臣民的全部活动，并使之效力于国家；嘉奖从事有益活动的人（武士、产粮者），惩治无用之人（游民、奢侈品制造者、是非之徒、空谈家）。当时的历史条件（军队发达，农民为军队提供主要兵员；为了进行长期战争必需储备足够的粮食）确实对将农业生产置于最优先的位置有推动作用。因此农业被视为经济与军事实力之"本"，与手工业、商业等次要活动或辅助活动则相反（称之为"末"），后者混乱的发展可能导致国家衰弱、覆亡。重要的是，要限制一切使居民不务主职的活动,要与投机者作斗争,控制必需品价格,监督货币。因此,自公元前 4—前 3 世纪起,政治经济学便开始发端,这门学科在华夏世界曾得到重大而早熟的发展。

虽然君主是决定社会等级的奖惩的唯一施行者,但并不意味着国君可以随意运用自己的权力。其权柄只限于建立为大众所通晓的制度与客观标准。君主完全不偏不倚,与自然秩序相仿。在这方面韩非受道家影响至为明显。

法家的形成亦受其他方面影响。在基于君主与法律权威的国家理论确立之前,一心想取得外交活动成功的人便已致力于借助秘密办法("术")去利用有利的时机与局势("势")。这种政治行动观念以具体、特定的时空概念为基础,似乎最早被接纳。当时各国君主正想利用贵族社会的大变动以摆脱贵族大家族的控制并企图取得霸权。除了建立用以确保国家运作与社会总组织的成套法律之外,法家还赋予诡计与谋略的观念以重要位置。事实上君主个人权力部分是靠此而来的。

最后,法家的形成也受大商贾意识的影响。某些人曾在公元前 5—前 3 世纪充当过君主的谋士,如公元前 500 年左右越国的范蠡,他是率先宣传"富国强兵"的其中之一人,又如公元前 4 世纪的白圭,公元前 3 世纪末秦王的谋士吕不韦。精于算计,采用客观实证手段以至秘密谋略的观念,这些法家与商贾均不陌生。

在法家观念中,最震惊同时代人乃至汉代人的,莫过于主张在法律面前人人平等。公元前 2 世纪的司马谈写道:"法家不别亲疏,不殊贵贱,一断于法,则亲亲尊尊之恩绝矣。"纵然华夏世界后来发生变化,但法家在法律、政治、社会、行政组织等方面的贡献是带根本性的。法家思想至今仍然不断影响中国的政治思想。

道家:从宗教仪式到哲学

公元前 4—前 3 世纪是忧虑、混乱、社会大动荡的时代,看来特别适宜于宗教思潮的发展。公元前 5 世纪墨子所领导的派别早已以其宗教性及普救众生的宏愿而声名卓著。至于后来称之为"道家"的人士则认为个人及众人的得救不在于集体行动而在于归隐以及采取离世凝思与俯视世间的举止。他们为我们留下了各种寓言、象征故事、论辩文章的册子。《庄子》为最重要的著作,其中大部分出自庄周(约于公元前 370—前 300 年)之手,他是一位天才作家,很可能是中国悠长的文学史上最伟大的作家之一。另一本是《列子》,成书稍晚,写法上似乎仿效《庄子》。除上述两部著作外,还有另一本载有神秘格言的册子——《老子道德经》,格言大概作为默想的主题。此书晦涩难懂,曾引起许多译家渴欲一试。

　　书中许多段落令人想到是在运用巫术宗教仪式,仪式看来古已存在。正如马塞尔·格拉内①指出的,道教思想家之出发点并不是哲学性,而是宗教性。目的是借助饮食、呼吸(内功)、性爱、操练,可能还有炼金术等整套符合"养生"之道的规则来保存并增进活力。"养生"即是改善身体使其不受侵害之法(水、火、猛兽不能加害于圣者),也是获得在入定之时能自由驰骋于宇宙之中的手段,又是无限推迟个人衰老之方。所有此类技巧,自汉代起知之者较多,似乎曾是巫师教派的特殊领地,而此教派被证实古已存在。

　　道家哲学看来就在这种巫术传统的基础上并在其他思潮影响下发展起来,但却与其他思潮截然相反。道家提倡自主、自然、自由、快乐的生活理想以此对抗道德、礼仪、政治组织等的约束,对抗墨子可怜的门人所倡导的牺牲。世上全部不幸来自于由文化教养对自然人性所强加的扭曲、限制以及多余的附加物,其后果足以削弱生命之源。为了过充实、完满的生活,必须避免精力耗费,应当返璞归真,遵从宇宙万物的生活节奏,长期蛰居与无拘无束的嬉戏应相互交替。在游戏与舞蹈中要仿效自发掌握生之奥秘

---

① 又译作"葛兰言",法国著名汉学家(1884—1940 年)。——译注

的禽畜。人必须有如宇宙之安宁、恬静、无争。躁动、热衷追求荣誉、财富、一心想救世,并为国家效忠,这种人不过是愚者,他们耗费生命之力,无法指望达到真正的圣洁境地。

同时,人必须抛弃任何用言词作推论的想法,因为语言是社会的产物,是人与大宇宙自由交流的最早障碍之一。一切区别不过是任意而为。生与死无非是同一现实的两个交替阶段。庄子借用诡辩家的辩证法来证明言语对比的虚妄。任何靠言词的传授均属虚幻,古人的遗作无非是其发泄物。圣者培养、改造自己的门徒全凭直接方法,一词不置,通过不知不觉的影响。事实上,除了此种由完全恬静、无争所赋予的直接而普遍的知识之外,剩下的唯有短暂、偶然、无常、相对的真理。真正的现实是"道"——无定的变化之力,宇宙自生的内在本源。

道家对中国思想、对华夏世界宗教运动的发展曾产生重要而且往往是决定性的影响。道家为科学观的形成以及对某些发明作过重大贡献。其影响还见之于政权观念、管理理论方面。政权的基础之一是拥有巫术兼宗教的权威。

孟 子

革新者关心国家运作,关心建立为其发展所必需的体制,而与此相反的人却认为政权基础在于君主的品德。这一旧观念,孔子信奉者因道德观之演进曾力求将其全部更新,这些人认为,道德不再为贵族家系固有,而成为众人皆可获得的品质。孟子(公元前 4 世纪下半叶)认为:能够表现出如古代传说中的英雄(尧、舜、禹,后者是夏朝的缔造者)以及周初(当时社会十分和谐)诸王的品质的君主一定能成为天下之主。问题已不在于以宗教为基础的世袭权力,而仅仅在于宽大为怀,关心个人福利。重要的是人,而不是土地(土地一向充足),也不是财富,亦并非武力——如无士人与庶民的参与、扶助,土地、财富、武力将毫无所成。然而,君主因贪婪、自私以及统治欲一再压迫百姓,加深其苦难,从而使自己失去民心。在这暴力与贪欲横流的时代,世上任何一位国君,如敢于毅然实行先王仁政,也就会引起革命性变化:全体受压迫人民就会将其作为救星而趋奉之。

在叙述孟子言论的书中,曾对这一主题大加阐发(书中亦载有关于经济及财政主张:孟子提出恢复理想化的井田制度——将土地分为九个相等方块,并提倡削减商业税)。此主题复与对人性的乐观看法结合起来:人生下来就含有可发展为完人必需的道德品质,也就是仁、义、礼、智的萌芽。这种萌芽可以通过教育发展起来,亦可以受环境的有害影响窒息而亡。

孟子作为思想家并无重大独创性。他从 9—11 世纪起方始获得巨大成功,可能由于其性善说与某些佛家理论有相似之处(佛性在每个人身上与生俱来),也由于其政治观念与宋代发展起来的哲学倾向与道德倾向十分相符。《孟子》一书成了正宗"新儒学"的奠基著作之一,明代(1368—1644 年)与清代(1644—1911 年)的专制独裁皇朝均采纳这一儒学正宗。

荀 子

荀子(约于公元前 298—前 235 年)比孟子更深刻,更有独创性。他与其同代人韩非一样,是公元前 3 世纪最有权威的思想家之一。他的思想大受法家影响并同时借鉴了道家。在世界史上荀子很可能是认识道德的社会本源的第一人,他将自然状态的人的本性仅仅视为各种杂乱而荒谬的倾向之混合体:善与理是由社会生活本身所强加的纪律而生。社会对个人天生的欲望、强暴及自私观念不断压制,引导这种活力,控制它,并使它造福于大众,造福于个人。社会是个人的伟大教育者。"义"与"礼"让每个人学会自制,了解什么是适中与正义。典礼、仪式、音乐、舞蹈均有助于和睦相处。体制塑造着人。

"义"与"礼"作为客观现实,不再作为个人的道德品质,二者都不是某立法者的随意之作,而是历史的自然产物。因此义与礼包含合理要素,而社会本身则是一切理性之源。社会秩序与理性融合为一体。

等级与地位的划分("分")如与"义"相悖则不被众人承认,社会团结就会因此被争执与内讧所破坏,而社会团结一致方能形成人类集团的威力。因此,等级与地位的分配应当明确,名与实必须相符。荀子是将"正名"理论表述得最出色的一人。书吏与史官在符合礼之传统的文词工作中发现表达道德判断的方法。"正名"论出自于书吏、史官,成为基于功过的新秩序工具。君主通过任命,即通过授予称号与爵位,建立起保证整个社会正常运作的秩序。由此,君主不必介入纷争,而只需设立避免纷争的机制,因为这机制是以全体协调一致为其基础的。这里有着如韩非一样的思路:君主不发号施令,不直接干预,完全不偏不倚,成为全面秩序的根本与保证。

在一定程度上看来,下述观念是西方思想的构成部分,即秩序之本来自强制权力与个人指挥权力,而这点在其他中国思想家的著述中不大见到,在荀子的著作中也不例外。春秋时代,秩序之源在于成套的礼规以及家祭等级。孟子认为,秩序乃注定要成为天下之主的君王的行为的自然结果。据庄子的见解,则是圣者品德的见效。按荀子的观点,乃是社会生活客观体制的产物。而对于韩非来说,则是国君所建立的普遍规则。秩序只能由自发的机制调整而产生,这种想法符合宇宙论观念:任何个体力量都不能支配自然,自然的平衡靠力或功的相反相成作用予以保证,而功力的消长则通过时序更迭表现出来。因此,当华夏文明与欧洲文明在17世纪开始接触时,二者对话之艰难便不难理解。基督教传教士按照其本身的倾向性从"天"(自然秩序)的概念中不是看出单纯的机械观便是见到一神崇拜痕迹。

诡辩家与"五行"家

辩术为墨子学派的特色之一,它以类推、重叠、冗长比较为基础。这种辩术呆滞拘执,不大宜于宫廷论辩与外交会晤。上述场合,目标不在于说教而在于以寥寥数语赢得对方认可,因而言辞生动、犀利、暗含隐喻或讽刺。论辩者无所不通,无所不用:道德准则、礼仪规矩、故事、寓言、历史先例、悖论、引发荒诞结论的推理等。为了突袭对手,使其陷于不知所措的境地,不惜运用虚假论据。战国时代的政治条件助长富有特色的诡辩术发展。诡辩术的目标基本上注重实效,有别于古希腊的诡辩术,后者与法庭辩护、议会辩论有关。发言时间有所限制。中国的辩者使用的语言无单复数之分,亦没有具体与抽象之别。他们没有多少余暇作深入的语言分析,亦未确立演词的逻辑学。惠施(约于公元前380—前300年)及其更著名的继承者公孙龙(约于公元前320—前250年)是唯一留下名字与几段文字的辩家。他们曾有一系列基于分析规模、时间、空间、运动、单一、繁多等概念的悖论,当时取得一定的成功,但这无非反映对抽象概念的思考尝试,并未获得远大发展。

的确,中国逻辑学并没有循此途径发展起来,而是取占卜专家所开辟的道路,他们倒成为华夏世界的数学的创始人。数字运用与符号组合足以表达时空的具体价值,二者皆可以作为哲学理论与科学的基础。这种领悟世界的方法较符合理性,历史上在许多方面(化学、磁学、医学等)均显示其启发价值。看来正是在战国时代才系统出现从占卜界继承过来的分类理论。这种理论将时空总体相反而又相成的力量(阴、阳、五行)联系、组合在一起。这种力量的消长以至更迭既可以解释自然秩序也可以解释历史,还用以说明政权的诞生、盛衰。这套理论虽则切合社会、政治大变动时期的需要,但到秦、汉皇朝时代才取得广泛成功,似乎特别是在齐国京都临淄的稷下(现今山东益都①)的"学宫"里酝酿成熟的。那里曾是各学派代表比肩接踵之地。传说认为,这种宇宙论观念的系统化工作应归功于一位名邹衍的人士(约于公元前305—前240年)。

---

① 此处疑原书有误,临淄当为现在的山东淄博。——译注

文 学

战国时代被称为"诸子"的中国哲学家们曾运用丰富的口头文学,从中借用了轶事、寓言、小故事、譬喻、谜语,现今发现有多种文本。这类文学一部分通过书面搜集而来,同时还有公元前2—前1世纪时期以编年史、传记、演词集以及据说是名人言论等形式的其他传说,其内容往往参差不一。279年,在河南一战国时代的墓穴中发现《穆天子传》一书,书中叙述穆王(传说年代:公元前1001—前947年)在西域地区的神游。《晏子春秋》则是一本按种类编排的故事集。《吴子》是战略著作,为魏国名将所撰。《管子》据说属于公元前7世纪齐相管仲所著,是一本各部分驳杂不一的政治、经济文集。《国语》与《战国策》是历史文集,间杂论说,前者涉及春秋时代,后者关于战国时代。

有人揣测,这种样式繁多的文学曾受世界的民间创作影响,当时历史条件可以说明这点(中亚存在印欧居民;阿契美尼德王朝的波斯在公元前5世纪扩张至外奥克散,公元前5—前3世纪中国与印度地区发生联系)。印度的神话地理似乎曾间接启发邹衍的宇宙论。他赋予昆仑山以中心的位置,昆仑山是中国的须弥山,爱利亚派芝诺①之箭的悖论亦见于中国诡辩派的言论中……

但是,正如神话地理不久便被抛弃而让实证观念占上风一样,华夏世界最古老的神话也开始融入世俗历史的模子之中。这种历史在汉代继续编订。它更改神话传说篇章,改动宗教论题,并将其纳入可上溯到公元前3000年的连续编年史中,而其本义已不为人了解;上述材料均被改造为历史资料。一些文化英雄人物被公元前5—前3世纪不同的宗派、学派奉为神明(如黄帝、伏羲及其妹妹女娲、神农氏、尧、舜、禹等等)。人类的基本制度以及世界的整治都应归功于上述诸人。他们在纪年历

---

① 芝诺,古希腊哲学家,其鼎盛时期约于公元前464—前460年。——译注

史中占有一席位置,而这段历史与后来的历史连贯得极好。

在另一方面,战国末期发展了一种新诗歌,这种诗体源于楚国,内中饱含借鉴当地文化的成分。大概所属的传统更为古老,公元前3世纪初,楚国贵族屈原第一次使此诗体大放光彩。诗中含宗教灵气,属抒情性质,节奏自由,时而跳跃,时而凝重,间以感叹之词。一些篇章描述巫师求索神祇的远游,追忆"真人"的行程。据庄子说,"真人"乘风驾云,跨日骑月,云游于宇宙之外。屈原的赋体为其侄辈宋玉及景差所仿效,至汉代却演变为典雅造作追求丽靡之辞的铺叙诗体。

第二卷
中央集权国家的兴起、发展与衰落

汉代 400 年间(自公元前 2 世纪初至公元 2 世纪末,正式日期:公元前 206 年至公元 9 年为西汉,公元 25—220 年为东汉)发生了重大变动,触及社会政治力量分配、人口分布、华夏地区与草原地区关系以及经济等各个方面。秦始皇确立的中央集权制国家经历不断的衰败过程,此过程自公元前 210—前 202 年间推翻秦皇朝的内战直至各派军事首领纷争、混战而造成 190—220 年东汉灭亡之时,可以将此时期划分为几个不同阶段。

公元前 2 世纪前 60 年是中央政权巩固的时期,接着是汉武帝(公元前 141—前 87 年)治下的大规模军事扩张,与此同时还大力开发北部与西北部疆土。皇朝实力之本是大量小农应征入伍。但汉武帝时期独裁倾向大大发展起来,遂致武帝死后引起官僚阶层与朝廷决裂。朝廷成为帝后家族酝酿阴谋的中心。阴谋发展的结果便是王莽于公元 9—23 年间篡政。然而西汉末 50 年的政治危机也伴随着社会变革与经济变革,与此同时一部分游牧居民逐渐受同化。上述多种原因促成大地主阶级形成,导致设于北部与西北部疆界的移民区域普遍萎缩,而且引起小农阶层的迅速减少。事实上王莽之后重建的皇朝依靠的是新贵族阶层。此阶层为其提供行政人员与政治骨干。经过一段时期相对繁荣之后,困难又重新出现。例如:以宦官为代表的宫廷集团与显贵家族之间发生冲突,随后是农民危机演变为受道教影响的大规模民众起义。起义削弱了中央政权也促进了负有镇压使命的军事豪强的崛起。公元 190 年以后,汉朝诸帝只不过拥有名义上的政权,此时期的全面混乱导致都市经济衰落。

第一章 征服者皇朝

一、自秦至汉

华夏诸国统一与最初的扩张倾向

经商鞅改革后,秦国于公元前314年战胜北部游牧居民,完成第一次大武功。随后于公元前311年占领四川成都平原(蜀国);秦军还深入四川东部非汉族居住的山区(巴国)。由于进占汉水上游流域(公元前312年占据汉中),秦国便得以于公元前278—前277年向湖北扩张,削弱楚国。当时楚都郢(即今之江陵)落入白起将军之手。接着秦国继续向其东部邻国(韩、魏、赵)发起一系列攻击。秦军直抵河北东南端赵国京都邯郸,但不得不于公元前257年撤围。公元前249年秦国兼并河南小国东周,至此周朝君主的尊统遂告结束。

秦王嬴政(公元前259—前210年)以武力统一华夏诸国,是历史上第一个皇朝的缔造者。他于公元前247年登基。在十年的征战中他摧毁了韩(公元前230年)、赵(公元前228年)、魏(公元前225年)、楚(公元前223年)、燕(公元前222年)、齐(公元前221年)。公元前221年他完成征服华夏诸国之后,便以"皇帝"称号自封。日后这称呼一直沿用,而在历史上他本人则以"始皇帝"的名号著称于世。

法家谋士李斯接替公元前237年被逐的巨商吕不韦而成为秦相。在李斯辅助下,秦始皇将秦国现行的行政系统普及到当时整个华夏世界。全国领土划分为36个郡,不久增为48个,与此同时还推出一连串统一措施:创制中央带方孔的划一圆形铜币,其样式至现代仍然存在;统一度量衡;创立新的规范文字以代替当时华夏地区使用的多种书法;统一车轴轴距;摧毁各国为防范邻国而在边境上建造的城墙,禁止拥有武器(用没收得来的兵器在京都铸造了12座巨像)。与此同时,大力着手领土整治:修筑皇朝驰道网;开凿灌溉水道;在北方边区兴建万里长城。建长城的目的是保护帝国不受匈奴(草原地带游牧居民)的侵犯。长城按秦、赵、燕约于公元前300年建成的防御工事旧址进行兴建,加固旧工事,将其不断延长,从甘肃南部一直伸至辽东半岛北部(经度为104°～123°)。公元前213年蒙恬将军率远征军十万之众攻打定居于鄂尔多斯的匈奴。另外还对中国南部与越南的南蛮之地进行讨伐,并在该处设置新郡。郡府分别设于番禺(今之广州)、广西东北部的桂林、象(河内)。秦国曾向福建土著居民(闽越)进军,最后在现今的福州地区设立了新郡。上述边远地区多半居住流配者,汉族驻军不得不与土著居民的经常动乱展开斗争。秦始皇死后的动乱期间,这类地区便不受中央控制。但是由于华夏产品远销于此,而战国时期又有商人与冒险家进入其中,因而保持了汉人定居特色。一百年之后,秦始皇时期的士兵与流配者的后裔仍然留居于此。

秦亡汉立

从甘肃到朝鲜,从福建到越南连年征战;大搞庞大工程(修筑城池、道路、驿站、运河、长城),在京都咸阳(陕西省渭河东岸)兴修巨大宫殿,在骊山(咸阳以东50公里)之内修成惊人的地下墓;而且实行苛刻的

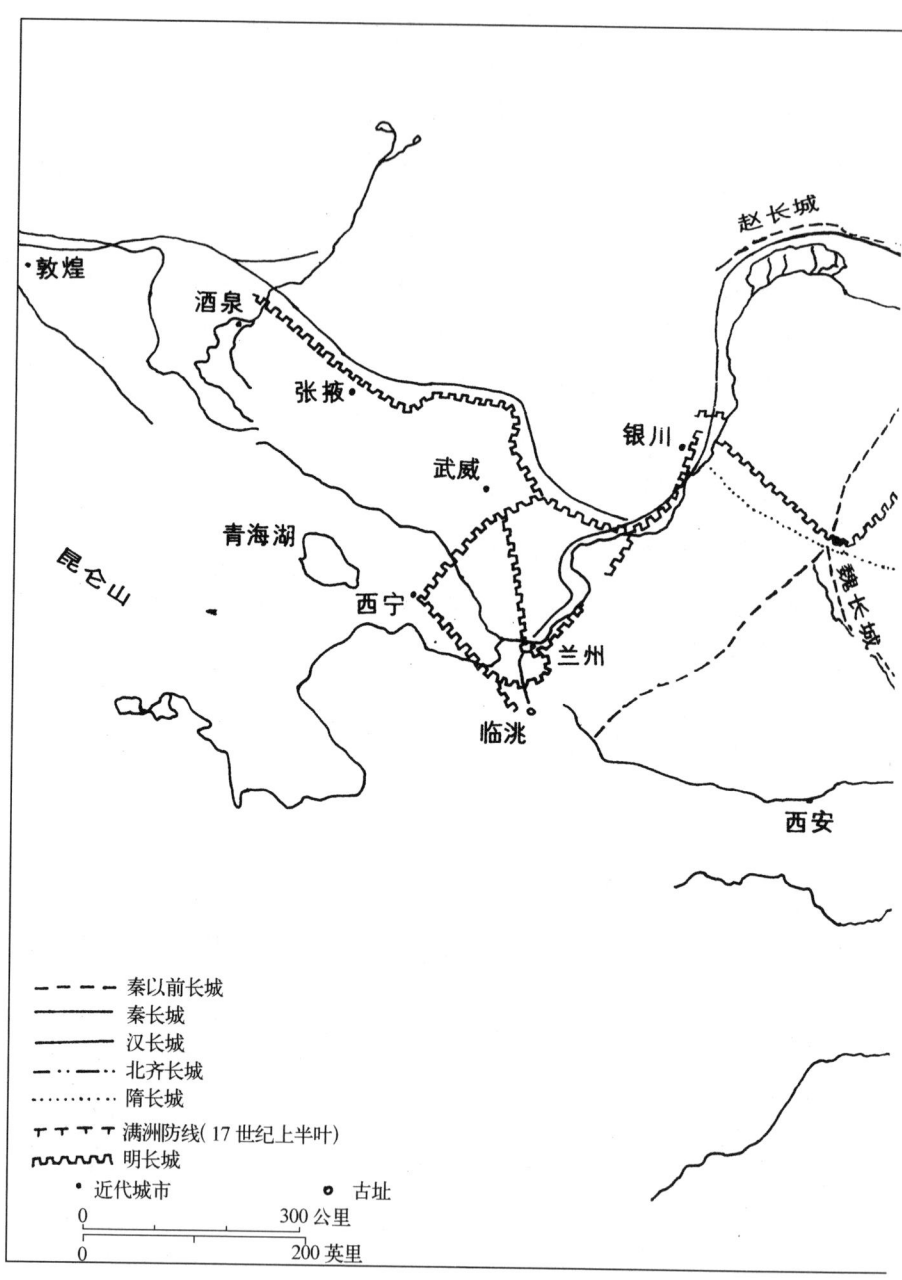

秦长城及历

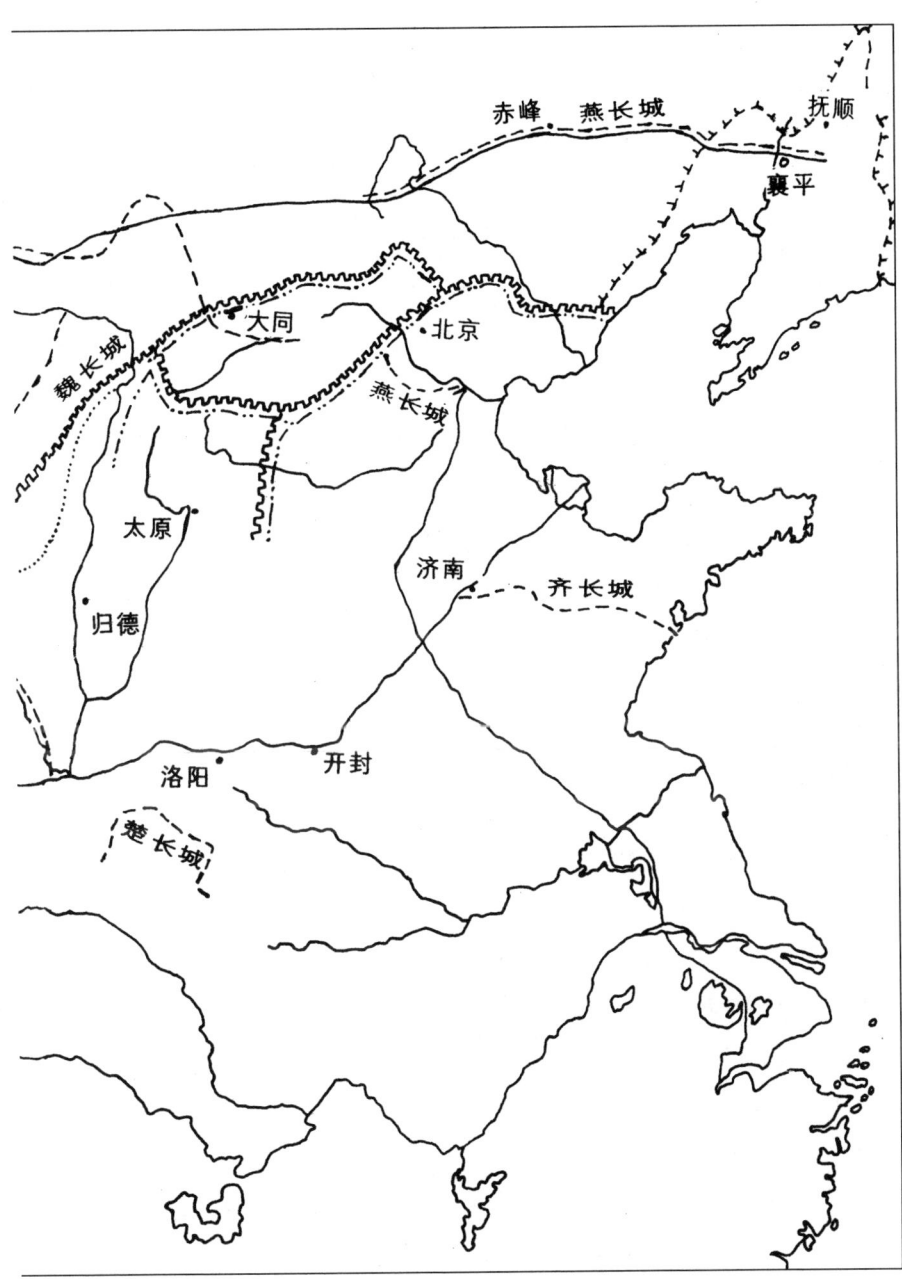

代长城线

刑罚体制;上述种种事实看来是秦始皇暴政令人无法忍受的原因。人民大众不满,被驱赶、被剥夺权利的旧贵族怀恨(有12万豪强家族被迁移至京都地区),士大夫阶层深恶痛绝。秦始皇想除掉敢于批评新政的议论者,竟下令禁止一切书籍,只留下关于医、农、卜巫的著作。这就是公元前213年著名的"焚书",接着又在咸阳处决400余名反对者。始皇驾崩后,其幼子秦二世继位,不久即爆发第一批起义。公元前209年,陈胜、吴广领导民众暴动,不久项羽家族也率领楚国旧贵族加入到起义行列。

刘邦出身于平民,原为秦国小吏,后成为起义队伍的首领之一,且声威大震。最初他是项羽(公元前232—前202年)的部下(项羽封其为汉王),后与项羽对抗。公元前206年,他率军跨越秦岭,次年于渭河流域彻底打垮秦军。这一年名义上便是汉朝新帝国建立之年。刘邦于公元前202年消灭对手项羽,宣布登基,并建都于咸阳西南的长安(今之西安)。刘邦的做法一如先前的项羽,将爵位与领地分封给一起打天下的诸将。

法制的持续

从公元前4世纪中叶起,在秦国建立的而其原则又由秦始皇推进到华夏诸国的法治政权以非个人之治的行政组织与军事组织为其基础,对农民实行控制与使用。这种关于政权与社会的新观念的基本特点在于国家与农民保持直接关系。无论表面情况如何,西汉诸君主事实上仍然是秦制的承继者、发扬者。传统史书喜欢将秦皇朝写得一片黑暗。暴君嬴政曾虐杀儒者,而到汉代,儒者的影响却占压倒优势。不过,汉朝政权的基础开始时与秦国及秦皇朝无异。在哲学与宗教领域方面亦盛行同样的观念:推行繁琐的对应系统,为世界及社会变化提出总体解释;山东及河北沿岸的卜者与巫师阶层信奉道教。两个朝代的对外情况亦大致相同:秦始皇南征北讨之后大约停顿了一个世纪,汉武帝(公元前141—前87年)复又实行大规模的对外扩张,推向蒙古、朝鲜、中亚、中国南部与越南。

由于各种因素(经济增长,华夏地区与草原地区关系变化,宫廷巩固,官僚阶层削弱,国家对农民的控制减弱,富裕贵族家庭地位上升,等等),经过长期而复杂的演变,汉皇朝才逐渐脱离原来的状态。

虽然第一个帝国极端严酷的刑法被汉朝的缔造者大大放宽,但刘邦建立的政治行政组织基本上无异于秦皇朝的制度。秦始皇时期通行的一切法律规章在汉朝初期依然如故。领土同样以郡县划分。京都与各省的官吏照样分三类:民职、军职、巡察与行政监督。总而言之,仍是"法治"的帝国,不但在直属于中央政权的领地如此,就是在赐给开国近臣(后来则赐予皇族亲戚)的封地(封国)亦一样。皇朝强盛之本在于由国家直接控制居民乃至个人。这就需要有精确的人口普查(汉朝的人口普查,据说是历史上最精确的普查之一)。每一臣民都要缴纳个人税项(人头税连儿童也要征收),每年要服劳役,还有服兵役的义务。此外,据奖惩法制(司法判决、授爵、晋升、赦免等)可将全体居民划分为 24 个等级(爵位)。有军功者,向国家缴粮者,获得晋升,但爵位亦可出钱购得。受罚者同时被贬,享有爵位者犯罪时可减轻刑罚。运用赦免以纠正法律的过严,有时可以连带取消债务并随之而晋升。在行赦之时,行政机构向农民社区("里")赐赠酒与牲牛以作祭土地神的年宴之用("社")。农村的里,因其社会凝聚力与在当地形成的道德约束,使国家对居民的控制愈益加强,里长从年长的显要人物中选出,其所奉行的道德规矩建立在顺老敬尊的基础之上。

这法治帝国的基础是将人群划分为小单位。的确,大社区的存在,地方重大祭祀的存在,以及私人拥有大量客卿已构成国家活动的大障碍。因此在新居民点地区,中央政权的控制愈加严密;在旧居民点地区,皇朝行政机构仍须与大家族妥协。山西的情况即如此,当地各宗族对立导致仇杀不息,中央政权代表却对此无能为力。因此迁移居民的其中一个重要作用显然易见:迁走有影响的家族,令其离开本土从而消除其势力,此举对国家大有好处。同时也增加开垦地与移民地,国家亦由此而获益,因为新迁去的居民(囚犯、自由民、士兵、受灾农民等)较易控制。

移民既有政治意图,也有经济目的。既减轻人烟稠密地区的人口负荷,亦有助于开发北方各省旱地及蒙古边境地区,从而大大有利于供应用以防止草原民族入侵的军队。公元前198年开始,有十余万人被迁至京都附近地区,他们属于旧齐楚二国的富豪家族,原住山东北部、长江中游地区、汉水下游流域。这次移民是一系列措施的第一项,类似措施一直实行到公元前1世纪末。这类措施相当重要,足以改变华北尤其是西北的人口分布。在边远地区实行屯田制,士兵携家眷住下,这种军事移民地在汉武帝(公元前141—前87年)治下大量增加。

西汉亦如秦时一样,实行兴修大工程的政策,其中大部分工程带有战略性质或经济性质。公元前192—前190年间,渭河流域的农夫农妇应征修筑长安新都城墙。此期间每年应征人数约达15万。但后来使用士兵与囚犯愈来愈多。公元前132年,征调十万士兵修复黄河决堤。公元前102年间,自兰州东北部至甘肃西端玉门关的长城段续修工程亦由士兵与犯人从事。他们还在蒙古居延地区至酒泉与张掖北部及东北部修筑防御工事。公元前76年,新流放的"少年无赖之徒与犯罪官吏"修建满洲南端另一条防线。除大小堡垒之外,亦修筑运河与大路。这类工程,既有助于加强中央政权对地方的控制,亦符合经济需要。公元前129年,在河南与山西之间开凿了150公里长的运河,将渭河流域与黄河连接起来。公元前95年,开通了一条百余公里长的水道,使渭河与其北面的泾河连接。而在汉武帝及其以后几朝,整个华北的灌溉工程更是不可胜数。汉初修筑的大道中,应予一提的有两条:一条经褒斜河谷穿越终南山而将京都与成都联系起来,另一条自公元前130年起兴建,从四川直抵富饶的广东平原。技术上困难不少,因为不得不在悬崖峭壁上修筑栈道,而尤为严重的是,从西南地区当地部族征集而来的民工哗变。

缩减"封国"与抑制皇朝贵族

虽然汉帝国采纳秦朝所有体制,而且表现出一个"法治"之国的全部特征,但由于初期虚弱,因而不得不作出某些妥协。

汉朝政权是在混乱与全面暴动的背景下诞生的。经过公元前230—前210年间秦国与秦皇朝强行统一的短暂期间之后,自战国时代承袭下来的地方主义倾向依然十分活跃。因此汉皇朝的行政机构最初只能直接控制部分华夏地区。公元前2世纪初,汉帝国共有54个郡,其中39个,亦即2/3左右均属于"封国",即已于公元前201年分封给开国君主的旧臣。大部分封国位于皇朝的东部地区以及长江流域地带,其行政机构与帝国领土上的机构无异,受皇帝使臣监督。认为创立这些封国是古代列国复活,这显然是不确切的。古代"封建制"已经彻底消亡。但封王所享有的相对独立地位对于中央政权却构成威胁。公元前2世纪期间,中央政权便大力减少封国。

开国君主所封的旧功臣对中央政权表现出过分的独立倾向。汉高后在位时期(公元前188—前180年)便已开始排斥这些功臣而赐封皇帝的亲属。高祖之后文帝时期(公元前179—前157年),谋士贾谊(公元前200—前168年)、晁错(?—前154年)均提出要削弱封国膨胀的势力。最后,景帝时期(公元前157—前141年)一场危机酝酿成熟,终于导致由吴王、楚王领导的"七国之乱"。吴、楚封国位于现今江苏省。皇朝的军队镇压了公元前154年发生的叛乱,从而保证了武帝(公元前141—前87年)强盛时期前13年间中央政权对远离京都地区的统治。公元前124年,其封国在今安徽的淮南王刘安曾试图摆脱皇帝控制,未果,两年之后被处决①。自公元前127年起,采纳了一项法律:取消将爵号及领地传与单一的合法继承人,规定要在众子中平分。这一法律

---

① 另一说是下狱自杀。——译注

导致封国与皇朝贵族彻底垮台。武帝之后,诸王便失去领地之权。他们依然享有的利益无非是有权向若干农户收取谷物税。故汉武帝年代不仅是史无前例的军事扩张时期,而且也是内部巩固时期。

因此,整个公元前2世纪时期的总趋势是强化中央集权。儒家谋士在朝廷的影响,以及对承袭而来的秦律的降温均不足以改变此基本方向。的确,在公元前191—前167年间,严酷的秦法被取消了。公元前191年,秦始皇宣布过的禁书已经开禁。公元前167年,法律上已取消肢解刑罚。此外,汉初虽然保留法家一大原则——在法律面前人人平等,但在主张奉行儒家传统的谋士影响下,要求有贵贱尊卑之分、亲疏之别的趋向已经显露出来。由此,自公元前176年起,贾谊关于执法不宜过于划一的文章便引起重视:皇上的荣光惠及因爵位或血统而与之亲近的人,因而应该令大人物免于普通刑罚的耻辱。当时被判处极刑的显贵可获恩准以自杀代受刑。这种习惯何以终于盛行,从上述观念便可得到解释。不过,按亲疏关系(亲疏程度反映在每种关系的服丧性质与时间上)以及按受害人与罪犯的身份而定的等级刑罚制度只是经过长期演变之后才得以发展起来。按罪犯类别是属于贵族或属于官吏而定的特殊诉讼程序("八议",即有些案情应将案卷上达皇上)也是这样。最后,终于形成公元7世纪唐律所表达的精湛形式。唐律是我们所知的第一部完整的刑法。汉、隋两个朝代之间的法律家是这套出色的系统法律的创制者。

二、汉朝在亚洲的大扩张

可以认为,草原地区问题支配与左右着汉初整个政策。来自大草原的弓箭骑手之入侵大概不是新鲜事,因为过去这种入侵在公元前4世纪末也曾威胁秦、赵、燕等国(自甘肃至满洲)并导致兴建第一批防卫长城。但是公元前3世纪末,危险却大为增加。秦末起义时期各派为夺取最高权力而大打内战,在此期间,草原地区一个由匈奴统领的游牧民族大联盟已经形成。

"匈奴"与西文的 Hun 是否同出一源,众人争议很多。名称上的相似很可能靠不住。但这个问题对于历史来说并无多大意义,因为两个时代相隔太远。匈奴帝国的幅员,从贝加尔湖至巴尔喀什湖,往南则至纬线 40°附近区域。匈奴帝国,亦如草原地区其他国家,由本籍不同的诸部族组成。其语言属"阿尔泰"族,有蒙古语、突厥语、通古斯语,我们很晚才了解。最强的部族居于联盟之首,其称谓便用以指全体居民。后来的茹茹人、突厥人、蒙古人也是这样。匈奴帝国为冒顿(公元前 209—前 174 年)所创,从公元前 204 年持续至公元前 43 年。这年,草原部族开始分化,分为居住在今内蒙古的南匈奴(他们后来归顺中国),以及生活在相当于现今外蒙古土地的北匈奴。冒顿时期,匈奴势力直达塔里木盆地,在冒顿之子老上(公元前 174—前 160 年)治下,匈奴对操伊朗方言的大月氏人横施压力并进入绿洲地带与甘肃地区。这批操印欧语的居民后来慢慢被赶向西边,最后在印度西北边境区域定居下来。根据以上情况,便可以理解为什么说汉代中国的扩张并不限于蒙古而是向整个中亚推进。

蒙古与中亚

公元前 100 年左右汉朝之扩张

公元前 136 年	开始探索自四川取道云南通往缅甸以及自四川通过贵州走向广东的道路。
135	初攻福建越国。
133	拥有战车与骑兵的 30 万大军远征蒙古的匈奴。
130	再次致力取道从四川至缅甸、从四川到广东。
128	进攻匈奴。首战于满洲与北朝鲜。
124	第一次大举进攻匈奴。
123	在蒙古发起新进攻。
121	第二次大举进攻匈奴。
120	远征云南西部昆明的部族。
119	第三次在蒙古向匈奴大举进攻并赢得重大胜利。
117	在甘肃西部与中部分别建立敦煌与张掖两郡。

续表

115	在上述地区设立酒泉郡与武威郡。
112—111	远征南越王国(广东与越南北部)并将南越土地分为九个郡。
110	远征福建越国并消灭之。
109	远征朝鲜北部与中部。灭云南西部的滇国。
108	在朝鲜北部与中部建立四个郡。第一次远征中亚。
105	汉使团至底格里斯河畔的塞琉西亚。
104—101	中亚战役与帕米尔战役。
102	长城续建至甘肃西部的玉门关。
101	灭锡尔河上游的大宛国(即费尔干纳)。
97	再战匈奴。
90	蒙古之战与中亚吐鲁番地区之战。
86 与 82	征讨云南西部昆明部族。
78	远征满洲。
77	再次出征中亚。
72—71	攻打匈奴之役。
71	进入阿尔泰山与天山之间的准噶尔盆地。
67	远征吐鲁番。
60	设立西域都护。

起义与内战结束了秦始皇当初开创的进攻性政策。公元前3世纪末至前2世纪初之间,长城已弃置不设防。蒙古与鄂尔多斯的游牧居民可以自由闯入华北地带。他们入侵的主要途径有二:一条自山西北端现今大同地区至汾河流域;另一条通过鄂尔多斯之路及陕西谷地抵达长安地区。公元前201—前200年间,中国军队败绩,于是导致往长城以南总撤退,一直持续至公元前135年左右。汉朝皇帝不得不实行和解政策,也就是大家所熟知的"和亲"。公元前198年,中国一公主下嫁匈奴首领单于。汉君每年向单于奉献丝、酒、米、铜币等重要礼品。但自文帝(公元前179—前157年)时代起,汉皇两个主要谋士——贾谊(公元前200—前168年)与晁错(公元前？—前154年)便抨击这种和解政策。由于入侵不断、汉人大量叛变,而匈奴的要求日益增加,从而导致态度改变。向

游牧居民献礼既加强其实力亦增加其财富。当时中央政权已经巩固,看来可以控制长城以外的入侵之路,而且有可能再度实行秦始皇的扩张政策。公元前133年,朝廷上进行了一场辩论,强硬派压倒妥协派。此外,张骞的著名出使,表明汉人可以在中亚赢得盟友,也有助于后来几年说服众人,即必须实行全面攻势。公元前139年张骞向西域出发,寻找匈奴的宿敌——月氏。他在游牧民族中被囚十年,逃脱后抵达锡尔河上游的大宛国,即费尔干纳。由此再到阿姆河以南的大夏;月氏人便定居于此,当时希腊人称其为印度-塞西亚人。张骞于公元前126年回到长安,复于公元前115年再度启程至巴尔喀什湖东南的乌孙人之国(乌孙人为牧马民族),重访费尔干纳,然后至康居与中亚绿洲。他回来时十分相信上述诸国都对中国产品感兴趣,而尤其热衷于至为珍贵的丝绸。他曾说,可以靠礼物争取上述各国为汉朝事业效力。张骞的出使向当时的中国揭示:在中亚与帕米尔以外的地方存在着有关丝绸及其他中国产品的贸易往来。

看来,武帝(公元前141—前87年)时期汉朝对外扩张的诸因素中,不仅是由于中央政权巩固与强大军队的建成,而且由于财富充足、经济增长,后者令中国能在其所有邻国中保持威望。的确,我们不应忘记:在中国挺进满洲、蒙古、中亚与热带地区的过程中,外交行动所起作用与军事扩张同等重要。

公元前127—前119年间,汉朝首先对匈奴发起进攻而且获得胜利。公元前124年、123年与119年,由骑兵、步兵组成的远征军,逾十万之众,向蒙古进发。自公元前115年起,汉皇朝对北部边境实际上已无须担心。公元前108年,在朝鲜北部与中部建立四郡之后,汉帝国从日本海延伸至云南昆明地区,从敦煌伸展至越南中部的岘港地区。

但不要以为汉皇朝可以到处设立正式行政机构。许多地方无非是汉军守备队伍的单纯挺进。军队控制人口聚居地区中的大道与交通枢纽,而居民的归顺往往是暂时的。汉朝致力于以屯田方式牢牢立足的地方是在甘肃及北方接壤区域。屯田有双重任务：一是通过垦殖与灌溉开发已占土地，二是确保后方的防务。

甘肃敦煌郡与张掖郡设于公元前 117 年，武威郡与酒泉郡建于公元前 115 年。自此时起便大力开拓西北地区。汉武帝时代定居于西北的人数估计达 200 万。有些数字足可以显示人口迁移数量之大：公元前 127 年，10 万农民落户于蒙古境内鄂尔多斯西北的朔方；公元前 102 年，18 万屯田士兵驻扎于酒泉、张掖两郡；公元前 120 年，山东西部遭受大洪水之后，70 万灾民迁往陕西。人口迁徙次数不少，足以改变华北居民的分布状况，而对于黄河流域人烟稠密地区的农业经济，无疑发生有益影响。

满洲与朝鲜

汉皇朝向蒙古与中亚扩张的同时亦大力深入东北（满洲）与朝鲜。其目的是要结束匈奴对东胡人与乌桓人的统治（东胡人与乌桓人分别为蒙古东南部与辽河流域即南满的牧马居民），并同时确保汉皇朝对上述地区商业通道的控制。此外，汉人在满洲的殖民开垦由来已久，起码可上溯到战国时代（公元前 5—前 3 世纪）。事实上，已经在满洲发现当应属于燕国移民的遗物。燕国京都位于现今北京附近。再者，汉代以前山东沿岸与辽东半岛之间的海上交通已经建立，大概山东与朝鲜之间也一样。山东与辽东半岛只相隔 120 公里左右（即自西西里至突尼斯的距离）。因此，何以汉人在公元前 2 世纪末便有步骤地致力于将南满平原与朝鲜半岛并入帝国之内，其原因不难解释。公元前 128 年战胜东胡人之后就在满洲设立了汉郡。公元前 109—前 106 年间，进占朝鲜的大部分：乐浪郡设于西北，真番郡建于西南，临屯郡立于东北，玄菟郡定于北方，横跨鸭绿江。朝鲜西岸至公元 4 世纪初一直是中国的土地。朝鲜半岛之所以有如此丰富的汉代古文物是由于当时中国深入其中之故。朝鲜乐浪的中国古墓曾经展示这时期的最美壁画标本，而最近还发现其他遗址。

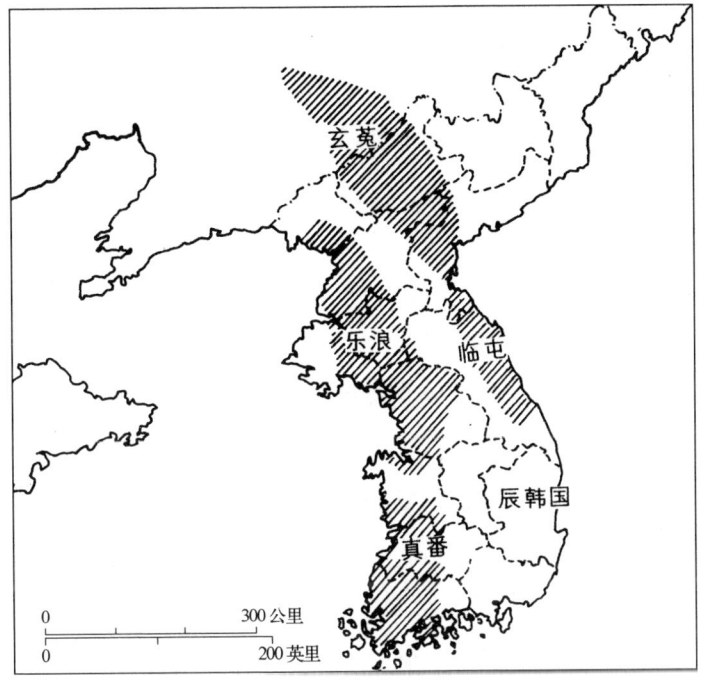

朝鲜的汉郡

北方军事组织

如果视长城为分界线,将游牧民族与华夏都市居民及耕作者截然分开,则未免流于简单化。华夏世界北部地区构成牧人与农人不同生活方式互相交错、彼此相关的地带。历代所见,时而畜牧发展,耕地缩减,时而定居居民扩张,开发荒芜之地。正如某些牧民部族转而从事农业一样,有些汉人亦接受游牧居民的生活方式。防御草原民族入侵的问题与文化、政治、经济、军事背景都有关,因为存在同化现象、外交关系、贸易往来之故。长城不过是范围更广的复杂整体的一个成分,其他方面还包括有:共同防御入侵的结盟部族,驿站,堡垒与前沿驻军,军屯,流放居民开发地,养马,等等。

由于发现大批书于竹木上的手稿,也由于20世纪以来在汉朝旧边境发掘所见,我们已十分了解汉代军事组织及其在北部边界的防御系统。这类书稿来自蒙古西部的居延地区以及甘肃西部敦煌地区。有报告、通告、报表、士兵信件、法律文本断章等,共约有一万件。均以当时常见的条片状形式出现,每片只书一行字,所涉及的年代大概从公元前100年至公元100年。

在边界附近有两类士兵队伍:一类是务农士兵,称"河渠卒"或"库卒";另一类是前哨驻防士兵。在防卫第一线的士兵大部分时间用于警戒、巡逻、训练。每个哨所凭借一套信号系统与邻近哨所及后方保持经常接触。信号有红蓝小旗,白天放烟,晚上点火,借助埃及汲水吊杆式旋转长竿使信号清晰可见。信号系统依靠一套相当复杂的密码,能够迅速传递关于军队运动与进攻的信息,相当准确。自公元前166年起便有文献提及这套信号系统。全部收发信息均用文字记录下来。每个哨所首领受当时十分形式主义的行政规例约束,不得不写大量信件并保存丰富的档案资料,不仅涉及军事活动,而且涉及供给与库存兵器:弓、箭、弩、投石器等。士兵在巡逻的时候往往不得不平整广阔的泥土地带或沙丘地带以求发现游牧民之踪迹。他们既负责维修房舍,制砖、晒砖,收集燃料,制造弓箭,还担负海关以及警察的监督职责。凡通过边境哨所的一切——人、畜、商品,都受到严密监视。逃犯受通缉时,其准确的体貌特征便会通知哨所。现在证实汉代已使用通行证并应用警犬。通行证还可上溯到战国时代。此外边境哨所尚须适应外交车马队的需要。当时的资料表明:中国草原边区驻军的任务有多种多样。纯军事活动不过是华夏世界与游牧民世界二者关系的一个方面。

汉代军队按照秦国与秦皇朝制度——即征兵制而建立。健康男子30岁应征入伍,须在禁卫军服役一年,并在自己本郡服役一年,起码京都附近地区其情形是如此。在边境地区,应募士兵则是长驻的,但边境上亦有雇佣士兵。至于汉武帝时期的远征军,其成分则包含大量夷人辅助队伍、汉人雇佣兵以及允许其借服役以减刑的囚犯。此外,汉武帝之后,渐渐倾向于缩减募征队伍。东汉军队便主要由老兵、雇佣兵以及大量夷族人员组成。

汉人深入热带地区

汉人扩张至长江以南乃是东亚史上的大事件之一,从其时间之长(延绵3 000年)及其伴随的变化来说均如此,如:人口迁移、种族混杂、旧文化消失或变化、相互借鉴等等。古代种族流传至今的无非是某种残余,虽然仍然表现出若干显著特点,但不可能准确反映旧文化及古代种族的分布状况。某些居民似乎已完全消亡。由于中国讨伐与逐渐同化,一些具有独特文明的大酋长国及重要王国已经被毁或慢慢萎缩。唯有考古发掘显示出这类独特文化的若干成分。如滇国情况(其政治中心位于现今云南的昆明平原),汉代资料只简单提及。1956年以后由于考古的惊人发现,顿时显露出来。该国的经济在战国末期及公元前2世纪时均以大畜牧业与农业为基础。滇国与如下部族或居民发生过联系:东面控制四川与广东之间通道的夜郎尚武部族、云南西部昆明各部落、成都平原的汉人。该国紧扼长江上游与缅甸之间的交通枢纽。因商业繁荣,于是一种受多方交错影响的独特铜器艺术得以发展起来,其中最明显、最出人意料的影响可能是来自鄂尔多斯与大草原方面。在昆明湖东南石寨山的考古发掘中,曾出土一些精美的贝饰青铜器皿,这是王族的护物,上盖饰有浮雕景物,成为关于经济、祭祀与居民日常生活的宝贵证明资料。滇国于公元前109年被汉军所灭。其国君保留称号一直至汉昭帝时期(公元前87—前74年),后来因反叛而被镇压。华夏殖民拓展使此独特文明不留任何痕迹。

公元前86—前82年,汉族对云南西部昆明部族的征讨使中国一直挺进至缅甸边境。北缅甸的掸国约于公元100年(94年、97年与120年派出使节)向洛阳奉献贡品。

1924年,河内以南约150公里的清化东山又发现另一处遗址。遗址表明:与滇国差不多同时代的还有另一处青铜文明。那是渔、猎、农三结合的文明。"渔-猎-农"居民住于吊脚楼上。其特点是使用铜鼓,鼓饰表现宗教场面,其中有以羽毛为装饰的舞者。在乐器方面,值得注意的是,有一种在热带地区使用广泛的口奏管风琴,中国的笙即源于此。东山文明受草原地区与中国的影响均十分明显。外来物品方面,有战国时代的壶、剑以及王莽(公元9—23年)时期的货币。

滇国与东山的情况,其他古国也大致一样。后者尚无考古发现。福建面向海洋,为高山所隔。公元前3—前2世纪,福建与浙江南部便是上述的独立古国之一。闽(福建与福州河之旧称)的越人是众多渔人民族中的一支。此类居民自古代以来便住在浙江河口与越南顺化之间的整个沿岸地带。秦始皇对此地区的征讨只是临时之举,而汉统治者则于公元前2世纪末以武力深入其中并于公元前110年摧毁了闽的越国。

自战国时代(公元前5—前3世纪)起,汉朝商品便进入到拥有广大肥沃平原的临海地域(广州地区西江流域及红河三角洲),亦即广东、越南一直至目前岘港附近地带。公元前221—前214年秦始皇南征之后,在现今桂林地区(广西东北部)以及广州、河内设营驻军。但秦朝灭亡后,此地成立了独立国家,掌政家族为赵姓,可能混有华夏血统。该国称"南越国",按汉语句法,"南越"与"越南"相通。国中人口该是傣族人与孟-高棉人的祖先。其主要活动似乎是经商与捕鱼,重要口岸有广州、合浦(雷州半岛西部出产珍珠的地区)以及位于东京湾的一港口。交易的货物为象牙、珍珠、龟贝、犀牛角、植物纤维织品、岛上的奴隶。汉朝远征军几度进入,最早的干涉远溯至公元前181年。公元前113年,远征军深入广州地区与红河三角洲,两年之后南越领土改为汉郡。

然而汉政权控制的华南与越南热带瘴疠地区,经常笼罩着不安定气氛:树木繁茂,山地起伏,最易于进行游击战,袭击与武装冲突连续不断。在王莽(公元9—23年)治下的混乱时代以及在汉朝复国初年,汉族向云南、广东、越南北部与中部迁徙,日甚一日,但自公元40年起红河三角洲起义蔓延开来,导致现今整个越南北部、中部以及广东西部合浦地区的居民举兵起义。征侧与征贰两姊妹是这次大暴动的首领。姐姐不久则以王后自居。现今越南将姊妹俩奉为民族独立英雄加以崇拜。不过公元43年,称为"伏波将军"的马援(公元前14年至公元49年)制伏了这次反叛。

第一次向东南亚与印度洋开放

汉皇朝在广东与越南驻足使中国的影响扩大至东南亚。柬埔寨发现的铜斧是按照中国斧的样式制成的;婆罗洲东部、爪哇西部、苏门答腊南部已发现公元1世纪的汉陶断片。同时,汉郡向南扩展致令东南亚与印度洋诸国第一次与华夏世界直接接触。《汉书》(二十八卷之二)中有一段文字首次记载了公元前1世纪通往南海及印度洋的海路。但这种联系只是在公元几百年后才发展起来,即尾随印度、伊朗的海洋扩张之后;南中国海事发展从3世纪开始。考古发掘(广州地区、广西贵县、湖南长沙等地墓穴)揭示,汉代已进口海外产品:玻璃、琥珀、玛瑙、光玉髓等。陪葬的小塑像证实,当时已贩卖东南亚籍的奴隶。公元3世纪广州地区已开始栽种当时在中国尚属异国植物的茉莉花。公元89—105年之间,印度使节出使汉皇朝廷。132年,第一次提到中国与爪哇岛的正式交往。

印度、伊朗海上贸易的发展无疑是1 000多年前亚洲史上的重大事件之一。这种发展有如下诸方面因素:航海技术进步,印度、中东与地中海之间贸易增长,佛教广泛传播(佛教为商人宗教,令人摆脱对亵渎的恐惧),欧亚北部通道被切断之时发现产金新国。东南亚各国沿海平原信奉印度教亦源于此。汉代中国曾与罗马帝国东海岸有过偶尔接触也因此得到说明。印度、伊朗贸易的中转大站之一似乎是湄公河三角洲扶南柬埔寨旧国的一个口岸。这旧城遗址有着2—6世纪的遗物,其中发现一枚152年轧制、刻上安多尼努·比约(138—161年)肖像的罗马货币,一枚带有奥里略(161—180年)肖像的货币。《梁史》(520—557年)提到,汉代大秦("大秦"指罗马帝国东部地区)商人经常过访扶南。公元120年,从海上抵达东亚的大秦国舞蹈演员与杂耍演员有一件礼物经缅甸国送至洛阳朝廷。166年,一个罗马商人"使团",团员或许是帕尔米拉的叙利亚人,在越南中部海岸逗留,此事中国资料已有提及。另外两个类似的使团,一于226年抵南京,另一于284年至洛阳,也都曾引起注意。

东地中海与南中国的遥远联系,不仅具有令人好奇关注的价值;两地的联系还表明,存在具有相当重要意义的贸易关系。中国丝绸的吸引力曾大大推动这种联系。

第二章 扩张的原因与后果

草原地带匈奴大帝国的日益强盛极可能得力于中国铁器与丝绸的进口,而汉朝向亚洲扩张其根本原因无疑亦因华夏世界的经济增长。汉代中国在外的影响及威望不仅因其经济发展,还由于与蒙古、朝鲜、中亚、华南、北印度等进行贸易引起中国统治者的关注,从而推动了军事扩张与外交扩张。华夏世界富庶丰足,加之汉朝对邻邦采取赏赐政策,于是使最初的格局慢慢改变,促使"夷人"归附于汉帝国。结果自公元前1世纪末起,已无需继续大力扩张,中国在北部与西北部的移民便呈收缩趋势。

再者,汉朝与其近邻关系的改变以及经济繁荣,引起屯田士兵与小农阶层逐渐解体,这一阶层在汉武帝(公元前141—前87年)时期曾经使中国强盛起来。而经过王莽短暂篡权之后,此时则是财势不断增长的豪强家族成了公元25年重建汉皇朝的推动者。

一、经济与政治

贸易与扩张

自公元前4—前3世纪起,秦、赵两国似乎已开展对蒙古及中亚的贸易往来，燕、齐则同满洲与朝鲜有贸易关系，而楚国则与四川、云南通商。在满洲与朝鲜北部的出土文物中，发现许多战国时代的刀形货币（"明刀"）。这足以证明，位于现今北京地区的燕国曾与东北地区有贸易往来。此外，种种迹象都似乎表明：齐国丝绸已运往西域，很可能因有此类出口品，印度才认识丝绸之国。看来"支那"之名可上溯至公元前4—前3世纪。

汉代时期，华夏地区与亚洲大陆不同地区的贸易往来日益增长。许多迹象显示：自公元前2世纪末起，汉朝的扩张，与重要贸易通道的发现或认识大有关系。这种通道将当时华夏世界同华南地区、东南亚、中亚、印度与伊朗接壤地区联系起来。张骞的报告就曾指出：中亚或阿姆河南北两岸居民十分赏识中国丝绸。该报告决定了向塔里木盆地与帕米尔扩张的重大政策。张骞在大夏逗留时，惊讶地发现经缅甸、印度北部运去的四川竹子与布匹。他的发现促使汉武帝讨伐云南以便控制该地区的通道。公元前135年唐蒙出使广东，发现该处有一种酱料竟用四川水果制成。他由此推断，四川与广州地区（番禺）之间存在着贸易通道。汉朝远征贵州亦据此推论而发。

公元前2世纪中国经济增长，加上政治扩张，自然使贸易规模日益扩大，而且使商务、战事与外交三者之间的联系更为密切。从朝鲜至亚洲中部都设中国驻军，建立外交关系，控制通商大道，从而造成特别有利于商人的局面。汉代草原商队乃是真正的活动城市。公元84年，北匈奴使节向长安进发，单于及其家族的王侯亦厕身其中，随行的还有十万头家畜。公元135年冬，乌桓人袭击商队，夺走河北中国商人所驱车辆千余。边境都市设立了大市集，当地驻军亦参与贸易活动。位于北京西北部即现今张家口的城市便是这类设于边境的大商业中心之一。东汉末期，乌桓人与鲜卑人都到那里做交易。公元2世纪末期，该市因大量逃亡者涌入而受益，逃亡浪潮是由184年黄巾起义引起的。

在这种"国际"贸易中，很难区别清楚什么可以严格视之为私人商业,什么是由贡品构成的官方贸易形式,而后一种财物交换,乃在于密切汉朝与其邻邦所维持的政治联系,有时甚至在于密切家族关系。商人混在官方车马队中,亦受中国驻军保护。有些来自遥远国度的人竟至宣称自己是本国派来的代表。武帝时期汉军打开中亚通道之后,大量中国商人即接踵涌入绿洲地区。总而言之,汉朝的全部对外政策似乎建立在礼品尤其是贵重物品的交换上。汉帝国边境上的中介国家靠交易中国产品(首先是丝织品)致富并提高了自己的威望。汉皇朝消灭这些中介国家,目的主要是发展外交关系,而不在于扩大直接统治。因此,汉人最初常常只限于在商队必经的交通枢纽设立营房,以控制通商之路。不仅在常受草原民族入侵威胁的中亚绿洲是如此,而且在土著部族聚居的中国西南山区亦如此。土著居民的归顺向来并不十分可靠。

赏赐政策与丝绸贸易

为扩大对邻邦的影响,争取其归顺并造成敌人分裂,汉皇朝实行摆阔与恩施的政策。其高昂费用与一贯性令人感到惊奇。世界上大概没有任何其他国家曾作出如此努力向邻邦赠礼,而且将施赠作为政治手段。汉朝四百年间,草原与绿洲的居民(中国西南山区居民则程度较轻)接受过不可胜数的丝织品(中国的主要商业财富)以及其他中国产品。自公元前 2 世纪初起,赠品数量已经极其大量,至公元前 2 世纪下半叶,愈发猛增,到东汉时代达到最高峰。有些数字可以表明这种增长:

	散丝(斤)	丝 卷
公元前 51 年	6 000	8 000
前 49 年	8 000	8 000
前 33 年	16 000	18 000
前 25 年	20 000	20 000
前 1 年	30 000	30 000

公元91年,赐给南匈奴的丝织品总价值达到10 090万钱。同年,绿洲各国收受的丝织品价值为7 480万钱。但自公元前2世纪末,张骞第二次出使准噶尔与帕米尔起,中国产品与丝织品便大量涌至中亚,因而失去部分吸引力与价值。

可以估计:公元前1世纪至公元150年之间,汉皇朝每年收入几达100亿钱,皇帝私人收入的80亿钱不包括其中。然而,在100亿钱中,每年耗于赏赐外国居民的部分即达三四十亿。可以想象这种巨大的耗费对中国财富的影响(既刺激手工业生产亦削弱皇朝整个经济)及其对东亚、北印度、伊朗、地中海盆地之间贸易关系的推进作用。

虽然可以肯定地说,华夏产品交易先于秦始皇统一华夏诸国,不过此种交易达到空前规模大体是对匈奴及中亚各国实行赏赐之故。东汉时期,即在公元1—2世纪时,跨越欧亚大陆的大宗丝绸贸易愈益发展,牵涉到中国、中亚、北印度、安息帝国、罗马帝国。著名的"丝绸之路"连接着黄河流域与地中海,通过甘肃各城邑和现今新疆自治区的绿洲、帕米尔、外奥克散、伊朗、伊拉克、叙利亚。于阗绿洲,蕴藏丰富的玉石,位于塔克拉玛干沙漠的南路上,似乎曾是丝绸中转大站之一。位于于阗以西的尼雅绿洲发现有后汉丝织品断片,这种丝织品与在巴尔米拉墓(断定年代为83—273年)中发现的丝织品十分相似。而印度则似乎曾常常作为中国与地中海丝绸贸易的中继站。中国丝绸可能制于四川或来自于此地区,自公元前4—前3世纪起恒河平原与印度河平原便知其为支那产品,即秦国的产品。但据考古若干发现所见,汉武帝时期向中亚扩张似乎推动了中国与印度西北部的关系。不过,运抵罗马帝国的一部分丝绸该是直接来自印度河流域。由于安息人尤其是纳巴泰人对商品抽税25%,控制着外奥克散、伊朗与地中海之间的通商,罗马便在公元1—2世纪时,鼓励南路海上贸易,从而绕过安息帝国。此外,已知公元97年汉朝派往大秦("大秦"指东罗马帝国)的使者甘英曾受安息人所阻而无法继续其行程。

虽则中国丝绸大部分运往近东与地中海盆地,但切勿忘记,丝绸贸易事实上扩展至整个亚洲,考古发掘已经证实这一点:除"丝绸之路"外,已经在内蒙的居延、乌兰巴托以北130公里的诺恩-乌拉、布里雅特西伯利亚的伊尔莫瓦-帕德,以及克里米亚的刻赤,发现丝织布料。

夷人汉化及其归附

向夷人赐赠,属于有意识的长期政策。最初是想吸引夷人,使之脱离强大的匈奴联盟(此联盟控制整个草原地带与中亚绿洲)并逐渐腐化之,使之习于奢侈生活。

对于来汉宫廷的匈奴首领单于以及中亚各国君主均给予隆重接待并随之赏赐珍奇礼物。归顺长安的单于第一次来访成为重大政治事件。但后来由于这类过于经常的喜庆活动开支太大,中国亦对此感到担忧。公元前3年,汉皇朝拒绝接待南匈奴的单于。公元45年,汉人决定不将贡品制度(对汉皇朝不利而对邻邦较有利)推广至中亚十八国。诸国本已准备向洛阳送上礼品与人质。

授予爵号,皇帝赐御印,对于归顺汉皇朝的诸国在礼遇上承认其地位,以上种种都给外国君主带来不少好处。而与刘氏家族有血缘关系的,则是一种殊荣。通过联姻方式以加强政治联盟的做法,为许多中国皇朝或受中国影响的皇朝所仿效,一直持续至清代。中国历代公主将本国的风俗、习惯、文化与奢侈品传入外国,使节往来也因公主在其国中而成为必要。但汉代最通行的做法之一是由各国往汉宫廷派送人质。中亚各国君主以及部族联盟首领将自己的儿子派来作为归顺汉朝的保证。众公子在京城凭汉皇赏赐过着优厚的生活,接受中国式教育,往往在禁卫军中或内宫的官府机构中任职。由于他们接受了中国的生活方式与文化,回到国内便成为汉朝影响的传播者。人质制度确保了联盟的稳固,而且也成为较易于干预归顺国承继事务的手段。

汉朝结合军事进攻开展外交活动,赏赐丝织品及其他中国产品(匈奴首领的墓穴发现许多漆器、玉器、陶器、铜镜、货币、丝料等),授予爵号,和亲结盟,实行人质制度等,久而久之便收到成效。汉皇朝与各"属国"建立了正式关系。归顺中国的各国居民自满洲至中亚都有。公元前3世纪末匈奴建立了本籍不一的部族联盟,到公元前1世纪中叶开始瓦解。公元前60年匈奴分成五个敌对集团。公元前51年,匈奴主要首领之一呼韩邪单于归顺汉朝,加速了匈奴的瓦解进程。公元前43年,草原居民分裂为归附汉朝的南匈奴与敌视汉帝国的北匈奴,这是历时近100年发展的结果。近邻部族,即相当于现今内蒙古地区的部族在两个世界当中起了缓冲作用:一方面是定居民族,另一方面是北部敌对的游牧民族,后者一直放牧至贝加尔湖附近。公元前36年汉皇朝终于实际上解决了草原牧人的威胁问题,维持了历时一个世纪的和平。

华夏世界北部边境各族居民的发展并不平衡。西北羌族发展迅速。该族自公元前98年起便向汉皇朝纳贡,是半定居的民族,除农业与商业收入外还加上畜牧与劫掠。而现今外蒙古地区公元1—2世纪时,发展并不显著。蒙古东北部的乌桓人,经常与定居居民接触,很早便受中国影响,而且大量加入汉军,在其中组成骑兵队伍。而其北部的邻族鲜卑人则相反,仍然坚持游牧生活方式,显示出更大的侵略性。他们于公元140年入侵,迫使汉皇朝让出大片领土,156—178年间再度表现得十分活跃。

汉朝统治者赢得接受其保护的主要部族归顺后,便大力扩展对属国的控制。这些属国原来不过是单纯的盟友,保留自身的习俗不受拘束,而且不被课税。将全部接壤地区的属国改为军事领地("部"),随后又改为一般行政区域("郡、县"),是汉武帝时期至公元2世纪之间的事情。自2世纪末起,蒙古南部、甘肃、朝鲜、云南、广东、越南北部建立起归附或归顺于汉朝的普通行政区域。西汉和东汉两个朝代期间,游牧居民进一步全面纳入汉皇朝的趋向愈加明显。各部族内部变化(日益富庶,人口增长,倾向于接受定居或半定居的生活)亦推动此种趋向。约公元前50年,已归顺的匈奴总人口大体为50 000~60 000人,公元90年,即达到237 000人。中国官吏致力于使游牧居民从事农业,这对于汉皇朝是一个额外的收入来源。与此同时,入伍的游牧居民迅速增加。应征士兵的妻子儿女留在后方作人质,如其亲人叛变,即予处决。

住于内地的夷族既受中国当局剥削也受平民百姓剥削。他们不得不提供劳务、服役而且要缴税。如陕西的匈奴受雇于太原地区富家作雇农,甘肃的羌人被强征去做苦力。自公元前1世纪起内地部族便力图摆脱压在身上的沉重枷锁,他们的起义造成整个东汉时期的动乱。此外,内地部族受到不公正对待的同时,汉人恐其入侵的外蒙游牧居民却依旧领受中国的丰厚礼物,二者形成极其鲜明的对照。

二、经济与社会

生产增长、技术进步与商业活动发展构成汉代中国军事扩张、外交扩张与贸易扩张的背景。历史演变的这几个方面的确是不可分割的,如此一来便牵涉到公元前2—前1世纪整个社会历史。

技术进步与经济飞跃

从公元前2世纪下半叶开始,华夏世界显示出非凡的活力,文献与考古发现都同时证明这一点。中国得益于皇朝建立前充满革新的两百年时间所实现的发展,并享受到政治统一带来的好处。

汉代冶铁业继续发展。大体至公元5世纪见到混熔法的描述,混熔法是现代西门子-马丁炼钢法的前身。但中国人自公元2世纪起便知道将含碳量不同的铁一道熔烧和加工用以生产钢。自此钢铁兵器取代了青铜兵器,似乎战国时代一般只知有后者,当时铸铁主要用于制作农业工具。考古出土所见汉代的剑、戟以及弓弩装置都是铁制品。老普林尼[①](公元23—79年)曾盛赞塞雷人所产铸铁的质量。其见证言词证实中

---

① 古罗马政治家,《自然史》的编纂者。——译注

中国社会史

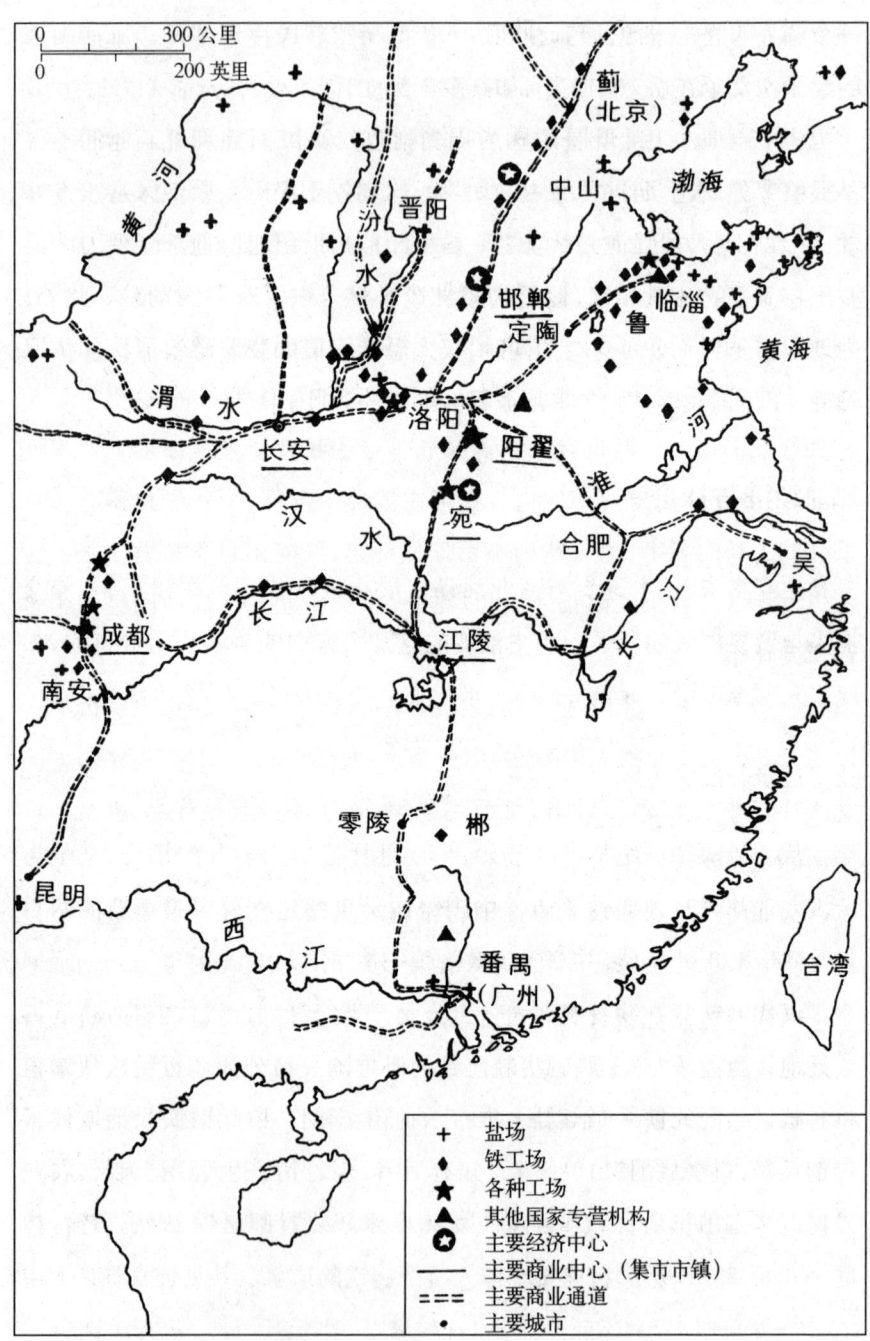

西汉时期的中国经济中心示意图

国文献提及的铁器已偷运出口,亦证实汉代冶炼技术传至中亚绿洲地区。此外,铸铁是这时期最活跃、最重要的手工业。公元前117年,国家专营盐铁时期,行政当局设立了48间铸造场,每间雇佣几百至千余工人。在私营铸造场中,工人被称为"童子"(这词用于青少年,表示身份卑下)。他们是应征士兵或囚犯,其生活条件往往促使他们起而反叛。

除盐铁两大部门之外,其他各业公私营并存。况且,严格实行盐铁国家专营的时间也不到一个世纪。丝织业的情况也是这样。国家大工场设于京都(长安)与各郡。在山东东北部,齐国旧都临淄,这类工场曾雇佣好几千工人。但也有由富商家族创设的私营企业。漆器业情况亦相同,主要在四川与河南制造。在考古遗址中发现,一些制件留有指挥制作的工长的名字,另一些则不留任何标志,可能出自于私营工场。据考古发现以及若干文献提示,可以推想,私营企业在汉代中国经济中曾起重要作用。

制铜是另一项重要手工业,主要产品为铜币与铜镜,私人铸币不久即遭禁。公元1世纪,铜镜成为出口品,可发现自此时期起,铜镜图案与铭文样式开始改变。从西伯利亚至越南都出土不少铜镜样品,甚至在俄国南部也有发现。

农业生产与农业技术方面取得了明显进步。铁制工具质量比公元前4—前3世纪有所提高。用牛犁地普及起来。汉武帝时期大力增加灌溉地面积并努力在华北开发新土地。农艺家负责传播新耕作方法。自公元前1世纪末起,某些官吏就已致力于推动长城外的游牧民族从事谷物种植。自公元前85年以后,推广一种轮作耕作法("代田"),而主要谷物依然是古代已经种植的大麦、小麦、小米。此外尚有大豆与大米,后二者仅占次要地位。自公元前2世纪末以来,从西部地区引进了苜蓿,由此华北养马越发广泛。

从王莽时代(公元9—23年)起便出现水磨。通常为一套槌子("碓"),由横凸轮轴激发,后者则由横置于水流的轮子推动。有一份公元31年的文献提及将水力运用于铁工场内的活塞风箱中。

战国时代(公元前5—前3世纪)出现一种合理的套马法,使用胸套,当时双辕车正开始代替单辕车。在运输方面,汉代已充分利用这种重大技术革新。此外,还要提一下独轮手推车的发明。其意义可能不为人所重视。这种车辆公元3世纪见于四川,但其图样可上溯至公元一、二世纪。这是非常有用的工具,到处可行,通道是狭窄小径也照走。由于重心位于轮轴附近,可以无需费多大力气即可搬运达150公斤的物品。

与现代中国不同,汉代中国拥有大量驮兽与牵引兽:马、牛、驴。唐代更是如此。从公元前2世纪末起,因与外来种马杂交之故,只用于载人与战事的坐骑及挽车马种得到改良,种马来自费尔干纳及伊犁河流域乌孙人领地。驴子原产西域,由匈奴引进华北,因其耐力与价钱便宜,在汉代深受社会各阶层赏识。

富商与豪绅

公元前2—前1世纪时期的技术进步、生产飞跃、重大贸易活动发展,不可能不对当时社会产生影响。汉皇朝继承法家传统,竭力抑制富豪家族的野心,并为本朝外交与军事扩张需要而大力建立国营大工场(铸铁场、盐场、丝织工场等)。但其努力维持不到一百年。自公元前1世纪中叶起,监督日益放松,到东汉时期(公元25—220年),更是普遍松懈。此时定居外省的富豪家族终于取得胜利。

不过,实在来说,即便在国家控制经济最有效的期间,中央政权也得与地方豪绅商讨。就汉朝整体而言,其社会特点之一是存在巨富家族,这些家族同时从事农(谷物或稻米生产、畜牧、渔业等)、工(纺织、铸铁、漆器等)、贸各业,拥有大批劳动力。在以农业为主要收入的地区,富豪之家只限于通过放高利贷,促使债务人向其出让或出卖土地以此压榨贫苦农民。成千上万的豪绅大体都是这种情况。他们是农村小暴君。公元前120年,具有法家倾向的官吏王温舒曾将豪绅逮捕并判罪。不过,只要是条件许可的地方,豪绅就会开辟其他财源而不限于农业收入。

从这一角度看来,四川成都地区的情形可以视为最典型者。地理学者称这个地区为红色盆地,是汉代中国最富庶、最活跃的地区之一。盐井经营,铸铁,漆器生产(在离成都3 000公里以外的朝鲜西部汉墓中亦发现四川制造的漆器),制锦,布、牛、铁的贸易,凡此种种都可以说明何以这里能自公元前2世纪起积聚大量财富。卓氏家族是成都巨富之一,拥有大量耕地、鱼塘、猎场。这个家族开设炼铁工场,雇佣八百奴隶工,因与西南土著进行铁器交易而致富。该地夷人头戴的帽子状如木槌。汉人与土著部族之间的贸易看来往往采取以货易货形式,大概以货易货比重视商品的真正价值的商业交易更符合土著居民心态。有人提到如下事例:送去大量中国丝织品及其他产品,后来换回一批牛马。

四川情况如此,汉代中国其他地区也一样,都说明存在着一个富豪阶级,它为汉皇朝提供政府官吏。这个阶级的经济基础不仅是农业,而且通常还有工业与商业。汉代中国,"奴隶"之所以如此众多,大抵可由此得到解释。"奴隶"是囚犯或是无偿还能力的债务人,大部分受雇于手工业大工场。

公元前1世纪期间伴随经济增长而来的土地集中给公元初的统治者留下严重问题。篡位的王莽于公元9—23年间并未能解决此问题,而这一点正是其失败的主要原因之一。

经济自由或经济控制

敌视商人,曾对华夏世界命运产生深远影响。而这是中国文明的特殊之点,其原因多样而复杂。汉代之前,按士人传统,无论墨家、道家、法家,都谴责奢华与无谓消费,但不同思想流派的谴责动机并不相同。嗜好奢华在士人传统中是挥霍、骄横与不道德的标志。孟子早已将其视为农民贫困的间接原因之一。道家视奢侈为虚夸与混乱之源,而墨子门人则以刻苦、全面节俭以及均贫富的理想来谴责奢华。但对商人的敌视似乎可从统治者及国家政权方面找到其深刻根由：商人是打破社会稳定的因素，因为商人拥有财富，可以真正统治穷人，而且可以收买农家土地，雇佣被其陷于贫困境地的农人，像对待奴隶一样将其置于矿山、冶铁工场或手工工场之内。商业活动引导无谓消费，转移国家生存所必需的基本活动：维持军队与开展外交行动所需要的谷物生产与布料生产(丝织品赏赐成为外交活动最有效的方式之一)，以及防卫活动与公共工程。因而商人与手工业者同时带来社会性、政治性、经济性的危害。汉代中国的生气与活力大部分归因于战国时代以来的技术进步，也归因于谷物、盐、铁、布料生产的增长。将这类财富源泉都让与商人或由其独自控制，也就无异于听任帝国衰亡瓦解。唯有政府能控制主要财源并加以分配，和平与统一才有可能。

从公元前199年起，当时内战正酣，便已采取措施限制商人的生活方式。不许其穿丝绸、骑马、佩带兵器。从这种紧缩政策可推知商人十分富有，因为禁止的不外是已有的现象。在吕后时代，政策稍为放松，当时吕后已经极为强大，即将掌握政权。帝室后宫往往表现出对大商人的优待而且与之串通一气，这种紧密关系之所以不可避免乃因后宫事务安排所需，或许还有某些较深远的传统而致。然而，直至公元前2世纪末汉武帝时期，反对重商主义的趋向才真正确立下来，当时由于实行费用浩大的军事扩张与外交扩张而受到财政赤字压力。因此，公元前119年，对舟车实行统一征税，同年，设立国家盐铁专管机构；公元前117年，将这项专营扩展至全帝国。自战国时代以来铁与盐是两个最活跃、最有收益的工业部门。上述措施似乎一段时间抑制了兼工场主、手工场主的大商贾的势力。后来的中国皇朝也仿效这种措施。不过，要指出的是：汉武帝时期，皇家政权不大依赖豪商巨贾提供资助。汉皇朝不必求助于富商，不用依靠巨贾供应粮草及其他物品给北方军队，因为这种供应已主要由"屯田"保证。而后来唐、宋、明三代皇朝则不一样。公元前98年，除盐铁两项专营外，还增加一项酒类专营，其重要性稍次。显然，无论如何,国家所采取的控制经济的措施及其对商人的敌视态度都与皇朝财政状况密切相关。轻商主义传统不过为因一时困难而订的政策提供了论据。汉武帝死后专营制度所引起的批评便是明证。公元前81年,在朝上曾就保留还是取消专营制度展开讨论。这次论难的记录结为巨卷,于公元前73—前49年间公诸于世,题为《盐铁论》,幸好此书保存至今。

第三章 豪强势力上升与政治制度危机

从宫廷阴谋至篡权

公元初西汉覆亡,是历时一百多年内部演变的结果。公元前179—前141年,即文帝与景帝在位之时,由于官吏与皇帝的大臣及谋士们在国家治理方面的合作,因而皇朝政权得以巩固,而在武帝(公元前141—前87年)的漫长统治时期却出现君主独裁趋向,到汉将霍光(武帝遗诏的受托人)秉政年代,独裁倾向成为主流。自公元前80年起,霍光建立了个人专政,将自己的家族成员安置到所有执政岗位上。公元前68年,他死后即有人起而反之(公元前66年举行大审判,终于尽诛其族),但此举并没有影响权力集中于皇帝一人身上的倾向。皇权得不到官吏与谋士的支持与制约,不久便成为宫廷阴谋与帝后家族之间内争的赌注。一个极权的独裁政权在宠臣、妃嫔、宦官的左右下必然垮台。西汉末期,帝后家族势力强大,竟至将其一成员推上皇座。他就是篡权者王莽,王莽建立了短命的"新"朝(公元9—23年)。

西汉灭亡的另一个原因看来是农村愈来愈迅速的变动:土地集中于

巨富(地方豪绅、商贾、大家族)之手,乃农村社会紧张与经济困难之源,王莽掌政亦未能解决这个问题。第一批旨在限制私人地产的法令始于公元前1世纪末年。从那时起直至3世纪末,颁布了一系列其他类似的法令,但这类法令似乎并未有效贯彻,可见国家难于维持其控制以及对小农的保护。

王莽力图以激进措施去克服其承袭的困难局面:将所有土地与奴婢(奴婢只占人口的1/10,其地位与罗马奴隶的地位极不相同)"收归国有";连续进行货币改革,铸造旧式样的新币。再者,新朝建立后对所有爵号、机构均作了改动。政权篡夺而来,尤为急于变法。此种猛烈的变革无疑受到当时天命学说的影响,但也吸取了古老观念。王莽变法以《周礼》(或称《周官》)一书为基础,后人疑此书是伪托,成书较晚,但内载大量看来十分古老的资料。书中系统记下周代行政官员体制,将官职分为天官、地官与四时之官。

王莽采取的激进措施不起作用,无法克服土地危机,反而激起富豪地主不满。国家没收土地进行重新分配之举无法实行,操纵货币引起经济全面混乱。公元17年,山东出现农民起义军,由掌握巫术的妇人"吕母"带领。次年,另一批农民军出现,樊崇是其首领。黄河下游遭水淹以后,起义遍及整个中原。反叛者涂作鬼脸,号称"赤眉",其精神领袖为山东"城阳景王"。他自称属汉皇族刘姓支系,并通过巫师发布政见。这个运动有其独特的政治组织与行政组织,目标是恢复汉朝。而在农民骚动与起义的同时,汉朝旧贵族以及大地主家族的抵抗与反叛亦构成对新朝的威胁。两股力量会合起来,终于在公元23年获胜。篡权者失败及过世之后,原籍河南南部南阳地区刘氏世系的代表人物即夺取政权,重建汉朝。他便是以光武帝年号(公元25—57年)掌政的刘秀。刘氏打垮残余的农民起义军,消灭甘肃东部与四川两地建立起来的独立政权:前者以隗嚣为首,后者以公孙述为首。

复辟皇朝的新基础

秦始皇拥有一套不突出个人的行政组织与军事组织,并曾将其推广到所占领土;西汉坚持执行由国家直接控制农民的秦朝政策,不到一百年便消除了所有可能妨碍中央政权行动的人员;而东汉的皇帝则依靠将其拥上执政地位的社会新阶层,即中原(尤其是河南)大地主家族阶层。从长安迁都洛阳,其原因不仅是位于陕西与河南通道以东地区的经济发展,而且还由于那里有这批新的支持者。为了反对庄园主、豪绅与富家的势力,西汉曾致力于依靠广大小农。但由于公元前1世纪末及东汉时代社会变动、内部迁徙、连年暴动,大地主势力(包括皇族的远近亲属、高级官吏以及外省豪绅)反而得到加强。

公元1世纪前25年间人口迁移加速。迁徙原因是:汉武帝时期通过屯田与移民开发的北部与西北部地区防线普遍退缩;游牧部族以及藏汉交界地区的山地居民定居于长城以内;由中国当局安置并备受其剥削的居民连年起义。大批迁移的主要受益地区有:中原南部地区、四川红色盆地,稍次的是长江流域(湖南长沙郡据公元2年普查,共有居民235 825人,至140年即已达到1 054 372的数字)。大批寻求土地的离乡农民以及屯田士兵壮大了大庄园的劳动力。由此成长起一个附属于富豪之家的阶层,即"客",亦就是长工,以及后来称之为"部曲"的私人卫士,还有奴婢。西汉的强盛曾大部分得力于小农,而此时国家对小农的控制随之减弱。东汉缔造者,亦即未来的光武帝,便是外省大豪强的典型代表。他几次反叛王莽未果,唯有借用农民起义力量才终于夺得政权。他在南阳附近的大庄园配备围墙与城门,他还拥有自己的市集,有一支私人部队担负防卫工作。豪强阶层在新朝初期占据统治地位,后来便与宫廷宦官发生冲突。这一阶层在农业方面显示出创造精神,灌溉辽阔的农田,发展畜牧与渔业,从而在混乱时期得以保持经济上的完全独立。此阶层中的某些成员看来积累了巨大财富。

159年,宰相梁冀(皇帝的姻亲)被处决时,据说将其私产出售,便带给国库30亿钱的收入,足以取消半年谷物税。这些拥有自给自足领地的豪强家族已是晋代与南朝贵族阶级的前身,后者的势力因城市经济衰落而兴盛起来。

自汉武帝临朝与霍光将军专政以来,汉皇朝与近邻居民的关系起了深刻变化,社会状况与政治状况也是这样。汉皇朝已无需担忧蒙古方面的入侵,匈奴势力自其分裂时期起不断衰退。公元前1世纪末班超进兵蒙古与中亚,愈发加速了匈奴的衰落。若干相当汉化并已定居下来的部族处于保留游牧生活方式的居民与定居农民之间,这些部族成了汉皇朝的屏障。北匈奴的危险入侵仅见于公元89—90年。鲜卑人于140年、复于156—178年进犯河北与山西,公元2世纪来自草原的这类强大攻击似乎并未引起严重后果。反之,汉人倒与落户于国内的游牧居民产生严重麻烦,汉人与定居于甘肃、陕西西部及西北部边境的原始西藏居民的关系也是这样。上述居民在东汉时期不断起义,公元2世纪时愈益发展。自107年起,由于羌人反叛,某些谋士甚而主张西北防线从甘肃中部武威市集(在凉州)至陕西西部全面收缩。这些归附汉帝国并大量进入汉军的异族居民,其后人从4世纪初开始组成了北朝各独立王国。

公元1—2世纪贸易关系的发展

西汉时期为压抑商贾势力而采取的措施到最后似乎收效不大。而至东汉年代,内地与边疆普遍放松,光武帝复国时期专营制度分散,倒使私营商业规模扩大,并使走私活动增加。异邦商人数量从来没有像公元1—2世纪时那样众多,这些异邦人的存在大体是东汉时期外来影响如此活跃的原因。请注意,当时正是欧亚大陆丝绸贸易大发展的时期,就在这时佛教开始传入中国。至于走私活动,它涉及可称为有战略意义的禁运商品:主要是铁与兵器。某些考古发现证实到文献上的说法。辽宁北部一个汉武帝时期的夷人墓中发掘出刻有汉文的兵器以及铁制工具。阿富汗塔克西拉博物馆(靠近白沙瓦)自 1915 年以来展出一件弓弩装置,该古物来自于公元 30 年后重建的锡尔卡普第二安息王宫的废墟,最近鉴定确为中国制品。再者,汉朝采取的保护措施并未能阻止中国铸铁秘术在亚洲传播。西汉末年的将领陈汤曾确认,伊犁河谷的乌孙人刚学会了制造锋利兵器。似乎费尔干纳的大宛人也一样。可能只是从中国引进了锻铁设备。而在于阗东部尼雅绿洲发掘出的铸铁工场提供了更准确的证明。钢铁制造业应该在塔里木盆地长期存在:其产品于西晋时代(265—316 年)输进中国边疆地区。

新皇朝从建立至 184 年起义的变化

复辟皇朝最初三个皇帝统治时期(公元 25—88 年之间)是国内稳定、对外扩张的时期。造成王莽篡权的帝后家族及宦官被排除出政权之外。在红河流域与越南中部,马援将军(公元前 14 年至公元 49 年)于公元 43—44 年间扭转了因土著居民暴动而造成的一时的混乱局面。匈奴分裂状态严重,无法利用王莽时期内战所形成的皇朝荏弱,对中国北部已不构成严重威胁。汉时班超(32—102 年)常常主动出兵征讨中亚,使汉皇朝于 73—94 年间重新控制各绿洲。公元 73 年,在哈密(伊吾)设置军营。16 年以后关闭的帕米尔之路被汉军再度打通。不过后来汉皇朝仅于 125—150 年间才在中亚恢复其统治。

自和帝(88—105 年)即位开始,京都的政治气氛日渐恶化。与皇家世系联姻而被称之为"外戚"的家族利用继位幼帝软弱无能再度恢复已失去的权势,如和帝时的窦氏、安帝(106—125 年)时的邓氏、顺帝(126—144 年)时的梁氏即如此。同时,宦官势力亦稳固下来:135 年,准许宦官收养儿子,其权力与财富同时增长。宦官既是大庄园主(有一宦官曾拥有房屋 31 间,耕地 640 公顷),又从事大规模商业活动,而且拥有手工艺奴隶。这些宫中侍从出身于下层阶级,却在朝中掌握权势,他们对君主的决策以及国家官吏的任用施加极其有害的影响,于是便招致富豪家族以及出身于这些家族的文官反对。反对者组成了一个党派,却被宦官于167年摧毁,全部成员被解职、流放。但这次失败并不足以使富豪家族泄气,其外省势力丝毫未损。184年农民大起义初期,斗争告一段落。利用农民骚动之机重新掌权的宦官一时间受到削弱,终于在189年被袁绍彻底消灭。袁绍为河南一大家族的成员,他占领洛阳之后,杀了2 000多名宦官。

救世革命者

公元2世纪末年,明显地出现极为严重的土地危机。自170年间起,成群结队的流浪农民已开始威胁各州郡的安宁。而不久,由于黄河下游洪水泛滥,山东、河南交界地区发动了受道家精神影响的大规模救世运动,终于在184年形成令人震惊的黄巾起义。其首领人物是道教派中太平道师祖张角("太平"表达人人平等,财产公有的黄金时代理想)及其兄弟张宝、张梁。张角具备宣传与治病的才能(洪水过后瘟疫曾肆虐于黄河下游),是一教会之祖,其信奉的神明为黄老——神话君主黄帝与被神化的老子的综合体。此教派实行军事化组织,184年以后拥有36万武装会众。由张角及其兄弟所组成的三人小组行使最高权力,三人分别为"天、地、人三将"。三人手下有各级领袖,同时负担军事、行政与宗教的职责。此团体以大部分时间用于宗教活动:节庆典仪持续数天,有的称"会"日,有的称"斋"日。在宗教活动期间,参与者公开坦白自己的罪过,并参加集体催眠活动,由于连续不断俯拜而且伴之以音乐,很快便进入全面激奋状态。有时则组织狂欢场面,让男女"相通其气"("合气")。逢春分、秋分之际,分发护身咒语与治病神符。太平道教义宣称,疾病乃罪恶之果。这一救世宗教将道家传统、黄老祭礼以及阴阳、五行的宇宙学说结合起来,其信奉的圣书为老子《道德经》以及另一较晚的经典《太平经》。

另一教派亦同时在中国西部发展起来,其组织与教义类似于"黄巾",但只在四川与汉水上游活动。创始人为张道陵(亦称张陵),被认为是信奉天、地、水三神者。其教派要求信徒交五斗米(由此,以"五斗米道"而得名)。五斗米道信徒也像黄巾一样,运用催眠着魔法,相信符咒效力,相信悔罪效果以及疾病的宗教原因。病人受到隔离,独自居住于小室中。但互助机构看来更为发展:设义舍让行人无偿受用,有过失者罚修道路。此外,个人财产似乎已被取消。

凡此运动所及之处都在甲子岁即184年阴历第二月发动黄巾起义。起义者以头缠黄巾为标识,曾攻下山东、河南各城池,虽然在洛阳遇到何进有组织的反抗。张氏三兄弟起义之初即遇难。三人死后,运动继续扩展,185年进展到山东与山西交界地太行山区,186年抵陕西、河北、辽东,188年达山西。190年间,五斗米道信徒由张鲁(张道陵之孙)统领,终于在陕西南部建立一个独立国家。

大兵横行的帝国

可以认为,当时皇朝政权不过徒有其名而已。实际权力属于担负镇压黄巾军的各路军事首领,其中一些人还参与189年的政变。这些军事首领有:董卓,原籍甘肃东部的冒险家;袁术,袁绍的从兄;曹操(155—220年),一宦官之义孙,原籍安徽;孙策(175—200年),孙权之兄,孙权于222年在武昌奠定了吴国。189年,宦官被处决不久,董卓率兵进洛阳,拥立汉朝最后一个皇帝——献帝。董卓军和曹操军一样,内有大量夷族士兵。次年,董军劫掠并焚烧洛阳。在这场大火中,皇家藏书、汉室档案丧失殆尽,其损失之严重看来远远超过秦始皇"焚书"。但192年,即迁都于长安的两年之后,因凶暴淫乱而臭名昭著的董卓便被暗杀。自此,曹操势力日渐巩固。他依次消灭华北各对手(例如袁术,他曾于197年建立独立王国),并为新帝国建立奠定了基础,不过新帝国只局限于中原与北部各省。

由于农民暴动带来的破坏,更由于 190 年以后敌对军事首领之间大战造成的灾害,导致了城市经济的衰退,渭河流域与河南北部尤为明显。这次经济衰退,出现于汉代手工业与都市大发展之后,便成为预示新时代开始的标志之一。与经济衰退的同时,国家解体,军事首领得胜。汉朝末年,便进入中国的"中世纪"。

第四章 汉代文明

五行经院哲学

　　汉代,有一种思想大行其道,似乎支配着预兆解释与神秘学说。这是一种基于时空相应体系的哲学,它对宇宙提出全面解释,亦即所谓"阴阳五行学说"。五行与阴阳是存在方式或者是基本力量,依次更迭,经过生成、全盛及衰落各阶段。战国时期(主要在山东)予以系统化的这类观念源于古代占卜学派,该学派乃八卦与六十四卦的解释者。最著名的理论家为齐人邹衍(公元前305—前240年)。他似乎已将其解释体系延伸至一切知识领域:天文、星占、地理、历史、政治。邹衍的基本论旨是将政权更迭与五行的交替联系起来,遵循新克旧的秩序:土—木—金—火—水。

　　这种学说在秦国统一华夏各国的时代盛极一时。《礼记》的《月令》篇中便有所反映,而《吕氏春秋》也采纳这份文献。《吕氏春秋》被认为是表述完整知识、归纳各派学说的著作,为吕不韦的门客所撰。吕氏是河南富商,秦国君主的谋士,后为秦始皇相国,一直至公元前237年。吕不韦组成私人小朝廷,会聚三千有识之士,有的来自邹衍的故乡齐国,也有原籍赵国与楚国的道士。而更有甚者：秦皇朝时期按照五行学说以及各种要素相对应的体系建立起一整套新的典礼仪式，如四方、星辰、颜色、音律、品德、滋味、感情、脏腑等等。新皇朝成立则标志水德战胜周朝盛行的火德。皇朝一切机构均应与新的水德相协调。水德要用黑色旗，应实行严格法律，须常用六的数字，连契约长度、礼帽形状都应如此。

多种传统

有人常常强调指出：儒家思想经历法治的秦皇朝蒙昧时代之后已有所更新。的确，汉代中国一贯鼓励学习古典文献。经典文献成为官方思想之源，确立其正统性便至为重要。公元前136年以后，曾创立"五经博士"的团体。武帝时（公元前141—前87年），五经博士共50人，昭帝时（公元前87—前74年）有100人，宣帝时（公元前73—前49年）达200人。至东汉时期，博士人数更为众多，在朝廷中以及在政治机构中产生巨大影响。在风纪方面，汉朝强调服从尊长，尊重按年龄而定的等级。孝顺成为选拔官吏的标准之一，违背孝顺的行为要受到最严厉的惩罚。乡村拜祭土地神的集会受到鼓励，因为这被认为是加强社会联系、在众人心目中明确长幼尊卑的一种方法（再说看来亦完全符合法家传统）。

不过无需对下列人等截然划分，截然区分则与当时的观念相悖。事实上，战国末年与汉代初期，很难区分阴阳家、巫师、道士以及专研周代古籍的文士——以上学者称谓不同，分别称为"方士"、"术士"、"道人"、"儒"。秦始皇虽则驱逐说客、诡辩家、空论家，但仍然保留代表战国时代不同学派的七十博士，这已预示着汉代的太学。可以理所当然地认为：汉代君皇与掌政阶层既热衷于道家观念及其技艺，也十分关心建立儒家正统。

秦始皇时代道家流派已十分强大，至汉代仍然如此。道教信仰长生术，凭此可以通过各种技巧（炼丹、饮食、性爱、呼吸等）达到保存身体的目的；信仰永生的存在，永生以不同形式在不同时代表现出来；而且相信位于东海的蓬莱仙岛。山东与河北沿岸的方士在汉代朝廷中维持着其在秦始皇时期享有的声望。道教赢得了惠帝(公元前195—前188年)、文帝(公元前179—前157年)皇后窦氏及至诸文士的赞赏,如陆贾(高祖时代人,公元前206—前157年),他是《新语》一书的作者,书中解释秦亡汉兴的玄奥原因;又如司马谈,他是司马迁之父;稍后还有扬雄(公元前53年至公元18年),他曾写过一本道家著作,题为《太玄》。公元前2世纪末道家哲学在淮南王刘安宫中盛极一时。

我们亦熟知道家宗教形式在老百姓阶层中的作用与重大影响。黄巾与五斗米道运动是2世纪末道教最后、最强大的运动。其标志不仅是信仰极乐乌托邦,而且还存在着有组织的道会、祭礼仪式与伦理教育。这些民间流派的影响通过帝后妃嫔等出身平民的人物直达汉朝宫廷。黄巾起义开始前几年已引进了黄老的祭礼,而道教则以政治学说的面貌出现。其目标是要达到社会的完全和谐,"太平"一词指的就是这种和谐状况。

因此不能认为汉代儒家已占有崇高地位,也不能不指出当时思想文化生活的折中性。

谶纬大兴

最值得注意之点是:这个时代的全部思想都渗透着五行繁琐哲学。据此,秦代与其续后朝代之间并无断裂现象而是一脉相承。如果可以说经典研究及儒学的更新,则这种更新是在阴阳学说影响下进行的,因而情况非常独特。

事实上,五行繁琐哲学曾作为重新解释经典的基础。这类古籍由口头传说保留下来,自公元前2世纪起再度面世。这个新的注释学派的奠基人为董仲舒(约于公元前175—前105年),其主要著作是《春秋繁露》,该书包含《鲁史》(《春秋》)解说、公羊注疏以及作者本人的学说,但董仲舒主要借鉴的是阴阳五行繁琐哲学;阴阳五行为宇宙之基点,是道德、社会、政治秩序的本源。

　　汉代人认为,远古经典是卓越智者的高超之作,内中该包含玄秘的学问,其解诂只能全靠专门家的学派,他们将其暗含意义辗转世代相传。自邹衍以来,天命论大行其道,本是一种神秘之学,倒适应了概括与作总体解释(似乎是该时代的特征)的需要,也符合解诂经典的迫切要求。这些因其过简而往往十分晦涩的文献何以最早作为预言集编成,又何以西汉时代谶纬之书大量涌现就不难理解。谶纬书载有大量关于数目、吉凶预测、天地关系("分野")、历史事件、朝代更替等问题的思辨。谶纬书十分重视天地象征图,其中最著名的有《洛书》,传说由神龟献给禹帝;还有《河图》,由黄河之龙马带给神话君主伏羲。据此两图,曾写成两本重要的谶纬书(《河图纬》与《洛书纬》)。

　　盛行谶纬、预言,运用预兆为政治目的服务,这些现象至西汉末年(即约于公元初年)似乎达到最高峰。上述倾向对科学知识不无影响。当然,观察自然现象由来已久,但自公元前28年起,才系统记录太阳黑斑。这种记录对于当代天文学家而言亦不无意义。张衡创制的世界史上第一部地动仪也在汉代,即在公元132年。张衡设计的器械从理论上而言可以确定地震位置。地震被视为自然紊乱的征兆。据说,曾经测出过甘肃发生的地震。此外,汉代天文器械的发展亦甚为迅速:耿寿昌(约于公元前75—前49年)创制月行图并于公元前52年献与皇帝,公元124年张衡制造出浑天仪。浑天仪有赤道环、黄道环,带中央平面、水平面,132年还配上由漏壶控制的日转装置。

繁琐哲学与当时现实的关系

　　五行繁琐哲学真正控制一切思想,因而此哲学(起码其范畴及其基本对立)见于预言解释者、经典诠解者、道教传统思想家的著作中(公元前2世纪撰写的《淮南子》就是带有道教与神秘倾向的集子,内中充满五行繁琐哲学,一如董仲舒的著作),甚而也见于谴责神秘学说泛滥、指斥迷信盛行的人士的著述中。

有人或许提出疑问,这种哲学何以如此成功。这有可能是五行哲学自认为可以对宇宙作全面解释,而政治环境则促进其发展。随着皇朝建立,郡县代替了旧封邑,城邦主的祖传祭礼消亡,政权看来已无任何宗教基础,于是似乎感到需要借助于其要素取自于古老思想的神秘的天命论。这些要素则纳入可变的系统之中。例如有一学说阐述五德相继,新克旧者;另一学说则认为,每一"德"出自前一"德"。君主行为被视作天道之行,虽然这种看法符合远古传统,但在帝国时代却有着新的背景:法家立下的法律与规例已取得古代典礼的神奇的宗教效能。秦始皇本人自视为造物主,他强行以自己的准则统一度量衡,推行新文字,通过定立官爵等级与奖惩尺度去改变社会,从而按自己的模式塑造世界。

法家构想的体制曾作为政治秩序与社会秩序的卓越工具。在占统治地位的阴阳学说影响下,此体制又加上了一层具有宗教色彩的神奇含义:刑罚为"凶",恩赦为"吉"。君皇的责任在于将严与宽适度配合,使吉与凶不致因其过度而损害宇宙的和谐。作为天下之主的国君以及各县郡的官吏都是全面秩序的推动者与负责人。而秩序则表现在丰收、人和、无灾害、战祸、盗匪等方面。

学派之争与思潮对立

西汉时代经典传统与诠解学派繁多,可简单归结为两个主要对立流派。当时大部分注疏者以口头传下并用当代文字记载的文献为基础("今文"),而汉朝之前用古文写成的复本亦已发掘出来。这种考古发现激发起一场争论,其意义远远超乎鉴别文献真假的问题。争论的影响至19世纪仍然有所反映。据某些人说,第一次大发现追溯到景帝(公元前156—前140年)时期,另一些人则认为,仅仅始于公元前93年。《尚书》、《礼记》、《论语》、《孝经》等新文本在孔子旧居墙内被发现。武帝(公元前141—前87年)时期,孔圣人的后人孔安国第一个对新文本产生兴趣。据说,解读这类文献并非易事。但古文经学家似乎很快就会聚了举凡反对神秘解释、拒绝将古籍视为预言集的人士。看来今文学者在追随齐国的天命说与卜筮传统(邹衍是其中最著名的代表之一),而其对手则坚持先师故国鲁国的教化与典礼传统——而通常亦是唯理主义的传统。不过,新的流派很迟才形成。公元前51年两对立派代表在朝中进行辩论。这次辩论,董仲舒的学说取胜。西汉末年,古文经学家仍然显得异常孤立。刘歆(公元前32年?至公元23年)即如此。他是皇家书库总管,曾将皇朝统一前的古籍大量整理出来。当时,不仅同一文献有异文而产生歧见,而且论辩已触及学理内容不同的著述。因董仲舒重视公羊注鲁史①,而且此书有其神秘背景,《春秋公羊传》便成为今文的代表,而被认为是阐释鲁史的《左传》乃至《周礼》则是"古文"经学富有特色的著作。由于篡位的王莽曾厚待古文经学家,因此汉朝复辟时就对古文学者极为不利。但古文经学的规模不久即扩大起来,东汉著名注疏家即以古文文献为其研究基础。下面几人便是此种情况,如:贾逵(30—101年),他是《左传》、《周礼》、《国语》的注释家;马融(79—166年),他特别写下了关于三种注释的比较研究(《春秋三传异同说》);著名的郑玄(127—200年),他曾注《毛诗》(《诗经》)、《仪礼》、《周礼》、《礼记》、《论语》、《尚书》。东汉时期今文传统唯一的重要代表是何休(129—182年),其著作乃《春秋公羊解诂》。但何休的学说受到郑玄驳斥。原先用古文编撰的文献到汉代以后尤其在南朝刘宋时期(420—479年)、梁代(502—557年,位于长江流域)以及隋朝时期(589—618年)高踞主流地位。"古文经学"的胜利导致汉代大量谶纬著述几乎完全消亡。到18—19世纪某些学者才想到要恢复被遗忘的传统,这一传统以董仲舒《春秋繁露》等著述以及何休的著作为代表。

可能因辨读古文经典而引起对碑铭文的新兴趣。中国第一部词

---

① 指《春秋公羊传》。——译注

典——许慎的《说文解字》,约于公元 100 年问世。因为《尔雅》不可能被视为名副其实的词典,它以百科辞书形式出现,含一系列注释,先于汉代成书,但日期未确。《说文解字》中分析相当古老的独体及合体文字,这种文字由李斯在汉皇朝统一之前订定,书中收 9 353 字,分为 540 部。

西汉末年开始出现唯理主义倾向,大概与古文经学家表达的潮流密切相关。有如下的代表人物:扬雄,赋作者与《易经》专家;桓谭(公元初年),音乐家与博物学家;尤其是王充(27—97 年),《论衡》的作者,《论衡》是批评当时迷信的巨著。这类作者大体未能摆脱当时的思维方式(感应体系、阴阳对应、天地对应等等),但不可否认的是:他们具备敏锐的逻辑推理意识,对理性解释有着强烈兴趣。王充异常热衷物理、生物、遗传等问题。虽然他有时借助古人权威,但他更乐意运用出自经验的根据。他竭力单靠自然的起因去解释各种现象。他也和桓谭一样,是个唯物主义者,否认人死后尚有何物:犹如火需要燃料,思想、意识、感觉离开肉体便无法存在。他批判当时十分崇仰的个人命运("命")的概念。他认为人的命运差异归因于三个独立因素:先天的身体与智力状况、环境与事变的偶然性、星宿对个人诞生的影响——后一点表明王充依然未摆脱其时代局限性。

经典研究鼎盛时期与汉末思想文化更新

东汉时代经典研究取得光辉成绩,出现杰出注释家,如曾著《三传异同说》(《公羊传》、《穀梁传》、《左氏传》)的马融(79—166 年),以及经学大家郑玄(127—200 年)。蔡邕(133—192 年)订定的六经("易"、"诗"、"书"、"春秋"、"礼"、"乐")经文于 175 年刻于京城的石碑上。不久之后情况则不如先前顺利。经典研究与儒学很快进入漫长的衰退停滞时期,这个时期实际上持续到 11 世纪新道德哲学与玄学兴起为止。

汉末时政治社会危机已经促进新趋势出现,其标志是回复到战国时代的传统:庄老道家哲学、唯名论、墨家辩证法、法家学说。与公元前

4—前3世纪一样,当时思想家似乎也分为两派,一派态度是独善其身,另一派则渴望强制秩序:一种选择的是无政府状态,另一种选择的是独裁专政。如王符(约于85—162年)的《潜夫论》就指斥当时政治风尚,批评商业、手工业占据了过分重要的位置。此书书题("潜夫论"——隐士之说)正表明作者拒绝厕身于腐败社会。法家学说的新兴影响在书中有鲜明的反映。而崔寔(约于135—170年)的《政论》则坚决主张强化国家机器,其手段是通过运用严厉的法律,而不问理应的或事实上的特权。

汉末出现的新趋势到3—4世纪已获得充分发展,当时,行将支配中世纪中国整个思想的宗教大运动正开始形成。4—8世纪的中国是佛教文化的中国。

作为综合概括、政治探索与道德反省的历史学兴起

自各诸侯国开始编史以及出现第一批青铜铭文(公元前9—前8世纪)以来,修史传统慢慢发展,至公元前100年左右进行综合,出了司马迁(公元前135?—前93年?)的《史记》。司马迁是中国最伟大的历史学家之一,他继承其父司马谈的事业,利用前人已取得的成果,同时提供出第一个纪传体的长篇系列模式。此传统为后世继续发扬,一直传至满清帝国。司马迁承继各国编史精确的纪年构架(记朝代、年、月、日),从而使中国史学家的著作中自公元前841年首批记有日期的事件起一直至当代的情况都极其准确,令人赞叹。司马迁还承袭这一旧例,即对王朝的正式文件严格照录,一字不易。最后,他还充分运用纪事、逸闻、议论等艺术手段,这些技巧在战国时代的外交会晤与学派争论中已发展了起来。举凡记忆所及的口头资料在汉代已经收集记录下来,如:左丘明的伟大著作《左传》,此书不久便成为《春秋》、《战国策》、《国语》的佐证与解释根据。司马迁借助口头传说、文献资料、时人实证,第一次勾勒了华夏世界自开天辟地以来的全部历史,其文笔为中国文学史上最优美的笔法之一,而且具备极强的综合能力。《史记》是政治探索与道德反省的史作,影响着后来各朝通史的修史者,首先是班固及其妹班昭于82年完成的《汉书》。在这类著作中,也出现司马迁曾采用的三种主要写法:本纪、书志(关于礼、乐、天文、行政、地理、军队、河渠、经济、法律等)、世家列传,后者包含有关异国的极宝贵的资料。

中国的散文似乎已达到完全成熟的阶段,这一点反映在司马迁、贾谊(公元前200—前168年)、董仲舒等伟大作家身上,他们都是历史学家,要不就是御用政论与皇家纪事作者。中国散文宜于阐述、纪事、论说,以其简洁有力、优美灵巧、耐人寻味的力量而著称于世。看来汉代散文已借鉴战国时代在不同体裁中曾尝试过的所有各种经验。约800年时,柳宗元与韩愈对之推崇备至的正是汉代散文,而后来明代与清代的作家则竭力仿效之。

宫廷文学

公元前2世纪各国的宫廷,尤其是梁、吴、淮南王的宫廷,以及汉帝朝廷,全是思想、文学、科学、艺术的活动中心,这使人想起战国时代各诸侯国的活动。诸侯与君皇身边有一大群人士:魔术师、杂耍员、乐师、占卜师、文人、学者。淮南王刘安(淮南王因叛变于公元前122年被处决)的客卿就编撰了一部带有道家思想倾向的著作,题为《淮南子》。这本著作以其深邃与严谨而独树一帜。当时普遍趋奉宫廷生活的娱乐与风雅趣味,2—3世纪大大发展起来的一种文学体裁(赋)取得成功就是这种倾向的反映。赋从楚辞演变而来,以描写记叙形式出现,文笔有节律,有时极尽铺陈之能事,主题表达狩猎、牧场、宫殿、各国宫廷的游乐等。按中国的传统,这种体裁不归入诗一类,其特点是张大其词、夸饰、抒情,而且靡丽,用字生僻而讲究。赋体在汉代大受推崇,几乎所有著名文士都曾一试。最著名的赋作者有:贾谊,被谪贬湖南时,因追思伟大的屈原而写就其作品;司马相如(公元前179?—前118年),四川人,其辞赋被许多人模仿;扬雄,也是四川人;班固(32—92年),史学家,著名的《两都赋》的作者;后来天文学家张衡(78—139年)在其《二京赋》中就曾模仿《两都赋》。

这种风雅趣味并不排斥对民歌、民谣,以及对自汉武帝大扩张以来所有来自异国事物的浓厚兴趣。汉皇朝由老百姓辅助建立,很长时间依然保留着平民本色的痕迹。为了编写新歌供帝皇宗庙之用,公元前120年,设立了"乐府"机构,其任务是搜集民间与异国的乐曲歌谣。因而农歌主调,中亚的舞蹈、音乐、乐器便有可能广泛深入到当时的知识阶层。在敌视新事物的正统文士的压力下,这个机构于公元前7年被取消,但对中国诗歌的发展依然产生深远影响。一种新诗歌形式——五言古诗(东汉末年以后还有七言)在公元1—2世纪期间诞生了。这种新体裁最初从民歌借鉴主题,不久获得惊人的发展,经过长时间演变,最后成为规范诗体(律诗),其格律在唐代(7世纪)固定下来。美妙的《古诗十九首》便是中国古典诗歌漫长而光辉的历程中的第一个里程碑。

汉代艺术的生气与活力归因于几方面的强大影响:民间传统、巫术性与宗教性的道家、外来文化。这种优良特性反映在朝鲜、满洲、河北、山东所发现的壁画中,见于墓地、寺庙、牌楼的石雕场面与人物身上(山东、四川、河南的雕刻),还显示在鲜明生动的陪葬小人物像上(各式人物与建筑物像)。

第二章

第三卷
中世纪

第三卷

以汉代末年为开端的时期,若干方面与欧洲的中世纪相类似。此时期一开始便呈现出如下特点:国家衰败,城市经济瓦解,皇朝分崩离析。中国北部是当时华夏世界最富庶、人口最稠密的地区,自4世纪初起便已分为好几个王国,其掌政阶层均出身于夷族。与此同时,在长江流域形成一个强大的贵族阶层,它竭力维护自己的特权并将其意志强加于中央政府。在思想领域方面,汉代占统治地位的哲学已全被遗忘,古代文献亦已不大研习,个人主义倾向以及文学艺术的唯美观念却鲜明地表现出来。中国的中世纪同时也是宗教狂热时期,可以说这时期的中国是佛教控制一切,正如中世纪的欧洲盛行基督教一样。

不过,相似之处大概至此为止,因为自5世纪中叶起,很快在北方便出现新的中央集权国家;而长江流域的南朝时代则是中国历史上在文学、艺术、思想方面最光辉的时代之一。再者,5世纪末以后,商品经济兴起,导致南方贵族迅速衰落,终至使其在6世纪中叶的战争中消亡,同时也促进北方政权的进一步巩固。虽则气氛变化十分明显,汉代与南北朝(317—589年)时代的断裂也显而易见,但中国的中世纪却一直延续到隋唐"贵族皇朝"。隋唐皇朝,就其制度、统治阶层、文学艺术、宗教狂热而言,无疑是南北朝的继往开来者。

220—589 时期年表

华　北	四　川	长江地区及华南
三国(220—265 年)		
魏(曹魏),都洛阳 (220—265) 263 年兼并蜀汉	蜀汉,都成都 (221—263)	吴,都南京 (222—280)
西晋,都洛阳(265—316) 265 年取代曹魏　280 年兼并吴国　317 年退守南京		
南北朝(317—589)		
五胡十六国 (304—439) 北魏(拓跋魏)(386—535) 439 年统一中国北部 自 493 年起定都洛阳	成汉,都成都 (304—347)	六朝 吴国,都南京(222—280), 　其后为东晋(317—420) 347 年兼并四川 宋(刘宋)(420—479) 齐(南齐)(479—502) 梁(502—557) 陈(557—589)
中国东北	中国西北	
东魏(534—550),都邺 (河北南部) 北齐,都邺(550—577)	西魏(535—557),都长安 553 年兼并四川 北周,都长安(557—581) 577 年兼并北齐 隋(581—618)581 年取代 北周,都长安 589 年兼并陈国(华南)	

第一章 胡人与贵族

一、概述

从汉末至隋唐统一皇朝,即自3世纪初至6世纪末,这段时期的历史异常复杂,因此且稍撇开一下繁琐事件,以强调若干基本继承因素。有些因素牵涉中国北部,另一些则与长江流域有关。

1. 游牧居民定居化自西汉朝末年开始,直至五胡十六国以及隋唐帝国依然如此。以上各国在3—6世纪之间割据北部中国,最后终于达到统一。内蒙、满洲、中国北方和西北方的游牧居民逐渐转向定居,其过程缓慢而复杂。这种转化是东亚史上一种经常性现象,直至当代仍然一样。

2. 中央集权统治倾向似乎与防御草原民族入侵问题相联系,但也与移民需要、土地分配、旱地灌溉等要求有关。这种趋势在华北,尤其在西北,自秦汉至隋唐一直持续不断。曹魏与北魏都有此倾向。似乎"法家"传统在华北地区显得相当典型。据此传统,国家在人口分布与社会及经济中应起积极作用。

3. 华北地区建立起来的政权的另一个倾向便是军事扩张,因受草原居民的威胁而引起。曹魏、建于渭水流域与甘肃的五胡十六国(4世纪)、5—6世纪的北魏与北周,全都企图向中亚、蒙古、满洲、朝鲜等地推进。在其前的秦汉,以及在其后的隋唐也怀有同样企图。各国的外交活动与军事活动都力求加强自身防御入侵的体系并将通商要道控制起来。

南朝各国也有一些相当稳定的特点,直至6世纪依然一样。

1. 土著居民(傣、藏缅、苗瑶,或许内地尚有孟-高棉人,沿海有马来-波利尼西亚人)占据南方大部分土地;华夏语言文化的居民开始时只定居于长江流域平原、杭州湾北部沿岸以及广州平原。文化不同、别具特色的部族遭受杀戮,被赶至山区,因汉族缺乏劳力与士兵而被征入汉军,而且受到汉族商品的渗透,于是随着汉人控制的领地扩大而日渐汉化乃至完全被同化。汉人与土著的这种接触导致互相借鉴,其重要性仍鲜为人知,但似乎不可忽视。

2. 汉族移居长江流域与华南如一浪接一浪推进,新移民与旧移民之间产生矛盾对立,造成麻烦,后来才慢慢加以克服。总而言之,最早定居的移民总想欺压新来者。

3. 长江地区与华南地区人口密度稀疏,而且相当贫困(南朝末期才兴起商业活动,7—8世纪即唐代时期才发展水稻种植技术),加之这里区域辽阔并带有殖民性质,于是便形成看来相当稳定的社会政治形态。中央政权荏弱,富豪家族强大,成为自汉末至陈亡这段时期建都南京之诸皇朝的特点。自4世纪至6世纪中叶,豪强家族贵族兴起、壮大,家族间彼此联姻,掌握重要职位,促使中央政权承认其特权。

四川,或更准确地说岷江流域、红色盆地,其情况则较为特殊。四川的富庶及其相对远离华夏其他地区,使其明显倾向于自治。富庶的原因是土地肥沃,气候适宜,拥有矿产资源,而且紧扼通商枢纽——成都平原位于各通道的交会之处,可往云南、缅甸、印度东北部、贵州、广东、长江中游流域、汉水上游流域、渭水流域、青海、中亚绿洲。事实上,成都平原只有两条主道与秦楚旧国相联系,两条通道都难于行走而易于控制:往北是狭小山道,将四川与渭水流域连接起来;往东为长江水路,峡谷狭窄,水流湍急而危险,成为往长江中下游的唯一通道。这种特殊位置足以说明,除了许多时候完全自治之外,四川为何会时而隶属于建立在渭水流域的政府,时而则归属于长江中下游的帝国或诸侯国。这样一来,四川可见两方面截然不同的影响:一方面来自西北,另一方面来自长江流域。

四川在赤眉军反叛时期,即于25—36年间曾经独立。后复于180—215年前后再次独立,当时张道陵与其孙子张鲁在四川建立了一个奉教之国。三国时期,蜀汉国存在于221—263年间。三国之后,四川于304—347年再度自治,在位者是氐族山民家族,属原始藏人血缘;这就是成汉,乃"五胡十六国"之一。

二、从军事专制到无政府状态(190—317年)

三国:华北的曹魏

汉朝虽然灭于220年之后,但曹操自3世纪初开始便已实际掌握渭水流域与中原地区的政权;可以说210年已开始建立魏国(220—265年)。当时曹操已统一整个中国北部。他曾野心勃勃地想去占领长江流域,但208年在湖北长江水域上发生著名的赤壁之战,标志着这种扩张政策的中止。孙权(185—252年)与刘备(161—223年)的联军大败曹操,成为三分天下的前奏;三国为:曹氏的魏国、刘备建立的蜀汉(221—263年)、孙权建立的吴国(222—280年)。

曹操执行的政策与汉末知识界出现的强烈倾向十分一致。这种政策带有典型的"法家"倾向,亦即属集权性与独裁性的。曹操建立的军事政权明显地实行军事专政。新政策最鲜明的特点之一是设立大批"屯田"。当时起义与内战造成农业生产明显衰落,设立"屯田",是为了适应经济与财政需要。曹操所设屯田与西汉时期的屯田不同,不仅驻扎务农士兵,而且安置无地农民。屯田并非全部设于北部边界,而是延伸至内地。河南东部就有很大的屯田区,住着好几万人。这类屯田一直设至淮河流域。屯田中的人员按军事化组织,从国家领取农具与耕畜。

屯田的创设与扩大有助于复兴经济与加强防御。与此同时,重建工作亦大力进行,如:灌溉工程、水库建造等。屯田还有一个更重要的目标:重新控制流浪无定的居民,这些人逃避国家监督并力图定居于富家领地。曹操是一名宦官的义孙,与汉末的贵族没有任何关系。他竭力加强自己的地位,不惜损害豪强大族。后者于189年杀害大批宦官之后曾高踞于政治舞台。

曹操的军队原由成分复杂的雇佣兵组成,有旧绿林、流浪汉,有汉人,也有胡人:匈奴、鲜卑、乌桓、羌人。曹操全部势力就靠这支军队。为了保证新兴皇朝有稳定兵员,曹操建立了"士家"(士兵的家庭),通婚只能在士家之间进行。久而久之,士家就有可能成为特殊军事阶层。士兵职业受到鼓励,领受爵号与优厚待遇,类似于秦时。曹操还广泛接纳定居于华北的前游牧居民,借此来改组军队。游牧居民给曹操提供优秀兵员,特别是灵巧的配弓骑兵。游牧居民大量入伍而且草原部族享受优厚待遇(曹操曾批准一大批匈奴在山西东南部定居),其结果是加速其同化进程。至4世纪初,同化的后果便充分显露出来,当时已被汉化的游牧民族在中国北部组成了独立国家。

曹操另一方面的政策是加强刑法,一反东汉时期所出现的松弛状态。220年,曹操死后,由其子曹丕宣布成立魏国。汉朝历时四个世纪完成的法律著作,就在曹魏时期作了第一次综合。魏朝的"新律"在中国法律史上是划时代之作。"新律"启发了"晋律"的作者,后者于268年即泰始年代问世。晋律比汉朝法律详尽得多,共有2 926条,后来由两位卓越的法律诠释家作注:一是杜预(222—284年),以其工程技术才能及对《左传》的注释而成为著名人物;另一是张斐(生卒年不详)。

曹操及其后继人的事业以注重效率与政治集权为特点,这种考虑反映在官吏晋升的新制度上。这个制度将官吏分为"九品",其目标大体上是奖优而且保证公平选拔。

但不久,这种制度便给豪强家族带来厚惠,他们能在军中建立功勋。事实上危害曹氏家族的,正是这个阶层。从司马氏一家来看,此阶层的势力发展极为迅速。司马炎的叔祖①曾指挥多次对蜀汉之战,摧毁了公孙氏在辽东建立的独立国家。其父组织魏军,于263年挥师灭蜀汉。他本人两年之后夺取了洛阳皇朝的政权并建立新的晋朝(265—316年)。

蜀汉(四川)与吴国(长江流域)

四川与长江流域出现两个短命王国,其原因不单是汉末动乱与经济衰退,而且还有其地理与社会的特殊因素。孙氏原不过是作为曹操竞争对手的军事首领。由于长江下游汉族移民地闹分离,致使孙氏的斗争具有独立战争意义。因此,江南豪强大族的影响可能是吴国229年迁都的原因;原先定都于长江与汉水交汇处的武昌,后迁至南京。自黄巾起义时代开始,江南豪强大族便摆脱了中央政权控制。他们组织起来自我防卫并且必要时可以求助于"山越"居民。所谓"山越"是因汉族移民扩张而被赶到山区的土著,也有在山区寻求庇护的逃犯。只要中国北方动乱加剧,军人与移民联合起来,一个独立国家便可以在长江流域出现。

类似现象亦在四川发生。四川是相对孤处一隅的富饶之地,土著居民亦十分众多。由于有刘备(汉皇朝之后)的威望,还由于有其谋士诸葛亮(181—234年)的政治天才与军事天才,四川大受其利。吴国由长江流域豪强家族联盟控制,而四川则以中央集权倾向为主。蜀汉和魏国相仿,也是由"法家"谋士指挥。不过诸葛亮身故后,蜀汉势力便告衰退,后于263年被魏国吞并。

---

① 似应为祖父。——译注

内战与汉化雇佣军的反叛

　　司马氏掌权,标志司马氏、崔氏、夏侯氏等豪强大族已高踞于国家政权之上,这就使政治集权的努力不易进行。司马氏甚至在掌握政权之前便致力于取消曹氏设立、而且是其势力基础的屯田。因此新皇朝为自身强大而实行的措施显得毫无效果。这些措施有:公布新刑法;采取步骤以防止豪强家族独占政治职务与行政职务;限制大庄园面积与属地数量。自皇朝初期开始,君主的 27 个亲戚(还不算皇家世系的外戚)都享受丰厚俸禄(职位高的可得好几千农户的赋税),并且有权在自己受封领地上任命自己的官吏,还有权拥有一支私人军队,兵员可达 1 500~5 000 人。西晋开国君主于 279—280 年间成功地兼并长江流域的吴国,他十年之后即于 290 年身故,其后,贾氏家族势力壮大,引起贵族诸王及州郡长官之间的冲突。动乱自 291 年持续至 305 年,是一场真正的内战,称为"八王之乱",皇族诸王对打七年。自 4 世纪旱灾与蝗灾之后,局势急剧恶化。一些地区已受内战蹂躏,旱灾与蝗灾即造成饥荒。此外,定居于北部与西北部山区的部族与牧民,曾大量参军,这时趁大混乱之机进行起义,力求组成独立的政治实体。自 304 年起,属原始藏人的氐族中一个家族在四川建立成汉国,与此同时,山西南部的匈奴宣布独立,亦取"汉"的国号,后改为"赵"。311 年,匈奴首领刘聪占领洛阳。316 年,长安在另一匈奴首领刘曜的攻击下陷落。短命的西晋皇朝至此结束。

　　4 世纪初中国北部饥馑肆虐,政治、经济、行政混乱,各部族纷纷起义,引起中国人口大量迁徙。317 年东晋皇朝建于南京(建康),人口迁移继续不断,但似乎达到最高峰的时间是在 309 年左右。逃难人流按两条平行路线移动:一条自河北、山东往淮河流域、长江下游、浙江、福建;另一条从陕西、山西至长江中游、云南、越南红河流域。与此同时,还有小部分河北难民流向满洲南部。总计起来,4 世纪前 25 年,移居人口达 100 万以上。这种现象加速了汉族人口散居各地的进程,正如历史上其他大危机所造成的状况。非汉族人口的活动在这方面似乎只起次要作用。此外,将4世纪初中国北部胡人起义与150年后欧洲经历的大入侵相类比,其实并不正确,而偶尔却有人这样做。导致晋亡以及中国一些朝廷退缩至长江下游,并非异族入侵之故,而首先是动乱与穷困。胡人无非是利用当时的无政府状态。他们夺取政权之时早已在中国定居。胡人远不是粗鲁的山民,也不是好斗的游牧民族,相反早已深受汉人的习俗、政制以至生活方式的影响。444—454年匈奴(Huns)向俄罗斯南部、欧洲、地中海东岸等地推进,这才是真正的牧民迁移,大体上是从阿尔泰地区而来的。早些时候即356年,奇奥尼特人深入伊朗的情况也一样。上述侵略不可能与西晋末年发生的事件联系在一起。因此无论这时期的匈奴(Xiongnu)与另一匈奴(Huns)是否有亲缘关系(某些人则认为有),从历史学角度而言没有多大意义,因为只有生活方式、社会政治形态以及文化才是最重要的。

三、长江流域的贵族统治

晋朝退缩到长江流域之后,政治气氛起了变化。自此,问题再不是中央集权——宋(420—479年)、齐(479—502年)除外,两国作过零星尝试,曾竭力粉碎豪门大族的势力,但无多大效果——而相反,倒是形成一个同族通婚而且等级鲜明的贵族阶级,朝廷以至州郡的实际权力均为其掌握,一直至4世纪中叶。贵族阶级中既有4世纪初自北方移居到这里的豪门大族之后,也有来自长江流域与杭州湾沿岸的巨富之家。他们受到皇朝政权的承认与特许,免予纳税及服劳役。由于就职与享受特权最重要的是要证明自己的身世与家族名望,因而各家便致力于大修家谱。到宋末时,贵族阶级已相当巩固,不许"名门"与"寒门"通婚的惯例便用法律规定下来。这个同族通婚的贵族阶层的形成、上升,及其自6世纪中叶起的迅速衰落,构成南朝最独特的社会现象。

东　晋

317年司马氏一王侯在南京建立的新国家，首先遇到的难题是移民。新来者人数众多，于是决定将其另册登记(登记他们用白册——"白籍"，登记旧居民则用黄册——"黄籍")，并在若干地区设立"侨郡"。下层移民迅速归属于富家，政府对此事态无法阻止。他们成为地主豪强的宾客或是奴婢。国家荏弱，无法试图像北方那样限制领地规模，也无法控制属下人员数量。再者，几个豪门大族(王氏、庾氏、桓氏、谢氏)把持了国家事务。各家族经过激烈斗争，曾依次掌握政权。

不过，东晋虽然衰弱，但仍然能抗拒来自北方的入侵并阻止苻坚进犯(383年发生淝水之战)，而且还于347年兼并四川，由此便为建于南京的朝廷开辟了通往中亚之路。

促成东晋覆亡的危机表明州郡的豪门大族的强大，也显示军事领袖的势力。4世纪下半叶，江西赣江流域以及湖北部分地区实际上已脱离中央政权控制。而南京政府竭力招募"部曲"，雇佣豪门大族的属下人员，似乎已引起从太湖至浙江北部沿岸地区的潜在不满。这种情况导致400年前后宁波地区的起义成功。义军首领名孙恩，半海盗、半巫师，随其原籍山东的父亲参加道教的支派"五斗米道"。他从浙江沿岸的水手、渔民、海盗中招募人员，而且亦大概与现今杭州、绍兴、宁波的大地主发生联系，起义军驾驶楼船，组成"鬼军"，自舟山群岛洗劫沿岸，旋即威胁南京。402年起义军被粉碎，失败后引起队伍中许多人员集体自杀。然而，对孙恩义军作战却造成执行镇压任务的军事领袖日益强大。一个名桓玄的人利用这一时机篡夺了南京政权。次年他在南京被其对手刘裕所杀。刘裕曾打败北方诸国，博得很高声望。他于420年建立了新皇朝，取号为"宋"，也称"南宋"或"刘宋"。

刘 宋

刘裕在南京执政之时,4世纪初的移民难题看来已被克服,北方居民已融合到其他居民之中。的确,宋君登基之后,立即取消黄籍与白籍之分,以便统一税收制度。刘宋初年,曾受到建于陕西与河北诸国的袭击,但随后这个长江流域的朝廷在元嘉年代(424—435)享受了一段相对稳定的时期,发展了与中亚及日本各小国的关系。这个太平时期没有维持多久。刘氏出身寒微家庭,因军事政变而上台。刘氏家族为重新控制地方政府而作的努力引起豪门贵胄的反抗。同时,北魏皇朝的攻击也大大削弱了刘宋。魏军直抵长江流域。一位曾镇压王侯叛变名叫萧道成的将军利用中央政权的衰弱将自己的人推上宝座,最后于479年篡夺政权。

南 齐

萧道成建立的短命皇朝——南齐(479—502年),有两件显著的事情值得指出：一是强化中央政权而致损害贵族；二是长江流域与华南地区大规模的贸易飞跃发展。户籍登记作为征税的基础,篡改户籍册要受到严厉惩罚。与此同时,新政权竭力让平民有晋升机会,登上权力岗位。由于对贵族过度镇压,因而导致皇朝覆亡。5世纪末年,因屠杀贵族而致引起动乱。皇帝的一位堂亲,他在湖北北部具有战略意义的地区襄阳享有封地,起而反叛,向南京进军,最后夺得政权。他便是萧衍,即梁朝(502—557年)未来的武帝。

梁 朝

5世纪末起,长江流域地区兴起的商业活动产生了重大的社会影响。贵族势力,部分有赖于地区分隔与大领地经济的自给自足,而贸易发展则促使其衰亡。商业兴起大体与南海及印度洋的贸易发展有关,它标志

4世纪中国的分

治：五胡十六国

着一个变化进程的开端,最后达到 10—13 世纪长江流域及南方沿海省份的经济大飞跃。5 世纪末,的确可见长江货运增长以及出现众多来自东南亚以及印度、伊朗地区的商人。位于长江之畔的城市以及南国之端的广州都发展起来了,国家开始从商业税中获得可观的收入。

在梁武帝的漫长统治时代(502—549 年),这种经济发展一如从前,而且愈加显著。武帝身旁有些杰出的谋士,如沈约(441—513 年),以语音著作而出名;徐勉(466—535 年),曾写有政治著作。6 世纪上半叶是一个繁荣安定的时期,当时是南朝贵族文明的黄金时代。佛教获得空前发展,它适应了中国社会形式而且受到朝廷与豪门贵族的鼓励。不过这时已面临重大危机,随后即导致南方贵族阶级的消亡。

曹氏先前创设的"士家"或"兵户",东晋时代依然保留。4 世纪时,国家还基本能控制自己的军队。到 5 世纪情况即不同,自刘宋时代(420—479 年)起,丹阳郡即开始使用半官方半私人的军队,由地方官吏与豪门大族招募的雇佣兵组成。这种杂有流氓与强盗的队伍由军事投机家(即如欧洲之雇佣兵队长)指挥,令人联想起欧洲中世纪的"大军"。这样的军队组织必然危及中央政权,终于在 6 世纪中叶导致梁朝垮台。曾转而事梁的西魏(中国西北部)将领侯景于 548 年叛变,挥师直逼南京。由是动乱连年不断,直至 552 年侯景身故为止。这段时期西魏自陕西渭水流域向梁国发动一系列进攻,大获全胜。553 年,西魏进占四川,由此切断了南京与中亚的联系,继而占领扼住通往汉水流域要道的战略点襄阳,最后挺进湖北西部直至长江中游的江陵。西魏在江陵拥立曾囚于襄阳的萧氏掌权家族的一名王公。这个建于湖北的新国便是后梁,它受制于渭水流域的历届政权:西魏(535—557 年)、北周(557—581 年)、隋朝(581—618 年)。后者于 587 年结束了后梁的统治。西魏在四川与湖北立足之后,长江下游的内战依然接连不断。将领陈霸先,其封地位于当时较南京富裕的武昌地区,557 年他夺取了政权,建立南朝最后一个皇朝,即陈朝(557—589 年)。

陈　朝

陈皇朝诞生于梁末的军事叛乱与内战中,与先前定都南京的皇朝都不同。贵族阶级被逐于政府之外,而且很少人能免于大屠杀。梁朝的旧贵族只有少数人能在西魏的长安找到庇护之所。陈皇朝的西部省份被夺,元气大损,唯有靠军队维持,西面受后梁的威胁,北部受北周与北齐的袭击。收复寿阳(今称寿县,位于南京以北200公里)的胜利并无多大效果。589年隋朝的第一个皇帝迅速挥师直攻南京,陈朝遂告覆亡。

四、华北汉化胡人诸国

五胡十六国(4世纪)

东晋末年定居于华北的非汉族居民起义,旋即造成中国北部的四分五裂;自南满至中亚的东方绿洲,自四川至山东,分为许多个小国。其统治阶层往往来自北部及西北部边境地区。于是,4世纪初开始了一个政治史上的混乱时期,直至439年鲜卑一部族的后人统一北部中国才告结束。新政权的归并与不断更迭,京城的频繁易地,令人难于确切叙述。例如407—431年的夏朝,曾将其政治中心自陕西北部迁至西安,后又迁至甘肃东部的天水,最后定都于天水东北的泾河上游流域。种族繁多,与汉族通婚杂处的程度各异,而且所处的发展阶段不同(都一定程度汉化并已定居下来),更增加了这段政治史的复杂性。不过,可以指出的是:中国历史学家所称的五胡(匈奴、羯、鲜卑、羌、氐),分别归属两类不同的居民:一类(羌、氐)属藏人与后期唐古特人,原籍西北边界地区,操汉藏语;另一类为草原游牧居民的后裔,其语言属突厥、蒙古及通古斯语族。看来各族的社会组织与政治组织不尽相同。羌与氐不见有游牧地区的部落贵族体制,似乎只存在军事性组织。

这些居民——或准确言之,其精英分子——将本身固有的社会政治传统与广泛借鉴汉族观念及其体制的事物密切结合起来。其领导阶层已深深汉化,自己也认为是北部中国先前政治实体的继承人。山西的匈奴采用大汉朝的称谓。战国时代的旧国号复在 4 世纪重新出现。五胡十六国中陕西取名为"秦",山西号称"赵",河北与山东改号为"燕"。只有在甘肃建立的国家除外,该国取号为"凉",即现今武威的称谓,武威位于该省中部。

五胡十六国

国　名	统治阶层的原籍及所在地区	后 继 之 国	年　代
前赵(汉)	匈奴(山西)	后　赵	304—329
成　汉	氐(四川)	东　晋	304—347
后　赵	羯(河北)	前　燕	319—351
前　凉	汉(甘肃)	前　秦	314—376
前　燕	鲜卑(河北)	前　秦	349—370
前　秦	氐(陕西)	西　秦	351—394
后　燕	鲜卑(河北)	北　燕	384—407
后　秦	羌(陕西)	西　晋	384—417
西　秦	鲜卑(甘肃)	夏	385—431
后　凉	氐(甘肃)	后　秦	386—403
南　凉	鲜卑(甘肃)	西　秦	397—414
北　凉	匈奴(甘肃)	北　魏	401—439
南　燕	鲜卑(山东)	东　晋	400—410
西　凉	汉(甘肃)	北　凉	400—421
夏	匈奴(陕西)	北　魏	407—431
北　燕	汉(辽宁)	北　魏	407—439

在居统治地位的家族中,与占人口多数的汉族通婚接连不断,要分清谁是汉人,谁是非汉人实属徒劳。4 世纪初年至 439 年之间,16 个国家在华北相继出现,其中三个视为由汉籍家族建立:314—376 年的前

凉,400—421年的西凉,407—439年的北燕。不过,不能据此下任何定论。

在北部中国极其混乱的政治史上,唯一最突出的事件是前秦(351—394年)的建立,这个大国由原始藏人家族创建,定都于渭水流域的长安。苻坚(338—385年)是其最伟大的君主。他于370—376年间统一北部中国,使其成为强大的军国,威胁着长江流域的东晋皇朝。据传说,苻坚于382年发动一次非同寻常的南征——据说有步兵60万、骑兵27万,历史文献记载的数字有所夸大——但他却在安徽中部一条河流处遭到彻底失败。这就是著名的淝水之战(383年)。

拓跋的兴起与北魏皇朝的形成

5世纪上半叶拓跋小国的兴起并征服中国北部,充分反映了定居于此地区的游牧民族的演变:定居程度高而其统治阶层又深深汉化的政治实体,不久即受到依然保留尚武习俗的游牧居民威胁,而后者不过只从中国借鉴组织国家所必需的机制。这些居民的驻地位于农业定居地区与游牧草原地带接壤之处,控制着通商要道,易于获得兵员。

鲜卑是原籍南满的游牧居民,3世纪时定居于蒙古东南部。西晋(265—316年)曾谋求与鲜卑联盟。晋皇朝将山西北部一块土地让与拓跋(拓跋是鲜卑的三大部族之一,其余两个是宇文、慕容),并于315年将"大王"称号赐予其首领。"拓跋"是Tabgatch部族的中国称谓。这个部族在入侵华北的一条主要通道上占据着战略位置。自4世纪末起,拓跋最后控制从鄂尔多斯至北京东北面辽河流域的全部地区。拓跋取"魏"的旧名(在历史上以"北魏"而著称),386年定都于山西北端的大同,进而往河北扩展危及后燕,并于5世纪初侵占河南。东晋对北方诸国曾进行多次攻击。北魏借东晋之助也从这时起发动一系列进攻,并赢得胜利,从而统一北部中国:431年兼并占据陕西北部的夏;439年吞并位于辽宁(南满)的北燕;同年,消灭甘肃的北凉。440年,北魏占领甘肃的武威(凉州)地区,由此打开了通往中亚之路。

北魏实行"法家"式政策,其特点是国家参与人口控制与分配事宜;而草原尚武习俗的暴烈严酷更使这种政策变本加厉。游牧民族多少倾向于将定居者视为牲畜。国家雇佣的工匠实际上被囚于工场之内,工匠不许与本阶层以外的人士通婚,对自由工匠亦实行严密监视。对农民则运用军事组织系统加以控制,令人联想起秦代的做法:五家为一"邻",五"邻"为一"里",五"里"连成一"党"。每一级都设首领,对官府负责。为推动旱地开垦,北魏实行按从事耕作的人数硬性分配土地的制度,后来7世纪隋唐也借鉴这种制度。北魏将囚犯、官奴放进寺院,称为"僧祇户",负责开发土地,不过,尤以采取移民的办法更为广泛,将人口移住于首都大同地区以及山西的领地。

北魏移民(5 世纪上半叶)

年 代	居 民	数 量	移 居 地
398	河北与山东北部的鲜卑、高丽人	100 000	大 同
399	汉人大家族	2 000 户	大 同
399	河南汉族农民	100 000	山 西
418	河北鲜卑	?	大 同
427	夏朝居民(陕西)	10 000	山 西
432	辽宁居民	30 000 户	河 北
435	陕西、甘肃居民	?	大 同
445	河南与山东汉族农民	?	黄河以北
449	长安工匠	2 000 户	大 同

仅在道武帝(386—409 年)在位期间,自太行山以东被遣至大同附近的居民总数便达 46 万。

移民往往发生于占领新土地之后,此类迁移推动经济、政治体制以及习俗的变化,其效果到 6 世纪充分显示出来。自 4 世纪末定都大同以后,的确有好几方面因素促成汉族影响的扩展。北魏皇朝境内既有众多定居居民,随之便感到迫切需要借用华夏政治机制并求助于汉族谋士。这里可提一下大谋士崔浩(381—450年)在大同朝廷中所起的重大作用。他将汉族管理法及刑法引进北魏。外蒙古游牧民族的窜犯(是茹茹族或柔然族,极可能属于6—8世纪入侵欧洲的阿瓦尔族),进行反攻的必要(北魏于429年发动对茹茹族的大规模征讨),控制中亚绿洲所具有的战略意义与通商意义,这些都使北魏面临汉族前朝同样的处境。定居状况发展,步兵在对长江流域诸国的战争中起重要作用从而导致马匹身价下降,来自农业(谷物与布织)的收入愈来愈重要,北魏皇朝的经济由此而慢慢起变化。最后拓跋贵族的心理亦起变化,原因是:汉族产品的吸引力、对奢华的嗜好、华夏文化的声望、佛教的巨大影响。

5世纪末期,变化异常深刻,不得不将京城迁移。494年,朝廷放弃紧靠草原的大同,移至农业大地带的中心——洛阳。北魏于前一年在靠近东汉与曹魏旧都遗址的地方(自311年以来已经废弃)建起洛阳新城;此城后来于501年加以扩建,与大同南端的直线距离为600公里。

无论如何,因迁都洛阳,汉族对游牧民族出身的统治阶层的影响便大为增加。孝文帝(471—499年)及其继位人自从在河南立足之后便系统地采取汉化措施,因而愈发扩大了汉族的影响。鲜卑服装、鲜卑语言,乃至源于鲜卑的姓氏都属禁止之列。皇族家庭先作出榜样,取汉族的"元"姓。鲜卑贵族与汉族豪门的联姻受到鼓励。所有领域,统治阶层均改从华夏的习惯与风尚,且迅速而彻底。草原的尚武传统不久只成为遥远的回忆;而追求奢侈在由孝明帝(515—528年)、胡后及鲜卑豪门贵族所兴修的浮华建筑物中表现得淋漓尽致:到处是寺院、多层佛塔、铸钟与铸像。这时期支配上层社会的宗教热情以摆阔、讲排场为特点。洛阳城成为东亚佛教大中心,在其广阔的城郭之内,大展奇珍异宝,极尽富丽堂皇。洛阳城自东至西为十公里,自南至北则有七公里半。杨衒之的《洛阳伽蓝记》记载,洛阳"寺有一千三百六十七所",该书稍晚于543年问世,今天依然保存着。

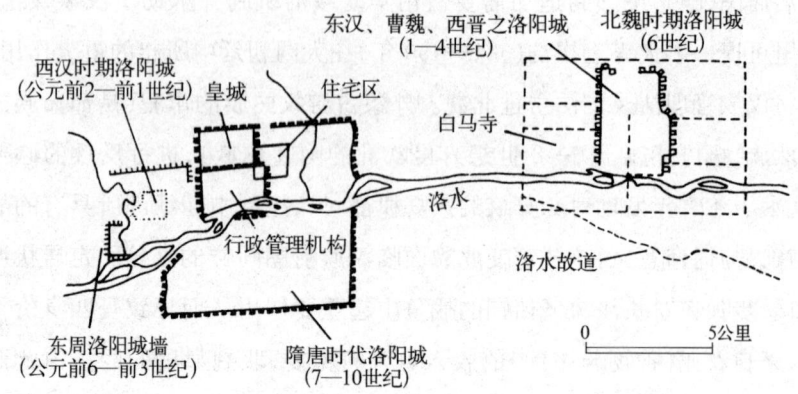

自汉至唐洛阳依次城址

促使鲜卑旧贵族与华夏环境同化的因素,是经济飞跃发展。这一点自5世纪末开始便已显露出来,无论在华北或长江流域都一样。上述两地虽则政治上分开,但都以同一速度发展,而且彼此间的交往相当可观。外国商人云集洛阳,因为北魏与中亚再度通商。慕义里整个街区都为外国商人而开。河北南部,北齐(550—577年)京城邺城也有许多来自阿姆河流域的粟特商人。

北部中国的紧张局势:决裂与分割(534—577年)

演变进程在整个5世纪一直持续下去而至6世纪初尤为加速,于是造成鲜卑社会内部关系愈来愈紧张。接受汉族文化与生活方式的,主要是宫廷人士以及广而言之是游牧出身的上层贵族;但是守卫北疆的军人以及在农业地带边缘地区游牧的部族,无论汉族如何影响,依然坚持草原的古老传统。经济与社会变化将这部分人置于不受重视的地位,随着变化进程,似乎在游牧尚武的阶层中愈加积累了对宫廷人士、高级文官的敌对与怨恨。在征战年代,即5世纪上半叶时,军人(大部分出身游牧部族)受到隆重的礼遇与厚待,而自迁都洛阳以后,掌权人士对于军事问题愈来愈漠不关心。

保卫皇朝,防止草原居民入侵的军队由鲜卑人、茹茹人、铁勒突厥人组成,驻扎至北纬41°附近,523年终于起而反叛。这就是"六镇"起义,随后便是十年内战(524—534年)。胡太后摄政,热衷于佛教,耗费惊人,引起盗贼横行,叛乱叠起。胡氏于528年派人暗杀孝明帝,将一稚童推上皇座。山西的军队与部族向南方挺进,攻下洛阳。胡太后及其儿皇帝被抛进黄河溺死,2 000多廷臣被杀。接下去便是一个十分混乱的时期,有两支军队于534—535年间瓜分了魏国。地理上的分割反映政治对立与社会对立,内战便由此而产生。534年东魏在邺城(河北南部)立国,受高欢将军(496—547年)统辖。东魏遵循传统,敌视汉族影响,受游牧民出身的军人操纵。反之,西魏受汉化的洛阳贵族残余支配,无论民政或军事均广泛求助于汉人。西魏第一位君主在长安由宇文泰将军(505—556年)于535年拥上帝位。

不难想象,由军官掌握实权的皇朝不会维持多久。556年,宇文泰死后,其长子便建立新朝——北周(557—581年)。次年,高欢的堂亲也以同样方式夺取邺城的最高权力,建立新朝——北齐(550—577年),一直维持到被北周灭亡为止。最后帝后世系的一亲属——杨坚,篡夺了长安的皇权,创建新朝——隋,于589年结束了华北与长江流域的长期分治,这种分治实际上222年已经开始。

隋唐皇朝发轫之际,各个方面都还是自535年至杨坚篡权时建立于长安的诸皇朝的继承者。其大部分政治体制在西魏与北周已经产生。最重要的一项是关于军队的建制,也就是"府兵"的设立。通常认为此举是550年宇文泰首创。虽然不只一次改朝换代,但从宇文泰时代至7世纪中叶,执政人员、政治观念以至社会都没有多大变化。589年中国的统一,被视为是一个伟大历史时期的终结,虽然不无道理,但隋代、初唐与北方各朝廷尤其是与西魏及北周皇朝存在着明显的联系。

五、交往、影响及对外关系

总览华夏世界历史,汉人与文化及生活方式不同的外来居民交往不断获得充实丰富,这一点占有不可忽视的地位。华夏文明的形成过程中,草原环境、汉藏接壤区域以及华南地区的贡献至为重要。邻近文化的影响在各方面都反映出来:驾车方式、马鞍、马镫(5世纪)、桥梁、山路建筑方式、草药学与毒品学、航海术等。汉族吹奏乐器——笙,借自于热带居民,基本上是老挝的"khène"。稍后,至13世纪,南方省份的土著居民教会汉人种植棉花与从事棉织,此二者在元代广泛推广,棉织成为中国的大工业之一。连汉族的宗教传统也带上借鉴邻近居民的色彩:神话中的"懒瓠"犬,从原始卵生出,是一切人种的创造者。这一神话在战国与汉代之间进入汉族的民间传说,至今在华南与印支半岛许多部族中依然保留着。《楚辞》(公元前4—前3世纪)保存了萨满教传统的痕迹,此传统似乎并非源于汉族。上述几个事例足以表明,中国文明得其邻人之助,远方文明的贡献并非无足轻重。在这交往与借鉴的漫长历史中,中国的"中世纪"正是最丰富、最有成果的时期之一。

华南、东南亚、印度洋

华夏文化语言的居民深入位于长江流域以南的热带地区,似乎在南朝时期(六个朝代:吴、东晋、宋、齐、梁、陈)进展明显,虽则这段历史无法详述。3世纪吴与蜀汉、4世纪东晋都曾大力设法利用鲜为人知的地区的富源。这类地区位于吴、蜀领地南部,如云南、贵州、湖南、广西、广东、现今越南的北部与中部等。上述诸国缺乏劳力与士兵,便组织对土著居民的远征,并采取劫持手段。5世纪,宋皇朝曾对土著部族进行艰巨的战斗,还兼并其领地。

自4世纪起,华南与西南地区开始为更多人所了解。304年,出版了一部《南方草木状》，这是中国首批植物学著作之一，探索广西与交趾(越南红河流域)的树木、草类、水果及竹子。347年东晋占领四川后，常璩写下一部关于贵州、云南、四川及陕西南部地区的地理及历史著作，题为《华阳国志》。书中叙及上述各地区的动植物、产品与习俗。当时大部分地区还住着土著部族。

然而殖民活动与军事远征并不限于华南与越南，而是直达海外地区。吴国于3世纪已经拥有海军而且进击台湾(或是琉球群岛——夷洲岛)、海南(珠崖)、朝鲜南部的济州岛。吴国对南部海域抱有政治野心与商业野心，对东北海域怀有战略兴趣。约288年，吴国从海上遣使至湄公河三角洲的扶南国，来自印度洋与中东的外国人在该地频繁进出。朱应与康泰曾是出使古柬埔寨的使团的首领，在该处遇上库善印度皇朝的使者并留下了游记。朱氏写有《扶南异物志》，康氏撰下《吴时外国传》，此外，另有一部关于柬埔寨风俗的著作——《扶南土俗》。

4—6世纪长江流域与东南亚及印度洋的往来日益开展起来。宋、齐、梁均与林邑、扶南、爪哇岛、印度、锡兰发生联系。其中林邑是越南东南岸信奉印度教的国家，后来以"占城"的称谓而闻名。4世纪末至6世纪中叶之间，印度各王国及锡兰驻南京的使者数目不少。中国与东南亚及印度洋的这种关系发展有着十分广泛的背景，与海事大扩张的其他年代(11—13世纪、16—19世纪)相仿。南京各朝廷对海外各国的兴趣，与印度、伊朗的海事大发展，以及与中东、印度洋及东南亚的贸易潮流高涨，正好处于同一时代。因此下述现象不难说明：印度教逐渐进入印支半岛及大巽他各岛沿海平原地区；来自东南亚与印度洋的外国人进出于华南及长江流域各城市者愈来愈多，其中有：越南人、占城(林邑)人、柬埔寨人、僧迦罗人、南北印度人、东伊朗人。上述外国人，从南海而来，推动佛教进入华夏世界。

满洲、朝鲜、日本

3世纪时吴魏之争使中国东北地区具有新的重要意义。汉族扩张促成在南满与朝鲜建立中国移民地。自2世纪末起,辽东属国长史公孙氏利用黄巾起义与华北内战的混乱时机,在满洲南部建立起独立于汉皇朝的王国,其财源大体依靠畜牧业与马匹交易。231—238年间,曹魏消灭该国,随后进驻朝鲜,在朝鲜半岛西部地区设立乐浪与带方两郡。中国进驻朝鲜,大概维持至313年。

曹魏承继汉朝作为东北部的大国,也与各小国发生联系。汉朝时代,许多"倭人"(中国的称谓法)区域已习惯于向汉皇朝进贡。这些地区极可能位于九州北部,当地挖掘出许多汉代遗物。汉朝一皇帝赐给"倭奴王"的授印亦于1784年在此地区发现。该印章长时间以来被认为是伪托,但新近(1956年)在云南东部古滇国发现同类印章,自此才确认其为真品。3世纪时,对吴国作战的曹魏与日本各小国的关系似乎更为密切。史料曾提及238—247年间有四个日本使团驻魏,有两个魏国使团驻日本。考古发掘表明,这种交流从未中断,就日本所发现的大量魏朝时代的丝织品、金器、镜子便可证明。值得指出的是:四川作者陈寿(233—297年)撰写的《三国志》曾第一次描述经由对马岛与壹岐岛将朝鲜东南岸与日本群岛连接起来的通道。

自4世纪初起,由于西晋皇朝(265—316年)四分五裂,也由于朝鲜分成三国:高丽在半岛之北,百济在西南,新罗在东南,因而中国北部与日本的关系日渐松弛。

吴国(222—280年)缺马而且谋求与公孙氏结盟以反对其北方强邻,于是多次从海上派使节至满洲。其中一个使团据称有8 000人之多,分乘100艘大船前往。这很可能是一支远征军,去援助受曹魏攻击威胁的公孙氏。有一名东晋(都南京)的僧人据说于384年第一个将佛教引进到百济宫廷。最后,在5—6世纪时,日本各小国担心北魏盟友高丽图谋半岛南部的两个朝鲜王国,便谋求与南京的皇朝结盟。由于有这种政治环境,当时日本与中国长江流域的关系愈加密切。

蒙古与中亚

　　草原文化对华北的影响十分巨大,可能比表面看来重要得多。自中国古代以来,向草原居民借鉴的事物就不少:骑兵的驯马技术、畜牧技术、长裤、马鞍、公元前4世纪至汉代套马胸带的发明、5世纪的马镫、5—9世纪的轭套。自汉代起,定居于华北的游牧居民汉化进程愈发加速,而相反的现象看来也不容忽视:从草原地区借鉴了尚武传统及若干制度。不过华夏文化与草原文化的结合是以婉转方式进行的。事实上,自5世纪末北魏定都洛阳之时起,对于涉及统治阶层游牧出身之事便讳莫如深。写于551—554年的《魏书》便竭力将拓跋魏描述成典型的华夏皇朝。读《魏书》时,绝对想象不出这个王朝是由汉化不久的草原牧民建立的。自5世纪左右起,便明显趋向于取消政制上或习俗上举凡与华夏准则显得相左的事物。这种倾向导致将4—5世纪胡夷各国的独特时期融进各朝代史的连续单一的整体中。唐初(7世纪)执掌大权的混血贵族大体也保留着这种新贵的偏见,以自己目不识丁的牧民远祖为羞耻。他们的先人曾以畜牧与劫掠为生。因此7世纪编纂的《北史》无法使我们了解"五胡十六国"以及迁都于河南之前的拓跋魏究竟如何。唯有交叉核对,利用无意证据进行归纳推理才有可能对这段历史多少有所了解。

　　原籍满洲、蒙古、汉藏交界地区的居民落户于华北,其结果是改变了这个地区的种族成分,同时也引起意识与传统的变化。汉人与草原居民(或山民)通婚在平民阶层中从未间断,而自6世纪初起,在上层社会中也与日俱增,原因是北魏实行系统的汉化政策。通婚的结果便形成混血的贵族阶层。隋唐时代许多大家族,甚而6世纪前后乃至8世纪上半叶忠实支持皇权的家族,都有着源于突厥或鲜卑的姓氏,如:宇文、慕容、令狐、独孤、尉迟等。但是许多情况下倒是采用汉家姓氏借以隐藏胡籍。唐朝皇族本身,虽然采用汉姓"李",但却是半突厥族者。

　　"华夏中世纪"处于中亚扩张的两大时期之间:一是汉代,自公元前2

世纪末至公元 2 世纪中叶；另一是唐代，7—8 世纪。但华夏世界与位于塔里木盆地及昆仑山下的绿洲地带的关系在两大征服时期当中从未间断过，当时中国军队已挺进至帕米尔，偶尔还直达外奥克散。曹魏皇朝曾竭力在这一绿洲地带立足。3 世纪末年，由于西晋的威望，中亚各国以及东南亚各国派遣不少使节至洛阳。271 年、273 年、285 年、287 年，鄯善(今之卡克里克)、于阗、龟兹、焉耆、费尔干纳等送来贡物；268 年、284 年、285 年、287 年、289 年，林邑(占城)、扶南(柬埔寨)遣使来朝。285 年，中国使节被派至费尔干纳，给当地君主封"王"。4 世纪时，定都于甘肃中部武威的前凉(316—376 年)一直扩展至吐鲁番地区。前秦伟大君主苻坚于 376 年，尤其于 384 年经吕光将军远征之后，将自己的统治扩展至塔里木盆地。后凉(386—403 年)的进攻一直推进至焉耆与龟兹。北凉(401—439 年)被北魏兼并之时，掌权家族至吐鲁番寻求庇护之所并在当地建立了高昌新国。最后北魏于 439—440 年征服甘肃，其后便威震中亚，在大同接受了 20 余个绿洲国家的贡品。

此外，4—6 世纪建于南京的各朝廷也与中亚以及位于曹魏、北魏的东北面的各国(满洲、朝鲜、日本)发生联系，有人以为由于距离与天然阻隔而不可能这样做，但正恰恰相反。青海游牧民族吐谷浑人实际上做了长江流域各国与绿洲诸国的中介人。6 世纪上半叶吐谷浑扩张至鄯善绿洲与且末(今之车尔城)之后，梁朝时代这种关系更为密切。553 年西魏占领四川，关系遂告中断。

唐朝向中亚乃至伊朗接壤地区扩张并非突如其来的意外事，而相反，突厥初侵华北之时，其前一段时期，两方面已进行广泛的外交活动，一方是自 535 年起定都于长安的各皇朝，另一方是位于玉门关与敦煌以西的各地域。中亚各国以及萨珊波斯皇朝的众多使节驻在长安便足以证明这一点。

553 年，白匈奴与波斯的使团。

558 年，白匈奴与波斯的使团。

560年,龟兹国使团。

564年,康居(撒马尔罕地区)使团。

567年,布哈拉使团(阿姆河流域)。

574年,于阗国使团(进贡马匹)。

578年,波斯使团。

华南与长江流域各城市在六朝时代(222—589年)接待愈来愈多的来自东南亚与印度洋的外国人,同时华北各城市也形成外来商人区域,这些商人来自中亚绿洲以及位于锡尔河与目前印度、伊朗边界之间的地区。其中有吐鲁番人、龟兹人、于阗人、疏勒人、撒马尔罕人、布哈拉人、大夏人、白沙瓦人、东伊朗人、克什米尔人、印度河与恒河流域的印度人等。商人、官方使节、人质、传教者从南方口岸与甘肃通道进入中国,他们在华夏世界史这一关键时期产生决定性影响。佛教在公元初几个世纪经过一段时间适应环境之后,自4世纪末至8世纪末在中国激起巨大的宗教热情,深深地改变着先前的传统,并在华夏世界以及中国邻国中留下持久的印记。但在佛教发生影响的同时,印度、伊朗、希腊的影响也在中国以及整个东亚反映出来。

第二章 中世纪文明

自汉亡至隋唐贵族皇朝建立,历时四个世纪,这段时期为华夏世界思想史上最丰富、最复杂的时期之一,异常多产,充满新颖事物:玄学体系发展起来,完全摆脱汉代的繁琐哲学,而且自4世纪初起,吸收大乘佛教四大皆空的教义而愈加丰富;业余文学、艺术大加发扬,追求为美而美的纯粹趣味,一反古典传统;出现了第一批卓越的文艺批评著作;绘画从工匠手艺地位上升为充满思想内容的精巧艺术,在世界风景画史上第一次将风景作为绘画对象,作为艺术创造;诗歌空前大发展。最后是巨大的宗教运动开展起来,呈现的面貌不一,其影响广泛而多方面,在一本中国通史中只能略为提及。

复杂的社会与政治历史时期、华北与长江流域各自不同的演变、不同地区的相对分隔、南北的相互借鉴,凡此种种,更加造成思想文化生活的丰富性与多样化。由于190年前后至3世纪末即第一个长江流域的皇朝出现时期道德进化与哲学的演变,使这段历史时期成为承上启下的时代。4世纪时,华北与长江流域之间的差别异常巨大。前者尚武,大众化,几乎全无文化,深受草原地带与藏汉交界区域的影响;而后者则贵族化,讲究高雅,有自己的文艺团体、隐修寺院与宫廷生活。后来,5—6世纪,二者之间的鲜明差别慢慢减少。愈来愈汉化的北魏迁都于洛阳(494年)——自1世纪初至4世纪初,洛阳一直是中国政权的中心。自此时起,华夏旧世界的各方面人士都热诚笃信佛教。

从上述三个多世纪的政治环境与社会情况,可以了解当时的道德面貌。大家族之间进行派系斗争,豪门世系趋向于变为封闭式贵族,南京皇朝荏弱以及政治斗争虚妄;3—6世纪的文化人士中以个人明哲保身态度、为艺术而艺术的追求为其特点,这种态度与追求无疑与上述种种情况大有关系。由此亦可知在长江流域的诸皇朝中为何文艺团体占优势,为何隐修与寺院生活方式盛行,以及作为衰亡动乱时期最后庇护所的宫廷为何起重要作用。我们也不难理解在北方为何异邦的大宗教在一个粗野、暴烈、半野蛮的世界中受到欢迎,为何分治曹氏与司马氏皇朝的官吏庇护佛教,为何对佛教的信奉进展得如此迅速。

一、玄学、美学与诗歌

从法家唯名论到本体论思辨

汉代衰亡时期,在学派传统方面出现了中断,产生了深刻的精神危机,这种危机似乎已令一切景象改观。经典研究透过马融(79—166年)与郑玄(127—200年)的著作曾发出最后光彩。175年洛阳太学六经经文的碑刻富有象征意义,此六经为蔡邕(133—192年)所编订。除《易经》以外,这类经文许久已不受人过问与重视。虽然大体可以举出几个著名的经典诠释家,而且11—12世纪宋朝时代出现过一段伟大的复兴时期,但只有孤零零的几个人承继汉代传统,而且在注疏方法及阐发暗含的哲学意义方面都没有重大突破。

2世纪末的动乱以及4世纪初胡夷部族起义进一步造成这种学术传统的萎缩。190年董卓的雇佣兵劫掠洛阳时,汉朝文献与皇家藏书被毁。

311年曹魏积累的文书资料也遭受同样的命运。顺便一提,曹魏与东晋的皇家藏书,按"四部"(经、史、子、集)新系统排列,此法为后世所遵循。当时藏书楼已收集了竹简古文献。文献于279年在一名公元前299年的魏国公侯古墓中被发掘出来。魏国著名的《竹书纪年》也在其中。今天凭借各种著作的引文仅仅找出其中的片段。不过,思想文化生活朝新方向发展,主要原因还是伦常危机。这种危机汉末时已显露出来,它推动了政治研究与哲学探索的更新与深化。

自2世纪下半叶起,便见到战国时代(公元前4—前3世纪)的各种思潮的复兴:法家、名家("正名"论,即明确身份与社会地位的学说)、带玄学倾向的老子道家。但观察问题的角度与公元前4—前3世纪已迥然不同。3世纪上半叶的主要研究课题是社会功能组织、其必要的天然等级关系、个人在社会群体中的作用、按个人能力与性格而归属的类别等。当时的思想家一般认为:每人各安其分时,社会秩序方可保证,而"分"是由个人命运所决定的。这种观念见于下述两人的著作:刘劭(3世纪上半叶),曾撰曹魏《新律》,著《人物志》,书中法家思想与名家学说密切结合;郭象(卒于312年),著名的《庄子》诠释家。王肃(195—256年)亦注释经典,其注疏抛弃玄奥解释。王氏还关心社会等级问题。

从上述动向可见当时政治条件的影响——曹操及其继位者已建立以法家精神为本的军事专政制度——也可见汉代盛极一时的关于个人天命成分学说的影响,再者,行政实务亦有其影响:"中正"官的任务是按候选人的行为与人品而安排其公职,"中正"以简练、深刻的言辞概括其判断。自3世纪初开始,人品划分成为中国知识界特别喜爱的谈论主题。这类无拘无束非功利的交谈,曾冠以"清谈"之名。在清谈中竞相说俏皮话、开玩笑、发惊世骇俗之言。清谈慢慢从人品扩展到文学、艺术、道德、哲学等问题。自4世纪初大迁徙之后,清谈便成了南朝贵族团体的特点。5世纪上半叶有一部著作(刘义庆的《世说新语》)保留了这类清谈的旧事例。此外,南朝时代的一系列论辩性著述都借鉴当时流行的争辩形式。这种论辩著述是4—6世纪的佛学文士及其论敌所喜用的武器之一,从《牟子》或《牟子理惑论》至《弘明集》都是这样。前者撰于越南,成书年代不详,但大体是这类书籍最早之一部,后者是辩难攻诘的大文集,约于510年问世。

　　3世纪法家与名家风靡一时,与此同时,自2世纪末以来,兴起对署名"老子"的玄奥著作(《道德经》)以及对《庄子》的新兴趣。结果到3世纪形成哲学的新潮流,将上述两种著作与周代占卜旧著(《周易》或《易经》)结合起来。此即世称的"玄学",最著名的代表人物有:何晏(卒于249年),曾撰《无名论》与《无为论》;天才哲学家王弼(226—249年),23岁身故,曾诠注《老子》与《易经》;向秀(223?—300年),《庄子》大注家,其注释由郭象收入到自己的释文中;裴頠(267—300年),曾著《崇有论》。玄学派作者接触的尽是些玄奥问题,诸如:有与无的关系,二者并非相反、互相排斥,而且密切不可分;确定、可名、变化、多样的"有",以基本的"无"作为其必要的反面,为其本体之支承,"无"是一切可见现象之源;崇"有"或贵"无";智者有欲或无欲;思想与语言的关系;音乐的本质;等等。

　　这类本体论思辨,在某些人(如郭象)的著述中与法家及名家的解释密切结合,310年间南迁之后,获得持久成功。4世纪期间,由于加进大乘佛教的成分,这种思辨再度活跃起来。大乘佛教关于四大皆空的教义,吸引了争辩"有"与"无"、"体"与"用"的"清谈"人士。其中与玄学派观念表面相似的部分掩盖了这种外来哲学与华夏传统的根本区别几达整整一百年。

个人主义、自由、美学与诗歌

　　3世纪时,玄学派本体论的神秘思辨往往与保守的社会学说结合在一起。这种思辨从战国时代道家两大著作中吸取灵感,但却并不代表道家运动的深层倾向。道家运动在知识阶层中反而以反对习俗的态度表现出来:蔑视礼教,随遇而安,不关心政治生活,崇尚自发,热爱自然……

精神独立、思想自由,厌恶习俗,热衷为艺术而艺术,自3—6世纪整个动乱时期都以此为特点。可以说,中国整个中世纪盛行着一种"唯美主义",这种潮流与古典传统明显相悖。第一批显示这样倾向的人士是世称的"竹林七贤"。这是放浪文人的小团体,其中以诗人兼音乐家嵇康(223—262年)最为著名。南迁至长江流域之后,贵族阶层当中沿袭同样的精神状态,依然对自然与自由抱有相同的兴趣。这种态度与趣味亦见于著名书法家兼诗人王羲之(近307—365年)的兰亭会。王羲之的名字与中国文学史、书法史一个最著名的时期联系在一起。兰亭会设于会稽(现浙江绍兴地区),41名诗人在开怀畅饮之后,即席赋诗竞赛。

《古诗十九首》是抒情诗的初例,极可能始于东汉。自《古诗十九首》到7—9世纪是古典诗歌的黄金时代,中国诗的发展不曾中断过,而且留下了许多极其伟大的名字。建安时代(196—220年)的著名诗人"建安七子"与其同时代人曹操及其二子(魏文帝曹丕,187—226年;曹植,192—232年)的诗作,依然是从事军事、政治活动的人士的作品,坚持汉乐府饱含活力与纯真的民间主题,而相反,四、五世纪的诗歌则表露出漠不关心政治,追求为美而美,这是南朝时代的突出标志。嵇康与阮籍(210—263年)已反映出明显的道家倾向;这种倾向复于伟大的田园诗人陶潜(陶渊明,365—427年)身上显露出来,而山水诗人谢灵运(385—433年)则属于首批受佛教影响的人士。

对自然的兴趣使诗歌与绘画传统同时获得丰富的源泉。当时的自然是透过道家观念而表现出来的——自然作为长生者的居所,不受当世牵累的自由纯洁的生活圣地。四、五世纪时期,在儒家式道家传统人物之侧、神鬼之旁以及宫廷内景的近处出现了山川景色。风景画深受道家主题与观念的支配,依然保留着自己与巫术的关系的痕迹,但当时已适应纯美学的需要。中国出现风景画比欧洲在不同环境中发展起来的风景画早1 000多年。汉代时期,绘画仍是工匠之作,而这时已成为知识界喜爱的艺术之一,与书法紧密结合。自此,绘画方面的进展更为迅速。

色彩愈加多样化,出现可以表达更为复杂现象的表现新程式(角度多样化,以不同景面重叠法表现远近……)。此时诞生了一位画家,他是最早也是最伟大的画家之一,早于陶潜20年,晚于谢灵运40年。这位画家便是顾恺之(345—409年)。

此外,中国中世纪有一新趋势:重视作品的美学价值而不受任何道德判断左右,关心对作品的批评分析,注意划分类别。从曹魏至梁代,欣赏趣味细腻,批评标准提高,进步十分明显。第一部文学批评著作是诗人曹丕(3世纪初)的《典论》,书中比较了汉代一些诗文著作的各自成就。曹丕的评价已经从纯文学观点出发;道家大师葛洪也抱同样态度。他在其《抱朴子》(约于317年)一书中明言:德与美各不相干。后来,6世纪上半叶梁代的钟嵘,则在其《诗品》中致力于将自汉至梁123位诗人划为三类,并附以大量评注。但作为中国文学批评史伟大时期之一的标志主要是6世纪初刘勰的《文心雕龙》以及著名诗文总集《文选》(约于530年)的问世。《文选》为梁朝皇家太子所编,至今依然是了解自两汉至6世纪初中国文学史的主要材料之一。

致力于文学批评的人同时还大力进行绘画的分析与批评。例如南齐(479—502年)末年的谢赫著《古画品录》,书中探讨了3—5世纪27位画家的作品;又如陈朝(557—589年)姚最作《续画品》,即《古画品录》的续集,内中研究了梁代20名画家。

4—5世纪乃至6世纪上半叶都可以视作是南朝文学史的成熟与重大革新时期,而到了陈代(557—589年)已开始衰落,这一点大体可从此时期的政治社会条件加以说明。当时的倾向是追求形式。6世纪的非诗歌著作盛行一种讲究对仗,务求声律和谐,而且多用四六字句式的文体。这种文体称"骈文"或"四六文";起源于战国末年及汉代,但到6世纪时表现出空前未有的矫揉造作性质,自成体系。最后,还应一提的是:在邻近领域方面,陈朝末代皇帝宫廷盛行靡丽浮艳的诗歌,可以徐陵(507—583年)、江总(519—594年)两诗人为例。陶潜、谢灵运、颜延之(384—

456年)等大诗人所汲取的旺盛源泉似乎当时已经枯竭。不过,末落时期的形式追求也不是毫无作用。后来,唐代诗人就曾综合前代传统,而且能够加以利用。

道教界

玄学派门徒将《老子》、《庄子》与《易经》结合起来进行本体论的神秘思辨,实际上不太切近道家精神。这些上层社会的"清谈"人士并不接触博识精湛的真正道家宗教流派。自古代至汉代以来,此流派不受其影响而沿袭下去。真正的道教是保持一定程度秘密的流派,其核心是些小团体,间或参加四川大派"五斗米道"。这些团体掌握通灵神示法以及关于降神传统,其宗派的最高秘密以师徒相传为基础。一种圣徒文学便诞生于这类团体,最古老的例证是公元前1世纪末刘向编纂的《列仙传》。该书为佛教徒所模仿,获得广泛的传播。超自然的故事也出自这一阶层,自干宝(?—336年)的《搜神记》问世以来,这类故事盛行一时。从历代民间故事、佛教故事至道家故事都混编在这些故事集中。

然而,道教团体的主要目标是追求长生术、养生术以及肉体升华的方法。由于寻求长生药而开展了一系列实验,在漫长的历史时期一直持续不断。据李约瑟说,华夏世界若干重要发现(如淬钢法)即有赖于这类实验。中国炼金术的操作涉及水银、铅、硫、金、银。有关这类历史的最古老文献之一是撰于2世纪的《周易参同契》。4世纪初,葛洪(约于281—341年?)是这一传统的出色代表。他是道教史上最伟大的人物之一,写有道术著作《抱朴子》(约于317年)、长生者传记集《神仙传》。葛洪似乎已掌握药典、炼丹术、医学、天文学。或许因其长期居住于热带地区(尤其是广州)而开始了解土著居民的奥秘。葛洪在南中国的主要继承人是陶弘景(456—536年)。他也具备百科全书式的头脑,吸收了当时的全部知识:数学、阴阳学说、地理、炼丹术、医学、药典……儒学与佛学传统。他还诠注古药典,留下《本草经集注》。葛洪在中国北部的影响反映在寇谦之(363—448年)身上。他是出身于长安富家的杰出人士,自认为属于天师家系,其祖师爷是五斗米道的创建者张道陵。寇谦之于424年与北魏宫廷联系,令太武帝(424—451年)言听计从。他声称认出太武帝是道家神仙再世。他曾与太武帝的谋士、博学的大官崔浩合作,一道采取措施反对佛教,而当时佛教的影响已不容忽视。崔浩创立了首批吸收佛教戒规的道家寺院。从这时起便出现道教教会,而且迅速发展起来,很大程度上这是佛家教会的翻版,有其经文、寺院、祭礼仪式。

二、佛教热

佛教在亚洲的传播,就其地理范围、所涉及的居民数量与多样性(疆域从伊朗至日本、从中亚至爪哇)而言,比起与之几乎同时的基督教在欧亚大陆西部的传播要广泛得多。书面传说资料丰厚,学派繁多,文化成分丰富,这是伴随佛教而来的,使情况更为错综复杂。

佛教于一、二世纪开始传进华夏世界,其时佛教历史已相当悠长,曾接受过伊朗影响及希腊文化的影响,至于当地南北印度社会阶层的作用更自不待言。宗教热盛行于中国的时候(5—8世纪),它在华夏世界以外的佛教化国家中继续发展下去。佛教后来的变化亦影响到中国历史,因为佛教成为喜马拉雅山系居民以及草原游牧居民的大教,自8世纪起便以西藏所采纳的形式出现。因此应重视这种演变进程,并应注意东亚佛教影响的来源地区不一。虽然传进中国的佛教主要来自中亚绿洲及阿姆河东南地区,但一些处于克什米尔、锡兰、苏门答腊、恒河流域等地的教派也曾对中国的教义的发展起过影响。这些教派在某些时期曾发挥重大作用。

但应指出:这个诞生于印度东北部的大教到中国便须适应与其发祥地迥然不同的文明。由于佛教在若干方面能符合汉末及后来中国社会不同阶层的传统及其关心的问题,因此能进入华夏世界。佛教教派是相对自主的实体,有其宗教社区、祭祀场所、领地与附属设施。其组成适应贵族阶层的不同需要与利益,适合农民社区,也符合国家政权的需要。佛教起社会、政治、经济等方面作用,自 4 世纪左右至 11 世纪初真正控制了大众的思想,对思想史的影响一直延至当代,虽有时隐秘,但极其深刻,因此,佛教是构成华夏世界的基本成分之一。它的引进大大丰富了宗教、哲学、文学、艺术等传统,并使之产生天翻地覆的变化。

佛教深入中国

佛教之所以传播到亚洲大陆的大部分地区,是沿着通商道路,并借助交流大潮而来的:一条途径是连接阿姆河与甘肃的绿洲地带;另一条则是印度洋与东南亚贸易所经的海路。大陆内部贸易增长与海上联系发展差不多是同时期的事情,均从公元初开始发生。

但是还有其他因素。公元前 6 世纪末,诞生于恒河中游流域的佛教,因加进新成分,慢慢不再是只为出家人专用的修行方法,而成为面向大众、普渡众生的宗教。此外,圣徒传记也发展起来,这种传记为历史上的释迦牟尼戴上美妙光环,从而适应世俗信徒的口味(如释迦牟尼的前生轮回表明哲人的利他品德)。其他与释迦牟尼相仿的佛陀形象也已确立(首先是弥勒,未来的救世主),而且拜祭形式亦已定下来(如崇拜遗物,崇拜释迦牟尼与不死的佛家圣者——阿罗汉)。甚至遵从先师教导的宗派,内部也发生同样变化。而演变的结果导致公元初始年间印度西北部出现一个革新流派,该派独立活动,取名大乘教,认为佛家人物无数(无量世界的现在、过去、将来的佛陀、菩萨、"醒世之神",他们出于对众生的同情,推迟涅槃,普渡众生,将众人从转世的永恒痛苦中挽救出来)。由此,佛教便成为世俗宗教,受贸易发达地区的商人所信奉。这一地区从印度河流域延伸至阿姆河流域。

伊朗的影响与希腊文化的影响长时期与上述地区的印度影响融会一处,似乎曾大大推动以上变化。在这文明的交会点,佛陀大概第一次以人的形态表现,而且受希腊文化影响的雕塑艺术亦发展起来(犍陀罗派位于西巴基斯坦北部白沙瓦地区,其影响往东延伸;马图拉学派,位于德里与亚格拉之间)。在此地区,佛塔(窣堵波)的形式也起了变化,而且愈造愈高,岩石佛雕亦已盛行。喀布尔西北部的巴米安岩洞便是最著名的一例。

阿育王时期(公元前268—前232年),印度孔雀皇朝扩展至兴都库什山脉。这种扩张曾经促进佛教在上述地区立足(阿育王推崇的佛教的碑文用变体的梵文——梵语俗言、阿拉米文、希腊文写成)。但看来贵霜皇朝建立才对佛教在中亚以至在华夏世界的传播起决定性作用。贵霜人为印度-塞西亚人,来自甘肃与吐火罗的大月氏,这个皇朝的兴盛时期是公元50—250年。其首都位于白沙瓦的交通枢纽,皇国控制着印度西北部、克什米尔、现今的巴基斯坦西部、阿富汗、伊朗东部边区、阿姆河流域绿洲以及塔里木西部盆地。此外,中国在中亚的扩张,塔里木盆地与黄河流域之间的贸易发展,都促进佛教影响深入中国。

因此,下面两种情况可从历史环境得到说明:一方面华夏世界存在着多种多样传统,既有来自印度河流域与伊朗东部之间的地区,也有来自外奥克散、克什米尔与中亚绿洲地带(主要是于阗与龟兹);另一方面,佛教影响首先传至华北的商业城市及市民阶层。第一批将佛教经典译成中文的人士并非印度人,而是安息人、粟特人、印度-塞西亚人,也有出生于中国或中国接壤地区、其双亲为粟特人或印度-塞西亚人的。

第一次被提及的汉朝佛教团体始于公元65年。其位置处于江苏北部东端,从这点可以推断:佛教已在这些国际性商业中心生根,如甘肃各城(敦煌、酒泉、张掖、武威)、京城(长安、洛阳)等地,这些城市的外族人就不少。

佛教从海路传入中国似乎较晚。印度洋与东南亚的海上通商导致下述诸地印度化与"佛教化":印度支那半岛红河流域以及苏门答腊(巨港)与爪哇沿海平原。因通商之故,来自印度河与东伊朗之间地区以及稍后来自印度不同省份与锡兰岛的商人及教会人士逗留在现今越南北部(河内地区)、广州、长江流域。但这种现象明显出现,似乎只是自吴国(222—280年)在长江下游地区立国之后,而且这时越南红河流域与南粤平原地区的商业活动也已发展起来。上述两地构成了整体的地理与人文环境。3世纪初,交州(河内地区)已见不少外国人。247年康僧会抵达南京,他出生于一个原籍粟特而定居于越南的商人家庭,是将印度文献译成中文的早期人士之一。

适应环境

佛教进入中国而且适应华夏世界,是一个复杂现象,有关的诸方面似乎彼此关系不大。这一异国宗教并不表现为各种成分密切不可分的单一形式,而是显露出杂乱状态,诸如:神像拜祭、尚未为人知晓的寺院生活方式、整套道德规范、五花八门的教义、一些凝神或入定的技巧等等。一方面是拜祭与笃信,另一方面是教义与哲学,两方面的发展开始时互无联系。佛教某些表现尤其引人注意,因为中国社会各阶层的若干传统显出与之有类似之处。公元最初几个世纪,此异国宗教被视为是道教的变体;佛教是古代道教影响的产物的观念竟逐渐发展起来——于是有老子转化胡人之说。但是,无论道教作用如何重要,借助若干类似之点而促成广泛同化现象的,广而言之,乃是华夏世界整个宗教、道德、哲学传统使然;这种同化现象也同时影响2—8世纪的社会及政治历史。

佛教出现于中国的第一个可靠证据是公元65年有人提及皇族一成员在江苏北部商业中心彭城建立了一个团体。166年汉宫所举行的仪式中,佛陀形象与黄老学派的道教神仙结合在一起。亦在彭城一地,有一份文献表明,193年,一名地方小士绅建起佛教风格的寺院,同时还提到举行斋宴以及为神像举行佛家典礼仪式。这类证据显示当时的教仪活动,其最初开展情况所知不多,但其作用肯定十分重要。来自西域的佛教以其新颖性而著称,自然引起都市阶层的好奇与关注,如:带有豪华衣着与装饰的立像、蹲像、卧像；伴有闻所未闻的赞美诗、歌曲与音乐的仪式；佛塔(窣堵波)高耸,与中国的水平建筑格式形成鲜明对照；将高杆竖于建筑物的顶端；如此等等。

拜祭活动提出一个涉及面甚广的基本问题,即：华夏世界的宗教生活形式如何同化佛教。5世纪末以后,华夏世界表现出广泛的宗教热情,简言之,佛教成了中国的大教,如果要问为什么会这样,无论哲学与教仪的借用,抑或对得道高僧的崇拜(此种崇拜夹杂对北部中国半胡人君主的恐惧)都不足以解释之。至于地方的祭礼与团体,其活动十分隐蔽,鲜为人知。只有其结果显示出,当时的佛教已成为中国宗教,拥有自己的僧侣、信徒与祭祀场所。

相反,知之较多的是：公元初四百年光景,凭借若干相似之点而从佛教引进的思想与技巧成分受到部分吸收。关于这类借鉴及其相对应的中国事物,可以列举如下：

1. 因果报应的佛教教义(通过转世以报偿现世的行为)与个人"分"、"命"的中国观念；

2. 四大皆空的大乘教义与玄学派关于"有"、"无"的本体论思辨；

3. 佛教的利他主义、纯洁、道德(五大"戒"：谴责杀生、偷盗、邪淫、妄语、酗酒)与中国的传统道德；

4. 寺院生活与哲人避开公共生活、圣者远离尘世的中国理想；

5. 佛教的瑜珈修练(禅定)法(数呼吸,注视身体、将其视为腐败之物,显现彩色形象……)与道家的通灵出神入定法；

6. 佛家法术与中国法术(占卜、医药、巫术)。

印度文献《四十二章经》第一次编译成中文大体始于100年,汉末(尤其是148年安息僧人安世富抵达京城以后)以及曹魏皇朝时代(220—265年)洛阳与长安的翻译活动已经十分可观。虽然如此,但似乎佛教影响最初只限于狭窄的圈子里,即与异国商人聚居地有直接接触的阶层。异邦商人中大概有不少出生于中国而且已一定程度被同化(公元初数世纪好几位译者便属于这类双语文化的移民阶层)。佛教初进中国时唯一值得注意的事实乃是 2 世纪期间道教阶层在这外来宗教中发现入定凝神的新技巧。由此可以说明何以第一批译著中相当大部分涉及小乘佛教的参禅实践。但只是至 300 年前后,大乘佛教若干教义才开始深入京城的贵族圈子,其时已晚于西晋皇朝(268—289 年间)与中亚维持密切关系的时期,也在 284 年僧人译家竺法护定居长安之后(竺法护大约于 230 年出生于敦煌,双亲是印度-塞西亚人)。此时也正是以向秀、郭象为代表的玄学派得势时期。自此时期起,而且在中国高层人员大量迁移至长江流域以后,爱好"清谈"的人士对佛教的四大皆空教义、对通过轮回报偿此生行为及肯定人生的学说才表现出强烈兴趣。由于贵族阶层对佛教抱着纯哲学的兴趣,南京皇朝的世俗社会与早期僧侣团体之间便发生某种渗透现象。掌握华夏高深文化的饱学僧人(当时诠释《老子》与《庄子》占有重要的地位)为数不少。中国僧人支遁(即支道林,314—366 年),可以视为这类饱学僧侣的典型代表,其影响在江苏南部、浙江北部以至在京城均十分巨大。

　　这种哲理佛教是玄学派传统与借自大乘经文(《般若波罗蜜》与《维摩诘》经文)的本体论神秘思辨传统的混合物,一直盛行至西晋末年(420 年),在中国北部原先并不为人知晓;来自西域的北中国学术传统仅在 4 世纪末起才开始生根。北部省份的晋皇朝因动乱而解体,胡人国家成立。在此之后,河北西南后赵君主石勒(319—333 年)、石虎(333—349 年)的朝廷便作为最重要的佛教中心而出现。一位名叫佛图澄的僧人(卒于 349 年),原籍可能是龟兹,曾因其占卜与幻术能力而受到北中国这两个胡人暴君的赞赏,他是 4 世纪初年大迁移之后佛教在华北第一次大发展的推动人。这种宗教以拜祭、祷告、巫术以及静修仪式为其特点,得到此地区短暂而暴虐的游牧部族或藏族皇朝的庇护。国家的支持大大推动了寺院的发展以及佛学研究的进步。4 世纪中叶以后,长安便成为佛学研究的主要中心。中国僧人道安(314—385 年)是佛图澄的弟子,

349年应石虎继位人之召赴长安。他是中国佛教史上最重要的人物之一。他倾心于小乘佛教的参禅法、《般若波罗蜜经》的四大皆空教义以及早期的翻译史(他编成第一部中文佛学著作目录:《综理众经目录》,附简注,凡600题,具有很大的科学价值)。他倡导敬拜弥勒菩萨,第一个提出寺院规矩,第一个研究小乘佛教的经院等级,而且也是关心按中国思想传统界定佛教本义的第一人,其影响无论在北方抑或在长江流域都不小。他的长安学派于5世纪初由大翻译家鸠摩罗什继承发扬。365—379年间,道安本人住于汉水中游的襄阳,他与东晋皇朝的佛教中心保持联系,他的好几名弟子后来至长江流域定居。

佛教在中国的大发展

5世纪初,可以视之为中国佛教史上决定性的转折时期之一。当时有两个名字大放光彩:一是长江流域的慧远(334—417年),另一是北方的鸠摩罗什(350—413年)。凡是宗教,实际情形都异常复杂。佛教在其复杂现实的一切领域中都赢得自主地位;对印度及克什米尔大教派的认识有所发展并更为明确;翻译质量与分量都有显著进步;大乘教派的贡献已不再限于一套哲学概念,虔诚及僧俗相通的精神是这一流派的特点。佛教于是成为救世的大教,而且开始深入华夏世界。此外,5世纪初年,由于翻译了寺院戒律的大典("律"),开始出现有组织、并订有明确规矩的僧侣团体,中国僧人远游至印度化国家"求法"的人数日益增加。所谓"求法",也就是向国外大师求教,并带回尚未为人所知的经文。

自华夏世界开始接触中亚、印度、伊朗接壤区域的外国大教以来,上述进程逐渐走向成熟,而上述的进步则是这种成熟的结果。但两位杰出僧人的工作也有助于此,他们是龟兹人鸠摩罗什、中国人慧远。

慧远生于山西北部的一个学者家庭,青年时代就在河南接受经典教育。他受道安剃度,不久便成为其最出色的弟子之一。380年左右,慧远到九江南部名山——庐山定居,在庐山创建了长江流域最重要的佛教中心——东林寺。他与东晋末年的贵族知识阶层保持着联系,而且与鸠摩罗什有书信往来,充满智慧的信件论及教义问题。在寺院传统中,凝神专注是达到禅定(对不可推论的绝对现实的自然思虑)的方法。慧远对这种技巧甚为热衷,指导世俗门徒运用神像,静观菩萨以作为人人可用的专注之法。402年,慧远率僧俗众徒在阿弥陀佛像前聚晤,众人一起表达要在西方极乐世界("净土")再生的意愿,大乘教的伟大佛祖即居于此净土之中。此举是众信徒第一次表达共同信念的行动,也是佛教作为普渡众生的宗教而出现的第一个场合。慧远施教的特点看来是要使中国精英了解佛教本质及其与华夏世界宗教传统及思想传统的根本区别之处。

鸠摩罗什生于龟兹绿洲一个贵族家庭,曾到克什米尔研习,该地盛行说因部教派小乘传统与禅定修行法。他在喀什改宗大乘教派。回到龟兹后,被前秦皇朝将领吕光囚禁。吕光将其留于武威(凉州)达17年之久。401年,后秦笃信佛教的"藏人"君主占领甘肃,将这位杰出的僧人控制起来,并于次年将其领至京城(长安)。自此,鸠摩罗什开始组织并主持译经班子,其活动几乎触及佛教庞博经文的各个方面:大乘经典的新译或较准确的重译、关于戒律的经文、小乘教派经本、经院学说与玄学的巨著。鸠摩罗什的伟大功绩之一是将3—4世纪出自大乘而以某种辩证法为基础的中观学派介绍到中国。中观学派认为:从绝对角度看之为真者,就表相视之则为伪,反之亦然;经常运用这绝对与现观的辩证法才可能达到精神上完全解脱,而精神解脱是佛教的目的。

因此,慧远与鸠摩罗什时期标志着博学佛教的开端,即既意识到本身的特性,又具备佛教的虔诚,后来到5—8世纪在中国社会各阶层人士中广泛发展起来。从5世纪开始,东亚佛教的伟大形象逐渐确立,与大乘教派若干著名经典相适应,如:弥勒菩萨、观音或观世音、文殊师利、普贤、阿弥陀佛、药师佛等等。自此时起,教派开始定形,遂导致6—8世纪纯然华夏式的佛教宗派的产生。

440年可视为北中国政治史与宗教史的重要年份,因为自此拓跋魏皇朝找到了直接通往中亚之路。424—448年间,北魏朝廷曾崇尚寇谦之先师所主持的年轻道教,但在这个短暂时期之后,佛教便逐渐成为一种国教。约于470年,僧人昙曜被任命为佛教会主持,同时形成一个直属教会的特殊居士阶层("僧祇户")。京城大同西面著名的云冈石窟与雕塑工程始于489年。494年,都城自大同迁至洛阳,此后洛阳新城便成为亚洲最重要的佛教中心。看来也在这个时期,佛教热无论在北方抑或在长江流域都达到顶峰阶段。当时北魏胡后、梁朝(6世纪上半叶)"菩萨武帝"均笃信佛教,这种强烈的信仰一直延续至武则天女皇帝统治年代(690—705年)。

宗教、社会与政治

无论自300年左右起贵族集团表现出的浓厚兴趣,北中国石虎之类胡人出身的君主对僧侣的厚礼相加,或是印度经文的首批翻译以及首批人士的皈依,都不足以说明何以存在普遍的高涨热情。中国开始遍地建起佛塔与寺院,石岩上凿出许多佛洞,僧侣数目急剧增加,自4世纪末起出现首批信仰狂热的自尽,而此时发生的现象,不仅规模扩大,而且连性质也起变化。如果要加以了解,则应考察社会形态实况:城乡社区、豪门大族的宾客、汉族社祭团体、广泛的结义社团。皈依首先或主要不是个人信仰问题,而是参与一个信徒团体或僧侣集体。佛教并不取代旧宗教生活形式,而是巧妙地深入到传统模式的团体中去,并按其榜样创建新团体。因此佛教已经完全汉化。围绕拜祭新场所(寺院、殿堂、隐修所、朝圣地)分配社会物质是重要大事,这种变更不仅牵涉到宗教方面,而且涉及政治、经济、思想、艺术等方面。

南方社会的特点是贵族强大并拥有领地与宾客。佛教在南方便与当地社会相适应。寺院带有领地与附属家庭,便是借鉴世俗社会的形式而来。反之,北方的中央政权则促使佛教谋求君主支持,君主是一切恩赐厚遇之源。从这种社会与政治特点便可说明为何长江流域与中国南方的佛教大中心分散于各处(除南京外,尚有江陵、襄阳、鄱阳湖畔的庐山、苏州地区、南端的广州地区、四川的峨眉山等),而中国北方的佛教中心则大致位于都城。南方高僧慧远公开主张教会离政权而独立,此事并非出于偶然(见其 404 年的著作《沙门不敬王者论》),而北魏佛教会的总主持人法果(终于 419 年)则竭力将君主与菩萨现身等量齐观。5—6 世纪,中国北方多次出现将佛教会与国家融为一体的明显趋向。隋唐统一后的中国,在宗教政策方面继承这种双重传统,即:贵族传统与国家传统。后来 9 世纪时则是严厉压缩僧侣人数并加以严格控制的倾向占上风。这种倾向 446 年在北魏,574 年在北周已经显露出来。

佛教会虽然受到政府赞许,但同时也竭力对国家保持其独立性(5 世纪初,慧远是提出教会自主原则的第一人):僧侣不受普通法律管限,既不受刑法所管,亦免于负担公共义务(劳役、捐税、人头税)。此外,教会财产视为不可剥夺的,应予保护,不受任何宗教性禁令所取消。反过来,享受这种特权意味着要遵守寺院规则(剃发、独身、恪守教会戒律),并熟悉礼法与经文。政府一方面赞助这种新教,并倡导佛事行为(授任僧侣,建立寺院,施予各种赏赐,等等),但同时大力对佛教教会实行监督;而自 5 世纪起,对佛教的信仰极为普遍而且十分强烈,由此竟至引起不小的经济困难与政治困难,对此政府往往束手无策。神职过量授予使国家失去部分收入、劳力及兵士;愈来愈大量的农民寻求寺院庇护;借赏赐或假售而占有土地;因建筑寺院、供养僧侣以及安排节庆日引起巨大开支;由于铸造大钟与佛像造成金属匮乏;寺院拥有广阔的山地与耕地,拥有水磨坊与榨油场,经济实力十分雄厚;僧侣拥有潜在权力,与帝室后宫及贵族阶层都保持关系,将许许多多的密谋加以利用;佛教精神(过度开支,中断家庭关系,对国家不负责任)危害传统道德;某些教派具有破坏性质。凡此种种坏事归因于新来宗教凌驾一切的地位,关心国家利益的官吏已常常加以揭露。由此不难明白,为什么曾力图缩减僧侣数目,限制教会财产。于是便出现佛教徒所称的"四次大迫害"(446年于北魏,574年于北周,842—845年于唐代,955年于后周)。前两次"迫害"发生于中国北部,由嫉妒佛教会特权的道教阶层所推动。第三次出现于唐代,当时背景十分不同,即兴起"民族主义"运动,对外来影响实行抵抗。异国影响在中世纪以及在唐代初期已广泛进入华夏世界。

朝 圣

深入中国的佛教传统文献并不统一,而是来自大乘与小乘的不同学派与教派。此外,第一批译本也不完整,而且文字晦涩,内中经常运用借自道教传统的相应词句,有时还插进一些口头解释的话语。4世纪末之后,佛教的异常复杂性已开始进一步为众人了解,这时译文中的缺陷与不足更明显表露出来。远游朝圣的基本原因便在于此。须要确立真正的教义,要从"佛国"带回大量文献。因此"朝圣"一词用来指中国僧人穿越亚洲的漫长游历不算贴切,"朝圣"原指出于虔诚意愿向圣地出游。朝圣活动的重大时期从4世纪末延至9世纪初,在这项广泛的活动中,印度东北、西北佛教史上的圣地与重要场所的吸引力事实上只起次要作用。

中国第一位有名的朝圣者是朱士行,他于260年赴于阗研习,并留在该地直至身故。约于同一时期,著名译家竺法护远游至中亚绿洲,于265年回长安。然而3世纪末至4世纪赴西域的人士,大部分仍未为人知晓。高僧道安,他撰《西域志》之时,很可能利用了当时朝圣者所提供的情况。不过,中国僧人大批至中亚与印度远游,只是自400年左右才开始。法显出游绿洲地区、印度及东南亚,留下了游记,成为第一位著名朝圣者。他于399年从长安启程,其时已年逾60。他大体访问过龟兹、于阗、疏勒、克什米尔、喀布尔、印度河流域、恒河流域各城市。他于孟加拉湾港口耽摩立底登船,开赴锡兰,然后至室利佛逝(现今苏门答腊东岸的巨港地区)。412年,他在驶向广州的回程中偏离航向,直达山东海岸。

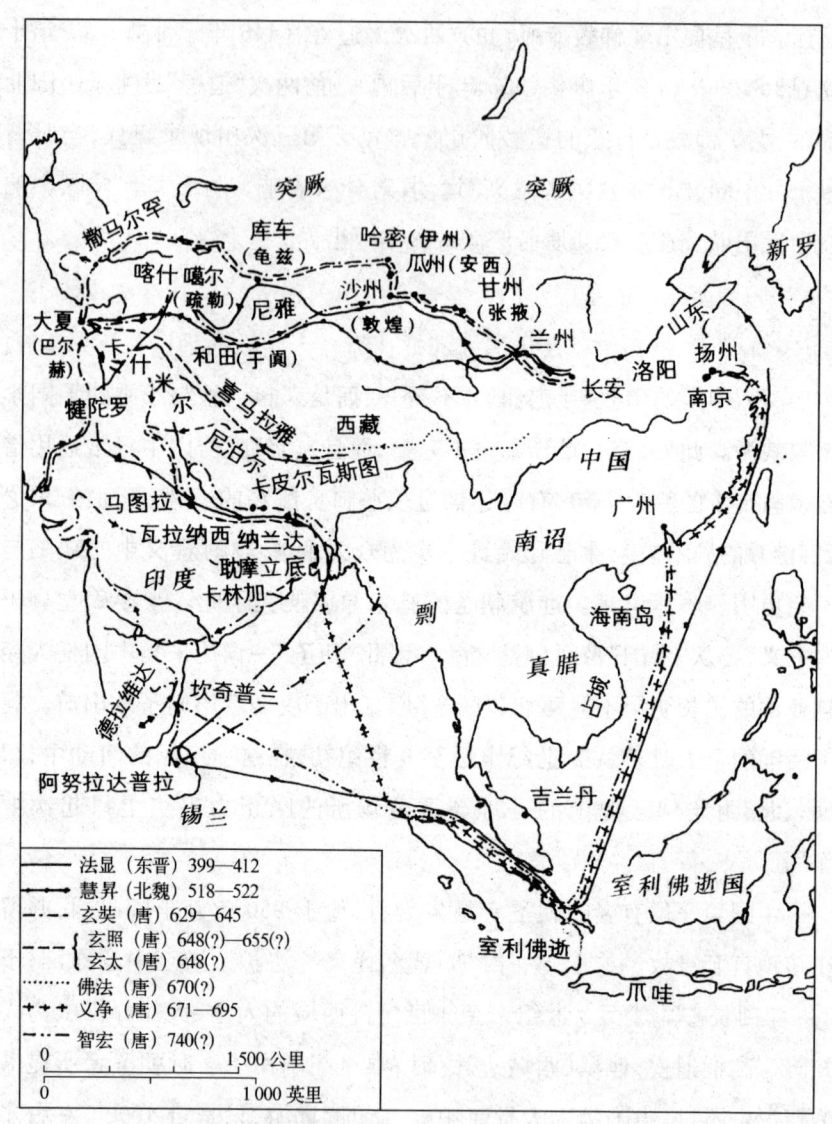

中国僧人几次主要赴印求法

法显带回大量手稿,在南京与印度僧人佛陀跋陀罗合译出其中一部分。他自己则写下历时15载、途经30余国的游记——《佛国记》,亦称《法显传》,它是这个时代完整保留下来的唯一游记。5—6世纪撰写的笔记,实际上大部分已经失传,或仅留下片断。刘宋僧人法勇带领25名师兄弟于 420 年启程经四川赴中亚,复经印度洋、东南亚、广州回国。他写的《历国传》保留了下来。但智猛的《外国传》却不留只字。他于 404 年率领 15 名僧人离开长安,424 年回到甘肃武威。杨衒之的《洛阳伽蓝记》写于 547 年,这部关于洛阳寺院的著名记述材料被偶然保存下来。如果没有此书,我们对宋云的出使便会一无所知,他是北魏奉佛的胡后的使臣,被派往印度西北部的王国。518 年宋云由中国僧人陪同从洛阳出发,通过吐谷浑领地、罗布泊以及于阗绿洲抵达克什米尔以西地区——乌达亚纳与犍陀罗以及印度河上游,他在该处逗留了两年之久。522 年,他回到北魏的京都。他亲自写的游记——《宋云家记》已经失传。

中国朝圣者赴中亚、克什米尔,至现今阿富汗北部地区,抵恒河与印度河流域,达南印度、锡兰、苏门答腊以及东南亚其他地方。他们在远游中所作的记录,因其翔实准确而成为了解上述各地区世纪初至 8 世纪历史的宝贵源泉。法显留下回忆录;北魏郦道元(？—527 年)于 6 世纪初撰《水经注》,提供历史地理情况;僧人道宣(596—667 年)于 650 年完成关于印度 7 世纪文明的重要著作——《释伽方志》;此外,7—8 世纪的朝圣者还留下详尽记录。如果没有以上诸作,我们对于中世纪初受印度影响的亚洲史,简直会一无所知。

中文佛学译本与著作

将印度佛经(梵文、俗梵文、巴利文)译成中文的译事活动持续近千年之久。第一批翻译始于公元 2 世纪下半叶,最后一批完成于 11 世纪。译著涉及印度及佛教国家的全部教派,其数量十分可观:中文约达 4 000 万字,有 1 692 部著作,其中若干部曾在不同时代进行过几度重译。这是关于佛经、戒律、释言、经院文本最丰富、最广泛的资料来源。这类材料存在于作为佛学经文载体的亚洲各种文字之中。

初期阶段,译文不是过于迁就中国读者而远离原意,便是过分拘泥原文而流于生硬甚而几至晦涩不解。经过初期摸索阶段(这是"古译"时期),5世纪初有了以龟兹僧人鸠摩罗什为核心的翻译班子,其后有印度僧人真谛的班子,译文的严谨与风格都有巨大进步。真谛曾居于柬埔寨,548年受梁武帝之召自广州抵南京。这是"旧译"时期。7世纪的译家进入第三个阶段,他们定出一套统一术语并规定严格的译法。而在唐代(7—9世纪)的"新译"中,这类术语或译法却导致译文失却前代译作所表现的文学趣味。

一开始,似乎翻译班子便按5—8世纪通行的原则组成:班子包含相当数量僧俗、中外人士(所规定职责大体日益严格),他们先是口头翻译,然后笔录下来,复查意义是否确切,润色文字,总之保证最后译文准确无误。

译著的序跋、扉页文字以及书目提供了有关的宝贵资料:经文翻译的条件,引进佛经的人士,关于著作、作者、印度及佛教化国家各佛家学派与宗派。此类资料表明中国人如何深切地关心历史的严密性与准确性。凭此资料便可以重构亚洲的佛教史。515—946年之间,有关中文的佛教译著的目录不下于14种,目录附有评注以及各种信息。僧人僧祐的目录(《出三藏记集》,515年)、僧人智昇的目录(《开元释教录》,730年),是最著名、最准确的。前者重录并公布今已失传的道安目录(374年),后者是中国目录学的杰作。

除印度经文的译本之外,还有大量中文佛学著作。自4世纪起,这类著述大为增加:关于印度与中国佛教史的著作、关于经文的解释、中国僧人的传记集、中国教派史、外典经书,如此等等。佛学文献(包括译本以及中国本国著作)大量问世不能不对中国的俗文学产生影响。

佛教对华夏世界的贡献

印度与伊朗之间的地区,希腊文化影响依然相当明显,希腊文化对佛教艺术打下深深印记。佛教艺术开始时属象征性,后来才成为形象艺术;由此,一种兼受印度、希腊、伊朗影响的艺术在印度河与恒河流域传播开来,直达中亚绿洲,复传至中国北部、朝鲜以及日本。中国与日本的若干佛像从衣饰、姿态、面容都保留着希腊像的遥远印记,这就很好地证明了我们所处世界的统一性。

印、伊接壤地区以及印度的建筑技术,亦与佛雕像同时传进华北,如岩洞的建筑术。印度、阿富汗、中亚的这类石窟(喀布尔西北的巴米安旧址是其中最著名者),5世纪初法显在求法期间已有记述,6世纪初宋云出使北印度时亦提及,唐初亦被玄奘所注意……第一批开凿的石洞,是敦煌附近的千佛洞,可能于366年开始动工。5—8世纪期间,石窟在北中国迅速增加,从四川至山东,从甘肃至河北都可见到。窟中雕像有时异常巨大,而且往往就在岩中凿出。建筑这群壮丽威严的石窟,常常由君皇倡导,并得到众信徒的赞助。正如西方大教堂一样,正说明这时期广泛的宗教狂热占据着华夏世界。兹举数例:大同以西的云冈石窟,工程自489年进行至523年,复于隋末再度动工,最大佛像高达40~50米;洛阳以南的龙门石窟,自5世纪末年起,洛阳是继大同之后的北魏新都,6—7世纪期间,这里的工程几乎从未中断过(龙门巨大的卢舍那佛及其两个门徒像于672—675年间完成);此外,还有甘肃天水附近的麦积山石窟。除上面三处著名遗迹之外,魏、齐、周、隋、唐皇朝在中国佛像与佛教建筑盛行时期开凿于北国的佛洞还有很多,可以列出长长的一串。每个石窟风格不尽相同,其原因大体是来自塔克西拉、马图拉以及于阗、龟兹、吐鲁番等绿洲的不同影响。这类遗址大部分依然保留五代、宋、元,即10—14世纪之后工程的痕迹,证明狂热趋于衰退,艺术已失去其部分生机与活力。

洞壁与寺院四墙为宗教画提供着墨之处(画有佛陀前期生活图、佛家神仙、地狱图景等),其中经历潮湿与破坏仍能保存下来的唯一重要样板就在敦煌附近的千佛洞。吐鲁番附近的阿斯塔纳也留存几幅5—6世纪的壁画。这种受中亚与印度西北部影响的民间艺术有助于我们推想什么是佛教壁画的伟大传统。当时一些著名的艺术家曾使此传统大放光彩。如吴道玄(即吴道子,生于680年间)便是一例,他是长安寺院大型宗教壁画的作者。

5—8世纪传播甚广的佛教壁画只留存为数不多的遗迹,同时,佛教古老建筑也只余下极少数的纪念物,虽然7—8世纪若干寺院的样式依然在日本受到毕恭毕敬的保存。众所周知,中国最有特色的佛教建筑物之一是佛塔,它是中国唯一的高层建筑物,形如多层塔楼,间或作倒碗之状。历代佛塔样式变化甚大:先为木造(2—3世纪),后常为砖造或砖石造,宋代间或有铁造的。唐代之前,塔形往往为四角形,稍后为八角形、十角形,层数不等,塔层高度自底至顶顺次递减,但也有层高固定的(10世纪)。最著名的佛塔(如6世纪初,高120米的洛阳永宁寺佛塔)已不复存在,就保留至今天的古塔而言,还可以一提嵩山嵩岳寺古塔(约于520年)以及7世纪建于唐朝都城西安的两座砖石塔。

宗教节庆表演对艺术活动的发展产生广泛影响,我们对此大概并未加以充分重视。对于中世纪基督教的看法亦适用于佛教。众多的艺人、画师、铸工、雕匠、建筑师都靠寺院、居士团体或富家信徒的委托任务而生活。佛事的巡游表演、佛洞的照明灯饰、存于殿内的珍宝的定期展览,凡此种种,都有助于发扬信念,传播佛徒事迹,弘扬基本教义,而且借助每个人都应赞助或参与的活动加强社会统一,强化宗教感情,进而有助于形成一个崭新的美学天地。普遍而深刻的美感变化,可以说归因于佛教。这新来的宗教将种种趣味带进华夏世界:不光喜爱装饰以及图案的不断重复(木刻术因宗教实践而产生),爱好豪华(饰金佛像、名贵布料等),而且仰慕宏伟与巨型。上述种种趋向一反古典传统,后者不事修饰,简洁有力,线条与动作讲求准确。

艺术与文学相通,前者如是,后者也一样。二者的潮流相同,都十分讲究铺陈华丽。大乘佛教的重要经书传入中国,5—9世纪时比古典经书流传更广。佛教经书令人习惯于文字的大事铺陈,相同主题的重复,诗体与散文的混杂;而佛家诗体节律更自由,也影响中国诗歌的发展。佛教不仅丰富了文学题材——从佛陀前生、下地狱故事、朝圣以及佛徒大人物活动借来不可胜数的主题,而且还导致新体裁的诞生,如:公众布道词、僧俗师徒谈话录、诵与唱交替的教谕小戏。因而佛教有助于通俗语言文学的发展,也推动后来故事、小说、戏剧的大繁荣。

随着佛教盛行,对世界的看法亦因之变化:时空无限,永增不止;人之命运纳入不断再生的轮回之中,内中可见与不可见之世界的众生(神、人、狱中生物、动物、魔鬼)相混一处,从属于行为受报偿的神秘现象,无可抗拒。

佛教带来的印度文化成分,间有伊朗与希腊文化影响的色彩,但其中印度的世俗科学占有绝对不可忽视的位置。4—8 世纪之间,由于翻译婆罗门教著作,印度数学、星相学、天文学、医学传进了华夏世界。可惜上述著作的中文本与印度文本已经失传。一部研究 404 种疾病的印度医学著作见于安息人安世高的译著中。安氏于 147 年抵达洛阳。僧人一行(673—727 年)精通印度数学与天文学。他于 721—725 年组织科学远程考察,目的是在九个站上测定夏至与冬至日晷阴影长度。九站分布各处,自越南中部至蒙古地区(纬度 17°～40°)。印度科学影响尤其明显的时期是 6 世纪前后至 8 世纪中叶。

印度人被视为是语法、语音大师。其榜样有可能激发中国的语音分析工作,虽然书写系统似乎呈现出不可逾越的障碍。记录印度词语以及必须尽可能忠实传达神秘的佛教咒语(祭词、绝食伸冤词)都遇到各种问题,这大概也推动了中国开展语音研究。以别的方块字的首尾音记录中国字语音(反切系统),此办法为吴国孙炎(大约卒于 260 年)所创,大体不受任何印度影响而独立发展起来。虽则如此,但后来的研究却不一样。424—453 年间进行了音韵系统探究,终于由沈约(441—513 年)第一次定出古汉语四声:平、上、去、入(尾音闭合字)。于是有可能更严格地规定作诗的格律,后来一系列韵书问世的原因亦在于此。计有:陆法言的《切韵》(601 年);孙愐的《唐韵》(751 年);陈彭年的《广韵》,印于

1008 年；丁度的《集韵》（凡 53 525 字），出于 11 世纪中叶；金代（1115—1234 年）韩道昭的《五音集韵》。自 16 世纪中叶开展起来的对历史语音的精湛研究，想必部分依据以上宝贵资料。

最后，可以一提另一领域的情况：某些源于印度的金融体制通过僧侣阶层已在华夏世界扎下根来：抵押借贷、为利用集资而实行的金融合作、拍卖以及稍后的抽彩中奖。

简言之，在中、印接触的漫长时期中（公元初至 9 世纪），佛教对中国的贡献显然十分巨大。可以说，整个时期盛行真正的佛教文化，当时寺院拥有包括古籍与经文的丰富藏书，成为教学中心与知识中心。这种局面在中国一直持续至 842—845 年，即至大禁佛教，解散佛教团体的年代。

第四卷
从中世纪至近代

第四卷

第一章　贵族皇朝

6世纪末开始的时代是东亚从中世纪世界过渡到"近代"的时期。最初完全处于所谓"华夏中世纪"阶段，无论从其人口——贵族及其附庸（"客"、"部曲"、"奴婢"），从其经济、文化艺术、宗教信仰（据说唐代是佛教的黄金时代）而言都与此密切相关。安禄山的军事大反叛发生于755—763年。未来变化的前兆出现于安禄山叛变之后。因此，这里将唐代分为两个阶段，并将第二个阶段与其后紧接的时代密切联系起来，而不考虑传统的"朝代"划分法，传统划分法以神秘的家系概念为基础。的确，在叛乱之后不仅是一般气氛起变化，而且政治气候、经济、体制等都起变化。907—960年所谓"五代"时期无非是8世纪末肇始的演变的逻辑发展与结果。"贵族皇朝"的基础建于590—625年间，之后便是"向近代过渡"的时期。

由于581年隋朝的建立结束了中国北部本籍非汉族的皇朝，也由于八年之后便形成华夏诸国的大统一，因此一般认为，581年隋的立国是历史上的重要事件之一。但传统历史编纂学在强调这类政治事件的时候竟得到两个相反的结果：掩盖若干一脉相传的基本因素而同时却忽视最深刻、最有意义的变化。无论将领杨坚（541—604年）在北周篡权，抑或

618年唐朝开国君主李氏登基,都没有在政治班底、社会模式以及基本传统方面带来根本变化。此外,所谓种族纯粹、文化纯粹纯然是虚构:隋(581—618年)、唐(618—907年)皇朝与4—6世纪的胡人国度相反,被认为是纯汉族皇朝。其实隋、唐开始时,其政治、社会、种族、文化的基础正承袭西魏(535—557年)、北周(557—581年)等汉化皇朝的基础。反之,发生巨大变化是在唐代中叶,自8世纪末开始;11世纪,变化带来与六、七世纪迥然不同的天地,即如欧洲的中世纪与文艺复兴之间的差别。

诚然,长江流域与华北的统一开阔了视野,使隋唐时的中国面向大海、通向热带地区以及东南亚各国。的确,唐代也从建都南京的各皇朝中接受了文学艺术传统的宝贵遗产。但南北统一并非骤然而至:它是通过发展经济联系、人文接触、货物交易,以及人员、思想的交流而于整个6世纪时期酝酿成熟的。6世纪前30年的洛阳与梁武帝治下的南京同处于中世纪文明的黄金时代,都属于受宗教狂热激发的世界,因商品经济兴起而充满活力,并接纳经中亚陆路与印度洋海路而来的商业大潮流。再者,将政治统一的全部功绩只归于隋朝则未免过甚其词。自553年起,四川已并入西魏,而同年西魏往河北派驻人员,河北实际上也归属魏国。中国北部自534年左右起因战争而分裂与遭受蹂躏。577年北方的统一应归功于北周。隋皇朝于589年消灭衰败的陈朝,只不过是完成36年前便已开始的进程,这个进程的重要因素之一无疑是西魏创建的军事体制得力。

581—683年时期的政治史

将领杨坚政变后,建隋朝(581—618年)于长安。杨为北周执政家族的姻亲,是渭水流域与甘肃东部贵族阶层的首领。杨氏取号文帝,于581—604年掌政,589年灭陈。陈皇朝是自3世纪初次第定都于南京的六朝的最后残余。传说中将杨坚的继位人隋炀帝(604—617年)描绘得漆黑一团,借以反衬其父;杨广弑父夺位,好大喜功,醉心奢华,腐化堕落而且残酷压榨人民,终于导致自己垮台。他因进行庞大的工程与耗费甚巨的远征朝鲜而受到指责。不过,这是官方史学偏好的主题之一:皇朝最后一任君主只能成为受谴责的对象。事实上,隋朝两个皇帝的政策明显地一脉相承,所从事的活动一直延续至下一个朝代的初期。隋文帝一登基就开始在洛阳地区与长安地区修筑大运河、兴建粮仓,其首批创举之一是建设渭水与洛水流域的两大京城。585年西北建成长达350公里的长城。海上扩张政策是隋炀帝执政的特点(营造舰队,开发扬都,即将现今的扬州作为第二京都,出征台湾[或琉球],远征苏门答腊巨港地区的赤土国,讨伐越南南方东岸的林邑——后来这里以其印度称谓"占城"而闻名),其实这种政策在隋文帝时代已经开始。第一次海陆远征朝鲜高丽国(突厥的潜在盟友)发生在598年,即比隋炀帝首次朝鲜之役早13年。但这种强力威慑政策开始日益遇到困难却是在隋炀帝时代:自611年黄河水灾之后,河北、山东的农民纷纷起义。三次朝鲜之役(612年、613年、614年)失利,为此而必须实行征兵,自此之后情况愈加严重。613年,与突厥的关系恶化,同年爆发由贵族组织的第一次叛乱,即杨玄感之乱。

李渊(565—635年)在其子李世民(598—649年)的鼓动下于617年起义。李渊是山西中部的太原留守,其职责是防御游牧部族,其子即未来的皇帝唐太宗(626—649年)。李氏与突厥部族结盟,进取长安,并在长安建立新的唐朝。他便是高祖皇帝(618—626年)。

唐朝初年是内部巩固时期:镇压动乱(628年完成);行政改组;将帝国划分为十大区①(到8世纪为十五区),不久为各区派驻行政、财政、法律督察;立刑法;设土地制度;行税制;建军;办教育(在长安与洛阳两都设太学、学馆,并设府州县学馆)。巩固时期之后接着便是

---

① 唐时称"道"。——译注

626—683年中国历史上军事大扩张的时期之一。中国军队大败东突厥(其首都位于贝加尔湖以南鄂尔浑河流域),打垮铁勒突厥人,取得蒙古东部回鹘突厥人支持,获得西北部吐谷浑人、唐古特人归顺,消灭吐鲁番的高昌国(该国妨碍长安与塔里木盆地及外奥克散之间的关系),击溃伊犁河流域的西突厥人,开辟并控制绿洲之路。

唐朝在亚洲的威望达到最高峰。东南亚好几个国家,如环王国(占城)、真腊(柬埔寨),都承认中国的宗主国地位。朝鲜的高丽被粉碎,新罗臣服。唐朝在外奥克散设立中国政区,其干预直达印度北部巴特那地区(605—647年的无恼害国,位于摩揭陀)。

这种异乎寻常的扩张有其政治制度与经济制度为基础,值得加以阐明。

一、唐皇朝的政治经济基础

6世纪末至625年间,完成了打下经济基础与政制基础的伟大工作,没有这一点,中国7—8世纪的扩张则不可能实现。

浩大工程

587—608年间建起了航运水路网,由运河与为航行而整修的河道组成,将黄河、渭水流域与长江流域连接起来,直达杭州。此水路网于608年再加上一条运河,保证了洛阳地区与北京地区之间的交通。这是中国历史上第一条大运河。运河全长1 500公里,宽约60米。两岸设皇道,沿途设中继站(自长江北部的扬州至洛阳共有40个)。从洛阳通向长安的路上建有若干大粮仓,其中最大的,位于洛水与黄河的交汇处,可载粮2 000万石,即12亿升。营建水路系统有其战略与经济目的,旨在方便华北与长江流域之间统一以后的交通。唐太宗时期(626—649年)此系统只担负运输小量稻米至洛阳(12 000吨),当时的大宗贸易是丝绸。但一个世纪之后,长江下游的稻米种植发展起来,运输吨数提高 5～10 倍。因此大运河在 8—9 世纪的经济发展中发挥着重大作用,致使唐朝政权在安禄山之乱(756—763 年)后的困难环境中得以维持不倒。然而,虽然在联系洛阳与长安两都长达 400 公里的河段上进行过施工,但由于黄河水流湍急,以及河南与陕西地区均属山地,因而交通一向并不十分方便,换船势所难免。渭水流域闹饥荒之时,宫廷与政府当局不得不耗费巨额资金迁都洛阳,洛阳的供应较为便利。

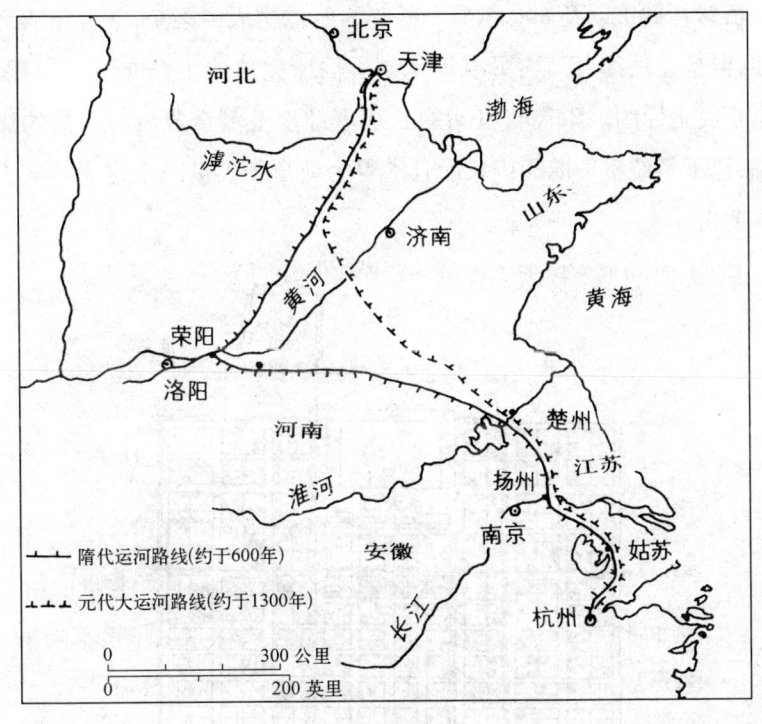

大 运 河

长安与洛阳两都约于 600 年进行大规模重建。隋唐时长安外城自东至西长 9.7 公里,自北至南为 8.2 公里。京城呈长方形,南北走向的林荫道有 14 条,东西走向的有 11 条,宽 70～150 米,路旁挖有壕沟,沟边种上树木。上述林荫道划出 110 个筑墙的坊里,两个有运河通达的大集市,而在京城的北面皇城与宫城分别置于两道围墙之内。但应该指出的

199

是:两都规模的改变始于501年北魏修建洛阳的时代。后汉时的洛阳城不过长九里(约合4.5公里),宽六里(约合3公里),而魏时的京城已有隋代长安的规模。京城的新设计宛如筑上防御工事的大营地,这种设计可否看成是受草原民族的影响呢?至于洛阳新城(其规模仅略次于长安),也按棋盘的格式兴建,与东南首府扬州大致同时代;7—9世纪外国商人至扬州似乎已经不少。隋朝第二个皇帝,曾有意将扬州定为洛阳的陪都。他似乎预感到中国长江下游海运与贸易的大发展。

虽然各城市以及600年前后所辟的航道构成中国7—9世纪的经济支柱,但是在法律、行政、军事等体制方面所完成的工作亦不可忽视,而且也是决定性的。隋代与唐初的立法者继承上溯至曹魏与北魏的悠长传统,善于系统整理前代成果而且懂得为新皇朝提供一个构成其实力的基本要素。

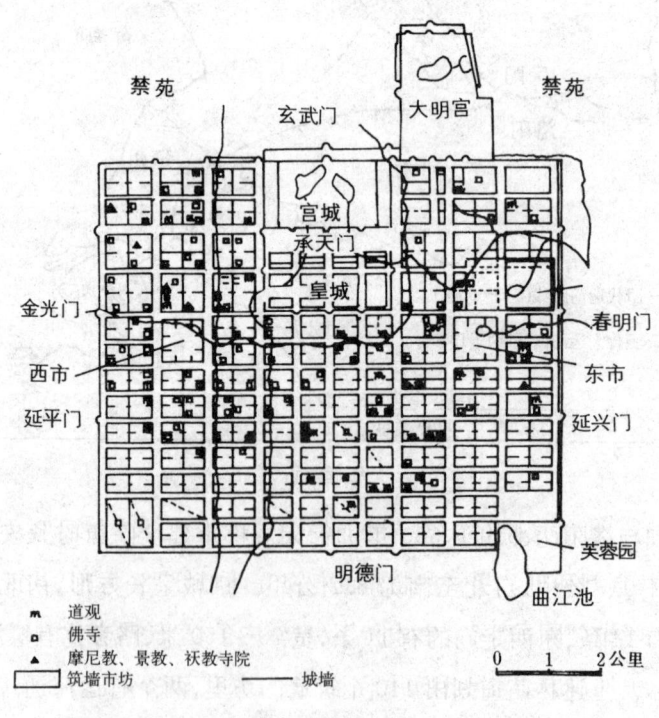

隋唐时代长安图

行政系统

中国的行政机构于7世纪达到成熟阶段。它是一个精巧而复杂的机构,证明其前期经过长时间的发展,值得在这里描述一下,起码作简单交代。

中国行政制度源远流长,公元前4—前3世纪已经开始,其时高层贵族所担负的宫廷职务已为公职所代替。因此用语上有时仍保留古代官职私人性与家仆性的痕迹。不过,自皇朝建立起,行政机构便趋向于成为相对自主的实体,此机构的意志与宫中形成的集团(宦官、外戚、军人等的集团)乃至君主的专横权力相抗衡。7世纪时行政机器进一步完善,11世纪又有新的发展。宋代(11—13世纪)以后,以至明清两代,继续朝中央集权方向演变,致使中央政府及各省的权力、自由都受到制约。

唐代中央行政机构占据长安一块方圆4.5公里筑上围墙的土地。该处称"皇城",位于皇宫南面。行政组织分四个主要机构:

1. 政事部门("尚书省"),下共设六部(吏、户、礼、兵、刑、工)。

2. 皇室事务署("门下省"),起皇诏转达与监察中心的作用。

3. 皇室总秘书处("中书省"),负责起草公文。上述两机构对总政策实行监督。

4. 国务会议。参加者除皇帝外,还有各达官要人,他们通常是尚书省六部之首领。

此外,还有不少职务范围较狭的机构,其中最重要的是实施行政总监督的"御史台",其职责是检查各种腐败行为(受贿、贪污、舞弊等),接受民众举报。最高法院("大理寺")对有争议的大案件作最后裁决,大理寺唯一有权宣判死刑。另一些机构的任务是主管水路、运河、兵库、皇家藏书、国立学馆("国子监")、宫中侍卫、皇宫内务、皇储居室,如此等等。

各省,或准确言之各大区(唐代称"道",宋代称"路")的行政组织隶属于中央政府。当时全国领土已作划分。最低一级是"县",最多只有数万居民。几个县(一般为 4～5 个)构成州府,其所在地设于主要城镇。这类州府大小不一,大部分称"州",但有一些也称"府",按人口密度不同而大小各异(幅员最广的也是人口密度最低的),大致相当于法国中等省的规模。皇朝行政官吏受任于各州府的为数不多,一个县通常只有一两名。因此,朝廷官员就由本地招募的人员辅助。官员在当地就任的时间只有几年,由于是异乡人,因此不得不争取地方士绅的支持,并在执行中央政府指示方面表现出灵活性,但他们作为朝廷命官的身份又使其享有极高威望。

最后,州府之上(有时是幅员甚广的地区)还有若干专门机构,通常具有军事或财政性质,其任务是协调与监督各州府的活动。这类机构由高级官吏执掌。

司法机构

唐代重要的法律与行政文献依然留存,有些可以部分复原。日本的中国法律史大家仁井田升所收集的行政条例规则就是这种情况。唐朝法典 624 年初撰,627 年、637 年重订,653 年附上诠解——《唐律疏义》,是留传至今的中国第一部完整法典。该法典的直接前身是 564 年问世的北周法典,而北周法典则继承曹魏与西晋(268 年)的法典,后者不甚完整,比较粗疏。唐朝法典虽然庞博复杂,但逻辑结构严密,无可乘之隙。对此法典及其概念、类别的基本原则可以说从未做过分析,而这种分析会极有意义:它肯定能揭示整个心态以及成套独特的概念。唐律基本上以一套轻重有序的刑罚为基础,罪过的严重程度不是按其性质而是按犯罪者与受害者所处地位的关系而定。关于亲戚或疏或密的地位,由亲属关系所要求的服丧时间长短来定;而其他方面,则取决于等级关系(皇帝、各级官吏、平民百姓、处于奴役地位的人等)。法官的任务不是衡量罪责,也不是"宣讲法律",而相反却是按照法规所提供的范例准确定出罪过的性质,通过类比("论"),并遵循依案情严格规定刑罚增减的品级表来行事。此外,法官还起预审员与调查员的作用。中国法律的以上特点渊源久远而且反映出关于"罪"的用词与概念在语言与观念上的绝对相等。惩戒等级包含刑罚系列,性质随用刑程度的加重而变:藤鞭、竹笞、苦役、流放兼苦役、绞刑、斩首。唐律与其他法律不同,完全属刑法性质。内载条目 500 条以上,分为 12 篇:

1. 总的界说、规例("名例");
2. 关于侵犯禁地(皇宫、城门、城墙、边境站等)的法律("卫禁");
3. 官吏在履行职责时的过失("职制");
4. 关于农户的法律——土地、捐税、婚姻等("户婚");
5. 关于国家马厩与仓库的法律("厩库");
6. 关于征兵的法律("擅兴");
7. 侵人与谋财的罪过("盗贼");
8. 在斗殴中所犯的过失("斗讼");
9. 虚伪与造假("诈伪");
10. 具有特别性质的各种法律("杂律");
11. 关于逮捕罪犯的法律("捕亡");
12. 关于执法的法律("断狱")。

土地法规

7 世纪至 8 世纪上半叶,唐代土地制度显示出其在历史上非凡的独创性:即历时一个多世纪的土地分配制,保证了税收正常并维持一定程度的社会稳定。终身土地平均分配法北魏时期已经出现,正式采用该法始于 486 年。但当时是通过大量增加分配而推动干旱地带的开垦,而 624 年唐朝颁布的土地律令("田令")则旨在为每个农户提供生存与缴税必不可缺的土地。当时采用的"均田法"实际上与 619 年公布的税收法息息相关。后者规定三种捐税,按照古代末期以来的通常做法,捐税针对的不是财产而是人:"租",缴纳谷物;"庸",各种劳役;"调",缴纳布匹

(蚕区纳丝织品,如绢,其他地区特别是西北纳麻布)。谷物捐与布匹捐关系到两种截然不同的地产,新土地规则将其准确区分开来。一方面是大面积耕作的土地(种小麦、小米、大麦),另一方面是小块土地,用于居住、园艺、种桑、种麻,后者为丝绸、布织的家庭小手工业所必需。大耕作地按每户男丁数目划分为"口分田",而其他土地(数量亦限制)则作为固定财产("永业田")。有小量的口分田留给老人、长期病人、伤残人、寡妇、商人、僧尼等。人烟稠密的"窄乡",分地份额小于"宽乡"。最后,例外情形很多,有一大部分土地不必参加分配,不受律令所定的制度管辖(公廨田、职分田、君主赐地、道观寺院土地、军队屯田、农垦屯田等等)。

上述税收制度与土地制度牵涉各种问题:精确统计人口;了解各区地籍确切情况;划分个人按律令所规定的年龄类别,即婴、小、少、中、老。有人过去长时间认为,由于行政监督繁杂,均田法仅在理论上存在而已。但甘肃敦煌与中亚吐鲁番(高昌)绿洲发现的7—8世纪的手稿却证明,这均田法已实际执行。吐鲁番若干文献记述了按终生分配制回收与赐予土地,而敦煌的户籍册则记下各家庭状况、每个成员的年龄、土地及边界的准确清单。此户籍册编订之时,均田制已走向没落,但尚未消失。

可能这制度只是在旱作地带(从北方各省直至淮河流域)才能真正加以实行:再往南去,稻田形成较难分割的单位,而由于整治与灌溉需要投资,财产意识就更为强烈。但中国的小麦区与稻米区的差别是在八、九世纪之间稻米种植大发展时期才显得突出起来。这种差别至明代(14—17世纪)依然很明显。那时存在着双重税收制度,大体符合小麦、高粱区与稻米区之间的鲜明差别。

军 队

7世纪隋、唐军队的核心是贵族:优秀部队由关内(陕西与甘肃东部)及华北其他地区的大家族加以装备并提供军官(其他地区次于关内)。在精锐部队(如禁卫军、御林军)中服役的全是大家族成员。与传统见解相反,6世纪的执政阶层以及出身于此的隋唐时代的统治阶层都不属于文人学士而是具有武士传统的贵族阶层。他们热衷于战事,喜爱骑术,关心畜牧业,凡此种种,都可从其游牧部族出身以及长时间受北中国草原文化影响获得说明。如果没有这个贵族阶层特有的作战勇气、荣誉意识、活动兴趣,隋唐军事上的辉煌胜利是不可能的。

诚然,有效的军事体制也有助于军事上的成功。但当初这种体制正是凭借具有军事传统的家族而构想的:这里指的是"府兵"制,由800～1200人组成,集中于陕西的京都、山西的太原地区(突厥入侵的通道)以及北方边境。北周时这种制度只从习武家族招募人员,似乎至唐代才扩大到农民阶层。的确,意味深长的是:唐初颁布府兵律例曾规定,骑兵要自备马匹并提供部分武器,如果是指普通农民,那是不可设想的。显然,正如历史上其他时代一样,当时军队中职责分明:农民不惯于用马,是蹩脚的骑手,他们不可能与草原战士相比(只有少数例外)。反之,他们提供步兵兵员,善于守卫设防岗哨,能够进占地盘,而且常常被用于粮草生产、运输、信递等必不可少的职务。精锐部队、快速运动兵团,其成员都不是农民,而基本上是归化并已一定程度汉化的牧民,再或是混有胡族血统的汉人、习惯与心态半从草原人的中国人,6—7世纪的情形都是这样。

有一种动物在唐皇朝的进攻政策中起决定性作用,那就是马,背跨配弓箭的骑兵。7—8世纪马匹饲养获得系统发展。如果文献可信,则唐初只拥有5 000匹马,为数不多,其中2 000匹取自隋皇朝长安以西的赤岸泽,3 000匹取于甘肃的突厥。但很快便设立公共马场,并迅速获得成功。因为7世纪中叶,唐皇朝已拥有70万匹马,分布在幅员辽阔的陕西与甘肃的牧场。除上述马匹之外,还应加上私人拥有的马匹,只是数字不得而知。但私人养殖似乎已经在华北,尤其在甘肃东部、陕西、山西大量发展起来。上文提到的"府兵"律例规定:骑士要自备马匹(起码其中某些属于豪门大族的人员是这样)。8世纪初叶,皇族成员、高级官吏、军事将领都拥有马群、牛群、骆驼群。中国军队拥有大量马匹的时候正是7世纪中叶大举进攻之际。马匹数量大而且便宜,直至665年左右还是这样,但随后,突厥与西藏人入侵,破坏了马场,马的养殖似乎日渐衰退。713年,皇家马场只有24万匹马。725年,由于饲养业复兴以及向草原牧人买马,马匹数字复增至40万。727年,在黄河上游的银川设立了第一个马市集。突厥人来市集卖马,买回丝绸、金属。但754年,安史之乱的前夕,马场管理部门拥有的马匹数仅有325 700匹。因得到中亚各国及帕米尔以外地区的进贡,蒙古小马至此时已与大量不同马种杂交。蒙古小马曾流行于整个草原地带及中国北部,但今天正濒于灭种,仅留存于准噶尔盆地。从外地来的马包括:703年带进皇宫的纯种阿拉伯马,654年西藏人奉献的小野马,浩罕、撒马尔罕、布哈拉、基什、喀什①、米国、骨咄等地的马,还有甘达拉、于阗、龟兹的马,贝尔加湖的吉尔吉斯马,等等。

  7—8世纪的北方贵族酷爱马匹。上层社会人士骑马代步,马球(可能自伊朗引进)盛行于长安。马匹之所以在唐代绘画与雕塑中占有重要位置,大概可从爱马热潮中找到原因。若干画家(如韩幹,约于720—780年)专攻骑士画。雕塑方面,唐太宗(626—649年)墓的豪华浅浮雕以及陪葬俑便是明证。但唐代马匹有其特点,显示出引进的影响乃至与中东及外奥克散马种杂交的影响,比蒙古小种马较大也较细长。唐以后蒙古小种马复大批进口,元代(13—14世纪)、明代(14—17世纪)的绘画可资佐证。

  763年,西藏人内侵,在这期间大部分公共马场遭抢掠,标志着西北的饲养业彻底衰落。自此唐皇朝只能求助于权宜之计:向私人买马(在京城地区为皇宫马厩购进30 000匹母马);向游牧居民买马(815—816年间在鄂尔多斯地区以10 000卷丝绸购马);817—820年间剥夺农民土

---

① 此地名自译,原处不详。——译注

地之后,试图在陕西、河南、湖北北部农业地带设立国家畜牧场,但效果不佳。758—759年,回鹘人助唐对抗藏军,作为交换条件,赢得近乎绝对垄断的马匹交易权。回鹘人热衷于追求利润,以高昂索价将劣马卖给汉人政府。8世纪末期,每匹回鹘马可换40匹丝绸。

最优良的牧马区似乎位于甘肃东部、陕西泾河流域以及山西西部,当中国无力保卫上述地区以对抗山区民族与游牧民族窜犯的时候,也就失去在中亚实行其干预政策的主要手段之一,于是中国便注定要龟缩于河南及东南地区。这大体是宋朝衰落的原因之一,至960—1126年间北方被女真族占领。

中国军队的分布很说明问题:部队集中于各首府周围以及北部及西北部边境沿线——这里指出的情况不仅唐代如此。的确,军队的基本任务是保卫皇朝,对付来自边区的窜犯与入侵,捍卫中央政权,防止州郡反叛。禁卫军分布于京城南部,而驻扎在皇宫北面的军队则用于直接防止政变阴谋。此外,上述禁卫军还为出巡的皇帝提供卫兵,亦为重大庆典派出队伍:既展示武力又大摆排场,这项任务一般交由精锐部队担当。至于边界军队,因兵种不同而执行两种不同的职责:远征兵团,其中最活跃的成分是骑兵;驻防部队,负责固守防线与护卫交通枢纽。驻扎于各州府的队伍只占中国全部军队的一小部分。朝廷方面似乎并不为此而感到担心。只要农民暴动没有演变为真正的武装叛乱(叛乱有时还得到上层社会支持),就不会形成迫在眉睫的严重危险。他们无非是离开土地的农民团伙,靠劫掠为生,将险峻山岭作为庇护之所,再或藏身于沼泽地区之中。盗匪装备甚差,通常无力攻击朝廷代表的驻地——筑有城墙的都市。总而言之,盗匪只是个慢性祸害,还能忍受。再者,还可以与匪首谈和,运用赐予封号与官职的办法令其归顺。无论如何,显然易见的是:政府为了维持地方的安定,首先依靠的并非是武力,通常凭借政治制度便足以实现安定。居民按照小单位组织,对每个人的行为负责,有义务揭发罪恶,官吏、乡长、村长、家长都要履行职责。以上种种,自唐朝开国以来,便形成一种强制制度,普遍推行而且深入习俗,甚至令人感觉不出其为强制性,因而具有惊人的效力。

二、7世纪的大扩张

自6世纪起,华夏世界强大、富有起来,组织愈加严密,谋求向外扩张,大力击退窜犯其边区的民族,如:青海的吐谷浑人、四川边界的唐古特人、蒙古与准噶尔的突厥人及其他游牧居民、蒙古东部与满洲辽河流域的契丹人、北朝鲜高丽国人。中国既受外来威胁的激发(促使其加强自己),也受自己力量增长的推动。

事 件

6世纪中叶游牧部族形成新的结盟,归突厥人统辖,自此草原地区局势起了变化。552年,草原新皇朝的缔造者结束了蠕蠕(或柔然)人在广大地区的统治,这一地区自鄂尔浑河流域延伸至贝加尔湖之南,乃至伊犁河流域。突厥人的威胁比其前人更为危险,万里长城历史上第二次大建设时期即源于此,第一次是在公元前3—前2世纪,第三次,即最后一次,是在15世纪。

北魏只限于在423年加固秦、汉时代的旧城墙并于446年为其位于山西北端的京城大同地区构筑防御工事,而北齐则于555—556年修筑新防线。新防线于557年、565年部分加复线,整个走向比起秦代工事更往南靠。15世纪明代采用的便是这条线路。

577年,北周统一华北,这时突厥人与中国人的关系发生变化。在此之前,北方两个皇朝互相争斗,都谋求与突厥人联合以争取优势,统一后情况有所改变。中国统一为其继汉朝以后第二次在亚洲大扩张提供了必要条件。

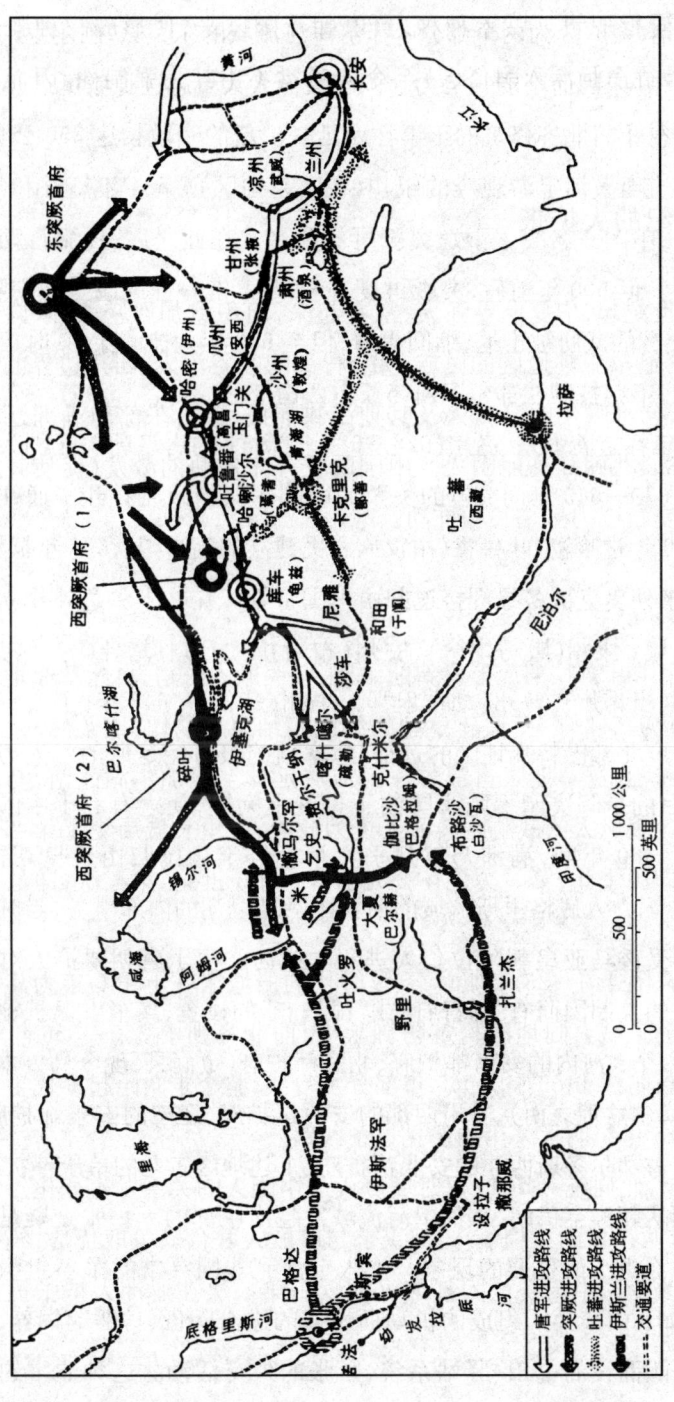

7—8世纪中亚示意图

582年，突厥分为两个部分：鄂尔浑河流域的东突厥，阿尔泰的西突厥，但似乎并未因而削弱其势力。同年突厥人大量越过长城挺进，585年隋皇朝不得不将北齐修筑的工事往西延长。新的一段长达350公里，从鄂尔多斯直至黄河上游现今的银川(在宁夏地区)。584年签订和约，接着590年，中国一名公主下嫁突厥可汗和亲。在此之后，侵犯行动中止一段时间。但600年前后，突厥再度进犯，601年一直进逼至长安附近。608年，突厥的威胁被击退，缩回青海，但至630年始被清除，其时唐皇朝大举进攻，牢牢控制住鄂尔多斯与蒙古西南部。

630年标志着太宗、高宗(626—683年)治下的唐皇朝向亚洲大扩张的开端。630—645年间突厥的失败为中国军队与政府打开了通往中亚之路：640年进哈密、吐鲁番(由汉族移民建立的高昌国)，658年抵焉耆、龟兹，后来外奥克散各绿洲接连归由中国管辖。在帕米尔之外设立了中国行政区域：康州(撒马尔罕)、安州(布哈拉)、石州(塔什干)、米州(米国)、何州(贵霜州)、曹州(劫布坦那)、史州(基什)。648年，王玄策将军组织向印度北部巴特那地区的远征，他率领的极可能是尼泊尔人与西藏人队伍，目的是解决摩揭陀小国的王位继承问题，使之有利于中国。在东北方面，660年间，满洲乃至几乎整个朝鲜半岛已归由唐皇朝控制。662年，中国介入底格里斯流域的斯宾国萨珊皇朝的内部事务，当时正值波斯帝国受倭马亚皇朝阿拉伯人进犯的威胁。由于唐朝要扩大对上述广阔领土的控制因而有"都督府"或"都护府"的设置，属军事保护领地之类，计有六个：河内的安南都护府、北庭都护府(金满县，现今乌鲁木齐地区，在准噶尔盆地之南)、甘肃西部的安西都护府、辽宁的安东都护府(南满洲)、蒙古鄂尔多斯西北的安北都护府、上述地区东北的单于都护府。

唐朝从朝鲜至伊朗、从伊犁河流域至越南中部的大扩张无疑是7世纪亚洲政治史上最重要的现象。扩张牵涉到非同寻常的军事组织与行政组织，如：由骑兵团组成的机动而快速的进击队伍、马匹的饲养、为供应中亚军队而设的屯田、驿站系统、紧张的外交活动。这种非常的扩张曾使唐代中国成为亚洲最强盛的国家,但并不牢固。正如汉朝时期一样,京城与受中国控制的地区的交通线漫长而困难,由此可知中国在这类地区的进驻非常不牢靠,而军屯的维持耗费亦甚巨。疏勒是塔里木盆地最西的绿洲,距长安几近5 000公里。而联系安西、哈密与吐鲁番的路线则要穿过沙漠地区,那里水源极少。再往远处,即帕米尔以外的地区,要去只能通过高山要隘,而穿越山隘无异于完成真正的壮举。

唐朝开国时,吐谷浑人、青海及甘肃的唐古特人已经臣服;由于630年大举出击,后又有部分草原部族归顺而且逐渐定居下来,突厥问题已基本解决;虽然如此,牧民与山民的窜犯并不因而中止,致令中亚绿洲对唐朝的归顺再度不稳,还威胁驻军与商队的安全。唐皇朝只好组织对东突厥远征,进军伊犁河流域;至748年摧毁其楚河畔的首府——碎叶。由于西藏人的扩张,后又由于阿拉伯人的扩张,于是出现新的困难。藏人于670—678年间进犯绿洲地带,一度占领于阗、叶尔羌、疏勒、龟兹。阿拉伯人迫使中国在伊朗的势力退却,不久还威胁中国在外奥克散与疏勒地区的占领地。

三、684—755年时期之政治史

武后与韦后

7世纪末与8世纪初,有一个奇怪人物威震一时,她名为武曌(624—705年),是太宗(626—649年)与高宗(649—683年)的前才人(妃嫔)。自654年起,她声威远震,次年正式成为皇后。683年高宗死后,她实际掌握国政并建立周朝,成为周朝唯一君主。她便是中国历史上第一位而且是独一无二的女皇帝。这段15年的小插曲(或说22年,如果将武则天实际掌权时间算上),只能从当时政治、社会与佛教的重大影响加以解释。自武则天能够对政府施加影响以来,她便竭力将西北贵族的代表人物从政权中驱除出去。这些贵族自唐朝开国以来便占据一切指挥岗位，尤其是通过"门下省"控制着国家的管理权。684年高宗死后不久，武则天即杀掉好几百西北贵族以及众多的李姓皇族成员。她将朝廷驻地从长安迁往洛阳，轻而易举地避开富豪家族的控制。但武则天亦促进新官吏阶层的形成，官吏凭科举录取。值得注意的是，汉朝时代，在招官与晋官方面，各种考试仅起次要作用，只是自669年起才真正系统地组织各种考试。科举制度在武则天手里首先是一种政治武器，它在华夏世界中产生重大影响。690年称帝后，武氏改变整套官职称谓以及整个行政组织。她正如700年前王莽一样，也以《周礼》这部尚存疑问的古籍为依据。她还更改地名并造出19个非用不可的新字。

但武则天之所以飞黄腾达，尤其是能自立为圣神皇帝，如果没有佛教会的帮助与暗中支持，是无法解释的。佛教会自6世纪初起便成为政治、经济的强大力量。为她而造出的佛家预言将这位太宗的前妃子指为未来皇帝并将其视为弥勒菩萨的化身。弥勒是救世佛陀，过去因期待他降临曾发起过好几个相信千年至福说的教派。武则天本人也曾信教，650年太宗死后进过尼庵。她虔诚到极点，至入迷程度，大施恩典于佛教会(册封僧侣、建立寺院、兴建佛家圣地、铸造洪钟与佛像，等等)。正是武则天时期在龙门隘道岩石上(位于洛阳之南)凿出巨大卢舍那及其两个随从的佛像。

武则天临政时期以及705年唐朝恢复国号后的五年(这时韦皇后独揽大权)是铺张浪费、放纵享乐的时期。王公外戚、高级官吏、宠臣以及大寺院都聚敛财富，扩大自己的领地。而享有口分田的小农则不堪沉重捐税之苦，佃农数目大大增长起来。

唐朝的黄金时代

8世纪上半叶(或更准确说来是710—755年)为唐代历史上最辉煌的时期。中国在亚洲的威望达到顶峰也在这个时候。首都长安成为世界中心,中亚、印度、伊朗的影响交融一处。唐诗与佛学研究大放光彩。

唐睿宗于690年曾被武则天剥夺权力。自710年起,其子李隆基(685—762年)灭韦后集团,令其父重登宝座,其后自712年开始自己主政,号唐玄宗(712—756年)。这个重大年号以整顿财政、行政,端正政治风气为开端,721年与724年,大力重订户籍册以补救纳税户显著减少之弊。7世纪时府兵制曾助唐朝向中亚扩张,而这时正面临衰退,于是激发军队的改组。改革的结果提高了军事首领的自主性与主动权。武则天时代皇家马厩疏于管理,而此时却加以改善,复使皇室拥有大量马匹。唐皇朝应吐火罗及该地区其他国家的请求,进兵阿姆河流域,当时上述地区受阿拉伯人入侵威胁。723年,靺鞨王国(阿穆尔河①地区的猎人部族)改变为中国的州府。自745年起,唐皇朝安排大规模反击以遏止阿拉伯人对外奥克散与伊犁河流域的进犯。

但事情慢慢发生演变,最后酿成历史上最大的危机之一。土地制度继续衰败。随着北方边境设立由节度使指挥的"藩镇"或"方镇",军事首领的权力与日俱增。建立强大的职业士兵队伍对中央政权已是个威胁,而玄宗临政时期,国家对众军事首领的赏赐却有增无减,用于军队的开支从713年的200万吊钱增至741年的1 000万吊。然而唐朝仍不得不屈服于云南藏缅人的南诏国压力,于750年左右放弃西南通道与领土的控制权,而当时中国对现今俄国的土耳其斯坦进行反攻亦告失败:751年由高丽族将领指挥的唐朝军队在巴尔喀什湖以南塔拉斯河的战役中被阿拉伯人打得一败涂地。自745年起,在敦煌西北面的哈密地区组成一个半定居突厥人的王国,称"回鹘"。

在政治方面,705年唐朝恢复称号后,西北旧贵族随之重新掌权,从此便与通过考试而招来的新官吏阶层展开争斗。763年,冲突达到最高峰,当时出生于南方的文官张九龄(678—740年)与渭水流域贵族的代表

---

① 即黑龙江。——译注

李林甫(？—752年)针锋相对。玄宗在位末期,完全不理政事。745年,杨玉环即著名的杨贵妃进宫。玄宗在她的影响下,将重要官职都赐给她的家族成员,于是使事情更为复杂。752年,李林甫去世,宠妃的堂兄杨国忠便与将领安禄山争夺宰相职位。任命杨国忠为相,终于导致755年爆发安禄山的军事大叛乱。

755—763年的军事叛乱

玄宗在位时期(712—756年)实行军事扩张,中国军队从朝鲜至伊朗节节胜利,看来已到欲罢不能的境地。中央政权似乎忘记,在这种情况下组成的职业军队正顺着某种自然倾向下滑,军队受本身利益所驱使,弥漫着一种距平民愈来愈远的心态。增加军队的自主性,集中指挥,交权与职业军人,就便于实行成功的进攻政策,但同时也就削弱了中央政府。不过,出于国内政策的考虑,增加军事首领权力的倾向,8世纪上半叶更为加强:为了对抗杨贵妃的亲属,尤其是杨国忠的势力(杨氏将四川造就成自己的领地),宰相李林甫(737—752年在朝)竭力扶持北方军队将领。李林甫主要将心血花在胡人出身的将领上,认为他们比汉族军人更易于操纵。将领安禄山便由此得到朝廷的厚加赏赐。他一人在现今的北京地区管辖三个藩镇。自隋朝对朝鲜作战以来,北京地区便直接由大运河供应物资。安禄山之父为粟特人,母为突厥人,其姓取原籍布哈拉(阿姆河之北)的粟特人之姓,名字则是伊朗名字Roxane("光明"之意)相当准确的标音,这是大夏公主的名字,亚历山大大帝曾娶她为妻。755—756年冬天,安禄山率部进攻洛阳、长安,两城不战而陷落。随后发生的激动人心事件——皇上溃逃至成都,757年安禄山死后史思明继任叛军首领;在藏人与回纥人协助下新帝肃宗克服困难收复两都地区——看来此处不宜详述,本稿无非是中国史的概要。不过这段悲剧的严重后果却应予着重指出。

第二章 向近代过渡

一、叛乱的后果

安禄山与史思明的叛乱可以视为是中国历史一大转折点,因为随之而来的是各个领域的明显方向转变。7世纪上半叶,演变仅仅开始,看来此危机愈发使其加速:自755—763的可怕年代起,对外关系、政治、经济、社会、精神生活各方面无不迅速变化。

退 缩

在危机当中,设于帝国边区的整个防御制度趋于瓦解。自阿拉伯人在安史之乱前数年占领疏勒以来,帕米尔的控制权便已失去。唐合法政权的主要盟友回纥人,757年扩张至甘肃,由此控制着甘肃中部与吐鲁番之间的全部地区。西藏势力牢牢扎根:藏人进犯中亚绿洲、青海及甘肃。763年,藏人进驻位于黄河上游的宁夏,劫掠甘肃东部皇家马场的马匹,甚至挺进至长安。自790年起,位于玉门关以西的领土终于全部脱离中国控制。自汉代以来华夏诸国便与中亚及帕米尔以外地区保持经常联系,只要考虑到这种关系,便可知道这是对中国文明具有重大影响的事件。

东北方面,7世纪末以来统治朝鲜的新罗,宣布脱离唐朝独立。最后,自7世纪中叶起,四川与缅甸之间的各藏缅国家亦发展起来。这些国家已经汉化并深受中国、印度、西藏的影响,有时与中国结盟,有时则与西藏联合。南诏国是其中最强的,它将对手吞并并自750年起开始扩张,虽然中国曾出兵远征遏止之。9世纪时南诏日益成为威慑力量,直至进犯成都地区并于827年占领红河流域与河内。865—867年,中国远征失败后,南诏竟至一度占领四川首府。902年起,西南王国以"大理国"而著称于世(大理位于云南西部洱海之西岸),该国一直存在到13世纪中叶,直至被蒙古人征服之时。

7世纪与8世纪上半叶大扩张时期之后的总收缩至10世纪愈益严重,当时东北部汉化的契丹国业已形成,中国也失去对红河流域的控制。越南受中国千余年来殖民行政统治,留下深深印记。939年它摆脱了建于广州的南汉国的管辖,自此一直保持独立,只有两个时期除外:一是蒙古人占领时期,另一是15世纪初,当时越南隶属于明皇朝。

税制变化与社会演变

另一领域——税务组织的变化亦不少,税制与政治组织、社会现实乃至经济都有着密切关系。

由于"口分田"的分配制度有赖于人口与地籍的精确普查而且要定期掌握新情况,因而这一旨在收取谷物税的制度繁杂而不可靠。此外,因地理条件与人口密度千差万别,也不可能到处实行统一法制。缺地的地方,便允许迁出。再者,凡是种大麻而不种桑树的小块土地之处(中国西北部的情况就是这样),总想将口分田纳入家产之中。最后,土地律令规定的许多例外也使人有机会绕过法律。因此,自7世纪末起,享受口分田的小农阶层开始分化瓦解,窜改户籍、地籍册的现象极为普遍。

这种现象的原因大体有多方面:游牧民族与藏人在边境的窜犯引起

自发迁徙;淮河流域与长江流域水稻种植的发展产生了吸引力;能给穷困农民贷款的地主富豪施加的压力。而穷人受富豪剥削大概是8世纪纳税家庭迅速减少的主要原因。7—8世纪上半叶,控制政治生活的西北豪强家族、皇室贵胄(皇亲国戚、妃嫔家族)、军事将领与高级官吏,乃至大寺院等均拥有私属领地,领地的称谓不一,其中以"庄园"为最普遍。这类庄园兼有乡居与游园,包含农场(处于农民耕地之侧),有山地或丘陵地,有果园,同时还有种谷物的农田。设于河道中的庄园水磨坊有时成为跟缺水灌溉的农民争议的根源。但唐朝初期这类私人领地已大加扩张,连农户土地也被兼并进去,因而其性质已起变化,"庄园"一词竟指由佃户与长工耕作的大农场。这种大庄园有如罗马的别墅,后来由此产生了小型居民点:宋代许多小城的名字("庄")便保留了这种起因的痕迹。变化的原因大体是8世纪以后华夏世界商业发展带来的。

8世纪上半叶曾致力于重新登记逃避普查的家庭与土地,但表明劳而无功。于是开始采用新的征税形式,不再按农户,而是按土地("地头钱")、按收获("青苗钱")征收。780年杨炎著名的直接税改革——夏、秋"两税法",便是上述做法的系统推广。

但土地税改革(其中一部分税收已用于各州预算)并不足以解决问题,须要谋求新的财政收入,因为许多地区已不受中央政权统治。国家专营可以对日用产品在生产阶段或在分配阶段完成征税,从而有可能通过正常收入填补赤字,上述收入不受政治局势影响。税收新形式曾受公元前117年汉武帝时期设立的著名盐铁专营所启发,8世纪期间长江流域与四川发生的经济飞跃想必为此税收新形式的成功提供了基础。盐专营最为可靠,收益也最好。因为只要国家政权控制生产地区(河北至广州地区沿海州府的盐田、山西南部的盐湖、四川的盐井)即可。759年,设立盐专营;764年酒专营;793年茶专营。饮茶习惯传播极快。自780年起,盐专营为国家赢得一半财政收入。806年,这项收入已达600万吊钱;808年,880万吊。于是,760—800年间,税收制度与不同税种的分配发生了根本变化。不仅土地税性质改变（不以耕作者而以土地为基础），而且商业税制比基于小农户的直接税制日益重要。这种趋向在宋代（960—1279 年）愈加明显。

国家在税收方面的行动结果导致负责收盐税的富商大大得益。无论如何，这种做法为其提供机会，使之有可能运用大批资金并增加其经济实力。800 年前后起，长江流域与华北之间的贸易、四川与浙西（江苏南部与浙江北部）之间的贸易已由富商掌握，富商成为行政部门的代理人，如：扬州（位于长江北面 20 公里的大运河上的商业大都市）的贩盐巨商、四川成都的富商。值得指出的是：8 世纪期间，茶叶贸易异常发达（唐朝时期，茶作为饮料的习惯开始普及）。自 8 世纪末起，茶叶贸易税收达 40 万吊，即几乎相当于巨额盐税收入的 12％。茶叶产地位于安徽、浙江、福建以及四川。

茶商在发明信贷转让新方法方面起很大作用。806—820 年间出现了第一种兑换票据，名为"飞钱"：赴京都销货的茶商将产品交售给代表州行政机构的"进奏院"，并领取借据，凭借据回到本省，经扣除在京城应缴的税款之后，便可领得现金。9 世纪末、10 世纪初，货栈、当铺、兑换所，还有四川成都的商行开始发行可流通的存款证据，这就是钞票的前身。1024 年，四川出现第一批由国家发行的纸币。当时商业交易已迅速发展起来，而支付手段贫乏，于是引起在信贷转让手段方面进行革新。

水稻种植第一次大发展

8 世纪，华夏世界的重心趋向于从渭水流域与中原地区往长江下游平原转移。前者自古以来（实际上自新石器时代以来）便一直是华夏世界的中心。历史上这一重要现象大体与水稻种植进展、长江地区商业发达息息相关。长江流域是丝、茶、盐（淮河盐田）的产地。6 世纪以前的水稻种植方法一向是一次播种，在原地收割，因而不得不让农田休闲，而唐代实行插秧，收成便可迅速提高。11 世纪时，由于引进早熟谷种，随后还进行系统选种,因而收成益发增加。由是水稻种植成为一种世界上最精湛的农业技术,能使单位产量提得极高,直至现代仍然如此。水稻种植专用的农具也于唐代出现,其样式已经与当代的农具十分接近,如:龙骨车(以脚踏方式将水上提)、耙、稻田用的犁。水稻种植的进步不仅使长江流域的移民受益,而且因有 600 年前后为战略与政治目的而建的运河系统,还可以保证向华北提供补充供应。当时北方的生产依然受制于变化无定的气候。据当时统计,长江中下游地区人口,从 600 年左右至 742 年,由 300 万纳税人增至 1 000 万,而中国北部却出现人口轻度下降。唐代中国约有 5 000 万人口,大部分集中于中国北方。在上述的两个年份之间,北方各省人口,从占总数的 75% 下降至 53%。裴耀卿(681—743 年)曾创设驿站与粮仓(734 年)以改进水路运输系统。这时期大运河的稻米运输量增长大致与长江下游农业开始大发展同时。734—736 年间,有 700 万石即 4 亿多升稻米运往中国北方。

水稻种植的飞速发展大大有助于唐朝在 756—763 年大危机之后的复兴。淮河流域与长江流域的粮仓幸而免于战祸。自 8 世纪末起,唐朝的整个经济便以上述地区为基础。

二、皇朝崩溃

政治演变

虽然中央政权在税制方面能表现出惊人的适应能力——780—850 年前后,唐皇朝的权力已真正恢复起来——但它却未能在整个帝国中恢复安史之乱前的政治控制。

安禄山叛乱之前,其势力异常强大,原因是他一人兼任三镇节度使:范阳(北京地区)、河东(山西)、平卢(山东)。他拥有的兵员近 20 万人,骑兵马匹 30 000,还不算蒙古东部与南满洲的游牧部族能给他提供的援助。但平定叛乱后却没有能根治叛乱之源：管辖藩镇的节度使事实上不受约束。反之，中央政权还要在各州增加藩镇设置并扩大节度使权力以对抗反叛者。唐朝末年，计有40～50个大小不等的藩镇，而此制度到五代时(907—960年)依然存在，那时藩镇还有30～40个。

742年左右存在的十个藩镇

名　称	驻　地	兵　员	马　匹
安　西	龟兹(塔里木盆地)	24 000	2 700
北　庭	金满县(近现今乌鲁木齐)	20 000	5 000
河　西	凉州(甘肃东部)	73 000	7 900
朔　方	灵州(黄河上游)	64 700	13 300
河　东	太原(山西)	55 000	14 800
范　阳	幽州(现今北京地区)	91 400	6 500
平　卢	营州(山东)	37 500	5 500
陇　右	鄯州(青海)	75 000	10 000
剑　南	成都(四川)	30 900	2 000
岭　南	广州	15 400	0

节度使事实上的自主性，中央政权无法不承认，于是引起帝国分裂，导致皇朝垮台。由于发生了一场奇怪的流动起义，此种演变似乎益发加速。

中国北方饥荒肆虐之后，874年，山东、河南、江苏交界地方有人组成抢劫团伙。次年，团伙有了自己的首领，第一位是王仙芝，另一位是黄巢(874—883年)，两人原是私盐贩子。王仙芝归顺朝廷后，878年被处决，这场流动起义便以黄巢的名义进行。起义军从山东西南部出发，遍走国中大道，劫掠富裕城市，行经之处，破坏一切。开始时，攻打黄河畔的村镇，878年离开洛阳南部赴长江中游，至鄱阳湖，在安徽与浙江游动，抵福州，后于897年至广州，在广州曾屠杀城中的富商。其后取道广西、湖南，于880年末占领洛阳。次年初，60万之众的起义军突入长安,京城及其附近地区遭烧杀掳掠。政府军将起义队伍逐出长安,本身也大肆劫掠。黄巢五天之后复回长安,据其本人的用语,"血洗"了这可怜的城市。883年,李克用(856—908年)率领的鞑靼沙陀军队夺回长安时,余下的不过是废墟而已。李克用是突厥人,已经汉化,为唐朝效力。他在唐末混乱时期,是觊觎帝位的人之一,后来其子于923年建立后唐,终于达到目的。自885年起,唐朝君主成了各大军事首领的玩物,已经不住长安(短时间者除外),而安驾于洛阳,但长安大都会7—8世纪时却是唐朝光辉灿烂的象征。

907年,黄巢旧部朱温(朱全忠,852—912年)建立新国——梁国(后梁)。朱温原是黄巢的防御使,后降唐,掌握开封至河南东部的战略要地。907年是标志唐朝结束的年代,而事实上自885年起朝廷已丧失实权。

政权新形式

唐朝衰落与瓦解的直接责任者是派驻藩镇的节度使。节度使及其军队夺过中央政权对各州的控制权,导致中国四分五裂,持续几达一百年。

第一批节度使是贵族阶层人士或文人学士,而自王仙芝与黄巢起义以来,皇朝政权削弱,于是导致革除藩镇中的旧行政官员。军队以某种民主方式(在摆脱中央政权的队伍中并不罕见)任命自己的将领,将其推上"节度使"的高位。这种选择仅凭名声、武功以及已有的威望;因而出身于社会下层的人物也被推举出来执掌州郡政权。朱全忠(朱温)就是一个乡村破落秀才的儿子。907—960年间,先后在开封定都的有五个朝代,朱氏便是第一个朝代的缔造者。他原先是农业工人,后在军中当小首领,后来被任命为节度使大概是因攻打黄巢立下大功之故。在四川立国的王建,原是一名强盗,后选择军旅生涯。钱镠是吴越国(江苏之南,浙江之北)的第一位君主,他本是个离乡背井的农民,后来参加杭州富豪家族的武装自卫队伍。统治福建的王氏兄弟,则原是河南强盗。又如长江中游荆南国的开国君主原是开封商人的奴仆。再如楚国君主马殷,本是木匠,后转而从事偷盗劫掠。而后唐的创建人李克用,上文已提及,他是突厥沙陀部族首领,他在黄巢起义时曾为唐朝效力。

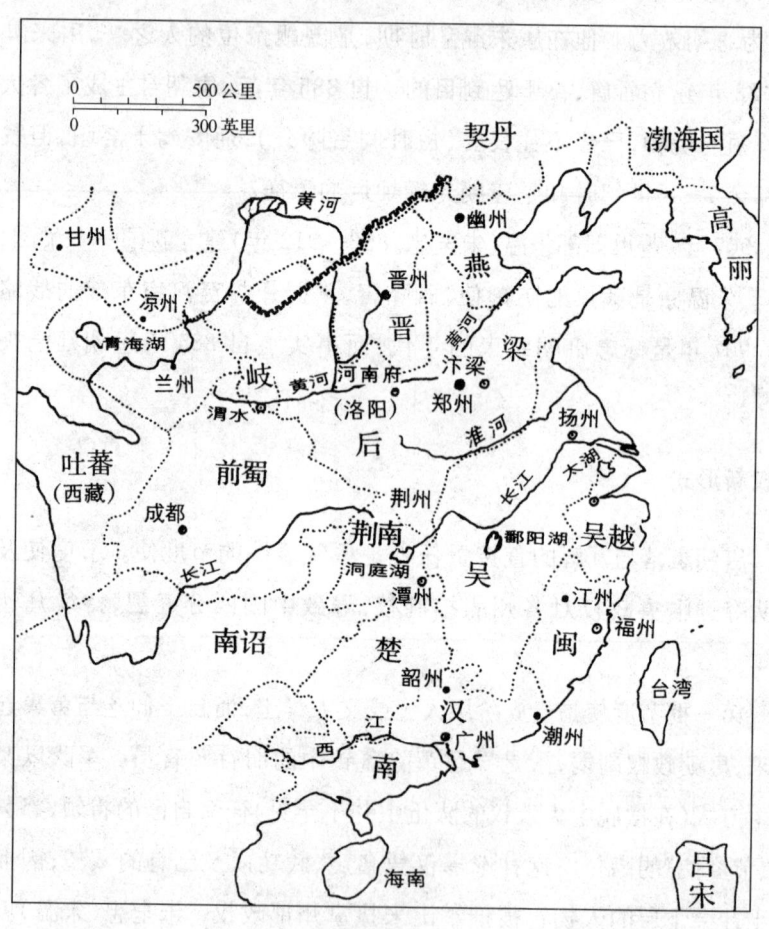

五代时期中国政治分割图

一个新统治阶层就这样形成,它在非法时期的传统依然十分鲜明:地方官员与将领存在密切的相互依存关系。在绿林江湖阶层中,通常结拜为兄弟。这类盟誓要求承担的义务比血缘关系所要求的更多,而唐末的独立部队也发展了收养或认亲的习惯。作为政权首脑人物的将领将自己的下级军官及文官收为"义儿",这种虚构的亲属关系是私人卫队与个人雇佣军之所以具有凝聚力的原因。而卫队与雇佣军是新政权的牢靠基础,各地区的新政府起而取代中央政府权力,将文官排除出去。五代及宋初的特点乃是军队实权集中于国家首脑手中。从这个角度看来,自9世纪末的藩镇割据至宋朝开国君主统一华夏诸国,其演变过程是连续的,宋皇朝便直接来自唐末的独立藩镇。

唐朝分裂与藩镇演变为诸国

地 区(藩镇)	国 名	皇朝名
山西北部,883年	晋,895年	后唐,923年
河南东部、淮河上游,883年	后梁,901年	后梁,907年
安徽北部、江苏北部,892年	吴,902年	吴,927年
河北北部,894年	燕,909年	燕,911年
渭水西流域,887年	岐,901年	后唐,923年
福建,896年	闽,909年	闽,945年
四川,891年		前蜀,907年
湖南,891年	楚,907年	
浙江,898年	越,902年	吴越,907年

(此表显示,自9世纪末起,后来五代各国的实际独立已经取得。)

开始时,节度使本人指定继任者——朝廷只是批准其选择,起码是力求运用权力去认可自己无法制止的事情——不久节度使的权力变成世袭。900年前后为第二阶段,独立的藩镇均取国名。再过几年,其首领竟径直僭取帝号建立皇朝。依次建都于开封的"五代"与瓜分旧唐帝国其余领土的"十国",二者的唯一区别在于:开封政权在华北统辖领土较广,而且被认为是唐朝的承继者。

10世纪的地区自治与经济发展

唐末中央政权的衰弱促进了地方主义倾向兴起,从藩镇演化出来的诸国往往相当于自然大区,四川的蜀国、广东的南汉、福建的闽国、湖南的楚国、浙江的吴越等等便都是这样。各藩镇的独立性使其有可能确定自己的自然方向,独立发展自己的经济,进行对外交往。993—995年王小波与李顺发动四川织锦工匠起义。若干历史学家认为,这一事件是自治主义运动,目的是在各州郡归附宋皇朝的时候延长四川的经济与政治独立。当时反叛的工匠受到开封地区织锦工场生产的威胁。自8世纪起,长江流域与沿海各州口岸都出现经济飞跃,看来此时并没有缓慢下来。福建的闽国,陆路与内地各省交通困难,通过发展海上联系,出口福建、浙江、安徽制造的丝织品与陶瓷产品而致富。广州的真正发展出现于10世纪初。长沙的楚国,丝绸布料生产大为增长,并向北方出口茶叶大获其利。四川、长江流域、南方沿海各省,看来10世纪都曾经历一个繁荣时代,延续到11—13世纪,直至被蒙古人征服为止(1273—1279年);而北方则饱受战祸之苦,890—923年间不断受战争蹂躏。长安变成废墟,洛阳成了空城。自907年起取代唐皇朝的政权之所以将京城东移,甚至建于大运河出口处,也就不难理解。北方军队乏人,有时竟至全体男子都要入伍,不论年龄如何。当逃兵的人为数众多(为避免这点竟给士兵刻上烙印),开小差一直是个严重问题,至10世纪末依然一样。为了要淹没敌占土地,曾经人为决堤,河堤已失去牢靠性。931年,堤围崩溃,引起一场巨大灾难。此外,契丹的攻击也造成普遍不安,致使建都于开封的政权岌岌可危。契丹是突厥蒙古人,其地区位于北京的北面。

三、结束语

新世界的曙光

若干出现于唐代期间乃至唐代末期的新现象,行将深刻改变华夏世界的面貌。7世纪时,中国接受了中世纪北方的社会传统与政治传统,承袭六朝时代的文学遗产与艺术遗产。而宋代中国却与7世纪迥然不同,从未来变化的端倪便可以将其面貌勾勒出来。

主要变化之点有:

1. 西北旧贵族衰落以至后来消失,广而言之,7—8世纪旧领导阶层被淘汰:宋代社会是由新人组成的社会,与唐代前期的贵族或学士大家庭毫无血缘关系。

2. 9—10世纪成立的以雇佣兵组成的职业军队,后来完全代替秦汉以来传统的征募队伍。由此而带来政权的新基础:国君不靠将其拥上帝位的豪强家族支持,而是以忠实于其本人的精锐部队为核心。

3. 税制改变,表面上无甚影响,但效果极为重要。自古代末期以来,国家主要税收以人及其劳力为对象,于是不得不分配土地与限制地产,而780年杨炎的改革(因人口流动与监督困难而非改革不可)终于导致将税收转向耕地面积,由此而强化财产概念,与传统大相径庭。任用雇佣军,虽然可从某些政治局势加以解释,但也与国家放松对个人的控制密切相关。

4. 无法取道中亚——尤因佛教衰落之故——自10世纪初起,游牧部族势力复兴,终于形成诸汉化大国,此类事例前所未有。北方边境的关闭导致政治与经济重心往东及东南方向转移。这种现象因长江下游地区发展愈发加速而更为鲜明突出。7世纪时,中国面向亚洲内陆,与之相反,自唐代中叶起,中国已经转向海洋。

5. 长江下游地区农业、商业、城市大发展,其原因是多方面的:水稻种植进步;紧密联系长江流域、四川地区、中国北方的商业新渠道发展起来(有茶、盐以及向北方军队供应粮草等);商业新技术出现(可流通的存款证据成为钞票的前身)。在此背景下,国家专营机构助长了大商人新阶层的兴起,不过这个阶层不可能脱离政府的控制。

6. 出现一种新技术——文图兼备的木版印刷。它导致知识的急遽广泛传播,从而扩大了执政阶层的社会基础,此外还带来一种用文字而非用口头传播的大众文学。

第三章 从对世界开放到回溯经典传统之源

7—10世纪的思想史与同时期的政治演变有着明显的相似之处。中国7—8世纪沿袭中世纪时代传统,将佛学研究与格律诗歌推到最高峰。当时遵奉3—6世纪的"美学",革新不多,除了在史学领域出现早熟的研究活动。中国欢迎来自异国的事物,对亚洲大部分地区产生深刻影响。中国的威望无疑从来没有如此显赫。但自8世纪中叶起中国对外扩张收缩,从而引起如下反应:龟缩退却,对外来文化采取敌视态度,并回溯至中世纪之前华夏传统的源头。当时还是倾向问题,但在11世纪中国大"复兴"时期,这种趋向便占了主导地位。

一、中世纪文化的顶峰

史学与诗歌

南北朝时期(4—6世纪)的传统一直延续到隋、唐时代,直至8世纪中叶仍然居于支配地位。

文笔雕琢的四六文体与典雅诗体6世纪时盛行于长江流域地区,至唐初仍然有人从事于此;文学批评依旧基于对作品的纯美鉴赏。《文选》

这部优秀诗文总集的一直引起重视足资证明这点。658 年李善发表了自己著名的《文选注》，这些注释于 719 年收进《五臣注文选》中。与此同时，张彦远编集自晋至 841 年有关对 371 位画家与书法家的评述，名《历代名画记》，这部著作承继了南朝画评著作的传统。

唐代是古典诗歌的黄金时代，格律诗遵循严格规则，讲究声调与韵脚交替。这时期的诗歌吸收了悠长传统所形成的丰富遗产：从汉代朴素动人的抒情诗直至南朝末年绮靡颓废的诗作。但新鲜空气也吹进中国，使灵感之源获得更新。当时中国向草原地区与中亚绿洲开放，向遥远的文明开放，就社会角度而言，与外界隔绝状况愈来愈减少。诗歌已不再是孤高贵族的独占物，南朝时期的情况却一直这样。科举制度获得效果：自 7 世纪末起，促进社会新阶层的兴起。当时的观念是，只有掌握诗歌文化，才能成为完人。这种观念，我们虽觉离奇，但却与唐代华夏世界的道德与实际情况相符。据此便在最高级的取仕试中设立诗歌科目。7—10 世纪，诗歌文学形式有惊人发展，大概与这种措施不无关系。同时，君主的资助以及歌伎阶层所起的重要作用，亦不可忽视不提——唐玄宗(712—756 年)既是诗人、音乐家，又是演员。而长安的纨绔少年以及应官试的书生都经常出入于歌伎院。

18 世纪初唐代部分优秀诗作汇集成《全唐诗》(1705 年)问世，书中共收 2 300 位诗人的 48 900 篇诗作。这里且提一下其中若干伟大名字：唐初的陈子昂(661—702 年)、宋之问(大约终于 713 年)、沈佺期(大约终于 713 年)；玄宗光辉时代以及肃宗时期的孟浩然(689—740 年)、王昌龄(？—756 年)、王维(701？—761 年)、李白(701—762 年)、高适(约于 702—765 年)、杜甫(712—770 年)；9 世纪上半叶的白居易(772—846 年)及其友人元稹(779—831 年)，那时已显示出改革的新趋向；最后是杜牧(803—853 年)，人称"小杜"，以区别于其著名的前驱——伟大的杜甫，李商隐(约 813—约 858 年)、温庭筠(812—870 年?)。以上全是具有独创力与个性的诗人，他们同样反映自己所处的不同时代。

隋唐时代经典研究的局面，不如汉朝终结的混乱时代那么引人注目。孔颖达(574—648年)、颜师古(581—645年)所撰并于653年问世的《五经正义》实际上不过是前人注释的辑录，即取自孔安国(公元前2世纪末)、郑玄(127—200年)、杜预(222—284年)对《左传》的诠解，以及王弼(226—249年)对《易经》的解释。另一位古籍注家是陆元朗(陆德明，约于581—630年)，其兴趣一直放在3—4世纪玄学派所推崇的著作上，他诠释了《老子》与《易经》。

反之，七、八世纪的史学却呈现新方向。唐初的编史工作获得大规模发展并且走上一条不久便受到揭露的危险道路：除了李延寿(生卒年不详)编撰的《北史》(645年)与《南史》(659年)之外，还有由修史官班子撰写的五部皇朝史，如：622—656年间完成《隋书》各卷；629年左右写就《梁书》与《陈书》；636年撰毕《周书》；645年《齐书》问世。这类汇编之作的机械性，编纂工作中受当局的监督，高层人士强加于作者的删略与歪曲，以及推敲与协调上的缺陷，凡此种种均招致8世纪初具有独立思想的评论家的批判。710年，刘知幾(661—721年)的《史通》问世，这是世界史学上第一部评史著作，标志着对史学与编史问题进行探讨的开端。11世纪这类研究大为发展，后来通向历史哲学之路，章学诚(1738—1801年)则是其代表人物，这令人联想起维科①与黑格尔。事实上刘知幾已预示着宋代历史学家与十七、十八世纪哲学家的诞生。这可从几方面来看：刘氏拒绝一切非理性解释(如将朝代更迭与五行交替联系)，坚执在史著中只记述人文因素，认为必须要有关于城市、氏族、地区动植物等的专述。他关心准确记录言语乃至其表达方式(言语即人，保留人之个性特点)，对经典著作持批评态度，首先关注的是客观性并且寻求历史真理的标准。

批评思想觉醒出现之时，新型历史著作亦问世，这与前者无疑是有

---

① 意大利历史学家兼法学家、语言学家、社会学家、美学家(1668—1744年)。——译注。

关联的。新著顺应时代需要,符合对制度史的新关注,同时也显露对官方编史墨守成规的反感。这类著作是政治与历史的百科全书,不再局限于传统的朝代范围,它包含的时期更为长远,从而可以指出各个阶段制度方面的变化。刘知幾之子刘秩的《政典》(740年)、杜佑(732—812年)的《通典》便是这样。后者是自古代至800年的政治制度史,内有关于美索不达米亚伊斯兰苦法大中心的记载。十一、十二世纪宋代的伟大史作便属于早期百科全书之列。

中国佛教的顶峰

6世纪末至9世纪中叶隋唐时代的中国,对于亚洲大部分居民来说,是佛教最光辉的中心,而佛教是世界性的宗教。中国的影响与其说归因于从朝鲜至伊朗的远征节节胜利,毋宁说归功于佛教。就日本与朝鲜而言,唐代中国是佛教的第二故乡。中国比印度近,而威望不亚于印度,因其有遗迹、传说、宝殿、著名朝圣地、杰出大师等等之故。文殊师利菩萨出现于五台山(山西东北部),普贤跨象出没于四川峨眉山的云雾处……隋唐时代,佛教已成为华夏世界文明、社会、政治制度的不可分割部分。寺院是俗文化与教会文化、汉文化与佛教文化的中心。一方是饱学的僧人(诗人、画家、书法家),另一方是虔诚的居士,相互呼应。后者热衷于佛教哲学、爱好禅定,能够与寺院或山中隐修僧人辩论教义问题。

典型中国化的佛学蓬勃发展起来,在诠解与教义方面都作了革新。此时各大宗派正在形成,后来在日本扎下了根;同时中国佛学也从印度以及其他佛教国家吸取新成就,而且吸收大量新传说借以丰富充实自己。

中国的佛教派别史至为复杂,这里不可能详述。可以指出的是:各派别的形成都相当晚近,与其门徒所确认的传说相反,他们都竭力将自己所属派别的起源追溯得更远更远。这里只提一下其中的主要派别。某些教派取得极大成功,推广至世俗社会;另一些则相反,从来不超出教会团体的狭隘范围,僧人智顗(538—597年)创立的天台宗(天台山位于浙江西北部)教派便是如此。据此派,大乘务经时序相连,面向不同听众,其包含佛教要义的经本是著名的《法华经》。由僧人法藏(643—712年)创建的华严宗(亦称"修饰"派)也一样,法藏出身于长安一粟特人家庭,其宗派以《华严经》为基础经文。

净土宗获得极其广泛的成功,它第一任教主为善导(613—681年)。净土宗成功的原因有两个方面:一是自6世纪初慧远时代以来笃信无量光佛(阿弥陀佛)的潮流大大发展;二是其修行方法简便:怀着在净土重生的意愿不断向阿弥陀佛诵经致意即可。

禅宗(日本称zen)为典型的中国教派,8世纪形成,一直是最活跃的教派之一,想必在知识阶层中受到热烈欢迎。与印度的禅那相反("禅"一词是汉字音译),中国的禅宗抛弃了凭着掌握愈来愈困难的静虑形式、可通达"生命之端"的长期苦修。700年广州僧人慧能(638—713年)创建的宗派反对一切传统,敌视所有制度、教条、文字、仪式。慧能是半蛮夷人,其教派的目标是追求顿悟。为了使脑子摆脱一切推论思想与自我观念,便求助于奇谈怪论,冥想荒谬主题(公案),运用令人难堪的答话、呼喊乃至于棍打。

但唐代成为东亚佛教史上最伟大的时期之一还归功于求法者与翻译家。玄奘(602—664年)与义净(635—713年)就是7世纪最著名的两位朝圣求法者。

629年玄奘只身进入中亚沙漠时,已经是佛家哲学的权威之一(就通过中文译本可接触到的范围而言),他此行的目的是要取《瑜伽师地论》这部玄学巨著的手稿,并且要增长自己的见识以解决不同佛家哲学派别所呈现的矛盾。他在克什米尔住了两年,其后到达摩揭陀(比哈尔的巴特那、加雅地区)的原始佛教圣地,并在王舍城(现为拉杰吉尔)附近著名的那烂陀寺研习五年。后来他足迹遍及全印度,从北方到南方复从东方至西方,就教于各著名大师门下。而由于他熟练地掌握了梵文,深刻认识佛教玄学及其广博而艰涩的经文,他与诸大师已不分伯仲。玄奘回国后,于647年为迦摩缕波国(位于现今阿萨姆地区的王国)国君用梵文翻译了《老子道德经》。他去国16年,于645年回到长安,此后一直领导着中国佛教史上最富于成果的翻译班子,至死时为止。在历时18年的工作中,他完成的翻译约占译成中文的印度经文译本的1/4(600年中由185个翻译班子共译出5 084篇,他占其中的1 338篇)。

玄奘有一个弟子,在其师回国一年后,据师傅的远游笔记,写成一部有关他所访问的国家(从中亚至德干南部,从喀布尔地区至阿萨姆)的情况的全面著作。这部书就是《大唐西域记》。书中描述亚洲各地的气候、生产、风俗习惯、政制、历史以及佛教状况。玄奘传记(《大慈恩寺三藏法师传》)尤为专门地详述了他的远游故事。该书在玄奘死后不久即开始编纂并于688年加以修订。

7世纪另一著名求法者是义净。他于671年登上伊朗商船,意欲抵达印度。他在苏门答腊东岸室利佛逝(今之巨港)佛教大中心作短暂停留之后,于673年在孟加拉湾沿岸靠近今之加尔各答的耽摩立底登陆。他由此抵达摩揭陀,并在那烂陀寺住了近十年。玄奘30年前也来到此寺中研习。685年,义净离开印度,从来时的海路重回室利佛逝,在该处逗留下来,至695年回国。他在洛阳受到武则天亲迎。义净在巨港写下了两部著名的历史著作。692年,他将两部手稿寄发至广州。一部是关于印度与东南亚的佛教状况的(《南海寄归内法传》),另一部是关于7世纪中国求法者赴佛教国家的一系列记述(《大唐西域求法高僧传》)。

只有唐代另外两个朝圣者的游记留传下来,一为原籍朝鲜的僧人慧超所写,另一为僧人悟空所撰。前者从海路抵达印度,于729年经由中亚回国;后者曾赴现今阿富汗的北部以及恒河流域。悟空于751年离开长安,790年经疏勒与库车绿洲回国。

由于西藏人与阿拉伯人的占据而致中亚之路关闭,842—845年间实行大禁,中国佛教团体因而分崩离析;这想必是赴印度朝圣衰落的原因。

最后一次朝圣是在 966 年由官方组织的,有 150 余僧众参加,其中小部分经中亚绿洲抵达印度(犍陀罗、尼泊尔与摩揭陀)。他们于 976 年回国。

玄奘回长安后即于 646—648 年间翻译了《瑜伽师地论》。他凭自己的宣教与翻译,向中国介绍成唯识论教派渊博而精深的哲学。据此学派,似乎世界是我们意识的产物。不过,玄奘虽然对其门徒影响巨大而且远及日本,但仍然只局限于寺院的精英阶层中。他是个出色的印度学家、严格的语文学者(他曾提出极其严密的翻译准则),看来在中国佛教史上是独树一帜的人物:他是唯一成功地掌握了广博而复杂的佛教哲学庞大领域的中国人。

唐代引进的所谓怛多罗密教,其影响更为广泛。这个佛教派别以咒语与巫术团体为基础,尤以与象征思辨结合的净化形式而闻名于世,似乎自 7 世纪中叶起已在印度大大发展起来(自此时期开始怛多罗密教大师便在那烂陀寺传道),并且迅速传至锡兰与东南亚,不久也传至中国,其后还传入西藏。最著名的大师兼翻译家是阿目佉跋折罗(中文名为不空,705—774 年),其前驱是两名印度人,分别于 716 年、719 年来华。自 756 年起,不空在长安译出大量密教经文并在唐朝宫廷获得巨大成功。

密教成为大变动前夕印度佛教对中国的最后贡献。大变动促使华夏世界走上新路并导致僧侣大团体衰微。印度化国家与中国的密切关系的漫长时期随着密教派的衰落而结束。774 年不空之死象征中国中世纪结束。

然而,还应指出:印度文明与中国文明的接触并不限于佛教这一丰富多彩的领域。印度的世俗科学也深入到中国。唐代上半叶,来自印度的学者出入于长安与洛阳。7—8 世纪,看来已译出大量"婆罗门教"经文,内中涉及天文学、星相学、数学、医学等。但中国数学反过来也影响印度数学。

二、外来影响

唐代上半叶,上层阶级醉心于凡是来自胡夷的事物:舞蹈、音乐、游戏、烹调、服饰、住所等等。诚然,自汉代以来中亚及草原地区对华北的影响就一直存在,但自7世纪初大进攻之后,中国渭水流域、黄河流域与蒙古、塔里木盆地以及帕米尔之外地区的接触才愈加密切,当时使节、贡品、传教使团、商队、朝圣僧侣大量增加。汉朝时代,商业城市已设外国侨民区,甘肃、陕西、河南、大运河畔以及广州都有。可以说,当时的华夏文明是国际性的。首都长安成为亚洲所有居民的相会之处,计有:突厥人、回鹘人、西藏人、朝鲜人、于阗人、库车人、粟特人、克什米尔人、波斯人、阿拉伯人、印度人、僧伽罗人等等,7—8世纪的绘画与陪葬小俑证明当时中国人对这些远方外国人的兴趣。异国人通常皮肤略暗、鼻梁高耸。画作与小俑保留其生动形象,且稍带嘲讽意味与漫画化倾向。外国人、远方文化成分、异国产品等大量涌入(有奴婢、禽畜、植物、食物、香料、医药、织物、珠宝等等)不可能不对当时的风尚产生影响,而且必然以其贡献丰富了唐代文明。例如,中亚与印度的舞蹈、音乐就引起中国社会欣赏趣味的变化。印度音乐经由中亚(库车),还经由柬埔寨与占城进入中国;其中若干成分大概仍保存在日本宫廷音乐中。凡来自中亚的事物都受到上层阶级的偏爱;吐鲁番、疏勒、布哈拉,尤其是库车的舞蹈与音乐都是这种情况。凉州(甘肃的武威)商市出现由库车音乐与中国音乐综合而成的独特音乐,在中国备受赞赏。凉州似乎已成为中亚与印伊世界在中国影响最重要的传播中心之一。

伊朗的影响

来自波斯与印度的两大文明潮流彼此交融并以各自的贡献互相丰富,遍及从阿富汗至阿姆河流域以及塔里木盆地的广大地区。中亚与中

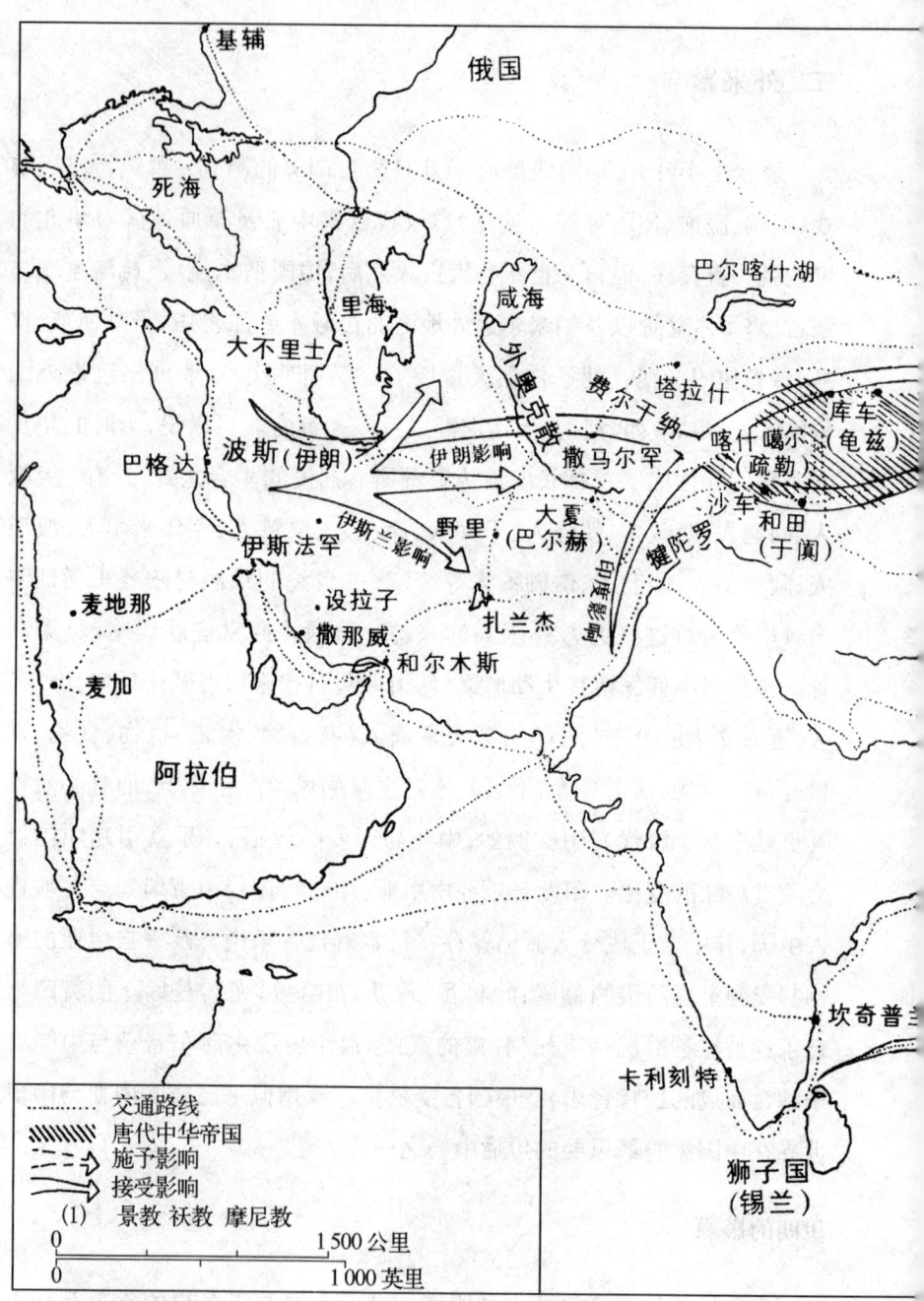

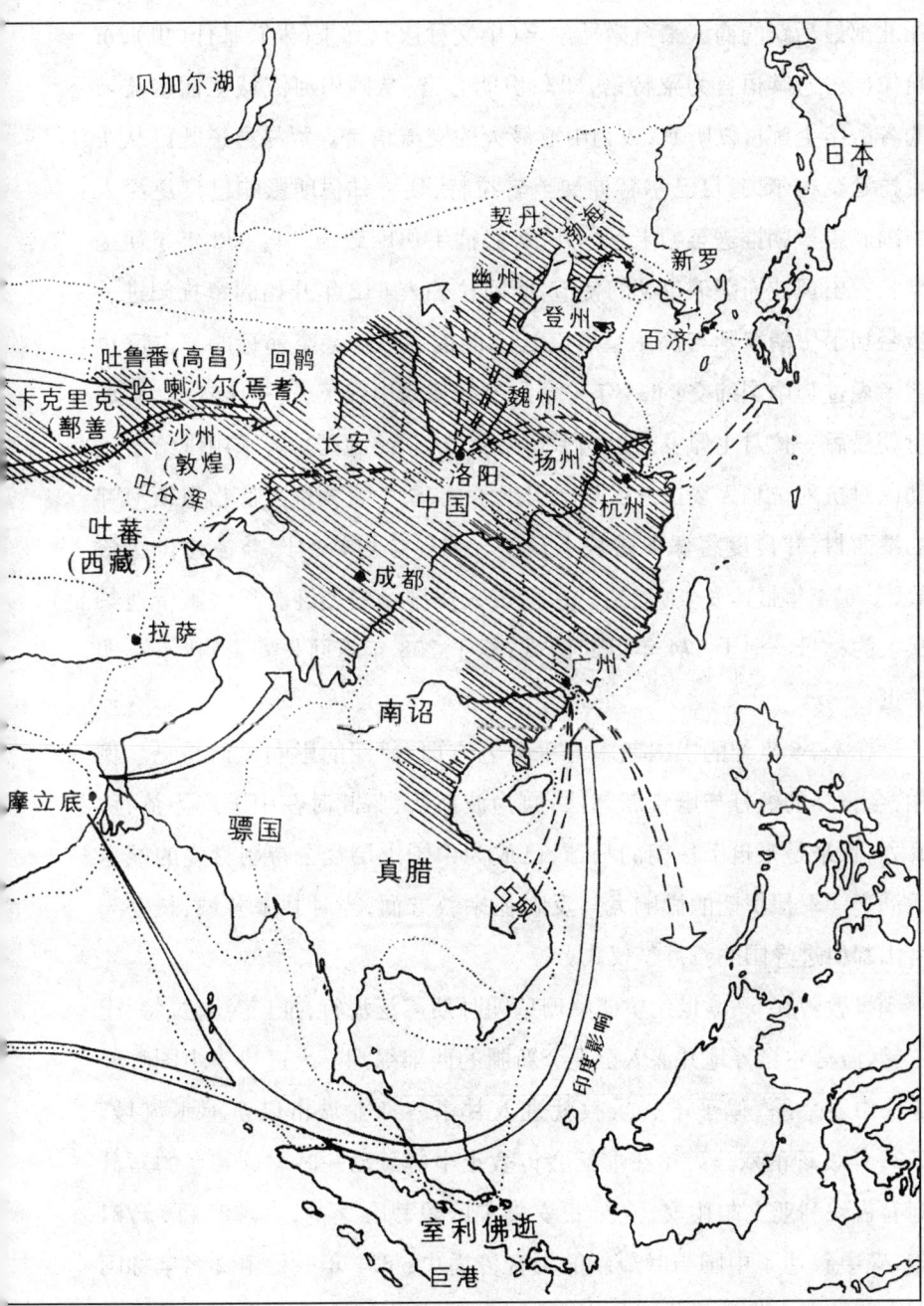

向与施予影响

国北部最活跃的商人来自撒马尔罕(中文称康)、弥末(米)、基什(史)、布哈拉(安)。其语言为粟特语，即东伊朗方言，从阿姆河流域至渭水流域的各条路上都可以听到，成为中亚最大的交流语言。贸易通道既已从布哈拉延至梅尔夫，自巴尔赫伸展至赫拉特，便可知伊朗影响已广泛深入中国。唐皇朝推进至帕米尔之外，势必插手伊朗政治。自638年起便提到长安出现波斯萨珊皇朝的使节，而阿拉伯人642年开始的窜扰倒进一步密切了伊朗宫廷与高宗皇帝宫廷之间的关系。甚至遥远的拜占庭也曾考虑过与中国缔交：634年一个拜占庭使团出现于长安。661年，萨珊皇朝最后一位君主佩罗兹避祸于吐火罗(巴尔赫地区)，要求中国给予援助以对抗阿拉伯人袭击。次年便组织了远征，一直推进至底格里斯河畔的泰西封，并再度将佩罗兹扶上皇座。但这个可怜的国君被迫再次流放，于674年抵达长安，受到高宗皇帝大摆排场的迎迓。高宗赐予他禁兵长的称号。他于674年返回西域，复于708年重回长安，抵达不久即故世。

在7—8世纪的中国艺术与手工艺方面，伊朗的影响显而易见。例如，金银品的锻打与雕镂新方法，原为波斯所创，此时在中国广为流行。又如，看来是来自于伊朗的马球，已成为中国上层社会特别喜爱的娱乐活动之一。但伊朗的影响尤其反映在宗教方面，当时甘肃各城、长安与洛阳都引进异国的新拜祭仪式。

景教曾在5—6世纪伊朗萨珊皇朝时期广泛流行，推广至赫拉特、巴尔赫、撒马尔罕等地并深入至现今新疆的西部绿洲。大进攻为中国打开通往中亚之路，似乎不久景教就进入甘肃各商业城市以至渭水流域。1625年发现的双语碑铭在耶稣会传教士中曾轰动一时。这著名的石碑刻有古叙利亚文与中文，立于长安义宁区景教会之内，立碑时间为781年，碑中叙述了中国当时最新的福音传播史：631年一位中文名字称阿罗本的波斯人将圣经传至长安，七年后，唐朝宫廷准予宣传福音及兴建基督教堂。这一新教在武则天掌政时期(690—705年)受到佛教徒的仇视,而在玄宗治下(712—756年)却再度受到皇家庇护。景教是伊朗化的基督教,无论教义、仪式、用语都这样。该教属聂斯脱利派,在中国以"波斯景教"、"大秦教"或"景教"而闻名于世。"大秦"的称谓是指其来源地。景教为基督教异端,431年曾在拜占庭帝国被以弗所主教会议所谴责。景教在东亚还来不及广收门徒。842—845年间异国宗教大受排斥,该教亦遭禁止,随后似乎便完全消亡。景教主要从粟特商人与西突厥人中吸收教徒(福音书已译成粟特文与突厥文),后来进入巴尔喀什湖西南面楚河流域克烈部蒙古人以及鄂尔多斯汪古部人当中。关于祭司王约翰的基督王国的中世纪传说,大体为蒙古时代草原地区的基督教提供了根据。元代,蒙古人再度将该教引入中国(元代长江下游的镇江、扬州乃至杭州都有景教教堂),但并无效果。

另一源于伊朗的宗教——摩尼教,对中国的影响更为深刻。该教于694年在武则天治下被允许举行祭礼,看来已牢牢扎根于回鹘人即定居的突厥人当中。他们自8世纪中叶起,在吐鲁番、甘肃、陕西等地发挥重大的政治经济作用。摩尼教教士的影响大体反映在星相学与天文学方面。他们首次将每日与一行星相联系、七天为一周的历法引进中国,而习惯于将时空四五分的中国传统,则以十天为一旬。9世纪中叶,摩尼教也和其他宗教一样遭禁,而奇怪的是,到十一、十二世纪又再度出现于福建、浙江沿海乃至两省的内地,但却糅合了佛教传统以至部分道教传统成分。这种新颖的教仪推动了组织反叛现政权的秘密社团。不过,摩尼教在中国的影响可能一直延续至15世纪:据说明代开国君主因坚执元代秘密社团中的摩尼教传统而取明朝(1368—1644年)的国号。

至于琐罗亚斯德的拜火教,被阿拉伯人征服后便从伊朗消失,而似乎自6世纪下半叶起,即在北周、北齐时代,便已深入到中国北部。隋唐的军事扩张无疑更增加拜火者的数目:7世纪时,敦煌(沙州)、武威(凉州)、长安(631年建祠)、洛阳都有祆祠。在武威与洛阳的祆祠中,幻术者的表演似乎获得相当成功。中国人在10—13世纪称此教为祆教,后来祆教留下的遗迹不多。

7—9世纪的中国与伊斯兰

从7—13世纪整个时期,欧亚大陆的两大文明为伊斯兰文明与中国文明。唐朝向中亚及外奥克散扩张与阿拉伯人的大征战正好不约而同。后者将伊斯兰帝国扩展至西班牙,推进至俄国的土耳其斯坦。中国唐宋帝国(唐为大陆军事之国,宋为海洋、贸易之国)与倭马亚王朝、阿巴斯王朝正好是同时代,属欧亚大陆同一历史时期。东亚与伊斯兰地区似乎经历类似的演变,在城市迅速发展的区域中,军事占领让位于商业活动、文学与科学技术。中国与伊斯兰都同时遭受蒙古人占领的可怕考验:1258年,旭烈兀汗(1218—1265年)军队进占巴格达;1276年伯颜的部队进入南宋首都杭州。

因此,伊斯兰世界与华夏世界的接触始于唐代,一直延续至元代(13—14世纪),其时同处于成吉思汗后人所创建的政治大单元中。

第一阶段接触大概发生于650—750年前后,即阿拉伯人向美索不达米亚至巴尔喀什湖广大地区扩张之时。唐朝在该地区整个政策的目标是对抗阿拉伯侵略军的胜利挺进,但中国与受倭马亚王朝侵略的受害者结盟并未能遏止阿拉伯人前进;642—652年间萨珊王朝时期的波斯被征服;自704年起,外奥克散绿洲被占领,随后阿拉伯人长驻于霍列兹姆、费尔干纳、疏勒等地。745—751年,中国进行反攻。在著名的塔拉斯河之役中受阻于巴尔喀什湖南面。此战役发生于法兰克人在普瓦蒂埃战胜阿拉伯人18或19年之后,标志着中国对外奥克散以及疏勒地区野心的结束。755—763年安禄山叛乱引起巨大危机,中国对帕米尔内外诸国影响的衰退愈发加速。

中国与伊斯兰的接触想必促成若干东亚技术向伊斯兰世界、进而向欧洲传播。纸的情况众所周知:自公元2世纪以来,中国造纸技术已臻于完善,这种技术从撒马尔罕传至巴格达与大马士革,复于10—11世纪从上述地方传至埃及、马格里布，复至穆斯林的西班牙。意大利制的第一批纸张始于13世纪末。如果没有此步中国1 200年前这一技术发现的漫长历程，西方世界有可能不知印刷术，也不知近代世界。据传说，造纸技术是751年塔拉斯之役的俘虏教给阿拉伯人的。事实上，中国对外奥克散与波斯的影响早于8世纪中叶。中国造纸商、织布工、金银匠、画师在阿拉伯占领的时候已在苦法(今之卡尔巴拉，位于巴格达之西南)及撒马尔罕定居。

中国军队与阿拉伯骑兵在外奥克散与巴尔喀什湖南面对阵并没有妨碍中国人与穆斯林之间建立政治联系。756年，一支大概由波斯人与伊拉克人组成的军队被派来支援受安禄山叛乱威胁的肃宗皇帝。四十几年之后，唐皇朝与阿巴斯皇朝缔结联盟对抗西藏人对中亚的进攻。798年，哈伦·阿·拉施德①(766—809年)哈里发的一个使团抵达长安。

但这类穿越中亚的外交联系与伊斯兰世界在印度洋的海上发展正同时进行，762年在巴格达奠定基础后，便扩展至东亚。自大马士革迁都至巴格达之后，从波斯湾巴士拉的撒那威港通往印度、马六甲海峡以及中国南部的海上航行便发展起来。中国沿海与印度洋之间的通商与奢侈品有关(到岸时带象牙、乳香、犀牛角、铜器、黑奴；离岸时带丝绸、香料，尤其是福建制造的瓷器)。

8世纪中叶，广州大港为阿拉伯商人的居留地，这个外来移民城市，其内地仍然住着土著部族。全城居民估计约为20万，其中有不少脸庞黝黑的外国商人，如：昆仑人(马来人)、波斯人(即伊朗人，"波斯"一词间或指东南亚国家人)、婆罗门人(即印度商人)、越南东海岸的占人、越南人、高棉人、苏门答腊人等等。正统什叶派穆斯林在移民区中有自己的清真寺，位于广州河南岸。外国人关于广州的最古老见证出自一位穆斯

---

① 伊斯兰教第五位哈里发。——译注

林之手，书名为《中印纪事》，由商人苏雷曼①所撰，成书于851年。

758年，广州被伊朗与阿拉伯海盗洗劫，他们似乎是以海南岛一港口为其基地；稍后，8世纪下半叶宦官受命担任"市舶司"的职务，他们全都贪得无厌，因而一部分贸易转向越南北部以及靠近福建边界的潮州地区。但苏雷曼《中印纪事》写作之时，由于有较清廉的行政规例，广州商业活动自9世纪初起已经再度振兴。879年黄巢洗劫广州城；此事发生的前几年，非洲黑奴在巴士拉暴动，稍后于977年，撒那威为地震所毁，因上述情形，波斯湾与南中国大港之间的贸易复又延缓下来。宋代时期以及中国南部被蒙古人占领之后，即11—14世纪之间，最活跃的港口不再是广州，而是福建沿海的泉州，泉州成为穆斯林商人的"天地"。

三、唐代文明的影响

7—8世纪中国在亚洲的扩张，结果是扩大了唐代文明对所有近邻国家的影响。诸如：中亚、蒙古、西藏、外奥克散、朝鲜、日本、东南亚国家。某些中国文化成分已深入到鄂尔浑河的突厥人当中（历算、十二生肖等），至今突厥词汇依然保留着源于此时期的汉语借词。汉族各公主先后分别与突厥可汗、回鹘可汗以及西藏赞普②成亲，将中国经典引入游牧部族的蒙古包，带进拉萨的石筑宫殿。7世纪中叶前数年，唐朝宫廷与西藏王室联姻，遂打开了通往西藏之路，于是中国朝圣者便有可能经由西藏首府以及尼泊尔奔赴佛教圣地。第一位下嫁赞普的中国公主641年抵达拉萨。651年玄照、7世纪下半叶玄太，两人赴印度便经由此路，此外大概还有其他人，只是没有留下名字。奇怪的是，虽然印度比中国更近西藏，但8世纪下半叶佛教影响深入西藏首先是来自中国而非来自印度。

---

① 原文 Suleyman 的音译。——译注
② 赞普，吐蕃（即西藏）对王的称呼。——译注

此外,不应忘记:唐帝国在整个亚洲的巨大威望,部分归因于它是佛教的伟大策源地之一,有其大雄宝殿、著名的朝圣活动以及杰出的"法师"。唐皇朝对这一大教以及其他异邦宗教的宽待想必并非毫无政治考虑。

中国对日本的影响

唐朝时代,中国影响在日本的传播达到异乎寻常的规模。自7世纪初年起,这种传播在日本引起突飞猛进的中央政治集权并从而反过来加速对外借鉴运动。

中国在日本各岛的影响无疑从未间断过,尤其在九州岛。日本各小国自朝鲜成为中国藩国的时代起便与汉皇朝建立联系;4世纪初朝鲜三国建立后,与中国北部及长江下游地区依然保持这种关系。而中国在东亚的威望之巨大从来没有如7—8世纪之时,中国对日本的影响也只有在唐代才如此广泛、如此深刻。影响后浪推前浪而来,先是602—622年,随后是646—671年,遍及所有领域:政治体制及行政制度、语言、文学、艺术、技术、宗教等等,并迅速使日本变成为华夏文明的国度。

奈良时代(710—784年)与平安时代(794—1192年)甚至不是自发借用,而是实行深思熟虑的系统模仿政策。日本不易受外来侵略,因而至今天仍能保存许多源于唐代的中国传统。

701年公布的《大宝律》以及8世纪其他法律集子与行政文集深受《唐律》及同时代中国法律的影响。710年兴建的平城(奈良)新首都构图以及793年兴建的平安(京都)构图都从长安构图获得借鉴。日本最初的官史——《古事记》(712年)、《日本书纪》(720年),都按中国朝代史模式而编撰。日本所有佛家大教派(净土宗、天台宗、真言宗、禅宗等)都是唐代中国佛家教派在日本土地的分支。其教义与经文由日本僧侣,有时也由中国僧侣引进日本。例如,出身于江苏扬州的通医僧人鉴真(688—763年),于753年赴日本,随行的尚有四名中国僧人。763年鉴真终于奈良。

日本僧人曾赴中国就教于大法师门下并过访最著名的佛教中心与圣地(长安、洛阳、浙江天台山、山西五台山等)。其中最著名的僧人,可举出如下几位:玄昉(？—746年),716年与使节团一道赴长安,出国18年,归国时携回5 000篇汉语佛教经文以及若干圣物;空海(即弘法大师,774—835年),真言宗著名创建人,804—806年游历中国,其旅伴最澄(即传教大师,767—822年)于805年回国;僧人常晓与圆行(799年生于京都),于838—839年会晤于中国;圆仁,写下详尽的游记,其游历曾受中国官方阻挠,并受842—845年反佛大镇压干扰。838—847年间,圆仁访问过扬州、淮河流域、山东沿岸、山西北部五台山、长安、洛阳,然后经山东与朝鲜海岸回国。在圆仁之后,可再举三位:惠运,842—847年游历中国;圆珍(即智证大师,814—891年),853—858年居留中国;宗睿,862—866年留驻中国。除朝圣与使节团之外,尚有贸易联系:唐朝末年,日本港口出现大量中国商船。

中国在朝鲜的影响更为久远,也更为深刻。朝鲜亦不免受唐代文明的强烈吸引。668年,新罗国兼并了百济与高丽两国,此时中国移民众多的区域并入新帝国。自7世纪末至8世纪初的50年间,唐皇朝与新罗的关系更为密切,使节往来众多,僧人与学者纷纷游历中国。再者,当时的朝鲜,在东北海上享有支配地位。山东海岸以及自长江下游至河南山东交界处大运河流经的商业城市,都设有朝鲜移民区。

四、"民族主义者"反击与回溯中国传统之源

800年左右,中国精神生活出现大转折。主要是某些人极想回溯中国古老传统之源,同时对自汉代以来广泛深入中国的外国影响采取敌视态度。宫廷与上层社会对外国人以及对异帮的方式与产品曾经采取特别欢迎的态度,而倒退却发生在此时期之后,看来主要可从两方面加以解释:一是安禄山之乱所造成的民族失败局面;二是悲剧事件之后气氛

的改变。玄宗时代的执政者对军事首领尤其对外籍节度使(安禄山本人便是粟特人与突厥人的混血儿)采取失误的宽容态度才致使帝国几乎颠覆,后来终致使其大大削弱。朝廷不得已而求助的胡人竟长驻于西北,在甘肃与陕西作威作福。从事劫掠的西藏人夺去皇家马场的马匹,763年直捣长安,约于770—850年间,在甘肃各城镇驻扎下来;回鹘人垄断马匹交易,从中获取暴利,有些则在京城从事抵押借贷,其举动宛如无情的高利贷者。大城市中外国商人的富裕景象可能引起某些仇外反应,这种反应在暴乱中表露得十分明显:760年,田神功率领的暴动队伍在扬州杀死几千名阿拉伯商人及波斯商人。一个世纪之后,黄巢军队于879年在广州攻击的也是外国商人。但上层社会的某些政治态度也与平民的反应相呼应。长时间掌政的混血贵族似乎仍保留其胡族先人乐于接纳外界事物的开放态度,也有进行军事冒险的兴趣;而后来却产生如下的想法:自4世纪以来,胡人入侵慢慢破坏汉族的纯洁,败坏古时风尚,因而导致中国衰落。这种观念逐渐在文人学士中以及在中举出仕的官吏中扎下根来,他们往往来自中国东南部。他们对军旅之事无甚兴趣,认为军人权力应该严格受文官权力节制。此外,当时佛教会穷奢极侈,僧人权势甚大,而且与皇家内眷及宦官暗中保持密切关系。约于800年间,宦官势力上升,宪宗时代(年号元和,806—820年)他们竟至控制政权,决定君主的废与立。各种事情都促使自视为维护中国正统的人士实行反抗,诸如:当时暴力盛行,自"关内"失去其经济与政治优势以来,陕西与甘肃东部贵族衰落,异国影响循此大量涌至的东亚之路被截。外国宗教,首先是佛教,此时已与其发源地(塔里木盆地、克什米尔、印度与伊朗即波斯交界地区)隔绝。中国正准备退缩,回溯自己的本源。

"民族主义"一词可能用非其时,不过安禄山叛乱后出现的反应正与民族主义的反应类似,而这类反应在历史过程中也曾几度再次出现。坚执真正传统(认为已被外来成分所败坏),渴望追溯想象中的纯粹正统思想与道德之源,这种态度既然与新近的民族观念无关,而与文化观念相联系,如何称之?为了反映这点,姑且生造"文化主义"这一怪词。

"古文"运动

复古意愿首先表现在对文学与文字风格的关心上,真是奇异之至。其目标是要使中国散文写得朴实、简洁、有力,一如汉代与古代末期的文字。柳宗元(773—819年)第一个指出这一途径,以"古文"写作。但按中国观念,形式离不开内容:追求六朝时代文体正符合对道德观念的漠不关心。然而,文学并不是单纯的美学消遣。倘若文学不表达正确与有力的思想,无非是不足挂齿的雕虫小技而已。古代文学的教育、道德及政治作用与其形式无法分开。这便是韩愈(768—824年)发挥的主旨。韩愈是司马迁之后最伟大的散文家、著名的反佛者、正统文士。他于819年撰文抨击众人如痴如狂的迎佛骨的场面。这篇文章①依然十分出名。无疑,唐初以来某些历史学家与诗人是柳宗元与韩愈的前驱,其中刘冕即一例。他是贞观年代(627—649年)的福州长官。他就认为,自汉末以来,古人的"道"(智慧与真理兼备)已经丧失。但古文运动有了韩愈与柳宗元之后才大行其道。彻底变化就从韩柳二人开始,到十一、十二世纪终于导致由"新儒学"构成的复兴。的确,我们从韩愈诸弟子中,已看出一种哲学新方向,预示着宋代新儒学思想家的诞生。如李翱(卒于844年左右),为驳斥佛教,便钻研佛教哲学,并吸收禅宗思想。这类研究使他获得关于"心"、"性"传统概念的新看法,这种新观念为宋代整个哲学奠定了方向。据此,圣者之本性受情干扰,而性与情,犹如明与暗,本无法分开。真——亦为至诚,超越于性与情的任何区别、任何对立。由此可见,禅宗的基本辩证法已被移置于经典著作与《孟子》的用语中。

---

① 指《谏迎佛骨表》。——译注

反佛高压与佛教衰微

从当时提出的理由来看,运动的"民族主义"与仇外性质十分明显。842—845 年间这个运动终于导致对异国宗教的大清洗,而佛教则首当其冲。自 836 年起,明令禁止汉人与"有色人种"发生任何关系。"有色人种"一语是指原籍帕米尔以外地区或东南亚的异邦人,如:粟特人、阿拉伯人、印度人、马来人、苏门答腊人等。845 年,一切实际措施已经执行之时,禁令才于事后正式公布。禁令谴责佛教(异邦人的宗教),指斥它是造成短命的南朝(晋、宋、齐、陈,尤其是梁)道德经济衰落的原因。禁令进而明确指出:景教与祆教僧徒之所以要还俗,乃是因为"不让其败坏中国之道德风尚"。禁令还提及,今后大力提倡简朴与道德纯洁。这种反应既出于感情(对所有外国人及其在 755 年前取得的文化特权的普遍敌视),亦经过深思熟虑,反应程度与政治经济的现实情况相符。当时的情况是:宦官得势,他们热衷于佛教,迷信、愚昧、贪得无厌;寺院豪华阔绰、穷奢极侈,拥有大量土地、人力、钱币、金属,而这时国家正面临财政困难,无铜铸造钱币。佛教会掌握国中大部分贵重金属,制成祭器、大钟、佛像等,所采取的措施之一便是用大钟、佛像浇铸钱币。这种钱币,民间却拒绝使用,因怕渎神之故。

然而,如果以为禁止异国宗教是突如其来的而且手段粗暴,那并不确切。彻底措施只是通过渐进方式才终于实行。遵照一种可以视之为传统的惯例,首先是对佛家教会进行清洗,将无知僧人与假佛徒清除出去。随后是按照严格解释的佛戒经文没收僧侣私人财产(因为僧人誓愿甘守清贫),并在官方的祭祀活动中取消佛教仪式,而且实行越来越大规模的还俗措施(845 年每日为 300)。最后,对寺院的教产实行普遍清点,接着没收土地、寺户、钱币、金属。共有 26 万僧尼还俗并作为纳税人登记;15 万逃税与逃避国家徭役的寺院附属人员登记入册;4 600 间寺院被摧毁或改为公共建筑物,40 000 处拜祭场所被拆或改变用途;仅有几间由少数僧人主持、属官方性质的庙宇仍然保留。当时源于伊朗的宗教——祆教、摩尼教、景教，受到更严酷的对待。上述各教全被废除，而其僧徒（仅有几千之数）全部还俗。

这类严厉措施不能不严重损害中国的佛教。虽然在大禁之后，武宗皇帝（841—846年）的继位者已减轻843—845年间采取的苛刻措施，令许多已还俗的僧徒重过出家生活，并批准重建许多寺院。况且，禁令大体只在京城才得以完全严格执行。默默的反抗到处都存在，甚至连执行的官吏也这样。这就使得若干远离长安的地方有可能保留僧徒及其祭礼场所。唐代中国的幅员一如中世纪欧洲，因而10世纪时佛教团体势力在福建的闽国与吴越国仍然维持甚至还有所加强。宋代时寺院重建不少，佛教会又恢复部分势力。但这时的教会不过苟存于世，似乎已失去其灵魂，因为由于845年的大禁，其博学高僧已经四散而其教派传统也已中断。

自8世纪末以来，中国佛教便与亚洲佛徒各大中心隔绝。而历时五百余年，上述地方曾经是其获得神灵启示之源。中国佛教已不再与圣地相通，而佛教本身在印度与伊朗地区亦受伊斯兰扩张的威胁。唐末之后，只有一个教派真正在中国活动，此教派便是禅宗，事实上禅宗的中国成分多于佛家成分。印度经文的翻译愈来愈稀罕，而大译家、解说者与诠译者亦已身故。宋朝时代佛教史家对过去作了归纳总结。1004年，《景德传灯录》问世，内载1 701位禅宗僧人的传记。该书已没有早期佛教传记那种天真与热情。而《佛祖统纪》则是借鉴世俗史家方法的巨制，由此似乎佛教通史于1269年便告一段落。

总而言之，六、七世纪众人所抱的宗教热情看来已经降温。造成这种现象的原因无疑有多方面，但也许应该从社会变化方面寻找其深刻根由：佛教所适应的社会形式即3—8世纪的形式（内婚制贵族，庄园及其附属设施的制度，城乡教区）因8—9世纪出现的城市经济与货币经济普遍发展而受破坏，佛教便因而失去其影响力。大寺院是自给自足的经济实体,有自己的领地、寺户、磨房、榨油工场、当铺。它作为中国佛教的权力象征而出现,既是道德、宗教的权力,也是经济权力。六朝及唐代大寺院与世俗贵族之间,似乎不仅有类似之处,命运相同,而且有着紧密联系。诚然,845年的大禁给佛教会以沉重打击,但最后摧毁已经动摇的根基的却是社会变迁。没有任何宗教不扎根于它所成长的社会机体。

第五卷
中国的"文艺复兴"

自12世纪起教化正统便渗透整个中国历史观念,传统的修史框架将历史缩为没有任何时间幅度的事件——只牵涉中央政权及行政管理,这种正统框架使我们深信,华夏世界的社会政治形式、基本制度、经济、思想、技术等等都永恒存在,以致最深刻的变化、最显著的新事物都似乎视而不见。在欧洲历史上视之为诞生新世界的事物,就中国史的传统角度而言,只不过是"朝代"的变换。华夏世界史与欧洲历史之所以如此不同,首先在于其表述方法。这点大概不应忽视,因为我们整个世界史是以如下观念为基础的:西方至上、西方历史的进化性、其他文明的相对停滞。

但是东亚1 000年前左右出现的新事物,将其合在一处,就其相关性与规模而言,已构成鲜明的整体,我们不得不正视之。这时的华夏世界经历真正的变化,其范围并不比古代末年所出现的变化为小。

这里采用了"文艺复兴"一词,此词或许会招致批评,虽然近似之处不小,例如:追溯经典传统,传播知识,科技飞跃发展(印刷、火药、航海技术进步、摆钟等等),出现新哲学与新世界观。总而言之,华夏世界跟西方一样,也具有自身的独特性质。但倘若与西方历史比附则只能从这一角度来看,即:纯然回顾文明史的普遍对应性以及各文明在发展过程中的长期密切关系。

10—14 世纪年表

外 蒙	西北地区	东北地区	华北	华北	华南
			山西晋国 (895—923年)	五代（开封） 后梁 (907—923年) 后唐 (923—936年) 后晋 (936—946年) 后汉 (947—950年) 后周 (951—960年)	四川的蜀国 (907—923年) 湖南的楚国 (907—951年) 与荆南 (907—963年) 广州的南汉 (911—971年) 福建的闽国 (909—978年) 浙江的吴越 (907—978年) 江西的吴国与南唐 (902—975年)
	西夏帝国 (1038—1227年)	辽国（契丹） (946—1125年)	北汉 (951—979年)	北宋（开封） (960—1126年)	
蒙古帝国 1206年,成吉思汗 登基 1227年,蒙并西夏 1234年,蒙并金 1271年,采纳元的 国号 1276—1279年,蒙 并南宋 蒙古人被赶回蒙古		金（女真族） (1115—1234年) 1126年蒙并华北		南宋（杭州） (1127—1279年)	
			1368年,明帝国建于南京		

第一章 新世界

11—13世纪,政治生活、社会生活、经济生活与前代比较,没有任何一个领域不显示出根本变化。不仅是程度上的变化(如人口增加,生产普遍发展,对内、对外贸易增长,等等),而且是性质改变。政治风尚、社会、阶级关系、军队、城乡关系、经济形式均与唐朝这个中世纪式的贵族帝国迥然不同。一个新世界诞生了,其基本特点已是近代中国的特点。

但这新世界生存于连续不断的入侵威胁中,侵略终于获胜,12世纪初帝国北方各省被夺,1273—1279年间全国被吞并。这种外来威胁与宋代的经济社会史息息相关。它决定了10世纪末至13世纪末整个中国政治。

一、历史及政治制度

事 件

951年,郭威将军在开封建立了历时短促的后周,统一了华北,只剩山西北部的太原,该处仍由受契丹保护的北汉突厥小国占领。951—960年,后周所完成的事业已预示宋初经济振兴与政治统一的巨大工作的来临：开垦荒地、创设军屯,减轻并进一步公平分担赋税,修复运河与河堤,955年没收佛教寺院财产(也和845年一样,寺钟与佛像再度熔铸为钱币),战胜蜀国与南唐,兼并四川北部以及淮河与长江之间的区域。由此,被自己军队拥上台的将领赵匡胤,于960年在开封建立新朝代,即宋朝,此时他已是一个复兴帝国的首领,皇朝的实力使他能够巩固并拓展前人的事业。

宋朝新政权只用20年时间便征服其余小国,将七倍于今天法国的领土统一在其管辖之下。其统一的步骤如下:963年,长江中游(楚国);965年,四川(后蜀);971年,广东(南汉);975年,安徽、江西、湖南(江南);978年,江苏与浙江(吴越);979年,山西(北汉)。

上述一系列胜利,其部分原因大体是:后周所建立的有效体制以及960年宋朝缔造者所统辖的精良军队。但与7世纪所发生的情况不同,这时的军事扩张只限于华夏诸国,而并没有向满洲、朝鲜、蒙古、中亚拓展。事实上,往东北扩张受到强大的契丹帝国的遏制(契丹国于10世纪建成),在西北受到西藏人的阻止。藏人已扩展到青海、甘肃、陕西。最后在西南方面,扩张受到大理国拦阻。大理国前身是云南的南诏国,于1253年为蒙古军队所灭。越南则于939年成功地摆脱中国(建于广州的南汉国)的控制,并于968年建成统一、独立的帝国(丁朝)。939年标志着中华各帝国以及华南诸国自公元前2世纪以来对红河流域与安南海岸几乎从未中断的长期控制宣告结束。981年,越南成功地击退了宋朝的讨伐。1009年,李氏新朝(1009—1225年)建立大越国。1073—1077年大越向广西、越南北部以及沿岸的中国陆海军开战,这些热带瘴疠地区,给宋皇朝带来许多困难。由于有许多土著部族存在,情况更为复杂。

在真宗(997—1022年),即宋朝第三个皇帝的时代,契丹辽国正处于强盛的顶峰,向河北与山西发起进攻并且取得胜利,迫使宋皇朝签署和约(即1004年的澶渊之盟,澶渊位于黄河流域)。据此,宋皇朝承诺每年向辽国进贡大批物品。但该和约,以至1042年规定宋皇朝增加贡品的补充协约,都不足以保证中国新边界的绝对安宁。这时更为严重的威胁正直逼西北各省。11世纪上半叶,由唐古特人(曾是游牧民)带动,在藏人、汉人、突厥人、蒙古人杂处的地区,形成广泛的政治实体。这便是西夏帝国(1038—1227年),其幅员从蒙古南部至青海,还蚕食汉人居多数的山西、陕西、甘肃各省。1044年,宋皇朝不得不与西夏缔结负担沉重的和约,而和约却未能使之免于遭受新的袭击。

11世纪下半叶,西夏的威胁益发凶猛;与此同时,经济困难亦愈加严重。中央政权任用了一位名王安石(1021—1086年)的宰相。王氏拥有充分权力以实行一系列变法措施。改革触及社会、经济、军事组织,终于引起大地主与富商的强烈反抗。神宗是王安石的保护者。神宗驾崩后,王安石即被革职。保守派领袖司马光(1019—1086年)掌权,取消变法。这类削弱帝国的党派之争一直延续至女真族突然进占为止。女真(满洲的汉化居民)消灭辽国并于1126年占领整个华北。

宋皇朝在长江下游以南寻求偏安之地,最后临时定都于杭州。这便是南宋时代(1127—1279年),这一称谓与宋史前期(960—1126年)相对而言。保守派终于再度掌权,但复国派与对女真金国的议和派出现新冲突。向北反攻遇到女真的强大军事实力而遭失败。宋朝军队缺乏战斗力而且没有骑兵。因此宋皇朝倾向于奉行宰相秦桧(1090—1155年)所操纵的求和政策。不过,与金媾和因政治方向的改变,并未取得效果。协约几度撕毁,连年不断的战争引起物价飞涨,税项增加。经济困难又反过来导致社会骚动。中央集权制赋予12—13世纪的前几位宰相以几乎绝对的权力,这几位首相是:秦桧、韩侂胄(1152—1207年)、史弥远(?—1233年)、贾似道(1213—1275年)。但皇朝日益衰落,竟至蒙古人入侵。由于蒙古进占,实际上1276年(此年杭州陷落)宋朝便告结束。

新国家

太宗(宋朝第二个皇帝)时代(976—997年),皇朝日益巩固,新国家的基本制度受到采用或得到充实。一个真正的情报、监督与指挥网络系统已经建立。这一系统伸展到国中最偏远的地区,保证中央政府对全部领土的控制。这种控制从来没有如此全面。在元丰年代(1078—1085年)的变革中,中央集权更为加强,使宰相发挥事实上超越君主的作用。

总政策由五至九名成员组成的国务会议制订,皇帝亲自主持国务会议。国务会议附设一个负责起草公文的办事机构。这便是学士院,其中若干成员间或充当谋士。但在任何情况下,政府都能听到多种意见,各种决定只有经过讨论才作出,而在讨论中不同意见得到表达。皇帝只是认可已采纳的建议或是作最后裁决。有三个机构负责收集官员与平民的意见、建议或申诉。三个机构彼此独立,其成员均享有绝对的豁免权,连皇帝本人也不能加以否定。由此,一定程度的客观性便得到保证。事实上,宋朝时代(尤其在 11 世纪)由各种不同身份的人士所起草的各式各样的方案、建议大量涌进行政办事机构,乃至政府。

中央行政机构比唐代的臃肿组织较为简化,看来也更有效能。它分为三个大部门:

1. 经济与财政(有"三司":盐铁、度支、户部);
2. 军队("枢密院");
3. 秘书处("中书门下"),负责司法管理、人事管理(开科取士、任命、晋升等)。

地方设立府、州、县,其中一些州特别具有军事性质(称"军")或工业性质(称"监")。各州、军、监的皇家特派官员,负责特定任务,按其职权不同而分别监督司法、税收、经济、军事等事务。

宋朝存在彼此独立的情报、监督机构,各种权力与职能严格独立。除此之外,宋代政制还有两个特点值得一提:一是负责经济问题的部门大量增加,因国家大部分收入来源于工商业之故;二是借助推动择优录用的机制,使招募、晋升官吏的制度发挥效能。

科举制度达到最完善的程度是在宋代,后来至明清专制皇朝时期逐渐变质,变成妨碍而不是促进社会发展的沉重机器。创设这一制度是为了对抗军事贵族阶级滥用权力,它于7—8世纪唐代时期形成(第一次大试可追溯到606年即隋炀帝时代)。当时应考者数量不大,或由地方当局推出(至737年时,每县或每州推一至三人),或来自京城各书院。有各种不同的会试(经典之学、律法、文字史、军事能力包括射击与膂力比试),但最有声望而又最流行的是一般文化与写作能力还包括诗赋的会试。10世纪末至11世纪期间,宋朝实行的变革在于设立三级会试制度(州试、由中书门下监督进行的京都会试、皇帝亲自临场的殿试),以扩大取士范围,最后则只保留单一的会试模式,并采取一系列措施(例如糊盖应试者的姓名)以确保考试结果的公正性。

宋代亦如唐代乃至历史上的其他朝代,会试获中并不一定随即被任命为皇朝官吏——头几名除外,中榜首者极快地飞黄腾达。擢升官吏还有其他措施,如推荐制度,荐者要对被荐人的过失、错误负责;又如运用尽可能客观的评语。

11—13世纪文官阶层的发展使之在政治体制以及在当时社会中占有重要分量。历史上任何时期,官吏都不曾对国家领导机构起过如此有效的监督作用。宠妃、帝后及其家族和宦官,一切接近君主、熟悉宫廷阴谋的人士在其他朝代能左右、甚至事实上可统摄国家事务,但到宋代似乎不产生任何影响。皇帝本人也只起次要作用,而让其大臣活动于前台。

当时的政治风尚也表明官吏阶层的势力与主导作用。11世纪第一次出现并发展起政治倾向相反的大党派,其间冲突正表明一定程度的社会分裂。无疑,距离当代议会制的真正形式尚远(倒与东欧国家现制度相似 ①),但斗争之激烈表明宋代政治生活十分紧张。斗争对手以自己的生涯冒险,因为政治方向改变便导致人员的大量撤换。

---

① 指1989年前的制度。——译注

变革运动

在中国历史上,11世纪是政治、社会制度变革大尝试的时代。变革运动固然与此时代的思潮不可分割,但与历史状况的关系更为密切,超乎哲学之上。辽与夏进攻造成的困难,遂致力图矫治防卫制度的缺陷。但由于军事问题不可能与其经济、社会、政治背景分开,因而终于针对整个体制进行变革。有识之士以变革为己任,他们对国家与社会抱有整体观念。

1038年,唐古特人建立了西夏帝国。由于唐古特人的威胁,朝廷召见名叫范仲淹(989—1052年)的地方官。范氏提出遏制西北部新强邻的计划。1044年,与西夏讲和,似乎取得部分成功,功绩应归于范仲淹。范氏及其盟友应召掌政,事实上执行了十点变革计划,牵涉到官吏的招募、晋升体制,土地及税收制度。

但范仲淹只是对现存制度作单纯修补。反之11世纪下半叶实行的变革就显得更为大胆也更有彻底性。后者引起强烈反抗并导致领导阶层分为两个敌对派别,原因就在于此。

近人谈及王安石"新法"用上了"社会主义"一词。无疑,11—12世纪若干知识阶层以及农民阶层人士曾怀有社会公正理想,有时甚而抱有平均主义倾向。但显而易见,王安石的目标并非要否定社会基础与政权基础。他考虑的乃是自由观念与行政官员的实际问题。王氏反对专制政治,深信法律在社会、政治领域中的调节作用。他似乎拥有某种社会学的直觉能力。当时,唯有小农负担直接税与提供劳役。在他看来,小农遭受事实上的歧视乃是国家衰弱的深刻根源。他认为,改善小农境遇,恢复捐税分担方面的一定程度的公正性,就有可能联合小农更有效地对抗北方诸国的蚕食。贫苦农民在困难时期饱受放贷者的剥削,小手工艺者、小商人的情况也一样,后者则遭受富商控制的行会奴役。

变革人士原籍东南地区,该处的经济增长导致财产与货币频繁流通,范仲淹诞生于苏州,王安石降生于江西抚州。两人的某些信念无疑与其籍贯有关。他们认为:富人之所以有可能剥削穷人,乃财富流通受阻而且实行敛财之故。王安石反对看来流传甚广的静态经济观念;他认为,通过发展生产,可以既增加众人的生活资料也增加国家的收入。

自1056年起,王安石便以扭转西北局势的改革计划而闻名于世。1068年,他应召主政。他执政至1076年,当时因受保守派的压力,不得不下台。1078年,他再度被召回。1085年,他复被司马光剥夺权力。司马光是王安石的主要政敌,他竟于同年尽废"新法"。

王安石变法,大部分于1069—1073年间实行,其性质不一。变革涉及税收、经济、军队、行政。王安石首先考虑的问题之一是采取如下办法以减轻农民负担:反对囤积居奇、实行粮食价格监督、改革税收制度使偷税漏税更为困难。他在税项转移方面改变通行规定,准许劳役改为税款,设立低息的国家贷款,甚至设立官方当铺以对抗高利贷。在水利灌溉与农艺知识传播方面,也作出重大努力。同时寻求不致成为小农负担的新财源,即:国家参与大商业活动。上述措施既可以明显增加公共收入,又可以减轻一半土地税。

王安石的另一抱负是要为国家提供一心为公众利益服务的忠实的行政人员。为此目的,他决定大大提高国家官员的薪俸——或许除18世纪中叶之外,中国官员从来没有如宋代那样享受厚禄;他还决定改革过于形式主义化的科举制度,实学(经济、法律、地理等)终于在其中占有更大的位置。州、府一级均设立靠特别地产维持的公学,从而扩大了开科取士的基础。

然而最重要的革新还在军事领域。当时雇佣兵队伍膨胀,只是增加国家负担,却不能做到有效地防御外敌。王安石便决定创建农民卫队,让老百姓去维护自己的安全。这种队伍(称"保甲"),十家为一"保",受正规训练,拥有武器,因而可以减少正规军臃肿的兵员。

王安石"新法"遇到强烈反抗大体有经济原因也有社会原因:变革使

过多拥有特权与既得利益的人受到危害。但王安石的变革派与史学家司马光及数学家邵雍所带领的保守派,此二者之间长达20年的斗争(甚至两个主要对手故世后斗争依然如故)不单纯是利益之争。人事对立、气质差异、教养不同,看来也占很大成分。无私行为并非不存在:变革运动之所以出现,乃由于11世纪显露的典型倾向,它赋予每个人将自己意见直达高层的权利,不论个人的地位如何。当时情况就是这样。

无疑,民众福利机构的设立也与此运动有关,如:孤儿院、收容所、医院、施诊所、公墓、救济粮仓等等。这类机构设在城市较多。城里涌进大批无助之人而且居住集中,因而引起一些困难问题。福利机构的设置以6—7世纪佛教寺院所建立的慈善设施为模式:掌握不予转让的土地,以此作为固定收入来源。宋代这类设施获得广泛发展。不仅国家求助于此以确保其部分收入,而且大家族为宗派内部的互助亦追随范仲淹的"义庄"榜样。这种佛教机构的世俗化以及由国家履行寺院所担负的施诊与慈善职责,乃是845年大禁佛教的长远后果之一。

二、军　　队

从募兵制到雇佣制

宋皇朝十分关注本身的防务,发明新器械,增加军队兵员,在女真族入侵之时建成舰队,将主要财源用于10世纪末至13世纪末的战争。虽然如此,但它从未停止过维持并巩固政权凌驾于军权的至高无上地位。这种精神正好与北方敌人的观念相反。宋人完全缺乏作为真正武士的标志:崇尚暴力,渴求征占与统治。而这是其可怕敌手(女真人与蒙古人)的特点。宋代中国缺乏战斗力,常受谴责,但这种情况不难解释,而无需诉诸某种天生的固有品质。

宋代新皇朝承袭与采取的雇佣制趋向于使军职成为一种专门活动,

而非众人之事。然而,自秦代以来,中国军力便建立在征兵制的基础上。主要兵员由征募而来,有幸的是还得到胡人队伍充实:牧民与山民因其耐力与战斗力深受赏识。但宋皇朝缺乏胡人辅助队伍的宝贵支持,饱尝雇佣军的一切弊端:开支增加,长期闲驻纪律松弛,军队的行为倾向好像与皇朝无关。招收的兵员成了乡间的祸害:士兵一旦被解雇,随即便组成强盗帮。况且,为了不损害农村经济,便多从下述人员中征集:离乡流浪者、被放逐的人、有条件的释放犯,再或是起义后备受奴役的南方土著。因此文职政府比以往任何时候都更需要防止军人势力独立发展,采取的办法是:分割单位、划分职责、加强控制,这便使军事首领失去任何主动权。官僚习惯导致防御系统削弱。清册上的兵员多于实际数字。宋代初期开国君主便将由禁军组成的精锐部队划分为三支不同的队伍,均置于枢密院统辖之下。从 10 世纪末至 1126 年女真大举进攻,宋军(驻扎于首都附近的称为禁军,在外地的称为厢军)不断衰落而兵员却膨胀起来:975 年为 378 000 人,至 1045 年已达 1 259 000 人。1068—1085 年王安石进行改革(解雇,设立乡兵与藩兵,经常训练军队)使局势有所扭转,但 12 世纪初,宋皇朝又再度保持臃肿而又无效能的军队,而军费开支却耗掉大部分预算并且造成经济困难。参与 963—979 年征战的军队曾拥有众多原先为牧民与山民的队伍,而这时宋皇朝则不可能征集这些可贵的助手。再者,自从牧区被西夏帝国占领以来,中国军队便缺乏马匹。王安石试图在农业地带(主要是黄河下游流域)养马,亦以失败而告终。

然而华夏世界 11—13 世纪依然是军事技术获得显著发展的时期。这种进步乃至改变了战争性质而且对世界历史也产生深远影响。追求、创造、实验的精神是当时的时代特点,上述进步与这种精神大有关系。

招兵仍然要遵循若干客观选拔原则:未来的士兵通过一系列关于身体素质的测试(跑、跳、视力、射击能力等)而被挑选出来,按身材高矮排列,身材高大者调到精锐部队。与此同时,特种部队大量增加:带纵火武器的士兵、坑道工兵、弓弩手等,这种士兵不按上述排列法。攻城战的理论与技术都大为发展,同时自 10 世纪末起便对军备问题表现出浓厚兴趣。一些新型武器已经设计并制造出来,如:弩炮、连射弩、装甲车等。新发明受到奖赏鼓励,新武器先行试验,然后由军械库成批订货。1044 年曾公开发表一部关于军事艺术的著作——《武经总要》,书中提到好些新发明,其一是煤油喷火器,内中的装置有双动活塞,因而可以连续喷火。

自 1126—1127 年起,宋朝偏安于长江流域,由此促进了海军的发展。海军基地设于大江沿线与海岸。还应一提的是,当时已使用桨叶船,靠脚踏盘式连杆推动。有些船拥有的叶轮达 25 个。在 1130—1161 年的对抗女真族的海战之时便已提及此类船只。不过这种类型的快船自 8 世纪起已有人证实其存在,其历史可能上溯到更远,而 1543 年欧洲才第一次试验桨叶船。

但宋代中国之所以在人类通史中占有极其重要的位置主要是由于发明火药并将其改进而用于军事目的。

火 器

1044 年问世的《武经总要》第一次提到火药配方(炭、芒硝、硫黄)。至 1285 年才在欧洲的文献中发现同样的记述(第一次提及火药的是 1267 年罗杰·培根的著作)。此发明的起因是唐代道家阶层炼金术的探索,但 904—906 年间很快便用在军事上。当时出现了称为"飞火"的纵火投射器。自《武经总要》年代起,火器种类益发繁多。事实上,《武经总要》已提到放烟纵火的榴弹,发射"飞火"的投射器,而且还提到霹雳火球。1161 年在安徽采石战役中就已使用霹雳炮,致令宋军对女真之战赢得胜利。13 世纪初,蒙古人大量使用带有金属外壳的炮弹——"震天雷"与"铁火炮"。他们在 13 世纪末企图入侵日本时就曾运用这种火器,其时日本人称之为"铁炮"。初期使用火药的历史表明:首先利用的是火药的燃烧与放烟特性,但很快便运用其爆炸能力。第三阶段该是过渡到利用火药作为导管内的推动剂。这类装置已知的首批试验始于1132年,是臼炮或火箭之类,由厚竹管或木管造成(因使用大量芒硝而减低火药的爆炸力)。中国人首先发现火箭原理,将点火之箭装于竹导管上。1280年前后,在宋军与蒙古人的战事中出现第一批铁管或钢管的火器,有人创造出"铳"的新名词以称呼这种武器。

因此,13世纪末传至欧洲的不仅是火药合成法,而且是能用它作为导管内的推进剂的构思。这一构思是东亚长期探索而且曾做大量实验的成果。传递途径似乎经由伊斯兰国家(在安达卢西亚植物学家伊本·阿尔-贝达尔的著作中,芒硝的阿拉伯语称为"中国雪",波斯语称为"中国盐",该作者1248年终于大马士革)。传说还认为,1241年蒙古人在匈牙利绍约河的战役中已经使用火器。14—15世纪火器的发展对欧洲历史进程的影响众所周知:它促进了中世纪武士贵族阶级的衰亡。反之,新武器发明对华夏世界的社会、政治组织却并不产生任何影响:它只是充实国家军队中的各式军器;这些军器亦同时获得改进。为什么火器在中国并未得到系统发展,这一点大体可从东亚(尤其是明代的蒙古)的战争总条件加以解释。

此外,还应指出:欧洲出现火器之前,已采用配有平衡锤的投射器,使攻城技术发生重大革命。这种武器对防御工事几乎与炮击具有同等威胁力,它是中国使用已久的武器(炮)经阿拉伯人之手的改制品。其威力与推进速度通过作用于长柄操纵杆的平衡锤而取得,而不似亚历山大或拜占庭的投石器由绳索缠绕或弹簧张力得来。

三、新社会

食利者阶级

由于各种因素(农业生产增长、土地收入提高、教育开展、国家需要官吏),导致11世纪受过教育、略有盈余,乃至十分富裕的家庭大量增加。当时出现一种新型的人、新型的心态、新型的社会政治制度,靠地产收入为生的食利者阶级是其基础。自汉至唐,在本地或在朝廷有影响的大家族均趋向于形成只关心自己族谱的封闭性贵族阶层。华北某些家族,其声望归因于军旅传统或来自于其中若干成员的显赫战功。这些家族都拥有产业,倘若不是纯粹的游乐园或乡间邸宅,则都能自给自足,其产品也多种多样。领地中有果园、磨房、鱼塘、工场、榨油作坊等等。这类庄园必要时还加设防御工事,防止抢劫、暴乱,有时甚至用以对抗国家之命。汉末与南朝诸国都是这种情形。至于乡村士绅与其手下人("客"、"部曲"、"奴婢")的关系,则属于家长制性质。惯例与法律均承认这种主客、主仆关系。

8世纪口分田制度衰落,转而主要向耕地征税(在这之前按适龄劳动人口数量核计税额,因而要限制大产业并把土地分配给小农),水稻种植飞跃发展(大体新税制乃基于小麦与水稻混作区的特有条件而制定),尤其是农产品投放商业市场,上述种种情况带来深刻变化。唐代下半叶,大家族与寺院的庄园日趋扩大并蚕食农民土地。但这种总趋势,受征兵制过渡到雇佣兵制的推动,于10—11世纪已告终结。自此,自给自足庄园、封闭式贵族阶级、中世纪式主客关系,已不再盛行。而大行其道的主要是租赁、雇佣劳动、地租,亦即能使某些家庭生活于城市舒适环境中的固定财源。虽则新社会亦如先前社会,都以剥削弱者为其基础,但奴役意识与机制则不同。此外,掌权阶层已大大扩充,这阶层是指通过受训、能够成功地执政并能在地方上实行统治的人士。其家庭通常有一正室、一偏房、十来个儿女。再者,大地主极少在乡间居住。他们都有自己的管家("监庄"、"干人"、"干仆"),由管家与佃农及农业工人打交道,掌管产业。这类产业有时包括好几个村庄,连成一片,也有由几块土地组成的。通常为佃农提供住房、工具、种子、耕畜,业主主持佃农的婚姻。但全部预支均收取利息,利率视借贷性质不同而异:一头耕牛付1/10收成,住房与工具付 1/5,金钱、种子、谷物等的借贷按月付 10%。农村集市与大庄园的住宅中心往往同在一地,由于经济增长便形成大市镇(但许多依然保留"庄"的称谓),于是使大商业网点更为完整。

土地问题

乡与里由多个村庄("村"或"庄")组成。在乡里中,政府将"主户"与"客户"区别开来。主户拥有小片土地,按其面积可分为五等(中等,即第三等有 100 亩地,第四等 50 亩,第五等 20～30 亩,少于维持一个农户家庭生计的必需),主户都要缴税。客户没有土地,仅由佃农与农业工人组成,不必纳税。富裕的农户,即第一、二等主户提供卫士("弓手"),卫士的任务是维持公共秩序。富裕的主户还推出驻县衙的乡里代表。这就是"三役":乡里长、税务员、警务员。但大地主事实上不受此等级划分,也免于劳役与纳税,上述义务全由小农承担。

无疑,上面勾勒的概貌并非全部地区都如此(长江下游南方广大水稻产区的大产业比华北多得多),也不是宋代历史中的所有时期都这样。但可以肯定的是:11—13 世纪经济因素的自然作用加剧了贫富悬殊并使农村的社会关系更为紧张。1069 年开始实行的变革,其中部分起因是小农负担与大地主特权之间的反差从未有如此明显。1064—1067 年间,据估计,2 400 万公顷的耕地中,仅有 30% 需要纳税。但是,虽然 1068—1085 年间王安石任宰相时进行的大变法为小农利益而采取的措施以及反偷税漏税的斗争使情况相对改善,但在宋徽宗年代(1101—1125 年),局势复又进一步恶化了。

当时浙江内地爆发了一次短暂而严重的起义。起义地区产茶、产漆、出造纸桑树与柳杉,而且江西与福建之间的贸易由此转运。这次起义因开封皇宫征调而起,由一秘密会社发动。会社的教义以佛教为基础,间杂摩尼教的影响。信徒严格素食,崇拜魔鬼。起义者由方腊率领,装备极差,杀显贵、富人、官吏。起义后一年方腊被俘,暴动遂告结束,在会社的成员中出现集体自杀浪潮。

在1126—1138年的大崩溃期间,湖南洞庭湖地区遭受女真族入侵,还受到腐败官府敲诈勒索,同时饱尝半官方半私办的地方军队的洗劫抢掠。地方军队为抗击入侵者而建,令人联想起我们中世纪的"大部队"。1130年爆发由钟相领导的农民起义。钟相具有作战、巫术、行医等多种才能。据说钟相曾发表过如下颠覆性言词:"法分贵贱贫富,非善法也,我行法,当等贵贱、均贫富。"钟相不久即遭逮捕并被处死。但其队伍日益扩大,并在洞庭湖泊设防驻扎。钟相原先摧毁性的均贫富起义,转变为单纯的抢劫掳掠。为了消除这一有碍于对女真组织防御的祸患,于是发起了大规模的镇压行动,一直持续至1135年,最后一年由名将岳飞负责指挥。

整个南宋期间,因土地集中到少数特权人士手里,乡村局势只能愈来愈恶化。宋金缔结和约,最后定下两国边界。此后,位于淮河以南的整个稻田地区再度获得开发。该地区曾饱受1130—1140年的战争之苦。但事情只对富家地主有利,只有他们拥有必需的资金。13世纪中叶,长江以南的农村,太湖周围的大生产区,形势到了一触即发之势。税收极其困难,首相贾似道(1213—1275年)试图进行重大变革,变法在中央机构以及在有大地主代表出席的国务会议中遇到强烈反抗。贾似道的方案主要是将土地限额定为500亩(约为27公顷),由国家出钱购下剩余部分的1/3,以便设立"官田",官田收入用于战事开支。自1263年至贾似道死时,变革方案只部分执行。宋代末年,长江下游20%的土地已改为"官田"。蒙古人将其没收分给可汗家族的王侯或是将收入用于驻防队伍。

总而言之,自唐代末年起社会经济条件导致佃农与农业工人阶层的发展,这一阶层比前代的依附阶层更接近当代的阶级。

自从联系城乡、州府的巨大经济潮流冲击农村以来,乡间对物价变动更为敏感。虽然被剥夺土地或无收入来源的农民数目在农村与日俱增,但贫苦大众亦找到新的生存手段。自10世纪以来,由雇佣兵组成的军队招募大量贫苦人。手工业设施规模庞大,劳动力充足,有时技术水平甚高,在若干部门中已呈现出工业的势头,它吸收的无产者比唐代的盐田与国营工场多得多。矿山、冶金、陶瓷、造纸、印刷、盐场尤其需要劳力。不过农村剩余人员主要流向大商业点,它接纳所有靠城市小职业为生的流动人口,诸如:小店、客栈、酒馆、茶楼的伙计,挨户兜售的商贩,江湖艺人,且撇开扒手、骗子、盗贼、妓女、男色等不提。最后,富家与巨贾私邸(开封、杭州两地为数不少)收留极其大量的奴仆,其职责不一而且十分专业化,均由管家指派。所有这一切无疑都是新鲜事物,可从几方面加以解释:农村经济变化、商业与城市发展、富家或小康之家数量增加。

城市飞跃发展

的确,宋代的特点乃是出现比唐代多得多的大小商人的驳杂阶层而且商业大中心亦发展起来。人口众多、异常活跃的城市大量增加,不仅内地,尤其是长江沿岸如此,而且边境地区(近现今河北保定的雄州、近甘肃东部天水的秦州)、沿岸地区(浙江的杭州、温州,福建的福州、泉州)也一样。

开封是自907年起相继立国的五代之首都,也是960—1126年的北宋之京城。开封的例子很可以说明9—11世纪的城市发展史。

第一道城墙始建于781年。但,自9世纪起,商店、工场、客栈已设满南面、东面主城门口的大路之旁。市集自发设立,这种商业活动避开当局的监督。政府机构对城内工匠、商人所用的场地实行控制,7世纪的长安就是这样。这类城外市场沿城而设,在唐末大量增加,以"草市"而闻名于世。开封于918年成为首都,很快便受城围局限。954年建成外城墙,而不久城厢("厢"的称谓是因其与厢房相似之故)依然在第二道城墙外围兴建。然而,倘若城市发展并不带来触及城市性质的变化,围绕旧城核心的拓展则只有相对的意义而已。长安以及 7—8 世纪其他重要城市首先是贵族的行政性城市,这些城市的当局竭力严格控制一切商业活动。而开封则是民间居民点的第一个榜样,城中的商业生活与娱乐活动占极大比重。自此时起,政治机构及其人员便直接与典型的城市居民接触,其中大部分为平民;与此同时,商业大发展正打破一切旨在保留城市贵族性质的旧规矩。自 1063 年起,开封取消宵禁,晚上居民可在城中自由走动。商场与娱乐场所("瓦子",即游乐社区,后来在杭州大为发展)彻夜开放。而将商业、手工业活动限制于特定坊里的规定似乎在此之前早已取消。店铺、工场设于全城,坊里已去掉原先的围墙。于是城中认路不再靠坊里称谓,而是靠街道名称。前者出于官府,后者来自民间。街道成为中国新城市的典型事物之一。从前城市坊里与乡间村里没有任何区别(直至唐代二者均称"里")。自此,从生活方式及居民类别而言,城市居民点显然大别于农村。

社会流动性更大

11—13 世纪的人较之于唐代、六朝或汉代更经常也更乐意流动。事实上,商业大潮流带动着人流:船夫、搬运工、水手、商人,间或定期长途往返。官吏数目大增,也是非流动不可。官员不能在本土就任,在同一职位的任期也不能超过三年或四年。最后,农村生活困难,城市小职业数量与类别繁多,作为财富中心与娱乐中心的城市富于吸引力,凡此种种都促使游民与贫农流向大居民点。再者,交通工具舒适而价廉,到处都能以低价租到大车或船只。

在这个比前代更为流动的社会中,失败挫折是经常发生的事。不难了解,新型关系便由此发展起来。无论是上层阶级或是市井民众都倾向于联合、结社。愈有孤立危险的,愈需要互助的,结社倾向就愈强烈。官员中的派系之争以及将保举人与受荐人联系在一起的推荐制度,由于株连关系,能够使每个人出乎意料地完蛋、垮台。官吏中的同窗、同科、主考与考生、师长与门人等,保持着牢固持久的关系。所有阶层,民众、士人、行商,在同乡里、同地区的人士中组织会社("会")的风气普及起来。由此,若干地方祭礼仪式传播至远离本土的外地便不难解释。最后,由国家控制的市场体制衰落,店铺、工场分散到市内各处。从此,商人、手工业行会("行")的发展正适应同一职业人员协调与共同防御的需要。"第三部门"活动大量增加则是这类同业公会惊人专业化的原因。

互助的必要性亦与士大夫阶级大家族的巩固有关。士大夫家族,从其组织、成分以及道德准则而言,乃是宋代的新生事物之一。变革家范仲淹是为这类家族订出特别规矩的首批人士之一。他曾著家训集,创设"义庄",即设立不能转让的特别地域,其收入用以保证家族的共同需要,尤其是教育孩子的需要,并用以救助境遇不佳的成员。"义"一词,大致可译为"正义、公益",事实上适用于举凡涉及互助与免费救济的关系。

四、经济大发展

粮食增长

8世纪,由于采用插秧方法而且出现耕作与灌溉的新工具,因而长江流域与华南水稻区开始发展起来。随后的几个世纪,水稻田继续发展、巩固、扩大;此事无疑是当时东亚历史上的伟大事件之一。它是第二股活力,东亚文明有赖于此。吴哥国(与宋朝同时代)的全盛时期也是在11—13世纪之间。水稻种植可使大批劳动力从土地中解放出来,随后还促进人口高度集中,今天的爪哇、越南红河流域、中国东部某些地区正是这种情形。水稻种植提供了多余的储备粮,自新石器时代以来,这对于文明发展,亦即对于社会政治组织、工艺、技术、思想等的发展,显然是必不可少的。宋代有一俗语说:"苏(州)常(州)熟,天下足。"长江下游南部平原生产过剩促进地区之间开展交换,农产品商业化,手工业兴旺,大城市发展。10—13世纪期间,中国人口经历历史上第二次大增长,从8世纪中叶的5 300万左右,似乎已增至近1亿之数。

11世纪水稻种植继续发展。1012年后,冬季成熟、可以一年两造的早熟稻品种从占城(越南东南岸)引进,中国当局加以系统推广。这一品种称"籼"或"粞",扩种至太湖地区、福建乃至江西,不久便使其耕种面积增加一倍。明朝时代(1368—1644年),种植面积继续扩大,同时早熟而富于抵抗力的稻种系列因有了自宋代以来通过选种而得的新品种,亦就更为齐全。11世纪期间,连接苏(州)杭(州)地区与河南开封的大运河每年运输稻米700万石(4 200万公担)。12世纪上半叶之悲剧性事件,其后果不外是刺激长江流域的农业发展。当时曾经付出巨大努力,通过回收湖沼边缘的土地扩大耕种面积。这就是所谓"圩田"。此外,北方移民则将小麦与草料作物引进至长江流域干旱地带。

手工业生产及贸易大发展

11—13世纪中国农业大飞跃可视作是其经济大发展的基础,因为可使更多人口有余暇从事其他活动而无须专事粮食生产(每年稻米及谷物收成已达到3亿公担左右)。

纤维作物种植面积扩大(大麻、蚕桑、棉花,后者于13世纪开始在好几处地区推广)。茶叶种植在淮河以南以及四川丘陵地区发展起来,漆树种植见于湖北、湖南以及浙江北部,整个手工业生产飞速发展。北宋时代冶金业的情形即如此,由于地主富家提供资金,亦由于技术完善,因而显得十分活跃。技术改进有如下表现:煤炭代替木炭,鼓风机由水力机械推动,炸药用于矿山,等等。1078年生产的铸铁量超过114 000吨(英国1788年才达到68 000吨)。小工场在农闲时招募农民。除小工场之外,河北南部、山东中部、江苏北部均有大工场,雇佣固定的专业化劳动力。例如,江苏的利国便有3 600个雇工。这类大工场均为国家而劳动。

总的来说,11世纪整个矿业生产迅速发展,计有:铁、铜(铸币必需品)、铅、锡等等。开采的矿山不少,尤其在南部地区。

同时,陶瓷手工业亦获得前所未有的进展。很多地区都有炉窑与工场,而11世纪最著名的成品出自于开封及河南其他城市的皇家炉窑,也有的来自于河北的定县;12—13世纪则来自于杭州,还有福建的泉龙①与建阳,以及江西的吉安与景德镇。瓷器工艺是中国的一项光荣,至12世纪已达到尽善尽美的程度。

几乎每一地区都有自己的著名产品:河北南部的铁,太湖附近的稻米,福建的蔗糖,四川与浙江的纸张,成都、杭州以及长江下游各城市的印书,等等。贸易发展使产品广为流通。在全国,特别是在长江流域、四川、福建与浙江沿岸都出现了大规模的商业点,于是导致按大城市情况全面改组商业流通网,并带动地区内部乃至各地区之间开展交换。8世纪时,最大宗的交易属于征税产品(布匹、粮食),而此时私营商业的交易量却大大超过抽税产品的交易量。但,最重要的是,中国在历史上第一次充分利用世界上独一无二的庞大水路网。这水路网由长江及其支流构成,连接杭州、镇江、扬州、开封的各条运河将此水网延至华北的中心地带。水网长达5 000公里,当时世界上最繁密、最多样化的船队航行于此。长江某些地点,贸易十分繁忙,竟至形成真正的浮动城市。宋代中国也曾利用由连绵不断锯齿状的海岸提供的航行之便,海岸自浙江东北端一直延伸至越南边境,拥有许多宜于停泊的港湾。

但是11—13世纪中国经济大发展的基本原因应从两方面寻找:一是由地主与富商构成的城市资产阶级发展起来,二是国内需求增长。事实上,当时不限于向皇宫供应奢侈品,因为美衣美食已成为相当部分居民的特权。富裕家庭的数目大大增长。建筑物与家具富丽豪华,园艺精巧,服装、烹调精致讲究,凡此种种均成为宋代城市阶层的特色。陶瓷、

---

① 泉龙(Quanlong),据音自译,未找到原地。——译注

建筑、织布,总而言之,一切涉及日常生活起居设备的产品,11—13世纪其工艺、技术的改进异常迅速,这并非是偶然的事情。

对外贸易方面,中国主要进口奢侈品:乳香、玉石(玉髓、玛瑙、琥珀、樟脑等)、象牙、珊瑚、犀牛角、乌木、檀香木等。中国对外贸易出现逆差,不得不以铜币或金属币(铅、锡、金、银币)支付部分进货。宋代发行的铜币传遍所有亚洲国家:夏、辽、金、东南亚与印度洋诸国。传至日本的铜币数量尤大,竟致成为当地货币。

但在外国看来,中国也是高级手工业品的国度,来自中国的产品异常吸引人,与中国做生意十分有利。作为中国产品的交换物,北方各国只能提供马、羊、毛皮,并从中国进口茶叶、盐(其中大部分通过走私进入西北)、布匹、金属。因此,11世纪上半叶,夏、辽两国迫使宋皇朝签约之时,便要求交送两国为开展与中亚及中东贸易而必不可缺的产品,即:茶叶、丝绸、银器。此外,丝绸与陶瓷成为浙江及福建各口岸从水路出口的主要产品。中国瓷器大量出口至东亚与印度洋诸国(连非洲也见到),就凭日本、菲律宾、婆罗洲保存下来的样本也有可能勾勒出中国的陶瓷史。

重商之国

为适应经济发展,宋朝政府用更为灵活的关于店铺、产品与交易的商业税制代替价格监督、市场控制以及工匠征用,后一类办法中世纪时期的政府都曾运用。土地税制方面所出现的趋向也有类似之处:基于土地收成而不考虑个人因素的课税形式代替了通常为实物的捐税以及基于个人劳力的徭役,徭役的基础是户籍监督以及为耕种者而实行的土地分配。当然,实际情形更为复杂,而且视地区不同而有所差别。徭役与人头税,宋代依然存在。若干地区专设的传统税项,取决于当地习惯的税率换算表以及附加税等,也都存在。因税制复杂而且各地有所不同,故只能指出其总趋势。但这种趋势几乎无可置疑,它与下述情况紧密联系:农产品商业化、货币经济扩展、货运与贸易潮流普遍发展。宋朝时代,国家不仅从手工业与商业税收中得到大量收入,而且国家本身亦从事商业与生产活动。国家建立由官吏管理的工场与贸易企业,系统发展国家专营以便维持军队并满足军费开支急剧增长的需要。

事实上,宋代整个政治史均由彼此密切联系的国防问题与经济问题所支配,两方面问题形成恶性循环:设立专营引起边境走私活动,夏、辽、金三国因利用走私而致富并使国力强盛,而国家的经济特权反而刺激国内偷税漏税,至于愈来愈沉重的税收则又加剧农村的困难与不稳定。

普遍认为,中国向来是基本上属于农业经济的国家。与这种观念正相反,宋代的主要财源却来自于商业与手工业,超乎汉代、明末及18世纪。陶瓷、丝绸、铁及其他金属、盐、茶、酒、纸张、书籍等等,是频繁贸易活动的成交品,牵涉到整个帝国,国家成了主要受益者。11世纪与12世纪初年,商业税与国家专管所得的财政收入已与农业税收入相等;南宋时代,12—13世纪,更大大超过农业收入。

国家收入包括:

1. 盐、茶、酒、香料等专营收入;
2. 国内商业税、边境及商埠的关税;
3. 徭役,其中相当大部分折换为用钱支付的税项;
4. 人头税;
5. 土地税。

上述各项收入,1077年细分为:

1. 60 000 两银,每两约为37克(国家矿山每年产量215 400两);
2. 5 585 000 吊铜钱,每吊1 000枚;
3. 17 887 000 石(每石约为60斤)稻米与谷物(即近1 100万担);
4. 2 672 000 匹丝绸。

海关收入,宋初为50万吊钱(每吊1 000),1189年达到6 500万吊。胶州、山东青岛地区、杭州、宁波、泉州、广州均设立"市舶司",同时执行海关与警察任务。大船一舶岸,当局即提成,抽10%～40%不等,视进口商品而定,其余船货,缴纳规定税款后即可自由出售。

货币经济扩展

　　11—13世纪经济增长的条件之一是支付手段大发展以及货币经济普及。五代时期,10世纪初年至963—979年统一期间,十来个分据中国的独立国家,各自发行钱币。中国北部一直是铜币领地,而南方许多地区(福建、广东、湖南、江西)早已出现铁币与铅币,这都是仿效四川的结果。四川因缺铜,一直流通笨重的铁币,至宋代依然使用。宋朝新帝国终于960—1000年间在全境内恢复使用单一样式的铜币。因战事活动,促使国家空前大量发行这种货币;这事发生在1038—1055年西北战事严重困难时期(此时投放十文的新币,后来才加以回收)与1126年女真族入侵时期之间。1073年,铁币记录达到600万吊(每吊1 000枚);北宋时期估计发行总数为2亿吊。

　　虽然这样大量造币,但铜币依然不敷经济发展与军事增长所导致的全部需要。五代时期,长江下游南部地区以及四川,已开始流行使用未铸成钱币的银子,到11世纪,银子的使用已扩展至中国北部。与中东各国进行贸易的中亚回鹘人,因其进口白银而大大推动这种支付新方式的普及。

9—12世纪货币发行数字

(吊为单位,每吊1 000枚)

804年	135 000
820年	150 000
834年	100 000
995—997年	270 000(三年平均数)
1000年	1 350 000
1007年	1 850 000
1016年	1 230 000
1021年	1 050 000

	续表
1073 年	6 000 000
1080 年	5 949 000
1106 年	2 890 000
1124 年	3 000 000

9世纪由各州官府驻京代表发给商人的存款证明(当时称之为"飞钱"),以及后来自9世纪末起由四川成都富商与富翁私人发放的钱据皆属钞票的前身。1024年,国家在四川第一次印刷钞票,这种币制大大推动了宋代私人经济与国家经济的发展。11—14世纪它在华夏世界广为普及,但后来由于丧失信用,只偶尔用之。南宋时代,它导致铜币的发行量大为减少,虽然滥用这种强制流通的新币终于在蒙古人入侵前夕使混乱的经济进一步恶化。

这种纸币称作"交子"、"钱引"、"会子"、"关子",于12—13世纪成为主要货币,至元代末依然如此,而且早已推广到辽、金两国。南宋时期发行总量相当于4亿吊铜币。而钞票通行的同时,还在商界中发展了使用流通票据:支票、期票、汇票都出现于11世纪。由钱庄主控制的金融活动(有"寄附铺"、"金银铺"、"兑房"、"交子铺"、"交银铺"、"质铺"、"放债户"、"钱户"等等),成为宋代商业经济最重要的部门之一。

航海业大发展

自11世纪起的中国航海业发展无疑是亚洲史上最重要的大事之一。13—14世纪欧洲旅行家与阿拉伯旅行家关于这方面曾有过无可置疑的见证。福建、浙江、广州各大口岸的活动,当时欧洲各港口完全无法与之相比。宋元两代河运、海运发达,12—13世纪南宋在防御战中以及13世纪末蒙古人试图入侵日本与爪哇之时,舰队已起重要作用,1405—1433年间明皇朝船队远航至红海并直达非洲东海岸,以上种种都证明中国曾是历史上最大的航海国家,历时四个半世纪,自宋朝确立至明朝大扩张时期。上述现象,由一系列情况造成,既有政治、经济背景,也有技术史的原因。

新石器时代直至基督纪年间,看来海上交通在于利用附近岛屿沿岸而行。因而自史前时期开始,对马岛与壹岐岛便为朝鲜东南岸与日本九州岛之间的联系提供便利,同时位于蓬莱地区、山东东北部以及旅顺等处的诸岛无疑亦很早便促进满洲与中国东部的来往。而自公元初年起,有人已在紧靠大陆东岸与南岸的海洋上利用稳定而有规律的风向(吹季节风的亚洲有此风向特点)。此处海面较之于地中海更不用担心风向突变或平静无风。因此,在这一带地区便发展起挂帆航海,而不见有成排成列的划桨者——古代及文艺复兴时期地中海区域的奴隶。风帆系统很早便获得改进,自公元3世纪起就有人描述中国船特有的前后帆。

季风状态大大便于不必中途停泊的远程航海,使之每年按一定节奏进行,对于文明史亦产生影响:东北部的冬天季风与西南部的夏天季风使亚洲远程航行成为一种定期活动,由此导致在印度沿岸、东南亚以及中国自长江口至广州地区的各口岸建立起重要的外国移民地。从公元早期开始,南印度及锡兰沿岸便与苏门答腊通航,而且无需中途停泊;而巨港与广州的远程联系似乎自7世纪起便已定期进行。

在东亚航海技术史方面,看来可以区分两个大地域:一是自浙江沿岸至朝鲜、日本的地区,二是覆盖整个东南亚与中国南部的地区。前者航海事业发展全赖辽东沿岸、朝鲜、山东的居民以及稍后还有日本居民。后者自公元初起,便是各种船只的会聚之处,从中国南部至美拉尼西亚,复至马达加斯加,很早就发现操"马来-波利尼西亚语"的海员民众杂居;此地区的船只就其来源地与技术来说看来大有差别。虽然,中国中部洞庭湖的船只使用的风帆样式已传至非洲东南沿岸的桑给巴尔,但是阿拉伯船只与广东、福建沿海的中国船只的区别却十分明显。广东与福建的中国航海家以及马来人、苏门答腊人、爪哇人先是与印度、伊朗及阿拉伯的船舶接触,然后到较晚的时候,即自16世纪初,才认识西欧国家的船只。

10—11世纪之间中国远洋大帆船诞生,是受各种影响所致。大帆船的产地似乎是长江大河口,那里自然而然从河运转到海运。长江主流及各支流直达内地约1500公里,河口处宽10～20公里。

大帆船也像中国自古以来的所有船只,由长方形船体构成,其底舱用间壁分开,组成同等数量的密封舱(西方人有意识采取这种装置已是19世纪初)。尾框架隔板上可以装上船舵。航海史上这种重大发明的第一个证据见于公元1世纪广州的一只陶船。在欧洲,尾框架船舵出现于1180年间,与航海指南针差不多同时。宋代大帆船有四至六根桅杆,装上12张大帆,设四道甲板,能载运千余人,这是长期试验与创制积累的产物。锚、舵、活动防倾板、绞盘、布帆及硬面席帆(视顺风或顶风而用)、转动帆(可以避免改变帆式,曾引起阿拉伯航海家的赞叹——只有中国技术可以最有效地利用风力航行)、有角桨(可作攻击之用,前后活动时自然转动)、密封舱、航海指南针等等,以上种种完善设施,有的当时已有好几百年历史,有的属新近发明,但全都构成中国航海业的惊人成就。指南针,风水先生用以测算由来已久,这时按航海需要应用更提高了大海航行的安全度。朱彧著《萍洲可谈》,第一次记述11世纪末广州船只已使用指南针。该书的序言写于1119年。欧洲居约·德·萨兰提到指南针是在1190年,指南针在船上普遍使用是1280年之后。

但10—11世纪中国航海的进步还必需有其他改进措施。这不仅牵涉定向方法、距离测度,而且涉及对水深、海流的认识。中国制图法,自3世纪以来,便以南北、西东等距平行线系统为基础,至宋代已取得引人注目的进步。中国制图法比中世纪欧洲制图法先进(后者仍受宗教偏见支配),甚至亦优于阿拉伯制图法,当时是世界上最准确、最精密的,刻于石碑上保留至今的地图即表明这点。

航海技术进步只是使海事突飞猛进成为可能,进展的深刻原因还在于政治状况与商业经济发展。华夏世界当时已被截断与中亚的关系,向北及西北的扩张受到位于边境的大帝国的遏止,因而决然转向海洋。中国的重心已向东南沿海商业地区转移。长江及其支流所形成的巨大水网亦伸向内地。中国面向海洋无疑与阿巴斯帝国兴起的航海潮流亦大有关系,这条海路将波斯湾、印度、东南亚、中国沿岸连接起来。自爪哇至朝鲜及日本的东亚沿海居民一直进行海盗活动,直至现代依然这样。在中国航海事业大发展的整个时期,海盗活动在衰退中。苏门答腊东南岸的室佛利逝临海帝国,8世纪时异常强大,到11世纪,已趋于没落。其后拥有制海权的是14—15世纪爪哇中部的满者伯夷①、15世纪的马六甲王国、16—17世纪苏门答腊西北沿岸的亚齐。

宋代海上贸易的发展推动了撰写有关描述东南亚与印度洋诸国的著作。这类关于外国的著述与前代由出使官员或由朝圣者执笔的游记不同,它记述熟习海上远行的中国或外国商人所提供的情况。这些商人从中国沿岸、菲律宾、婆罗洲一直远游至红海。正如汉代一样,在著作中甚至可以找到关于地中海诸国的情况。周去非的《岭外代答》与赵汝适的《诸蕃志》,是这类著述中最重要的两部,前者1178年问世,后者其序言写于1225年。

---

① 王城,亦为王朝的称号。——译注

第二章　中国"勃兴"的文明

1000年前后正发生或已发生的变化不限于社会政治形式、经济及技术。这种变化牵涉到更为深层而不大显露的现实：关于人、人的世界观及其对时空以至对自身的观念。11世纪以复归传统而著称，标志着自5世纪以来佛教对华夏世界支配地位的结束。时、空不可测度，各种活物（魔、兽、鬼、人、神）通过转世而相通，这类宇宙幻觉全部消失而让位于可见世界。人在有限而又可知的世界中再度成为人，这世界只需人进行探究便能认识它。我们察觉到一系列心理变化，大体分析一些著作便可予以揭示。11世纪中国精英中的人有别于其唐代前驱者，其间的差别程度犹如文艺复兴时期与中世纪时期的人。

令人惊奇的突出之点是：基于实验的实践唯理主义兴起，发明、观念、理论均须经过检验。而且对一切知识领域都好奇探索，如：工艺、技术、博物学、数学、社会、政制、政治。渴求认识前人成就，综合所有门类知识。11世纪兴起一种自然主义哲学，12世纪得到明确表述，这种哲学在以后的年代中曾支配中国思想。

思想、文化生活的这种深刻更新，与社会经济变化、富裕家庭数目增长、城市发展都不无关系，而且亦与日益广泛运用快速而廉价的书籍复制手段有关。

一、复兴条件

雅文化与俗文化

宋朝时期,或许较之于其他时期更能表明文学艺术与社会现实所保持的关系。7—8世纪,混杂胡人血统的贵族曾将自己对剧烈运动(马球、骑马、狩猎等)的爱好强加于人,而11—13世纪的执政阶层(由富裕而又有文化的家庭组成,他们住在城市,往往靠其土地收入为生)则鄙视体力活动,执意对草原传统与民间娱乐保持距离。唐初备受赏识的军职,自从军队由招自社会底层的雇佣兵组成以来,便失去其全部声望。文学艺术的智慧、沉思、高深、间或玄奥的面貌,在宋代高层人士中表露出来,至明、清两代这种情况依然占支配地位,虽则有些独树一帜的思想家反对,他们趋向于崇尚武功与体力活动,李贽(1527—1602年)与颜元(1635—1704年)就是例子。自此,中国文化人便成为纯粹的知识分子,鲜有例外,他们大都认为机巧运动、竞技比赛只宜于普通民众。在掌政阶层中这种对体力活动、身体素质的根深蒂固的鄙视一直保留至今,体育运动只是近代受盎格鲁-撒克逊国家影响始重新引进中国。自宋代以来,士大夫阶级热衷的不外是高雅文学、绘画、书法、书籍与艺术品收藏、园艺等。

但是,一方面,士大夫阶层雕琢古诗与据谱填新词,如苏轼(苏东坡,1036—1101年)、黄庭坚(1045—1105年)等高官便以此闻名于世;他们还致力于经院绘画,或如米芾(1051—1107年)从事绘画研究;宋徽宗时代,绘画在宫廷中盛极一时。而另一方面,都市阶层则兴起娱乐活动,孕育着俗文学的发展,后者是整个中国文学史最丰富、最生动的泉源之一。

宋代商业大居民点有小店主、工匠等小市民,也有伙计、家仆、店员等劳苦大众,形成一个新阶层,其趣味与要求都与上层人士迥然不同。城市生活趋向于取消游戏娱乐活动的定期性,使之与庙会、农民集市失却联系,同时也消除了其与节庆日及宗教活动的关系。它使说书人与艺人的劳动具有专门的独立性质,使之成为一种职业活动。宋代的城市,特别是京城——开封、杭州,金朝与元朝的北京,都成为经常性的娱乐活动中心。"瓦子"或"瓦市"与唐代"教坊"不同,后者直接隶属于皇朝官府,而前者则作为民间聚会场所,云集各种职业艺人:专于不同题材(历史故事、言情故事、侠义故事、宗教故事等)的说书人、有音乐伴奏的哑剧演员、演奏艺人及歌手、木偶戏表演者、耍动物者、皮影戏演员、口技表演者等等。城市成为新文学形式的诞生地,自13—14世纪起,新形式便与雅文学并行发展。诸如故事、小说、戏剧都保留从其来源处所吸收的民间生活与民间趣味,语言通俗,充满方言词语,洋溢地方风格、地方情调。

木刻印刷与活版印刷

自15世纪中叶起西方的纸上活版印刷,较之羊皮纸手抄本而言,标志着决定性的进步。因有活版印刷,欧洲始脱离中世纪时代。而华夏世界的情形却表现得十分不同。9—10世纪期间,普及快速而廉价的书画复制手段,在中国并不视为是革命性事件,虽然总的说来其重要性并不亚于欧洲印刷术的传播。但这种反应不同却不难解释。欧洲在一个相当短暂的时期内便从中世纪稀有而昂贵的手抄本过渡到书籍印刷:12世纪认识来自伊斯兰国家的进口纸,13世纪末意大利开始造纸,1380年前后狂热地迎来木刻印刷,1430—1460年间终于成功地掌握初步的活版印刷技术;而华夏世界经历的发展则较为渐进而且性质也有所不同。看来为复制文字材料必不可缺的纸张,在中国自汉代末年起便成为书写的普通工具(在汉朝旧疆界上发现第一批中国纸,造于公元2世纪)。运用带有文字或图案的石版压印(用湿纸作拓片模,晒干,上墨,用墨滚在纸上复印),自汉代至木版印刷之初时期已经发展起来。直至今天,在所有属华夏文明的国度仍可以按此法得到便宜而不走样的雕刻图案或著名书法的复制品。此外，印章可以印出字画或宗教图案。8世纪期间出现的木版印刷则作为上述两种手段(拓片与印章)的组合。第一批已知的样板始于8世纪末：乃是佛教图像，附有短文，在敦煌(甘肃西部)发现；还有佛教咒语，保留在日本，极可能于764—770年间印于中国。在敦煌手抄本藏书中，有不少9—10世纪印制的文本，其中第一份用木版印刷法复制的重要文献，乃是《金刚经》，印于868年。其余印本发现不久：两本出自于吴越国(长江下游地区以及浙江)，所记的年代分别为953年、974年；另一本印于975年，在杭州被发现。当时木版印刷见于四川红色盆地、自杭州至长江下游的广阔平原，人烟稠密、高度商业化的城市都已通用。有人注意到，上述地区自9世纪起便已用木版印刷各种书籍，诸如：秘术小书、历书、佛教经文、词表、通俗小百科、启蒙课本、科举会试范文本、历史著作等等。值得指出的是：有可能因复制宗教经文之需而引发的技术，首次使用时便带有民众性与商业性。但执政阶层与士人阶层不久也利用这种复印新法：由冯道(882—954年)倡议，开封于932—952年间承谕旨印刷"九经"。944—951年间"九经"亦于四川重印。最后，972—983年间成都印制佛经，共计1 076题，分5 048章，刻于两页为一片的13万块木版上。自1024年起，木刻印刷便在四川用于发行首批证券，还用于公布法令与官方指令。1027年，修订并印制医药书，以便推广。

因此，能准确重现文本的书法与图案的木版印刷在10世纪期间已成为普通生活的一部分。这种印刷术在所有属华夏文明的国度(中国、日本、朝鲜、越南)都占有极其重要的位置，一直至19世纪推广经改进的西方机械化活字印刷为止。

然而活字发明，中国要比欧洲为早。东亚诸国运用排字印刷与木版印刷同时并举。中国首次提及活字印刷的是一部"笔记"，沈括(1031—1094年)的《梦溪笔谈》，其大部分内容是关于科学技术史的，1086年间世。活字印刷的发明者是沈括的手下人毕昇,时间在 1041—1048 年之间。蒙古人占领华北的时代,王祯在其《农书》(1313 年出版)中提及锡造活字,并提出使用转轮排字盘以便按韵排字模。但已知的大规模活字印刷却于 1403—1484 年间在朝鲜进行,由中央政府倡导。1403 年,铸造了 10 万个汉字,15 世纪期间还连续不断铸造。江苏无锡有两家印刷大户:安氏与华氏,全都使用铜制活字。1574 年出版的大型故事集《太平广记》,便用活字版印刷,该书第一次木版印制是在 10 世纪末。稍后,康熙年代的巨型插图百科类书——《图书集成》,于 1713—1722 年间用活字印出,全书共计近 1 000 万字。

因此,华夏文明的东亚(但也包括受华夏文明影响的邻近居民:维吾尔人、西藏人、蒙古人、满洲人,都使用拼音文字)自 11—18 世纪保持独立于欧洲的活版印刷传统,而且技术上有所不同,因为不包括印刷机。如果从出版物数量而言,这一传统不可忽视。不过华夏文化诸国,在机械印刷未发达之前,活字却不大可能取木版而代之。的确,虽然在欧洲活字印刷作为重大发明而出现(这里只需几百个字母便可以印任何文本),但在书写符号丰富多彩正是其财富之一的世界中,活版印刷就不可能有同等重要意义。

与我们乐意设想的相反,(因为西方活字印刷较之于木版印刷是个决定性进步)这种更为复杂、更为巧妙的复制法并不具备一切优势。西方印刷的优越性慢慢才显露出来,只是到 19 世纪机械化之后,才变得无可置疑。17 世纪初,利马窦指出:中国木刻工匠雕刻木版所花时间并不比欧洲排字工人排版所花时间为多。木刻版可以重刻、改正,而且与活版形式相反,可以储存起来用于下次再印。欧洲推广活字印刷正反映书写传统贫乏(因为出版商不可能冒险出版无法广为销售的著作),而中国木版印刷就其工艺而言却大大优于 15 世纪欧洲木版印刷(因有印章及拓片技术,也由于使用特殊纸张——复制的文字在此种纸张背面显得倒置过来),其最大优点是费用低廉,使用灵活,无需大量投资。因此,自 10

世纪起,就用此法以私人名义或官方名义大量印书。此外,华夏文明诸国,插图与文字木刻印刷可以并行发展,无疑是至为重要之事,而西方的印书,经常出现图像,则是相当晚近的事情。木版印刷一开始,大部分中国书籍(草药书,关于技术、考古、建筑等的著作,小说,宗教经文等)都附有插图,有时质量之高令人惊异。木版印书以及插图11—13世纪期间取得巨大进展,到万历年间(1573—1619年)达到成熟的高峰,其时木版上可用三四种间或甚至用五种颜色印刷。

虽则因技术传统、思想传统以及各自特殊的社会经济背景不同而有所区别(这种差别足以说明为何东亚与欧洲所走的途径不同),不过中国在图文复制方面依然领先于欧洲五百年。人们可以估计:18世纪中叶以前,中国印书比世界上其余地方要多。没有任何文明的文字传统(以碑铭、手稿及木刻的形式出现)有着如此的重要意义。

二、科学与哲学

新技术很快导致产生十分活跃的书籍工艺业与商业活动。它推动印书数迅速增长,使知识传播较之于过去更为广泛。唐代时期,佛教寺院与京城国子监成为主要的知识中心,而11—13世纪公共或私立的学舍与藏书楼林立。宋代私人设立的书院遍布各区域,尤以长江下游及长江以南地区为最。书院在中国思想文化史上曾起重大作用,一直至17世纪中叶还是一样。978年建立的皇宫书府是最重要的藏书楼,收藏书80 000册,1034—1036年间由改革家范仲淹与历史学家欧阳修制订其书目。

宋代的印书与科学发展

11—13世纪是首批大丛书、大类书以及书目整理的时代。自10世纪末起,就已编成并印出四部著名文集("宋四大书"):《文苑英华》,继

《文选》之后的文学总集,其覆盖时代自6世纪至10世纪初,成书于982—986年之间;《太平御览》,大百科类书,凡1 000卷,983年编成《太平广记》鸿篇巨制的故事、稗史结集,凡500卷,第一次印于981年,上述两书均于977年由李昉(925—995年)奉敕命编纂;最后是《册府元龟》,政治文献及散文大集,成书于1005—1013年间,共计1 000卷。

但宋代时期,以私人名义编撰、不受任何官方之命的著作尤为大量增加,诸如:历史著作、笔记、科学著述、地方志、文学作品等等。

这时期的著述比前代丰富得多,其中某些倾向可能与11—13世纪的搜集收藏之风大有关系:书画收藏[审美家徽宗皇帝(1101—1125年),收集了最丰富、最名贵的书画,竟被入侵的女真族所毁],怪石收藏,古钱币、墨、玉器等等的收藏。博物学著作众多,已保存下来的,对于动植物史的研究都具有重大价值,如关于蘑菇、竹子、菊花、牡丹、果树、鸟类等的论述。其中有两书值得一提其名字:傅肱的《蟹谱》(1059年)、韩彦直的《橘录》(1178年)。

当时亦流行多种散文合成的文集,其性质有涉及科学技术的,也有关于文学艺术的,称为"笔记"或"随笔"。沈括的《梦溪笔谈》就是中国科技史上的最重要著作之一。沈括具有令人惊异的现代头脑,既是天文学家,也是物理学家,在其著作中第一次记述活字发明。

我们所拥有的关于中国建筑的最古老、最精确的文献始于宋代。即李诚所著的《营造法事》,该书插图精妙,印于1103年。李诚本人就是建筑师,在开封负责建造寺庙与官府。

在医药、地理、数学、天文等方面,宋代也取得显著成就。11—13世纪出现大量医学著作,其中值得一提的是宋慈的《洗冤录》,这是已知的第一本法医学专著,1242年问世。979年乐史(930—1007年)的《太平寰宇记》出版,这是一部地理总志,凡200卷。随后印行的关于宋帝国的插图地理——《诸道图经》,共1 566章,1010年编成。宋代的制图法达到从未有过的精密准确程度。沈括还考虑过制作立体地图。计程车已被设计出来并于 1027 年造成。

11—13 世纪,乃至元代(13 世纪末至 14 世纪中叶),是中国数学史上最伟大的时期之一,尤以代数的发展令人赞叹。其中有几个极其伟大的名字:邵雍(1011—1077 年),他计算回归年,其准确度只差四秒;李冶(1192—1279 年);秦九韶(终于 1262 年),重要数学著作《数书九章》的作者。秦九韶是第一个应用 0 号的中国数学家,他使用该符号之时正是 0 号与阿拉伯数字出现于意大利之际。

天文史与计时史上最重要的创举之一乃是 1090 年在开封建造了一台由排气系统以及由齿轮与传动带启动的天文机器——苏颂(1020—1101 年)的水运仪象台。如果这不是第一部(因为 8 世纪时中国尚有更早的一台),起码也是世界上所创制的最古老、最完善的机械之一,慢速转动,持续而有规律。水运仪象台靠一个轮子工作,轮子的运动受转动漏斗连续填料操纵,漏斗由保持固定水平的池槽供料。这种钟表装置为当时所制造的最准确者。

科学考古学的开端

科学倾向是宋代的特点,在考古学领域亦表现出来。考古发现激发起学者与艺术爱好者的强烈兴趣。徽宗(1101—1125 年)时代,在安阳地区发掘出若干属公元前 2000 年末的古物——青铜器与玉器;出土古物的遗址本世纪初鉴定其为商代最后一个都城。对古物的兴趣产生两种并存效果:一方面使艺术传统更为丰富(古物流行与仿古——赝造技术愈加完善,同时艺术品市场亦发展起来,古代书写笔调影响着书法);另一方面,评判性考古学与碑铭学蓬勃发展,自 11 世纪起,成为历史学的辅助学科。对古代钟鼎的首次研究工作始于宋代,首批描绘钟鼎的插图著作亦见于此时。1092 年,吕大临出版《考古图》,第一次尝试对公元前 2000 年至前 1000 年的青铜器作科学分类与推定日期。12 世纪末,洪遵(1120—1174 年)发表《泉志》一书,这是中国史上第一部古钱学著作。其弟洪迈(1123—1202年)曾写《夷坚志》,乃是一部奇异怪诞的著名故事集。

但成就最显著的主要在碑铭学方面,其原因大体是中国人向来就热心关注自己的文字史之故。最著名的研究成果是赵明诚(1081—1129年)及其妻子大诗人李清照(1084—约1151年)经过长年累月钻研而完成的著作:《金石录》。该书清理了2 000份古文献,纠正了由欧阳修于1063年撰写的《集古录》中的错误。

考古学以及自8世纪发展起来的典章制度史令人将过去理解为自古至今持续不断的演变过程。

历史学的新趋向

唐代初期修撰的不少官史带有墨守成规的机械性,遂致引起由刘知幾于8世纪拉开其序幕的批判性思考运动。第一批大型史作同时标示出一条新路:史家应当总览一段长时期而且应编出有个性特色之作,而不必考虑传统的框架与剪裁。缺乏个人特点的辑录早已证明:只能成为无任何深意之作。这一思潮8—9世纪发端,至11世纪终于促成史学研究的真正更新。当时已显露如下动向:既讲究严格的科学性,同时也注重道德方面的考虑。

但历史著述首先还得恢复初期史学著作固有的文学作品性质,如:司马迁的《史记》(约于公元前90年),班固的《汉书》(约于公元前82年),陈寿的《三国志》(3世纪末)。8世纪前后第一批"古文"信徒与卫士,仍显出标新立异的样子,而到宋代初期,古文已大行其道。诗人如苏轼与黄庭坚、政治家如王安石等都采用古文。欧阳修(1007—1072年)重修《唐书》时,也用古文写作,他在书中删去大部分显示对佛教逢迎的段落。他编《五代史》时亦用古文。上述两部著作——《新唐书》(1060年)与《新五代史》(约于1070年),因其文学价值,至今仍大受赞赏。作者修第二部时以古史《春秋》(公元前722—前481年)的写法构思,即纯然凭词语运用对自唐末至宋代开国这段混乱与分裂时期作出含蓄评判。这种说教倾向——强调朝代的正统问题,寻求历史道德意义,是宋朝的典型倾向,与中国哲学的新趋向吻合。

11世纪最伟大、最著名的史作,是司马光的《资治通鉴》。这是一部从公元前403年至公元959年的中国通史,撰于1066—1084年。司马光只以司马迁的杰作《史记》为先行榜样,虽然作者注重各种史实的联系,但依然坚持按年、月、日的传统划分法。但《资治通鉴》显示出两个鲜明特点:既注重详尽搜求各种材料(包括文学作品与碑铭),也对资料进行可说是科学性的判别。《资治通鉴》凡354卷,其中30卷是评论性诠注("考异"),讨论作者如何对待同一事件的不同传说甚或矛盾的传说。

司马光的巨著受到异口同声的赞扬,在他的启发下,12—13世纪又编出另外好几部类似的著作。哲学家朱熹(1130—1200年)为《资治通鉴》作一撮要,称《通鉴纲目》,明显表露出历史说教的观念,在后代取得巨大成功。继司马光的巨著之后,又出版了续编:李焘(1115—1184年)的《续资治通鉴长编》、李心传(1166—1243年)的《建炎以来系年要录》。最后,为了补救按年剪裁的不便,袁枢(1131—1205年)在1173—1175年之间撰写的《通鉴纪事本末》中,将《资治通鉴》的材料按事件编排,从而为新体史作提供了榜样,后世经常仿效它。

但宋代也以有历史大百科而著称于世。郑樵(1104—1162年)是《通志》的作者,《通志》述及大家族世系、语文、语音、历史、地理、植物、动物、书志学、考古学等等。郑樵对士人的书本知识十分轻视,热衷于自然科学,因为他过于独树一帜,不被时人赏识。其历史著作只是到了18世纪末才由章学诚恢复名声,此后便吸引了现代学者的注意。另外一本历史百科则涉及典章制度史,也就是马端临的《文献通考》。马氏生活于南宋末期至元代初期。该书于1317年方告完成,是杜佑(732—812年)《通典》的续篇。

宇宙论与伦理学：自然主义哲学的形成

构成历史的并非原始事实，而是其内在固有的自然活力，历史学家应当凭直觉去感受它；同样，绘画的真正目的不在于具体重现可见之物，而在于捕捉住事物的变化。《梦溪笔谈》第七卷讨论绘画与书法，沈括在这卷中竟至宣布：绘画创作不受形似的庸俗要求约束。构成艺术品价值的，事实上是超越于事物的直感，而且归根结底是艺术品所反映的作者的精神、文化素养、人品等诸方面。

宋朝之前，中国思想史上大体亦有此先例，有类似的趋向，但关于世界的内在精神尚不曾有如此明朗的表达、如此明确的构思。因此，11—12世纪反映自然秩序与人类秩序、精神与宇宙之间的相互联系，或更准确而言，反映二者之间根本同一的第一个哲学体系便确立起来。由于这种自然主义与理性主义的宇宙哲学形成，宋代便达到中国思想史上的一个高峰。此时已进入经典时期、成熟时期。第一批耶稣会士便与这种哲学发生碰撞，它不被欧洲人理解，大概只有伟大的莱布尼茨例外。这种哲学后来成为明、清两代极权帝国的基础，以及当然的道德根据。

11世纪的士人非常敌视佛教但却深受其教学法以及苦行修道规例的影响，他们主张回到真正的儒家传统，而认为自孟子（约于公元前372—前289年）以来，此传统已经中断。复古的远因乃是安禄山叛乱后的"民族主义"反应，以及大家所称的"古文"运动。韩愈早已表达如下观念：要回溯中国传统的生动泉源；自佛教兴起以来被人弃置的经典，隐含未明言的哲学，一旦将其提取出来就可以保证社会和谐与政治秩序。另一位名李翱的（晚于韩愈15年左右故世），亦已预感到十、十一世纪行将出现的某些趋向。11世纪贡献于这种思潮的，乃是通行的时代所特有的开明观念：相信教育与严格道德的好处，相信有可能改善社会与政治制度，相信道德至高无上。同时，亦注重系统化，追求对世界作总体解释以代替宗教及佛家哲学的解释。欧阳修曾揭露自六朝时代以来"治"（政治功能)与"教"(文化)的分离:有治无教则只能失却灵魂而堕落,有教无治则失去与现实的密切联系而无任何深意。就欧阳修以及就其同代人而言,当时的任务是恢复古代理想;古时国家与社会、政府与教育融为一体(后来更晚的时候,18世纪末史学家兼哲学家章学诚发展了这种观念)。

但11世纪时期思想家考虑的大问题是人类与宇宙一体化、人性与世界秩序同一的问题。许多人热衷于宇宙演变、时间周期、世界和谐的问题,他们致力于以图表表达此点。周敦颐(1017—1073年)、邵雍(邵康节,1011—1077年)、张载(1020—1077年)都从《易经》中以及从玄学派中,寻找自己的灵感。《易经》这部玄秘著作在3—4世纪大为风行。在邵雍的著述中,其宇宙论见解以所谓无处不可用的八卦推算为基础。程颐(1033—1108年)、程颢(1032—1085年)都是周敦颐的弟子。程颐将《易经》研究与《论语》、《孟子》以及与从《礼记》抽出的两册书——《大学》与《中庸》的研究结合起来。上述四本著作自宋代起比其他名副其实的经典更受推崇,众人便以"四书"称之。"四书"成为11世纪正在形成中的唯理、说教、本于先验的学派的基本文献。宋朝偏安于长江以南之后,朱熹(1130—1200年)综合了11世纪在思潮纷涌的背景中所表达的各种繁杂而丰富的观念,采用了解经新法,并将其运用于"四书"的诠释中。他大胆抛开语文学的拐棍,用力求达旨的哲学注解去代替汉代以来所奉行的逐句解释。

朱熹及程氏兄弟学派被称为"性理学"、"理学"或"理气学",在西方则以较为笼统的"新儒学"的称谓而闻名。当时,朱熹的观念受到其他哲学流派尤其是受到陆九渊(1140—1192年)所代表的流派驳难。陆九渊追随佛家成唯识论学派所提示的观点,认为世界是"心"的时、空扩展。14—15世纪,朱熹的观念确立了正统地位,导致中国思想贫乏化,其后果堪与亚里士多德哲学与托马斯·阿奎那哲学在西方的影响相比。

探讨中国哲学是件困难的事情,因为凡是要翻译中国哲学术语就马上牵涉到西方哲学整套观念与概念。若干当代批评家将朱熹代表的思潮视为唯理主义①,而将陆九渊与王守仁(1472—1529年)的相反思潮视为唯心主义②,如此一来,便将西方哲学固有的对立带到中国思想方面。但是这种区分并没有多少意义,还不如中国马克思主义者关于唯物主义与唯心主义所作的区分。因为中国思想的独到之处正在于:它摈弃关于感觉与观念、物质与精神、理论与实践的截然划分。因此,在中国的思想家当中,更常常存在的是倾向上的对立(有时异常激烈),而不是理论上的对立。有些人,例如陆九渊,深受尘世虚妄的佛家宗旨的影响,认为精神以外万事皆空,因此唯有道德完善至为重要(自13世纪起,尤其自蒙古人进占以来,这种主观主义观念占支配地位)。反之,另一些人,例如,浙江温州学派的功利主义者,则主张行动至上以及事物世界的真实性。因此,问题在于,一方面是实证知识与行动的均衡,另一方面是道德完善与直觉的均衡。当然,这类问题有其哲学意义,但在中国却不带有西方哲学所熟习的形式。

三、结束语

综观11—13世纪的中国,便感到经济与学识的惊人发展。13世纪末马可·波罗的惊讶并不是无故而发。东亚与基督教西方之间的差距异常明显,只需就每个领域(贸易额、技术水平、政治组织、科学知识、文学艺术)将华夏世界与基督教世界略加比较便可确信欧洲大大"落后"了。毫无疑问,11—13世纪的两大文明是中国文明与伊斯兰文明。

西方这种落后不足为奇:意大利各城邦处于亚洲贸易大道的终点,到中世纪末,才接受新生活。欧洲位于欧亚大陆之端,远离伟大的文明潮流、贸易潮流。但欧洲的位置也说明何以一直免于遭受严重侵略之害,起码其西面部分是这样。蒙古人占领自美索不达米亚至孟加拉湾的

---

①② 原文依次为:rationaliste,idéaliste。——译注

地区，造成伊斯兰世界衰落，而当时欧洲却正处于发展阶段。欧洲利用了交换与借鉴的新潮流，这新潮流因建立了自朝鲜至多瑙河的辽阔蒙古帝国而兴起。在一部事实上只局限于西方的世界史中，我们习惯视之为现代发端的事物，不过是城市文明与商业文明蓬勃发展的反响，而此类文明的覆盖领地，在蒙古入侵之前，已从地中海延伸至中国海。西方曾接受此遗产的一部分，并由此而获得潜在的影响力，借以推动其发展。12—13世纪十字军东征，13—14世纪蒙古帝国扩张，都促进这种传播。只需单纯列举一下这时期东亚对中世纪欧洲的贡献（间接借用或受中国技术启发的创造）便可以显示其功绩之巨大，诸如：12世纪末的造纸、指南针、尾柱船舵；13世纪初的将水磨用于织布机、带平衡锤的投射器（在火器发展之前曾使战争状况起翻天覆地的变化），还有独轮手推车；13世纪末的炸药；近1 300年历史的纺车；木版印刷（与中国一样，由此产生活字印刷）；铸铁（出现于14世纪末）。再加上一些稍为次要的革新，有了上述种种重大发明，西方才有可能进入近代阶段。

  西方凭借海上扩张，只是脱离相对孤立状态而已，其蓬勃发展则是在亚洲两大文明受威胁之时。中国由于受蒙古人掠夺以及因长期暴乱与战争而于14世纪大受削弱，要付出巨大努力重建其农业经济并恢复其稳定。明代(1368—1644年)大部分时间社会再分配与政权的独裁新动向都不大有利于华夏世界高速发展。

第六卷
从汉化诸皇朝到蒙古人进占

10—14世纪的游牧民族与山地居民

倘若考察游牧居民地区历时几个世纪的发展,则此地区比我们原先可能设想的更为复杂也更游移不定。其所以不断变化是由于如下原因:种族繁多,饲养模式与生活方式不同,定居居民或远或近、或深或浅的影响,政治上亦合亦分,等等。4世纪时吐谷浑人是定居于南满的牧马人的后裔,6—7世纪则成为唐代中国西北部惹麻烦的邻居。这些古部族慢慢往西移动,最后定居于青海地区。它们在该地区与其他部族融合,成为牦牛、羊、马、骆驼的饲养者,已是半定居居民,而不再是游牧居民。女真族是满洲东部通古斯牧马部族,该部族于12世纪初占领辽国,其祖先似乎是阿穆尔河流域的西伯利亚森林猎人。但一般来说,在这类居民中应对下述二者予以区分:一是与定居居民接触者,即接近南满、内蒙、中国北部各省边区、鄂尔多斯河套等地华人的部族;二是外蒙与阿尔泰各河谷较为遥远的居民。第一类居民深受中国影响,原因有贸易往来,政治联系,汉人在其管理区出现,士人、行政官员、工匠涌至,等等。第二类居民,处于较偏远地区,不易受中国影响,因而能够在较长时间保存本身的传统与原始习俗。

契丹女真以及唐古特牧民属第一类居民,他们于10—12世纪之间在华夏世界东北、西北边境地区建立了汉化皇朝。蒙古人属第二类居民,并作为公元前2世纪匈奴的后人以及6—7世纪突厥的后人而出现。他们同其前人一样,定居于贝加尔湖南面的鄂尔浑河流域,亦能为自身利益建立游牧部族大联盟,一如匈奴人与突厥人。

三代游牧骑士

10世纪东亚面临草原居民再度推进的前夕,比前代所见的推进更为厉害。从匈奴至突厥,从突厥至契丹复至宋代的女真,进展十分明显。必要时,可以这样区分三代游牧居民:第一代,公元4世纪以前,不知有马镫,而后来马镫却使挽弓骑士骑坐更为牢靠,从而提高其攻击力;因此第二代突厥人似乎比匈奴更为可怕;至于第三代,即契丹、女真,后来还有蒙古人,由于将草原武士传统与定居民族军队的精巧手段配合运用,特别是由于采用攻城技术,这一代在作战方式方面取得决定性进展。契丹、女真、蒙古的武士比其唐代时期的前人武装得更好而且也有更多的重型装备。每个人都带上或配备头盔、锁子甲、弓、箭、斧、狼牙棒、帐篷、干酪,而马匹则用皮褂或金属褂加以保护。这样沉重的装备意味着要有大量兽力与运输工具,因此辎重队伍十分重要。大车被蒙古人大量应用于武器与给养运输,对于这些卓越的征服者的成功曾起部分作用。每个骑士拥有四至八匹坐骑,同一马匹不连续骑两天。骑兵在交锋之时才跨上坐骑,而其时各路兵马已经汇集,正接近攻击目标。于是便发起火力一次比一次猛烈的波浪式进击,使敌人疲于奔命,而攻击时间与次序均经精密计算。

作战技术改变的同时,战争目标亦随之而变:再不是为打开市场而进行窜犯,也不是秋冬粮草缺乏之时发动劫掠,而是征服之战。10世纪之前,草原居民仅仅通过慢慢渗透(在此期间,草原居民也逐渐汉化),就地夺取政权才在华北建立起国家,而契丹、女真、蒙古人,则运用攻城战,夺取农业地区以便进行系统开发。历史演变的一个至关重要的因素自然是安禄山叛乱(755—763年)之后华北经济衰落与人口萎缩以及由此而带来的9—14世纪中国内陆防务的削弱。

草原居民势力壮大,定居居民则改进战略发展武装以应付之。11世纪创制出新兵器,防卫手段愈加完善。12世纪初,当宋朝偏安于长江以南之时,一支庞大的海军便发展起来了。

第一章 诸汉化皇朝

契丹辽国

9世纪,各民族瓜分华夏世界北部地区之时(吐鲁番回鹘人在甘肃西部,西藏人、吐谷浑人在青海,唐古特人在鄂尔多斯河套,沙陀突厥在山西北部,契丹在河北北部,勃海国人在满洲),契丹人很快就作为自907年起定都开封的各皇朝的最可怕的对手而出现。契丹人不久便建立起国家。

契丹人是4世纪鲜卑人的远房后裔,为辽河流域(辽国西部)的游牧者,该地区牧人生活方式与农人生活方式交错会合在一起,许多汉族农民与祖籍为突厥或蒙古的部族居住一处。契丹人接近华夏地区是其迅速采纳中国制度与文化的原因。自924年起,契丹人向西部发起进攻,以便争取唐古特人与吐谷浑人归顺。他们于次年摧毁勃海国。他们胜利地攻进北京地区,后来便将北京定为其京城之一(南方的京城称南京)。当时将新兴的帝国定为辽国,"辽"是 siramruen 的汉语称谓。946年,契丹人直犯开封,促使后晋垮台。契丹人在开封掳获朝臣与工匠,抢掠舆图、官方档案、刻上经典的碑铭、滴漏(水钟)、各种乐器。他们广泛入侵现今河北、山西等省份,986年扩张至满洲,此后不久便达到全盛时期。11世纪初年,契丹人进犯至黄河流域,1004年,宋皇朝被迫于澶渊(黄河下游)议和。其时辽国的幅员包括满洲与蒙古东部大部分、山西北部大同地区以及北京地区。

但其实际统治延伸至整个草原地带,从满洲、朝鲜直至天山。北满的女真部族、朝鲜、鄂尔多斯的唐古特族以及宋皇朝本身全都对它称臣。辽国与日本、阿巴斯帝国均保持接触。巴格达朝廷曾要求契丹公主下嫁。在蒙古向整个草原地带大扩张之前就建立如此密切的关系,据此大概很可以解释13—14世纪由蒙古人传播的契丹一词(单数形式为kitan,复数为kitat)何以在波斯语、西突厥语以至在东斯拉夫各语种中便以kitai或khitai的形式出现。众所周知,当时访问东亚蒙古帝国的欧洲人也不得不使用此词。在马可·波罗眼中,中国北部便是契丹(Cathay)。

无疑,促使契丹的称谓传至帕米尔之外甚而传至欧洲,主要是其商业作用,其次才是它在草原地区的重要政治地位。自1004年起,宋代中国每年缴纳的贡品大体供辽国用以从事半外交、半贸易活动。按中国的观念,这类活动的目的在于提高朝廷声望。在澶渊之盟(1004年)中,规定宋皇朝每年进贡10万两银子、20万匹丝绸。1042年,因辽国帮助宋朝对抗唐古特族,进贡数提高到20万两银子、30万匹丝绸。此类巨大财富,部分辗转传递,穿越亚洲,毫不出奇。因而宋代经济大发展很可能在邻国以至更远地方引起反响。

此外,中国的影响似乎对契丹势力的形成、发展、衰落曾起决定性作用。自10世纪初起,契丹人汉化程度已经不浅;从事农业生产,拥有铸铁厂、织造场、设防都市。920年之后,契丹人感到需要创造一种与中文相近的文字以记录契丹语言,后来乃采用仿效回鹘文的标记系统。辽国的国家体制照搬中国制度。随着政权制度巩固以及社会演变,其文化亦趋向于与中国文化混同起来。辽国时代以至后来的金代,全部思想文化活动集中于北京地区。不过,北京虽然广泛接受草原地区影响,但首先仍然是一个华夏都市。

造成辽国的苶弱、衰落有多种原因。自 11 世纪中叶起，契丹人便失去战斗力，对其邻人采取守势，建造城墙、壁垒、防卫哨所。佛教("不害"之教)影响、中国财富及华夏文化影响看来对其风尚曾起解体作用。12 世纪初，由于连续水旱之灾、皇室内讧以及东北以"女真"而闻名的通古斯部族逼进，辽国的衰落愈发加速。宋皇朝曾与居于现今黑龙江省的女真结盟攻辽。自 1114 年起，女真的压力日甚，1124—1125 年间终于导致契丹帝国覆亡。

一部分契丹贵族迁徙至新疆回鹘地区，于 1128—1133 年间得回鹘人之助，在伊犁河流域建立名为"黑契丹"的国家，按中国的称谓，是为西辽。此突厥-蒙古人之国，深受汉化，但亦受佛教与景教影响，建都于巴尔喀什湖以南的虎思斡耳朵，幅员延伸至疏勒地区与撒马尔罕地区。中国的影响通过西辽再度传至帕米尔内外地区。1141 年，西辽战胜撒马尔罕附近的塞尔柱突厥人。这一胜利无疑有助于中世纪欧洲关于祭司王约翰之国的传说的形成，这或许已向基督教世界展示：亚洲可能存在着反伊斯兰联盟。西辽国 1218 年被成吉思汗军队所灭。

西夏：牧人与商队之国

在西北部，西藏人入侵是宋朝主要的忧虑之点，直至 1036 年前后仍然如此。但构成这地区的巨大政治实体的，是其他居民。唐古特族是鄂尔多斯牧民，而且与唐代羌人有亲缘关系。1002 年，唐古特人向蒙古西部与甘肃扩展。1028 年，唐古特人已因通商而致富，当时占据了武威与张掖两大交易中心；武威过去一直由西藏人统治，张掖则受回鹘人控制。1038 年，唐古特人建立帝国，取"夏"的中国古国号，建都于现今银川(宁夏)，在兰州下游、黄河之畔。这就是"大夏"国，或按中国的说法，称"西夏"。其统治阶层由混有鲜卑血统的唐古特人构成，他们是拓跋氏与吐谷浑的后人，拓跋氏是 5—6 世纪北魏皇朝的缔造者。执政者是种族混杂的人士，其治下帝国民众亦非同一种族——有唐古特人、回鹘突厥人、西藏人;国内的生活方式也多种多样,有农耕者、商旅队员、游牧民、半定居牧民等。的确,西夏帝国版图包含草原、沙漠、绿洲以及农耕地区,从鄂尔多斯至甘肃、陕西北部以及蒙古西部边境地区。虽然他们主要以养马、养羊、养骆驼以及种小麦、大麦、小米为其经济基础(后者通常由汉人从事),但贸易活动在帝国中仍然起重要作用。实际上,西夏控制着宋皇朝与中亚的贸易,再往北面,则控制着全部陆路货运,这条通道穿越鄂尔多斯将蒙古东南部与甘肃、青海、西藏连接起来。最大宗的贸易仍然是与宋朝中国进行的贸易。集市设于边境线上,出口货物有:马、骆驼、牛、羊、蜂蜡、毯子、饲料;进口货物有:丝绸、香料、药物、陶瓷、漆器。而大量走私(主要为中国盐)倒促进西夏致富。此外,宋皇朝无力制止西夏入侵,被迫于1044年签订和约。据该和约,宋朝不得不每年进贡13.5万匹丝绸、72 000两银子、30 000斤茶叶。正如宋皇朝向契丹进贡的情形,西夏也可能将上述部分财富再度出口和以此作为交易货币。无论如何,茶叶情况值得一提,因为已经证实:唐末以来所有草原地带游牧居民以及西藏山民已普遍使用茶叶。

宋朝曾竭力摆脱西北部碍事的西夏国,但徒劳无功;1081年发起进攻,并没有收到任何效果,而只是削弱了中国。但13世纪初时,西夏已开始受到蒙古人首期窜犯。1225年,西夏与蒙古人结盟对抗金国,却并没有因此而免于1227年被成吉思汗军队消灭。

这个商旅与牧民的国度(其居民大部分由汉族农民与城市居民构成)于是宣告结束。西夏国的混合性质从其制度反映出来,既效法中国,亦模仿西藏。执政阶层所操的口头语,过去从未用文字记录下来——不久前才了解,这是一种藏缅语,相当接近中国西南部彝族(罗罗)语言。最初也和西藏一样曾尝试采用仿效印度文字的书写体,后来则借助按中国文字原则构成的方块字。想必此种繁杂的标记系统较之于印度式的标音法更切合西夏语,因为已经采用前者并加以推广。我们仍拥有用这种文字写成的大量文献:辞书、佛学著作、道家著作、译成西夏文印出的中国经典。

女真金国

女真(或作Jürchet)是源于现今黑龙江省的通古斯部族。此部族灭辽,其后人于17世纪初采用"满洲"的称谓,曾征服满洲各中国省并于1644年占领北京。12世纪的女真语是满语的古式。

此部族发展异常迅速。第一次被提及始于1069年。但从1115年起,其首领阿骨打(驻于现今的哈尔滨)即自立为帝,取国号曰"金"。据说,这一称谓是暗指该地区的金沙。在此时期前后,女真开始攻击辽国,从一开始其战斗素质便已显露出来。辽国因经济困难、内部纷争而被削弱、消耗,女真只用十年便消灭了它。1120年,女真与宋皇朝达成盟约。1122年,宋军与金军联合向辽国进攻。女真作为东北部大国分别于1124年与1126年被西夏与高丽所承认。但1125年,辽国覆亡不久,女真即撕毁与宋皇朝的友好条约,继续进兵河南、山东。开封于1126年陷落。徽宗皇帝、皇储及3 000皇族成员被掳至哈尔滨地区。11世纪初契丹入侵并未超越过黄河流域,而女真骑兵竟推进至长江、浙江北部。宋皇朝部分帝室成员与旧臣即避居于此。1126—1135年之间,东南地区大部分城市均遭烧杀掳掠。1129年,南京与杭州遭受袭击。1130年,女真突进至浙江东北端的宁波。1138年,金、宋订立第一个和约,同年,宋皇朝于杭州临时建都,而于1142年签订较持久的和约。据此约,两国边界定于淮河流域,宋皇朝应每年进贡相当于向辽国奉献的贡品。被女真攻占的领土从未收复过,虽然,宋皇朝的进攻时有胜利而且曾援助山东农民抵抗。

女真向华北与长江流域进攻,同时还致力于向满洲与蒙古扩张,金国于12世纪中叶已达到其最后边界,幅员包括河北、山东,现今江苏、安徽、河南各省的北部,陕西南部,再往北是蒙古东部与满洲。金皇朝怀疑自己是否有能力管理归顺于帝国的众多定居居民,于是首先建立一些政治单位,交由归顺的汉人——宋朝旧臣管辖。再者,金人惧怕起义,只好到处维持武装队伍用以控制居民。但不久,金人取消这种虚有其名的国度。委任张邦昌治理的楚国(位于黄河之南)只于1127年间维持数月;由刘豫统辖,其幅员伸展至现今山东、河南、陕西南部的齐国则存在于1130—1137年间。

征服华北之后的金国政治史可以以几个日期归纳之。1153年,自哈尔滨地区迁都北京以后,曾向南宋发起新攻击,但1161年发生内部危机导致篡位。随之而来便对南宋实行睦邻政策。13世纪初蒙古大举进攻前夕,即章宗(1189—1208年)时期,由于黄河泛滥,宋皇朝发动攻势,金人不管蒙古人进犯仍然致力于维持自己在东蒙的地位,遂致增加开支,从而引起经济困难。后来几年间,金人随着蒙古军队的挺进而不得不撤离满洲并于1214年迁都于较北京为安全的开封。15年后蒙古人发动攻势之时,情况急转直下:1232年,金国朝廷受入侵困扰,在河南从此城迁往彼城,直至其皇帝受宋、蒙联军包围,于1234年自尽。

女真人与其满洲后代一样也是尚武素质与适应能力二者兼备。再者,金国内存在汉化契丹人,而且拥有大量汉族居民,华夏影响如此迅速表露出来亦就不难解释。女真的政治组织、行政组织、经济、文化都是中国式的。而其贵族阶层的汉化则自1132年起,1153年迁都于北京之后尤为加速。1132年开始,汉人在高层官府任职愈来愈多。汉化来势迅猛,竟致激起"民族主义"的抗拒。世宗(1161—1189年)致力于恢复女真的风尚、语言以及传统。1173年,在为黑龙江旧部族后人而设的科举试中,规定必考女真文。但这些努力并无成效,女真语日益被人遗忘。1120年,先是应用多半仿效契丹文而来的文字("大字")标记,后于1138年采用另一种新文字:"小字",自1145年起便普遍应用起来。这种文字许多样本依然保存于碑铭与印刷品中。事实上,金国公文先用女真文起草,随后才翻译成汉文(也译成契丹文,至1191年为止),即如清代满洲文本,17—18世纪也译成汉文与藏文。

第二章 蒙古入侵与进占

13世纪初年蒙古人登上舞台即改变了亚洲大陆东北部整个政治形势。自1211年起,金国即开始遭受来自鄂尔浑河流域新征服者的袭击,很快便被夺去满洲与北京地区,后者1215年被占。西夏在一场历时不长的战役中(1225—1227年)亦遭摧毁。经受首次攻击的23年之后,金国终于彻底垮台。整个华北便被蒙古人占领。蒙古人仍需用13年才终于在四川立足;过40年左右,长江流域、南方各省才最后落入侵略者之手。蒙古人向缅甸和越南扩张则遇到巨大困难;13世纪末向日本与爪哇的海上远征亦以失败而告终。蒙古人深入东亚的缓慢与其挺进亚洲西部及欧洲的迅如闪电形成鲜明对照。1221—1224年间,成吉思汗的部队迅速侵入高加索北部、乌克兰、克里米亚、罗马尼亚乃至波兰南部,无疑可以被认为纯然是军事侦察行动;后来才攻占土地以及建立国家,如:阿尔泰与准噶尔的窝阔台汗国(1224—1310年);中亚、帕米尔与外奥克散的察合台汗国(1227—1338年);伊朗、阿富汗、西巴基斯坦的伊儿汗国(1259—1411年);至叶尼塞河的俄罗斯欧洲的金帐汗国(1234—1502年)。不过,征占领土与建立蒙古政权在欧亚大陆西方毕竟比在其东方容易。1236年,蒙古人到达喀山地区;1237年,进军莫斯科;次年抵达诺

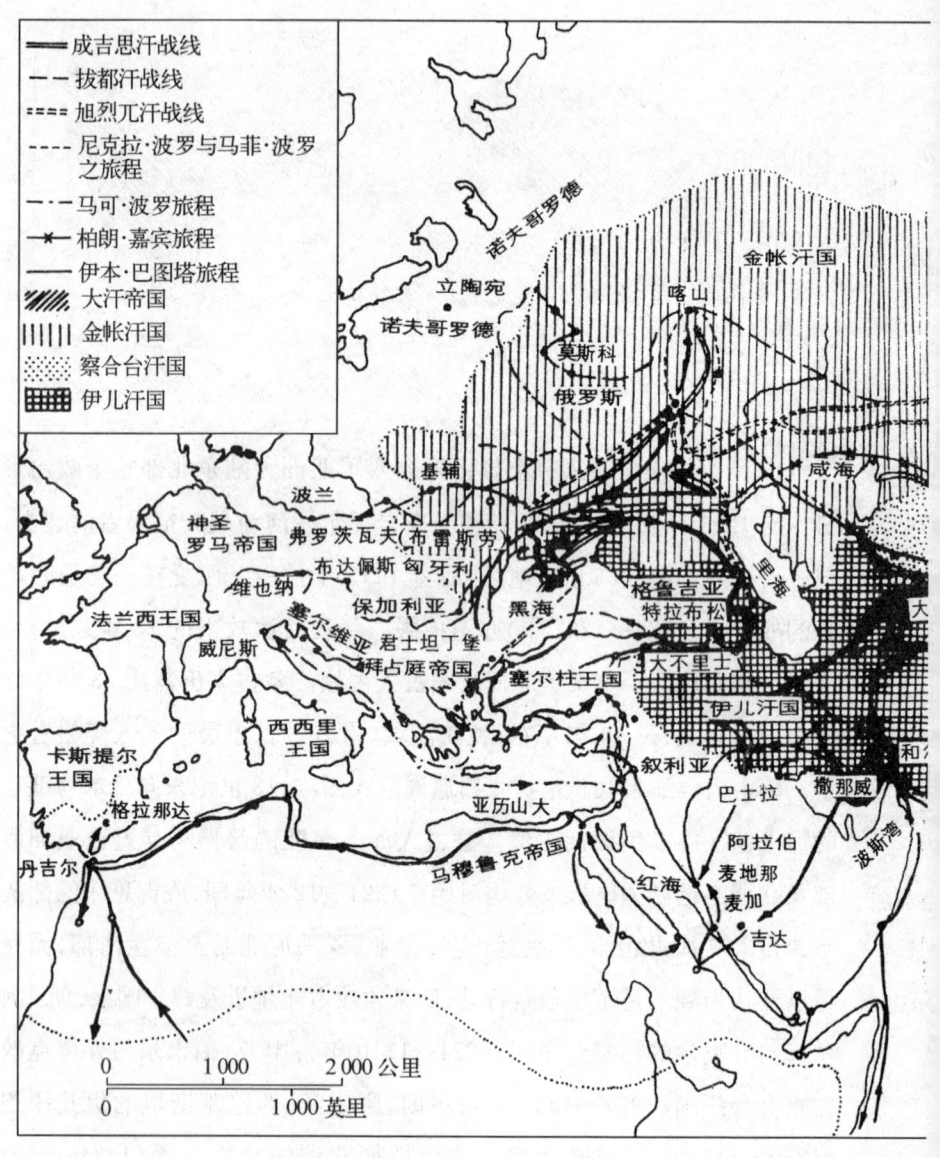

蒙古诸汗国与元代跨

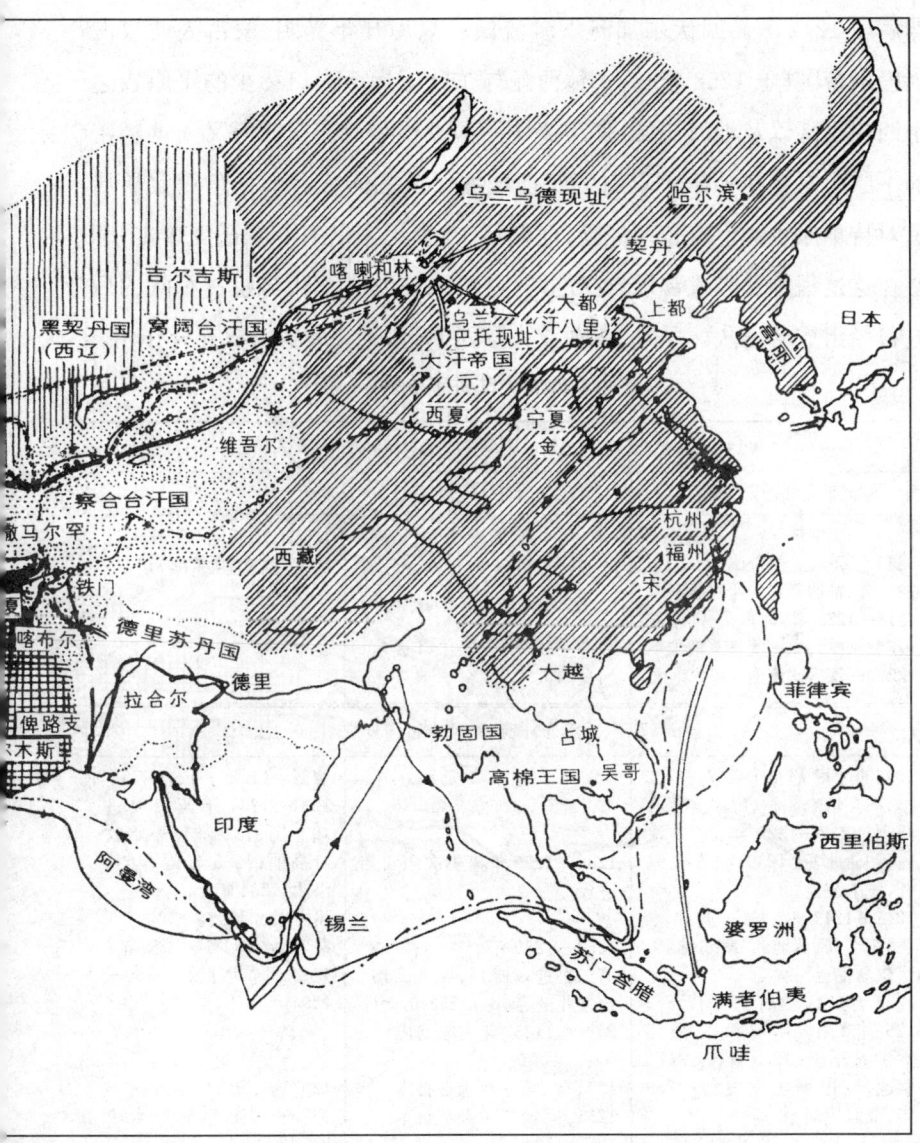
越欧亚大陆的往来

天哥罗德地区,并挥师指向顿河下游流域。1239年,基辅受威胁,1240年陷落。蒙古人穿越加利西亚、匈牙利、奥地利、塞尔维亚、达尔马提亚,然后于1242年转回伏尔加河下游流域。只用几年光阴,蒙古人便攻占阿巴斯帝国(于1258年)。大体西亚与东欧干燥而人口稀少的平原较之于四川山区以及淮河流域、长江流域湖泊纵横和河流交错而又人烟稠密的平原更易受在外蒙大草原训练而成的军队的入侵。不过东亚定居居民对待草原牧民也有长期经验,他们自10世纪末以来不断遭受攻击,想必在这过程中已经改善了自己的防卫手段;在女真军队与蒙古军队的后方曾经组成游击队。反之,在欧亚大陆西部,似乎突袭曾发挥充分作用。

蒙古在欧亚大陆进军步骤

1206年铁木真宣布为"大汗王",即成吉思汗(1167—1227年)		
欧亚大陆西部地区	东	亚
1211—1224年 1211年征服黑契丹国(西辽) 1218年,征服新疆的西回鹘王国 1218—1223年,征服霍列兹姆(花剌子模),第一次进军俄国 1224年,深入印度西北边界地区	1225—1227年向甘肃进攻,西夏国灭亡	1210—1215年第一次进攻金国(中国北部);1215年占领北京
1227年,成吉思汗身故,蒙古帝国分裂		
1236年,拔都汗(1207—1255年)离开哈喇和林,后建立金帐汗国;1237—1239年,第二次向俄国进犯;1240年攻占基辅,进入波兰 1241—1242年,挺进波希米亚、匈牙利、奥地利、塞尔维亚、达尔马提亚 1253年,旭烈兀汗(1218—1265年)离开哈喇和林,后建立伊儿汗国;1258年,攻占巴格达,阿巴斯王朝覆亡;1259年,征服伊朗	1236—1239年第一次向四川进攻 1253—1259年 第二次进攻四川;深入云南、缅甸北部、越南;1253年大理国灭亡;1257年占领河内 1274年,第一次远征日本 1281年,第二次远征日本 1282—1283年,进攻越南、占城,侵入柬埔寨 1287—1288年,再次远征越南 1292—1293年,远征爪哇;1300年,缅甸战役失败	窝阔台(1229—1241年) 1231—1234年第二次进攻金国;1231年,开始攻打高丽;1233年围开封、洛阳;1234年金国灭亡 贵由(定宗)(1246—1248年) 蒙哥(宪宗)(1251—1259年) 忽必烈(世祖)(1260—1294年) 1257年,第一次围襄阳 1272—1279年征服南中国;1272—1273年,第二次围襄阳并攻下襄阳;1276年,占领杭州;1277年,占领广州;1279年南宋灭亡

一、蒙古政制

蒙古开发制度确立

　　成吉思汗时代,1210—1227年间,确切地说,蒙古人还没有任何行政组织。屠杀后幸存的居民(工匠与宗教人士通常得以幸免)作为奴隶分配予蒙古贵族成员,大量土地则改为牧场。领土划分为独立区域,成为私人庄园,由封建领主管理,领主对居民拥有全权。部族兼军事组织代替政府机构,后来作为东亚蒙古帝国的总体框架。与契丹及女真人相反,蒙古人在其征服中国之前不大受中国影响,这种影响一直停留于表面。至成吉思汗身故时,蒙古人与华北居民接触极为有限。只在窝阔台年代(1229—1241年,其时占领已最后完成),才开始系统开发华北的财富。为组成长久政治实体也为继续扩张起见,蒙古人首先要联合被其征服的居民并使之为自己服务,因为蒙古人在其治下的大量而繁杂的居民当中,本身也只占少数。蒙古人征服华南,组织远征日本、缅甸、越南、爪哇用的是在中国征募的军队,甚至使用朝鲜和中国的舰队。蒙古征服者不甚善于和平时期的活动,对定居居民毫无信任感。为了剥削中国百姓、开发中国财富,他们一方面仿效中国制度,另一方面特别喜爱任用金国、契丹与女真旧臣以及求助于来自中亚、中东、欧洲的异邦人。华北征占的推进,随之而来便更感到需要借助于这类中介人。耶律楚材(1190—1244年)是说服蒙古人采用汉族行政手段的主要人士。耶律氏是契丹贵族的后裔(耶律家族曾建立辽国),金的旧臣,1215年北京陷落时转而为成吉思汗效力。1229年,窝阔台登位,一开始,耶律楚材便向新君主进言运用固定税制的好处(他认为征调与课税每年可收入银子50万两、丝绸80 000匹、谷物20 000吨),他被任命为总管华北的行政长官。在被征服居民的影响下,蒙古人的政策有所转变,逐渐采用源于中国的典章制度。1229年,第一次建立驿站,设立土地税制,建起公共粮仓。1236年,发行第一批纸币。同年设立译馆将汉语古籍与官史译成蒙古文。1237年首次开科取士,次年在北京建立皇家书库。忽必烈时代,翰林国史院(建于1261年)修编《辽史》、《金史》(只是到后来,即1344—1345年之间,在丞相脱克脱或脱脱的主持下才最后修成辽、金、宋三史)。

另一名谋士是刘秉忠(1216—1274年),在耶律楚材之后其影响占压倒地位。他是位佛教禅宗的还俗僧人,具有高深的古典文化素养。1249年,刘氏应召至喀喇和林忽必烈的朝廷,向蒙古可汗上万言书,陈述政治与行政的见解,万言书中曾引述汉代文献名句:"以马上取天下,不可以马上治之。"但刘秉忠所提出的重大改革计划自1252年方才付诸实施。1267年,刘氏负责在北京建设新首都汗八里。中央政权从位于现今乌兰巴托(库伦)西面、离北京1 500里远的喀喇和林(和林)迁至辽、金国的中心地。这次迁移标志着蒙古政治的方向变更:半壁江山已被占领的中国看来是无尽的人力与财富之源。新京城的主建筑师是一名穆斯林,由汉人辅佐。城墙于1267年开始动工,1292年完成,而皇宫则自1274年起兴建。其时,蒙古人于1271年采用了中国朝代的称号,国号为元。

虽然慢慢接纳中国的典章制度,但蒙古人依然保留对中国旧臣的疑忌:统领职位由蒙古人担当,财政与行政机构委任来自于中亚与中东伊斯兰地区的人士。伊斯兰商人,组成称为"斡脱"的会社,实际上垄断征税,收益可观,由蒙古军队协助其征税。威尼斯商人马可·波罗也为蒙古占领者工作。还可举出一名俄国人为例,他于1321年京城进士试中得中,后于1341年在浙江任要职。

种族歧视

蒙古人在东亚建立的制度的基本特点之一,其实是对归顺或被征服的不同居民实行分而治之。这种区分并非据纯然的种族标准,而是按居民归顺帝国日期的先后。关于蒙古人在中国实行歧视的主要材料见于陶宗仪的《辍耕录》,这是笔记集,1366年成书。该书列举蒙古人所区分的不同种族类别,书中特别提及14世纪中叶东南亚民众起义。居民分为三大类:蒙古人、色目人(非蒙、非汉亦非汉化的种族)、汉人(华北的汉族及汉化居民)。游牧居民中分为72类,其中武士贵族与下层民众泾渭分明。在色目人中有31类,计有:原籍突厥的居民(畏兀儿人、葛逻禄人、乃蛮人、图瓦人)、西藏人、唐古特人、来自阿姆河流域被称为"萨尔图尔"的伊朗商人、俄国人等等。至于"汉人"一词,在蒙古人心目中,含义甚广,因为此词既用于汉人本身,也用于在华北与东北定居的契丹人、女真人、朝鲜人。笼统而言,此词指辽、金两国的旧臣民。除北方汉人之外,自1273—1275年起,还有南方汉人,后者被称为"新附人",在国中地位最低。

上述分类作为行政、法律、财政区别的基础,领导职务只能由蒙古人担任,而且职务是世袭的。行政区域的文官或由蒙古人担任,或由色目人担任,后一种情况不多,副官通常由穆斯林担当。

在刑法方面,加诸汉人的惩罚最为严厉。如偷盗案的黥首仅施于汉人。凡汉人谋害蒙古人必受死刑,而且必须偿付丧葬费("烧埋银"),而蒙古人杀害汉人只处以罚款。蒙古人可携带武器,汉人则遭禁止,如此等等。蒙古人按其统治需要及按其帝国的独裁性要求大大更改中国法律,将"凌迟"的缓慢死刑引进其中,施于重罪犯人。

1315年,举行首批汉族式进士试之时,名额按应考生员出身分配:共取300名,1/4应属蒙古人,1/4属色目人,1/4是原籍华北的,1/4是南方汉人。

蒙古人在中国设立严格的社会樊篱,禁止其所定的种族类别之间任何通婚。不过这种限制不偏于一面:既实施于统领职位世袭的蒙古贵族,也实施于其地位受压制的下等阶层。在蒙古人占领期间被俘的国家工匠,不能从事他种职业,连其子女辈也这样。蒙古当局向工匠供应一切生活与工作的必需品,但将其置于特设的建筑物中,看管起来。盐场工人的情况也一样,其生活条件苦不堪言,引起大批人逃亡与暴动。1342年,江苏南部与浙江北部的盐工数目骤减,从17 000人降至7 000人。自淮河至浙江的盐场工人都是起义队伍中的勇士。1351—1368年间的起义席卷元皇朝。

中国税制与财源开发

征占地的政权机构逐渐建立起来。自此时起,北方农民便须缴纳人头税并承受与唐初"租庸调"相类似的税制,虽然私产监督与土地分配已多年不进行。纳税人应每年缴纳粮食、布匹,按适龄劳动人口的多寡而定。南方则相反,实行的是唐末"两税"制:夏季缴布匹,秋季缴谷物,后者的数量按耕地面积与家庭纳税人等级而定。除上述捐税外,还有难以忍受的异常沉重的负担,即当局所要求的轮流义务劳役,南北方皆然。蒙古人因其邮务、工程、军队而需要大量服役者;是时邮政在中国本土已经大大发展起来。

但似乎华南的税收压力更大,蒙古人从南方获得近一半的收入。在长江下游以及沿海省份某些人烟稠密的平原,税收之重令人无法忍受。1351—1368年,长江下游便发展成为最大的反叛中心。上述地区的严重局势皆因纳税人数量甚少,亦因蒙古人在占领之后所实行的政策。蒙古人没收贾似道在南宋末年所设的"官田",其后还避免触动大型私产,而这正是社会严重失衡的根由,稻米大生产地带深受其害。由于这种谨慎措施,也由于不想改变被占领土的社会秩序,致令南方有产阶层对新政权保持中立姿态,甚至表示好感,而在北方则普遍对入侵者抱敌对态度。北方一被占领,小经营者与官吏即被剥夺土地与职务。南方维持大地产,并将此扩展至全国(蒙古贵族领地、寺院地产、富商田地),加之农民状况恶化,致使元末起义异常激烈,尤其是因为对占领者的仇恨与对富人的仇恨会合在一起。

征服长江流域之后,蒙古人便一下子拥有双倍财源。但将财富运往北方并不容易。12世纪时运河还能使用,自从疏于护理之后,已不再通航,此时正设计一条捷径,要比隋朝600年左右所设的路线为短。这条路线要将太湖畔稻米种植广大地带与北京地区连接起来。在占领南方之前几年,北京已成为帝国首都。当时元皇朝正组织海运,从长江口直达天津地区。明初(14世纪末)的著作《海道经》提及绕山东半岛而连接南京与天津的路线。该书大概据先前元代的著作写成。元代也同时致力于兴建大运河(未来明清两代皇家运河),后来于14世纪初全部完成。其北段建于1279—1294年间,由于土质与落差而不无困难。因落差之故,不得不设计水闸。然而启用大运河并不因而中止海运,大部分运输仍然依靠海道,到元末依然如此。

蒙古人占领中国之时,中国正值经济大发展,蒙古人大概已利用这种局面。但蒙古人的统治更加强了贸易发展与货币经济在社会普及的效果。在蒙古人治下,贫富悬殊更为扩大。宋帝国发行的纸币只能在特定地区与有限时间通用,而蒙古人则于1260年创设真正的"国币",其流通不受任何时间与空间限制。1260年发行"中统元宝交钞",至禁止以此兑换金银时,便告贬值;1287年发行"至元通行宝钞",用以代替前者,该"宝钞"保持相对稳定的行市,至元末通货大膨胀时为止。

此外,蒙古人优待中亚与中东商人。这类人往往来自伊朗,皈依伊斯兰教,通晓伊斯兰世界的钱庄业务,间或受委托在中国实行包税。他们与蒙古贵族保持往来,后者常常向他们放高利贷。由此,受新主人剥削的中国便通过丝绸旧路与草原之路的商队参与世界经济循环,而本身却无所获益。19世纪,清皇朝也遇到与此相类似的状况。蒙古人只允许纸币在中国流通,而据某些历史学家说,中国的白银则流向亚洲大陆西部。可以认为,大体而言,元代社会已出现贫困化。中国白银向中东与向欧洲转移,由此可知何以明初(14世纪末)如此缺乏银子。

起义与对抗占领者

自14世纪初起,继位之争逐渐削弱中央政权,而蒙古贵族也愈来愈显示其独立不羁。在内乱、阴谋与篡权当中,帝位迅速更迭。仅在

1320—1329年之间,就出现过四名君主。高官显贵成为京城的主人,与此同时外省愈来愈腐败的行政机构与地方政权亦恣意妄为,而元皇朝在应付自身贵族反叛的同时,还要面对中国民众日益增长的敌意。

　　1300年左右起,起义频繁发生。其原因无非是蒙古人剥削沉重,国家官吏腐败,对外国人的仇视以及富人大享特权。但还有更直接的原因也可能起作用,即自1276年起已出现十分明显的物价高涨,大概因投机或因笨拙的专制措施而引起,这类措施招致农民不满。例如,1315年决定夷平田间墓地以增加耕地面积,便激起骚动。反对现政权的力量凝聚于秘密会社中,这类会社屡遭禁止、迫害,但依然不断复苏。白莲教的情况即如此。此教派崇奉无量寿佛,约于1133年前(南宋)建成,为苏州茅子元所创,主要从贫农中吸收成员。其信徒严格实行素食,拒绝纳税与服劳役。白云宗的情况亦如此。1100年左右建立,其创建人为杭州一僧人,名孔清觉(1043—1121年)。该教派主要活跃于长江下游以南。当时还存在千年至福运动,众人恭候救世主弥勒佛降临。1335年河南爆发弥勒信徒起义;1337年,湖南亦发生;随后几年,复出现于广东与四川。但秘密组织中最重要的乃是"红巾"(1351—1366年),因其成员以红巾裹头而得名,在元代反叛运动中已成为传统。1351年因水灾而于长江下游发起的大起义即以"红巾"为主,随后起义扩展至安徽,终于导致元朝垮台。在元末的起义运动中,宗教意义与政治要求紧密交织在一起,看来因迫害的推动,各种影响已产生融合,主要影响虽为佛教(崇奉阿弥陀佛与千年至福的弥勒佛),但亦有摩尼教、或许还有袄教的影响。

二、东亚、基督教世界与伊斯兰诸国之间的关系

　　12世纪之前,东亚各国已通过塔里木盆地与外奥克散绿洲地带并通过海路同印度-伊朗世界保持联系,其后还与伊斯兰世界发生关系,而13—14世纪的蒙古扩张更赋予草原旧路以新的重要意义。这条草原之

路自新石器时代以来便经由准噶尔与哈萨克将蒙古与伏尔加河下游流域联系起来。此路线直通东欧平原,由蒙古人系统修整过。蒙古人将汉人的驿站扩设于此。自1229年起便采用这一系统,1237年加以改善并使其划一化。由于有粮仓、牧场、代换马、守备队,便使草原之路沿途驿站成为出色的机构,这自然有助于外蒙与北京地区之间的往来,也有助于俄国、伊朗、地中海之间的联系。各国人士来往于蒙古领地:中亚与中东的穆斯林,来自察合台汗国、伊儿汗国以及金帐汗国的正统俄国人,华北辽金旧国的臣民,热那亚与威尼斯商人。后者与俄国及近东的贸易关系使其抵达蒙古,乃至北京。因商业与行政在蒙古政制中有着密切关系,若干外国人甚至在元皇朝任职效力。虽然采纳回鹘字母的蒙古文(由西藏喇嘛八思巴创制的四角形文字于1269年被采纳,后来不大通用)已成为中国的行政语文,但在商业界中,在连接大不里士与北京的商队旅途上,往往使用的是波斯文。然而,俄语看来也在草原之路上取得进展,蒙古人统一亚洲,似乎引起相当多的俄国人冒险进入蒙古,甚至进入中国。若干历史学家认为,蒙古人的征占是俄国第一次向西伯利亚推进的起因。

基督教世界的使者与商人

出于外交原因与宗教原因,西欧各国决定向和林与北京派出方济各会教士。圣路易时代以及十字军东征末期,各国君主、历任教皇都将希望寄托在与蒙古人结盟及令蒙古人改宗方面。

1245年,柏朗·嘉宾①(1182—1252年),被教皇伊诺森四世派至和林。他生于佩鲁买,离开里昂两年后转回里昂。曾写下关于蒙古人风俗习惯的笔记:《蒙古史录》(*Ystoria Mongalorum*)。

1253年,第六次十字军东征之时,原籍佛兰德的卢白鲁克受法国国王路易九世与教皇伊诺森四世派遣至蒙古请求蒙古人与之结盟反对穆

---

① Jean de Plan Carpin,亦译作卡皮尼。——译注

斯林。卢白鲁克穿越黑海、克里米亚,沿顿河而上,径取草原之路。他在和林与蒙哥汗会晤,于1253—1254年在该地逗留。

意大利方济各会修士孟高米诺①(1247—1328年)抵达伊朗之后,1291年在霍尔木兹上船(当时霍尔木兹为通往东亚之路的起点)并于福建泉州登陆。因出使成功,1307年他被教皇克利门特任命为北京(汗八里)大主教。几年后还为他派出副手。1328年,他病逝于北京,罗马天主教在中国的踪迹遂告消失,后来明末耶稣会士竟全然不知其方济各会的前驱者。

另一名意大利方济各会修士鄂多立克,于1314或1315年登程至东亚。他访问君士坦丁堡,穿越黑海,到达伊朗。由此他从海上抵印度,其后抵东南亚,在广州登陆,后从广州上船赴福州。他自陆路从福州往杭州,其后从大运河赴北京并在北京住了三年。他从亚洲内陆返回欧洲并于1330年回到意大利。其游记由友人索拉尼亚收集整理而成。

除上述天主教教士的名字之外,还应提及下列著名威尼斯商人的名字:尼克拉·波罗、马菲·波罗与马可·波罗。他们于1254年从威尼斯出游,直至华北,尼克拉、马菲兄弟俩于1269年返回意大利,复于1271年与其子侄马可·波罗(1254—1324年)再度登程,通过帕米尔,取道绿洲,到达甘肃——在甘肃的甘州(张掖)留下一年做生意——复穿越华北,在元的夏都上都(北京北部270公里)觐见忽必烈,其后1275年在北京再度觐见。马可·波罗曾在商业大城扬州任行政职务并受蒙古人委任多次出使,1292年从泉州出航,曾访问越南、爪哇、马来亚、锡兰、马拉巴兰沿岸、马克兰以及伊朗东南沿岸。他在东亚度过近1/4世纪之后于1294年抵达霍尔木兹,次年返回威尼斯。他在热那亚被俘入狱,用法语将其回忆录口述给友人鲁思梯谦。这就是著名的《马可波罗游记》。

这些欧洲人士在东亚蒙古帝国曾遇见许多来自亚洲不同地区的商人与官吏。例如,卢白鲁克在和林之时,一名称海顿的亚美尼亚王公就

---

① Jean de Montcorvin,亦译作孟高维诺。——译注

在蒙哥宫廷居住,但大部分外国旅游者并没有留下记录。著名的伊本·巴图塔(1304—1377年)却是个例外。他生于丹吉尔,1325年出游,曾到埃及、麦加、伊朗、阿拉伯、叙利亚、黑海、中亚、印度北部,在德里度过八个春秋,其后登船赴东亚,在苏门答腊、爪哇中途停泊,至泉州登岸,访问过广东,最后自杭州出发,经大运河直抵北京。回程时,他自泉州下海,复抵波斯湾,经巴格达、麦加、埃及,于1349年重回丹吉尔。与马可·波罗不同,伊本·巴图塔是个出色的观察家,他曾在关于中国的游记中详细描述了水力机器、纸币、煤炭的使用、房屋兴建、瓷器制造等等。

异邦人已在中国留下了踪迹。如果蒙古统治并非如此短暂,外来影响一定会深刻得多。扬州已发掘出两个基督徒墓(热那亚的喀德邻·维利翁尼与安东尼·维利翁尼,1342年)、一个穆斯林墓。泉州地区大量的伊斯兰教、景教、天主教、摩尼教、印度教碑铭最近已成为考古报告之谈论对象。这些碑铭有阿拉伯文、古叙利亚文、八思巴文(尤其在景教的墓碑中)、泰米尔文。此外,一切迹象表明,1276年被蒙古占领之后,福建大港的活动并没有放慢,可能从这时起更为加速。但北京的特殊作用还应注意。北京是草原之路的终点,自1274年起成为元皇朝的首都,也作为各种外邦影响在中国的交会之点。

中国人散落在欧亚大陆

元代大量外邦人至中国,而同时亦出现相反的流向,显然西方人对此注意不多。

我们已知道若干中国人自华北至中东,乃至直抵欧洲。长春真人(俗名为丘处机,1148—1227年)即是一例。他是全真教派教主,早年受金国世宗皇帝宠幸,世宗曾将他召至北京。1219年,他受成吉思汗之召赴阿富汗,从其归隐地山东出发,1220年与门下18名道徒一道登程,穿越外蒙、阿尔泰,取道撒马尔罕,从南面绕过兴都库什山脉,于1222年抵达喀布尔地区成吉思汗驻地。1223年在塔什干附近告别成吉思汗,1224

年回至北京。他为后世留下一部游记:《长春真人西游记》。

1259年,蒙哥汗派另一位名常德的中国人出使伊朗。常氏自和林登程,取道天山之北、撒马尔罕、大不里士,访问过旭烈兀营地,于1263年回国。其游记取名为《西使记》,由刘郁编集成书。

1275年间,中国景教修士拉班·巴·苏马(生于北京,?—1294年)及其门徒马可斯决定登程赴圣地。两人至大不里士之南伊朗西北部的主要城市谒见景教教宗。阿鲁浑可汗自此地将苏马派至罗马并去晋见法国君主与英国君主。1287—1288年,苏马访问了君士坦丁堡与罗马,其后至加斯科涅湾觐见英国国君,到巴黎朝见美男子菲力普。他描述过圣但尼修道院与圣修教堂。他途经罗马,推动教皇克利门特三世派遣孟高米诺至北京。

但除上述著名人物之外,还有许许多多默默无闻之士曾赴伊朗、俄国,定居于远离其本土的地方!1221—1222年间长春真人自北京赴喀布尔,曾记述外蒙与撒马尔罕地区住有中国工匠。他还得知,中国织布工匠曾在叶尼塞河上游流域定居。

14世纪时,大不里士,乃至莫斯科、诺夫哥罗德都有中国人的坊里。

1258年围攻巴格达之时,指挥旭烈兀汗军队的,是一名汉族将领。中国水文地理工程人员受雇从事底格里斯河与幼发拉底河流域的灌溉工程。蒙古人实行的政策是将最熟练的技术人员从欧亚大陆一端移往另一端。

因此,蒙古人统治倒保证了某些中国技术在伊儿汗国与金帐汗国传播。中国影响有几方面至为明显:不仅见于波斯细密画,而且表现在蒙古时代的伊朗陶器、音乐以及建筑等方面。有人甚至于认为(但更多的是属于推测性),可以在14世纪意大利绘画中,更确切地说,在洛伦采蒂(近1340年)的《休达方济各会士之大屠杀》中发现中国影响的痕迹。但提出东亚的推动与贡献问题首先牵涉到近代欧洲的两大发明。

14世纪西部蒙古诸汗国引进纸牌、印花布、纸币等,显然与欧洲出现木版印刷有关,因而亦与活字印刷发展不无关系。纸币印于大不里士,该城为国际性中心,13世纪末期那里会集热那亚人、威尼斯人、回鹘人、蒙古人与中国人。伊朗历史学家剌失德·哀丁(1247—1318年左右)第一个提及中国发明木版印刷,他曾在自己的《关于中国科学之伊儿汗宝库》(1313年)中介绍中国医学。欧洲熟悉在中国已取得巨大成功的木版印刷是在活字印刷发明前数十年,当时已印制宗教画、纸牌、插图小书等。至于使用活字,应当认为,此事十分自然,因为中国人自11世纪初起便已想到这一点,而汉字却不大适宜于使用这种发明。

至于近代另一大发明——火器,已知13世纪初的中国在宋、金以及蒙古之间的战斗中,火器已经发展起来,蒙古人则于1241年在匈牙利绍约之役中第一次在欧洲使用这种新兵器。

蒙古扩张也曾促使汉人散落于东亚各地,如果忽略这种现象,则对其扩张后果的看法就不会全面。宋代海运无疑是中国商人出现于东南亚、锡兰,以及巴拉巴尔沿岸的原因。1297年左右,周达观在其《真腊风土记》一书中曾指出吴哥有中国商人。这些商人无疑是在蒙古人占领南部中国之前定居于此的。不过还没有任何迹象表明,福建、广州等大港口与东南亚及印度洋诸国的贸易关系曾受占领之害。1349年,有目击者曾提及托马斯克存在中国移民地,该处20世纪发展成为华人聚居的大城市新加坡。1273—1279年南宋陷落,似乎更加速中国向东南亚移民,促使华人侨居越南,侨居日本。13世纪末元朝远征越南、柬埔寨、缅甸、爪哇也大体引起同样效果,因为远征队伍大部分来自南宋旧朝的汉人(即"新附军"),一部分士兵大概已留在当地。因此蒙古人在东南亚的事业可以说已为15世纪初的海上远航铺平了道路。

蒙古人占领期间的文学、科学与宗教

在蒙古人实行绝对统治的国度里,只给汉人以次要职务,征服者对其臣民的文化没有多大兴趣,这是正常事,第一个稍稍垂询于此的蒙古汗是图贴睦耳(1328—1332年)。因此,不应对宋代"新儒学"派的受重视产生错觉。这种重视来得甚晚,始于14世纪初。1313年,朱熹学说被立为正统;1315年,推广科举制度。朱熹派著作译成蒙古文,其中《大学衍义》撰于1229年南宋皇朝时代。上述情况并未能填补元代经典研究与中国哲学的空白,辽、金皇朝时代也一样,更不用说西夏,西夏并没有任何可与北京相比的伟大思想文化中心。蒙古人统治时期对中国思想发展没有什么推动,还不如16世纪前的明朝独裁君主。

华夏世界对中世纪欧洲的技术贡献

中　　国	欧　　洲
十字军东征末期	
航海技术 航海指南针:自1090年起证实其存在,但极可能自10世纪起开始使用	约1180年
尾柱舵:1世纪末;固定于船尾框架:4世纪末	约1190年
合理套马 胸带:公元前3至前2世纪;轭圈:5—10世纪之间(在中国与中亚地区?)	约1200年
独轮车 1—2世纪	约1250年
蒙古扩张时代	
武器 反弹投射器:公元前5—前4世纪 火药:发明于9世纪;第一次提及火药配方:1044年 火药在军事上的最初应用:904—906年	14世纪 1285年 14世纪下半叶
分拱桥 起码是610年	1340年
纸、木刻、印刷 纸:1—2世纪	从伊斯兰地区进口第一批纸:12世纪;在意大利制造第一批纸:13世纪末
第一批木版印刷文献:8世纪	约1375年(莱茵河流域)
活字首期应用:1041—1048年,自1403年起在朝鲜印行巨著	活版印刷制成:1430—1460年
闸门 11—12世纪	约1375年
铸铁、钢铁业 第一次提及铸铁:公元前513年 钢铁业技术改进(水力应用、风箱、钢铁生产):公元前2—公元1世纪;合熔法:6世纪	约1380年(莱茵河流域)

但科学技术受异族统治之害则较少。蒙古人基于游牧人的心态,对工匠、技师,也和对教士一样,保持敬佩态度。他们对郭守敬(1231—1316年)一类人士厚礼相加,其原因就在于此。郭氏是水道测量师、数学家、天文学家,1263年谒见忽必烈,1271年负责处理举凡水道的灌溉与调节问题,后于1276年担负历法改造工作,1280年完成历法计算。宋朝时期中国数学的飞速发展,持续至元、明两代始告停顿下来。1300年左右,朱世杰所撰的两部数学著作问世:《算学启蒙》(1299年)、《四元玉鉴》(1303年)。道家修士、地理学者朱思本(1273—1337年)出版大地图卷——《舆地图》。朱氏自1311—1320年专于此业,历时九载。1350年左右,汪大渊根据1330—1344年间他本人在东南亚的多次远游写出珍贵的《岛夷志略》。王祯(生卒年不详)写下重要的农学著作,《农书》(1313年)是其中之一①。1341—1368年间发现并印出《玉海》,该书是大百科类书,凡200卷,为王应麟所撰,曾在宋元交战中遗失。

蒙古人统治时期促进了伊斯兰教进入中国。华北与云南形成穆斯林社区正是在元代。自1274年起,云南行省的"平章政事"之职就由一位名叫赡思丁的布哈拉穆斯林担任。其后裔后来已与汉语言文化的居民完全融合,然而仍力求保持自己的个性并表现出明显的自治倾向,至现代还是这样。皈依伊斯兰教的中国人,在甘肃东部、华北(今天北京就有25万穆斯林)、云南等地的数量极大;此外,还有新疆穆斯林居民。在第二次世界大战之前,中国穆斯林的总数估计为5 000万人。回族居民实行地方自治急切,且处于受排斥的地位,中国官府笨拙而苛刻,致引起18—19世纪发生大规模流血叛乱。

伊斯兰教影响,尤其是伊斯兰化伊朗的影响,不可能不在元代华夏世界产生反响。蒙古人兴建自己的北京(汗八里)宫殿就委托于一名穆斯林。蒙古与中国的穆斯林建筑实例甚多。云南、四川、甘肃、西安、泉

---

① 史称《王祯农书》。——译注

州、广州都建起清真寺。

阿拉伯文献由回回国子学进行翻译,该馆在忽必烈时代据翰林院学士穆扎尔丁提议而设。伊斯兰化伊朗的影响大体在数学与天文学方面尤为明显。1258年巴格达屠城不久就在大不里士南部的马拉加建起天文台。各国天文学家应召而至;其中显然也有中国天文学家。1267年波斯天文地理学家扎马剌丁(?—近1301年)制定新历。1286年,他向蒙古宫廷献上一部插图中文地理著作。蒙古人在燕京设立天文台——回回司天台,后来明代第一任君主于1368年,即其登基第一年,仿效司天台在南京创设天文机构——回回司天监。1362年,阿塔·本·阿赫曼德为中国蒙古君主写出天文学论文并附上月历表。总而言之,伊斯兰化伊朗的贡献极可能曾促进中国天文学的发展并推动中国数学走上代数方向,而郭守敬(1231—1316年)与朱世杰则是元代最著名的代表人物。

虽然蒙古人统治时期不大重视由文人与从政之士独享的高雅严肃文学,但却似乎鼓励一切民间表达形式,作为一种补偿:首先是现实主义与讽喻性的元曲,通常包含对蒙古人以及对占领者宠爱之人(中亚穆斯林、西藏僧人、归顺的汉人……)的愤恨。此外,还有故事、小说以及戏剧;总之,整个运用俗语文言的文学,其中大部分并未保存下来。这种来自大城市平民坊里的文学,其中心既在中国东南部的商业点,亦在国际性的燕京城。从11世纪起才有大量用俗语写成的文献。俗文学发端于宋代,从那时起,俗文学显示其持续发展趋势,不受11世纪末至14世纪中叶期间发生的政治变化影响。此时期契丹占领河北北部,1126年女真入侵,1215年蒙古人攻取燕京,1275—1276年,长江流域被占,元末发生暴动起义。燕京剧即杂剧,是多人杂剧,由歌曲、舞蹈、朗诵等部分构成,伴之以音乐,在金朝时代(1115—1234年)已开始发展起来,可说是元代文学的最大光荣。杂剧作者通常不署名,其中大部分剧作已经散失:就已知的1000个剧本中,现今只留存167部,其中最著名的是马致远(12世纪中叶,《汉宫秋》与《黄粱梦》的作者)与关汉卿(13世纪中叶)的剧本。

大都(即北京)人王实甫(约于 1300 年)写下不朽的《西厢记》,这是部感伤浪漫的作品。蒙古人征服宋代中国之后,许多剧作家至长江下游地区定居,那里的戏剧传统与北京不同。元末在该地区定居的作家中,应予一提的是《琵琶记》作者高明(高则诚)。

蒙古人的宗教政策主要是按当时时尚而偏向不同教派,并交由教派统领帝国宗教事务。政策缺乏连贯性,可从政权的个人性及蒙古人对宗教的态度加以解释——蒙古人对哲学问题漠不关心,对巫术热衷,对神迹笃信。成吉思汗之所以于 1221 年召见长春真人,并非出于对他所属的全真教派的智力至上主义与苦行主义表示兴趣——全真教派由王重阳(1112—1170 年)创建于山东。成吉思汗一心想净化道教的一切神秘仪式,将"老子"哲学、般若波罗蜜佛学以及《孝经》加以综合。所以有此召见,只因为长春享有盛名,金朝时代已受女真贵族厚爱,而且还因为蒙古君主认为:一名著名教士不可能不掌握神奇法术。1223 年,元朝君王将一切宗教问题交由道家教会节制,其后自 1242 年起,又将其恩宠转移至受慧远高僧(1202—1257 年)与刘秉忠影响的禅宗佛教徒身上。的确,佛教在契丹、唐古特、女真等国度里已享有优势地位,其影响普及至元皇朝,这是自然不过的。1148—1173 年之间,辽国曾在山西西南方平阳印制中文佛经。金朝时代复又重新印制。在蒙古人治下,一部从发端至 1333 年的佛教通史——《佛祖历代通载》问世,仿效 1269 年的《佛祖统纪》。但自蒙古人 1252 年深入西藏以后,对中国佛教的兴趣很快就让位于对西藏佛教的热烈追求。西藏佛教的巫术宗教面貌、对信式规程(祭词与法规)、巫术轮圆(曼荼罗)的运用更符合蒙古人的宗教感觉。自 1260 年忽必烈即位之后,官府的所有恩宠均转向喇嘛教会。

西藏喇嘛八思巴(1239—1280 年)于 1253 年抵达北京,1260 年受命统管全国所有宗教团体。在他之后,通晓多种语言的畏兀儿族喇嘛桑哥(?—1291 年)成为忽必烈权极一时的宠臣。喇嘛在中国的权势使其能剥削各宗教团体。桑哥从事金融投机,敲诈勒索,犯下抢劫以及多种谋杀罪行。蒙古人占领华南之后,在杭州设立了新的宗教领导机构。自1277年起,该机构交由名杨琏真加的西藏僧人主管,此人亦以其罪恶而著称。在汉族人看来,他的滔天罪行是1278年破坏绍兴附近南宋君主诸墓以攫取其中财宝。

因此,蒙古人对喇嘛教的厚待更增加了汉族人对统治者的仇恨。厚待喇嘛教还带来其他后果:一方面,西藏影响深入到中国佛教艺术中,在雕塑与建筑方面相当显著;另一方面,喇嘛教传播至草原地带,后者的影响更为巨大。

第七卷
独裁君主与宦官之治

第十卷

戚继光著 王熹点校

对明代漫长时期(1368—1644年)进行历史分析便可以区别出三个相当明确的阶段：首先是洪武(1368—1398年)、永乐(1403—1424年)年代，这时期重建经济，设立别具特色的新政制，实行外交扩张与军事扩张，不仅向蒙古、东南亚、印度洋推进，而且向中亚扩展。为削弱与击退前蒙古占领者与草原各部族而进行的北征战役是最重要的一个方面。这种扩张活动因15世纪中叶在蒙古遭遇失败而受阻，其后便停顿下来。15世纪下半叶以及16世纪初年则是退缩、防御时期。最后，自1520年左右起，发生第二次中国"文艺复兴"，以一系列经济、社会、思想变化而著称于世。这一演变进程大体因政制的僵化而终于导致自16世纪末年起危机连续不断：商业、城市手工业危机，极其深刻的政治危机；后来便爆发全面起义，一直持续至满洲人入侵。

第一章 重建与扩张

一、元帝国解体与明朝建立

导致元朝垮台的原因有多方面,而且与通常情况一样,各种原因互相关联,诸如:行政机构混乱;通行的规章繁多而且矛盾百出;蒙古与穆斯林官吏浪费、贪婪;纸币通货膨胀极度迅速;西藏喇嘛僧人腐败(他们控制整个中国教会、干预政务);汉族居民每时每刻遭受压迫;农民贫困日益增长。蒙古人统治中国终于维持不久:1234年,他们始占领全华北,1279年才最后征服南方;但后来导致皇朝垮台的起义1351年已开始,1355年,中国大部分已不受其控制。自此时起,大部分省份都建立起暴动中心。解放区域扩展至河南、陕西、河北、山西、四川。

国土解放

所有上述爱国起义均发自民间,虽然有一部分精英人物事后参与。有两个大地区尤为突出,起义广泛蔓延。其中一个位于山东邻近省份,那里千年至福运动十分活跃,宣称救世菩萨弥勒即将降临,大众还相信宋朝即将复辟。起义群众出身于农民。黄河泛滥是中国这一地区长期动荡的原因,自1327年以来水灾日益严重,几乎每年都引起饥荒、死亡。1344年,因连降大雨,开封下游溃堤,河水淹没大片土地。直至五年以后,经过八个月工程,缺口才被堵住,但是聚集大批农民于修堤大工程却促进了革命宣传。在整个中原地区,以及安徽乃至更南地区,称为"红巾"的秘密会社占优势地位。"红巾"的第一位首领是韩山童,他被认为是弥勒化身。1355年,其子韩林儿宣布自己为新宋朝皇帝。

另一处起义大中心建立在长江下游的盐场工人、船夫、走私盐贩中间,反叛者的首领名张士诚。该中心伸至浙江沿岸的水手与海盗之中,其队伍由方国珍统率。

另一个较小的反叛中心处于长江中游地区。那里发展起非正统的宗教运动,与"红巾"类似,其首领先后为徐寿辉、陈友谅。至于四川省,不久即脱离蒙古政权控制,情况与众不同,因为四川是相对独处一隅的省份,该处独立传统非常活跃。

新皇朝便在这种形势下诞生,历史上第一次自民间运动直接达到建立新朝,起义时期与续后时期并未产生断裂现象。如果解放运动没有出色组织,就无法解释为何能够这样通权达变。红巾军已解放的地区以及受其控制的区域,经济、行政、军队,甚至于在赶走元朝政权之前,一切已经正常运作。

明朝的缔造者朱元璋在红巾军起义发展的地区,最初作为一名次要的暴动首领而出现。朱氏1328年出生,后采用洪武年号(1368—1398年),其祖父为江苏一淘金工,父亲是安徽流动农业工,母亲是巫师之女。1344年大饥荒时期,朱元璋曾出家为僧以求糊口。自此时起,他便深受本省流行的救世传统的影响。1348年,他成为一支起义军的首领,起义队伍壮大,1352年攻占安徽东北一小城。他参加红巾军后,节节胜利:1359年,占领南京及附近地区;1360—1362年进占江苏、湖北两省;次年,成为中国中原之主,1364年自称吴王。1365—1367年间,清除长江下游及浙江的对手:张士诚、方国珍;1368年在南京建立大明皇朝。攻势继续在中国境内进行下去,而且扩展至境外,由于某种冲力作用,大大超越中国行省的范围。1368年,即新皇朝建立当年,便攻取元朝首都——大都(北京)。1369年,占领蒙古东部上都(即开平);1370年,包围蒙古境内的蒙军;1371年,收复四川;1372年,收复甘肃;1382年收复还驻有蒙军核心队伍的云南。1387年,全中国终于统一。对外扩张扎实地进行:在蒙古东北部贝尔湖大获全胜(1388年);1392年建立的朝鲜李氏皇朝归顺中国;远征中亚与东南亚。这项旨在重建中国在东亚的威望与安全的政策一直持续至15世纪中叶。

重建农业经济

然而皇朝建立的时候正处于经济混乱状态中,因而引起十分严重的问题。中国因受蒙古剥削与战争破坏已经破产。整个淮河流域饱受暴动之害,安徽若干区域十室九空。田地、堤围、运河几乎完全荒废。重建经济的巨大工作应着手进行,1370—1398年间完成了这项工作。

洪武年代为恢复农业所下的工夫,就当时的中国来说足与1949年解放后不久的中华人民共和国进行的工作相比。20余年间在灌溉、土地再开发、植树等方面所完成的工程令人赞叹。无数灌溉或治水的大小计划在大部分省份已经实行。1395年,全中国修整或兴建了40 987个水库。广大土地恢复种植,受破坏地区凭借迁徙有步骤地增加人口。移民领取大块土地,享受国家资助并可多年免税。再开发土地的面积迅速增加,1370—1380年间几个最高数字足资证明:1371年:575 965公顷;1373年:1 911 692公顷;1374年:4 974 069公顷;1379年:1 485 572公顷。谷物税也在增加。蒙古人占领时代,谷物税收入为1 200万石(约700万英担)。1393年,亦即全面复国六年之后几乎达3 300万石(近2 000万英担)。

但是令人最为惊奇的是这时期的绿化造林工作。1391年南京地区种下了近5 000万株梧桐、棕榈、漆树,以期建造海上舰队。船队后来实际上用于15世纪初的海上远航。1392年,每个在安徽拥有移民土地的家庭都要种200株桑树、200株枣树、200株柿树。两年后,种200株桑树、200株枣树的义务推广至全国。1396年,现今湖南、湖北两省种下了4 800多万株果树。据某些历史学家估计,洪武年代的植树总数达10亿株。

明初优先注重农业经济似乎既是需要也是有意的抉择。在饱受蹂躏的中国,最急迫的事情是保证居民足以糊口,但同时亦为未来奠定新方向:明、清皇朝都以农业为主要基础。因此,14世纪在国家经济方面便产生明显转变。宋代国库收入主要来自商业税,元代商业经济依然保持重要地位,而自此之后,国家主要收入来源则取自于农业。

洪武年代之所以如此注重建立全国土地总册并进行人口登记,是因为重视农业税收之故。第一项事情用去20年时间,于1387年完成,编出《鱼鳞图册》。至于户籍册(或称"黄册"),于1381—1382年间制订,1391年重订。

人口控制

明朝开国君主设立的制度,其另一个显著特点是人口功能的划分,亦即在洪武时代的中国,出身于农民、士兵、工匠家庭的人,注定要父传子,世代为农、为兵、为工。三种人的家庭分别隶属于三部:当时三部的地位十分重要,因为各自控制国中一部分人口,而且都有课税、行政的自主权,并拥有自己的金库、堆栈、粮仓、军械库等等。这三部为"户部"、"兵部"、"工部",农民之家隶属于户部,缴纳大部分税项。人口的划分与地理分布息息相关:"军户"多在边区与沿海地区,"匠户"多在都会首府附近地区(他们须在其中居住或要到那里为皇家工厂履行劳役),"民户"则在所有大农业生产地区。

明朝开国君主可能曾受元朝制度榜样的影响,因为职业世袭是蒙古人政治社会制度的原则之一。这种社会体制,在一个受征服者所统辖的帝国中不难理解。但自15世纪初起，受内部因素推动，已开始迅速解体。职业地位变更愈来愈经常。军户（其境遇被视为最差的一种）迅速减少，后来不得不招募雇佣军。然而，洪武年代制订的户籍册依然存在，后来虽然社会变化，有人仍然以此为据；因而自15世纪起，人口数字已与现实不符，而实际税收亦与理论上所定的税收不合。15世纪后的明代人口统计被认为是历史上最不可靠者。统计显示15—17世纪人口普遍下降，而当时看来人口正稳定增长。

税收组织的基础是"里甲"制度，十户为一甲，以110户为一里，对官府负责，有责任在其成员中公平分担税项与各种劳役，并保证共同维持秩序。这种自治制度不久便被财雄势大的成员转而为自己谋私利，他们成为当地居民与皇朝官府衙门的中介人。因官府机构存在缺陷以及农村社区拥有相对自由，便导致贫穷家庭备受士绅、富农支配。自15世纪初起，从事经营的小地主阶级逐渐消失，与此同时，佃农、逃民、破落户大量增加。后者被部分吸收为雇佣军，当时他们在经营地下矿山、走私、抢掠、海盗等方面已找不到维持生计手段。明代的特点是财务、行政方面的地方惯例占重要位置。官员数目不足以保证对辖下居民实行有效控制。官吏只好顺应当地习惯，依靠士绅以贯彻其训令。16世纪至17世纪上半叶，全国共有10 000～15 000官吏，每个县平均有50 000居民，县为最小的行政区域，知县是皇朝官员，辅之以当地（"里"）招募的人员。

专制主义倾向

明帝国的缔造者原为农民，似乎对士人阶层怀有本能的不信任，于是促使他严密控制官府与行政机构。洪武帝大力鼓励从民间招募提拔官吏也许是出于这种原因。他生性多疑，唯恐自己威望丧失，不久便转而针对曾经辅佐他登上皇座的人士。1380年（洪武当时62岁），发生胡惟庸案，胡是洪武帝的旧战友，也出身于安徽。胡氏势力过于强大，被指控策划谋反，被怀疑与蒙古人、日本人勾结。这一大案曾牵涉15 000人，最后胡惟庸被处决。洪武借此机会将全部权力集中于自己手中。他取消中书省,直接统辖六部(吏、户、礼、兵、刑、工),同时进行军事机构改革,通过设立受其控制的五军都督府,使之对军队的监督愈加严密。

1385年,再度进行新清洗,在此期间,许多官员被指控违法乱纪,欺君犯上(洪武患有病态的敏感,竟致从某些字体中看到隐藏着对其个人及出身的抨击)。1390年,重审胡惟庸及其友人与合作者的案件,15 000余人再度受牵连。

明皇朝一开始即孕育着专制主义倾向,至15—16世纪明显表露出来。宋时的政治制度基于各种相互监督的独立组织共存以及不同的信息来源并重,政治决策成为讨论主题,对立见解可以在议论中自由表达,而自14世纪末起,明朝政权的特点则倾向于将所有权力完全集中于君主手中,倾向于凭以下办法进行管理:举行有限的秘密会议,皇权独立,发展负责监督各级行政机构的秘密警察。1382年起,洪武建立政治警察"锦衣卫",其任务是暗中监视高级官吏,由此他给继位人开了恶劣的先例。

元帝国的榜样可能与明代新皇朝独裁性大有关系。许多迹象令人这样去想。例如,有人指出:《明律》(定于1367年;1374年、1389年、1397年均进行过修订)明显受元朝法律影响。

明朝缔造者的业绩对于他身后两个半世纪的历史起决定性作用,他直至明末仍然被视为英雄而备受尊敬是有其理由的。的确,洪武帝以巨大的集体力量重建中国的物质繁荣,使其恢复强盛与对外威望。他推动中国的政治发展,其推动作用至15世纪中叶仍然令人感受得到。总之,他建立了新皇朝的基本制度。但开国君主显然也是明代中国曾受其害的政治社会弊端的始作俑者。他在位期间形成的猜疑气氛从未消失过。中央政权与其官吏之间,疑忌与不和日益加深。洪武帝继位人执政时期,中央集权化以及独裁与非公开管理的趋向愈发鲜明。此外他硬想强加给中国社会的乌托邦体制以及他在位期间建立的典章制度,一直受到膜拜推崇：虽然经济与社会已起变化，但有人依然以此为根据。于是现实情况与基于14世纪末人口统计及所定税额的行政理论，二者之间便出现日益严重的失衡。由此，折中办法、权宜措施便大行其道，地方惯例占重要位置，琐细规定层出不穷。最后，由于税制弊端以及地方实权落到富豪家族手中，致使贫苦阶级所受压迫急剧加重，从而引起动荡不安。

二、继续扩张

蒙古、满洲、越南

洪武帝驾崩一年之后，明朝第二任君主听从其身边谋士的意见，即着手削弱皇族公侯势力，其中若干公侯正高踞藩镇。削藩措施引起朱棣反叛，朱棣是皇叔之一，封燕王，1399年举兵挺进应天（南京），借拥戴他的宦官之助，攻下应天，取年号为永乐（1403—1424年）。他在位期间是明朝历史上最光辉的时期之一。洪武年代为恢复经济而作的努力在15世纪前25年已取得成效，此时为普遍繁荣时期。在对外方面，明帝国势力继续获得加强，外交扩张与军事扩张的努力未尝松懈。虽然1401—1403年间发生严重危机，但中国似乎并未失去其上升势头。

洪武年代蒙古人往北方撤去之后，明朝整个时期仍剩下两个强大部族：西北乃各类居民构成的卫拉特族，东北为鞑靼族。后一名称欧洲人将其改作 Tartares，并滥用于满洲人身上，其实满洲人原籍是通古斯而非蒙古；与苏俄的鞑靼人亦无关系，后者原籍突厥。在洪武帝继任人时期，燕王发动内战，当时卫拉特族重新活跃起来。但永乐皇帝再度向蒙古各部族发动进攻并取得成功。他御驾亲征五次，1410年在乌兰巴托东北部的鄂嫩河赢得巨大胜利。征占满洲，一直推进至黑龙江口，正是永乐皇帝在位之时。1404年起，在奴儿干城（位于黑龙江河口之南）设立了塔伊加地区指挥使司。

1406年,距上述地区近5 000公里之处,一支20万人的中国军队侵入越南北部的大越,消灭陈氏王国。但要维持对红河流域与越南中部的军事占领与兼并却遭遇困难。1418年,解放运动发端,终于至1427年将占领者逐出。该运动的首领名黎利,建立起越南黎氏新皇朝。

　　上述强大的军事进攻使永乐年代的中国恢复元时的边界并往南推进直至将越南并入版图;与此同时,还进行了紧张的外交活动,所接触之处从日本到爪哇岛,自印度支那到中东。中国使者也曾派至中亚。洪武帝在位期间,一位名宗泐的僧人出使,可能兼顾外交使命与宗教使命;据说他曾从西部地区带回经文,并于1382—1386年漫游亚洲内陆。永乐时期,陈诚分别于1413年、1416年以及1420年三次出使中亚。他直至外奥克散,进入帖木儿(即跛子帖木儿)帝国,第一次出使回来时写下《西域行程记》与《西域番国志》。差不多同一时代,宫中宦官侯显于1403—1406年间前往西藏、印度,1413年赴尼泊尔,1415—1420年间由水路抵孟加拉,1427年,即永乐帝驾崩后两年,最后一次返回西藏。

航海大考察

　　永乐时代因航海大考察而驰名,远航活动显示15世纪初中国技术的高超,表明其优于葡萄牙与西班牙;葡、西两国船只只是到15世纪末年才从事公海远航。中国之所以领先是因为上溯至11世纪的航海传统从未中断;13世纪末蒙古人为入侵爪哇而建的舰队,就在长江下游先前宋朝营造舰只与商船的地方兴建。11—15世纪初的航海大考察,整段时期都属公海大帆船的时代。因此上述远航并非一时的特殊现象,而应置于更广阔的背景即华夏世界航海活动总状况下来考察。皇朝历史大提永乐年间的远航,都因为那是官方活动之故。倘若忘记了中国既是大草原与中亚高原的国家之一,同时又是航海家与探险家的国度(此点正与先入之见相反),则上述远航考察便难以理解。

　　关于15世纪初远航的原因,曾发表过各种不同的见解:是军事与外交方面的远征？是树立威望之举？抑或是为皇宫供应奢侈品与异国新奇玩意的活动？极可能各方面兼而有之。值得指出的是，远航考察符合洪武年代已经成形的计划，而且从那时起在海外各国的紧张的外交活动已走在远航考察的前面。1391年在南京种下树木5 000多万株，正是出于建造公海船队、进行远洋考察的目的。明皇朝一建立，就开始吸引外国使团来朝。东亚各国使者抵达南京：1369年，朝鲜、日本、越南、占城来使；1371年，柬埔寨、暹罗来使；1370—1390年，马来半岛乃至科罗曼德尔沿岸各国来使。今天在南京郊区仍然可见一婆罗洲国君之墓。他偕同家人及众多随从抵达明朝帝都，于1408年故世于此。可以确认其真身的墓碑残段已于最近找到。

1403年，由宦官率领的使团抵达爪哇、苏门答腊、马六甲，甚而至南印度的科钦。可以推想，13世纪以来，广州、泉州、福州等大口岸与上述远方国家的贸易从未中断过，否则外交关系的刷新便无由解释。此外，显然明代君主有其扩张目标，与蒙古人的目标一脉相承，虽然风格已变：再不是实行单纯的征服以达到经济剥削的目的，而是在东亚与印度洋树立明帝国的势力与威望。永乐年代航海大考察与对越南的军事行动及于1406—1427年对该国的占领都属同时代的事情。

远航由名郑和(约1371—1434年)的宦官组织，他是云南的穆斯林，其父是哈只①，曾赴麦加朝圣。1382年洪武征服云南之后，郑和进入北京燕王内宫当太监，燕王即未来的永乐皇帝。郑和原姓马(Mahomet的第一音节)，1404年接受郑姓，曾在军中担任要职，从永乐(1403—1424年)至宣德(1425—1435年)年间，七次率队远航考察。下面是日期与航程：

1. 1405—1407年，占城(位于越南东南海岸)、爪哇、苏门答腊、马六甲、卡利刻特(位于南印度西岸)。郑和在爪哇国满者伯夷曾干预王位继

---

① "哈只"由阿拉伯语转音而来，意为"巡礼人"，即朝圣者，亦成为郑和父亲之名。——译注

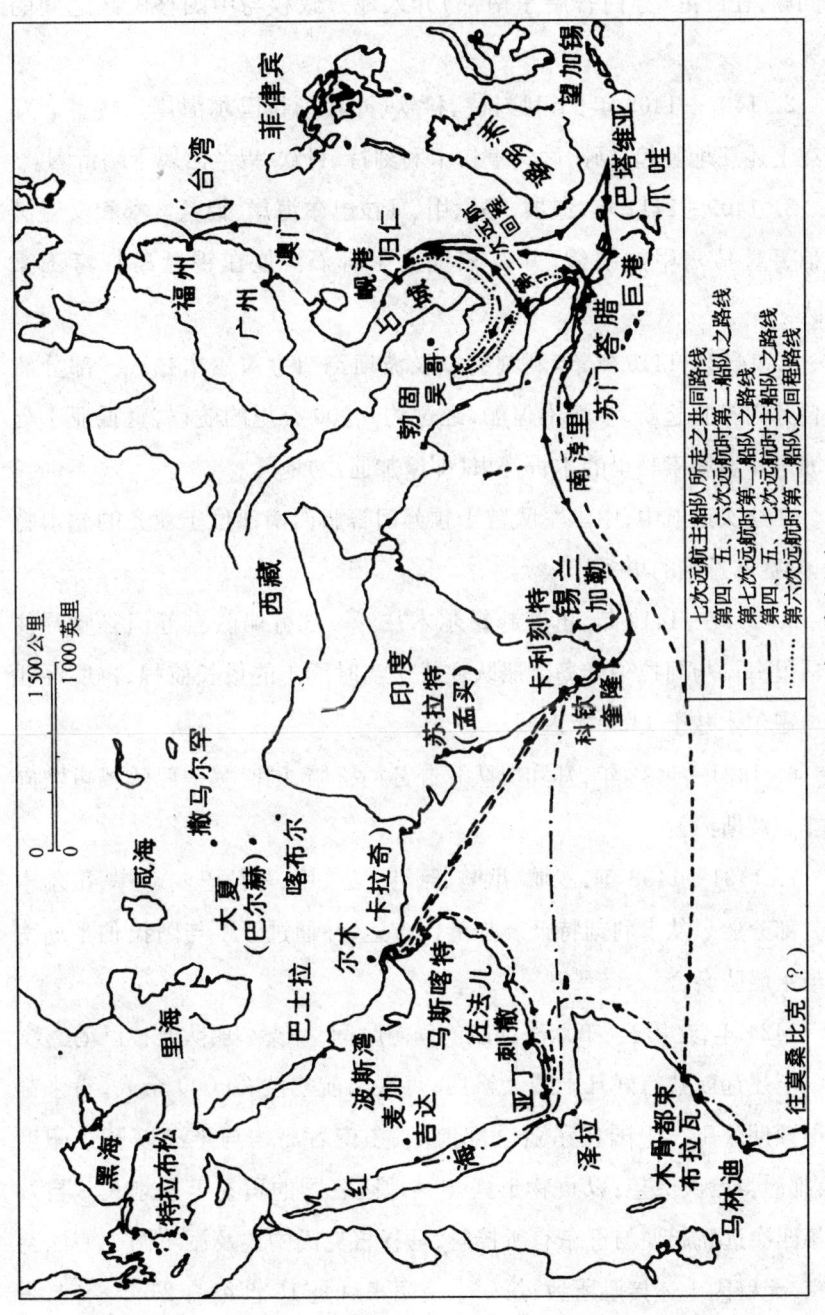

郑和（1405—1433年）海上远行

承问题,在巨港(苏门答腊东南部)介入地方政权与中国移民区之间的冲突。

2. 1407—1409 年,卡利刻特、科钦(亦在马拉巴尔海岸)、锡兰。郑和在上述三地竖起石碑,碑文宣告卡利刻特、科钦、锡兰臣属于明帝国。

3. 1409—1411 年,暹罗、马六甲、马拉巴尔海岸、锡兰。郑和反对满者伯夷对马六甲的觊觎,并在该地立下碑石。他在锡兰岛打垮王家军队。

4. 1413—1415 年,卡利刻特以及波斯湾口之霍尔木兹。一部分船队自苏门答腊起航,中途不停舶,经过约 6 000 公里的航程,直抵亚丁与非洲东岸意属索马里的木骨都束(即摩加迪沙)地区。

在这次远航中,中国军队曾干预苏门答腊西南部位于亚齐的撒姆特拉-帕赛苏丹国的事务。

5. 1417—1419 年,再度赴霍尔木兹。一部分船队自苏门答腊开往索马里海岸与阿拉伯半岛。船队完成了当时所走的最长航程,再度经亚丁与霍尔木兹于 1420 年返回。

6. 1421—1422 年,郑和船队开赴苏门答腊,同时另一船队扬帆驶向东非与波斯湾。

7. 1431—1433 年,占城、爪哇、巨港、马六甲、马拉巴尔海岸、霍尔木兹。部分船只从卡利刻特抵麦加港口吉达,并通过亚丁与阿拉伯半岛南岸与主船队会合。

1424 年,在第五、第六次远航的间隙时间,一支小船队开往巨港。

上述远航共有好几十艘大帆船,每次出航均载 20 000 余人,看来都取得预期效果。中国在东亚全部海域、东南各岛屿与半岛以及在印度洋,都赢得巨大威望;以贡物形式与该地区各国的贸易迅速增长。自郑和第四次远航起便与近东有所接触,马穆鲁克氏的埃及派出两个使团至南京,无疑因上述接触所致;第一个使团来时是 15 世纪前 25 年期间,另一个则为 1441 年。由于中国拥有海上优势,明朝初期开始出没于中国沿海的日本海盗,至15世纪上半叶几乎全部消失。当时伊斯兰教早已在一些国家确立或开始深入其中,看来挑选一名穆斯林(无疑其人品与学识均极出众)作为出使这些国家的主要使节是再恰当不过的。郑和远航东南亚的成就留下十分生动的记录,他本人因而被奉为神明,对其崇拜至今依然留存。他受祭祀的庙宇称"三保庙",意指郑和所受的官衔"三保太监"。与其他出使遥远异国的情况一样,1405—1433年间远航之后也出版了一些地理著作,扩大了中国对有关海洋以及海外各国的认识并使这种认识更为准确。下面几种是最著名的著述:《西洋番国志》,1434年问世;《星槎胜览》,1436年成书;还有《瀛涯胜览》,1451年由郑和同行人之一宦官马欢出版,马欢曾参加第一、第四、第七次远航。

郑和远航的结果是促进原有的贸易潮流,推动中国往东南亚诸国及南印度各口岸移民。

收缩开始

可以这样认为:1433年,郑和最后一次远航归来即标志着一个时代的终结:中国四百年间曾是亚洲海洋大国,这个时期自此宣告结束。16世纪中国海上力量衰退,当时正是海盗袭击最猖獗时期。这种衰落情况欧洲人已有见证(他们正开始进入东亚海上活动),而且也被镇压海盗所遇到的困难所证实。中国海军的衰弱倒不妨碍贸易运输与走私活动的进行:中国沿岸与日本、菲律宾、暹罗以及东南亚其他各国的贸易似乎从未如16世纪活跃。但中国当时已不再是15世纪初时的海上强国了。中国自郑和远航结束之后已放弃继续实行扬威海外的政策。

15世纪中叶,在海洋方面收缩的同时,草原方面亦告退缩。永乐年代(1403—1424年)之后,明皇朝对蒙古的攻势受到游牧民众更顽强的反抗,他们还转而主动进攻。历史上常常发生这样的情况:限制与草原居民贸易而致造成困难并触发入侵。为了防止卫拉特人势力增强,或许还为了将购马减少至必不可缺的最低限度(蒙古人是马匹的主要供货者),明朝政府

明代长城（15世纪）

一直禁运武器、钢铁,不愿开放边境的新马市。正统年代(1436—1449年),卫拉特各部族由也先汗(？—1454年)统一起来,进入蒙古东部。自那时起,对华北的入侵日益频繁。1449年,发生了有名的土木堡(位于河北北部)事件,英宗皇帝被蒙古人掳去。他只是到1457年交付赎金后才获释。且不说"土木之变"对北京政府的深刻政治影响,在对外方面,此事标志着扩张时期结束,正向防御政策过渡。

1438—1449年间蒙古人的进攻对中国防御系统的确危害极大,因为它使中国大规模往南退缩。1403—1435年在河北、山西北部修筑的长城,其走向大致与6世纪中叶北齐兴建以及585年隋朝修筑的旧城相合。而因蒙古部族挺进,至正统时代,不得不修建第二道防线(内长城),至成化年代(1465—1487年),还要在鄂尔多斯之南建造防御工事新线。若干地方的城墙竟有两三重,全长几达5 000公里。华北以及北京附近依然可见长城的重要段落。

华北各省受着来自于草原的压迫与威胁,自15世纪中叶起,再没有尝试任何大规模行动以解救这种状况。1449—1457年的妥协时期之后,在英宗(正统皇帝)被掳的期间,明皇朝只限于多花钱以求确保边界防御。这种被动政策带来16世纪中叶的危急状态,明皇朝几乎无法解脱。

第二章 政治、社会、经济的变化

14世纪末、15世纪初是洪武、永乐年代大扩张时期,紧随其后的时期表现出如下的显著特点:一方面强化秘密独裁政制倾向(这在开国君主时期已相当明显);另一方面则出现一系列变化,使洪武年代建立的制度愈来愈明显变质。

一、政治演变

宦官与秘密警察

明帝国的特点之一是宦官影响巨大,有些时期乃至拥有无限权力。这种状况是专制、过度集中与不公开政制的自然产物。宦官的权力与暗中影响源于其职责的内务性。他们负责的事务涉及君主个人以及皇族成员的人身,由此便取得宫中卫士的指挥权,从而使其可以获得高级军事职务;因而亦负责管理向宫中提供奢侈品的工场,检查各省、各国发来的贡品。他们还被任命为出使亚洲内陆或东南亚诸海及印度洋的使团长,管理皇家工场与监督货运及对外关系,为其提供轻而易举的致富机会,因此他们直接触及军事势力与贸易财富之源。宦官接近君主,熟知宫廷阴谋,对于独裁君主产生决定性影响,后者并不信任各省的皇权合法代表。明朝政制的独裁倾向不可避免地导致这类善于钻营、灵活、忠诚的臣仆迅速获得高升。

明朝开国君主曾经禁止太监认字,并规定如果宦官参与政治,则处以极刑。事隔半个世纪,宦官却实际控制了整个官府机构,决定中央与各省官吏的任命、升迁。几代君主通过加强中央集权并建立内阁(自1426年起,内阁逐渐代替政府正规机构)使宦官得到好处。宦官终于巧妙地进入政权的核心。这些宫中臣仆的极端权力来自于他们懂得控制秘密警察,秘密警察是明代专制政体最可怕的武器之一。"东厂"在永乐时期代替了洪武时期建立的"锦衣卫",东厂人很快就转而受宦官控制。1465—1487年间,"西厂"的锦衣卫为宦官履行同样的职责,即作为密使、间谍、破坏分子,利用其无限的隐蔽权力进行讹诈与腐蚀。皇帝缺乏任何信息渠道与监督手段,只根据揭发,不经对被告开庭审讯便进行判决。

宦官势力使皇朝官吏对其所依附的独裁政权产生愈来愈大的不安全感。宦官腐蚀皇家官员,加深其对中央政府的不满。官员中最廉洁、对皇帝个人最忠诚的人士处于悲剧性的矛盾旋涡中。他们反对宦官既出于政治原因,但也基于不同出身与教育的对抗。大部分宦官是北方人,出身于平民,而官员则往往来自于长江下游与浙江北部的士大夫家庭。

迁 都

有一项带有严重后果的决策,想必更加深中央政权与其官吏之间,乃至广而言之,加深宫廷与整个士大夫精英之间的鸿沟。1421年,北京升为首都,而在此之前,南京曾是中央政府与宫廷的所在地。但迁都(1411—1415年间大运河重新修复才有可能)是逐步进行的,一部分机构依然留在南京,直至1450年左右,迁都才告完成。这项决策可能令人惊异。北京的确是远离中心的城市,那里一直感受到大草原的影响。再者,北京较易受蒙古人入侵,16世纪中叶便已深受其攻击的严重威胁。

当然 1271 年蒙古人的元朝已建都于北京,而在此之前契丹人与女真人的帝国也定都于此。但一个以汉族为本的皇朝定都于如此靠北的地区,这是第一次。可能是永乐皇帝眷顾他曾经受封为燕王的地方,他出兵南征的时候,曾在该处获得支持。亦可能因其对长江下游人士怀有猜疑与憎恶。但或许是另一原因使其作出这一决策:北京地区对于控制蒙古东部与东北领土都有重要战略意义。的确,帝国边界一直推进至遥远的黑龙江流域,其时正是永乐帝在位时期。因此,迁都之举可能反映向草原地带、向满洲扩张的意图,总之,反映出恢复中国在亚洲的统治地位的野心;13 世纪末至 14 世纪中叶的元帝国就曾居于凌驾一切的地位。

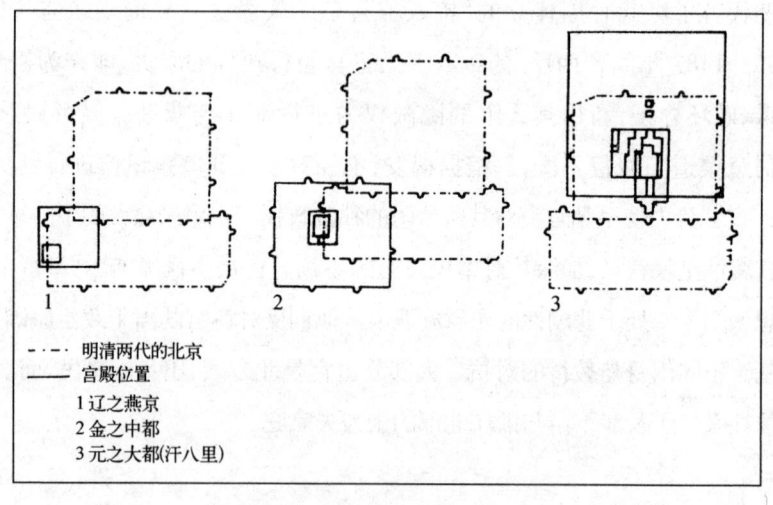

----- 明清两代的北京
—— 宫殿位置
1 辽之燕京
2 金之中都
3 元之大都(汗八里)

北京城址辽、金、元首都的次第位置

但定都于北京,皇朝政权便远离长江下游与浙江北部的区域,该处人烟稠密、商业繁荣、思想活跃。于是迁都便注定更易失去与上述地区精英之士的联系。

二、社会与经济的演变

要对 15—16 世纪的社会、经济变化有一个全面观点,必须尽可能地注意每个方面、每个地区变化的细节。这项巨大的工作有待进行,目前大概只好满足于若干零散材料,满足于笼统印象:变化异常深刻,远远超过单纯事件叙述的设想。

若干变动触及农村地区,其活动与生产似乎已向多样化发展,与此同时也出现某些技术进步与经济变化。然而随乡村整体致富而来的却是贫弱农民境况迅速恶化。自15世纪初起,广泛的地位变动似乎已经开始:洪武年代的小地主演变为佃农;明代开国君主所确立的"三户"地位出现变化;普遍追求新的生活手段。演变起点大体是贫农土地慢慢被富户占有,政府对农村地区这种经常存在的经济压力并没有能力加以控制。经济发展以及在整个中国经济中普遍使用银锭、银币推动了其他方面,加速了演变进程。起码暂时来说,总的情况是这样。

军户问题

明朝缔造者曾想将军队建成一种自治组织,其中的人员与收入都由具有特殊地位的家庭提供:军户定居于军屯的土地。十人中,三人应从事军务("守城"),七人应从事农务("耕田")。这种防御活动与生产活动的结合由来已久,易受游牧居民入侵的地区供应困难,自有其存在的理由。反之,将这一制度推广至全国,并把若干土地的收入用于军费开支则是新鲜事物。这方面仿效了蒙古人的榜样。为了进一步控制居民,蒙古人曾把军队分布到全国各处,军队据守着像飞地之类的地方。但此举同时亦以佛教慈善机构的类似原则为依据,佛教机构将一份不转让财产的利润用于经常维持庙宇、济贫院等。自11世纪以来,这类机构在非宗教界广泛发展起来,有人竟致忘记它们来自佛教。洪武年代设立屯田以如下田地为基础:"官田",自蒙古人手中收回或从与朱元璋为敌的将领及起义运动参加者手中没收而来;受破坏地带再度修整好的土地;再或北方各省,如山西省大同地区、辽东满洲南部等开垦的土地。看来,这一体制不久便在现实社会中扎根。自14世纪末起,军屯对农村地区产生相当的吸引力,竟致有些贫农自愿隶属于军屯,由此便形成一支地位低微的劳动力,称作"军余"户。

军屯最大的集中区域位于南京地区、北京地区、辽宁、北方边界沿线,还位于西南以及云南、贵州两省。军队作为一个活跃的、自治的机构,并且伸展至全国领土,久而久之必然带有某种地区特性。而自15世纪中叶起,军队的分布是明初开国君主所下谕旨的结果。那时分为五个都督府:

1. 自辽宁至浙江的,护卫国家,防止来自海上的威胁,同时确保此地区海上、陆地的防务工作;

2. 自北京北部地区直至甘肃的,横跨长城内外,负责保卫北方各省,防止来自大草原的窜犯;

3. 非汉族人口众多的西南各省(广东、广西、云南、贵州、湖南)的,负责镇压闹独立部族的暴动;

4. 担负保卫两京的,驻扎于北京、南京附近;

5. 最后是驻在大农业生产地带以及将杭州与北京连接起来的大运河沿岸的,其任务是负责给养与运输。

洪武年代建立的制度慢慢发生了若干变化。其核心是由明朝缔造者的旧战友组成的军户,因蒙古军队某些成员归顺而且吸收囚犯与农民参加曾经有所扩大,而自15世纪起,由于开小差的缘故,军户已开始缩减。无论从何种角度来看,军户的境遇都并不令人羡慕。更有甚者:与人员减少的同时,15世纪期间,由于有钱的地主的非法购买,用于军屯的土地也开始骤然减少。因此,因设立军户与实行军屯已曾解决的严重问题便开始摆到中央政府面前,如招募、军费开支、给养等问题。于是明皇朝只好再度实行宋代通用的办法,愈来愈广泛地招募雇佣兵。1449年大灾难之后,情况更是这样。那时河北、河南均组成雇佣兵队伍,称为"民壮"。但是组织如"士兵"(地方队伍)或如农民自卫队的情况不多,前者创设于15世纪末,后者组建于16世纪中叶倭寇大举进犯之时。这类武装虽然有其效能,但不被中央政权信任,因为它可能成为叛乱的核心,素来如此。至于因军屯消失而引起的亏损,一部分由税收填补,另一部分则由设立"商屯"补足。在北方各省,"商屯"领地交由富商负责经营。商屯商人雇工开发领地并向军队供应给养,以此作为交换条件,领取贩盐的特许证。明末以后山西商人与钱庄主迅速致富,大体因设立这种制度而致。

匠户逐渐消失

导致军户消失的类似变化也发生于匠户方面。明朝缔造者仿效蒙古人先例,硬给工匠以特殊地位。蒙古人曾留下匠人(总数约26万)中之佼佼者为其服务并使之与其余居民隔绝开来。然而这种特殊地位,明初竟推广至全体工匠,同时将匠户分为两类:一类是"住坐",固定在隶属于工部的工场中从业;另一类为"轮班",每年要提供一定数量的劳动日,所去的工场有时离住处颇远。工匠的境遇恶劣(酬金低于市价,有时甚至要长途跋涉赶往南京或北京,自由支配时间甚少……),再者,长江下游与沿海省份经济突飞猛进(该处劳力需求大,而且用银子付酬)势必产生影响,导致隶属于工部的匠户数目持续下降。与此同时,货币经济发展亦促使国家逐渐以税收代替劳役。1485年以后,在外省落户的工匠便可以付钱的方式免去他们在两京的劳役。这种做法普及起来,以致1562年被立法认可;这时要服劳役的工匠的全部差使均以税款代替,于是特殊工匠阶层遂告完全消亡。而在整个皇朝时期,住户工匠数字亦不断降低。永乐年代,即1403—1424年间,皇家工场约有27 000名工匠师傅,平均每个师傅管辖三至五名匠人。至1615年,只剩下15 139名。清兵入侵前夕,匠户记录册实际不存在。1645年清代新皇朝则将其彻底取消。

于是,在15—16世纪期间,因受经济变动与社会变迁的影响,而导致匠人逐渐解放;原先,匠人是受到政府机构相当严密的管辖的。

社会动乱

因此,自15世纪初起,由洪武建立的三类世代相传的职业户便开始解体。这一现象非但涉及军户及数量不多的匠户,而且民户不久亦摆脱其原先的地位。小地主不堪重税与各种负担,被富人剥夺了土地,而致变成"逃民",如无他人的田地可耕,便随时转向走私、非法采矿或从事海盗活动。某些地区,大部分民户都从事副职,如小商、小贩、小手工匠等以弥补微薄的收入。

15—16世纪社会动乱的主要原因看来是职业普遍不稳定而且失去社会地位、寻求谋生新手段的人大量增加之故。矿山开采、走私,尤其是海盗活动都是谋生新手段。这时出现多起传统形式的暴动,可以一提的有:例如,1420年由一个名唐赛儿的宗教幻象者在山东益都所领导的起义,唐赛儿自称"佛母",其队伍直攻山东东南部各城市。自明初以来西南各省非汉族居民(傣、藏缅、苗)极其频繁的起义亦应一提。有时这些起义与汉族农民的暴动会合一处。1516年,有一名叫普法恶的人宣称普救众生的弥勒降临,鼓动四川藏缅少数民族造反。上述的一切并没有任何新鲜之处,而反之,沿海海盗发展以及由于政府在矿山经营方面采取犹豫态度而引起的暴动,倒是明代的典型事例,正反映15—16世纪发生的政治变化,16世纪以后城市工匠的反叛也是这样。蒙古人为阻止开采铜铁与秘密制造兵器,曾禁止进入某些山区。明朝缔造者依然实行这种政策,但并非时时处处执行得一样坚决。矿山时而开放给私人开采,时而禁止,禁止的时候政府机构就可能使用武力,矿工受到驱逐威胁便组织起来留在山上以对抗政府军队。

矿工的抵抗有时亦与农民暴动结合起来,如1448—1449年邓茂七在浙江与福建交界地区的大反叛就是这样。自9世纪以来移民浪潮连续涌向福建北部的平原及河谷。当地人口过剩而且土地缺乏,促使手工业活动发展,而再不限于传统的稻米种植。商人因甘蔗、靛蓝、茶叶、荔枝、纸张、麻布、铁器等而致富并购置农田。留住于城市的富裕地主阶级与不堪公私重担的贫苦佃农,二者之间的极端悬殊造成爆炸性的局势,反叛就由此而来。邓茂七的队伍不久便与浙江、福建交界地区的银矿工暴动队伍结合起来,后者由叶宗留率领。起义势力因占领城镇、乡村,并夺取兵器仓库而得以扩展、巩固。起义已并非是单纯的绝望爆发,而成为革命运动,其领袖熟知诸方面的关系:本地区经济、社会状况,皇朝的独裁集权政治制度,行政当局与地方豪绅的必然勾结。

1450—1458 年间,关于非法开采矿区的禁令稍为松弛,移民众多的汉水上游流域更是这样。政府终于试图作出反应,镇压行动激起一连串暴动,有 150 万人被逐或被杀。1476 年,同样的现象再度发生;非法矿工反叛的另一个事例是 1565 年发生于浙江、安徽、江西之间的起义,上述各地,在 16 世纪中叶深受海盗窜犯之害。

经济变化

14 世纪末,中国经济依然遭受与蒙古人作战以及内战引起的破坏,大部分交易以实物进行,国家主要财源来自于农民所缴纳的谷物。不过,明代中国依旧发行纸币,也类似 11 世纪以来的情形。国家采取各种措施力求强制使用证券:1394 年以纸币赎铜币,1403 年禁止在交易中使用金银,用证券支付官员的俸禄,等等。但上述尝试表明并无效果。纸币因不能兑换,迅速贬值,亦如蒙古人统治年代。1375 年,价值定为 1 000 铜币或一两银子的证券,几年之后即贬值三四成。至 1445 年竟跌至仅值 1‰两银子。纸币使用只能够靠国家及其官吏的不公正措施与强制办法维持。因此虽然纸币于 1573 年左右依然流通,但自 1450 年起,已不得不停止发行,后来便极少再发。明皇朝因民众起义而受到生死存亡的威胁,而其经济亦趋于崩溃,这时,国家最后又一次使用证券。中国在出现现代钞票之前印发的最后一批纸币发行于 1643 年与次年李自成攻陷北京的期间。清帝国一开始便立下这样的信条:使用纸币是政府机构不善的标志。由此中国在世界上最早采用的纸币体制便告结束。中国纸币史显示出一个基本矛盾,即国家经济与商业活动之间所存在的矛盾。前者无法控制后者,商业活动处处超越国家经济范围。相信强制措施便可以确定支付媒体的价值,这种信念因国家经济的悠久传统而造成,银币的普遍成功已将其彻底否定。

自15世纪初起,若干商业区域以及进口白银的地区(如广东,税款即用银币支付),银锭的使用已大为盛行。1423年,这种支付方式扩展至长江下游,当地政府机构规定:在缴税方面,36克银子的一两(欧洲人采用马来语的 tael),其值为四石粮食(约等于240升)。15世纪下半叶期间,各地银子使用范围愈来愈广。1465年起各省进贡用银支付;1475年起盐产者以银纳税;1485年工匠纳银付税免除劳役;通常认为,1480—1500年以后,农民亦可付现银缴税以免除若干劳役。

因此应当承认:15世纪期间,白银流通大量增加;大体可以说明这一点的是:与主要白银输出国日本进行秘密交易而且地方生产逐渐发展。但16世纪末,1564—1565年西班牙人长驻菲律宾以后以及1571年马尼拉建成之后,随着来自美洲的白银大量涌进,经济变化大大加速。除进口增加之外,1590—1605年"采矿热"亦大致在同一时期产生影响,其时一段时间对矿场的定额税已改为按生产征税。

货币经济的进展看来已产生重大影响,其结果于16世纪充分反映出来。首先是它导致税务改革,此改革于1530—1581年间完成,约于1570—1580年间加以系统化,称为"一条鞭法"。改革的目的是要简化税务(其复杂性已成为无数流弊之源),但同时亦在于认可从美洲进口的银锭及银币在中国经济的普遍应用。在接纳银货币之后,几乎全部捐税均以白银支付。这种经济自由化对社会的各方面影响已隐约可见。

三、外患

16世纪中叶,约于1540—1560年间,中国受到两方面的合力攻击:

蒙古人在北部边界,海盗在整个沿海。这种使中国独立面临威胁的外来压迫似乎因实行限制贸易的政策而引起。在海事关系方面,这种政策看来与贸易活动的蓬勃发展相抵触。

蒙古人的攻势

1438—1449 年蒙古人的推进结束了中国向北扩张时期,最后终于维持现状。1540 年左右以后出现的推进,到 1550—1552 年间达到最高峰,比以往更为严重,表明草原部族的统一已有进展。一个游牧民族的新帝国行将组成。17—18 世纪上半叶满洲人曾进行艰苦斗争以摆脱长期存在的危险。16 世纪中叶的进攻由一名蒙古领袖率领,此人名阿尔坦汗(或称俺答汗,1507—1582 年),似乎具备作为伟大征服者的才能。其祖父是达延汗,生于 1464 年,曾做到将鞑靼各部族置于自己的权力控制之下,并于 1482—1525 年左右统治蒙古。在嘉靖年代(1522—1566 年)之初,阿尔坦汗多次入侵山西与北京地区。仅就 1542 年的一个月时间,他就屠杀或掳去 20 万人,掳获 100 万头家畜、马匹,焚烧成千上万的房舍,踩躏大片大片农田。1550 年,他包围北京三天,次年他争得两地马市场开放,即:山西北端的大同、北京东北的宣化。1552 年,他借中国反叛者之助取得山西一部分,占领外蒙旧部喀喇和林。阿尔坦汗竭力将其势力扩展至整个中亚,1559—1560 年占领青海,1572 年打垮柯尔克孜族及哈萨克族,1573—1578 年间深入西藏。1570 年他同意与明朝皇帝缔结和约。自 1573 年起,蒙古人与汉人之间已达成临时妥协。但新的危险不久又在东北出现:16 世纪末日本人深入朝鲜。17 世纪初一个新的强国建立于北京以北地区。它就是女真,不久以后取名为满洲。

海盗活动

16 世纪中叶,中国不得不对付来自海上的严重危险:日本海盗(称为"倭寇","倭"是用于指日本人的旧称谓)的袭击 1540—1565 年间达到

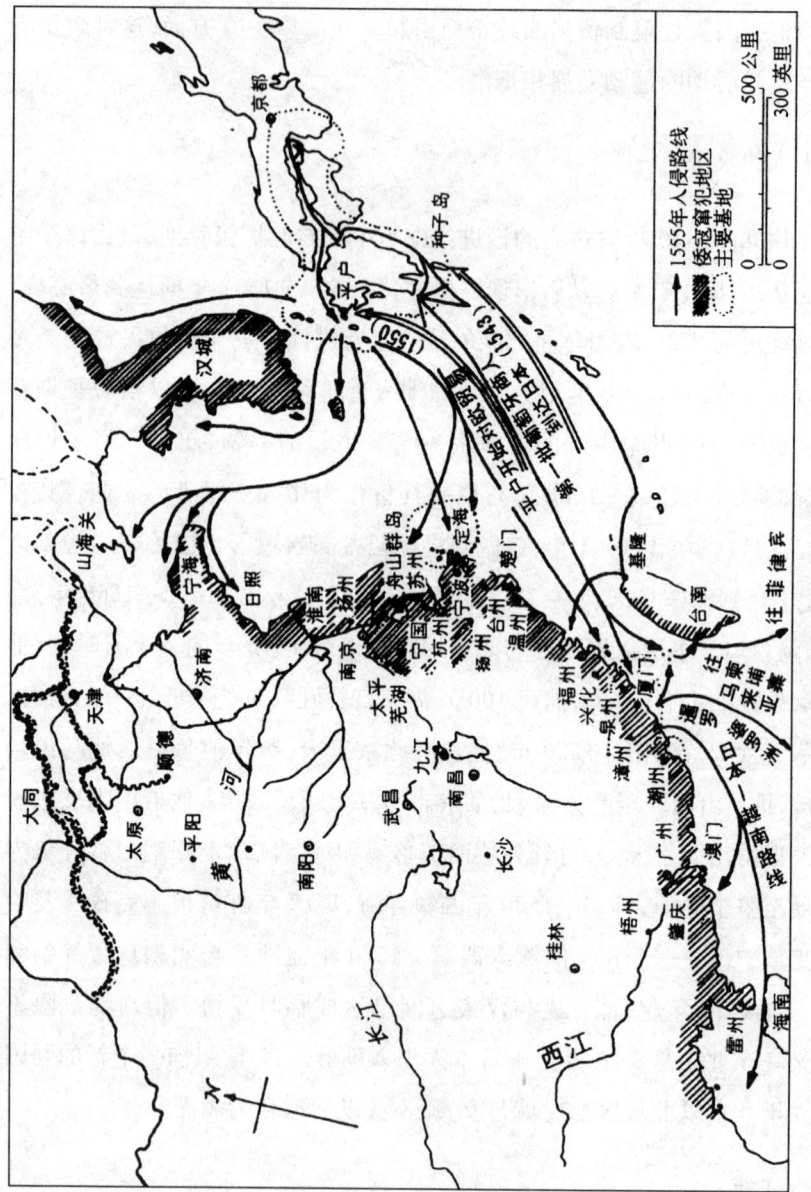

倭寇骚犯中国东部图

最高峰,而最危急的时期是在 1553—1555 年间,即稍后于阿尔坦汗率领蒙古人大举进攻之时。无疑海盗活动在当时已不是新鲜事情;大体海盗猖獗横行,于整个历史时期几乎从未中断,而且所有东亚沿海居民均参与,如:朝鲜人、沿海各省的中国人、越南人、马来人、苏门答腊人、爪哇人等等。因此"倭寇"一词不应按其严格意义看待,虽则自 14 世纪末至 16 世纪初日本人可能已构成最大的海盗队伍。实在说来,这是一支由各国人员参与的队伍,其活动多种多样。"海盗"是一个笼统称谓,其中有"浪人"(雇佣骑士之类),隶属于大名松平,还有中国沿海的旧商人、水手。16 世纪中叶,一名倭寇的领袖就是原籍安徽的中国人,名汪直。他是大商人,同时也是海盗,与日本、吕宋、暹罗、马六甲等地进行非法交易,从事硫黄(用于制造炸药)与丝绸锦缎的走私。他长驻于九州南部的岛屿,威震各方,人称为"净海王"。他曾被骗至杭州,于 1557 年被处决。但在海盗人员当中,也有地位较低微的人员:小规模活动的走私犯、原籍中国或外国的公海轮船船长,船夫与水手(船民),后者穿梭来往于沿岸与几乎荒无人烟的岛屿之间,这些岛屿被用作中转站、仓库以及藏身之地。最后,这种与走私交易紧密结合的海盗活动在大陆上也有不少同谋者:船主、商人、豪绅,间或甚至还有皇朝官府机构的官吏。

但自 14 世纪以来,出现明显的变化,海盗活动似乎主要关系到明朝开国君主与其对手之间的斗争。洪武帝的若干敌手,逃亡于日本岛屿,与日本海盗结合起来。在他们当中也许有方国珍(1319—1374 年)旧部,这一可疑人物同时脚踏两条船,一方面指望蒙古占梭者,另一方面寄希望于抵抗运动。其队伍为浙江沿岸的走私犯与海盗。倭寇于 1364—1371 年出没于朝鲜,自此时起,有些倭寇闯进长江江口,竟至劫掠各地城镇乡村:崇明岛、苏州地区,再或往南面至浙江、福建沿岸。因此,明朝初期,这种威胁已显露出来,而从那时起,即已采取初步防御措施,如:建立舰队,统一海军指挥,在山东、江苏、浙江沿岸构筑工事。由于以上措施,也由于明朝对日本的外交行动以及对海上的控制,15 世纪的最初几十年,海盗的攻击似乎曾经有所减少,但从未完全停止过。明朝政府对此重视的一个明显证据可从军队组织看出:军队的主要职责之一是捍卫自辽东半岛至广东的沿海地区。不仅在于防卫北京地区与满洲的战略地带,而且在于驱逐海盗,防止其窜犯内地。

然而16世纪海盗活动却获得空前发展,此现象出现的因由,似乎约略可知。从根本上来说,这显然与当时东亚全部海域(自日本至菲律宾、印度尼西亚)的货运明显增长大有关系。明皇朝实行限制政策以对付这种增长,而限制政策却缺乏一贯性与坚定性,其原因大体是出于战略上与经济上的考虑。统制的国家经济,在控制未能充分生效时,必然形成这种复杂的海外情况。如何监督长达两三千公里的海岸?沿海一带进行着非法贸易,利用岛屿之便,获得社会上不同阶层人员参与。19世纪上半叶,同样的困难亦来自于欧洲人的走私活动。官方规例与货运实际之间,存在着巨大差距。对贸易的限制使我们相信中国正处于某种孤立状态,而当时海上货运却是最繁忙之际。诚然,与日本的正式关系只能通过浙江东北端的宁波港进行,而福州,则专用于与菲律宾的交易(1368—1374年间泉州也担负类似角色,1403年以后,即永乐年间,也是这样),广州的职责则是与印度支那半岛以及印度尼西亚往来(广州是设有市舶司的第三港);然而私下非法交易则在整个中国沿海进行,时而公开时而秘密,视当时的规章条例而定。例如,厦门附近非常活跃的港口海澄,便既与日本及琉球又与马六甲及摩鹿加(位于西里伯斯与新几内亚之间)进行地下交易。16世纪东亚各海域的繁忙货运之中,最重要的或许是日本与中国沿海之间所进行的贸易往来了。这类交易主要涉及金、银、铜以及丝绸。由此便可解释何以此时期"日本海盗"活动再度兴起。

但推动海盗活动发展,似乎还有另外一个因素,亦即中国本身社会、经济变化以及贫苦阶层的境况日益恶化。走私与海盗活动获利甚高,因贫困严重所以吸引力极大。可见,这与地下的非法采矿为同类活动。而皇朝政权的犹豫态度(时而容忍,时而强硬)则助长海盗行径,亦促使矿工反叛。

16世纪中叶倭寇入侵日益严重,其直接结果是造成与日本官方关系的恶化,使明朝政府竭力限制地下交易。自永乐年代(1403—1424年)起,对于日本使团作出极为严格的规定:每十年接待一个使团,来船限两艘,来使不超过200人。1432年之后,上述数字改为船三艘,来使限300人。但事实上常常超过,使团来得比规定的频繁。虽然明皇朝决定要中止往来,但1432年以后仍然来了17个日本使团,而正式贸易额看来依然不少。使团抵达之际,便输进日本大刀(每次好几万把)、硫黄、铜(每次几十万斤)、染料木、扇子等等。至于回程船货,则主要是丝绸、书籍、颜料、铜币。

值得顺带一提的是:这些使团就明代中国对于日本影响的历史而言占有重要地位。使团成员中有众多的日本僧人,他们间或担负官方的使命。这些宗教人士往往学问高深,不仅对佛教热衷,而且乐于了解艺术、世俗文学以及宗教哲学。1403年之前,日本僧人在中国旅行、逗留完全自由,而且在永乐年间还被允许全年居住。15—16世纪期间,一百多位日本名僧借使团之便得以来华,他们在自宁波至北京的路上,访问过杭州、苏州、南京、淮河流域、天津等地,并与中国士人接触。反过来,中国僧人亦在中国组织使团之际被派往日本,他们也有助于将当时中国文化的影响传播至日本。中国富商宋素卿(?—1525年)的情况可以提一句。他原籍浙江,与日本通商,1510年定居于日本,曾参加1523年在宁波靠岸的日本使团。中国的著作、书画能在日本保存下来,部分原因是借助这类官方来往,而且还由于佛教人士起中介作用。

然而,自1522年起,明皇朝与日本的关系便日趋恶化,当时中央政府面对再度猖獗的海盗袭击,决定中止15世纪大部分时间所采取的容忍态度。次年,两个日本使团在宁波爆发争执,二者均自称是正式使团。其中中国当局承认其代表官方的使团竟劫掠了宁波市,这种混乱状况强化了强硬派的行动。1530年，禁止日本人派遣使团至宁波。从那时起，海盗活动便迅速发展，甚至发展到从中国招募人员。海盗的主要基地是浙江海岸东北部的舟山群岛、厦门地区、泉州、广东东北部的潮州地区以及日本群岛以南的诸岛。中国全部海岸，自山东北部至广东西部，均被蹂躏，而且深入到内地近100公里的地区。在长江以南、人烟稠密的富庶地区，海盗深入至南京以及安徽省南部。沿海防卫无法保证，政府机构竟至征用渔船。开始组织反攻，仅仅是在1553—1555年间的大劫掠、大屠杀之后。1556年，因胡宗宪将军发动反攻，浙江沿岸才恢复相对平静，次年，福建亦然。但中国沿海实际摆脱海盗之害只是在1560—1570年间俞大猷(1504—1580年)、戚继光(1528—1587年)进行反击之后。

16世纪中叶海盗袭击所造成的毁坏看来极为严重，但对这时期所受危险的记忆却也加强了监督外国人与限制私下交易的旧倾向。

第三章 近代中国的开端与明末危机

一、城市的复兴

银锭货币经济的普及似乎打破了明朝缔造者所建立的制度框架,引起社会的总变动。它导致16世纪初以后发生愈来愈深刻的变化,在多种因素的作用下,变化愈发加速。

大商业与工业手工场的发展

1520年左右起,向来投于土地的资金转而投往商业与手工场企业。地价不断下跌,到16世纪末年,竟突然一落千丈。这种现象在南方各省以及从杭州至江西东北部的地带尤为严重,事实上凡是以银锭与进口银币为基础的货币经济占优势的地方都是这样。农业经济危机与商业及手工业活动的发展同时并存。倭寇入侵的地带也是与日本、菲律宾、暹罗、印度尼西亚等地进行走私贸易的地带。不过,虽然官方明令禁止,而且沿海缺乏安全保障,但16世纪期间非法贸易看来仍在发展,并未停止过。检查与危险反而抬高了走私品的价值。某些商船装备起来以对付皇家海军的攻击。在内地,传统农业陷入困境,造成小职业(贩卖、制漆器、制器、制墨、制毛笔等等)大量增加,农产品商业化,经济作物(棉花、植物油、靛蓝、甘蔗、烟草等)发展起来。某些地区,农民中最贫穷的阶层移居矿山,或是参与走私活动及海盗活动。这个阶层也流向城市,想方设法在小商业与手工业中谋职,作为奴仆受雇于富家或是成为行政机构的雇员,后者的编制不断扩大。小工场变成大手工企业,其中有些工场雇佣好几百工人。农民来到上海西南面的松江,受雇于棉织工场。据当时的描述,工人在大工场中已成为无个性特征的劳动力,我们认为,这正是工业时代的特点。劳动市场已经存在,视职业不同而异。灵巧的工人高价受雇,而其他人则成为贫苦劳动大军,到大工场周围等候雇佣。的确,自16世纪下半叶起,若干手工业部门已具备工业性质。丝织、棉织、瓷器、炼铁的情况即如此。在公私营企业中,应予一提的有:鄱阳湖东面景德镇的企业,该处建起许多瓷器炉;松江的棉织大中心,当地生产还不足以满足其原料需求(松江附近与杭州以北大面积种植棉花),而要从河南、河北运来部分原料;苏州,以其豪华的丝织场而著称;南京上游的芜湖,它是专门从事印染的城市;河北南面的磁县,这是铸铁大中心;如此等等。16世纪末,江西共有造纸厂30家,雇佣50 000工人。

中国丝绸销向日本的价格高于在中国售价的五六倍,为什么与日本非法贸易额如此庞大,原因不难解释。陶瓷装满一整船一整船运往长崎。17世纪初荷兰人从福建、浙江购买茶叶,茶叶已开始出口至北欧。要是顾炎武(1613—1682年)的说法可信,则16世纪末对海上贸易商品征收20%～30%的税款,便可以满足国家开支的一半。

技术进步

明末问世的许多技术著作显示若干手工业手段的明显进步,如:带三四个卷筒的丝织机、棉织机的改进(自14世纪以来棉布衣服已普遍穿用)、三四种颜色的版印技术——万历年间(1573—1619年)达五种、出版的显著进步、松江发明用以铸造活字的铜铅合金、白糖与冰糖的制造技术。明代陶瓷的惊人成就众所周知,尤其在宣德与成化(1426—1487年)时代,后来因成批生产,并部分海运出口,使得产品的质量与美观有所下降。

但技术进步并不限于手工业方面。农业亦受其推动,技术进步使农业走向多样化。明末出版的农业技术著作描述了关于耕地、灌溉、播种、处理农产品的新机械。改良土壤与挑选新品种的手段,特别是新耕作法的引进,在明代末年促进了农业的全面进步。16世纪期间,到南方沿岸港口做生意的葡萄牙人,随后是西班牙人,将来自新世界的植物带进各口岸。其中的落花生,1530—1540年间起,便在上海地区的沙质地带种植。19世纪,花生成了山东居民的基本粮食之一。1563年,云南第一次提及的红薯,似乎早已经由西南并从海路进入中国。16世纪末至17世纪初,红薯大受欢迎,因为它可替代芋头,并优于芋头。红薯与花生相似,在灌溉不良的土壤中也能生长。到18世纪,红薯已成为福建、广东居民可与稻米相比的主粮。另一种作物高粱,更早为人所知,似乎经由缅甸的路径进入中国,到15—16世纪广泛种植起来。玉米是来自美洲的唯一作物,与烟草一样,其传播似乎不如花生与红薯迅速,但自17世纪起已开始到处种植。不过它只是在今天才变得重要起来。

这些新庄稼,作为补充作物,可适应贫瘠与未经开发的土地,其收成有助于弥补冬天的青黄不接,而且丰富了粮食食谱,当时虽未引起如18世纪所发生的农业大革命,但可以认为,这类作物的传播效果在明代末期已显示出来。

最后,还应指出,16世纪,区域经济的某种专门化已鲜明显露。自新石器时代末期至七、八世纪的生产大区乃是小麦与小米生产区,自渭水流域延伸至黄河下游,作圆弧形状,而且往东扩展至整个中部平原。9—10世纪以后,优势转移至长江下游、淮河流域、浙江北部等稻米种植区。这些地区能够为愈来愈多的居民提供口粮,同时还能为中国北部供应部分盈余产品,因而在宋代、元代乃至明代上半期都起重大作用。然而到

15—16世纪,这种稻米生产与出口大区的主要角色已转至长江中游、湖南、湖北两省,而位于长江下游以南的区域则愈来愈转向商业与手工业。

明代的人口普查,在洪武年代(1368—1398年)之后,是历史上最不可靠的。与人口统计的数字相反,一切迹象都表明:14世纪末至17世纪中叶,中国人口正稳定增长。某些历史学家认为,明代初期人口为7 000万左右。至明末已达1.3亿。这个数字是可信的,人口增长似乎与16世纪出现的经济增长与农业进步相符。

都市化与商业性的新社会

1560年后紧接蒙古进犯与倭寇攻击的时期是明代历史上收获最丰的时期之一。1573—1582年,整个万历年代(1573—1619年)的初期,尤为繁荣昌盛,而明末社会的活力与各种矛盾也赋予清朝入侵前的整个末期以特殊意义。这段时期华夏世界历史所发生的迅速演变明显反映在社会变迁方面:无产阶级与小资产阶级形成,农村生活深受城市影响而改变,大商人与实业家阶级登台。设分店于北京的山西兑换商与钱庄主、湖南洞庭湖畔的富商、在福州南部泉州与漳州的海运中致富的船主、尤其是新安(现今的歙县,位于安徽南部)的巨商,上述各式人等构成了一个新阶级;心态与社会政治条件要不是有天壤之别,则可能令人联想起欧洲资本主义初期的实业家阶级。首富者因参与国家经济而大发其财,而且还承担军队供应人的角色。交易活动涉及日常消费品:稻米、盐、谷物、布匹。山西的钱庄主在清朝时代将其活动扩展至外蒙与中亚,与新安商人平分货运与财政活动,新安商人在整个长江流域居于支配地位。

但这种变化亦反映在文学体裁、思想、知识的发展与更新方面。自16世纪末起,演变伴随着一连串危机,其原因似乎是维持与时代相抵触的专制、集权的政治体制之故。最后,由于清朝入侵、领土被占而致演变进程受阻。明末的社会、政治、思想史,给人这样的印象:这段时期出现了中国第二次"文艺复兴",因异族入侵而致中断,其后便转向新方向。

二、最后 50 年的危机时期

蒙古人进攻与倭寇袭击曾引起警戒,在此之后,有了相对改善,随着外来危险消退,改善愈加明显。隆庆年代(1567—1573 年)的皇帝是位开明君主,关心社会正义与改革。他在位期间制订的政策,万历年代(1573—1619 年)初期继续贯彻:缩减宫廷开支,保护受大地主剥削的小农,调节黄河、淮河水流。潘季驯(1521—1595 年)是位廉正而讲求效率的大臣,他负责维护黄河堤围与整治大运河,历时 29 载。另一名臣张居正(1525—1582 年)是此时期所有振兴经济措施的主要制订者。在万历未成年期间,实际上由他执掌国家政权。1582 年,张居正去世,他死后,宦官恢复自己失去的权力。于是再度放任自流,国家财政状况迅速衰败。

财政危机

皇宫挥霍无度。只举一个例子便可说明宫中的奢靡:1584—1590 年间修筑万历皇帝的陵墓耗资 800 万两——此墓偶然间被发现,已于 1956—1959 年发掘出来。墓砖经大运河从山东的临清运来,墓石运自同一省份的山上,而用作构架的树木则是四川与西南各省的雪松。而不久,除宫廷的奢侈开支外,又加上外患增加而引起的费用。1592 年,就在同一年时间,近黄河上游的宁夏地区蒙古领袖哱拜闹独立,贵州遵义地区少数民族起而反叛,丰臣秀吉将军(1536—1598 年)率领日本人在朝鲜登陆。1593—1598 年间明皇朝抗击日本军队的漫长战事以中国得胜而结束,但国库为之耗尽。20 年后,曾助中国军队反击日本侵略的女真族首领努尔哈赤转而反明,此时中国在东北各省已无力对努尔哈赤进行有效反击。

1593—1598 年的朝鲜之战耗去国库白银 2 600 万两,而战争结束亦未能减轻 17 世纪初的军费开支。明末的军队是一支雇佣军,带有双重弱点:臃肿而无效能。14 世纪末以来,编制增加一倍,而这种增加正与军队素质下降相抵。利玛窦在其关于中国的回忆录中(撰于 17 世纪初),曾对当时的士兵给予严厉的评判,他写道:"所有从军的人过的是可鄙的生活,因为他们从事这种职业既非出于爱国、忠君,亦非重视声誉、光荣,而只作为供雇主差遣的臣仆。"又据利玛窦的说法,皇家军队的马匹都是些可怜的劣马,草原雄驹嘶鸣一声便可以将其吓跑。军队是社会渣滓收容处,内有:闲人、骗子、坏蛋、江湖大盗等等。

财政赤字的另一原因是要给皇亲国戚支付年金。洪武帝的 24 个儿子被剥夺一切权力,从而大大减少篡位之危,但他们却领受广阔领地,在北方各省拥有牧场,各维持一支 3 000~19 000 人的私人卫队,领受极高的俸禄。皇家贵族世代相传,人数大增,至明末,已成为国家预算的沉重负担。仅庆成亲王即有直系后裔 94 名。万历年代(1573—1619 年),共有一等亲王 45 名,每年领取年金 10 000 石(相当于 600 吨谷物的钱),还有地位稍次的贵族 23 000 名。河南、山西的税收(740 万石),一半以上(404 万石)用于支付此类年金。鉴于上述状况,1573—1628 年间只好暂时不许诸亲王嫁娶并暂停赐予贵族称号。

明朝政府自 16 世纪末起所遭遇的财政困难使它不得不采取一些措施,而这些措施大部分却只能使社会病态更为恶化。为弥补因弃置土地(当时似乎牵涉范围极大)而出现的赤字,政府加强商业税收,在长江与大运河设置海关,进一步加重对农民的征税。商业税的提高引起手工企业的危机。17 世纪初,山东临清 73 家布作坊中,有 45 家关门,33 家绸缎作坊中则有 21 家倒闭。都市中工匠叛乱大大增加。1596—1626 年城市暴动在当时最活跃的地区苏州、松江、杭州、北京以及所有手工业大中心几乎年年发生。1603 年,门头沟(位于北京以东 30 公里)私营矿山的矿工游行至京城抗议。由于某些经济措施以及遣散国家职工,也由于增加各种捐税，因而使不满愈加严重，便导致1627—1644年的大起义。而在此之前，即于1621—1629年间，非汉族居民因被强迫从军已在云南、四川、贵州交界地区爆发起义。

政治危机

1615—1627年间发生了一场严重的冲突，一批廉洁的官吏与忠诚的知识分子反对宦官的潜在权力，权力的根源是宫廷密谋，内外勾结，以腐蚀与恐吓手段使官府机构言听计从。上述人士，出身不一，其组织均以书院为基础；明末书院众多，而且往往成为文学与政治的自由论辩中心。江苏无锡的东林书院上溯至12世纪，为福建官员杨时（1053—1135年）所建。书院于1604年修复，成为反对派主要中心之一。其成员大部分为独立士人或被贬的旧官员，他们发挥孟子反极权主义的思想，转而以正统新儒学的政治道德原则去对抗宫廷与中央政权。历史上这种做法常被采用，至清代依然这样。西方人堂而皇之称之为"儒教学说"的，通常是反对派手中的武器而非官方思想。东林党人首先要将自己置于合法与合乎规矩的地位。

万历末年，有三件与皇宫密切相关的事引起群情激动，爆发危机：1615年，出现杀人事件，有人认为是谋杀储君未遂；1620年，泰昌皇帝驾崩，死因可疑，有人推测是太监下毒；同年，一名宠妃被贬，宦官加以阻挠。有人认为，上述事件威震一时的宦官魏忠贤都曾插手。据历史记载，魏忠贤是无赖之徒，为了偿还赌债，自愿接受阉割，心想一定能够在宫中谋职。他目不识丁，却因得天启皇帝（1621—1627年）的乳母客氏之助而在礼部任职。1621年，新君即位，他被指派管理皇陵。万历年代，东林党人一度声威大震；天启年代初期，东林党人重掌政权，但其势力维持不久。魏忠贤组成阴谋网络，凭借秘密警察很快控制全部官府机构。自1625年起至天启皇帝故世之前，东林党人及其支持者受到严厉镇压，其中许多人死于狱中。曾公布一份牵涉700余名中高级官员的"谋反者"

名单,借此实行普遍迫害。作为反对派中心的书院被关闭。与此同时,魏忠贤竟异想天开令人到处为他自己也为其党羽建造"生祠"。第一个生祠为供浙江知府潘汝祯而设,建于西湖之畔。每建一座这类建筑都是大肆挥霍的机会。为增加自己的势力,魏忠贤大量任用亲信,使有名无实的官员数字大为膨胀,而贪污腐化则日益盛行。这位极其厉害的宦官于明代最后一位君主(1628—1644年)即位时被杀,东林党恢复声誉。苏州东林党复兴,组成"复社",亦称为"小东林",作为政治兼文学的团体而出现。共有2 000余名成员,其中约有1/4是官吏,但产生过若干影响之后,其成员亦被排斥于政权之外。

1615—1627年间的危机对此时期的几代人产生了深刻的政治、道德、思想影响。危机导致抛弃曾占主导地位的王阳明(1472—1528年)哲学(王氏哲学离开具体政治问题太远),推动着人们否定极权制度(极权制度与儒家传统相矛盾),终致引起了一片精神混乱,成为清朝入侵引发更深刻混乱的前奏。

民众大起义

除了政治危机,国库惊人的亏空之外,自1627年起,还加上女真对蒙古与辽宁的威胁以及民众起义,发展的结果导致明朝垮台。

自1627—1628年间起,由于大旱不止而导致连年失收,遂引发陕西动乱,不但农民起义,而且省内北部军需供应不上的军队亦哗变。动乱不久扩展至山西、渭水流域以至四川。1629年,政府为节省开支决定遣散用于保卫驿站的部分队伍,这一措施引起明皇朝西北部的新动乱。1636年左右,中原、北部以及西北部各省脱离北京控制,各叛乱首领对抗皇家军队,自己本身也彼此冲突,最后有两人居于优势,并将其对手清除:一是李自成,原为牧羊童,后当驿卒,占领并控制整个华北;二是张献忠(1606—1646年),原籍为延安的老兵,掌握着长江流域与四川。

自1640年起,李自成取得了稳固地位。他争取到两名前举人(李岩与牛金星)为自己效力,两人都向他作出吉利预兆,并一直做其谋士。1644年农历正月,李自成宣布自己为大顺国皇帝,建立了正规的行政机构。当时李自成拥有步兵40万、骑兵60万。不久之后他进入北京,崇祯皇帝在皇宫北面的煤山上吊自杀。就在此时,吴三桂与清军联合,进兵首都。吴氏是统率明朝军队的将军,驻防于河北与辽宁之间的山海关,对抗未来的侵略者。李自成因清军入关而逃离,回到西安,1645年在西安称帝,随后往南撤退:经襄阳、武昌、岳阳,最后至湖北西南部一小城,就在这小城被两名农民杀害,他们将其头颅献给追军指挥部。其侄子李过,出于孝心,为其尸体配上灯草头颅,将他葬于罗公山脚。

正当李自成在华北扩展其帝国之时,张献忠占领了江西、湖南、广东与广西北部。李自成在西安称帝的同年,张献忠亦在成都自封帝号。1646年,他受清兵困逼,在靠近其京城的一次战事中遇害。

李自成与张献忠的反叛,虽然目的都是推翻现政权,但却具有不同性质。李自成依靠小地主阶层(在华北其数量相当多)与贫寒士人,他占领地盘并设置治理机构。反之,张献忠位于大地产地区,依靠最贫苦的居民阶层,实行恐怖统治,地主富豪、朝廷命官均遭杀戮。张献忠痛恨奢侈,毁掉资源财富。他解放所有因经济状况而陷于劳役境地的人,建立女兵"婆子军"。四川富豪之家对张献忠的仇恨可想而知。清军抵达之时,他们竟组织反革命民团协助侵略者。张献忠与包围者抗争了两年,于1646年战死。而其将领之一——李定国却转至云南,一直维持至1662年左右。

满清威胁

为什么满洲人能这样轻而易举地进入中国,并夺得政权,满清入侵前夕明皇朝的局势就足以说明。一切情况都有利于满洲人:无政府状态泛滥,公共财政崩溃,中央政府因皇帝自杀恐慌到极点,驻于河北用以保卫京城的军队衰弱,最后是中国人自己分裂,入侵者在部分居民中找到自己的同谋——在高层人士中,许多人宁愿与外部敌人结盟(希望是短暂结盟)而不愿人民起义胜利。甚至有些人,与未来的中国占领者进行接触由来已久,随时准备附敌。吴三桂的事例并非只此一桩,另一位明军将领洪承畴(1593—1665年)的例子也表明这一点。1634—1638年,洪氏曾积极参与对抗李自成军队的斗争,并于1639年奉召保卫首都,对抗女真的威胁,1642年被俘,投到满清旗下。

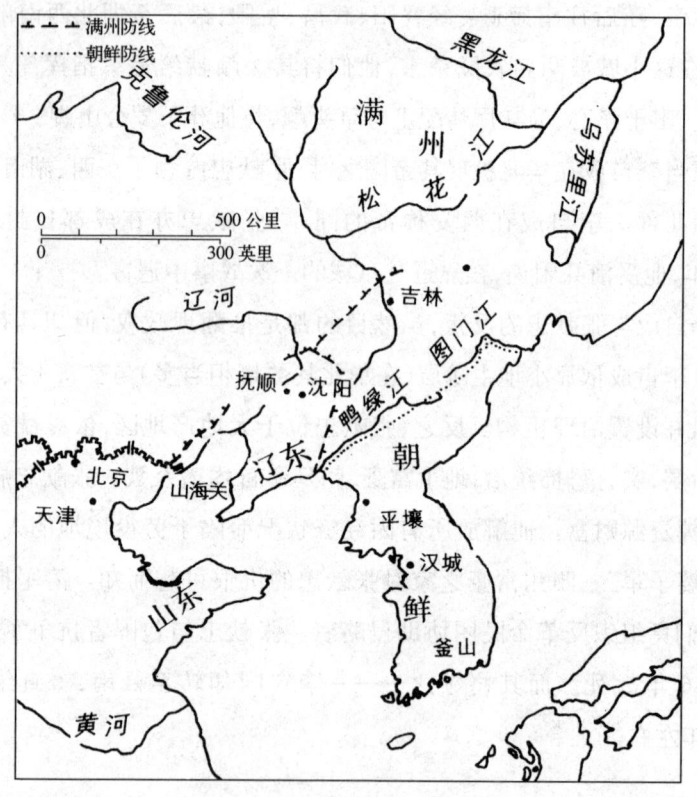

明末东北防线

此外,从战略观点来说,1621—1642年间,满洲人已赢得主要地盘:1621年,攻克沈阳与辽阳,1642年占领整个满洲直至山海关。事实上,明皇朝在东北的防御系统由河北、辽宁、山东三省构成(辽东半岛经海上与山东北岸联系用24小时即可)。与朝鲜结盟大大有助于这一地区的安全。但这个防御系统非常不牢靠,因为没有任何天然屏障阻隔满洲平原;山海关则是河北与辽宁的唯一交通大道。为弥补缺乏天然屏障的不足,明皇朝在北京以北300公里的地方建起一道自鸭绿江西口至开平的防线,还有另一道是自山海关至吉林。这种"柳条边墙"由坑道与路堤构成,堤上种上垂柳,用以拦阻女真骑兵。上述防线的崩溃以及辽河流域之被占领使北京直接置于入侵者即可触及的范围之内。

第四章 明代精神生活

一、概说

　　我们无法对一个如此漫长的时期作出全面判断,这段时期在法国是自中世纪末起至路易十四登基结束。由于方法错误或因为无知,有人不时指斥这一时期,视之为在文学艺术方面是思想贫乏、盲目模仿的时代。这一阶段的整个后期其实是华夏世界思想史上最激动人心的时期之一:小说文学蓬勃发展;语文学的科学批评以及新思想倾向初露端倪;对实学再度热衷;出现自由思想与独创精神。此时期末阶段的许多新鲜事物一直延至 17—18 世纪的清代。但是,在这漫长朝代的大部分时间,极权制度与正统观念结合在一起造成有害的结果,窒息思想的自由发展。

二、正统派与独立派

　　15 世纪初,扩张时期最光荣的一页乃是钦命大型类书《永乐大典》的编纂。编辑工作始于 1403 年,四年后完成,共计 22 877 卷。虽然辑录工作欠精细,但这套类书仍然十分宝贵。后来为 18 世纪末巨型丛书——

《四库全书》的编纂者提供了方便。1772年,《永乐大典》的一份手稿确已由翰林院书阁收藏。1860年,英法联军入京烧杀掳掠时,这独一无二的手稿大部分已遭焚毁,其余亦已散佚各处,原始手稿共有11 095册,现只余60册。

在出版与编书方面,中央政府的这项工作是当时最重要的。这段时期似乎特别平淡无奇。在哲学方面,仿效蒙古人1313年的做法,自1384年恢复开科取士之后,即钦定新儒学为正宗。这一经院思想体系,类似于欧洲中世纪亚里士多德经院哲学;由于1415年出版了下列两种著作,其进展愈发加速;这两种著作是:宋代哲学家选集(《性理大全》),"四书"、"五经"的官方注释读本(《五经大全》、《四书大全》)。《性理大全》收录了周敦颐(1017—1073年)、张载(1020—1077年)、邵雍(1011—1077年)、朱熹(1130—1200年)等人的重要著述。

直觉学派的发展

朱熹学派的诠释在科举中被视为唯一正确者。然而,尽管朱熹学派居于至高无上的地位,但并未能阻挡独立思想潮流的发展。"心学"学派的主张者(有人称之为"直觉主义者",或许并不准确)形成一个思想家派系,至16世纪初出现了王守仁(王阳明)及其门徒。这个反正统运动诞生于拒绝出仕的士人当中。吴与弼(1391—1469年)、胡居仁(1434—1484年)、陈献章(1428—1500年)正是这种情况。后者是广东人,过隐士生活,专注于冥思与静坐,有如佛家的参禅。他所读的著作近乎异端,有小说、佛学经典、道家经文。明代凡是想摆脱正统控制的人士,都曾对占统治地位的哲学采取类似于陈献章的态度,陈氏乃其中首要人物之一。16世纪末,李贽也采取类似态度,即参照其他传统(民间传统或宗教传统)而不依据儒家传统。

王守仁(1472—1528年,世人常以王阳明称之)与居士派系、与朱熹同时代的对手陆九渊(1139—1193年)一脉相传。王氏接受陆九渊的基本论旨:"理"并非意识之外的现实。在朱熹身上,佛教玄学的影响十分明显,他是坚决的唯智主义者("知先行后"),而王守仁则认为,知与行无法分开,相互制约。王氏哲学最重要的概念之一是"良知",此词出自《孟子》:"人之所不虑而知者,其良知也。"王阳明的直觉主义是要回复到原始的模糊性。人与世界的分开乃源于肯定自我、肯定私利。唯有哲人常向世界敞开,做到在原始的纯洁状态中不分主体客体。因此,某些人视王守仁为主观主义者,看来并不确切,虽然王氏哲学富于修身、内省的倾向。

这种倾向符合从社会与政治观点而言可视之为反动的见解。王守仁渴欲拯救面临崩溃的农村乡镇;当时高利贷盘剥、富人与官吏敲诈勒索加之经济变动,正导致乡镇解体。为此王氏提出极为详细的变革方案:建立以"乡约"为基础的乡村社团;设社团首领并配置助手;收支设账;农村社区实行某种形式的自治;对团体成员的品德进行监督(公开赞誉、谴责);聚会时先效忠宣誓,各人自动承认过错;保护告密者。在王守仁看来,道德、经济、政治的矫治之法便在于此,当时货币经济、商业与手工业经济迅猛发展,正开始打破传统秩序,引起全面动荡。

三、1550—1644 年的"勃兴"

16世纪初出现的变化成为王守仁在政治与道德方面产生忧虑的原因,这种变化与其哲学的深刻倾向或许亦不无关系;王氏去世后愈发明显的变革与社会动荡以及明末危机,则成为明皇朝最后一百年在大多数领域中出现思想更新的背景。这第二次华夏"文艺复兴"值得特别重视,不仅因为它的内容与独特性,而且由于它的深远后果一直影响至当代。"文艺复兴"已孕育着后来17世纪下半叶与18世纪哲学家充分发展起来的倾向。

王守仁身后分化出左右两个派系。右派被认为忠于宗师遗训,但其中抽象思辨倾向居主导地位。后来清朝进占时表现出的实证主义反应即源于此派。反之,左派却代表一种过激主义偏向。左派人士(王艮,1483—1541年,他是扬州地区自学成才的采盐匠;王畿,1498—1583年;罗汝芳,1515—1588年;还有李贽,1527—1602年)强调自发性与反成规习俗。在这些从儒家以外传统中寻求灵感之源的人士身上,佛家禅宗的影响相当明显。

反陈规习俗

李贽的情况或许最能说明问题。他出生于一个信奉伊斯兰教的福建旧商人家庭,其祖辈在15世纪曾有人作为译员参加过中国商人赴伊朗的远游。其中一人于1437年访问霍尔木兹,并在该地娶妻。李贽的好奇心与自由思想或许与这种出身有关。李氏不相信远古传说,揣测其中的虚假性并认为其形成较晚;也不相信经典著作绝对真实,当时语文学者已考究出其中的漏洞。他的一些友人热衷于欧洲人引进的新事物,对利玛窦的译著《交友论》与《天主实义》深感兴趣,两书1596年印行于南昌。李贽本人也曾三度会晤这位耶稣会传教士,其中一次于1599年在南京。利玛窦已知李氏与佛家僧人关系颇深,因而没有与之进一步联系。李贽十分喜爱俗文学,曾评点《水浒传》和《三国演义》。前者描写仗义除恶的强盗,后者李贽欣赏其中的军事谋略与战争故事。现代一些专家认为,《西游记》的作者吴承恩很可能曾受李贽的影响,吴氏的反传统情绪与李贽思想相吻合。这种影响实际上也触及袁氏三兄弟(袁宗道,1560—1600年;袁宏道,1568—1610年;袁中道,1570—1623年)。三人提倡所谓"公安派"的诗风,主张简朴、直接、近乎口语的语言,反对模仿旧格式。李贽对军事首领、著名盗匪表示赞赏,对战略问题深感兴趣,这些都与传统见解大相径庭。他严厉抨击当时采取的反倭寇防御政策,揭露这种政策对商业与居民的灾难性后果。他认为,由雇佣兵组成的政府军无能,而自发组织的民团则充分显示其抗击能力。他对捍卫弱者与受压迫者(妇女、受官府压制的少数民族)怀着巨大热情;他对佛教经典、道家著述抱有浓厚兴趣;此种热情与兴趣均大悖于世俗之见。

李贽是倡导自发性的哲学家,其著作惊世骇俗,时人群起而攻之则不难理解。但16世纪末是都市兴起、新事物与旧传统相冲突时期,李氏正是代表这一时期的人物。

17世纪初叶的危机时期,并没有出现任何李贽式的别树一帜人物,但有理由相信,这时期在变革派人士当中政治探索已日益深入。清皇朝初期的大思想家、哲学家、社会学家、历史学家便来自于变革派——东林党以及继承东林党的复社。

科学意识与对实学的新关注

一种具有科学性的新思想趋向与李贽的反成规习俗及其对经典传统的怀疑态度可能有若干联系,而经典传统在华夏世界所起的作用与基督教传统在西方的作用相类似。

通常认为,顾炎武(1613—1682年)以及18世纪的文字学大家的功绩在于提出历史考据的科学方法。事实上,清代文字学大学派之源可以上溯至16世纪。自1543年起,梅鷟就揭示汉代古文经典《尚书》文本的伪托性。陈第(1541—1617年)则是研究历史音韵学的第一人,后来顾炎武在其《毛诗古音考》(1606年)中更将此研究推进一步。另一文字学家梅膺祚,在其编纂的《字汇》(1615年)中,第一个运用214部的部首编排法(自此成为字典的编排传统),全书共收字33 179个。

数学研究在宋末及元代颇为深入,至明代似乎不受重视,直至耶稣会会士以及其中著名的利玛窦来华,再度引起对计算科学的注意,自17世纪初起,激发起对中国数学及其历史的重新探求。但16世纪,天文学与历算学依然是研究对象而且已有成书问世。明代王侯朱载堉(1536—?年)热衷于数学与音律,是世界上确定平均律音阶的第一人。按李约瑟的说法,欧洲1605—1608年间出现的平均律音阶便源于1584

年朱氏《律学新说》所阐述的研究成果。

但当时的新思想尤其表现在实学方面。明末出版的科技著作甚多，几乎涉及所有知识领域（药学、医学、植物、农业、手工艺、地理学等等），大致反映16世纪所取得的进步。

《工部厂库须知》(1615年)，内含关于中国技术史的丰富内容；在此之后，1637年《天工开物》问世，亦是一部插图著作，讲述有关农艺、纺织、陶瓷、冶铸、河运、兵器、纸墨等各种工艺。王徵(1571—1644年)则在其著作中描述自己创制的有关农田水利、军事等多种机械。他还与德国耶稣会会士邓玉函合作写下《远西奇器图说》。明末还出版多种农学著作，如：马一龙(1490—1571年)的《农说》、关于浙江北部平原农作法的《沈氏农书》(明末)、《农圃六书》(1636年，涉及农业与园艺)，而特别著名的是《农政全书》(1639年)。后者为利玛窦的门生徐光启(1562—1633年)所撰，是一部有关中国农业技术的真正总汇，内中还包含西方地理与水文技术情况。徐光启还是西方科学著作的翻译家。

16世纪初至17世纪中叶出版的医药著作（包括保健、营养、针灸、艾灸、妇科等），值得特别一提的是李时珍(1518—1598年)的《本草纲目》。这是植物学与药物学的巨著。此书于1552年开始动笔，历16载艰辛，于1578年写完，1596年印出。书中记述上千种药用植物、近千种药用动物，而且附上精美插图。本书第一次提及天花接种，与后来发展为免疫学的方法无异。

军事科学也反映出这时期技术的普遍进步。1621年，茅元仪的《武备志》出版，这一军事技术巨著作为著名的《武经总要》的补编而问世；《武经总要》成书于11世纪宋代中叶。《武备志》载有关于火器的状况，借此机会可以稍提一下火器在中国发展起来之后的历史(10—13世纪)。中国式大炮在明代依然起着巨大作用，1407年在越南事件中曾被广泛应用。根据德国修士伯索·施瓦茨(1310—1384年)的试验，更有效的新型火器在欧洲进一步完善，16世纪葡萄牙人又将这种火器(大炮与便携式武器)引进东亚。中国依然使用传统古炮,对上述新式武器不大欣赏,而日本却大为流行。16世纪倭寇蹂躏中国沿海时便已使用火枪。火枪从种子岛进口,岛名竟在日本成为枪名的通用称呼。1593—1898年明朝军队与丰臣秀吉将军的军队作战遭遇困难,与这种新式武器不无关系;自此时起,明皇朝才致力于采用欧洲式火器,在中国称它为"佛朗机铳"。为了对抗清军在辽河流域的袭击,明皇朝曾求助耶稣会神甫,请澳门的葡萄牙人铸造枪炮。

但16世纪中国人认识欧洲火器也有可能通过其他渠道而不是通过葡萄牙人。嘉靖年间(1522—1566年)出版了一本著作,题为《西域土地人物略》,书中阐述中亚、伊朗、伊拉克、土耳其一直至君士坦丁堡的山地水文系统以及上述各地的产物、居民。该书看来足以证明明代时期中国与地中海的近东已有来往。

明末还有其他地理著作显示当时对异域认识的进步。《殊域周咨录》(1574年写序,印于1583年)述及朝鲜、日本、琉球群岛、越南、西藏、中亚、蒙古等地。《东西洋考》(1617年写就,印于1618年)为福建人张燮所撰,书中主要描述东南亚各国,但也包含关于日本、荷兰人、航海技术等宝贵材料。中国历史上最出色的地理学家之一便生活于出版物繁多的17世纪上半叶。他就是徐弘祖(徐霞客,1586—1641年),第一个对地形、地质表示出浓厚兴趣的人。他的著作乃历时30年游历中国整个南部与西部进行直接观察与记录的成果。徐霞客考察出西江(广东大河)与长江的源头。他还深入探察印支半岛各大江的上游河谷,认识到萨尔温江与湄公河的上游河段截然分开,这与一般见识相反。但这位地理学家的伟大才能尤其通过其高质量的描述与地质观察表现出来。

都市文学

明末消遣文学获得空前未有的蓬勃发展,这种文学运用更接近口语方言的语言而距离古文较远。它面向都市大众,此类读者追求娱乐,文化修养不高,但不受传统教育所灌输的思想约束。当时大量的民间出版物间接证明此类读者人数之众。万历年间(1573—1619年)印刷与版刻的进步带动廉价出版物蓬勃发展。自1571年前后起,福建北部的印刷作坊成为主要出版中心之一,印行大量的大众丛书、类书。

明末的传奇性文学具有悠久传统,可追溯至11—13世纪开封与杭州的娱乐市区。它不受原来传统的约束,显示出若干只能从风俗的深刻演变才能加以解释的新特点。这时期的作品较之14世纪的著名小说(如《三国演义》、《水浒传》)包含更多的想象、虚构、心理分析、情节变化,题材本身也大为丰富、发展。作者往往属于无业的文人阶层(间或小官吏也在其中),只好将就度日,力争身居高位的人雇请和靠蒙师或塾师的微薄收入聊以为生。

明末有两部杰出小说问世。一为《西游记》,出版时间约为1570年,叙述僧人玄奘与猴王孙悟空等在赴印度朝圣途中的历险故事。另一为《金瓶梅》,约于1619年成书,描写山东一富商的生活,反映出风俗变化与文学技巧的进步。前者充满幽默、奇想、嘲讽,从大量的各式各样材料吸取灵感之源;后者是历史上第一部通俗小说,写实、富于市民性。除小说(从短故事发展起来的形式)而外,还有许许多多小故事:言情、公案、讽刺、色情、侠义、教谕等不一而足,往往上述各种特点兼而有之。1623—1632年间,小故事结成大集子出版,如:《拍案惊奇》、《三言》。这些故事不少是真正的杰作,其中一部结集印行于1632年至清朝入侵的1644年间,题为《今古奇观》。日本林罗士1790年出版的《月下清谈》便是受《今古奇观》启发而写成的。在中国,明末小说对18—19世纪运用文言文的雅文学亦产生巨大影响。

面向都市新读者的文学兴旺起来,与此同时,戏剧亦获得蓬勃发展。若干剧作最近才发掘出来。著名作者有汤显祖(1550—1616年)、阮大铖(1587—1646年),前者曾弃官专事戏剧创作,后者是大官,与阉党有密切关系。汤氏写下传奇剧本《牡丹亭》,该剧以理想爱情为主题,强烈的爱情竟然令少妇起死回生。此外,他还留下其他杰作。

结束语

16—17世纪在大多数领域(实学、哲学、文字学、文学)发生如此令人惊奇的发展,部分原因是受远方影响的激发;总之,中国第二次"文艺复兴"就像是西方文艺复兴的回应,但要拿出确实的证据来证明上述说法大概无法做到。即使能看出若干类似之处,但华夏世界与基督教西方依然有着深刻的差别:两地并无相同的历史经验,也并未走过同样的道路。但是,从中国历史所得的教训可以认为,并不排除远方推动的效果。某些创造发明往来相传表明不同文明之间的普遍互相联系——华夏世界发明的指南针与火器几个世纪之后复又重新回传,而这并非是绝无仅有的事例。东亚曾经起过推动者的作用,后来又轮到自己接受西方的推动。12—14世纪互相交流、互相影响仍然只限于技术成果,自16世纪起,范围大为扩大。很可能自此时期开始的世界科学史与思想史大大有赖于这种交流与相互影响,远比一般人的想象更甚。改变人心或强化某种倾向的,主要不是纯然的借用——虽然借用也为数不少——而是微妙的有时是间接的影响。

四、欧洲入侵与耶稣会教士

1500年前后近东与地中海盆地发生的事件对于葡萄牙向印度洋与东亚诸海的扩张曾起决定性影响。叙利亚的法兰克殖民地陷落以及奥斯曼土耳其人在威尼斯取胜使威尼斯的衰败成为定局,而且亦造成欧洲与伊斯兰世界的传统贸易倒退。由于埃及马穆鲁克兵团控制了商业通道,便促使航船绕好望角而行。1498年,伽马[①]在阿拉伯驾驶员马金的

---

① Vasco de Gama(1469—1524),葡萄牙航海家。——译注

带领下,自马林迪(肯尼亚)沿马拉巴尔海岸驶至卡利卡特。葡萄牙人随伽马之后于16世纪初首批进入东亚海洋,当时力图参与同海盗行径结合起来的大规模贸易。16世纪期间,这类贸易大大扩展,涉及东亚所有国家:中国、日本、菲律宾、印度尼西亚、印度支那半岛。葡萄牙人与马来人一样,在东南亚与南中国之间经营胡椒。不久葡人即致力从爪哇人和苏门答腊人手里夺取海路与海上贸易的控制权,直接在日本群岛南部以及在宁波与日本人接触。

1514—1516年间,葡萄牙大帆船第一次在广东沿海靠岸,自1540年起出现于福建,1542年之后靠泊日本。1543年,西班牙人到达东亚诸海,荷兰人则于1600年前后抵达,此时荷兰人的实力开始显示出来。进入远东与东南亚贸易网络的新来者被称作"佛郎机"(指葡人与西班牙人)与"红毛夷"(指荷兰人),他们深入此地区的人文环境,并通过中国人与他们在其中设立商行的东南亚各国建立联系。欧洲某些影响便通过他们进入中国南部与东南部沿海地区,从前印度、伊朗、伊斯兰的影响也由此而带进这一带。但只是到了16世纪末年,第一批耶稣会教士进入中国之后,我们才开始掌握到准确的资料。

首批天主教士抵达东亚

13世纪中叶至1338年间,西方基督教界第一次接触东亚,更确切来说,是进入蒙古及北京地区。1338年,孟高米诺去世,他是元朝京城的第一任总主教,当时该处称汗八里。这一时期罗马教廷与法国君主主要是想争取与一个世界性的帝国结盟以对抗伊斯兰,而当时元帝国对所有宗教显示出欢迎态度。16世纪中叶,当天主教第一批传教士尾随葡萄牙冒险者在东亚各国靠岸时,中世纪基督教使团的居留痕迹已全部消失。再说,这时欧洲人的想法已经改变。西方贸易开始大扩张,航海大发现、宗教改革、科学思想觉醒的时代已经来临。16世纪的欧洲充满传道的征服热忱,这是中世纪欧洲所未有的,自17世纪起表现得愈加明显。1534

年,罗耀拉①创立耶稣会,其主要目标便是改变异教徒信仰。

首批耶稣会传教士力图进入中国之时,正值海盗横行之际。再者,以海盗面貌出现的葡萄牙人先于耶稣会士而来,他们的行为违犯当地法律。外国人备受猜疑而且受到严密控制,这就不难理解。因此耶稣会士不得不运用心计才得以进入广东,随后经梅岭关抵达江西,最后竟深入到北京宫廷。他们赢得皇帝的宠幸以及某些高级官员的好感。

第一批葡萄牙商人到达九州南部种子岛七年之后,西班牙耶稣会教士弗朗西斯·沙勿略于1549年在日本群岛登陆,并在日本西部与京都开始他的宣教活动。1552年,他在离广州不远的地方死去而未能深入中国。当时天主教传教士在中国沿岸可能立足的唯一地点乃是设于澳门半岛的葡萄牙一小商号;澳门位于珠江河口以西,香港岛的对面。macao(澳门)得名,是由于那里有一个海员供奉海神的小神庙(阿妈神庙),因而此地称作"阿妈濠"(广州方言叫 A-makao),即"圣母锚地"。但西班牙人沙勿略失败之处,意大利人利玛窦(1552—1610年)因其毅力与聪明才智却取得了成功。他所属的传教使团于1582年抵达澳门。1583年他设法进入广东,1595年到达江西赣江流域,在省会南昌驻足。三年之后利玛窦进入北京逗留两月,1601年复重回北京并一直住到1610年死时为止。

于是,首批传教使团便沿澳门至北京的路线取得立足点:广州、韶州、南雄(梅岭关前广东最后一个城市)、赣州、南昌、南京、江苏淮安、山东济南。17世纪初,传教使团扩展至长江下游地区(苏州、上海、杭州)乃至福建。耶稣会士在长江下游地区还与士大夫阶层进行接触。教会使团也到达河南(开封)、山西、陕西(西安)乃至四川。

小部分传教士取道缅甸或中亚而来。如葡萄牙修士鄂本笃1602年从莫卧儿皇朝京都亚格拉启程,要考察马可·波罗所说的 Cathay 是否就是

---

① Ignace de Loyola(1491—1556),西班牙贵族及军人,耶稣会的创始人。——译注

中国,当时莫卧儿皇朝还在阿克巴(1556—1605年)治下。鄂本笃越过喀布尔、撒马尔罕、塔里木盆地绿洲,于1605年抵达甘肃酒泉。他自酒泉修书利玛窦,利氏派遣澳门一皈依基督教的中国信徒钟鸣仁①修士去接鄂本笃。1607年,他到达酒泉,正值鄂本笃临终前夕。最后还应指出:1661—1662年间,有两名传教士取道相反的路线,自北京至亚格拉,但经西藏与尼泊尔。以上情况表明,这一带历史上曾长期存在奇妙的通道:4—9世纪大量求法僧徒已穿越、探索诸如此类的路线。

利玛窦及其同道,最初原拟穿着僧家的袈裟。佛教也是来自西域的救世宗教,表面上的确与基督教有不少相似之处,似乎这些类似之点今后会有利于在农村吸收信徒。但首批传教士不久便认识到自己的错误:明末尚存的佛教不受知识精英赏识,只有在若干独树一帜的人士(如李贽)中才找到少许热心支持者。自17世纪初起,敌视基督教的士大夫有一种办法,就是将这些异国宗教视为佛教的变种而加以揭露,认为它征服遥远的西方夷蛮之后又重回中国。知识高深、富有教养的耶稣会士很快便认识到:倘要争取中国的精英,便须采纳儒者的服饰举止,长期、艰苦地努力学习古典文化并致力于迎合掌政阶层人士之趣味,例如他们热衷于历法、天文、数学、地舆等问题,好奇地探究欧洲工艺与发明创造。时钟便是利玛窦及耶稣会士引进中国的首批新奇玩意之一,利玛窦后来似乎成了中国钟表匠的神祇。19世纪,他被人作为"利玛窦菩萨"而加以膜拜。但传教士在宫廷中以及在高官阶层中备受推崇的,主要并非这些机械玩意(被认为是无足轻重之物),而是其学识。耶稣会士曾作为数学家、天文学家、地舆学家为几代君皇效力,因此他们能够在北京逗留至18世纪末。

对话之艰难

双方的观念截然不同。从传教士以及天主教会使团看来,无非是纯

---

① 外文名为Sébastien Fernandez。——译注

然的传道方式，但在大多数执政人士眼里，却成为耶稣会士出入宫廷的唯一优势。传教士在显示高超、优越的欧洲科学与创造发明的同时，满以为此即可证明带到世界上这片地区的宗教亦优异无比。因此，由耶稣会士译成中文的科学著作，开篇之处总附上一段赞颂基督教的言词。传教士力图吸收入教的人士，虽则对教士在科学、工艺、技术等领域带来的事物深感兴趣，然而大部分人从圣经传统中只见到一堆杂乱无章的传说，通常不可解释，而且有时与道德相悖。的确，基督教在中国遇到难于克服的困难，原因是社会与文明存在差别之故，其中历史背景、心理状态、行为规范、风俗习惯无任何相同之点。一个要求全副身心参与并承认绝对之主存在的宗教，华夏世界不易为其提供立足之地。中国虽然也不缺乏宗教热情，但却对超验范畴全然无知，因其具有内在秩序的基本观念，此秩序既是宇宙的也是人类的，既是自然的也是社会的。此外，耶稣会士深入中国之时，正值批评思潮与不可知论思潮开始显露，18世纪这些思潮在考证学派中获得充分发展。

因此，基督徒与中国人的对话开始便以深刻的误会为基点，十八、十九世纪时，误会愈发严重。首先在日常接触中反映出彼此不了解而且产生猜疑与敌视情绪，若干儒士以及佛教会更故意煽动这种情绪。有人早就这样谴责基督教：

1. 想败坏中国风俗，因为教士禁止拜祭祖宗(17世纪时，还容许拜祭，经过短暂的通融之后，18世纪时，梵蒂冈关于这方面的指示却毫不妥协。但"祭礼之争"反映的冲突，1610年利玛窦身故后，即在传教士中公开爆发)。

2. 要毁掉中国人祭祀用的神像、庙宇。

3. 要拜祭一个受极刑的人物。

4. 为倭寇以及沿岸海盗、走私犯策划阴谋、刺探消息。

5. 将七个天体置于天空，提出倾斜的黄道线装置而不是中国传统的赤道线装置(后为近代天文学采纳；北京耶稣会士仅在1620年前后才接受第谷·布拉赫①体系;日心说观念被教会所禁,到了1760年才第一次在中国陈述。)

6. 建立秘密社团(秘密会社成员任何场合都不透露自己身份,新入教者也一样,须隐藏教徒身份)。

7. 秘密从事炼金活动并暗中进行诅咒。

17世纪初叶起,上述种种批评便成为一些小册子的材料,传播极广。这些抨击基督教的书籍自成体系,其中一本率先之作是《破邪集》,它的最后一篇序言写于1639年12月。从相信"上帝"的古代信仰中传教士认为可见到基督启示的痕迹,与之相反,中国反教的士大夫则从基督教教义中只看见佛教的变种形式,还间或混有借自伊斯兰教的成分。上述论点常被采用,而尤其见于1751年出版的《澳门记略》一书中。

中国的反应大体因社会环境而异。在乡间,传教士似乎首先引起好奇的关注。其奇异的习俗与礼仪令人惊讶不已,基督徒的葬礼招来大群民众围观。传教士有可能被视为僧人之一类。基督教能立足之处,大体是因为产生这种诸说混合的效应。而传教士本身也不知不觉受华夏环境的影响。例如在邓类斯(明末山西传教士)的传记中便可见到佛家与道家高徒传的主题。该基督教士被描绘为可与猛兽为伍而不被吞噬;有治病救灾的天赋才能;可靠洒圣水驱除蝗虫侵害;为鬼屋驱邪;准确预报自己归天的时日;其尸体长期不腐;其墓地免受河水泛滥之淹;教士身故后变为地方土地神。

18世纪初,波尔多神甫李明(1655—1728年)提出以如下方法向民众传道:

1. 运用故事与比喻。

2. 重视"装饰、列队仪式、歌咏、钟声、典礼"。

3. 鼓励敬仰"神像、遗物、纪念章、圣水"。

---

① 布拉赫(Tycho Brahe,1546—1601年),丹麦天文学家。——译注

4. 注重教育儿童。

以上基本是中国僧人1500年前所采用的方法。

杰出的皈依者

在官吏阶层方面,耶稣会的政策在小部分热衷于欧洲新科学与新思想的士大夫中取得辉煌成绩。世人所称的"开教三大柱石":徐光启、李之藻、杨廷筠,便是皈依基督教的儒士中的最著名者。

徐光启(1562—1633年),上海人,1604年举进士,最早接触耶稣会教士的人之一。他曾作为蒙师受雇于韶州一富家,先是在韶州遇郭居静神甫,后于1600年在南京会利玛窦。另一传教士罗如望为他洗礼并赐名保禄。1604—1607年,徐光启居于北京并与李之藻一道受业于利玛窦。从这时起,徐氏开始翻译西欧的数学、天文、地理、水力等著作(耶稣会士带到北京的西文书籍将近7000本)。1606—1608年间,他特别译出三角学著作《测量法义》(徐光启发现中国的三角学方法与西方方法完全相同)、关于欧几里得原理的著作《几何原本》(1611年)、水力学论著《泰西水法》(1612年)。1607年,他回到长江下游地区,复与耶稣会士有新的交往。此后于1621年退隐上海,在上海翻译《灵魂论》。1630年,他向朝廷推举汤若望神甫制订新历,推荐龙华民神甫到澳门谈判购置大炮。在上海市郊徐光启住处附近,建成了一座小教堂,即徐家汇教堂。19世纪,围绕徐家汇教堂形成庞大的天主教传道团。徐光启死后,其著名农学著作《农政全书》于1639年出版。

杨廷筠(1557—1627年),出生于杭州,也是文人官吏,一如徐光启。1600年在北京就任监察御史,负责大运河交通及苏州地区政务。1609年,第一次退隐杭州之时,先是被佛家禅宗吸引,1611年在李之藻家中遇郭居静及金尼阁神甫,接受两人的传道而皈依基督,次年接受洗礼,取名迈克尔。他与其亲友一道建立"圣水会",并撰写关于基督教义的著作。1615年出版有关科学、地理学、欧洲哲学、基督教义的杂著。1621年,他发表文章，力图证明他信奉的教会优于佛教。1602年利玛窦曾发表题为《坤舆万国全图》的世界地图，杨氏参与该图的注释工作。1623年印行的《职方外纪》即此注释的汇编。1627年，杨廷筠请人在杭州建造了基督教堂，他亦于此年身故。

李之藻(？—1630年)也和杨廷筠一样，出生于杭州。1601年抵北京不久即遇利玛窦并在其家中见到地舆图。李氏热衷于地理问题，便开始学习地图绘制法以及西方科学。1604—1610年就教于利玛窦，为他翻译各种科学著作与宗教著作。1611年，返回杭州，邀请了郭居静、费尔南德斯、金尼阁诸神甫在杭州传道。1616年，沈㴶发动对基督徒的第一次迫害，1622年发起第二次迫害——沈㴶所举的理由是购自澳门的两门大炮爆炸。在迫害期间李之藻保护了杭州的基督徒。1625年，他为西安发现不久的景教碑铭撰写释文(该碑铭用中文与古叙利亚文刻成，叙述自631年以来景教进入唐代首都的历史，石碑立于781年)，并证实景教与基督教为同一教派。1664年，杭州又有人发表另一论述该著名石碑的著作，题为《景教碑诠》，由李玛诺撰写，书中载有1638年在泉州大港附近发现的两个景教十字架附图。1629年，即李氏身故前一年，他与徐光启、龙华民神甫一道负责制订新历。

相互影响

17世纪上半叶，欧洲学人与中国精英之间接触的后果，要给予充分正确的评价，并不太容易，因为除了译著名单及明显的转递情况而外，还有各种扩散性影响，有如冲击波同时在华夏世界与欧洲引起回应，而其传播路线却无法准确追寻。天文、数学、地图绘制曾经是，而且至18世纪末仍然是耶稣会士的学识能起作用的主要领域，在这三方面的贡献毋庸置疑，而推动效应或许更为巨大：耶稣会士无疑是17—18世纪中国数学获得新生的主要推动者。欧洲人对中国技术的关注似乎在农业与工艺实用知识方面，也产生了类似效应。总而言之，可以说中国第二次"勃兴"的潮流因受耶稣会士的影响而获得加强。

再者,不要以为17世纪初欧洲已占全面优势。这段历史时期,基督教西方与华夏世界都有值得互相学习的地方。

令人惊奇的是:中国人的天文学传统竟比利玛窦的"现代化",李约瑟已指出这一点。中国的耶稣会使团的建立者仍然固执托勒密原理(天体及黄道坐标),正与中国的观念及习惯相抵触。中国的天文学观念之一是"宣夜"论,视行星与恒星为漂浮于无垠太空的不知名光体。这种无垠太空说正与印度及佛家关于时空无尽的观念相符(据唐代的计算,若干天文变故可上溯至几亿年前)。关于天体的旧观念以及利玛窦的黄道坐标装置激起中国人反感。自汉代以来中国人便习惯于赤道装置坐标体系。而这体系自第谷·布拉赫(1546—1601年)时期起才在近代天文学中推广开来。

无论马可·波罗的《世界纪行》即《珍闻录》(1298年,其夸张与表面的荒诞情节削弱其影响)抑或派至中国蒙古汗宫廷的方济各会修士的简报,都无法对中世纪的世界观产生明显影响——中世纪观念为奇迹与基督教启示留有广阔的天地;而后来欧洲的情况则不同,欧洲对民族与风俗的差异已变得非常敏感,觉醒到要探讨从蒙田到孟德斯鸠的人类社会。甚至在耶稣会士的报告、信函、著作之前,16世纪到南中国的人的游记已提供关于中国的初步知识,而其影响在17—18世纪十分深刻。

这些游记,尤其是马丁·拉达(1533—1578年)的报告(拉达是从墨西哥、菲律宾来中国的西班牙奥古斯丁修士)以及葡萄牙多明我会修士G.克鲁兹的著述(印于1569年),都成为门多萨撰写《中华帝国风俗史》的根据,该书1585年印于罗马,从那时起至16世纪末用欧洲各种语言印行30版,获得巨大成功,为所有学人披阅,至1656年仍如此。此后佛拉芒籍耶稣会士金尼阁(1577—1628年)的《基督教远探中国记》(1615年著,1617年出版法语译本),与意大利耶稣会士卫匡国的《壮丽的鞑靼》(安特卫普,1654年)取代了门多萨的史著。1661年卫匡国死于杭州。

这些早期关于中国的书籍,是导致借鉴的原因,其中有两项借鉴我们已熟知无疑。

欧洲建设铁索吊桥的构想始于1595年,大概受葡萄牙旅游者的游记所启发,旅游者有可能在广东或福建见过同类建筑物。这类铁索桥大体起源于四川与汉藏交界地区,自600年起便在中国使用。但欧洲于1741年才建成第一道铁索桥,由奥地利建筑师F. 埃尔拉克(1656—1723年)提议建造;埃尔拉克公开声言,曾受中国样式的启发。

另一项借鉴是在手推车上装上桅杆与风帆,此乃中国技艺的奇妙改制,见于中国不同时代、不同地区。荷兰工程师斯得文(1540—1620年),似乎因阅读门多萨的《历史》或《新世界行程》(1585年),或更可能因阅读J. H. 林斯科坦的《行程》(1596年)而受启发,曾经设想制造帆车。1600年左右,这类交通工具曾在荷兰北部海滩试验而且获得成功。17世纪大部分时间继续引起浓厚兴趣。帆车第一次显示,可以在陆地上以前所未有的速度移动。

值得注意的是:关于磁的研究与学说纯粹由中国人所创。中国了解极性、感应、顽磁性、磁偏角比欧洲要早得多。欧洲关于静电与磁性的最早试验上溯至吉尔伯特(1544—1603年)时代,至17世纪始发展起来。即使认为,物理学中这一新领域的发展与中国的贡献并无联系,但中国关于磁性现象的观念依然与宇宙学说相关,而18世纪的欧洲极可能已受其影响。同时,中国人的政治社会观念、政制、工艺、技术都会产生影响,而这种影响对于近代思想的形成也许起决定性作用。这是18世纪中国与欧洲交流史方面需要证实之点。

五、明末历史总结语

自16世纪起发生的变化相当明显而且数量众多,很可以将此时期视为一个新时代的开端。就其对社会的影响而言,也许最重要的变化之一是白银作为支付手段的普遍应用。中国白银流通量不仅在16世纪期间迅速增加,而且在清代乃至在1820年左右仍然继续增长。除了铜币用于小买卖之外,至20世纪初,白银一直是重大交易的唯一支付手段。16—17世纪的白银普及适逢东亚海域的海运(商业及海盗)大发展,也正值市镇和城市活动勃兴。某些手工技艺(特别是织布、瓷器和印刷)臻于完善,这使得中国经过17世纪中叶的衰退之后,能稳当实现自己作为奢侈品出口大国的使命。正是在经济发展、城市振兴的背景下近代欧洲的首批冒险者到东亚海域上来了:首先是葡萄牙人和西班牙人,随后从17世纪初起还来了荷兰人。这一现象对东亚原无太大影响,因为这些新来者无非是进入远东的商业流通网,并利用世界上这一地区的繁荣局面。但此现象也已预示未来的光景。多亏了他们,中国才获得欧洲和美洲的第一批物品:效率更大的火器、甘薯、花生、烟草(玉米推广较迟),借墨西哥大帆船自马尼拉运到远东的银锭。除此之外,还有在精神生活方面显示的并于17世纪确定下来的新方向,其次的是,自1600年左右起与欧洲科学、技术、宗教的初期接触。人们或许会认为,这可以说得上是中国和东亚近代时期的开端。日本也是这样,16世纪末标志着历史的一个伟大转折。的确,20世纪的中国史学家习惯于以"近代"一词来称这段历史,与"传统的"中国相对照,而"传统"则相当于以前的所有时期,不加区分。但这一术语掩盖了某些有价值的判断,它表示中国的现在与过去之间更彻底的决裂,而实际情况却不至于如此。与西方历史演变比较而言,它也似乎同时拒绝承认20世纪之前华夏世界演变的任何意义。

第八卷
独裁家长制

满洲新政府在征服中国过程中开始时依靠现今东北各省(满洲)的中国人合作,普遍利用各地无政府状态,但不久即遭遇困难,而致推迟政府的最后筹建。先是南明的反抗,南明得到猛然复苏的海盗之助;接着是占领后不久南方各省的分裂。经历一段不明朗的时期,至1681年重新全面占领西南地区并于两年之后征服台湾。在此之后,清朝政权便迅速巩固下来。清政府专断而又温和的怀柔政策,满洲上层分子的显著汉化,几朝君主为争取中国士大夫的同情与支持而作的努力,都有助于政权的巩固。农业生产、手工业生产乃至通商贸易都获得空前发展;这种发展从18世纪的普遍繁荣反映出来,随之而来的是人口亦迅速增长。同时,新皇朝在蒙古、中亚、西藏所实行的外交与军事干预政策也取得辉煌成绩。自18世纪中叶起,清帝国幅员近1 200万平方公里,其影响远远超越自身的边界。这时期的中国是世界上最富有、最强大的国家。

但无与伦比的幸福时光延续一段时期以后,便出现衰退阶段的征兆:边境冲突以及受奴役人民的起义迅速增加。在繁荣时期不大显露的政制弊病愈加明显。18世纪末年华北爆发首批大规模农民起义,事变一发而不可收,政府无法制止。帝国幅员辽阔,人口大增,经济收益提高不快,集中过度,行政机构无能,都构成严重障碍;这时华夏世界进入衰落与经济倒退时期,不久即遭受西方的高压与攻击。

第一章 满洲政权进占与立国

一、满洲实力大发展

形成时期

　　1635 年时称作满洲人的,亦即女真人,是通古斯部族的后裔。该部族 12 世纪曾在东北领地及华北地区建立了金朝(1115—1234 年),1589 年与汉人结盟,1592—1598 年间,曾大力协助明朝军队抗击日军侵占朝鲜。满洲东部的女真部族由一位名努尔哈赤的首领统一起来,因建立军事组织与拥有富源而致势力大增。他们垄断东北的珍珠、毛皮、矿产等产品贸易,凭人参种植大获其利(人参因其药用功能深受赏识,售价昂贵)。努尔哈赤之所以得势乃因热河地区的通古斯部族及蒙古部族定居于北京以北地区,11—14 世纪时期,各草原民族的皇朝(辽、金、元)都曾在那里设立过中国式的州府,至明代以驻军("卫")代之。满洲东部地区,汉族居民数量不少。努尔哈赤身边有汉族谋士,得以在此地区建立起封建军事组织。这是由女真贵族领袖统辖的管区,设置按中国驻军模式建立起来的军事单位。这种单位取名为"旗",1601 年建立,各"旗"的旗帜颜色不同以示区别。在满洲占领期间，由于蒙古队伍归附，而且收编汉族兵员，旗数大为增加，分为内旗（由满洲人及其下属组成）、外旗（属于辅助队伍）。各旗部队是东亚所见的高效能军事组织之一，至18世纪末依然如此。

女真人与东蒙古人结盟对抗位于热河之西、山西之北的察哈尔省人，自1609年起女真便对中国采取敌对态度。1616年努尔哈赤自立为女真可汗，建立后金王朝。1618年，他占领抚顺（位于沈阳东面），同年开始攻打中国北部。1621年攻占沈阳、辽阳，四年之后定都沈阳，取名为Mukden。1626年努尔哈赤身故，皇太极（1627—1644年）继位。他进行大规模的军事活动与政治活动，继续其前任的事业。满洲人缺乏天才与独创性，但坚韧不拔却是其一大优点。皇太极着手长期占领察哈尔，1638年强行统治朝鲜，最后1642年占领全满洲直至山海关，1636—1644年间还进占黑龙江地区。皇太极的整个政策是模仿中国的政治体制，其谋士与将领都是中国人，他所拥有的新式武器亦来自中国的降兵。1635年起，皇太极以满洲之名替代女真，次年将金朝的称谓改为"大清"。

由此看来，1644年攻占北京的前夕，满洲人早已具备军事力量、统一政制、行政组织、战略基础，足可以夺取中国政权，将这辽阔国土置于自己的统治之下，不到50年满洲人便达到了这一点。

入侵者立足于中国

满洲人（热河的女真人）既已占领满洲这片古老的中国移民地，便获得宝贵的助手去征服并管理全中国。其中一部分高级官吏原籍辽河流域，而且往往出生于沈阳及其附近地区，皇太极执政末期以及顺治年代（1644—1661年）尤其如此。范文程（1597—1666年）就是此种情况，1618年起，他成为努尔哈赤时代的四大显贵之一。他出生于明朝官吏家庭，其先人之一曾是在北京任职的兵部尚书，1618年抚顺失陷之时，范氏投身于努尔哈赤，1636年被任命为京都（当时是沈阳）的大学士。孔有德

(？—1652年)、吴三桂、尚可喜(1604—1676年)、耿仲明(？—1649年)、孙延龄等将领亦如范氏，原籍辽宁，间或是满洲人占领该地时受募征之士，曾助满洲人征服华北、华南。

这些早期的协作者属纯粹中国行政传统的代表人物，而且都是既识中文又识满文的士人。他们被纳入"内旗"，间或归入清帝家族之中。满洲人称其为"包衣"(家里人)，保留其父传子的任职权利。17世纪乃至18世纪初，"包衣"充当如下角色：为满洲人提供情报，作为中国上层精英人物的中介人。他们负责宫廷内务，监督为皇宫提供奢侈品(景德镇瓷器，南京、苏州、杭州的丝绸等)的大工场，作为皇族的心腹与谋士，其所处地位与宦官相似，但还未取得宦官在明代时所拥有的极度权力。

满洲人也和蒙古人先前的做法一样，定居中国就像注定要做统治奴隶蚁民的贵族老爷。1668年之后，满洲人禁止汉人居住满洲这片古老的中国移民地，目的是维持一块不受外来影响的纯净区域，也为了保持人参经营的垄断权。满洲人还禁止杂婚。北京以及其他大城市都实行此种分离原则。首都分为北部的满人城(所有旧居民都被逐出)，南部的汉人城。1645年，所有患天花的汉人(事实上是全部皮肤病患者)都被逐出北京，一时恐慌的消息传遍全城，以为占领者即将杀尽全体汉人。征服手段确实野蛮之极。有一个侥幸逃脱大屠杀的扬州居民，留下一篇描述当时暴行的纪事。1645年清军侵入长江下游这一富庶商埠之时，作者是暴行的目击者。这篇纪事题为《扬州十日记》，手稿仍保存于日本。1645年起，强迫全体汉人改变服装与发式(留辫子)，否则处死，于是便引起暴动；若干暴动以大屠杀的方式镇压下去，江苏的江阴与嘉兴的骚动即如此。顺便一提：女真人(满洲人的祖先)在金朝时也强迫臣民留辫，而辫子是草原居民的传统发式，蒙古人扎辫子多条；再上溯至更久远的5世纪，汉人称拓跋人为"索头"。

征占初期，满洲人没收农民土地，建成庄园，将其中的汉人驱逐出去。这类满人"圈"建于1645—1647年，在整个华北数量甚多，尤以北京附近与蒙古东部为最。

满洲人迫使在其"圈"内耕作的人(战俘、破产农民——后者为了保留小块土地,宁愿在圈内干活)成为名副其实的奴隶。这些农人就像牲畜,可以被买卖,被迫负担沉重的劳役,被残酷虐待,受罚而不得离开原地。农人千方百计出逃,不顾受皮鞭之苦与处死之罪,也不管自己的亲戚邻人因而受此刑罚。而支持清朝、被收编入"旗"内的汉人却充当狱卒与警探。这种制度造成恐怖气氛而且导致腐败,其灾难性后果不久便显示出来。满洲人后来懂得适度与统一的税制比直接剥削更有效益,而自由人比处于奴隶地位的人更乐于劳动,于是逐渐放弃"圈"地,自由农民又重新获得自己的土地。自1685年起,禁止各旗没收新土地;1700年前后,"圈"地与逃民问题已实际获得解决。毫无疑问,迫使中国农民忍受这许多苦楚是毫无作用的。满洲人的错误,是硬想在中国实行仅仅符合于草原社会背景的办法与观念。不过政策改变虽然逐步进行,但是相当彻底,因为正是在清皇朝治下,中国18世纪才实行历史上最温和的农业税制。这种制度在争取大部分居民归附新统治者方面无疑曾起重大作用。

二、延搁与困难

南明的抵抗

侵略者几乎不战而占领了华北,但在南方却遇到长期的抵抗,这种抵抗由于缺乏协调一致,也由于主战派与主和派之间的斗争而不断受到削弱。诚然,失去民心的明朝无论如何注定会失败,但这段15年时间的往事却受到清初爱国大文士的颂扬。当时清军挺进,明朝皇帝的后裔被逐,越省奔逃,力图维持表面的合法政权。

北京陷落、新君定都南京以后,即与满洲人谈判,当时部分掌权人物仍将满洲人视作是反对农民起义运动的盟友。但由于爱国官员史可法（？—1645年）的推动，谈判终告破裂。史可法保卫的扬州，连续六次被攻，终于失守，一个月之后，南京亦告陷落，一叛逆将皇帝献于满洲人。此后便开始流动时期，明朝后人自浙江、福建转至广东、广西，最后覆亡于全国最偏远的省份——云南省。清军不断挺进，短命的明皇接二连三更迭。1646年，浙江、福建陷落（有两位君皇曾在这两地同时宣布登基），与此同时，满洲人也在四川清除了明末起义军首领张献忠。1647年，入侵者攻下广州，一位新君主在桂林（广西东北部）宣布登位。他就是朱由榔，取永历年号（1647—1660年）。在南明时期，这是唯一起过若干作用的君主。1648年永历帝夺回广州并重占华南大部分，其后不得不退守云南。1656年，南明受诸将纷争的削弱，已无法抵御1658—1659年间吴三桂的挥师进攻。

永历帝被迫至八莫寻找庇护之所。八莫位于缅甸东北部伊洛瓦底江之畔，昆明以西500余公里的地方。1661年他在八莫就擒，次年在昆明被绞死。永历宫廷曾在桂林与昆明接待过耶稣会士（瞿安德神甫即其中之一）。教士肯定曾吸收若干皇帝宫眷入教，尤其是永历皇帝的生母。母后听从耶稣会士的建议派遣过使团赴梵蒂冈，1659年使团回到昆明。

海盗再度复兴

抵抗入侵者是出于对明朝皇族最后代表人物的依恋，亦由于汉民族主义奋起，这种抵抗得到再起的海盗的重大支持。南明与东南及广东沿岸保持一定程度的秘密联系。

1650年左右起，一名中日混血儿的海盗首领实际上在福建沿海掌政。他便是郑成功（1624—1662年），生于九州佐世保港外的平户岛，时至今日他仍然被奉为台湾的民族英雄。他的活动一如16世纪的倭寇，属半海盗半商业性质，但同时也带有明显的政治意图。郑成功驻于福建南部的厦门，抢掠本省的富裕城市，将其袭击推进至浙江南部、广东东北部,但他同时与日本、琉球、越南、暹罗、菲律宾通商贸易,同出没于东亚海上的欧洲人进行接触,并且拥护南明、反对清朝,力求扩大自己的政治影响。他与亡朝幸存者的密切关系,使他有权取皇族的朱姓,从而获得"国姓爷"的称谓,荷兰人曾以 Coxinga 或类似的形式记录这称号。郑成功充当南明与日本的中介人,曾多次(1648 年、1651 年、1658 年、1660 年)东渡日本请求援助,但求助无成。1658—1659 年,他重演 1553—1555 年倭寇的辉煌战绩,直逼清军占领地南京,但后来不得不撤退,自此只限于在沿海进行骚扰活动。为了与国姓爷进行斗争并清除其在沿海省份的同谋者,1662 年,清皇朝宣布沿海地区自山东至广东的居民全部撤离。这对于沿海居民是个悲剧,他们眼看城镇被有计划地夷平,被迫大批逃难。这类野蛮措施对中国贸易及对外关系的影响可曾有人估量过?几乎可以肯定地说,它中止或严重延误了 17 世纪末中国的通商贸易,因而大大便于欧洲人(葡萄牙人、西班牙人、荷兰人)闯进东亚诸海。

由于不得不在大陆之外寻求庇护之所,1661 年间,"国姓爷"便袭击台湾岛沿岸,而自 1624 年以来荷兰人已驻扎该岛。郑氏以 900 条船、25 000人的船队将荷兰人逐出台湾。1662 年,郑成功去世,其子郑经继承父业。郑经支持福建总督耿精忠起来反清。他在台湾维持至 1683 年,是年清举兵远征,终至结束这独立的小国,台湾第一次并入中国。该岛幅员超过比利时,仍然住着许多马来-波利尼西亚部族。

"国姓爷"时代,福建海盗与南明保持联系,"疍户"也和他们一样,在广东沿岸的活动看来与忠于明朝的抵抗活动密切相关。疍户是土著渔民,终年住在船上(于是间或有人以"船民"称之)。他们是著名的取珍珠渔人,其活动给清政府派驻广东的第一任提督——尚可喜造成重重困难,从而间接援助了南明的抵抗活动与分治企图。

1674—1681 年"三藩之乱"

我们知道,入侵者在征服中国过程中曾经依仗明朝政治、行政、军事方面的旧官吏为其效力,这就是所谓的"旧臣"或"贰臣"(曾依次为两个皇朝出力)。但对这些归顺新政权的官吏理所当然产生猜疑,1656年即进行逮捕,从那时起,大部分旧官员逐渐为"汉臣",即通过科举招募的新官员所替代。不过,这项清洗措施并未能推广至边远而又不易控制的南方各省,清皇朝不得不给予原籍东北,曾参与征服战争并粉碎南明反抗的军事首领以较大的自治权。

清政府赋予助其征服南中国的将领以广泛权力,由此便踏上危险之路,导致成立实际独立于北京的政府。满洲人有可能失去对皇国的控制。沿海各省及西南地区的总督已提升到封"王"的地位,他们将攻打南明时归其统辖的军事力量紧抓不放并传给自己的后人。他们利用其管辖地区的自治倾向,而且就在当地获得为其独立所需的资源。其中实力最强的吴三桂(1612—1678年)便是这种情况。1644—1645年间,他与清军一道打垮李自成的军队,之后1657—1661年间对逃亡至云南的南明保皇派进行歼灭战,并一直保留自己的军队。他统治云南、贵州,实际上也控制着湖南、陕西、甘肃等邻近省份,既领国家津贴,又从专营制度提取财源。北京政府依旧为他提供军饷(1667年,他领取饷银3 000万两),而他还对四川盐井生产、铜矿、金矿、人参与大黄贸易实行专营制度,还未算与西藏通商(购马、售茶)所得的收益。当时广东的平南王尚可喜(1604?—1676年)去职,朝廷便趁广东政权空缺之机,决定取消称"王"的自治政府,吴三桂与福建的靖南王耿精忠(?—1682年)同时起而反叛,建立短命的周国(1673—1681年)。孙延龄(?—1677年)亦步其后尘,孙氏是广西桂林的提督。1674年,吴三桂争取了自1670年以来任陕西、甘肃提督的王辅臣(?—1681年),随后1676年又将尚之信(1636?—1680年)争取过来;后者是尚可喜之子,治理广东与广西。是年吴三桂眼看要收复全中国,结束清政权,但风向骤转:1676年起,王辅臣、耿精忠降清,1677年,尚之信尾随其后,次年吴三桂身故,其孙子吴世璠继周位。1679年清军夺回江西,1680年收复四川,1681年重占贵州。

吴世璠在其首府昆明被围,自尽身亡。"三藩之乱"(三藩指:吴三桂、耿精忠、尚之信)便告结束,这次叛乱是清新皇朝所经历的最严重危机。

清除长江以南的自治化倾向标志着中央政权对全国控制普遍加强,迁就时期宣告终结,新政权已经巩固。因此可以认为,1681年(即彻底征服台湾岛的前两年),便开始漫长的国内稳定时期,一直延续至18世纪末。

第二章 开明君主

康熙(1662—1722年)、雍正(1723—1735年)、乾隆(1736—1796年)三位伟大君皇都表现出适应潮流的意识,思想开放,总而言之具备堪称"开明君主"的智慧,更何况他们的在位时期(自17世纪末至1775年前后)似乎是真正实行"新儒学"教化与理性主义哲学的时代。

一、纲常之治

笼络精英

自1644年攻占北京至消灭吴三桂在西南建立的地方政权,其间历时近40载,40年来发生多起重大事件:入侵北方,攻打南明之战,海盗活动造成艰困,最后是南方各省分治。优秀知识分子拒绝与侵略者合作,他们隐伏起来,藏匿自己可能惹祸的文字。但是随着熟悉明末之治与抵抗时期的一代人慢慢消亡,局势便明显回复正常。新主子采纳前朝独裁集权政制,不作重大改动,同时厚待自己的贵族阶层,由此控制一切指挥岗位,但不久即认识到:必须争取前朝统治阶层人士并同时培养对新朝的服从意识。

1656年重开科举大大有助于回复正常秩序,并为清皇朝提供忠于新政权的年轻官吏,引导士人阶层的全部活动趋向于功名利禄这唯一途径。开明君主紧紧笼络前朝臣子,让其参与政权,实现旧臣的可贵愿望,扫去猜疑气氛并结束中央政府与其官员之间的严重分离,而前朝则深受此苦。清代已再不见类似于1615—1627年宦官与东林党之间的冲突。相反,清朝大部分时间皇权与汉族上层精英人士之间充满和谐。18世纪期间汉满对立日趋缓和,只是到了19世纪末至20世纪初由于产生政治社会危机而再度激化起来。

此外,自17世纪起清政府实行宽仁政策,关心让农民休养生息(这是农村平静的原因),对政府官吏予以优待,以上情况使新朝显得十分符合儒士阶层的观念,而且异常接近《孟子》之类正统著作的人道与慈爱理想。康熙年代官员的高俸曾经遏止过贪污腐化,而雍正皇帝(1723—1735年)甚而实行附加俸禄,发给可观的"养廉"费。

再者,康熙及其继位人以经典著述及中国文化的庇护者自居,对中国知识阶层实行类似于为争取蒙古与东亚佛教居民而采取的政策。他们一心表现出自己既是中国文化的热心信徒,又是喇嘛教的忠诚保卫者。康熙皇帝耗费巨资亲自六次(1684年、1689年、1699年、1703年、1705年、1707年)巡幸长江下游中国知识分子集中的各都市。乾隆亦仿效其榜样,分别于1751年、1757年、1762年、1765年、1780年、1784年出游。不过上述君主的迎合心理与政治考虑亦与真正的关心密切联系,他们已完全折服于中国文化。康熙热衷于科学,是一位优秀的数学家,同时是技巧熟练的音乐家。他也和乾隆一样,多少亦是个诗人、书法家。但最能说明这两位开明君主热衷于中国巨大精神宝库之点,莫过于两人所主持的庞大出版事业(修《明史》,编《图书集成》、字典类书、《全唐诗》等,尤其是1772—1782年间编成的大型丛书《四库全书》)。这些官方修编任务使许多士人获得工作,若干年月摆脱生计之忧,不少人从中得到施展才能与显示渊博学识的机会。而且还有另一个好处,就是使敌对阶层解除武装,17世纪正是从这一阶层招募死硬的反满人士的。政治风尚相对温和,清朝皇帝及贵族采纳中国文化,帝国向外扩张,国内稳定而且普遍繁荣:凡此种种无不有助于缓和强硬爱国者的愤恨。

"儒家"帝国

但是倘若只限于指出18世纪三位伟大君主怀柔政策的表现,则对于中国精英状况的了解便欠准确也不全面。事实上,这种怀柔措施无非是帝国极权观念的另一面。清朝之所以没有反对派,并非由于中国社会对政府及生活条件总体而言普遍满意,而是因为反对派受到无情追捕。清代皇帝要求每个臣民对其权力恭顺服从,对其个人忠贞不渝。诸帝将伦理纲常的建立视为其基本职责之一。伦常之治通过向社会各阶层传播"新儒学"正统而实现,学校数量大增乃至建至乡村,因而大大方便上述教化工作。清代皇帝视这种教化为必不可缺之事,尤其是皇朝的异族本源可能令人否认其合法性,因而在官方道德准则方面,便强调权威原则与驯服品格,正统观念转向顺从品德。诚然,自明代建立以来与极权帝国进展相联系的这种演变,可以上溯得更早,但如果说曾经存在道德正统与政治制度明显结合的"儒家"帝国,那么清帝国便是例子。

18世纪时的三朝君主显然意欲强制推行纲常之治,同时为自己的权力提供依据。雍正修订充实其前任于1681年公布的《圣谕》,强令民众诵读。他要求全体应试生员阅读其本人为清朝统治寻找根据的著作——《大义觉迷录》(1730年)。自康熙年代起,开始反对非正统著作与淫秽小说,1687年下令禁止。1714年,审查愈加严厉。在乾隆治下,凡是指责"蛮夷"的古今文字(包括影射的),所有有悖于正统精神的著作都予以系统的查禁销毁。1774—1789年间著名的"书籍大检查"便与巨型丛书的编纂结合进行,这项工作是乾隆之治的光辉业绩之一,后来在其竣稿之后仍然继续修编下去。政府不限于查禁、销毁有可能危害伦理纲常的书籍,而且迫害作者及其亲友。

这些丑恶的暴虐行为(乾隆年代,皈依基督教的满族王公贵族也遭受类似的迫害)正反映政治制度的真面目。清政府之所以往往显得非常仁慈,是因为它大力推广恭顺服从意识之故。清政府将伦理纲常视为力量与稳定的基础。

二、世界上最辽阔的帝国

满洲人的天命在大草原时已经确定,他们在蒙古东部争取到本地区蒙古部族的归顺,取得首次决定性成功。征服东北以后,在他们面前展现出空虚的中国,几乎出人意料,于是被吸引,进而逐渐往纵深挺进。然而,清势力的早期条件依然支配着这个新帝国的方向:清皇朝注定要发展成为草原地带与中亚的大国。

蒙古、中亚与西藏:战争、宗教与外交

满洲在亚洲内部的扩张一开始就与草原民族所引起的问题密切联系,问题有军事性、宗教性(可以说也有外交性)。东蒙古人归顺清朝曾引起总称为卫拉特的西部各强大部族的担忧与对抗,包括和硕特人、准噶尔人、土尔扈特人、托尔贝人。东北满洲强国形成之际,和硕特人控制了自乌鲁木齐(现今新疆首府)至青海的全部地区。自1640年起,他们已实际掌握西藏。在草原部族眼里,这种对西藏的支配地位具有重大政治意义。既然作为达赖喇嘛的保护者而出现,也就在各部族中享有崇高威望。1260年前后起,元朝对西藏僧侣的关注已经显露出来。的确,自元代大帝国时代以来,喇嘛教在游牧居民中已取得进展,而16世纪以来,喇嘛教在整个草原地带的影响日益加强。和硕特人对西藏的统治,后来由准噶尔人取而代之。准噶尔人征服整个新疆西部,消灭了绿洲伊斯兰诸国。其首领为噶尔丹(1644—1697年),是17世纪末中亚历史上的伟人。1686年,噶尔丹进攻外蒙,威胁东蒙古喀尔喀部。该部受清朝

保护,在整个皇朝时代一直是其忠实臣民。准噶尔人力图在亚洲中部重建游牧民族大帝国。清皇朝对这一企图所进行的反击既是军事性,也是外交性的。自1696—1697年起,清朝进占贝加尔湖南部地区,6—7世纪的东突厥人,13世纪成吉思汗时期的蒙古人都曾据此战略位置展开大规模进攻。对准噶尔部首次胜利之后,接着便是18世纪上半叶一连串进击,致使清帝国扩张至巴尔喀什湖南部,甚而至尼泊尔。

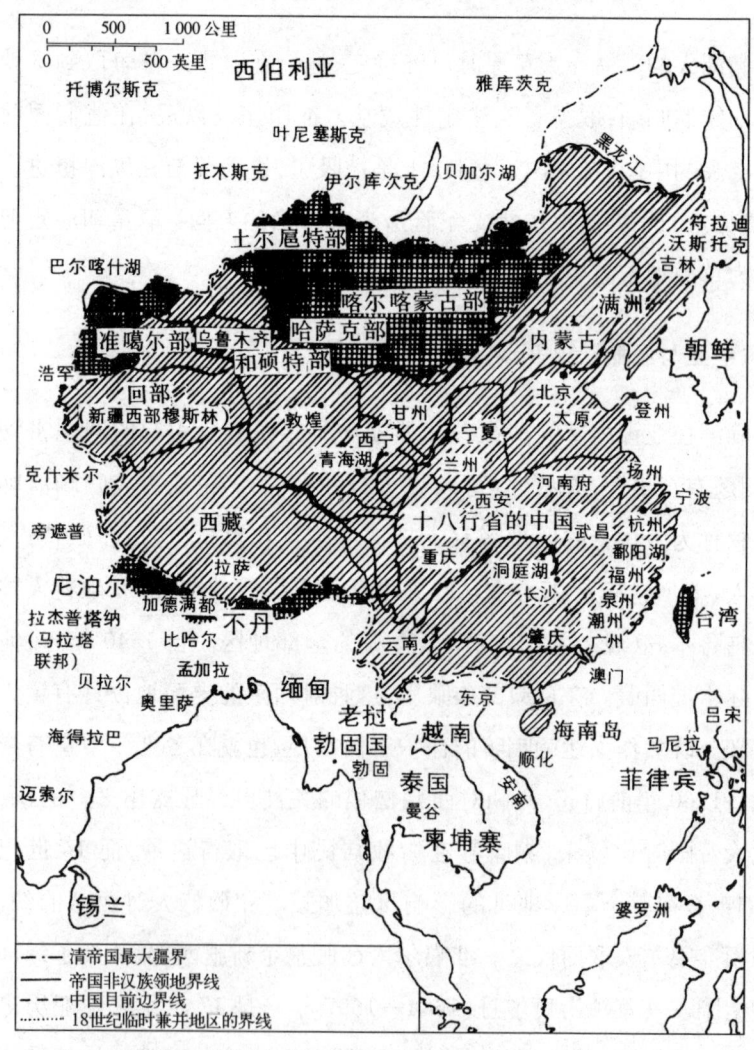

1759年清帝国疆域示意图

清朝的外交在于使蒙古人更拥护西藏的教权当局,同时令西藏人感觉中国的优越地位。1652年,达赖喇嘛应邀赴北京,受到十分排场的接待。17世纪下半叶以后,清帝国首都便成为藏蒙佛教书籍的巨大印刷中心。18世纪,清皇朝鼓励将喇嘛教著作译成蒙文与满文。1732年,雍正皇帝登基九年之后,将自己北京的宫殿——雍和宫改为喇嘛寺,该处便成为京城西藏佛教的圣地之一。1751年,清皇朝终于在西藏确立统治地位,当时不大公开显示自己的权力,西藏在中国的保护下享有广泛的内部自治权。事实上主要之点是在于不让伟大的佛教中心拉萨再度落入蒙古人之手。

　　准噶尔人虽然1696年遭受失败且次年噶尔丹亦身故,但并未失去任何实力。在噶尔丹侄子策妄阿拉布坦(或称阿拉布坦)统治时期,准噶尔人建立起辽阔的帝国,幅员自西伯利亚南部伸展至西藏边界,包括巴尔喀什湖以南的伊犁河谷及蒙古西部地区。1705—1706年间,清皇朝想驻足于西藏的企图被准噶尔人粉碎;1717—1718年,准噶尔人进占拉萨及西藏各主要中心。但1720年,一支由四川出发的汉满军队深入西藏高原,在驱逐准噶尔人之后,留下长驻队伍。从1751年开始,中国对西藏的控制已成定局,自此,控制就大体而言未曾中断过,虽然20世纪初英国人曾致力于占领这片中国的保护领地。

建立"新疆"

　　然而,准噶尔问题只是到1757年才解决。清皇朝与准噶尔经历一个相对和睦时期以后,自1728年起,并且在1739年签订协约,规定阿尔泰山脉为边界之后,关系日渐恶化。北京决定向其凶猛敌人的战略基地——伊犁领地发动远征,这就是1756—1757年的歼灭之战。大部分准噶尔人遭受杀戮,其名称亦被废除。自此之后,他们只以额鲁特的称谓出现。征服伊犁河流域之后,清军接着于1758—1759年进占塔里木盆地伊斯兰化的绿洲。清军旗帜插进阿克苏、喀什噶尔、叶尔羌;所有占领地区,自阿尔泰山至昆仑山,从敦煌到帕米尔均置于军事统辖下,由军队进行管理。这一带定名为"新疆"(新开疆土之意),也就是西方地理学家所称的中国土耳其斯坦。自有史以来,这里各种影响交集:印度、伊朗、伊斯兰、土耳其、蒙古、西藏、中国等。只是经过长期的中国殖民统治之后,新疆在很晚的时候,即1884年才提到行省的地位。自归并至清帝国之日起,新疆便成为政治犯与普通犯人的流放地。

国际性大陆帝国

1759年清帝国达到最大的扩张程度,控制着幅员1 300万平方公里的领土。中华帝国从未达到,后来也再达不到如此广阔的幅员。今天中华人民共和国的面积为9 736 000平方公里,而清帝国不但包括外蒙古与台湾岛,而且包含后来由俄国占领的巴尔喀什湖以南及黑龙江以东的地区(锡霍特山脉地区)。1665年左右,清军竟至深入到黑龙江北面的外兴安岭,俄国人称它为斯塔诺夫山脉,现在属于俄罗斯领土。清帝国的势力还伸至国境之外,大部分亚洲国家(尼泊尔、缅甸、暹罗、越南、菲律宾、琉球、朝鲜)均承认其宗主国地位,而且一定程度上是其附庸国。

清帝国也像目前的中华人民共和国,由多民族组成。政府文件不但常常用满文、汉文编制,而且也用卡尔梅克文(即西蒙古文)、东突厥文、阿拉伯文、藏文。官府不得不出版一些多语词典(这些词典今天成为语言史的宝贵资料),从而继承了上溯至明初的传统,即四夷馆编纂《华夷译语》的传统。

此外,还应指出:清帝国由行省、移民地、保护领地组成,在行政制度方面并非整齐划一;只许满洲人居留的满洲享受特殊地位,有别于各行省;蒙古则凭部族首领对清帝的个人效忠关系确保民众依附清皇朝;西藏享有相当自由的保护国地位;而新疆地区则由军队占领与治理。

18世纪的中国是纲常之治的国家,亦作为亚洲最大的帝国主义强国而出现。中国对大陆大部分地区的统治,它毋庸置疑的实力,及其对中亚问题的极大关注,都构成19世纪中国对西方企业的态度的决定性因素。

三、繁荣时期

中华帝国幅员占亚洲大部分,也是世界上财富增长与人口发展最快的国家。18世纪中国进入繁荣时期,归因于农业、手工业、商业前所未有的大发展。生产总额与国内贸易总额,中国均居于各国的首位。

农业技术的高峰

18世纪中国农业达到其发展的最高峰。在现代农学出现之前,中国农业就其技术、种植品种多样化、生产效率而言,显然成为历史上最精湛、发展程度最高的农业。除传统作物之外(传统作物为小麦、大麦、小米、大米,自11世纪起品种大增),还增加了新作物:红薯、落花生、高粱、玉米等,适应贫瘠干旱土地的需要,使全年不同季节都可以有收成。16世纪以来引进美洲作物的成果充分显示出来而且触发一场真正的农业革命。再者,蔬菜、水果已成为相当重要的食物,还不算家畜养牧业(猪、家禽)与精湛的养鱼业所提供的补充食品之源;养鱼在所有实行灌溉的地区十分普遍。经济作物(棉花、茶叶、甘蔗等)蓬勃发展。

与之比较,同一时期欧洲许多地区的农业却显得十分落后,就总体而言,雍正年间与乾隆年间上半叶,中国农民要比法国路易十五时代的农民吃得较好,而且也较富裕;再说,一般受教育程度也较高。公立学堂与私塾为数甚多,富裕农民可以轻而易举地送子受教。事实上18世纪有些大士人就出身于寒微之家。

此外,乾隆的土地政策有利于小农。他们税务负担不大,1711年的法令乃至禁止税额的任何增加,即使人口增长也这样。只是在乾隆之治的最后20年,由于迅速加重农民负担,也由于富豪地主在这种情况下进行压榨(只有他们有能力发放高利贷),局势才开始恶化。

18世纪中国农业发展受到同时出现的手工业生产与贸易迅速发展的推动,这种显著的增长促使我们重新审视今天的某些判断。

东亚若干平原与三角洲(华北大平原、长江下游流域、越南红河三角洲、中国南部与爪哇等沿海平原……)的人口高密度往往被视为吹季节风的亚洲的特点,而且也看作是这些古老国度特有的恶性循环因素之一:人口出生率高、技术落后(依然主要是手工技术)、普遍极端贫困、因殖民者深入其中带来复杂而又间或相互冲突的后果。加之社会制度使不平等加深并阻碍任何彻底改革,以致十九、二十世纪极端贫困愈加严重。不过外行人倾向于视之为"落后"或"不发达"(与工业化富国比较而言)的明显证据之处,其实是历史使然,这段历史曾有过非凡的进展。"发达"国家之所以得到温饱,更多是历史状况而致,而不是其本身的独特天分,而尤其是因为其农业的显著进步至近代才告完成。欧洲是拥有牧场、休闲地与森林的地区,而且从来不缺耕地。

18世纪是最显示出发展差距的历史时刻。其时欧洲农业收成低微,人口密度不大,人口数量增长缓慢,而中国却拥有精湛而又多样化的农业,人口增长异常迅速,二者形成鲜明对照。由于9—11世纪以来的技术进步积累,这时中国乃至整个东亚的人口密度明显高于欧洲。远东社会并非"落后"于西方社会,而是循另一条路线发展而已。

大型手工"工业"与贸易的空前大发展

粮农情况如此,手工业生产与商业活动的情况也一样:18世纪华夏世界已成功地利用前工业时代的技术。农业、手工业、商业三个领域的联系值得在此一提,因为三者之间的关系至为密切。经过一个世纪的内部动乱与战争之后,中国18世纪的经济发展可以视为是万历年代(1573—1619年)的经济复兴,而且在规模上超过万历年间。

纺织工业居中国一切生产之首,为不断扩大的市场供应货源,而且因设有家庭活计,还为农民提供补充的生计来源。自 17 世纪末起,上海西南部松江的棉织业便长期雇佣 20 万工人,还不算来料加工部分。

茶叶种植遍布整个长江流域,福建与浙江也不少。海运茶叶出口(请注意,西欧茶叶的名称源于福建,而斯拉夫语部分地区采用的称谓则近乎北方方言的发音)1762 年为 260 万磅,18 世纪末已达 2 330 万磅,至 19 世纪仍然不断增长。茶叶由山户采摘,送至茶庄加工(茶庄雇工达几百人),复交给财力雄厚的商行,由其在广州与东印度公司商谈成交。

江西鄱阳湖东景德镇的瓷器窑,湖南长沙附近稍次的醴陵窑,一直维持陶瓷生产的最高纪录。景德镇中有好几万陶瓷工人劳动,为皇宫与富家订货生产亦为出口生产。青瓷、白瓷日益大量出口至日本、朝鲜、菲律宾、印支半岛、印度尼西亚,甚而出口至欧洲。

福建的造纸、蔗糖,广东新会的麻布,南京上游芜湖的钢铁,自明代以来广州附近佛山生产、外销至整个东南亚的五金,亦应提及。若干著名布料,如南京的细棉、苏(州)杭(州)的丝绸、杭州北面湖州的生丝,与茶叶、陶瓷、漆器一道均属出口至欧洲的产品之列。此外,18 世纪中国家具在欧洲十分流行,这是尽人皆知之事。1703 年法国"海神"号轮船自南京回国,船上尽载中国漆器。

中国与全世界进行贸易:日本、东南亚、欧洲、美洲(经马尼拉)。1683 年征服台湾之后已取消对外贸易限制,从此贸易大大发展起来,中国是其受益者。有人估计:1571—1821 年间,欧洲自南美与墨西哥进口的 4 亿银圆中,有一半供西方诸国购买中国产品之用。倘若估计正确,则可以证明,中国是发现美洲的最大受益者。中国从新大陆引进一些作物,因其推广而激发一场农业革命。

无疑,乾隆时代,海上贸易在整个中国经济中所占分量依然不大。18 世纪末,国内贸易税收达 400 万两,而海关税收则为 65 万两。据帝国幅员及其居民的数量与活动,足以解释这种差别。但这类主要涉及沿海省份的对外贸易逐渐在福建与浙江普及起来,而茶叶种植则日益向沿海省份推广。中国是精制产品的出口国,自 18 世纪起竟至从东南亚,尤其从菲律宾与暹罗进口大米至福建与广东。这两省尤以商业与手工业为生计,农业产品不敷所需。厦门每年都有几千艘大帆船靠岸,大船吨位上 1 000,有 180 名船员。厦门与广州同越南、柬埔寨沿岸、吕宋、马六甲、暹罗的宋卡、马来半岛的柔佛都保持关系。从上述沿海省份的经济动向便可以了解其表面的"人口过剩"及其在 19 世纪经济衰退时期的艰困。

18 世纪中国经济发展最显著的事情是贸易潮流规模庞大以及受商业行会控制的区域幅员辽阔。中国的商业网不仅包括中国各行省,而且连蒙古、中亚以及整个东南亚亦在其中。显然中国本土的网点则更加紧密。每一重要行会(山西的银行家,安徽新安的商人——其势力上溯至明末,扬州的盐商——其业务兼顾淮河的盐,湖南、湖北的大米,等等)在大城市都拥有地方会馆,作为会堂,拥有供过往人员用的客栈以及仓库、分支机构、钱庄。

这些富商间或组成闻名的"小朝廷",因其巨额财富以及对地区的重大影响发挥着政治作用。他们鉴赏力极高,往往成为文化活动的资助者,因而在清代文化思想史中理应占一席位置。

清初国家收入　　　　　　　　　　单位:百万两

年　份	土地税与人头税	盐　　税	商　业　税
1653	21.28(87%)	2.13(9%)	0.1(4%)
1685	27.27(88%)	2.76(9%)	0.12(4%)
1725	30.07(85%)	4.43(12%)	1.35(4%)
1753	29.38(73%)	7.01(17%)	4.30(10%)
1766	29.91(73%)	5.74(14%)	5.40(13%)

(上述数字显示商业税收入所占分量不大,同时亦表明正在增长之中。但来源于关税的收入在整个收入中只占很小的百分比。18 世纪末英国建议扩大贸易之所以反响甚微,也就不难理解。)

人口增长与移民开拓

国内稳定,政治气氛和缓,尤其是农业发展,普遍繁荣,无疑都是导致18世纪中国人口增长的主要原因。当时世界上其他国家都没有人口猛增的事例。欧洲人口1750年为1.44亿,至1800年才增至1.93亿,而中国人口1741年是1.43亿,1762年增至2亿,1812年已达3.6亿。

中国在新疆的移民地发展起来,吸收了一部分增加的人口。在该处设立了军屯,1765年占有土地达30万顷(相当于150万公顷)。向东南亚移民亦明显增加。婆罗洲的情况尤为突出,该处经印度穆斯林促成印度尼西亚皈依伊斯兰教之后建立了苏丹国,那时已将一部分货运贸易交由客家籍的中国移民经营。今天的情况依然这样,本籍相同的移民全操同一行业:金沙开采、农业、畜牧、渔业、商业等。婆罗洲西岸坤甸国有一重要移民地,位于赤道之处,以共和国的形式组织起来,不受清皇朝支配,虽然仍与其本土——广东东北部的潮州地区保持经常联系。18世纪末,当地共有20万中国人。1777年,由罗芳伯建立了名为"兰芳公司"的小国,该国一直存在到1886年。

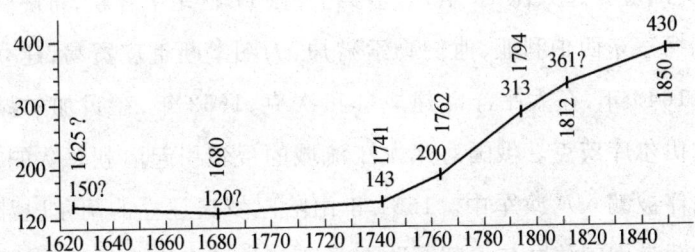

[17世纪初至19世纪中叶中国人口增长的近似曲线(单位:百万),据统计,1741—1794年间人口增长数字为14.85‰,1794—1850年间降为5.66‰,19世纪中叶以后便停顿下来。]

但中国的移民开拓也在中国本土南方各省份如贵州、云南、广西进行。移民来自广东,也来自北方各省,目前方言分布情况足资证明。汉族人口大增长与这些地区发生的汉族与傣族、苗族、瑶族或藏缅族愈来愈频繁的冲突看来不无关系。掠夺土地,汉族商人实行高利贷,中国当局力图扩大与加强对少数民族领地的控制,凡此种种,都是多次引起暴动的原因。19 世纪,暴动达到更大的规模。

四、边境冲突

清帝国向外扩张使之直接与远方国度接触而且引起紧张与冲突。由于云南与缅甸边境产生麻烦,便导致自 1767 年起中国派军至伊洛瓦底江上游流域。清朝旗军在此热带瘴疠地区进行的费力之战一直持续至 1771 年,此后缅甸便承认中国的宗主国地位。而乾隆年间最后的辉煌战绩乃是一场令人惊异的远征:为惩戒廓尔喀部族对西藏南部习以为常的窜犯,1791 年,跨越西藏高原之后,进入尼泊尔。

与俄国在东亚的殖民推进的早期冲突

与俄国接触上溯得更早,始于皇朝初期(1650—1820 年间,俄国是往北京派使团最多的欧洲国度:俄国一国派 11 个,而葡萄牙、荷兰、梵蒂冈、英国等一起共派 13 个)。事实上,自 17 世纪中叶起,哥萨克队伍便开始探察东西伯利亚,他们勒索猎户,力图垄断毛皮贸易,建立防御哨所。1649 年,在太平洋畔建成鄂霍次克,1652 年,在贝加尔湖西南部建成伊尔库茨克。俄国对黑龙江流域的侵犯引起清朝军队的反击,俄国战俘被编入八旗军中。1651 年由哈巴罗夫建立的阿尔巴津小岗哨雅克萨是俄国移民与清朝军队在泽亚河地区多次作战的赌注,双方曾轮番占领该地。清军甚至于 1661 年组织海上远征以收复阿尔巴津,但 1686 年俄国人通过荷兰人调停与清皇朝进行谈判。三年之后,俄国与中国在尼布楚(北京以北 1 300 公里)签订第一个条约。耶稣会士张诚与徐日昇以译员身份参与工作。该条约用拉丁文、满文、汉文、蒙古文、俄文写成,规定清帝国边界与俄国的势力地带。1727 年,雍正年间又缔结一项新约。此新约在贝加尔湖以南150公里的小城恰克图签订。18世纪中国与俄国的大部分贸易便据此条约进行。交易主要是毛皮换棉布与丝绸；18世纪末以后，茶业贸易额大增(1760年为140万卢布，1800年已达800万)。《恰克图条约》定下新边界并规定俄国商团至北京的时间与人数。

自发现好望角之路至1820年欧洲各国使团赴中国情况表

年 份	葡萄牙	荷 兰	俄 国	梵蒂冈	英 国
1521	*				
1655		*			
1656			*		
1661		*			
1664		*			
1670	*				
1676			*		
1689			*		
1693			*		
1705				*	
1715			*		
1719			*		
1720				*	
1725				*	
1726	*		*		
1753	*				
1767			*		
1793					*（马嘎尔尼使团）
1794		*			
1805			*		
1808			*		
1816					*（阿美士德使团）
1820			*		

殖民地民众起义

同一时期清朝对少数民族所实行的制度也许不如沙俄制度暴虐，因为1770—1771年间有17万卡尔梅克人自塔尔巴哈台厅逃亡至新疆。但总的看来，似乎18世纪愈加严酷，或许是汉族人口大增促使清政府实行愈来愈厉害的干涉主义政策之故。雍正年代（1723—1736年），暴乱尚属罕见，至乾隆末年起镇压战事大为增加，同时还在帝国边境大量开展警察活动。乾隆后期日益严重的强硬措施与1774—1789年间的大规模"文字狱"正互相配合；此事部分亦可从负责维持边境及非汉族居民地带秩序的文官武将的先发制人举动获得说明：18世纪的政治气氛助长冒险主义，也促进腐败行径。

自1726—1729年间起，云贵总督便企图剥夺对中国当局负责的少数民族首领（"土司"）之权力并将土著居民置于中国一般行政区域的管辖下，由此而导致广泛动乱，动乱一再发生并被野蛮镇压。清皇朝还在四川西北部的金川山区遇到麻烦，当地藏文化居民自1746—1749年起爆发暴动。经过耗费巨大的长期战事之后，秩序始告恢复；1771—1776年最后一次战役耗去白银7 000万两，相当于征服伊犁河流域与新疆西部所费的两倍多。在上述战事中还使用了澳门葡萄牙人铸造的大炮。

伊犁领地被占后，新疆伊斯兰民众与甘肃汉族穆斯林的暴动日益增多。1758—1759年的暴动首先在新疆西部发生。另一次暴动发生于甘肃，镇压行动自1781年持续至1784年。1787—1788年台湾土著居民的起义被大陆派遣的远征军团血腥镇压下去。最后，1795—1797年即乾隆末期，湖南、贵州的少数民族又发起新的重大起义。

越南海盗活动

1787年越南政变之后（当时越南是独立国家，但要向清皇朝纳贡），1800年左右海盗活动再次在南方及东南沿海兴起。越南将领占据首府河内,次年清朝派出远征军团以援救黎氏合法政府(由黎利于1428年建立的王朝)。但自广西陆路而来以及自广东海路而来的清朝军队均遭失败并于1789年后撤。阮氏新王朝宣告成立,新朝一直延续至法国人占领该国之时。"大越"国号为"越南"国号所代替。由于政权更迭,许多忠于前朝的越南人便流亡至中国。有些人定居于南京,另一些人居留于遥远的地区,如北京西北面的张家口;甚至在中亚,在巴尔喀什湖南面伊犁河流域移民地也见到越南人的踪迹。但越南事件在中国还产生更长远的后果。事实上由此而导致越南人与中国人从1795年起在广东、福建、浙江沿海进行海盗活动。镇压行动,首先由福建水师提督李长庚(1750—1808年)统领,自1800年延续至1809年。1800年,越南海盗船队在浙江海岸为台风袭击所毁,但中国海盗继续骚扰中国南部与东南部沿海省份并于1806年向台湾海岸发动攻击并取得胜利。

五、政治社会气氛恶化

腐败蔓延与首次农民起义

乾隆末年是目光短浅和大肆挥霍的年代。在中亚、尼泊尔、缅甸、四川西部进行遥远而艰辛的战事,对得宠之士赐予优厚俸禄,维持庞大而又需求极高的宫廷,国家大部分财源便由此耗去。纳税居民已开始有不堪重负之感,除此之外,还要加上因贪污舞弊发展而带来的重负。虽然不能不承认,腐化是政治制度固有的弊端,但亦应肯定,有些时期这种弊病较轻,而且通过监督与惩办犯罪官员,能加以有效制止。清代最初几代皇帝期间直至乾隆年代初期,弥漫一片繁荣景象,世风良好,有助于减轻腐败后果。而相反,18世纪前25年,腐败之风似乎在整个中国官府中迅速盛行。皇帝与宫廷所作出的榜样,看来已将豪华奢侈的趣味传播到上层阶级。

但事情的演变也可从乾隆愈来愈厉害的专制性政策了解其原因。自1775年起,年迈的国君便宠任名和珅(1750—1799年)的年轻旗人将领,此人在帝国政府与行政机构有着虽不外露但权倾一时的影响。1781年,他被派至甘肃镇压穆斯林起义,表明其毫无本事,随即被召回。但和珅一人身兼多职,不久便将自己的心腹安插于高位,组成庞大的贪污舞弊网。他尤其在镇压中国中部与西部贫民起义之时而扬名于世,起义的部分原因正是和珅的敲诈勒索,贫苦民众聚集于白莲教秘密会社中。和珅及其同伙——福康安、和琳、孙士毅等使战事旷日持久拖延,大大增加开支从而中饱私囊,并且将屠杀无辜民众报奏为胜利。

由是清代首批农民起义便可从两方面解释,一是加在农村民众身上的负担日增,二是和珅的残酷压榨。贫困与不公正使旧白莲教骤然复兴,该组织在元代末年的起义中、在14世纪中叶,后又在明末时期都曾起过重要作用;白莲教也和大部分被禁的会社一样,一直秘密存在着。1799年和珅被清除后,白莲教起义才受到有效镇压。但起义仍然持续至1803年,大大增加了公共财政赤字:单就1798—1801年的作战开支就达到1亿两白银。

和珅统治时期助长传播腐败风气的后果自乾隆末年以后在一个生死攸关的部门(河堤与水流调节工程维修部门)显示出来。负责该部门的官员侵吞国家资金,在嘉庆年间(1796—1820年),虽然拨作修复黄河缺口用的款项不少,但依然发生七次黄河大水患。这类罪恶的贪污舞弊导致1855年的可怕大灾难。当年黄河水流改道,自山东半岛北部转至其南部,其距离等于从勒阿弗尔至波尔多(上一次规模相同的改道出现于1324年蒙古人统治时期)。后来1938年又发生同类的特大洪水。

政治制度的弊端

执政阶层的风尚与心态源于政治制度。17世纪的哲学家首先对政制进行分析与评论,19世纪的政治思想家又再度这样做,结论是:中国受中央集权病态发展之害。北京硬想解决这庞大帝国各个地方连细微末节在内的全部问题；因其征服所得，清帝国已扩展至亚洲大陆大部分地区，本身就构成一个世界。各处状况因地区、人口、自然条件、当地习俗不同而异。但规例繁多，法制暴虐，紧紧束缚皇帝在各省代理人的活动。极端形式主义的文书起太大作用，都察院督察巡视的威胁随时突然而来，面对无数陷阱，地方官吏极可能掉进其中，唯有异常熟习规例的刀笔吏方能令其免于此祸；地方官员职责繁多，他对所管辖的地区一无所知（于是使他不得不依赖从当地招募来的小吏，而且要仰仗士绅的斡旋与忠告），上述种种情况足以说明为什么在任官员表现出小心翼翼的态度。而这种态度因所受教育益发严重，自宋代"新儒学"得势以来，教育愈加起压制作用。

此外，士人阶层生活在长期不安定的状态中，三个系列三年一度的会试入选就成为极其难得的机会（院试、乡试、北京全国会试中榜者，其名衔分别为"生员"、"举人"、"进士"），而进入官场则是天大的万幸，必须加紧利用。中榜者将其成就归功于父母、亲友以及间或为其成功下注、供其读书的人士。官员利用自己在位时间获得的若干财富以偿还欠下的人情，这种做法为习俗所许可。自乾隆年代起，官员俸禄不高，公私重担令其不得不征收各种捐税，这些捐税只受惯例承认，视地区不同而异，因而合法与不合法的界限模糊不清。贪污盗用从何处算起，无法界定，因为官员正当需要一开始就由非正规的财源供给，公用开支与私人消费往往混杂一起。最后，官吏身处社会关系网之中，要顺利办事，好处的交换必不可缺。而即使在这方面，要明确区分合法与不合法亦非易事：习俗要求送礼，礼仪以酬金（奉送或索取）表达，无法说清何者算为行贿受贿。总而言之，明清两大专制帝国的政治制度似乎混合运用中国法家传统与人文主义即"儒家"传统，而只保留其腐败有害的形式：一方面是官僚集权的臃肿机构，另一方面是作为权势交易的人事关系。我们不能够指摘有关人士，因为许多人对自己身为机件之一的行政机器，以及对生活在其中的社会弊端都有清醒的认识;不少人具有廉政意识与公益意识,但他们遇到制度的障碍,身不由己,深深陷进其中。

乾隆末年腐败盛行,官俸明显缩减,在普遍繁荣时期还可以令人接受的制度这时其缺陷已显露无遗。19世纪开端,不良征兆已呈现出来:公共财政危机、贪污腐化发展、农民骚动,凡此种种都是令人忧虑的预兆,而执政阶层的政治意识却因受纲常之治与欢乐日子的蒙蔽而毫无警觉。皇权孤处于将其包围的敬仰膜拜之中,而它还要将这崇拜观念灌输给每一臣民。

第三章 17世纪中叶至18世纪末的精神生活

在国人受辱、动乱不安时期,中国思想界主要考虑的是国家与社会的关系问题,这段时期一直延至1683年左右。到18世纪,政治巩固、社会稳定、经济惊人发展,此时期中国思想趋于沉静,虽然并未与上一时期所显露的倾向彻底决裂,但却朝另一方向发展;18世纪科学精神占上风,被运用于传统文献的整个领域,蕴涵着非凡的哲理。

一、17世纪的哲学家

明末最后20年爆发大规模起义,随后是清的入侵,起义终结,抗清行动,南明分治,后者曾一度使人以为新皇朝行将垮台。自1644年清军入京开始至吴三桂1678年于昆明自尽结束,整个这段斗争时期也是思想开放、彻底批判专制皇朝制度及其思想基础的时期。当时专制主义弊病受到透彻分析,哲学传统与传统教学法遭受批判,而基于同属一个社群、同属一种文化的中国"民族主义"则更为明确地树立起来。清朝进占似乎引发一场精神危机,这时期的杰出思想家运用智慧终于予以克服。这是富于思想自由、创造力与独创性的时代之一。再者对于思想家而言,书斋钻研即是直接行动的延续或替代,因为迫于形势,他们曾不得不一度放弃直接行动。

17 世纪思潮的连续性

但上述士人同时又是继承者。他们从万历年间(1573—1619 年)出现的复兴、社会革新与经济变革中,继承了抛弃旧习、思想开放、探索追求的传统,整个 17 世纪都呈现这一特色。思想家倾向于社会批判与政治批判、继续推动因国家衰败及宦官专权而激发起的思潮。再者,明末改良主义运动与清进占时期政治哲学蓬勃发展,二者之间存在明显联系。清初大思想家都来自明末反对派;他们大部分属"复社"成员。"复社"是文学兼政治的团体,很像崇祯年间(1628—1644 年)的东林党重现。复社成员认为,清的入关是明皇朝政治腐败社会黑暗的结果。他们主张首先批判那脱离现实的时代,当时大多数士人仍耽于抽象概念或主观空论。

虽然受外族入侵,但思想界的继承性依然十分明显。金圣叹生于 1610 年,虽则其部分著作成书于 1644—1645 年的苦难年代之后,但仍属于明末思想复兴时期。他对于非正统著作的兴趣一如李贽。他厌恶古代经典,嗜诵佛家巨典《法华经》,除爱读屈原的《离骚》、司马迁的《史记》之外,还爱读《水浒传》。1641 年,他发表关于《水浒传》的评注,随后于 1656 年复发表关于元代杂剧《西厢记》的评注;《西厢记》是浪漫抒情之作。金圣叹卒于 1661 年,因参与顺治皇帝驾崩时组织的生员抗议活动而被处斩。

17 世纪下半叶,小说家与剧作家依然继承明末往昔的传统。这时期洪昇(1645—1704 年)著名的《长生殿》与孔尚任(1648—1718 年)的《桃花扇》问世,前者取材于杨贵妃与唐玄宗的爱情故事。李渔(1611—1680 年?)屡试不第,决定毕生致力于戏剧、小说创作。他与其同代的金圣叹一样,也是明末遗老。除其他作品外,他还写下著名的色情小说《肉蒲团》。

与此同时,绘画在号称"狂僧"的画界中,继续表现出非凡的活力与独创性,其中最著名的是八大山人(明末清初)与石涛(17世纪下半叶)。当代最有特色的艺术家与上述画家一脉相承,如:赵之谦(1829—1884年)、任颐(任伯年,1840—1895年)、吴昌硕(1844—1927年)、齐白石(1862—1957年)。

满清初期,文学、艺术尚未受到18世纪确立的伦理纲常的影响。

对专制主义的批判与中国思想文化史初探

为说明清初政治哲学蓬勃发展情况,最好莫如简单勾勒一下此时代最著名思想家的面貌。虽然他们大方向相同,但每个人又各具特色,不可能笼统一例看待。众人全都对当代思想产生决定性影响,曾启发过19世纪末与20世纪上半叶的改良派与革命家。

这一代思想家首推黄宗羲(黄梨洲,1610—1695年),生于浙江宁波地区一官僚家庭。在反对宦官专权的圈子中成长,青年时代就目击东林党的地下斗争。其父是东林党成员,1626年被魏忠贤下令处死于狱中。四年后,黄宗羲进入南京的复社,招致阮大铖(1587—1646年)的彻骨之恨。阮氏是腐败的高级官吏,同时又是颇具才华的剧作家、享乐至上的文人。他原为魏忠贤的忠实盟友之一,魏忠贤被处决之后竟再度得宠。黄宗羲最后获救,全赖清军挺进南京,但不久他即参与抗击入侵者的斗争。1649年,黄氏与其他抗清首领一道赴长崎,谋求日本援助。因努力落空,便放弃斗争,归隐家乡,潜心研究史学、哲学、天文、数学。他第一部著作《明夷待访录》(1662年)乃是对明末专制政体的全面批判。他在政治观念上崇尚自由,他认为,君主及其臣子应服务于子民,而不是相反。他强烈反清,1678—1679年间,屡受封官之许,皆推辞不就,请其合著《明史》,也拒不应允;《明史》计划乃康熙皇帝所倡议。黄宗羲是治南明史的专家,熟悉抗清时期人物,他第一个从事中国思想史研究,尤以此著称于世。他最有名的两部著作,一为《明儒学案》(1676年),是一部研究明代哲学流派的论著;另一为宋元(11—14世纪)中国哲学通史,即著名的《宋元学案》,后一部作者去世时尚未完成。

　　作者曾考察明末危机与中国败于外来侵略的基本原因,上述研究就受这种思考所推动。黄氏进行这类研究还因其对于培养人的问题表现出浓厚兴趣,而且十分重视教育。他的全部著述作为批判当时国家与社会的武器而出现,内中往往表达大胆的有时甚至是革命的思想。

进化社会学

　　王夫之(王船山,1619—1692年)比黄宗羲小九岁,生于湖南衡阳,也曾参加复社。他应召进入广东桂王宫廷——桂王就是南明未来的永历皇帝(1647—1660年),参加反入侵者的斗争,然后也和当时其他许多人一样,突然决定退隐著述,极可能想回避现实并谋求新的行动方式。王夫之生前鲜为人知,至19世纪上半叶才第一次印行其全集,底版在太平天国时期(1851—1864年)遭毁。王夫之的观点许多方面接近黄宗羲:如批判明末直觉主义与主观主义哲学,崇尚自由开放,反专制主义观念,热衷研究抗清历史等等,二人如出一辙。但王夫之对历史的探索更为深入,可从他关于历史演变的观念中看出一整套暗含其中的哲学(据说是自然主义与"唯物主义"的哲学)。王夫之认为,人类社会变化是自然力量作用的结果,例如从封建过渡到郡县(后者成为古代末期伟大变革的特征)是不可抗拒的现象。因此传统上将最古老年代描述为黄金时代,并不符合我们对于过去可能做的合理推断。人类历史以社会不断演化、不断进步为标志。远古时代的帝皇令王夫之联想起他曾在其中居住的湖南苗、瑶人的首领。作这种亵渎比喻,不是想耸人听闻,而是渴求真理!再者,在王夫之的著作中,还可发现当今称之为历史的"结构主义"观念。在华夏世界中,整体概念一直是根本概念,结构主义观念的出现大体不如在西方那样出人意料。据王夫之的意见,一定时期的政治体制构成一个严密整体,不可能将其中某个方面孤立看待。演变不仅有其必然性,而且每一演变阶段,社会与政制之间还有其一致性。由此,汉代通行的地方选拔与推荐官员的旧制便再也不适用了,因为这个制度赖以生存的全部条件已告消失。同样,私有制观念既已形成,要想恢复均分土地,纯然是空中楼阁。怀旧之人力求在古体制中寻觅医治现代疾患的良方,那是将其希望建立在根本错误的历史观念上。

王夫之敏锐地洞察了从前人类社会的演变,而且具有深刻的社会学直觉;他凭直觉深切感受到不同文化之间的差异对立。而就生活方式与传统而言,汉族社会与草原民族社会之间的差别几乎大于其他任何人类社会。在王夫之看来,清朝入侵应受谴责,抗击新政权完全正确,其原因便在于此。王夫之似乎是倡导基于文化及生活方式社群的汉"民族主义"的第一位理论家。后来清末民初的人士都热衷阅读他的著作(众所周知,毛泽东就是"船山学社"成员,该社 1915 年间建于长沙)。王夫之乃至探索动物社群:他指出,这类社群(例如蚂蚁)按两个基本目标组织,一是"保类",二是"卫群"。而人类社会也应这样:国家最重要的功能是保存文明模式与保护臣民防止外来进犯。

顾炎武:史学与语文学的科学批评之父

顾炎武(顾亭林,1613—1682 年)常常被认为是其同辈中最重要的哲学家,生于江苏昆山,青年时代便厕身于抗清派行列,1642 年加入复社,曾一度为福建的南明唐王效力。他热衷于研究经济、防务、典章制度等问题,自 17 世纪中叶起赴华北远游。他的秘密意图是访查游击地区,考察山川之利以组织抗清战斗。多次游历也使其有机会不断增进关于地理、金石、历史、经济等方面的知识并使其探索进一步深化。1677 年,他访寻位于北京北面的明陵是他第六次即最后一次远游。他的早期著作之一《天下郡国利病书》,乃是地理研究成果,内中饱含关于经济与防卫问题的见解。该书价值在于:顾炎武将明代地方志(他曾通读各种地方志)提供的情况与个人对当地的认识加以比较。但顾炎武显示其特点的方面是始终注重实效。顾氏认为,知不离于行。他在其研究中结合提出了关于经济或政制性质的具体方案。

他博览群书,随时笔记,他最著名的作品《日知录》就是一部读书札记。书中附有1676年的序言,顾炎武死后于1695年印行,该书内容极其丰富,涉及的主题异常驳杂,计有:经典、历史、政治、社会、地理、心理、道德等等。

顾炎武被视为考据与历史批评新学派的创始人,该学派在18世纪曾盛极一时。顾氏扩充了历史研究领域,第一次提出可称得上科学性的观念,他同时借助诸如金石学(他写有《金石文字记》)、考古学、历史音韵学(1677年,顾氏发表《音学五书》)、地理学等辅助学科。他提倡以同样严格的理性分析方法去研究经典,倡导师承古之注释家,即汉代注疏家,尤其是大注疏家郑玄(127—200年)。

顾炎武的哲学思想与政治观点同其科学观念十分和谐一致。他攻击自宋朝以来成为道德与哲学讨论唯一主题的"性""心"空泛概念。在他眼里,崇尚"理学"的"新儒"学派无非是佛教哲学的拙劣翻版。时不我待,必须以现实态度取代关于"性""心"的无益学术争论。应当向实在的人、向具体事物复归,要开放思想接纳一切形式的知识。顾炎武所做的远不是仅为后人指明了道路。

在政治方面,从顾炎武著作中可见到对国家衰败原因的精辟分析。他严厉批判明末政治与行政体制,清新皇朝并未作多大变动便将这体制保留下来。在顾炎武的作品中,也见到黄宗羲表述过的思想,即:君主原先服务于人民,后来终于将帝国视作是自己私产。而政治制度腐败的根本原因乃在于:一方面中央政权与各省执行人之间脱节,另一方面执政者与人民之间分离。官吏受猜疑,规例繁多,检查与监督机构层出不穷,大大限制了地方官权力,令其不得不依赖熟谙地方情况与复杂法规的小吏。而法规之繁杂足以压抑任何主动性,故"天子之权不寄之人臣,而寄之吏胥"。后来这个论旨常常被一再重提,尤其是在19世纪。对于极度专制主义与中央集权,只有一条挽救之方,即:再度在政治体制中引进一定程度的地方自治,使各省官员恢复失去的权力,发挥其主动性,激发其责任感。

回归实学与教育新法

17世纪下半叶的总趋势是批判明代思想传统,向实学复归。这时期的思想家对实学与科学知识表示出浓厚兴趣。顾炎武集地理学家、经济学家、战略家于一身,他以实地调查来检验自己的广博书本知识。而当时不仅顾氏一人如此。比他年小18岁的顾祖禹(1631—1692年)就曾写下一部重要的历史地理著作:《读史方舆纪要》。该书是他从28岁至50岁博读广思与不断在国中游历的成果。黄宗羲则不仅是第一位中国思想史家,而且还为后人留下了有关数学、天文、音乐理论等八部著作。稍后的梅文鼎(1632—1721年),通晓利玛窦及其后继者介绍到中国的西方数学并将其与中国数学比较,重新树立了中国数学的地位。

但"实学"的一位最坚决捍卫者是颜元(1635—1704年)。颜氏青年时代受朱熹学派熏陶——曾研读1415年成书的《性理大全》,后发现自己是祖父的养孙,精神上深受冲击而突然改志。自此成为最尖锐地抨击"新儒学"传统的批评家之一,倾向于全盘抛弃经典文化,认为其本原虚妄,其结果有害。他对古代研究的结果使其深信:古代文化基本具有实践致用的特性,因为它赋予射、御、数等技艺以地位。颜氏重新强调体力与手工的重要。他反对单纯书本教育,认为这只能培养懦弱、内向、无能、不善决断的人,而主张对人全面教育、给予实用知识以应有的位置,如:农学、医药、拳术、马术、军事、战略等等。1696年,颜元在河北主持书院,将军训、战略、射击、马术、拳术、机械、数学、天文、历史纳入教学计划之中。

这是对研读经典的全面否定。按颜元的见解,经典研究经过大量胡乱诠释、注疏,已走到死路上去了。然而颜元的反重智主义是建立在哲学观念基础之上的。手艺,与具体实际接触,也是一种形式的学识。再说,没有力行与践履就不可能有真知。"事物之外,何理可言?"

看来不应视颜元为例外:他与明末李贽之类的反习俗者有着一脉相承之处,他的哲学与当时主流相吻合。但他几乎不为同代人所了解,身后其思想主要由门人李塨(1659—1733年)广为传播。

二、开明君主治下的政治、社会与思想文化生活

由于满洲皇朝政权巩固,整个精神环境随之而改变。怀念旧皇朝、表现汉民族爱国热情、仇视入侵者、猛烈抨击政治制度等等,总之,所有这些清军入关以来持续多年的动荡逐渐缓和下来。精英之士归附新政权,与此同时,开明君主似乎以出色的手段显示了君主专制制度与社会传统的效能,而这二者曾成为17世纪哲学家的批判对象。在清朝君主治下,专制皇朝与正统道德观念出现最后的辉煌发展,后来这一点表明给华夏世界带来严重祸害,而当时却是历史条件使然。

在文化思想领域,国家干预同时表现出有害与有利两个方面。一方面,对所有形式的反对派开展无情斗争以至建立纲常秩序,其结果是压制了17世纪社会批判与政治批判的巨大潮流并加速城市"市民"文学消亡(市民文学曾成为明末的特色);另一方面,康熙皇帝及其继位人与前朝士大夫阶级取得普遍协调和解,国内繁荣安定,国家鼓励并大量雇用文人编书又使18世纪成为中国思想史上最辉煌时期之一。中国文人集华夏文明的美学、文学、哲学传统,看来从未达到如此完善程度。他们具有百科全书式的头脑,学识无比渊博,而又富于情趣,朴实无华,讲究中庸适度。18世纪的中国文士完全可以与法国启蒙时代的文人与哲学家相媲美,起码其中的优秀者是如此,虽然所处的人文环境的确极不相同。

伦理纲常

清朝沿袭明制,大大有助于新政权的巩固,而1656年后重开科举,则

更是这样。科举的近期目标是要更新官吏,但同时却从乡镇至中央政府一级转移着前朝领导阶层的活动方向并激发起其野心,久而久之便将其吸收过来参与政事。科举是取得高官显爵、担负政治职务的唯一途径,被借以向前朝人士灌输符合专制皇朝需要的忠顺品德。科举制耗尽几代文人的精力。自设立八股文以来,考试的虚假造作性便日益明显。据顾炎武的说法,八股文自1487年开始便已强制执行。这类空洞、无益的文体练习主要在于:从经典著作中摘取片言只语,分八段阐发其意义,有如我们的论文,分引言、论题、反题、综合、结论。①

另一方面,自16世纪中叶起在明朝治下设立的许多书院均拥有丰富的藏书,不久即成为自由论辩与反现政权的中心。1625—1627年间东林党失败后,大部分书院均已关闭。清政权应付各式各样的批评更有经验而且也更为强硬,并竭力对教育与书院实行严密控制。1657年,由清政府创办的书院受国家保护,只在其中研习八股文。

新政权竭力发展官方教育,大量兴办学校,与此同时还审查书籍,迫害作者,包括查实敌视外族政权的人或仅仅被怀疑有敌对情绪或有不良意图的人。雍正年间(1722—1735年)这种强迫政策变本加厉,终于导致乾隆年代1774—1789年间的文字大检查。10 231部著作共171 000卷被宣布为违禁品,其中2 320余部全部销毁。同时对作者及亲属横加迫害,处以极刑、流放、苦役、没收财产等等。20余年间,整个帝国无处不查抄禁书,只要书中对清政权表示些许不敬,出现禁忌字眼,批评古代蛮夷,似乎表现异端情绪或含有战略意义的材料均在此列。举报者受重赏,收藏坏书、知情不报则处以重罚。其结果是使卑劣、愚蠢之人竞相为朝廷效力。

乾隆年间书籍大查抄之所以一直为世人瞩目,是因为其规模、效能与《四库全书》的大型修编工作结合,《全书》是当时已知著作的总汇。但

---

① 八股是:破题、承题、起讲、入手、起股、中股、后股、束股。——译注

书籍查抄也反映出18世纪的三代皇帝看来一直为之操心的问题。自康熙在位开始,已经明显表露出对伦常正统的关切,而且皇朝政权对失敬或反抗迹象一直非常敏感。因此,1660年印行的《明史》,被认为有颠覆性之嫌,其作者及众多亲朋于1663年在浙江被处以死刑或流放。

自17世纪末起,开始反对色情作品。1687年始明令禁止这类腐蚀性小说,1714年,查禁愈加严厉。清新皇朝崇尚清教徒精神,反对近乎口语文体的消遣文学。结果是康熙年间这类文学几乎完全消失,而让位于更为精巧缜密的形式。政府在这个领域中的行动或许正符合文人学士阶层的意愿;或许亦适应社会变化以及某一阶层读者的消失——这里指明末时发展起来的文化不高的市民阶层。总之,即便消遣文学依然存在,亦已改变性质,大概读者也已变换。蒲松龄(1640—1715年)的《聊斋志异》(约于1700年)、袁枚(1716—1798年)的《子不语》(1788年)、大学士纪昀的《阅微草堂笔记》(1789—1798年间)等著名故事集都用文言文写成,较难阅读,内中充满文学回叙与暗喻。与此同时,14世纪与17世纪通俗长篇小说的时代似乎已经一去不复返,前者留下《三国演义》与《水浒传》等,后者留下《西游记》之类。清代小说或含细腻的讽刺意味,如吴敬梓(1701—1754年)的《儒林外史》(约于1745年);或作心理分析,如1763年曹雪芹死时尚未完成的杰作《红楼梦》;或显示博闻广识,如夏敬渠(1705—1787年)的《野叟曝言》。

纲常之治虽然表面上制止了作为明末清初特色的政治哲学与俗文学的发展,但道德与政治的压制似乎并未能遏止思索、批判意识以及想象力的发挥。纵使渎君罪人遭受迫害,而且清政权本性专制,但无论如何,18世纪依然显示出是一个均衡的时代。戴震(1723—1777年)、章学诚(1736—1796年)之类的大思想家虽则毫不放弃自己的批判意识,但与自己所处的时代并非格格不入。别具特色的袁枚(1716—1798年)也如他们一样,他是位放荡不羁的诗人,并不害怕惊世骇俗。袁枚主张在文学上自由表达(不以道德训谕为目的),认为诗的目的只在于表达诗人的情感与个性,别无其他。他提倡妇女解放,反对多妻制与女子缠足——缠足风气自宋代以来已十分盛行。这种女权主义倾向19世纪初在北京人李汝珍(约于1763—1830年)的著作亦可见到。李是语言学家,著名小说《镜花缘》的作者;全书计有一百回,写于1810—1820年,1828年印行。他采用欧洲文学广为流行而在日本亦可见到的手法,描写一个想象之国——女儿国(这种神话在中国由来已久),由此达到讽刺的效果,女儿国中女尊男卑状况正与清皇朝的男女地位相反。

但这类隐晦的或直接的批评并没有产生效果。当时已远离17世纪思想家的社会政治批判。在开明君主治下的知识分子,就整体而言,对自己的命运还感到满意。18世纪士人的书信或许正反映这一感受:这种信札文学也如欧洲信札文学一样丰富,其特点是笔调亲切、朴实、直接,有时近于随便。如郑燮(郑板桥,1693—1765年)便是这许多人之中的一例;他具有游侠豪肠,别具一格,书法妙笔横生,是《家书》集的作者。这种自然亲切的笔调亦见于落魄书生沈复的《浮生六记》中,那是饶有趣味的自传,写于19世纪初。

皇帝与富商对文化事业的支持

自宋代以来采纳的科举制度,由于有次第不同的等级,以及应试人数众多,于是导致中榜者数目大增,有些考取功名的人竟永远得不到令人艳羡的朝廷命官的位置。这些没有财源的文士,生活无定,不得不寻求保护者,或在富家任家庭教习,充当官吏的私人文书,做私塾教师,甚或从事更不光彩的职业,聊以为生。对于他们来说,书写编纂便成为可观的补充收入来源,如写科举应试读本、传记、墓志铭、小说、故事、剧本等,既有受雇写的作品,也有商业性作品。这种经济状况与中国宋代以来尤其明清两代时期的文字成品的历史不无关系。不过18世纪普遍繁荣而且国家大量雇请文人,看来保证了大部分没有固定收入的文士阶层获得极其稳定的生活。

的确，自康熙年代(1662—1723年)开始，官方便雇用大批文士从事庞大的出版、汇编、评判与钻研工作。康熙年间第一件大规模出版事业便是《明史》的印行。其方案1679年开始定出，1682年交由顾炎武之甥徐乾学(1631—1694年)主持编纂。有一个人数甚多的史家班子参与这一卷帙浩繁的朝代史编写工作；这部历史比以往完成的任何一部历史都更加广博、更为翔实。编纂工作始于1679年，历时50余年，于1735年才告完成。全书共计332卷。

巨型插图类书《古今图书集成》的编订也在康熙年间。原于1706年由陈梦雷以私人名义开始编纂，1725年方告完成。陈氏因福州叛乱事件受牵连，被判处死刑，但获得减刑，被流放至沈阳。康熙皇帝死前他获得赦免归来，复又被康熙之后任放逐。雍正不让陈氏名字出现于作为其毕生事业的著作之中。这部类书共计10 000卷，内含如下部分：(1)历象、天文、数学；(2)方舆；(3)历史；(4)工艺、美术、博物；(5)哲学、文学；(6)典章制度。1728年以铜版活字印出，全书几近1 000万字。

康熙年代还应一提的是《全唐诗》的大型汇编工作。这部总集由名著《红楼梦》作者的祖父曹寅监督编订，曹氏是被清朝廷称为"包衣"的旧奴之一。《全唐诗》于1703年完成，共收唐代2 200个不同作者的48 900首诗。

《佩文韵府》于1716年编就，合计558卷，是按韵尾编排的二字或三字词藻辞典。同年出版著名的《康熙字典》，从其问世至20世纪初，该字典曾作为西方汉学家进行研究工作的基础。字典由30名语文学家组成的班子编成，众人为此工作费时五载；书中共收42 000个字，提供释义与用法，按明末始创的214个部首编排。

康熙年间，共计有57部由国家主持或资助的大型官方出版物问世。而最重要的著作是乾隆年代编订的《四库全书》。全书自1772—1782年经十年努力始成，一个由360名文士组成的班子参与此项工作，收集公共藏书楼乃至私人保存的全部书本及手稿。长年搜求、凭自愿或强制方式取得的书籍及手稿看来已经相当完整。全书共计79 582卷(15世纪初的同类著作《永乐大典》也只有 11 095 卷),按四部(经、史、子、集)分类。曾雇用 1 500 名抄写人员誊正这部巨型丛书,因当时的条件未能将其付印。与丛书一起的还有一部关于作者、版本、著作价值等情况的评注目录,题为《四库全书总目提要》,印行于 1782 年,是中国目录学著述中最宝贵、最完整的成果。

国家这类活动大大有利于文学、艺术及学术的发展,除此之外,富商对文化的支持亦产生效果,他们是珍本、书画的收藏家,文士与学者的赞助人。江苏扬州的盐商(其先人追溯至明末)便属于 18 世纪文化事业的著名资助者。例如,马氏兄弟:诗人兼藏书家马曰琯(1688—1755 年)、其弟马曰璐(1697—? 年)及曰璐之子马裕。诗人兼语文学家杭世骏(1698—1733 年)、历史地理学家全祖望(1705—1755 年)都是扬州马氏兄弟的座上客。在利用富商庇护的著名士人中,可以一提的有:齐召南(1706—1768 年),写有关于江河、运河史的著述,编年史专著以及关于温州大港与浙江地区的专论(《温州府志》);历史学家兼金石学家钱大昕(1728—1804 年)以及大学者戴震。有些人自己就出身于富商阶层,如阎若璩(1636—1704 年),数学家、地理学家兼经典研究专家;阮元(1784—1849 年)的情况也相同,他是个具有百科全书式头脑的人物,留下了关于绘画史、数学、传统语文学、金石学、地方志等著述(他写有《广东通志》),但特别闻名于世的是其评论古籍的大型丛书(《皇清经解》,1829 年)。

自 1800 年左右开始,铜币贬值导致富商大家族破产、衰落,正是这个时候官方雇请迅速减少,大型出版项目亦告结束。于是 19 世纪知识阶层的地位产生深刻变化。

三、考据学大发展与 18 世纪的哲学家

批判研究学派形成

由于运用顾炎武及其同代人所定的历史考据的科学原则,因而导致

对最受崇拜的文字传统(即典籍传统)提出质疑。这一点在华夏世界中曾起过类似于西方希伯来语文学在《圣经》研究领域中所起的作用,但领先了一百余年。因此,很可以将顾炎武,或更恰当的是将戴震与圣经研究奠基人雷南①相比较:二者都具有同样的严格科学精神并同样渴求真理。

17世纪末,万斯大(1633—1683年)证明:《周礼》并非周初的著作,而是后来战国时期(公元前5—前3世纪)的汇辑,这与当时一般人的认识大相径庭。万斯大也和其弟万斯同一样(1638—1702年),都是黄宗羲的弟子,万斯同曾参与1679—1692年的《明史》编纂计划。阎若璩(1636—1704年)再续梅鷟关于《尚书》的工作(梅氏著作发表于1543年),在其《尚书古文疏证》中提供新证据,说明古文传统的不可靠。阎氏也批驳将《大学》(朱熹学派的"四书"之一)视为孔子门人曾参所作的看法。胡渭(1633—1714年)则揭示著名的《河图》、《洛书》,指出其为宋初之作;两图在新儒学的宇宙论中曾起重大作用。

但18世纪的语文学家在批判宋代以来备受尊崇的传统方面走得更远,毫不犹豫去做可视之为亵渎神圣的可怕事。如袁枚(1716—1798年),他是位放荡不羁、诡异、怪癖的诗人,偏好引起轰动的反应;他宣传女权主义思想,并且收了一批女弟子。他第一个认为,神圣的《诗经》中的《国风》是纯然的情歌。这一论点后由法国汉学家马塞尔·格拉内(1884—1940年)重提并更确切阐述。汪中(1745—1794年)公然敢于贬低自宋代以来奉为正统之宗的孔子,还其公元前4—前3世纪与孟子并列的本来位置,当时孟子与孔子齐名,甚或超过孔子。崔述(1740—1816年)则不承认关于作为道德楷模的上古诸帝的传说有任何价值,其根据是这类传说随着时间推移而有所发展,添枝加叶。中国传说所本的一切

---

① Ernest Renan(1823—1892年),法国作家、神学家,受康德影响,拒绝超自然宗教,批评初期基督教起源说,写有《基督教起源史》等著作。——译注

神话逐渐受到怀疑,归于破灭。

考据学的伟大潮流 17 世纪下半叶开始,首先以反对朱熹学派哲学及王阳明直觉主义哲学的面貌出现,曾是 18 世纪的主要光荣之一。宋、明时代的学者不大注意将其解释建立在对经文及过去资料的严格分析上,而是流于清谈空论,歪曲古籍的真义。清人入侵后不久,有些人即已揭露在经典注释家与哲学家著作中所反映的佛家影响:朱熹派的二元论观念源于佛教玄学,而王阳明及其门人的主观直觉论则来自禅宗思想。因此,必须回溯最古老的传统,摆脱自宋代以来积累的紊乱解释。这个批判新潮流通常以"考据学"而著称于世,而有时也称作"汉学"。但严格而言,"汉学"之名仅适用于 17 世纪末以后在苏州士人家族发展起来的语文学传统,该派的杰出代表是惠栋(1697—1758 年)。不过,当时只限于专治汉代经典的注家。由于运用当时已知的一切科学探索手段(考古学、金石学、历史语音学、历史地理学等),并借助一切可能得到的资料,18 世纪的批判运动远非单纯追溯汉代的评注家,其首要特点是遵循科学方向。再说十七、十八世纪的学者几乎全都或多或少通晓科学:数学、几何学、天文学、机械学等等。黄宗羲治数学与天文学,戴震以科学研究开始其生涯。

戴震:自然科学家、学者兼哲人

18 世纪下半叶,考据学派达到其顶峰,在语文学与考古学方面作出了重大成就。当时最杰出的代表是戴震(1723—1777 年),安徽一布商之子,至晚年才取得高功名。他具有时刻警觉的批判精神,推论严谨,穷究真理,知识广博,文笔清晰,思想别具一格,可以视之为当时最伟大的天才之一。戴震有一句箴言:"不受他人所蔽,不为一己所惑。"他认为,客观证据是真理之唯一标准。他明确区分何者为汇集了无可辩驳的证据可以证明是确实的事物,何者为有待证实的观念——也就是我们所称的假设。从他身上可见到方法可靠的真正科学精神之君临,其原则与推动西方自然科学发展的原则并无大异。不过这种科学精神几乎只运用于考察过去。

戴震充满好奇的探索精神,与许多同时代人一样。其前驱梅文鼎(1632—1721年)就曾对中国数学与西方数学进行比较研究,戴震也像梅氏,对数学史深感兴趣。由于熟悉内皮尔(1550—1617年)①的计算尺,可能促使他着手研究中国古时的计算棒;自13世纪起,计算棒起码可解多元方程,这一点见于《策算》一书中(1744年)。戴震还写有关于圆周计算法的专论(《勾股割圆记》,1755年),搜求并重印了宋元的数学著作。而尤其是在语文学研究领域方面,戴震显示出自己是一名大师。他诠注公元前3世纪伟大抒情诗人屈原的诗篇(《屈原赋注》,1752年),从事历史语音学研究,注释关于古代技术的著述——大概成书于公元前5—前3世纪的《周官》或《周礼》的最后部分(见《考工记图注》,1746年)。但他大部分精力却用于官方大型丛书《四库全书》的纂修工作,自1773年起成为该丛书的主要主持人之一。

戴震不仅是中国历史上一名杰出的学者,而且是其同时代最伟大的思想家之一。事实上,他在语文学上所采取的科学态度是与某种哲学无法截然分开的。在这方面其最突出的著作是《原善》(1776年)与《孟子字义疏证》(1772年)。在后一书中,他本着对古籍既系统质疑又极其崇敬的做法,显示并揭露宋代新儒学家对孟子思想的歪曲。新儒学正统认为,自然由"理"与"气"组成。戴震反对这一正统,只承认其中的"气",认为"气"已足以说明一切现象。在这方面,他忠实于中国思想的深层倾向,从这种一元论观念得出关于实际生活的结论。他认为,即便是最高尚的道德也从我们的欲望与本能衍生而来,并非因为道德以利己主义为基础(这是简单化解释),而是由于道德与人的根本相联系。生存本能、饥饿、性欲等等是"道"的表现。不存在独立于需要与欲望之外的无躯体

---

① 苏格兰数学家。——译注

的智慧,更不存在抽象官能(正义、公平、人道、礼法意识)。"欲除欲望尤险于堵截水流"。道德不在于压抑与制止欲望,而在于欲望的和谐运用。因此,在戴震的著作中,可见到对因循守旧的伦常道德的彻底批判。这种道德自宋代以来便牢牢确立,以"理"的名义阻止少年卑贱之辈表达自己的意愿、满足自己的需求。在戴震眼里,这种道德就是罪过与混乱之源。

戴震的哲学观念似乎在当时并没有引起多大反响,追随他的人不多;而反之,在学术研究领域,他却有一些杰出的继承人。在乾隆末年直至19世纪初年,有三位语文学者继续其事业,这三人是:段玉裁(1735—1815年),戴震的嫡传门生;王念孙(1744—1832年)、王引之(1766—1834年),考据学派最后两个著名代表人物。这个学派18世纪光彩四射,但自19世纪初起便开始失去其崇高位置。

历史哲学

章学诚(1738—1801年)比戴震年轻15岁,也和戴震一样,是18世纪最深刻、最富有特色的思想家之一。然而当时以博学、考据,尤其是以诠释经典为时尚,章氏的出现可以说是别树一帜,因为他代表相反的方向;他思索的问题乃是历史编纂法与历史哲学,因此他当时知音甚少便不难解释。但20世纪日本及中国汉学家已恢复章学诚的地位。

章学诚对地方现状十分敏感,一如王夫之与顾炎武,他认为,认识中国各地历史至为重要。中国幅员有如欧洲,不可能视之为统一整体;要了解不同地区的历史,运用"方志"并编写新方志(章学诚本人也曾致力于编写一部"方志",可惜已经散佚)才有可能着手编写华夏世界的历史,因为它是如此之复杂。因此必须设立地方档案,通过向长者口头查询搜集直接资料,并应搜求金石、手稿、口头传说等。与顾炎武一样,章学诚亦认为,历史材料具有包罗万象的百科性质。但他在这方面表现得更为彻底:据他的看法,所有书面著述,不论其性质如何(也包括神圣的经典),都是历史的证据。然而,一旦资料收全之后,关键不在于采取7世纪编史班子的方式进行机械汇编。历史著述应是有个人特色之作,而同时又是往事的准确反映。最优秀的历史著作总是个人的独立成果:最杰出的史作之一,司马迁的《史记》就是这种情况。

最奇异的是:这种编史见解形成一种哲学。章学诚曾提出其著名论点:"六经皆史"。据此论点反过来便可推断:史著与经典具有同等价值。史作蕴涵哲学原则,内中包含不可见的"道",而人只知其历史表现。人类社会遵从"道"的自然根据。现时本身也是历史,它为天下之理提供证据,因而亦与过去具有同样价值,一反嗜古者的见解。虽然考据运动代表了一种健康的反应,针对的是朱熹理学与王阳明直觉哲学的弊端,但此运动亦有其消极面。趋奉博学往往与放弃思考、放弃综合精神并行,琐细研究成为目的,细微末节发现竟令学者的虚荣心获得满足。因此亟须重提这个基本真理:可见世界充满内在之"道"。这是典型的中国观念,但就历史学家的角度而言(章学诚亦属此列),却并非毫无黑格尔式的影响:哲学意识的形成,正是与所体验、所经历的历史直接接触所致。

四、耶稣会士的业绩与中国对欧洲的影响

明末首批来华耶稣会士开始的对话大体不曾中断过。相反,在清代最早两位君主的年代,耶稣会士已牢牢扎根于中国,1773年耶稣会被取缔之前,北京一直允许他们居留,虽然梵蒂冈十分僵硬,而雍正与乾隆二帝对教士活动也疑虑重重。全赖耶稣会士,欧洲学术界才得以大量拥有中国科学资料以及关于中国及清帝国鼎盛时期的材料,而中国亦同时接受欧洲若干新成果。虽然研究这种交流的著作不少,但其重大结果无疑并未得到充分的正确评价。

耶稣会士的科学著述及其对中国的影响

耶稣会士在明末的起义与混乱中,其后又在征服与镇压反抗运动时

期,都相当巧妙地维持着他们在宫廷与各省的地位。他们赢得顺治皇帝与康熙皇帝的好感,二帝因担心自己的皈依活动会引起政治后果才有所收敛。汤若望神甫(1592—1666年)生于科隆,1622年抵北京,在清朝征服中原时任首都钦天监监正。他凭借自己的外交手腕,终于在新政权下成功地保护了教会使团的在华利益。1650年,他获准兴建北京第一座天主堂——南堂,两年之后竣工。但他受杨光先(1597—1669年)的攻击,处境危殆。杨氏是皈依伊斯兰教的汉人,耶稣会士的死敌,曾著反基督教册子《不得已》(1569年)。1665年,汤若望被判处死刑,到最后时刻,因适逢地震而得救。汤若望的继承人是南怀仁(1623—1688年),他是杰出的数学家与天文学家。他于1668—1689年间通过证明欧洲天文学的优越性战胜杨光先及其盟友,从而加强了耶稣会士在清帝国的地位。

因基于文明差别的深刻障碍(统一的政治社会组织,佛教会的地方势力,中国的风俗习惯,欧洲与之彻底不同的道德传统、宗教传统),朝廷及各省皈依基督教的人数有限,也和明代最末50年一样。由于基督教与草原地区宗教传统有着相通之处,或许满洲贵族较之汉族士大夫更能接纳基督教教理。但倘若利玛窦对中国风俗习惯采取的妥协态度没有在这位伟大的传教士死后便引起自己人反对,如果这种态度最终不为罗马教廷否定,那就满有理由相信,耶稣会士的影响还会深化与扩大。这时期发生了有名的"中国礼仪之争",这次争论大大毒化了18世纪中国与欧洲的关系。问题是要弄清是否应将"上帝"(经典中的"天主")视为中国远古出现的启示的残余而其影像将会逐渐消失,抑或是否应将中国人的观念视作彻底不信神、彻底不可知论,并将其拜祭仪式指为异端。中国人的"天"必须是上帝,不然便是纯粹的物质,其实二者都不是,而是内在的普遍秩序。意见分歧由来已久,因为龙华民神甫1610年后便挑起争论;龙华民是利玛窦的对手,他抱怨中国人不承认离开物质的精神实体,完全不区分人类社会的精神要素与宇宙的物质要素。但发生公开冲突是在18世纪初。耶稣会士在欧洲成为受攻击的对象,他们在中国的活动亦受牵连。他们对中国人的好意长期引起猜疑,1705年梵蒂冈决定派遣多罗主教至中国,他受命不许教士容忍中国的传统习俗:尊孔祭祖,敬拜古代圣贤等。两年之后,多罗主教在南京斥责中国人的迷信习惯。这种僵硬的教条态度的结果是使17世纪初以来经过许多艰辛所成就的事业大部分被毁掉。弃教人数众多,皈依者日益稀少,对外国及本国教徒的敌视情绪越发增长。几年前康熙对教士仍心怀好感,认为能为自己效力,而现在知其听命于梵蒂冈,因而十分恼火。但是"礼仪之争"却以宽容派的敌手得胜而结束,当时思想环境与政治局势使教士的处境更为困难了。由于正统观念发展以及中亚问题在皇朝总政治中占有重要位置,致使雍正在位年间(1723—1735年)成为不利于教士开展活动的时期之一。皈依基督教的满洲王公备受迫害。雍正抱有好感的是喇嘛教(当时喇嘛教在政治上的重要性众所周知),以及广而言之,是佛教。他将雍和宫改为喇嘛寺(1732年),鼓励重印佛教经文并在其晚年建立佛、道宗教研究会社。1727年7月21日,葡萄牙使团来访翌日,雍正传言:"若朕将僧人送至欧洲各省,汝等国君亦不允许。"宋君荣神甫曾转达这番话。1773年,教皇克莱孟发出简短谕旨,解散耶稣会。

与明末时期一样,耶稣会士以其学识与科学工作,有时也以其绘画与音乐才能,赢得中国皇帝的信任。他们几乎全是杰出人物,在困难条件下完成了巨大工作;同时开展多种活动:学习汉语与满文,进行天文观测与考察研究,编制地图及从事地理工作,深入研究中国历史与年表(按此年表大洪水的时期大成问题),从事翻译,且不说其传道职责与宗教责任。他们来自意大利、葡萄牙、西班牙、佛兰德地区、德国、法国,17世纪甚而来自中欧,18世纪时其中法国人不少。路易十四实行有利于耶稣会士的政策。康熙颁布宽容敕令(1692年)之后,这项政策的确使耶稣会士享有优越地位。路易十四时代首先派出两个正式使团,第一个1685年自布雷斯特启程,神甫洪若翰、李明、张诚、刘应均在其中,第二个1698年出发("海神"号轮第一次远航),随后还有其他几个使团。此外,18世纪法国是与中国维持最密切关系的欧洲国家,由发现中国而引起的哲学论争在法国亦最热烈。

耶稣会士的著述无疑有助于加强考据学派的科学倾向并推动中国数学史的研究。君主慷慨赞助、鼓励这类著述,也和鼓励中国士人在出版与学术研究方面的著述一样。因此耶稣会士的业绩一部分应归功于康熙与乾隆年代的开明君主。

除了天文学与数学著述之外,耶稣会士还在地舆学方面有出色的表现,继承了利玛窦神甫的传统。张诚神甫提议制订的康熙地图——《皇舆全图》,经1707—1717年的探测工作之后完成。《全图》1718年以铜版刻出,优于同时代的欧洲地图。由于皇家赞助,加之耶稣会士及其优秀的中国合作者的才能,乾隆时代,中国仍处于地舆技术的前列。根据1756—1759年的考察,1769年印出《乾隆内府皇舆全图》。

康熙生性好奇、思想开放,对西方绘画、建筑、机械均感兴趣。按康熙要求,1702年安多·托马斯[①]神甫据计算地面子午线而制定的"里"的长度,比"公里"的确定早90年。中国画家焦秉贞研究欧洲透视法,曾作有名版画《耕织图》(1696年)46幅。1676年,徐日昇神甫在康熙面前演奏大键琴。数年之后,他与意大利神甫合作,写出了发表于中国的第一本欧洲音乐著作——《律吕正义》。

1747年,乾隆根据传教士建议,叫人在北京西北部的夏宫圆明园建造意大利式楼阁,并设置喷水池以美化之。装饰圆明园的画幅出自神甫郎世宁与王致诚之手。1860年,法国军队洗劫了此园,英国人则将其焚毁。郎世宁神甫颇具绘画才能,留居中国为宫廷效力近50年,直至去世为止,他画山水、肖像、内景、宫殿等,曾与当时中国著名画家一道工作。他与王致诚、安德义合作复制了16幅著名的《平定伊犁》图。1774年《平定伊犁》图的镌版在巴黎刻成。

[①] 安多·托马斯(Antoine Thomas),据音自译。——译注

从上述所有思想文化、科学、艺术的接触中,很可能中国的所得远比我们从熟知的借用中所设想的要多。

北京宫廷中博学与富有素养的耶稣会士曾在中国与欧洲的关系中发挥首要作用。随着耶稣会解散与乾隆驾崩,教士起作用的时代便告结束。日后传教士活动便在大大不同于十七、十八世纪的背景下发展。

借鉴中国与欧洲的反应

16世纪以来欧洲发现中国的全部效应我们还远远未充分了解以及正确评价。总而言之,这一发现促进现代世界形成,作用可能比设想要大。的确,自华夏世界经历衰落与屈辱时代以来,18世纪中国的社会政治制度、思想、技术及工艺曾引起的热烈兴趣已被遗忘。西方为自己的迅速进步而自豪,竟想将一切功绩全归自己。或许有一天我们对西方的飞速发展会有更恰如其分的判断。

1705年8月18日,莱布尼兹曾给韦米斯神甫去信,他写道:"余看汝等大部分教士相当倾向于以轻蔑态度谈论中国人之学识;然其语言文字、生活方式、工艺制品,乃至游戏娱乐皆与余等大不相同,宛如另一天地之人;对其举止习惯准确描述不事修饰,亦能令吾人大开眼界,依余之见,远比认识古希腊、罗马之礼仪与器具更为有用;许多学者却专注于后者。"18世纪的学人虽然实行莱布尼兹方案既不深入也不全面,不过似乎这位哲学家已经十分正确地预感到两个世界接触所产生的深刻效应。

18世纪期间据传教士收集的情况而撰写的大型著作接踵问世:《奇妙而富有教益的书简集》①(巴黎版,1703—1776年,34卷)、J. B. 杜赫德的《中国与中国鞑靼之概貌》②(巴黎版,1735年,4卷)、J. B. 格罗泽的《中国总述》(巴黎版,1785年)、《中国人的历史、科学、工艺、风俗习惯文

---

① 又译作《耶稣会士书简集》。——译注
② 又译作《中华帝国志》。——译注

集》①(巴黎版,1776—1814 年,16 卷)。哲学家如莱布尼兹、科学家如弗雷磊(1688—1749 年)、政治家如 H. 贝尔坦(1720—1792 年,曾对中国的技术组织过系统调查),都与驻中国的耶稣会士有过大量通信,这些频繁接触想必不无效果。

17—18 世纪自中国引进不少在欧洲尚不为人知的植物、树木(包括大黄)。西方采用活动簧片乃 G. J. 沃格雷(1749—1814 年)之功(簧片成为簧风琴、口琴、手风琴的基本装置)。他曾有机会在圣彼得堡考察中国的笙(借鉴汉傣地区的口奏管风琴),还借鉴过其他事物,如:中国汉代以后便使用的簸扬机、船上采用的密封舱装置、丝蚕养殖、瓷器制造工艺——1705 年,J. F. 博特热(1682—1719 年)试制首批瓷器。1675 年,一俄国使团要求中国派工程人员至俄国修建桥梁。自 16 世纪起中国通行天花接种,其办法是将微量的天花小疱注入接种人的鼻孔中。也就是说欧洲发明种痘之前,这里已运用接种原则:中国人早已谋求减轻病毒毒性的方法。17 世纪期间,这种方法传至土耳其;18 世纪初开始为欧洲所了解。1718 年,英国驻康士坦丁堡大使的夫人蒙塔古曾叫人给自己全家接种。1796 年,爱德华·詹纳制定预防天花接种法。而除了确实无疑的借鉴之外(这方面的材料还不完全),也有些是可能有这么一回事。

从别具特色的不同技术传统借用的事物会取得意想不到的丰富成效。这种基本手段可能表明非常重要。而思想文化传统与典章制度的借鉴情况也一样。

诚然,18 世纪欧洲所热烈向往的中国,其真实面貌并非如此,往往被理想化了(出于自然反应,过分颂扬便引起后来的贬损)。诚然,法国哲学家曾以中国为托词去攻击教会,攻击旧制度的弊端,但对中国的认识却并非毫无积极内容。

无论我们如何评价 18 世纪中国的政治社会制度(与 19—20 世纪的

---

① 又译作《北京教士报告》。——译注

欧洲资产阶级社会一样,文化与政权成为社会上一部分人事实上的特权),中国尚未至像欧洲旧制度那样滥行基于出身的极度特权。"风尚与法律",是启蒙时代大加阐发的主题,的确也是政治社会秩序的基础。中国提供了第一个文明富强国家的榜样,大体以理性与自然秩序为基础,而并不归功于基督教。因此,中国大大推动了现代政治思想的形成,甚至其若干基本制度亦为欧洲仿效。

1585年,门多萨①第一次介绍中国的"科举制度",其后金尼阁神甫与费内斯②都曾加以介绍;前者撰有《奇异见闻集》(1615年),后者写下《自巴黎至中国的长途跋涉》(1615年)。但以考试方式招募公职人员的思想自18世纪末才逐渐发展起来。奎内在其《中国之专制制度》(1767年)中提出:国君身侧应有一个贤士哲人的团体,从社会上各阶层招募而来,正如中国的官吏。1791年法国大革命设立的会考制度不可能与中国的榜样全然无关。1800年,会考制度由东印度公司实行,1885年推广至英国,同时在招募文职官员方面也采取考试办法。

中国人自汉代以来已实行人口调查,沃邦③也进言路易十四,建议仿效中国人的方法。西方国家已知的早期人口调查1665年于法属加拿大、1749年于瑞典举行。整个现代人口统计学产生于实践之中,实际办法的采用可能有迟有早,但首先是受中国的启示。

清代中国重视农业,也启发了重农学派的思想;奎内(1695—1774年)及其友人米拉博侯爵(1715—1789年)、D.德·内穆尔(1739—1817年)等重农学派人士将"自然秩序"的概念引进西方,宣称农业生产优于手工业与工商业活动,他们从整个经济的角度视后者为不生产的活动。中国思想通过重农学派的传播推动了政治经济学的发展。

美感本身亦受中国影响。我们都知道,18世纪欧洲特别盛行康熙年

---

① 门多萨(Mendoza),费内斯(Montfort de Feynes)原译不详,按音自译。——译注
② 门多萨(Mendoza),费内斯(Montfort de Feynes)原译不详,按音自译。——译注
③ 法国元帅(1633—1707年)。——译注

间的蓝白瓷器、中国家具与小摆设。中国的园林建筑由于 W. 钱伯斯（1726—1796 年）①在丘（位于伦敦附近）的推广而大行其道；中国也促成对大自然感受的变化，使之朝浪漫主义运动方向发展。

上述一切早已为人所知。但研究仍然值得恢复，应当继续并扩展至研究零散影响、假设事物；只有经过严格分析假设才能证实。事实上，中国的启迪并不限于政治社会思想、制度、技术等领域；而极有可能曾推动现代科学思想的形成。如果中国这种影响一旦被证实，那么在关于各种文明密切依存的无数证据中又将添加一份至为重要的材料。

中国文字表达数学的优越性曾令 16 世纪的波斯人大为惊异；剌失德·哀丁在其《中国科学之伊儿汗宝库》一书中认为，中国文字优于阿拉伯文字，因为它不受发音限制。这种优越性也曾吸引莱布尼兹（1646—1716 年）的注意，或许还推动过欧洲数学发展。莱布尼兹大概不久便了解，中国文字远非单义，因为随上下文而变的字义在历史上累积了下来。但中国思想的特点之一是运用符号：就一定意义而言，莱布尼兹的直觉完全正确。

中国思想的另一基本特色是普遍自发秩序概念凌驾于直接机械行动概念之上。莱布尼兹热心研读驻中国的耶稣会士的报告，并与闵明我神甫通信。他视世界为无数小机体构成的大机体，并以此思想代替将世界看作是一部机器的思想。这种"单子论"的终极观念，远离西方原先的传统，就其单子的等级与预定和谐，令人不禁想起新儒学关于"理"（普遍秩序的内在因素）的观念；"理"表现于宇宙万物的所有层次上，使得在大统一体中，每个人都拥有自己一部分"理"，没有既定方向也无需机械推动便自然而然参与宇宙的秩序。神学唯心论与原子唯物论之间的尖锐对立一直支配整个西方思想。莱布尼兹得以成功地解决这一对立，其凭借的观念正与华夏世界普遍接受的观念相通。西方世界必须放弃追求

---

① 英国建筑家，风景画家。——译注

事物之外的现实,舍弃在其思想文化传统中根深蒂固的观念,即认为自然与生物由一副机械及其操纵者即由躯体与灵魂构成;西方还必须接纳中国人的观念,即认定事物本身已包含全部现实及其微妙奥秘;只有这样现代科学思想才能发展起来。莱布尼兹,这位亲华人士已走到科学思想最新发展的前沿。起码这是李约瑟表达的简要假设,李约瑟是杰出的中国科学史家。

无论如何,值得注意的是:自16世纪发展起来的实验科学,就其现代面貌方面,与中国观念相符(磁学、力场概念、微粒旋风思想、波传播观念、组合逻辑、有机整体与机体自我调节观念等),这些皆为西方传统所无。倘说二者联系仅因偶然所致,那就太奇怪了。

第九卷
从衰落到外侮

第九卷

19世纪上半叶的特点是社会环境不断恶化,原因繁多,尚未及深入分析,如:国家财政失衡,此事追溯到乾隆末年疯狂滥支时期;掌权阶层与一般官吏腐败盛行,自乾隆宠臣和珅掌政以来即已如此;人口大增,持续至19世纪中叶;帝国幅员过分扩展,受殖民统治的人口众多,所受压迫愈来愈深;自1820—1825年起出现外贸逆差;经济衰退,经过一段繁荣昌盛时期之后愈加鲜明表现出来。各种紧张与失衡的原因终于导致1850年前后华夏世界社会激烈动荡。太平天国起义(1851—1864年)以及一系列与之呼应的暴动延续至1875年左右,成为19世纪历史上的重大事情。这种社会政治大危机在掌权阶层中引起震惊,为克服危机必须付出巨大努力,大量损失与破坏伴随危机而来;于是便引起一系列的变化:在镇压战争过程中培养起来的政治新人涌现;中央政权遭到削弱;经济衰退。大规模内战之后重建的帝国再也不如从前了。

西方列强自1840年起首次入侵中国就在这种衰落与危机的背景下进行。但1840—1842年间英国与偷运鸦片相联系的进攻只是事后才显出其历史意义;这种攻击是殖民干涉政策的第一次表露,其性质与目标随西方国家工业势力增长而起变化。内战、重建活动、中国在中亚遇到困难等,大大便利了西方世界1857—1860年间进行的新冒险,迫使中国执政者实行妥协政策,尤其是因为他们在工业化活动中需要资本、需要外国工程人员。而自1870年起外来压迫愈演愈烈,益发加深了妥协派与强硬派之间的矛盾,也加深了接触外国人的现代派与对当时现实全然无知的传统派之间的矛盾。与此同时,中国与工业发展加速的小国相比,落后愈加严重,中国幅员太大,人口过多,无法实行彻底而迅速的变革。日本利用自己与外界相对隔离,向西方各国学习,1894年大大挫败中国的陆海军。《马关条约》打开了华夏世界历史上一个新时期——受外侮时期。

第一章 大衰退

一、衰落的内因

乾隆末年及至 19 世纪初期出现了令人忧虑的国家破败、社会失衡征象。1795 年,河南西北部开始爆发乾隆时代第一批大规模农民起义,同年,湖南、贵州土著居民暴动,广东、福建沿岸海盗活动再度兴起。显然,18 世纪末年,即乾隆光荣年代乃是漫不经心的时期,公共储备挥霍无度,宫廷与政府均不量入而出;因政权集中于君主一人手中,而且宠臣和珅施加有害影响,遂致贪污腐化盛行,1775 年以后已到了无以复加的地步。政府受假报告之骗,对各省状况以及战事实情了解极差。清代最初几任君主表现得甚为节省(据说康熙在位 36 年的开支尚不到明末君主一年的用度),而在乾隆治下第二段时期满洲宫廷的支出膨胀无度。偏远地区的战事,镇压土著居民与回民暴动的困难,君主的挥霍,凡此种种终于在 18 世纪末年造成国库空虚。乾隆的继位人只限于略微减少宫廷开支,而未能挽回局势。雍正年代(1723—1736 年),货币总量不大,但国家储备已达 6 000 万两,而 1850 年,即太平天国大起义前夕,储备只剩下 900 万两。乾隆的后任人未能防止贪污腐化与挽救清军的衰弱;而八旗军在极盛时期曾使中国在亚洲大部分地区赢得宗主权。

18世纪大部分时光似乎中国都沉浸于安逸之中,久而久之无疑便产生有害的结果。看来安逸引起某种麻木不仁状态,在政治方面是如此(曾使满洲政权家长式专制统治日益加强),在社会经济领域亦如此。而更为严重的是:各方面都表明,政治行政制度、生产技术、商业活动等都不适应帝国的状况。倘若幅员较小,人口不多,还可满足需要,而当时清帝国幅员甚广,一百年中人口几乎增加两倍。18世纪,人口飞速增长引起惊人的扩张,至19世纪上半叶,人口增长似乎对中国经济产生相反效果。人口持续猛增而同时经济却萎靡不振。清代人口统计数字是历史上最准确者,如果这个数字可信,则自1802—1834年,帝国人口增加1亿;当时督办普查的户部宣布,全国人口已达4亿以上。乾隆将一派困难局面留给继位人嘉庆(1798—1820年)及道光(1821—1850年):政权腐败,人口不断增长,困难日益严重。嘉庆与道光之治正处于19世纪上半叶时期。白莲教发起的农民起义仅仅到1803年才被镇压下去。但数年之后,起义运动又重新复苏:1811年以后,黄河下游流域、河南、河北、山东等地再度爆发新动乱。起义者属白莲教的变体——"天理教",他们在朝廷中、在高层官员中都有同谋者;高层官员不满嘉庆皇帝的紧缩政策而习惯于乾隆治下的阔绰生活。1813年北京爆发与起义者串通的阴谋暴动,但在袭击皇宫的时候遭到失败。一年之后,外省的叛乱亦被粉碎。

虽然白莲教起义被镇压下去,但农民动乱的原因并未消除:纵使开荒与扩种新作物(玉米、红薯、落花生),耕地依然不足;各种捐税增加;与白银比较,铜币贬值,自从美洲金属进口量降低以来,白银开始日渐缺乏;地价猛涨而地租收入下降;土地集中于少数富裕地主手中(尤其在南方);与此同时,小土地主沦为农业工人。以上种种情况就是农村局势始终紧张的原因。

19世纪上半叶,农民骚动持续不断,虽未致引起如1796—1804年间发生于西北的严重起义。几乎各省都爆发暴动,南方诸省也第一次发生暴动。1832—1833年,湖南、广西交界的山区出现一场最重大的起义。当时环境有利于盗贼活动,有利于发展秘密会社(属宗教式团体,其成员通过盟誓结合,彼此视作亲人)。华南地区建立起名为"三合会"或"天地会"的秘密会社及其众多的分支机构,正是在19世纪上半叶期间。

这时期,对南方土著居民以及对新疆西部以穆斯林为主地区的控制一直不稳而且十分困难。1807年,青海的西藏人起而反对清朝官府,1833年贵州苗人亦起义。1825年,由夸贾突厥人(名张格尔)领导的新疆西部穆斯林闹独立,只是到1828年,经三年战事之后方才收复疏勒绿洲及叶尔羌。

因进口鸦片而引起的逆差更加重帝国的艰困,当时清帝国已受到多种衰弱原因的威胁,而其领导阶层却四分五裂。

二、走私与海盗活动

缺乏工业的殖民地国家要进口工业成品,这一点标志着历史上一个转折:构成今天第三世界的地区受制于各富国。但这转折点只是到了19世纪末,随着机械化生产发展才得以实现。1786年,东印度公司取得与广州贸易的专管权,1800年前后向中国输出若干棉产品与约克郡毛织品。但是在印度不乏买主的英国布匹在中国的销售情况却不佳,因为中国棉织手工业十分发达,已足以满足自身需要。仅仅到了19世纪末年,由于美国棉布大量进口,中国棉织手工业才受到威胁。因此英国公司主要赢利的并非出售成品,而是走私鸦片;这种量小而价值大的毒品使得游历中国(当时仍是一种冒险)成为收益极大的活动。

外贸亏损

中国自明末以来,已认识鸦片,只是至20世纪初才开始大规模种植。16世纪末,李时珍著名的《本草纲目》已提及鸦片;17世纪葡萄牙人将其输入福建,用的是阿拉伯字 afyûn 的译音。18世纪初每年进口约达 200 箱,1729 年后官方正式禁烟。1731 年,禁令推行至全国。但自 18 世纪末起,即英国人占领印度之后,鸦片种植逐渐发展起来。1757 年东印度公司在孟加拉赢得第一批领土权,1765 年,扩展至比哈。1773 年,该公司垄断了走私鸦片来华的活动,先是在孟加拉种植罂粟,后又在马尔瓦、印度中部种植。自 1810 年起,广州进口 4 000～5 000 箱鸦片(每箱约重 65 公斤)。18 世纪开始,中国政府接二连三颁布禁令,1796 年、1813 年、1814 年、1839 年、1859 年都行禁,即使这样,鸦片进口量仍然迅速增加。

19 世纪期间中国鸦片进口量

年　　份	箱　　数
1817—1819 年	4 228(平均数)
1820 年	4 244(约 5 000?)
1821 年	5 959
1823 年	9 035
1826—1828 年	12 851(平均数)
1829 年	16 257
1830 年	19 956
约于 1836 年	30 000(约数)
1838 年	40 000(起码数)
约于 1850 年	68 000
1873 年	96 000
1893 年	因价格上涨进口开始下降。
1917 年	进口完全停止,中国生产的鸦片已足以满足各方面的需要。

1816 年,东印度公司决定系统发展这种获利甚丰的贸易,不久该公司的垄断地位面临自由贸易的竞争。1820 年前后以及整个 19 世纪时期,来自于印度英国属地(孟加拉与马尔瓦)以及来自土耳其(规模小得

多)的进口鸦片不断迅速增长。经销毒品,在印英帝国与中国的关系中成为主要收入来源,历时长达 60 余年。这段时期英国与中国的贸易免于亏损全靠鸦片。

"鸦片战争"前数年进口迅猛增加,这是实情,中国官方与北京政府焦虑的原因便在于此。事实上抽鸦片除了引起吸毒者身体与精神的伤害之外(抽大烟的人往往是地方小官吏、衙门差役),走私鸦片还带来严重的道德、政治、经济问题。广东鸦片战争事件(1839—1842 年)前夕,走私情况错综复杂,因各级人员(有船夫、走私海盗、运输人员、不法商人、衙门差役、各级官吏)组成同谋网络,须要极其严厉的措施才能加以弄清。鸦片走私令贪污腐化愈加严重普遍。此外,中国经济已受 18 世纪末战争与人口压力的削弱,而走私活动正将其摧垮,大概因为这一点才促使中央政府起而抗御。1820—1825 年间鸦片进口引起外贸猛然入超。在此之前,中国外贸一向出超,而从这时起,便呈亏损之势。

向中国销售鸦片已大大超出购买中国产品之数,虽然自 18 世纪末以来,购进数字连年增长。主要购进品为茶叶,宋、元以来,茶叶已成为亚洲内陆的重要商品。1730 年前后,茶叶推行至欧洲,购买量日增的原因就在于此(尤其 1760—1770 年以后):1720 年左右为 12 700 吨,1830 年左右已达 360 000 吨之数。这一重要贸易趋势在中国产生反响:茶场扩大(主要在广东、江西、安徽、福建、浙江、江苏、湖南也有),制茶手工业与茶叶贸易组织起来。向欧洲出口方面其他产品占较次要位置,但数量之增长亦明显可见:蚕丝 1750 年前后为 1 200 担,至 1830 年左右即达 6 400 担;1785—1791 年间,欧洲购进细棉布(在欧洲以"南京布"而闻名)338 000 匹,1814—1820 年间达 1 415 000 匹。

但中国的贸易增长仍不足以减少鸦片走私所引起的赤字。1800—1820 年,中国收入白银 1 000 万两;1831—1833 年间也付出 1 000 万两。中国白银外流主要用于购买鸦片;由于先后强加于中国的"条约",19 世纪期间白银外流并未停止过(19 世纪末,鸦片仍占 30%进口值)。太平天国战事时期(1851—1864年),大宗贸易在上海进行,而仅仅广州一口岸便外流白银3000万两。自1832年起,由于实行盐务管理改革,国库赤字有所减少,虽则如此,但因人口增长与新资源缺乏,终于导致价格上涨与普遍贫困化。国家眼看白银外流不可能置之不理。

第一次鸦片"战争"

执政阶层意识到实行系统禁烟政策所产生的危险与困难。因此中央政权显然犹豫不定而且关于采取哪种措施也意见不一。北京出现三派意见。若干谋士力主彻底禁烟,另一些则主张一定程度批准鸦片进口,还有一批人觉得,立法限制会带来更大恶果,认为不立任何规章倒可使地下鸦片交易无法大获其利。1836年,正值鸦片进口迅速增长的时期,为制止中国白银外流也为了增加国家收入,许乃济提出,对进口鸦片课以重税,并要强制外国人购回中国产品(丝绸、棉布、茶叶、瓷器等)。但二年之后,全面禁烟派占上风——林则徐(1785—1850年)亦在其列,也许这是因为危险迫在眉睫的缘故。1839年,林则徐被派至广州,查封了20000箱鸦片并命令英国商人于短期内撤走。这种极端措施造成一触即发的局势,英国人在珠江口,后又在浙江沿岸采取海盗行径进行还击;他们占领舟山群岛的大岛——定海岛,再往北去,威胁天津口岸。1841年,增援军力到达后,英国人再度发起进攻;外来者再度攻打珠江炮台,占领厦门、宁波、定海,威胁杭州及长江下游流域;英国舰队一直驶至南京。最后,中国政府终于同意进行谈判,于是1842年达成著名的《南京条约》,其长远后果大概比中国谈判者所预料的要严重得多。按其观点,英国人进攻显然与外国海盗活动及游牧民窜犯的历史背景一致,游牧民就曾渴望打开中国门口的市场。倭寇与国姓爷的袭击曾大大威胁长江下游沿海各省份,其程度比1840—1842年间英国人的进攻要严重得多,来自草原的若干次窜犯亦带有更大的破坏性。1841年攻打广州的英军不过2400人,而次年获得增援也不外几千之数。总而言之,与所冒风险比较而言,让与侵略者的权益不算过大。第一次鸦片战争时期,中国的弱点倒不在于其炮台陈旧(满洲人是草原居民,对火器兴趣不大;明末在炮火方面的努力没有坚持下去),也不在于帝国军队缺乏战斗力、纪律松弛,而在于其政治状况与社会弊端,不久之后的太平天国的庞大反叛就反映这一点。帝国衰弱的主要原因大体是:贪污腐败,官府规例繁多、苛刻琐细、毫无效能,帝国权力过度集中但同时却缺乏协调,而距离又太远(广州距北京2 000多公里),致使北京的决策十分迟缓。清政府之所以终于投降,是因为英国人未开始攻击之前清室已摇摆不定,而且关于采取哪种行动也主张不一,道光皇帝本人就情况不明,犹豫不定,而且舍不得动用国库收入。道光帝先是相信林则徐,主张严禁,随后却倾向于妥协,后来1841年又决定进行反击。然而为抵御外国人而耗费的力量相当可观,如:铸造大炮,制造叶轮战舰(其传统可追溯至宋代),封锁海港等。此外,1841年,广州地区组成农民武装,顺利制伏英国士兵的盗贼行径。19世纪民众武装是抗击外国入侵的最有效方式之一,但却不受政府当局欢迎,因为害怕民众掉转武器反对现政权。

《南京条约》暂时克服了困难。中国将香港岛割让与英国,赔款2 100万银圆,允许开放广州、厦门、上海、宁波为通商口岸(主事用于进口鸦片)。中国还同时应诺取消公行专营("公行"指1720年以来的广州官方商人会社)。公行同官府合作,掌握与外国(东南亚、印度洋、欧洲)进行的全部贸易活动,其中大部分使用中国船只。在1843年的附加条约中,还首次规定治外法权(英国侨民不受中国法律管辖)与最惠国条款(给予其他国家的优惠英国自然而然享有)。领事裁判权与设立首批租界打开了初步缺口,使得西方国家凭借自己不断增长的军事实力与经济实力,对中国实行愈来愈强有力的控制,并进一步限制其独立与主权。

货币问题

1820—1894 年中日战争前夕,鸦片进口量不断增加;毒品走私引起的冲突以及鸦片进口的直接后果,都令我们不应忽视它对中国经济与货币的影响,虽然不大令人觉察,但异常深刻。

东亚的白银历史尚未有人做过深入研究。不过,使用这种金属作为支付手段(一直维持至共和时期:1912—1949 年),大体是中国经济衰落的因素之一;当时中国经济已面临同金本位经济进行竞争,而且愈来愈依附于金本位经济。看来黄金的吸引力是自欧洲至印度乃至美洲的海上扩张的决定性因素之一,而东亚黄金缺乏(日本除外),加之华夏世界具有独特的价值概念(国家经济凌驾于商业经济),则是黄金在此地并不起重大作用的原因。中国白银相当丰富,而且价值稳定(不同于纸币),因而与铜币同时作为支付手段。15—16 世纪,白银成为通用货币,而 16 世纪下半叶还从美洲进口白银,增加了广东、福建的白银流通量。1564 年左右,在中美与南美大量铸造的银圆也出现于广州、福州两地,一直流传至现代。

16 世纪末至 18 世纪末之间,白银量大增,表明中国财富持续增长,但与此同时,白银价值与黄金比较却不断下跌。16 世纪末,白银一直保持高价,日本依然是东亚贵金属的主要输出国,这段时期大体维持高价不变(金与银比价为 1∶4)。1575 年前后白银不断贬值,1635 年,一两黄金已值十两白银。1820—1825 年间中国贸易严重失衡正是银价又开始在国际市场下跌之时,19 世纪下半叶西方列强采取金本位制更加速白银下跌,而这时期中国经济却遭受贸易竞争之害,而且经受侵略者强加给中国的战争赔款之负担。1887 年,一两白银值1.20 美元,1902 年,则只值 0.62 美元。

19 世纪期间,世界市场上,银币日趋贬值,而与此同时,中国白银却不断大量外流。虽然鸦片价下降(1821 年前,每箱售价是 1 000~12 000

墨西哥圆,而1838年以后则只值700~1 000圆),但较铜币而言,中国银价却在上涨,而白银外流亦未减缓下来。白银与铜币的比价如下所示:1820年前,一两白银约值1 000铜币;1827年,值1 300;1838年,值1 600;1845年,值2 200以上。然而,银价上升却严重损害了占中国人口大多数的穷人阶层,因为穷人阶层持有铜钱最多,而捐税却以银币为基础计算。

从上述简略情况,可以暂且得出一个总结论:银铜复本位制在中国起的作用是使穷苦阶层的境遇愈加恶化,而19世纪期间世界金银复本位制则进一步摧毁中国经济。19世纪的经济衰退是其特征,而这种货币机制更使衰退愈发严重,由此酿成1850年左右开始的可怕暴乱。

三、中国与西方

西方人在中国的活动常常被人用光明的笔触加以描绘,以满足欧美国家的自尊心,据说:西方国家使中国脱离千年孤独,令其认识科学文明与工业文明,不得不向世界开放。进取精神、进步观念、科学技术、自由、西方普济主义、基督教精神等,对抗着陈腐意识、官吏的贪污腐化、君主的暴虐、中国人的天真(以为自己处于宇宙中心)、贫苦民众的迷信。

再者,西方诸国闯入东亚(在其他地区亦如此)引起极其严重的反响,似乎从那时起,远东历史的传统面貌发生了根本变化。大部分历史学家认为:英国帆舰在珠江的首次炮击标志着中国历史全新时期的开端。这一新时期似乎便与世界历史相接,因为它已成为西方历史的组成部分,而西方自古至今的演变则被视作是任何世界通史的主干。如此一来,华夏世界历史所有先前与之无关的时期便失却其本身意义与重要性。

但上述看法无视各种文明的紧密联系,忽略中国过去在世界中的作用及其与中亚(伊朗、印度、伊斯兰地区)、东南亚的关系;穿越欧亚大陆的商品、技术、宗教的往来从未中止过,没有这些,欧洲诸国就不可能进入现代时期。上述看法还忽视华夏世界的结构与独特传统。无论19世纪外来危险如何紧迫,也无论中国变化如何深刻,国内问题一直占重要位置。华夏世界的变化是按其结构与传统进行的。这就足以说明,将当代中国与往昔中国联系起来的若干表现与特征为什么恒久不变。

此外,我们将两种文明(华夏文明与西方文明)全面对立起来看待,而且将历史简单归结为二者的对抗,于是便忽略了时间这一重要因素。我们竟将刻板模式代替一系列既触动中国也影响西方诸国的持续变化。在清帝国与欧美各工业化国家的关系史中,不但应考虑到中国社会、经济、政治制度、精神生活所起的变化,而且亦应将西方诸国所经历的变化考虑在内。各国的殖民扩张、工业发展、陆海军加强、对外政策演变,都经历不同阶段。19世纪末年的英国与第一次鸦片战争时期(1839—1842年)的英国已经大不相同。还应指出的是:欧美技术的明显进步仅仅出现于19世纪下半叶。1830年,西方船队只拥有3%由叶轮推动的蒸汽船。至19世纪中叶采用螺旋桨以后,蒸汽船才真正发展起来。第一批钢壳船只在1880年以后才制造出来,当时苏伊士运河(1869年)已开通十年,这是欧洲诸国向印度与远东扩张的重要年代。铁路大发展仅是1850年以后的事情。

铁路网长度 单位:公里

1840年	7 700	1870年	210 900
1850年	38 700	1880年	373 500
1860年	108 100	1890年	618 400

19世纪中叶欧美普遍使用煤炭的时候,开采量仅为9 000万吨(其中英国为5 600万吨)。1913年,总量增至13.4亿吨,其时已发现新能源。20世纪初,汽油、电力、内燃机、电动机开始应用。

1855年,发明转炉;1864年,发明马丁炉;1878年,发现托马斯法①;

---

① 即碱性底吹转炉炼钢法。——译注

1850年铸铁总产量为1 000万吨,1913年已达7 800万吨。

因机械化进步,1850—1870年间英国棉制品成本降低80%。但仅在19世纪末期,银行资本与工业资本联合才促成机械化生产的惊人发展。其时因技术进步日益加速,欧美各工业化国家(不久日本亦厕身其中)的经济实力与军事实力才对中国造成真正威胁。50年前的情况并非如此。最后,既然将中国视为基本上是农业国家,那么还须指出:1830年欧洲城市居民不足20%,10万人口以上的城市也仅仅有20个左右。

19世纪上半叶英国对中国的实在威胁经济方面要大于军事方面。1800年间以后,清帝国的财政、政治、行政制度已开始衰败,而鸦片进口更促成其经济崩溃。事实上,这是主要之点,因为衰落的结果是造成社会激烈变动,导致受殖民统治的人民爆发起义,1850—1878年间震撼了清帝国。

1850—1870年期间,中国政治条件、执政人员、经济、税收、精神生活之所以明显改变,并非由于西方列强的活动,而是太平天国战争所引起的可怕的社会、政治危机。西方历史学家几乎只专注于欧美诸国经济上、军事上深入中国的历史,使真实面貌受到歪曲。

1858—1860年间外国在中国的新行动发生于内部危机的背景之中;19世纪末,工业化国家压迫加深的时候,中国没有多少必需的时间、手段、稳定、自主以加强自己并与蜂拥而至的帝国主义进行有效抗争。

中国历史进程及其悲惨命运可从工业化国家演变与清帝国发展的相互作用以及各种事件的交织关系中加以说明。

第二章 社会大动荡及其后果

1850—1878年间出现震撼清帝国的惊人暴动,其深刻原因19世纪初已酝酿成熟;可以认为,这类巨大暴乱是半个世纪以来逐渐衰败的结果。经济衰退时期人口增长,铜币贬值,使贫苦阶层大受其害,无能而腐败的官府出现种种弊端,因财政困难促使政府与官吏增收穷人的捐税(自1843年起,政府不得不减低官吏俸禄与各省预算),上述种种原因交织,便导致可怕的社会大动荡,半个世纪以来已显露出不少前兆,如:华北白莲教与天理教暴动;广东、福建、浙江沿岸海盗再度活跃;农民与华南地区非汉族居民此起彼伏的起义;宗派与秘密会社大量繁衍。

黄河下游地区备遭水患,华北干旱地带旱灾随时降临,这两地一直成为民众起义的活动舞台。但是爆发历史上最大起义并迅速蔓延开来的地区,却是中国热带区域,半个世纪前还是最富庶的地带。华南各省对经济活动变化更为敏感,大概深受19世纪上半叶衰退之害。鸦片进口引起白银匮乏、物价上涨,《南京条约》(1842年)之后,广州贸易又转往上海,于是更加速经济衰落,愈发造成广东、广西、湖南社会环境的恶化。自1845—1858年,广州茶叶出口量从7 600万斤降至2 400万斤,而同时期上海却从380万斤增至5 130万斤。衰退结果引起船民、贩夫、商人等整个阶层破产,他们原先凭借广州地区以及湘赣流域内陆大路的商业活动维持生计,后来便成为太平天国大暴动的首批兵员。同时,1849年以后,大运河货运完全停止,令船家沦于贫困境地,促使起义地区更为扩大。

一、太平天国

1850年前后,中国热带区域发生大规模起义,这次起义由于已建立带有革命倾向与宗教色彩的秘密会社而酝酿成熟。南明(1644—1661年)抗敌、1674—1681年间的分治,经历上述两个时期以后,这个地区反满情绪大体依然十分强烈。运动发展迅速,从广西蔓延起来,扩展至广东以及长江中下游各省,其原因是贫困与不公正,而且也由于参与"三合会"(亦称"天地会")的地下组织做了秘密策动工作。

革命传统

后来成为太平反叛大帝国领袖的洪秀全(1814—1864年)便出身于受蔑视的汉族少数居民(由落籍南方的移民客家人构成)。他生于广西东部一个穷苦家庭,但仍然接受到基本传统教育,曾参加科举考试,不第。他是个幻想家,因其性情或许还因其出身及地方宗教传统而养成这种资质。他读到基督教教士散发的资料,由此而立下救世意愿。神秘的平均主义后来成为太平天国运动的显著特点之一,源于洪秀全与教士宣传的初期接触。1847年,洪氏与美国教士罗孝全联系,开始在广西东部传道,《南京条约》之后,自广州贸易转移到上海以来,广西东部地区的经济萧条特别严重。他因传道成功胆子更大,于是创立"拜上帝会"(会名令人联想起基督教关于God的译名),两三年内吸收了近3万名会员,包括:广州口岸以及连接广州与湖南湘江流域的商业通道的失业船民与贩夫,还有矿工、烧炭工、贫农、盗贼、逃兵等。拜上帝会还从广东、广西的客家人与土著居民中招收会员。

拜上帝会(不久以太平天国而闻名于世)先是在广西消灭了一个敌对团体(该团体由针对本地区盗贼横行的共同防御组织构成),后来又与反满的秘密会社合并。1850年,暴乱于广西东部金田村开始。太平军以留长发、剪辫子为特征(辫子为满清奴役之标志),有时被称作"长毛匪"。他们摧毁住宅,实行没收财产与分田分地。达到从事耕作年龄的人,太平军都给他们均分土地;太平军遵循类似于唐代土地法所定的原则,吸取《周礼》记载的"井田"学说(《周礼》这部可靠性受怀疑的著作,汉代篡权者王莽曾经援引过,而唐代武则天也曾援用)。同时,太平天国将个人与家庭编成准军事组织,既符合古时行政传统,亦切合秘密会社体制:二十五家为一"库",各库有其礼拜堂,五人为"伍",五"伍"为"两",四"两"成"卒",如此等等,直至组成2 500人的师(相当于13 156家的团体), 125 000人的军①。军事、行政、宗教等职能混合不分。太平天国实行公有制度,无人拥有私产,个人被严格编于一定组织中,私人经营被取消之后,每个人的必需品由集体保证供应,政权以神权政治为基础。上述情况其实并不新奇:这种制度扎根于中国古老的政治、宗教传统,已消逝的黄金时代的神话与未来的乌托邦联系起来。公元2世纪时,在不同的社会历史背景中,黄巾军就曾建立等级制的神权社会,其目的便是要开创名之为"太平"的公正、纯洁时代。拜上帝会亦取"太平"之名,并按自己的方式以"天国"新称谓追念前者。诚然,太平天国明显受基督教影响("平等乃全能上主之理想,天主遣洪秀全救世")而且其成员也必须参加每周举行的宗教活动,但仍可以看到它受其他方面影响,基督教的新贡献已融进典型的中国模子之中。虽然洪秀全凭神启示而指挥,并自称是基督之弟,但其方式也和其他反叛领袖与篡权者一样,被视为是救世佛陀弥勒再世。太平天国运动带有佛家、道家以及《孟子》、《周礼》的古典传统印

---

① 原文如此,数字似有误。——译注

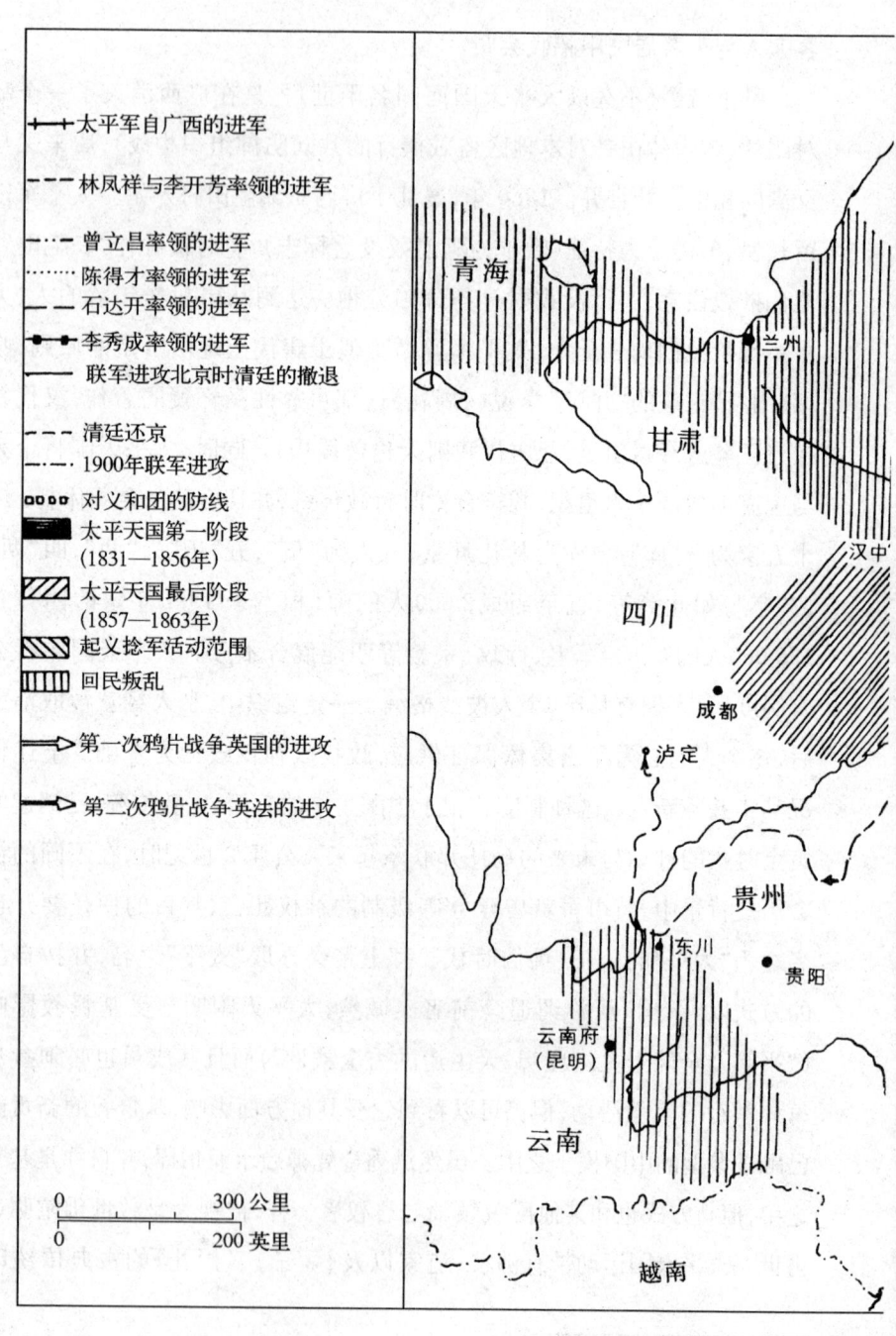

19世纪太平军的进军

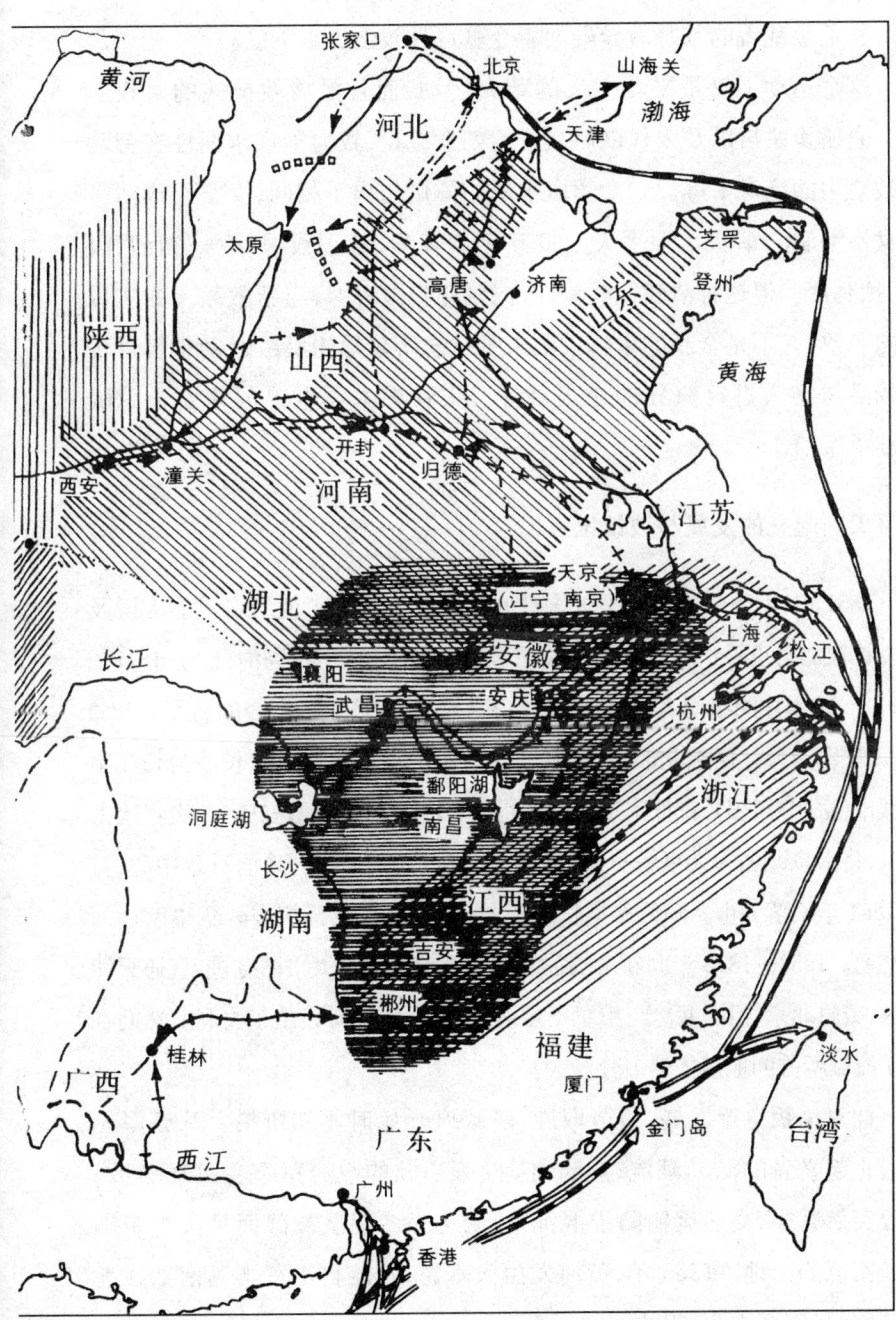

以及其他军事活动

记。长毛叛乱者的基督教异端面貌令基督教教士惊奇不已。

这个运动不仅是平均主义的革命运动,而且是清教徒式的女权运动。它谴责姘居以及宋代以后盛行的妇女缠足,致力于谋求两性在劳动和战事中的绝对平等。妇女领取土地的分量与男子相同,女子组成清一色女性编制的军队。太平天国摈弃无谓奢华,禁止钱银赌博、酗酒、吸烟、抽鸦片。但这种清教徒式倾向(同时亦捣毁神像,与新教教士的宣传方向一致)并不是全新的事物。明末张献忠所领导的反叛运动也曾对奢华物品与富人进行疯狂的攻击破坏。张献忠本人也曾创建女子军队("婆子军")。

太平天国起义的发展与被镇压

1851年,洪秀全建立太平天国并宣布自己为天王。他给自己的大臣及军事首领加封王号:翼王、东王、西王、南王、北王。东王杨秀清(约于1817—1856年)是天才的组织者兼战略家,翼王石达开则是才华出众的将军。1852年,太平军占领广西东北部(桂林地区)、湖南西南部,随后进军长沙与长江中游城市(岳阳、汉阳),直抵南京西南部地区(江西九江、安徽安庆)。次年攻占南京,将南京改名为天京——天京后来一直是太平天国的政治行政中心,直至1864年陷落为止。随后占据长江下游地区(浙江及扬州),截断皇家运河的交通。1853—1854年间新帝国往北部与西部扩展。太平军挺进,直逼天津地区,威胁北京,但因寒冷与粮草不足被迫退却;1855年在山东失利。然而在长江流域所占的地盘依然十分广大。

面对反叛急遽发展,节节取胜,清政府开始时不知所措。八旗军无力遏止起义者的汹涌潮流;1856年,向荣率领的政府军遭受彻底失败。税收突然减少,交通运输陷于混乱,皆因为长江船队被截而且失去帝国中最富庶的土地。1855年,黄河发生大水患,水流自山东半岛南部往北部转移,河床至1870年才固定下来。

但经过最初几年的慌乱与无能为力之后,有效抗御便逐渐组织起来,不过并不是中央政权领导的结果,而是由于各省行政组织以及士大夫阶层发挥主动性。后者感到直接受反叛的威胁,因为它危及现存秩序与一切传统。于是出现新的领袖人物,地方新招募的军队亦建立起来。西部成立湘军("湘"是湖南的别称),置于湖南人曾国藩(1811—1872年)的强有力领导之下。曾氏创建舰队以便在长江作战,赢得中国精英之士精神上与物质上的支持。他通过发行纸币,征收新的内地货物通过税("厘金",清政府于1853年设立)为战事提供资金。1854年,湘军收复长江右岸的武昌,四年之后抵达镇江,其后进入九江,兵逼南京。但系统的收复是在1860年,当时曾国藩、左宗棠(1812—1885年)、李鸿章(1823—1901年)三军并存。左氏也是湖南人,率楚军("楚"是长江中游古国名);李氏原籍安徽中部合肥,率淮军。

然而太平天国在洪仁玕(1822—1864年)推动下正致力革新其军队,重组其官府机构。洪仁玕是天王的族弟,曾在香港、上海接受西式教育,1859年,发表《资政新篇》,他在该书中主张采纳美国政治体制,创办铁路、矿场、工业企业,设立银行,发展科学技术。但太平天国因领导人之间内部倾轧而受到削弱,这种纠纷愈来愈严重。均分田地则又引起中小地主抵抗。领导人自己并没有遵守要广大民众实行的紧缩规定,而相反却过着豪华阔绰的生活。由于战事与不断迁徙使革新方案成为一纸空文。蒸汽船、铁路、工厂等的建造计划不得不放弃。在军事方面,太平天国沿长江流域发展过快,而忽视在乡间内地牢牢扎根。1856年前,一直未谋求与捻军(华北的另一批起义者)联合,而坚持要占领上海地区,一心想与西方列强打交道以争取其支持,但徒费力气。最后,太平天国没有掌握骑兵,使其失去迅速运动的能力。西方各国一直保持相对独立态度,1862年起站在清政府一边,当时太平军向上海推进,西方诸国感到自身利益受到威胁。在英国著名冒险家戈登(1833—1885年)的统领下成立了一支雇佣部队,与中国军队并肩作战。

1864年,左宗棠收复杭州。同年湘军包围南京,南京陷落,天王服毒自杀。然而针对太平军若干队伍的战斗依然在福建持续了两年。另一些队伍转至台湾,还有若干转到越南(东京),后者从1867年开始组成民兵部队,负责对黎氏旧部与盗匪作战。后来以"黑旗军"而扬名于世,曾积极参加抗击法国侵略的斗争。

太平天国反叛提供了适当时机,令人思考一下历史上其他大规模起义。据说,中国朝代维持一段时间,至农民起义便将天命交到另一批人手里,从而又回复到原先的状况,但这种说法不大符合历史实际。它不仅不了解起义的多种情况(反叛者的社会出身、职业出身,起义者与其他社会阶层的联系,区域特点,暴动在地区上的蔓延,组织、观念与目标),而且亦无视华夏世界的变化以及起义发生时代的特殊社会、政治条件。独立于中央政权的军队建成,贵族家庭分裂,定居于中国的游牧部族渗透与起义,草原民族入侵等等,在改朝换代中所起作用比农民起义更大。

此外,"农民起义"一词也并不确切,因为这个词令人联想到绝望农民的无政府主义与无组织的行动。相反,中国起义最显著的特点之一乃是多半有严格编制与等级。起义者成功驱逐皇朝官吏的地区,秘密建立的自主村镇机构取代了官府机构。具有千年至福倾向的秘密会社依然信守乡村团体或职业社团的基本原则:纳会费、内部规则、成员间近乎家庭式的联系、互助义务、职务等级制度、家庭成员入会的承袭性。

再者,太平天国曾广泛借鉴基督教,有人便以为这是彻底革新的标志,也是受西方影响的强有力证据。这种看法无视异端教派在历史上大规模起义运动中所起的作用,也不了解由合法政权支持的官方拜祭与受国家谴责的宗教仪式("淫祠")这二者之间的对抗。道教、佛教、摩尼教都曾给民众起义提供建立太平、和睦、繁荣世界的救世希望,太平天国的基督信仰也属于这种情况。

二、其他暴动

然而,太平天国叛乱仅仅是一系列起义中的主要者。可以说,这次大叛乱推动了北方捻党起义,后者发生时间较晚,但持续时间更长,二者已经建立联系。捻军与西北地区的起义回民亦已建立关系,而回民又与新疆西部的伊斯兰反叛者有所接触。这些起义首先是政治社会环境的反映。当时一片贫困,贫苦民众备受不公正待遇,掌权官吏贪污腐化,凡此种种皆足以说明为什么一时动乱四起。

1850—1878 年的反叛与暴动

	1850	1860	1870
太平天国(1850—1864 年)	├─────────────┤		
捻军(1853—1868 年)	├──────────────────┤		
贵州苗族(1854—1872 年)	├────────────────────────┤		
云南回族(1855—1873 年)	├─────────────────────────┤		
陕西甘肃回族(1863—1873 年)		├──────────┤	
新疆回族(1862—1878 年)		├────────────────┤	

捻 军

1851 年,中国北部山东、河南、安徽、江苏一带开始动乱,由秘密会社捻党发起("捻"是搓、扭的意思,或许是指点火的纸捻),捻党很可能是白莲教的复苏。参加者为贫农、走私盐贩、逃兵,还有若干倒霉文士。捻党运动是革命的反满运动,然而其目标似乎并不明确。通过抢劫、袭击、要挟富人而实行财富再分配,这似乎是捻党的主要活动。1853 年以后,捻党反叛开始对中央政权构成危险。其活动已向河北扩展还从山东往河南扩散。1855 年洪水泛滥,几年之间使起义者的人数大增。

捻党村庄设防,组成小骑兵队,运用骚扰战术,遇危险即全面退却,战士在乡村中拥有暗中支持者,凡此种种,都使被派去攻打捻军的八旗军以及由汉族士兵组成的"绿营兵"在执行任务时遇到重重困难。八旗军与绿营兵活动性差,效率不高,在太平天国战事的初年已显示出其无能,这时也不能遏止捻军反叛活动的蔓延。1854—1855年间,太平军向北京方向进军时,捻军曾助太平天国,1856—1863年期间曾试图与太平军联合行动。但1864年,太平天国失败后,中央政府摆脱了威胁,便向捻军发动一系列大规模进攻。清政府招来蒙古将领僧格林沁。僧格林沁终于再度控制山东,但1865年,捻军胜利大反攻,僧格林沁被杀。自此以后,中央政府转而任用曾战胜太平天国的新人。捻军正处于极盛时期,曾国藩即被任命为镇压军的总指挥。1866年,捻军反叛者分为两大暴动地带:一处于山东、河南、河北、江苏一带,另一在陕西,与三年前爆发的中国穆斯林起义联合。1867年,捻军进兵北京,曾国藩被撤,改由李鸿章任指挥。次年,陕西捻军开往山西、河北,而山东、河北捻军则指向北方,联合挺进,北京受威胁已十分明显。但李鸿章于同年摧毁了叛军。

受殖民奴役的民众

上述事件发生的同时还有其他动乱:1854年起,贵州土著居民因不堪土地被夺与受中国官府敲诈勒索之苦起而暴动(至1872年,暴动才被完全镇压下去);1855年以后云南,1862—1863年之后西北与新疆,中国穆斯林与中亚伊斯兰民众亦进行起义。除新疆暴动受到外国势力怂恿之外,大部分起义的基本原因恐怕是由于深受汉语言文化居民的压迫,自18世纪中叶以来,汉族人口不断增长。

中国回民源于外国穆斯林与汉人的混杂婚配,穆斯林团体自元代以来就在云南与西北省份(陕西与甘肃)发展起来,构成汉族人口以外的社会集团并力求保持基于其宗教关系及其遥远宗族出身的特性。回民的强烈地方主义足以说明为什么至今仍然将其归入"少数民族"之列。汉人以及清政府对其歧视遂促成1855—1873年间的暴动。1853年,云南汉族锡矿矿工与回族矿工之间开始冲突。1855年发生叛乱,次年,由于负责镇压的官吏对回民实行屠杀而愈加激烈。起义领袖之一是名马德新的阿訇。他曾赴麦加朝圣,在君士坦丁堡居住过两年。马德新只顾扩大自己的影响,终于1861年同意归顺清朝。接替马氏的是杜文秀。他在离省府(现今昆明)400公里的大理地区建立了独立的苏丹国——平南国,自称为苏雷曼①苏丹。叛乱者从汉人与云南省土著居民中招募成员,同时从缅甸方面获得支持。经过带来大量破坏与屠杀的缓慢收复,起义于1873年被镇压下去。

甘肃、陕西两省穆斯林的最后大暴动追溯至1781—1784年间;1862年,在太平军1861—1862年向陕西进攻之后,借太平天国战事之机,两省穆斯林动乱再度兴起。起义运动的主要领导人是穆斯林改革派人士马化龙(? —1871年),运动从渭水流域迅速扩展至甘肃西部,从蒙古地区延伸至青海东北部。

1868年末,北京政府起用左宗棠,他是镇压太平天国最有威望的首领之一,凭其效率与组织意识,他逐渐稳步收复西北两省。向西部进军带来可怕的屠杀与破坏。1869年末,陕西完全绥靖。1871年,左宗棠军队挺进甘肃中部。1872年,左氏驻扎于省会兰州。最后,经过长时间包围,攻下肃州(甘肃西部的酒泉曾用此名);这起码标志着这一带地区的严重威胁已告结束,虽未能说已完全回复平静,因为骚乱一直持续至1877年。

左宗棠曾将司令部设于肃州,后从肃州继续向哈密方向进击(部分起义者逃亡到哈密),复进一步向整个新疆进军——新疆自1862年起实行分治。起义运动发自新疆西部绿洲(那里原籍土耳其与伊朗的穆斯林已摆脱汉满的控制),起义者再度进行1825—1828年间的起义尝试。由于太平天国战事以及同时期的各种暴动,致使清政府放松了对中亚的控

---

① 苏雷曼(Suleyman),据音自译。——译注

制。1873年左右,即左宗棠进军的前夕,整个新疆已经反叛。起义者首领名雅库贝①(约于1820—1877年),他是一家族的王子,掌政于锡尔河上游流域的浩罕,曾掌握从帕米尔到罗布泊的整个塔里木盆地。土耳其人、英国人、俄国人都与他联系,一心想削弱中国并为自己在中亚保留一个强有力的位置。但左宗棠不管政府中部分人反对,终于从外国银行争得贷款并组织远征。他于1876—1877年间战胜自己的对手。1878年初,整个新疆平静下来,这一辉煌战绩令极端爱国主义者恢复信心,他们拒绝与外国人作任何妥协。

三、后果

清帝国几乎消亡,一切灭亡条件具备,同治年间(1862—1875年)重振清帝国的传统思想很大程度上与现实适应;太平天国反叛前后的中国截然不同。经济、财政、执政人员、国中力量分配、道德与精神环境两个时代大不一样。

其中最直接的后果是:由于起义者与镇压部队激烈战斗加上大屠杀与蓄意破坏,因而造成物力与财富的巨大损失。死亡人数超过历史上任何先例。全部富庶、人烟稠密而且以其工业与文化中心而闻名于世的区域,从南京附近至太湖、杭州地区,均遭蹂躏。这次悲剧留下的痕迹,许多地方50年之后依然消除不了。死亡的准确数字并不知晓,但2 000万至3 000万人为最可信的估计。据说,在镇压穆斯林起义的时期,云南丧失一半以上的人口。陕西、甘肃的受害者估计有好几百万,贵州估计有500万。在所有的作战地带,这种人口空缺在19世纪下半叶期间才慢慢得以填补。例如长江中下游,到这一带居住的是河南、湖北、湖南、江苏北部以及浙江绍兴与宁波之间地区的移民,从前长江中游是中国最活

---

① 又译作"阿古柏"。——译注

跃、最发达的区域。

优先重整农田

这次可怕的大流血无疑使人口压力减轻并使深受缺地之苦的农村经济暂时得到缓和。但经过破坏与大屠杀之后,重建农村经济显然优于一切:所有力量都应用于此处,然后才有可能设想实现工业现代化。首先必须为流浪、饥饿的农民以及被遣散的士兵提供糊口手段,必须重整田地,再建城市,修复河堤、水库、粮仓,将必要的农业资金贷与新移民(用以购买种子、工具、耕畜),尽可能减轻农民的负担。有人估计,同治年间的农业税收入较之于太平天国大反叛前数年平均减少30%。经过大屠杀之后普遍无力再起而且当时也为辅助农民下了工夫,19世纪末之前,再没有发生农民骚乱的原因便在于此。

因此,太平天国失败后的数年间,情况相对有所改善。出于本能的反应(这是长期历史经验的结果),清帝国首先着手重建农业经济,从而恢复一定程度的平衡。但是这种几乎遍及半个中国的重建活动也成为清皇朝的沉重负担。必须取得新的财源,提供财源的正是商业与手工业部门。虽然大屠杀之后暂时使农村环境有所改善,但政治社会制度还和太平天国起义前一样,依然优先照顾富裕地主与士绅显贵。

商业赋税日益加重

商业与手工业不仅深受1850—1865年间的破坏之害,而且还要承受重建工作的主要负担。18世纪以至19世纪上半叶中国原是制成品的生产大国,后来才沦为几乎是纯农业的国度;现代地理学家与历史学家视其为工业革命前的典型国家,而其实是后来演变的结果。

1853—1857年间,为太平天国事件的军费开支而设立的新税项,向所有省份推行,致使帝国财政的传统平衡发生变化,这一税项名"厘金",即向国内过境货物征收为其价值 2%～20% 的过境税(理论上一两征一铜钱),进口产品则不在此列,一直维持至 1930—1931 年还是这样。很可能因厘捐加重了手工业与中国工业(自 1860 年起已悄悄发展起来)的负担,而致令其大大削弱,何况当时还面临外国的竞争。商业税制与普遍贫困化促使各地区愈来愈龟缩于自己的天地中生存。

19 世纪下半叶期间中央政府一份收益表反映了商业与成品生产承受日益沉重的负担(即间接加重全体人民的负担)。

1850—1910 年的政府收入　　　　　　单位:百万两

收入来源	1850 年前	约于 1890—1895 年	约于 1900—1910 年
谷物税	30	32	33
盐税	5～6	13	13
中国对外海关	4	1	4
西人海关	0	22	35
厘金	0	15	14
出售官爵	1	5	4
共计	40	89	103

太平天国战事前至 19 世纪初,谷物税收总额简直没有变化,而同一时期,其他类型的收入则增加七倍。监政变革与出售官爵(太平天国战事时期的两个步骤),再加上设立厘金,全都促进间接税制的发展。

自 1863 年起,赫德爵士主持重组海关,此举保证了中央政府从太平天国末年至中日战争时期有一笔可观的收入。

1885—1894 年的海关收入　　　　　　单位:百万两

年份	厘金	海关收入
1885	14	14
1889	约 14.9	21.8
1894	约 14.2	22.3

而除海关收入之外(1863—1911年由赫德爵士主持海关,自1901年起海关全部收入用以偿还义和团赔款),其他形式的税收一直被大量挪用,几乎无法估计强加于中国人的实际负担。不仅正式捐税收入不能全部交至北京政府与各省政府手中,而且整个习惯税制不受任何财会监督,还不说各级官吏与行政人员所施加的多种压榨。

政治变化

起义严重削弱了中国的抵抗能力,而且还导致全面改变政治力量分配的后果。

太平天国反叛初年较之英国帆舰在第一次鸦片战争时期的有限攻击更暴露出传统军队的衰弱与涣散:满人及其同化者的八旗军,由汉族队伍组成的"绿营兵"都是这样。但是抵抗太平军的力量濒临崩溃,面对这种情况,中国的上层阶级普遍调动起本身的力量。只有官吏与地方士绅发挥个人主动性,商人与富家地主提供财政支持,才能挽救如此灾难性的局势。于是便逐渐建立独立小队、师旅,最后是组织真正的军队。

受战争的推动,到处谋求能人与擢升能人,使默默无闻的有才之士脱颖而出。军事首领的威望在战斗中确立,围绕军事首领形成一群客卿式的优秀人物,包括朋友、眷属、门人、亲戚,他们全都参加战斗并分属于新军为数众多的参谋部。当时有三位大人物:曾国藩(1811—1872年)、左宗棠(1812—1885年)、李鸿章(1823—1901年);除此之外还有:胡林翼(1812—1861年),李瀚章(1821—1899年)——李鸿章之兄、曾国藩的门生,曾国荃(1824—1890年)——曾国藩之弟,刘坤一(1830—1902年)。还有其他许多人,在作战中起作用较小而在19世纪上半叶政治思想史上却留下了名字。太平天国战事导致新力量与新政治人物的出现,从1864年南京陷落至1894年中国战败,这段时间其影响占压倒优势。1870年前后,影响最大的人物是李鸿章,他的军队两年前粉碎了捻军;还有左宗棠,他曾平定西北与中亚的暴动。仅此两人拥有组织良好、作战力强的军队。由于两人与旧战友、部下保持联系,在本省获得支持,并直接从其建立作战基地的地区吸取资源,于是他们在一定程度上不受中央政府节制。事实上从执行镇压任务的新军的组成情况便可说明其地方性质。

但是抵抗太平天国的运动还有其他特点。中国旧领导阶层进行挣扎搏击,因为太平天国成功最终会导致旧政治社会制度的破坏,一切经典传统的衰亡。新军领袖全是文官与士人,原先并不打算从事军务。但是因为传统秩序面临生死存亡的威胁,他们便联合起来共同捍卫皇朝帝国。太平天国的危机不仅是政治危机与军事危机而且也是道德危机。从皇权保卫者眼中看来,暴动的成功乃是腐化堕落的征兆,也是旧价值观念减弱的标志,必须向全体臣民灌输忠君观念、社会家庭的等级意识。因此太平天国暴动引起回归正统的反应,促使领导阶层更为注重传统的道德与价值观念。这种来自1850—1864年危机的正统反应在19世纪下半叶的历史中成为一个基本因素,因为它激发起中国对外国企业以及对西方新事物的所有反应,直至1894年中日战争还是这样。

极力主张军队与工业现代化的人士也是最热心的正统捍卫者,的确,他们几乎全部来自镇压太平天国大军的参谋部。因战争需要导致诸将领与西方人士进行接触,因为外国经纪人、商人、银行、政府可向其提供武器,给予贷款,助其建立兵库与工厂。经过反击太平天国斗争的新人,在当时所有掌政人士中,他们对于军队与军事工业现代化问题采取最为开放的态度,而且也最能接受对外国人的让步。但他们认为,现代化与维持传统政治社会形式以及加强正统是密切相关的。

矛盾出现

长时间以来,中央政权的衰弱一直被执政阶层中的神圣结盟所掩盖。这个结盟因太平天国大起义以及接续太平天国后的暴动而促成。但自1860—1861年间起,政治分裂已露端倪,当时发生如下事件:英法殖民军向北京进攻,清廷大部分人员逃往热河,外国部队进入无防卫的首都,咸丰皇帝驾崩,死因可疑,孝钦(慈禧)太后发动政变;至同治(1862—1875年)、光绪(1875—1908年)时期,分裂愈发加深。从此新的小派别(曾国藩、李鸿章、左宗棠及其盟友)遇到大部分满洲显贵与汉族大官吏的反对,主张与洋人和解的派别遭到强硬爱国人士的对抗。这种分裂大体相当于从前南北对立;北方人,出身于经济不太活跃的地区,与洋人并无接触,而南方人则较为开放,信息更灵通,不太好战。中央政府成员,就其总体而言,不满镇压太平军的诸将领晋升,担心各省自治倾向发展;这种倾向当时仍处于潜在状态,至19世纪末果然显露出来。与此同时,中央官员对新派人物实行借鉴与妥协政策深感不安。事实上,随着满洲贵族的衰落,以及直接由土地税维持的地方政权的发展,宫廷已愈来愈成为阴谋争斗之地,而与国中的现实情况却并无直接关系。因此,在主张实行新派政策的人士中,仅有少数是满洲显贵。文祥(1818—1876年)、恭亲王奕䜣(1833—1898年),便是其中例外的最著名者。值得注意的是,自从他们1860年参加北京谈判以后,他们对洋人的执意敌对态度起了根本变化。

而1870年天津事件以后,两派对抗愈来愈激烈。慈禧(她支配自1875年至其终年1908年的整个中国政治生活)热衷于掌权,知道利用"维新派"与"守旧派"之间的斗争,在二者当中周旋,令其互相争斗而维持自己的权力,于是使当时的实际问题长拖不决。

第三章　现代化失败与外国进一步入侵

工业化时代的最早迹象出现于英国18世纪末至1830年左右。世界上工业时代大转变无一处不带来危机与悲剧。欧洲各国都在其本土不同程度感受到这种历时颇长的现象。俄国是大农业国，1861年始取消农奴制度，等到1880—1890年间才建设起现代大工业。旧的政治、社会、经济结构处处极力遏制因技术、生产方式与通讯交通进步所带来的不断变化。在中国这样的古老文明国度，历史的影响比别处更为沉重，这是十分自然的。

然而，不要以为中国在技术方面大大落后于许多西方国家。中国1865—1870年以后便出现第一批现代化军工厂与蒸汽船造船新厂。也不要认为中国根本不能实行工业化，因为19世纪末中国这类企业装备据说比得上英国同类企业，汉阳的冶金联合企业比1896年日本政府在八幡设立的钢铁厂先进两年。1909年，中国工程师詹天佑(1861—1919年)建造京(北京)张(张家口)铁路，任用中国的领班与工人，造价大大低于外国公司建造的铁路。京张铁路地势艰困而施工迅速，乃是一项真正的技术奇迹。

中国也不缺乏科学传统，足可以吸收19世纪至20世纪西方科学的新进展。

华夏世界之所以适逢其时而却未能成功进入工业时代（失败归因于19世纪末以后的可怕机缘），原因主要是极其不利的历史际遇，而并非根本无能。19世纪上半叶，清皇朝经历没落与衰退时期，在这时期之后，有两件同时发生的事情更令华夏世界社会政治传统所构成的障碍愈加强化，这两大事件是：1850—1875年间的国内大危机以及外国帝国主义的军事、经济压力。西方商人在中国享有特权也造成中国经济的衰弱。西方各国对清帝国的包围、传教士来华引起的事件、外国人的苛求与攻击，凡此种种都引起传统主义的反应。中央政权削弱、政治分裂、中国农业不振、资金奇缺、新工业基本上属军事性质，以上情况亦妨碍以行政手段与规例所进行的任何改革，严重限制了现代化的尝试。中国实在既无余暇亦无办法去适应当时的变革。

一、现代化问题

首次工业化尝试

向西方人购买军火以及在中国制造仿效欧洲的兵器，这一传统上溯至16世纪。明朝在东北反击满洲新兴势力的战斗中曾下力气以葡萄牙人使用的更有效的战炮来代替自己的过时大炮。但自此之后，来自草原、习惯于骑兵战的满洲人似乎不大关心改进自己的炮火。再说，18世纪的战争以山区（西藏、四川西部、云南与缅甸交界地带）或以中亚广阔地域为战场，面对往往不易触及的敌人亦不宜使用重型大炮。此种情况说明，为什么中国仅仅在1840—1842年间英国进攻时期才再度铸造大炮。但尤其是自太平天国大战之后，局势开始改变：起义者与镇压起义的军事首领都向欧洲商人购买军火，致力于建造舰队，谋求贷款与技术援助以便建立军火工业。正是在这种背景下，1853—1860年间，据曾国藩、左宗棠倡议,湖南与江苏建成小型兵工厂与造船厂。1859年,太平天国天王的族弟洪仁玕发表《资政新篇》。洪氏曾常与上海及香港的传教士团体往来。他的宏伟计划是建设铁路、工厂、矿场、银行,鼓励科学技术研究。但起义者内部分裂,外部受攻击,1862年之后外国人敌视太平天国,这都是他们的现代化尝试失败的原因。而相反,在清皇朝方面,自1861—1862年起,由于签署《北京条约》之后外国人对其实行合作政策,而且设立了"总理各国事务衙门"(1861年,简称"总理衙门"),因而大大便于与西方人做交易。

因此,三位负责镇压1851—1878年暴动的主要领袖(曾国藩、左宗棠、李鸿章)都能够借西方技术人员之助创建新的军火工业。三人在太平天国战事末年甚至能利用外国小股雇佣军的协助,后者的效率促进起义队伍的垮台。这时期最重要的新工业企业是1865—1867年间李鸿章与曾国藩在上海建造的军工厂与造船厂("江南制造局")、1866年左宗棠借法国技术人员之助在福州马尾建成的造船厂。1868年马尾船厂造出中国第一艘炮舰;1870年左右,上海兵工厂成为世界上最大的工业企业之一。左宗棠方面还在西北发展探矿,建立兵工厂与织造厂,他曾在西北负责镇压穆斯林暴动。

工业化运动,一直由参与过太平天国战事的小股新派人物带领。从1872年起,这个运动规模更大,而且借助与外国人贸易而致富的商人的财政援助与经验,此种商人葡萄牙语称作compradores,中文称之为"买办"。于是李鸿章1872年建立中国轮船招商局,1878年设立开平煤矿公司(近唐山,位于天津与山海关之间),1879年建成开平煤矿铁路,1880年设立天津电报局,1882年建起上海机器织布局;织布局1889年开始运作,1893年被火灾烧毁。

1885年中国在中法战争中遭受失败,这一事件表明,至此为止在现代化方面所作的努力依然不足。内部困难、外部威胁,曾推动加强军事实力,但现在发现,整个中国经济都须要振兴,而这时外国压力正愈来愈沉重。于是,再下工夫兴修铁路、开办矿业、建造钢铁厂、设立技术学堂,同时在新的基础上再建现代化海陆两军。由于1894年的惨败,加之接受《马关条约》的苛刻条件,致使中国威望、独立与抵抗能力大大降低。陆军与舰队受破坏,还要承担沉重的战争赔款,战略地区却被日本占领。中国已无法从这次严重失败中再起,尤其是六年之后还需负担因义和团失败的巨额赔款。可以说,1895年以后,在相当长时间内已没有任何复兴希望。华夏世界在半个多世纪的时间里经历了可怕的磨难,后来才获得独立。

1840—1894年工业化的努力

1840—1842年	铸大炮,建造叶轮脚踏船。
1853—1860年	湖南、江苏、江西的军火厂和小船厂。
1855年	江西的军械厂。
1861年	安庆(安徽)的军械厂与造船厂。设立"总理衙门",负责管理对外关系。
1862年	江南制造局。
	各省的火药厂。
	北京建"同文馆",即学习西方语言与科学的学堂。
1863年	上海建立类似于北京同文馆的学堂。
1864年	广州同文馆。
1865年	南京兵工厂。
1866年	福州马尾造船厂。
1867年	福州船政学堂。天津兵工厂。
1868年	第一艘中国蒸汽船自马尾船厂下水。
1869年	西安与福州的兵工厂。
1870年	上海兵工厂成为世界同时代最大工业企业之一。
1872年	西安兵工厂迁至兰州。建立中国轮船招商局。
	上海32名学生被派往美国。
1876—1877年	向英、法、德三国派海军学员。
1877年	开办开平煤矿。
1879年	开平煤矿铁路。
1880年	天津电报局与天津电报学堂。开始建造北洋舰队。

续表

1881 年	上海-天津电报线路。吉林机器局。
1882 年	上海电力公司。
1886 年	天津军工学堂。
1887 年	广州船政学堂。广州兵工厂。天津铁路公司。黑龙江流域的漠河金矿。
1888 年	北洋舰队建成。
1889 年	汉阳大型兵工厂。上海机器织布局开始生产。
1890 年	汉阳高炉。湖北大冶铁矿。湖北织造厂。
1893 年	京山(山海关)铁路。
	台湾铁路。

失败的原因

自 1864 年收复南京至 1894 年惨败,这段时期中国致力建立现代工业,改革陆海军以便对抗国外敌人愈来愈增长的经济与军事压力;在这段短短的时间内,中国必须要平息暴乱,重树自身在中亚的威望,重建破坏的地方,从各方面抵御外国攻击。清政府只好不断应急,与西方各国谈判,向外国银行立约借款(自太平天国战事末年至 1894 年共借款 4 000 万两)以应付迫切需要。然而当时中央政权已失去大部分实力与财源。中央政府与各地总督分享实际权力,后者在镇压战事活动中确立其地位,拥有自己的军队与财政收益。中央仅收取 1/5 的"厘金"(货物过境税),大体只能支配 1/4 其他税收。朝廷妒忌各省新派人物掌握实力,对强硬爱国者的论调深表同感,而对当时的实情则了解甚少,闭塞而不开放。在年幼君主依次更迭时期(1862 年同治 6 岁登基,1875 年光绪 4 岁即位,1908 年宣统 3 岁称帝),中国由一妇人统治,这个女子运用自己全部能力、智慧与狡计以维持权力。19 世纪下半叶的中国理论上是由中央政权治理,这个政权并不了解现代化的迫切性与必要性,亦无能力担负这一领导职责。中央政府不仅消极被动,而且试图反对革新。外国对中国本土的攻击以及对清帝国边境的威胁激发舆论反过来针对现代化的主张者。的确，这些主张现代化的人成为支配局势的人，是他们与外国人谈判，并不得不总是向外国人让出新的特权。此外舆论方面还担心创办工厂、矿场、铁路等，会加重外国资本对中国经济的控制，便于西方人深入国内，增加失业，加强地方长官的势力而损害中央政权。

明治时期，日本工业、军事得以蓬勃发展的两个条件在中国并不存在：中国既无强有力的中央政权，亦无稳定财源。日本之所以能够建立自己的工业与建设自己的军队，靠的是对农民征税，而中国农业却无法负担日益增加的税捐。内战与暴动引起的破坏、银价提高而致的贫困化、愈来愈频繁的饥荒与水灾，致使19世纪下半叶中国经济停滞不前甚或倒退。在地方执政的官员发起创建兵工厂、一般工厂与造船厂时，他们并无他法，唯有借助与外国人贸易而致富的商人的资本，但这项资本显然不足。况且"买办"对于办企业亦不可能表现出很大热心，这类企业的利率为8%～10%，比传统投资（农业贷款、旧式中国钱庄、当铺、土地）利率要低得多，后者年利率为20%～50%。科技培训也和投资一样，大大低于如此辽阔的国度的必需。虽然工业计划的发起人可以利用买办从外国公司方面取得的经验，但却缺乏中国技术人员，新企业的重大技术只好交由外国人管理。

大体而言，最严重的障碍是缺乏中央政府领导而且资金不足。除此之外，还有无效率的官僚机构的重压，红利分配太高，国家缺乏财源而实行压榨。例如，1899年，北京政府就在外省抽取280万两白银。这种税款榨取的主要受害者是中国轮船公司与上海电报局，上述两企业在财政方面与汉阳冶金联合企业、萍乡煤矿、上海华盛纺织厂都有联系。国家非但不保护新兴工业，反而按照旧观念，沉重打击最有活力的企业。经过早期一段时间的成功，大部分新企业面对外国竞争都显得收益不大甚至成为亏损企业，其原因就在这里。

现代工业的发起人是受传统教育的官员，原先丝毫没有从事这种事业的打算。令人惊奇的是,虽然碰到上述种种障碍,他们仍然在所有部门中取得实际成果:重工业(铁矿、煤矿、高炉、兵工厂、造船厂)、轻工业(纺织、个人军械)、金融(现代银行)、交通(轮船公司、电报线路、铁路)。1894年之前,中国与日本差不多处于同等技术水平,一般则认为后者较为先进。但是投资规模两国是一样的。中国企业分散,按人口比例而言数量不大,致使中国工业化的效果减弱,而日本的企业集中,曾起决定性作用。此外,内战与外部威胁促使中国将主要精力投于非生产性的军事工业上,后来始建立现代经济发展所必需的基础。而反之,日本则按明治政府所执行的总政策,将力量配置得较好。上述种种情况,最后还有1895—1901年加之于中国经济的沉重负担,便是造成两国发展殊异的原因。外国商人在日本与在中国享有同样的特权,但1880年日本90%的对外贸易仍由英美公司掌握,而这一比例1890年即降至80%,1900年再降至60%。日本赢得经济独立之时,正是外国控制在中国日益加重之际,外国将清帝国变成某种国际殖民地。

再者,明治时期的日本历史也不能与中国历史相提并论,而有人却往往这样看待,将日本人民表现的灵活开放意识与中国人迟钝的传统观念相互对照。两国的幅员与人口也完全不能相比。日本比英伦诸岛大不了多少,而中国就其人口稠密的部分而言,与除俄国外的欧洲具有同等的幅员,而其多样性也差不多一样。两国历史背景亦差异极大。日本未经历过可怕的内战、破坏与内部困难,而自19世纪中叶至1875年前后,这是落在中国头上的厄运。日本亦未承受过外国人的持久压迫,而自首次大批鸦片进口至1830年前后,外国对清帝国的压榨就不曾中断过,而且与日俱增。对于蓬勃发展的工业来说,中国看来是一个广阔无比的市场,而日本对于西方垂涎者的吸引力则较小,且不久日本自己也参与争逐活动。日本之所以能够在中国遭受重重困难的时候向外国人大量借款,打下现代工业的基础,乃是因为日本僻处一隅,不大受西方各国经济、军事、政治的破坏性影响。

诚然,日本的社会特点、民族主义、尚武传统便于它适应现代世界,接纳西方帝国主义的典型征服精神,但此小国与硕大的清帝国相差极大而历史背景更是根本不同,这都对日本有利得多。

19世纪末,中国仍然来得及纠正自己的初期错误,弥补积累下来的延误:要达到的目标已经了解,必须的改革已经明确,有能之士亦不缺乏。但为此中国应当免受外国巨大的经济压力并得到国际援助,而实际发生的情形正好相反。

自由企业抑或国家经济

有人认为,中国落后以及工业化尝试失败的原因在于缺乏曾使西方发展起自由企业的某些因素。的确,在华夏世界见不到任何这种类似之点。进取精神、竞争意识、储蓄兴趣、利润与盈利概念等不仅缺乏而且与中国人文传统相左。在中国,人的社会成就不能只限于庸俗的致富,而首先是要获得荣誉与爵位以便赢得政权与政治威望。中国道德崇尚忠于国家、个人修养、虚己、谦逊,乃至在商务中,真正的资本竟不是经济性的,而是社会性的。真正的资本在于品德可靠、职位、权力。业务商谈正是按这种信任关系进行的,而信任则因名望、亲属、盟誓关系而致。

虽然中国自明末以来便存在巨商与大钱庄主(他们运用汇票,为自己赢得巨额财富),但这种人与欧洲资本主义初期的大企业主毫无共同之处。看来他们的活动更接近租税包收而不大像真正的私人企业。他们满足于取得的半官方身份,并不谋求反对官府机构,而相反尽可能努力厕身其中。他们热衷于官方的名衔与职位(清帝国面临困难的时候,他们曾提供大量财政支持),他们的理想是成为士大夫。他们藏书藏画,发挥文化事业资助者的作用。他们生活豪华奢侈,按照当时盛行的道德观念觉得有义务让自己的亲属也富裕起来。

政治职能凌驾于其余一切,加之华夏世界有其特殊历史经验,这便是产生上述传统举止的原因。每一支文明都有自己的特性。有人为说明中国无力实行现代化,竟斥责其政治制度与经济统制传统,这样做的时候,正是忘记了这一点。但总的说来,清皇朝的制度并不比其他许多制度更坏。同治年间(1862—1875年)的执政者也曾显示出活力、主动性与智慧,其业绩不可忽视。他们的失败更多的是归因于当时条件以及缺乏高层统领,而并非根本无能。中国的工业新企业,如果保护得更好,可能已经发展起来。企业数目更多,就会改变经济乃至传统行为。发展自由企业并非挽救中国的必须条件。华夏世界当今趋向于更接近其旧传统的集体主义国家经济形式,依然固守其自身的特性。

与此相类似,采纳仿效西方国家的议会制度,后来表明,乃是荒谬的事情,并非因为中国实行自由民主尚未"成熟",而是因为这些借来的制度与中国传统格格不入。自由企业、自由民主乃是西方国家特有发展进程的结果:以为所有社会都必须经历西方一样的发展阶段(据说这方面西方已提供一劳永逸的榜样),乃是无视文明的多样性及各文明的具体特性。

二、外国进一步入侵及其后果

大概不应当将西方对中国接踵而来的侵略以及外国强行夺取的大量特权视作是中国现代化失败的唯一原因或主要原因。但此种侵略与特权亦起重大作用。西方人占利使早已受内战削弱的经济更为恶化,而英国、法国、俄国的进攻则又在另一方面引起更严重的后果:各国进攻更坚定了工业化的基本的军事方向,使中国没有充裕的时间为经济现代化打下必需的基础;此外还引起愈来愈深的敌对情绪,不久便成为必要变革的主要障碍之一。

西方人进入中国的历史在西方是整个中国史中最为人知的方面。因而出现真实情况的扭曲:英法两国的少许武力炫耀比震撼清皇朝的巨大内战更引人注目,后者曾动员各方面力量达20余年之久,而且改变了中国的政治、经济条件。东亚诸国的历史几乎完全被西方进入与征服这个地区的历史所遮盖。但若要了解西方诸国如何闯入中国,则中国当时的实际情形显然起重要作用。英国以及尾随其后的西方诸国从中国夺得的广泛权利比第一次鸦片战争之后取得的更大,而其时中国的情况却是:一半以上的省份脱离合法政权控制,内战猛烈进行,尚未组成足以压制起义的大军。

受奴役的进程

自1850年起,英国利用中国的内部困难扩大广东、福建沿海的鸦片非法贸易。1856年,中国当局搜查走私船只"亚罗"号,这一事件便成为发动一系列新军事行动的借口,西方历史学家称此为"第二次鸦片战争"。1857年,5 000名英国士兵包围广州。次年英法战舰摧毁保卫海河口(北京附近,离天津不远)的大沽炮台。清政府在遭受威胁之下被迫于同年签订《天津条约》(1858年)。向外国人再开放十个城市,外国人在其中取得租界,在北京设立领事馆,天主教与基督教使团可自由长驻于内地并购置房产、地产。中国再一次被迫偿付战争赔款,向英国缴纳4 000万两白银,向法国缴纳200万两。类似于英法两国取得的权利亦承认给予俄国与美国。不过虽然缔约,战事仍旧再起,中国的抗击相当有效,于是招致英法舰队在1859年大败于大沽口之后进行二次远征。次年,由英法殖民军组成约20 000人的远征军向北京进发,进城之后随即抢掠、焚烧圆明园;圆明园是乾隆皇帝据耶稣会士意见并借其帮助而装修的夏宫。

1860年在北京签订的条约迫使中国作出新牺牲:天津向外国人开放,香港对岸的九龙半岛割让与英国。中国政府要再赔款1 600万两。最后,《北京条约》还有两项经济方面的条款:西方各国、尤其英国谋求在中国市场倾销的纺织品免缴关税,此外,外国船只可在中国的河道网上完全自由航行。

《天津条约》、《北京条约》与1842年《南京条约》的历史背景有很大

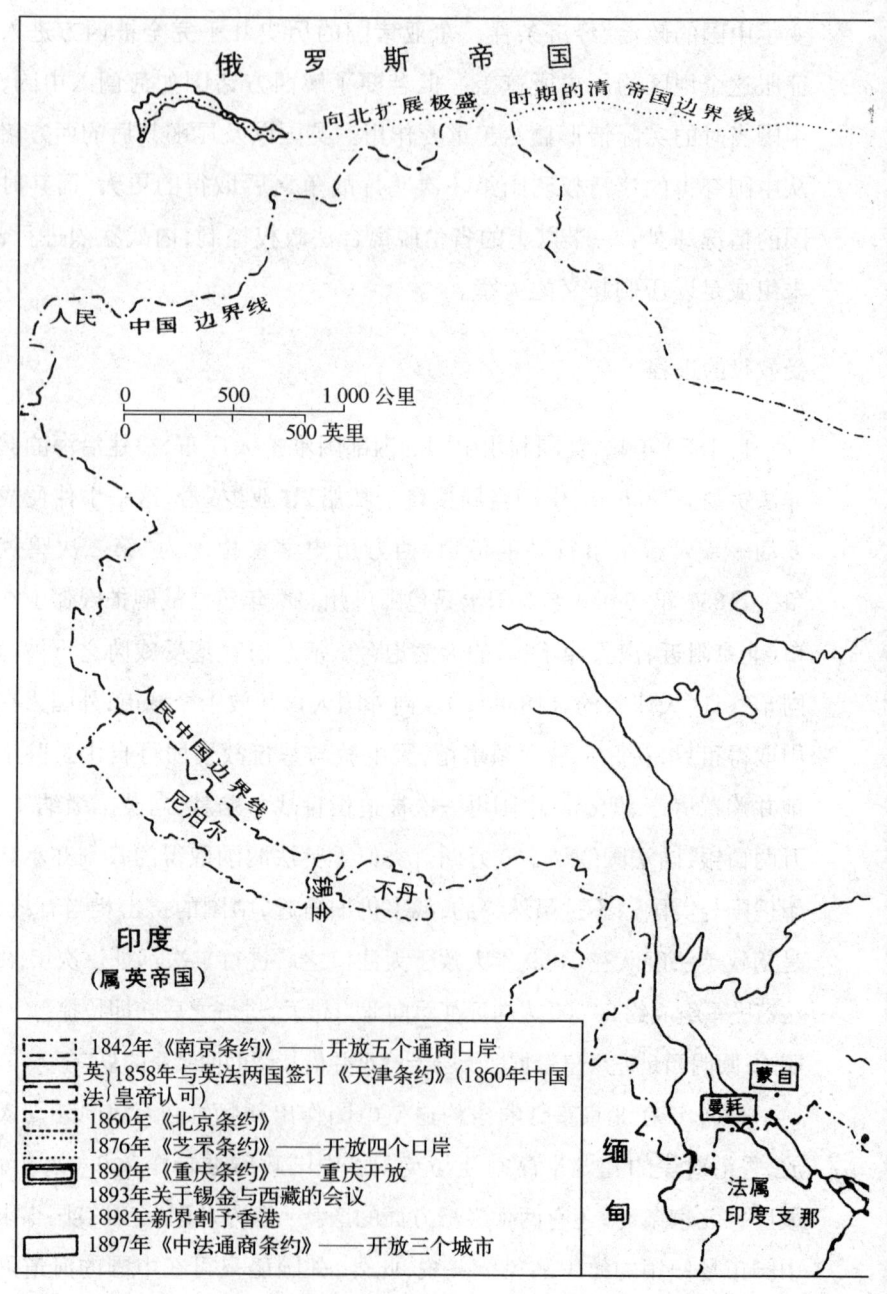

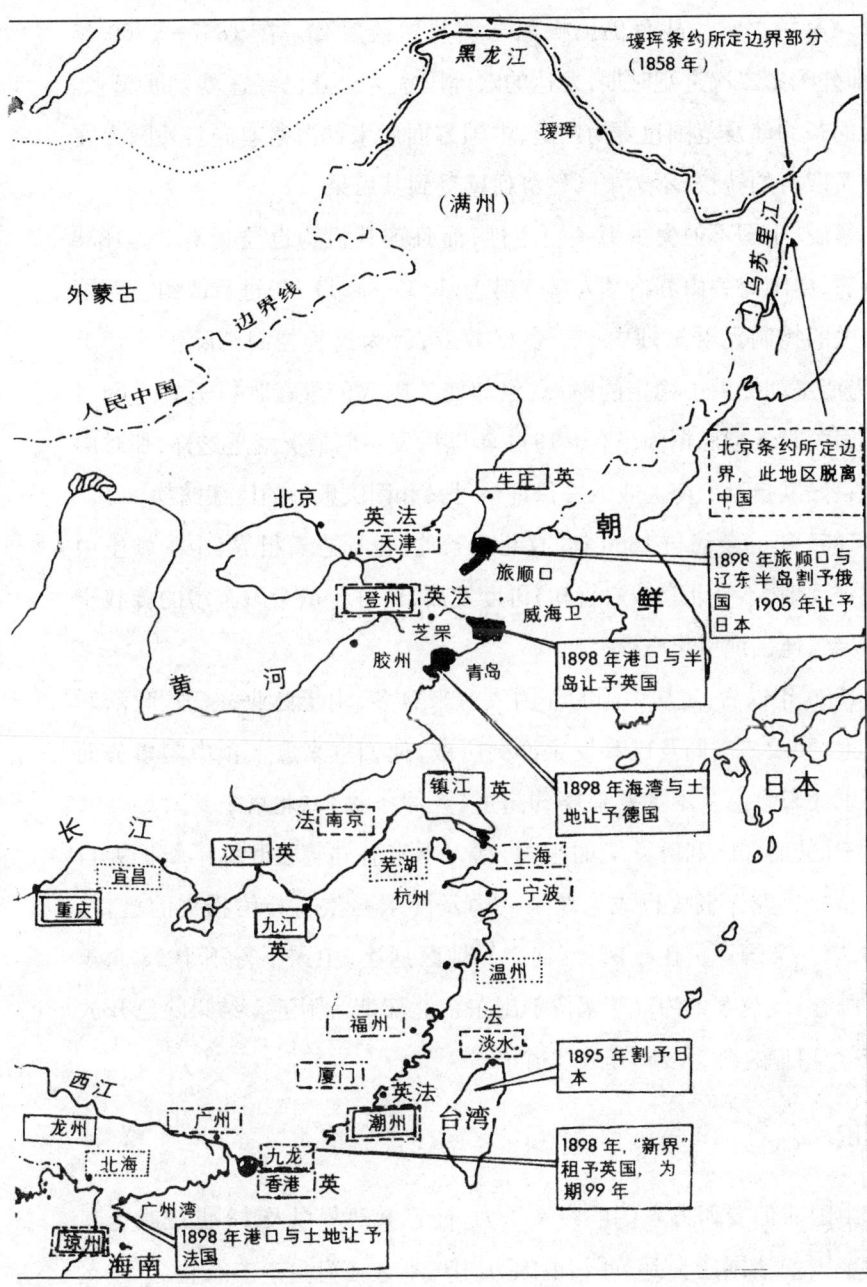

侮情况

不同。第一次鸦片战争仍属帆船与贸易冒险时代。在1857—1860年间,即外国第二次进犯时期,发达的欧洲国家大工业已经蓬勃发展起来。签署的条约涉及范围也更为广泛,中国方面后来都严格遵守。外国人在中国所取得的特权,不久中国经济便感受到其后果。

最后,中国不但失去海关自主性,而且连其机构也控制不了。1863年以后,中国海关由苏格兰人赫德爵士(1835—1911年)进行改组。英国对海关的控制无疑短期内产生良好效应,因为这种控制消除了一切舞弊,为清皇朝提供了稳定的财源,但却使外国人能够在时机适宜之际将中国海关收入彻底据为己有。1911年以后发生的情况就是这样,那时中国便只好以自己的海关收入去保证偿付义和团失败后的巨额赔款。

1858年的条约与1860年的《北京条约》也标志着租界(中国领土中的真正飞地,不受北京政府管辖)再度发展,留驻于清帝国全境的传教士开始接二连三地引起麻烦。

1860年以后,定居中国的外国人愈来愈多,由于商业、宗教、政治利益逼迫,又因与当局及民众发生冲突所致,他们愈来愈干预中国事务而且要求愈来愈高。不久其他条约超过《天津条约》、《北京条约》,每一西方国家(甚而如比利时之类的小国)都力求享有同等权利并不断扩大自己的特权。少许事故也成为炫耀武力及要求赔款与补偿损失的借口。例如,因一英国译员在云南、缅甸交界地区遇害,中国不得不于1876年与英国签订《芝罘条约》(芝罘位于山东东北部烟台附近),结果除已开放的15个口岸之外,又新"开放"5个口岸。

受 围

中国非但受西方各国的经常压力,而且其边界以及18世纪属于其势力范围的诸国还受到英国、俄国、法国,不久还有日本的蚕食。

西方各国不仅仅想在东亚建立商行以便控制商业网,而且想占领该地区的诸国,将其变为殖民地。

自1858年起，俄国占据黑龙江下游以南、乌苏里江以东的锡霍特地区，这一带自13世纪以来隶属于中华帝国。约十年之后，俄国土耳其斯坦总督利用中国在塔里木盆地的困难以及新疆在雅库贝率领下的分裂，于1871年入侵伊犁河流域，直达战略城市伊宁。1878年初，左宗棠收复塔里木盆地。自此时起，朝廷派遣满人崇厚(1826—1893年)至圣彼得堡要求归还被占领土。崇厚因熟悉外国人而被选定担当这一任务(他曾于1863—1869年参加签订在天津缔结的各项条约，后又参与解决天津事件，并于1870—1872年率领应法国要求而派的道歉使团)，他在利瓦吉亚(近克里米亚的雅尔塔)接受了被朝廷与舆论认为不能接受的条件：俄国人只归还小部分被其兼并的领土但却赢得5 000万卢布的补偿。1881年重开谈判，使中国收回更多的土地，代价是付出9 000万卢布并放弃位于额尔齐斯河上游的领土。

日本的早期进攻自1874年开始，当时日本已开始建成现代工业与现代军队。台湾成为入侵对象，但并未立即成功，而属清帝国的琉球群岛却被占领，1881年中国被迫承认其并入日本。1876年，日本还强加给朝鲜类似于西方各国硬要中国接受的条约，争得若干口岸向日本商业开放并承认日本特权。漫长的历程由此开始：中国深入朝鲜以回击日本的压力，最后导致1894年的冲突。

外国威胁在越南反映得更早，越南是属中国势力范围的另一国家，与中国的关系密切而且由来已久。1862—1867年间，越南受法国侵占并被夺去南方各省(交趾支那)。但1881—1882年，法国殖民军在蓝江(红河)流域推进却遭到更激烈的抵抗。越南人获得"黑旗军"的援助，这支军队由逃亡于越南北部的太平军旧将士组成，受刘永福(1837—1917年)指挥。中国军队自广西、广东、云南等省份派来。虽然法国在越南的举动引起中国激动不安，但李鸿章依旧主和，于1884年得到暂时解决，中国军队被迫撤去。但强硬的爱国派在朝廷中势力甚大，他们的反击引起中国对外政策的又一次反复，当时这种反复频繁发生，反映出政权的分裂与中央政府的犹豫不决。慈禧撤去奕䜣职务，奕氏是主张实行对外和解、加强国内力量的政策的主要人物之一。于是发出抵抗号召，新部队向红河流域进发。法国人在谅山战败，决定将战事转至中国沿海。法国水师提督孤拔摧毁一部分建于福州马尾船厂的中国新舰队，孤拔还组织对台湾的封锁。次年（1885年），法国人包围宁波，占领澎湖列岛并拦截驶往北中国的船队，企图断绝北京的粮食供应。中国被迫在天津签订新约，这项新约虽然未附上通常的"战争赔款"，但亦相当于全面投降：法国可以在越南为所欲为，中国放弃与这个属华夏文明的古国的传统关系。此外，中国还要开放西南部，让法国自由通商。

经济后果

外国人在中国取得的特权导致两方面的后果，随着外国工业实力的增长其影响愈加严重。第一方面的后果属经济性：这种特权大大削弱已受太平天国危机严重损害的中国经济，久而久之便引起传统部门与现代部门愈来愈明显的失衡，传统部门趋于没落而现代部门则受外国人支配、控制。这种失衡从西方人聚居地区的飞跃发展反映出来，而却大大不利于内地省份；事实上开放口岸已成为吸收资本与招引中国居民的中心。与此同时，外贸发展促使中国经济愈来愈依赖于世界市场，因而愈受世界市场失控变动的危害。

外国产品进入中国只征5％的统一税，而免收"厘金"（内地过境税），但中国产品却付厘金甚重。这种极其有利的条件使进口大增。不过，进口的增长速度还未能满足外国公司的愿望；只因广大消费者太穷，无法吸收富国工业的剩余产品。但由于进口改变了农村经济的脆弱平衡，从而对传统手工业与农业产生深刻的冲击。棉花、烟草、鸦片种植发展起来，而粮食作物却受到轻视。

进口增长情况

进口产品	1871—1873 年	1881—1883 年
鸦片(单位：担)	37 408	42 777
棉纱(单位：担)	37 791	118 020
铁与铜(单位：担)	142 806	273 717
煤油(单位：加仑)	0	176 513 915

此外，1862年以后，外国轮船公司（英美公司为主）承担愈来愈大部分的货运，在此之前一直由中国船队与海上帆船承担，上述船只航行于长江水路网及沿海各地。内河与海上贸易的最大利益落入外国公司手中，而中国的运输业人士却只好失业。1872年李鸿章创建中国轮船招商局以对抗西人的控制，但这个机构却遇到英美公司的反击，英美公司猛然降低价格。

西方人在中国驻足引起的另一方面后果属政治性与道德性：外国人与中国居民的摩擦与冲突愈来愈频繁，对西方人的敌对情绪增长起来，形成倒退与敌视新事物的广泛舆论趋势。

心理与政治

外国人留驻中国成为一个不可忽视的因素：外国人的生活方式、行为方式、其傲气与财富，还有给予清帝国及其居民的屈辱都导致敌对情绪萌生并发展起来，往往进而针对外国人引进的新事物。17世纪伟大的耶稣会教士是文化人、学者，渴望与中国精英人士接触，而19—20世纪的殖民扩张者却往往缺乏文化素养。他们只与远离中国社会中心的人物（庸人、掮客）往来，自己组成一个国际社会，因生活舒适，自视高人一等，鄙视中国习俗以及中国备受其害的日常贫困腐败景象，与中国各界隔绝；他们对与自己格格不入、难于了解的文明无甚兴趣，以为这种文明已完全衰败。然而西方各国对当代中国的印象正是通过他们的见证而来的。

在他们眼里,西方的科学、技术、商务、政制本身是好事物,举凡可令中国接受其影响的一切归根结底只会对中国有利。但外国人在中国的所作所为以及不断炫耀武力与使用武力,却引起严重的心理后果,造成不解、猜疑、忌恨的气氛,从而损害了中国与其外国占领者之间的关系。外国人的举止造成中国人某种自卑心理,这一点严重妨害他们适应当代的变化。

自《天津条约》(1858年)起,基督教传教士便享有优越地位,这是造成摩擦的一个较为特殊的原因。不理解某些中国习俗,若干教士排斥异己,利益冲突,传教士的行为、习惯引起猜疑,而17世纪初以来,若干传播极广的小册子还为这种猜疑提供资料,于是便酿成事故;事故有时转变为流血动乱,受到武力镇压。教士及其新信徒(往往是出身微贱、追求私利、被全体居民轻视的中国人)受到列强武装保护。外国人享受治外法权特权,可令对手受到严惩并偿付巨额赔款(1862—1869年发生13起案件,付出40万两白银赔款)。有一事例足以说明普遍情况:1870年初,即著名的天津事件之前,罗淑亚伯爵(普通代办)竟率四艘炮舰溯长江而上要教训正与传教士发生争执的中国当局。基督教传教士驻足中国曾造成一连串事件,在这类事件中,1870年6月发生于天津的教案,因其严重性与后果而占有特殊位置。事件源于对外国人(尤其是对法国人)突然发作的仇恨,法国人紧紧控制着天主教使团。天津教案使主张对西方诸国实行和解政策的人处境艰难,使蓄意排外的运动重新活跃起来,而致危及现代化的尝试。

1840—1894年西方各国在中国的作战与蚕食

1840年	英国人占领浙江舟山群岛并进攻宁波。
1841年	英国向广州、厦门、宁波、上海进攻。
1842年	英国向上海、南京进攻;英国兼并香港。
1844年	厦门设英租界。
1845年	上海设英租界。
1849年	上海设法租界。

续表

1850 年	俄国人违反 1689 年与 1727 年条约,兼并黑龙江江口地带。
1854 年	俄国人兼并黑龙江北岸。
1856 年	英国人炮轰广州。
1857 年	英国人与法国人炮轰广州与海河炮台。
1858 年	广州与海河口被占领。俄国人进占黑龙江下游以南、乌苏里江以东领土。
1859 年	再度攻击海河炮台。
1860 年	攻击海河炮台,入侵河北。英法殖民军进入北京,抢掠、焚烧圆明园。英国人兼并九龙半岛。天津设英租界。
1861 年	汉口与广州设英租界。广州与天津设法租界。
1862 年	九江(江西)设英租界。
1863 年	上海设国际租界。
1868 年	英国人炮轰台湾安平港。
1871 年	俄国人进占伊犁地区。
1874 年	日本向台湾进攻,日本兼并琉球群岛。
1881 年	俄国彻底兼并自 1871 年以来进占的一部分伊犁土地。
1884 年	水师提督孤拔炮轰福州,击沉马尾中国舰队,封锁上海与华北之间的稻米运输,指望断绝北京粮食供应。
1885 年	法国人进占澎湖列岛以及部分台湾土地。
1887 年	葡萄牙人彻底兼并澳门。

慈善堂修女给领孤儿来的人发酬金,居民由此更坚执自己的传统观念,据说是基督教教士用儿童的眼睛与心脏进行巫术仪式。法国领事对中国官员率领的代表团竟失去冷静,下令向示威者开枪。激烈反应随即发生:群众怒不可遏,杀死 20 余名外国人,捣毁天主教使团的建筑物。为赔偿损失,中国政府不得不处决 18 名嫌疑犯,将当地官员革职,向法国赔银 49 万两,并派遣使团赔礼道歉。

由于这类事件而引发起诋毁主和派的运动,运动的主要武器之一是传播题为"清议"的小册子。中国人中采纳外国方式的、皈依基督教的、采用西方发明的,都被指斥为叛徒。谋求与中国的敌人合作以建设兵工厂、普通工厂或铁路的人士,如李鸿章辈,受到极大猜疑。曾国藩处理涉及法国的天津事件似乎过于屈就,因而自1870年起曾氏的前程已受危害。"清议"之类的小册子,表达趋于极端爱国主义的舆论,在所有因损害中国主权而引起的危机中曾起巨大作用,例如,1879年日本干预琉球群岛,同年伊犁事件(在《利瓦吉亚条约》上中国代表表现得过于妥协)以及1883年李鸿章与法国谈判等都是此种情况。在现代化方面,中国出于仇外心理,趋向于排斥它在独立情况下会乐意接受的事物。

外国压力不仅对中国起激发作用,同时还造成社会、经济、政治、心理的障碍。若干知识分子从儒家传统中拼命寻觅救世思想,许多爱国人士抱着多疑的保守意识,这些都是民族自豪感反应的表现,本质上虽然不错,但效果却极为有害。中国四分五裂,无法认识自身的面貌,不久竟而致自我否定。自19世纪末年起,外国便竞相争夺中国。这种悲剧也是所有受殖民奴役国家的悲剧,中国具有伟大文明,悲剧程度尤甚。中国至今仍然保留这种深深创伤的痕迹。

三、结束语

1900年前后,中国实业资产阶级跟外国在开放口岸的投资及建立工业相联系而发展起来,在此之前,工业化活动的推动者是受传统教育的官吏。他们只得到中央政府的有限支持,虽然坚执国家与社会的传统观念,但仍然遇到强大的对抗潮流。这些主张借鉴西方方法与技术的人,由于情况逼迫,不得不实行与外国人妥协和解的政策,于是成为极端爱国者的攻击目标。在爱国者看来,保卫中国与捍卫其传统是同一回事。发展工业可使中国强大起来,而这的确需要极其辽阔的清帝国能够享受若干休整时间,清帝国已被费用庞大的长期战争耗尽一切——由于左宗棠向外国银行大量借债才于1878年收复新疆。清帝国必须严格遵守各项条约,避免与西方及日本发生任何冲突。中国最需要资金、技术员、专家,而这只能由侵略者提供,但如此一来则可能同时使外国控制愈加严重。19世纪末以后,借鉴与工业化计划引起日益增长的猜疑,其原因是上述的担心。最后,在一个经济面临大衰退的国家中,运输与生产的现代化可能导致失业,这是真正的危险。

必须避免再发生外来攻击,这样才不致危及现代化主张者的地位。而1860年《北京条约》后的将息阶段却为时甚短。1870—1890年期间,对中国以及对中国势力范围内诸国的压力比以往更为严重:俄国人进占伊犁,日本干预朝鲜、台湾、琉球群岛,法国进攻越南北部与中国,这都引起危机,从而削弱了变革者的地位。最后,1894年的失败成为中国被其侵略者瓜分的前奏。自此,这个深受伤害的大国要振作起来已经为时太晚了。

的确,令中国失去一切振兴机会的事件发生于19世纪末年。日本深入朝鲜,自1876年以来已经十分明显,这时已成为北京政府操心的各种严重事态之一。跟中国一样,外国压力也导致朝鲜形成传统主义的反抗潮流,清政府将其将领袁世凯派至朝鲜半岛给予大力支持。但1894年初东学党(带宗教倾向与排外倾向的秘密会社)起义引发严重的危机,其时日本的军事潜力已经大大加强。主张实行干预的保守派人士以翁同龢(1830—1904年)为其首领。他们的观点压倒李鸿章的看法,后者对于中国舰队因财政困难而造成的可怜混乱局面并非毫无所知;四年之后翁氏才支持起用维新派人士。中国与日本在朝鲜的短暂冲突中,中国军队遭受严重失败,当时北洋舰队在渤海湾实际上已被摧毁。

《马关条约》签订于下关(位于本土与九州之间的海峡),该条约产生巨大影响:1895年至20世纪初年,中国实际上失去经济、领土、政治、军事的独立。富国工业进程加速的时候,中国却进入自己历史上最悲惨的阶段。

历史形成的状况足以说明中国失败的原因,没有必要非难其政治、社会及文化传统。在不同的情况下,中国可能会适应工业时代的大变迁;中国并不缺乏具有组织意识的人士,也不缺乏科学、技术传统。朝廷的铺张浪费与萎靡不振、贪污腐化、怀恋过去、抗拒现代化等等,更多的是情况使然的产物,而不是华夏世界固有的因素。

第四章　19世纪的各种思潮

1800年前后,整个气氛已起变化,思想文化生活开始朝新方向发展。这种变化是国家政权衰弱所致,在此之前,国家表现出无限权力,既保护中国知识分子亦同时将其控制起来。变化的原因还可从社会环境恶化、政治风气败坏加以解释。结果是,虽然不至于否定现存秩序,但起码对政府与行政管理的实际问题(财政、运输、生产、商业)十分关注。表面不求功利的研究新方向,正与这种改进技术、革新治理方法的愿望相一致。

戴震(1724—1777年)时期,考据学大放异彩,产生了质量上乘的鸿篇巨著,这一学派与18世纪的政治、社会背景相联系,当时中国繁荣昌盛,在位君主支持文化事业,他本人文化素养也极高。康熙、乾隆年间,由国家支助的庞大出版事业对于当时的思想文化生活起决定性的激发作用。这项事业从属于这么一项政策,即消除中国知识阶层初期对满洲人的敌对情绪。乾隆年代终结,大规模出版事业也告结束。1798年之后问世的唯一大型总集是经六年工作于1814年完成的《全唐文》(收文20 000余篇,收作者3 000余名)。扬州盐商曾经建立藏书楼,收藏艺术品,资助书籍出版,款待与支持大量名士,而1800年左右,由于铜币贬值,他们已经破产。19世纪期间,仅有一人大体可以与之相比,他就是伍崇曜(1810—1863年),广州商人,因经销鸦片发了大财,后出版广东文学作品的最佳大集,题为《粤雅堂丛书》(1853年)。19世纪初,看来一切情况都促成语文与考古的考据学的伟大传统衰落。19世纪前30年期间,戴震门人及该学派的大家均已消失。钱大昕死于1804年,纪昀次年身故,段玉裁1815年谢世,王念孙终于1832年,其子王引之两年之后去世。并非说考据学传统从这时起便告中断,它一直延至20世纪上半叶;1895—1949年间大部分中国学者都属于这个主张科学严格性与具有唯理倾向的学派。但考据学派复兴却伴随着向清初爱国自由哲学家复归(只列其中的佼佼者:顾炎武、王夫之、黄宗羲)。

改良儒学

考据学派消亡,随之而来的是蓬勃发展的新倾向,因帝国衰落以及华夏世界经历连续危机而致,如:1800年前后白莲教起义、政治风气败坏、第一次鸦片战争英国进攻、太平天国时期社会大震荡。对于"今文"经学传统再度表现出强烈兴趣,这一传统自汉代以来已被忽视,实际上已被人遗忘。"今文"最著名的代表人物是董仲舒(约公元前175—前105年)与何休(129—182年),后者乃《春秋公羊传》的大注家。于是19世纪初兴起一个新学派,称"公羊学"或"今文学"。今文学派认为,经典被歪曲并非始于宋代,而是早得多,自秦朝覆亡之后,汉初传下来的经文即如此。当时除了口头相传用今文记录下来的文献之外还出现以古文写就的文献,后者终于作为真件为世人接受。今文学派提出质疑的正是这种真实性,与此同时,今文学派以现代精神,亦出于宗教考虑(要摧垮基督教)重提董仲舒与何休的论旨,即:诸经典蕴涵深刻意义,对于人的治理及社会组织都有实际价值;孔夫子写的《春秋》并不是一部单纯的编年史,而是目的在于对习俗与制度进行深刻变革的著作;孔子类似于潜在国君("素王"),可以与远古的圣君相比;最后,据今文解释家的看法,人类经历不同阶段最终要达到统一、和谐、天下太平。

与"公羊学"激进改良主义相联系的,还有神秘的末世倾向,19世纪期间因华夏世界经受的考验与磨难而使这种倾向有所加强。中国士大夫面对西方征服性的基督教,起而推崇大哲人孔子及其著述。为应付外来威胁,他们宣扬视之为真正经典传统的改良性与进化性方面。因此19世纪大部分大学者与维新派的政治家都属今文经学派。倘若将庄存与(1717—1788年)视为例外(他是纯粹的语文学家,最早注意今文研究的学者之一),那么光荣应归于刘逢禄(1776—1829年),他将中国思想推上改良主义的新路,刘氏为汉代今文学派两大著作恢复声誉:一是董仲舒的《春秋繁露》,他认为该书是对孔子真正思想的正确解释,后来才受歪曲;二是何休的《公羊解诂》,他曾对它作系统研究,写下《春秋公羊经何氏释例》(序于1805年)。

刘逢禄的两大门生是龚自珍(1792—1841年)与魏源(1794—1856年),处于第一次鸦片战争前夕或正逢其时。1839年,龚自珍修书给赴粤不久的林则徐,鼓励他坚持对洋人的不妥协态度。信中认为:英国的鸦片贸易破坏中国经济,必须建立现代军械制造业以加强中国军事实力。龚氏反对传统科举制度,反对女子缠足习俗,反对迷信,写下一些社会政治著作,后来对19世纪末的维新派,尤其是对康有为产生巨大影响。至于魏源,他是历史学家兼地理学家,其改良主义观念亦基于"公羊学"的新哲学。19世纪上半叶末期,魏源著作拥有极其广泛的读者。1838—1841年间林则徐在驻粤期间,曾打听西方人的陆军、海军以至战略方法,并摘编外国报刊充实其信息,写成《四洲志》。魏源便借鉴林则徐的记述于1842年撰成著名的《海国图志》,魏氏本人也曾参加1840—1842年的反英斗争并于1853年组织过反太平军的武装队伍。《海国图志》1844年第一次问世,1847年、1852年增订再版。书中提出运用外国技术,按"以夷制夷"的古训,促使攻击中国的各国相互对立。该书不但在中国而且在日本也获得巨大成功,1854—1856年间,日本已将其译出,很可能对日本现代化运动也有影响,这一运动最后导致明治维新。

因此,今文经学派的发展显然与关注实际问题(行政、社会政治组织、经济、税制、战略与军备、农业等等)的巨大潮流相联系,这一运动出现于 19 世纪初,远比英国炮舰最初的攻击为早。1827 年,贺长龄(1785—1848 年,与魏源有联系的政治家)汇集江苏官吏与文人撰写的关于社会、政治、经济问题(当时称之为"经世")的文章,题为《皇朝经世文编》(该著作的增订本及续篇自 1882 年起问世)。1837 年左右,贺氏鼓励贵州的丝、棉手工业生产,而禁止开始蔓延起来的罂粟种植。包世臣(1775—1855 年)自青年时代起即关心军事、农业、司法乃至交通问题,曾充当大官员的技术顾问。1834 年,湖南人陈鸿迟着手撰写关于广东防务的官方专题论著(《广东海防汇览》)。

对西方、对西方科学技术的兴趣(或是说这种兴趣的复兴)也不是从鸦片战争时期开始的。19 世纪初,吴兰修据中国水手谢清高(1765—1821 年)提供的情况写成《海录》,谢清高青年时代曾在欧洲轮船上服务,到过许多欧洲国家。1823 年,李兆洛(1769—1841 年)撰写的著作《海国纪闻》问世,这本书根据向驻广州的欧洲人调查的结果写成。

正统派的反击与改良派的复兴

自 19 世纪中叶起,太平天国危机导致中国思想文化生活的深刻巨变。许多藏书阁与艺术收藏品遭毁,古今珍贵手迹散失,大部分士人被征调从事收复工作与政治重建工作。中国新领导阶层与新知识分子就在镇压军首领的参谋部形成,他们都接触战争的日常实务。大暴动的结果是引起正统派反击与安徽桐城旧派复兴;1800 年前后,桐城派以姚鼐(1731—1815 年)为代表,太平天国反叛前数年,则以方东树(1772—1851 年)为代表。方氏也跟其前人一样,信守宋代的新儒学传统,谴责考据学派重学识而舍弃道德。19 世纪以后,大败太平天国的曾国藩是这种正统教化倾向的杰出代表。李棠阶(1798—1865 年)在中央政府中,则是 1862—1865 年期间同治中兴的主事者之一,他亦提倡品德廉正与控制情欲。他十分欣赏受王阳明直觉主义影响的新儒学传统哲学家汤斌(1627—1687年)。桐城派思潮一直延至清代末期,林纾与严复同属该学派,两人都是将西方文学、哲学著作译成文言文的大翻译家。

1851—1864年间的社会大危机促进了正统派的强有力反弹,削弱了19世纪上半叶出现的改良主义思潮的影响,并且危及现代化尝试。虽然曾参与镇压太平军的领导人认为,必须借鉴西方技术以加强中国军事实力,但更重要的是,恢复正统,奉行传统道德。据他们的见解,中国要努力重振民风,恢复道德习俗方能吸取自救的力量。

政治改革几乎没有被提及,大部分主张现代化的人都认为,保留传统制度才是根本。西人与中国人的习俗及行为方式差别极大,两种文明明显对立,只可能向洋人借鉴科学与技术。因此,冯桂芬(1809—1874年)便十分注意分清主次,即中国传统与西方实用知识。冯氏可以被视为太平天国之后的现代化运动的主要理论家。他关心管理与财政问题,精通数学、制图与书法史,热衷于西方科学,一如其他主张现代化的人士,他是一位渴望工业进步、军事实力加强的保守派。现存制度的运作可以通过改革加以完善,但习俗与政治组织绝不能变更。基雷耶夫斯基(1806—1856年)与科米亚哥夫(1804—1860年)时期的亲斯拉夫人士亦抱同样态度,他们想要"西方机器,而不要西方思想"。这种说法与冯桂芬的提法出奇相似,冯氏提出:"中学为体,西学为用"①。

清帝国连续受辱,1885年被法国打败,1894年军事损失更为惨重,于是使改良主义运动再度兴起,公羊学派读者范围扩大。至《马关条约》签订后不久,以康有为(1858—1927年)为代表的维新运动盛极一时。事实上这位著名维新人士的大部分思想都借自公羊学派的学者与哲人(主要借自廖平,1852—1932年),他的主要著作——《大同书》,可以视为是19世纪初刘逢禄所建学派各种倾向的最后成果。康有为的三个重大主

---

① 冯桂芬的原话为:"以中国之伦常名教为原本,辅以诸国富强之术。"——译注

题分别由其三本主要著作阐述：

1. 大部分古文经书是西汉末年刘歆伪作，刘歆负责管理皇家藏书。这个论旨在 1891 年问世的《新学伪经考》中加以阐发。

2. 孔子（中国之基督）的观念完全被刘歆与古文经学者歪曲。真正的孔子是一位民主改良派。这是 1897 年出版的《孔子改制考》的论点。

3. 据刘逢禄早已勾勒的类似构想（刘氏曾借鉴《礼记》的《礼运》篇与《公羊传》——世界从原始混乱走向大同），人类在其发展过程中该经历三个阶段，最后的阶段将看到国界消失，社会阶级消亡，大同文明形成，最终和平确立。现代制度（君主立宪制、议会等）、贸易与工业发展都适应这种演变的需要。这就是《大同书》中表达的思想。1897 年康有为写成《大同书》，但秘而未发，康氏死后 1935 年才正式出版。在这个社会主义的乌托邦中，康有为曾设想取消家庭、国家、私产并建立全球政府。他甚至预想过未来世界生活规则的细节：公共宿舍、公共食堂、集体托儿所，儿童教育由集体负责，婚姻维持一年，火葬死者，等等。

恢复被遗忘的传统

康有为的观念令人联想起空想社会主义者的理论以及孔德的实证主义（将人类历史分为连续数阶段，想要创立入俗宗教）。然而，这位具有神秘教义倾向的人士并未受过西方哲学任何直接影响，他的灵感从带有若干异端性的纯中国传统而来。不过，这种与西方思潮的会合却提出了一个普遍问题，牵涉到自欧洲人开始深入东亚以来的整个中国思想史。1900 年前后，西方思想影响仍然极为零散，几乎觉察不出来。这种影响并未立刻产生效果，但似乎已经推动华夏世界从自身的传统中寻求与外国观念相通的因素。外国观念正通过各种渠道渗进中国。

由此便不难解释为什么在太平天国反叛之后，再度对战国时代的哲学家、对清初自由思想家与爱国者、对佛教传统等表现出强烈兴趣。这也是时代需要使然。公羊派文士戴望（1837—1873 年）研究战国时代思想家的著述，1869年发表论述颜元与李塨的著作；颜、李是康熙时代的哲学家，主张恢复"实学"。冯桂芬1861年出版政治文集，他是位数学家，通晓中西数学，也是制图学家，还是专研《说文解字》（公元100年问世的大字典）的学者。他十分欣赏顾炎武——清初的自由学者与爱国者。

清初的语文学家、历史学家与社会学家曾带来如下的贡献：科学思想与科学方法；实证主义哲学；对专制主义制度的批判；界定中国"民族主义"，这种"民族主义"基于某种文化类型以及存在于某种社区，国家有责任加以维护，使其免受外来侵略。在18世纪的繁荣欢乐时期，上述反满自由思想家已多少被人遗忘，但从19世纪最后30年起却对中国思想的方向产生深刻影响。

无疑，中国思想文化生活愈接近当代愈变得复杂。各种思潮交错混杂，因为对这一领域研究不多，要勾勒其历史尤为困难。19世纪期间中国对西方的认识通常只限于技术新事物；与纲常伦理比较而言，中国的人文主义传统倾向于将技术视为次要之物，纲常伦理才保证社会运作。只有与西方世界有着长期、频繁接触的人才能辨识某些基本差别并尝试进行社会学的比较。王韬（1828—1897年）的情形正是这样。1848年之后，他与上海英国传教士有所往来，曾一度受太平天国吸引并于1861年为其效力，为此被迫化名逃亡于香港；王韬在港成为苏格兰汉学家理雅各（1815—1897年）的合作者，一直至1874年，曾帮助他翻译"四书"、"五经"。1868—1870年间，王韬住在苏格兰理雅各的家里。回到香港后，王韬于1871年写出《法国志略》，次年撰成引人注目的1870年普法战争史：《普法战记》以及《火器图说》。他是早期中国记者之一，在香港创办《循环日报》，1884年出任上海大报《申报》的主编。

王韬的西方经历促使他对于各国的强弱原因进行探究。英国是个小国，却成为工商业的海上强国。王韬被英国榜样吸引，看出煤炭储藏是其飞速发展的原因之一，但他断言：归根结底，财富与实力受一种更为巨大的因素支配，那便是政治因素，其重要性远远超过经济与技术。英国的成功主要在于：执政者与精英之士受同一精神推动，共同决策，因而所有人都乐意为国家的集体事业效力。英国奇迹的基础是其政治制度以及统治者与被统治者之间的谅解融洽，而中国衰落的主要原因则正是中央政权与精英人士之间存在着鸿沟。从前的监察制度可使朝廷了解各省的思想状况，但自明初以来，随着专制皇朝的发展，这种旧制度已经荡然无存。中国要恢复强大，皇朝政权必须依靠有权势的家族，二者的命运紧密联系。然而，中国的苦难正由于中央政权原则上可决定一切，但却不与可能支持并同其合作的人进行任何接触。清帝国是一个比欧洲更为辽阔的实体，因而比关起门来的欧洲各小国更为松散，于是灾难便愈加严重。

看来王韬并不是非常有独创性的思想家，他运用于当时历史环境的思想早已见于王夫之（1619—1692年）及其同代人的著述中。而他将政治因素放在首位，则举凡中国现代思想都有这个特点。倘使管理方法不合适，倘若国家基础破败，则采纳外国技术也是枉然。维新派与保守派都一样认为：道德与政治超乎经济发展与技术，后者无非是单纯的财富与实力手段。

西方科学的影响

虽然在哲学领域方面，西方影响极为零散，而且只是在1900年左右自从译著问世之后才开始产生直接影响，但在科学技术方面，吸收情况出现得更早：曾进行漫长的比较工作，将外国成果纳入中国传统之中，其开端起码可上溯至利玛窦时代，即17世纪初。而自从1862—1864年京沪粤设立同文馆、科学堂，创办附属于军械厂与造船厂（建于1865—1870年间）的技术学堂以来，上述潮流愈加扩大。传教士在科学技术领域中的作用也不容忽视。最后，从1872年起，中国学生便被派往西方各国学习。

1872—1875年间派往美国的留学生有120人。1875年，小部分人员离开福州船政学堂赴德学习大炮、军械制造、海战战略与技术。1876年,福州军火二厂 30 名学生赴法、赴英,在造船厂、矿场、钢铁企业、机械工厂进行实习。值得指出的是:1881—1882 年间,有四名留美女学生获得医学学位,回来后成为首批中国女医生。1880—1890 年间也曾向欧美派遣其他留学生,但因此类派遣费用极高造成经济困难,不得不在 19 世纪末明显减少派出。

第一批留洋学生组织不好,看来效果不佳。派至美国的少年不久即完全美国化;福州船政学堂派到德国的学员则年纪太大,无法适应。反之,福州军火厂赴法、赴英的留学生与实习生参与中国新舰队建设,效果良好,可惜舰队于 1894 年被日本人摧毁。

自 17 世纪初年开始建立的中西方数学传统之间的对话至 19 世纪依然持续下去。中国进行了巨大的比较与综合工作,重新发现 11—14 世纪的中国数学,搜求并重印已散佚的著作;戴震、阮元等人,还有 19 世纪初的罗士琳都对这方面甚感兴趣。阮元于 1797—1799 年写成《畴人传》——关于中国数学家与天文学家的简介,附上有关著作的评述。罗士琳死于 1853 年太平天国屠杀扬州居民之时。中西传统比较研究以及 19 世纪数学、物理著作翻译,下述名字与此有关:罗士琳,李善兰(1810—1882 年)——曾与上海伦敦会英国传教士一道翻译数学著作,郑复光——写有光学著作《镜镜诊痴》,1835 年出版,还有华蘅芳(1833—1902 年)。

在若干领域中,中国传统与西方新近取得的成就比较而言,表现出明显的落后;19 世纪末以后,下列领域(化学、植物学、地质学、古生物学等),已开始成为中国科学的组成部分;20 世纪上半叶,中国学者在大部分科研领域的贡献不容忽视。

第十卷
苦难的中国

第十卷

苦难年代的开端

　　1894年的中日战争使华夏世界政治、社会、经济进入新的崩溃阶段：战败的后果在各方面都极为严重，可以说从这时起中国再也无法掌握自身的命运。中国在艰难条件下创建起来的海军被彻底摧毁。2亿两白银的战败赔款（相当于清朝政府年收入的三倍）强加在中国头上，为保存辽东半岛若干年，还须另付3 000万两白银赔款。日本吞并了台湾与澎湖列岛，并在东北（满洲）取得统治地位，其领土野心激发西方列强也来瓜分中国领土，并将中国划分为"势力范围"，即划分出掠夺清皇朝财富的保留领地。

　　1897年德国占领山东东南部的青岛与胶州地区，1898年英国占领威海（威海卫）地区以及山东半岛东端。俄国占领辽东半岛南部（大连地区及旅顺港），法国窥伺中国西南，1898年亦步德、英、俄三国后尘占据了广东西部的湛江地区（广州湾）。

　　再者，受外国谈判者尊重的政坛人物李鸿章虽在1894年战败前极尽周旋议和之能事，但在《马关条约》之后的年月里却再也不能奏效；外国工业竟至在中国开放口岸与新"租借地"开办起来。中国经济受外国支配的程度骤然大增，外国资本涌入中国，西方及日本公司经营的金融企业、工厂、作坊、矿山都飞速发展起来，各公司依靠生活贫困、异常廉价的劳动大军在城市及占领区攫取巨额利润。

中国被分割情况

1895年	日本吞并台湾与澎湖列岛。
	汉口与天津设立德租界。
1896年	汉口设立俄租界、法租界。
1897年	德国占领山东的青岛与胶州地区。苏州（江苏）与杭州（浙江）设立日租界。

续表

1898 年	英国占领山东威海地区,俄国占领辽东半岛南部的大连和旅顺(阿瑟港)地区。
	汉口、沙市(湖北)、天津、福州(福建)设日租界。
1899 年	法国占领湛江地区(广州湾)。
	厦门设日租界。
1900 年	八国联军殖民队伍抢掠皇宫与北京城。
	瓦德西元帅对中国北部众多城市进行报复性征讨。
	天津设俄租界。
1901 年	重庆(四川)设日租界。
1902 年	天津分别设比利时、意大利、奥地利等国租界。
1911 年	外蒙古转由俄国控制。
1914 年	英国控制西藏中部与西部。
	日本人进驻原德国在山东占领的领土。
1931—1932 年	日本入侵并吞并满洲。
1933 年	日本推进至热河(蒙古东南部)与河北部分地区。
1937 年	日本空军轰炸上海与南京。
	日本开始全面侵略中国。

　　外国入侵的年代正是西方国家(以及日本)技术与工业发展进步最快的时期,同时也是中国经济面临崩溃之际,因而外国的控制尤为严重。1895 年与 1901 年强加在中国头上的战争赔款(分别为 2 亿两白银和 4.5 亿两白银)对当时的富国而言也许不算巨款;而对于中国却是不堪重负,当时中国财源枯竭,茶叶与丝织品出口销路已断,眼见洋货充斥城乡市场而束手无策。此外值得注意的是:《马关条约》的赔款使日本有可能于 1897 年实行金本位,这对其 1900 年前后的经济发展起了很大作用。

　　经济支配伴随着军事控制:外国竟在中国维持陆军与舰队,随时准备干预。设在大城市的租界,主要是从商业活动考虑,而租借地却不同,首先是作为军事基地、军事据点。

　　战败带来的政治后果与精神创伤也同样严重。李鸿章曾是享有一定威望的唯一领导人,在中国政坛上称雄达 1/4 世纪,《马关条约》签订后,他被排挤于政权之外,从而产生了政治真空,当时几位强权人物无一能填补;接替李鸿章成为北洋陆军首领的袁世凯还只是一个没有影响力的军人,而执掌长江中下游的地方官(张之洞与刘坤一)却主要着眼于如何使自己的地盘置身于国际风云之外。1900 年前后的关键时刻,中国政治生活的特点是缺乏强有力的领导,分裂割据,领导层与知识阶层茫然不知所措。

惶惑茫然的种种表现

自 1898 年 6 月 11 日至 9 月 21 日,以维新派大文豪康有为(1858—1927 年)为首的一小群知识分子成功地厕身于北京政府,施行一系列参照日本与俄国模式的制度改革:革新科举制度、改革行政机构、颁布国家预算、创设农工商总局……史称"百日维新"。维新派最初得到了北洋陆军将领袁世凯和湖广总督张之洞的支持,但终于因保守势力反击而被抛弃。袁世凯转而投向慈禧太后一方,慈禧迅速控制了局势,六位变法人士遇难,其中包括哲学家谭嗣同(1865—1898 年),而康有为及其门生梁启超(1873—1929 年)则逃往日本,在那里成立了保皇会。

中国近代史上的这一幕也许有其自身意义,它特别显露政局的动荡,理应将其置于当时受辱与混乱的时代背景中加以考察。显而易见,维新乃是虚幻的救国方案,当时中国领土已成为外国瓜分的对象。中国经济正在崩溃,而且由于西方国家与日本的飞跃发展,工业化国家与仍然以农业为主的辽阔大帝国之间的差距日益扩大。

面对工业化国家在经济、政治、军事上的控制,中国同样表现出惶恐而束手无策,北京朝廷因为绝望而铤而走险,决计支持民众叛乱。农村苦难加剧,由于进口布匹、煤油,发展现代交通工具(铁路与蒸汽船)而引起失业,外国人、尤其是传教士的所作所为激发仇恨,上述种种情况便导致 19 世纪末年农民阶层广泛动乱。秘密结社(哥老会、大刀会)再度出现。1898年以后山东水灾肆虐，民不聊生，旧白莲教的一分支便因此迅速发展起来。这就是义和拳运动，参加者练习中国拳术用以锻炼身体、陶冶性情，因而被西方人称作"拳击者"。义和团有严重的排外情绪，狂热相信巫术，据称可以刀枪不入。他们袭击铁路、工厂、出售洋货的商店、加入基督教的中国人以及传教士。袁世凯曾以强力将其逐出山东，1900年初，起义在山西、河北发展起来。起义者深入外国人聚居的天津、北京、保定等地，事态迅速扩大：列强由于其侨民受威胁而决定进行干预。朝廷中支义和团的主张占了上风，于是清皇朝正式向西方国家宣战，但是各省执行政策的地方官却关心如何维持自己的地方权力不受损害。他们认为朝廷支持义和团是铤而走险，因而尽量不介入冲突。1900年6—8月间，联军再度占领天津并向北京进发。清帝与慈禧太后（她于1902年1月6日才回到北京）逃往陕西西安。北京城遭受洗劫，德军更对华北城市进行报复性讨伐。1901年在北京签订的《辛丑条约》将如下的条件强加于中国：偿付4.5亿两白银的巨额战争赔款；禁止进行与外国人为敌的任何活动；停止进口武器，拆毁大沽炮台，由外国军队控制天津-北京铁路沿线；惩办首祸诸臣，并向外国派出赔礼道歉使团。

义和团事件使中国进一步臣服于外国，同时也使沙皇得以借此机会侵占满洲：俄国占领东北导致1904—1905年间的日俄冲突，在冲突中日本新兴的军事力量大败沙皇军队。

第一章　传统经济与社会的解体

　　商业资产阶级形成、无产阶级出现、新思想传播到知识分子中间、政治运动与政党出现,以上种种现象引起研究1895—1949年间中国的历史学家的极度重视。在他们眼里,这些新发展与西方国家经历的情况确实很相似:中国似乎也走上了从前推动欧美工业化国家发展的同一道路。他们对于中国近代史上这些现象给予特别关注,并赋予特殊意义,但与此同时,却无视某些不能与欧洲早期历史作类比的基本因素:存在广大农村人口(常常生活在贫困线下);中国经济衰竭、政治虚弱,依赖外国,靠高昂的国际贷款装备的军队在政治上越来越起决定性作用。有人乐意视为中国现代化的标志的事物在一定背景中出现并发展起来,这一背景本身便已否定任何与西方历史相提并论之处。1895—1949年中国"现代化"的各个方面,远不能体现进步与充满希望的变化开端,将其视作中国受外侮与社会解体的明显标志倒更为贴切。事实上,当时的发展是寄生性的,几乎是病态的,与外国资本及工业进入中国相联系,也与普遍贫困相关,贫困的重担落在农村民众身上。有人将下述人群视作相当于西方国家中的"社会阶级",如:落魄的知识阶层、资产者(实为开放口岸与东南亚华侨侨居国中外国殖民开拓的副产品)、贫苦的无产者(无异于因贫困而涌入大城市的走投无路的人群);这不过是词语的滥用。上海的发展,包括它的美式摩天大楼、中外银行及工厂,仿如癌肿瘤扩散,那不是华夏世界进步的明证,而是其受外侮的明显象征。

农村广大人口落入苦难深渊,只能一心为眼前生计奔忙,这时因中国社会解体而出现的新社会集团确曾激起巨大的爱国热情,使彼此格格不入的各派暂时统一起来。然而中国资产阶级、知识阶层与无产阶级的缺陷、软弱是显而易见的。企业家、银行业主、工厂主、进出口企业主既爱国与渴望独立,却又事实上附属于外国在中国设立的大银行、大企业,真是左右为难;无产阶级由于生活条件低下,人数不多,无法起到有力的作用。况且蒋介石于1927年的政变中扼杀了首批工人组织。知识阶层存在各种对立思潮,陷于深深的惶惑之中。但是,虽然整个20世纪上半叶期间决策权都落在军事领袖手里,但大学生及知识分子所不断施加的压力也久而久之对政治进程产生影响。1919年的五四运动特别标志着意识觉醒与思想演变的开端。这大大超出知识分子、大中小学等较狭窄的范围。

将1911—1912年昙花一现的共和革命与类似18世纪末法国经历的资产阶级革命相提并论是荒谬的。中国资产阶级从来就没有掌握过实权:实权操纵在有军权的人手里。中国终于摆脱外国侵略与军人政权靠的是创建一支非寄生性军队,与农民水乳交融,同生共长。

因此,20世纪前半叶中国的政治生活——乃至精神生活,表现出随意而为的面貌;由于政治运动不占重要位置,更加深这一特点。政治运动发起于日本、东南亚的中国移民地、作为西方在中国的飞地的开放口岸——发源于落魄的知识阶层以及生活方式西化的资产阶级内部,这种主要由学生与知识阶层发难的政治骚动虽然并非毫无效果,但未能构成这段历史的主干,当时的显著特点是军阀相继掌权。这一时期可分为四个阶段：

1. 1895—1916年间旧皇朝制度崩溃与灭亡，北洋陆军首领袁世凯掌握政治大权。

2. 袁世凯生前安插在各省的军事首领从1916年起开始斗争，并依靠在中国拥有"势力范围"的列强（日本、英国、法国等国）支持，实行瓜分割据：史称军阀混战时代（1916—1928年）。

3. 蒋介石利用自1919年以来逐渐壮大的爱国运动掌握政权，标志着中国现代史的新阶段；作为军阀的继承人，蒋介石依靠与外国在华利益密切联系的中国企业资本家的支持实行专制统治：史称"南京十年"（1928—1937年）。

4. 日本入侵迫使蒋介石逃亡四川。与上海的联系被截断，国民党政府的经济迅速恶化，同时日本侵略倒促进共产党控制的游击队发展壮大。从1945年日本投降至1949年最后几个月，这最后阶段的战斗自然朝着有利于人民军队的方向发展；中国找到了解放的秘诀，即建立一支爱国热情高涨的农民军队。

一、中国经济崩溃

战争赔款的重压

19世纪末年，中国白银与西方国家控制下的国际市场上的黄金比价下跌严重，而这时中国正不得不向侵略者偿付巨额战争赔款。一两（即38克）白银1887年相当于1.20美元，15年之后，贬值一半，1902年只值0.62美元。虽然在一次大战末年币值略有回升，但白银贬值仍持续下去，中国货币的致命弱点因外贸逆差、战争赔款造成亏损而更为严重。《马关条约》之前，赔款数目中国经济尚能负担，自1900年左右开始，此类赔款即将摧毁中国经济。日本战胜后强加于中国的赔款已相当于国家年收入的三倍。六年之后的《辛丑条约》赔款终于使中国破产,陷入混乱之中。这 4.5 亿两白银如果加上中国为偿清债务而需付的高利率则实际折合为 9.82 亿两。1911 年,中国公开外债已达 2 亿银圆,至 1924 年更高达 8 亿美元。这个落入贫困最底层的国家永远也不可能偿清世界上最强盛富有的诸国压在其头上的巨额负担。

外国强加给中国的战争赔款

1841 年	付 600 万两白银给威胁广州的英国人。
1842 年	赔偿 2 100 万两白银给英国。
1858 年	赔偿 400 万两白银给英国。
	赔偿 200 万两白银给法国。
1860 年	赔偿 1 600 万两白银,英、法各半。
1862—1869 年	传教士与中国民众产生纠纷之后,赔偿 40 万两。
1870 年	天津事件后赔偿 49 万两。
1873 年	日本窜犯台湾后赔偿 50 万两。
1878 年	向沙俄赔款 500 万两(《利瓦吉亚条约》)。
1881 年	向沙俄赔款 900 万两,中国以此收回伊犁河以北的部分领土。
1895 年	中国战败后向日本赔偿 2 亿两。
1897 年	赔偿日本 3 000 万两,以换取日本军队撤出辽东半岛。
1901 年	河北被侵占时向西方国家联军赔偿银圆 4.5 亿。
1922 年	赔偿日本 6 600 万金法郎,以换取日本撤出山东胶州地区。

本表未收录 1870 年后由于传教士和中国民众纠纷而强加给中国的多项赔款。

《马关条约》签订之后,中国随即向法俄银行团签约借款 4 亿法郎,以海关税为抵押。1896 与 1898 年又向另一外国银行团借款,合计 1 600 万英镑。自 1902—1910 年之间,北京政府从其收入中提取款项,并以外国对不赔款发出的威胁要挟各省,赔偿了《辛丑条约》中的 2.25 亿两。海关税显得非常不足,于是整个中国税务体制(厘金与盐税)转而由外国人控制,全部收入落入外国人手中。

自 1895 年起,中国不得不肩起三重负担:战争赔款、外国银行贷款、组建现代军队的开支。除了这类重担之外,还有一些特别因素起作用,既改变亦同时削弱中国经济。的确,中国经济变得越来越受世界市场变化的左右,因而更为脆弱。农业与手工业都顺应国外需求,前者发展起新的种植业,不惜放弃粮食作物,后者开发新型加工业(如进口棉纱、织布),因此,若干部门经过一度繁荣随即便突然衰退。1870—1880年间棉纱进口量由33 000担增至387 000担,随后由于廉价棉织品大量进口而下跌。在1893—1899年间,欧洲(尤其是英国)布匹大量涌入中国,1899—1900年间则是美国棉织品进口大增,中国某些地区的棉纺手工业因而被摧毁。1920年棉织品进口达到最高峰,随后由于国内穷困而减缩。1830—1880年间茶叶出口量由3 000万磅迅速增至1.5亿磅。然而,由于印度、锡兰与日本都开发茶叶种植,后者还采用工业化生产技术,茶叶价格自1880年起便开始下跌。七年之后,中国一些省份有八成茶山被荒弃:中国经济中一直十分繁荣的部门便告整体垮台。纺织品也遇到相同的命运:1885—1887年丝织品出口表现明显回升之后,很快便遇到日本、里昂与意大利丝绸生产的竞争而衰落。

经济受外侮

自《马关条约》为外国工业打开中国大门之后,西方与日本的资本如潮水般涌进开放口岸及租界。外国公司确实既想利用穷苦而廉价的劳动力,又希望有良好的环境可以倾销自己的产品。据估计,中国的外资由1896年的7.87亿金圆增至1914年的16.1亿。1890年,中国领土上只有499家外国企业,1923年达到了6 865家。

资金输入、工业开发仿佛为中国经济注入新活力。外国人居留开业的城市迅猛发展起来:主要是上海,但还有天津、青岛、武汉、香港……新工业为大批走投无路的人创造了就业机会,使周围的乡村重新焕发了生机;大城市还为大量小活计与买卖提供有利之地。但这种繁荣是表面的、虚浮的。外国资本输入的结果进一步加剧沿海工业中心与生活水平不断下降的广大内地之间的不平衡。1920年前后居住在中国的30万外国人虽然在中国花费自己的部分收入,但绝大部分利润却由外国公司转回其国内。因此,这是对中国的微薄财富的进一步掠夺。总之,西方与日本的投资其结果是使中国经济成为外国的附庸。

1920年前后,整个中国经济都受制于上海、香港、青岛、汉口的外国大银行以及财雄势厚的大公司,例如日资的开兰矿业株式会社。[①] 海关、盐务稽核、邮政均由外国人管理,全部收益亦归其所有。西方与日本的战舰、商船随处可见,出现于港口、沿海以及长江的航线上。除了少数中国企业面对竞争勉强支撑下来之外,整个现代工业部门(织造业、卷烟业、铁路、海运、水泥厂、肥皂厂、面粉厂以及城市中的煤气、水、电力输送、公共交通)都在外国公司的控制之下。与英、美、俄、日、法在中国的投资相比,中国的银行、工业、商业资本少得可怜。上海的西方大银行控制了中国收入的主要来源:海关税与盐税。此外,西方大银行吸收了所有希望得到可靠存放处的私人资本,而中国银行却无法得到。

中国企业一直面临严酷的竞争,仅仅在第一次世界大战时略微得到缓和,自1913—1918年间,英国对华出口减少51.5%,法国减少29.6%,德国则因1917年中国对德宣战而完全停止了对华出口。只有日本出口在这一时期继续增长,然而由于多次抵制日货运动而大受打击。1914—1921年间,中国纱锭数目增长了125%。1918—1919年间,中国经济获得相对改善,表现为商业复苏,中国银圆升值,但舒缓时间非常短促:1919年后竞争复趋激烈,导致许多中国企业破产。1913年日本纱锭数为111 926,1922年增至621 828,三年之后达到了1 268 176。

纺织业(最重要的经济部门之一)的情况尤其说明问题。中国企业家在狭窄的市场上筹措资金十分困难,而日本企业却有充足贷款作为资本,利率只有3%,比中国银行10%的利率低得多;再者,日本纺织企业与轮船公司达成协议,从印度来的原棉运价低30%。最后,日本产品在

[①] Kailan Mining Association,自译名。——译注

中国免收过境的重税——厘金,而所有中国产品却必须纳税。银行贷款条件优越、低利率、免税、减轻运费、合理组织,凡此种种都导致产品成本的差别:中国的棉织品价格比日本企业在中国生产的棉织品贵114％。

18世纪时,中国曾是各种成品的出口大国,以后一度仍为优质棉织品的生产国,直至1880年前后,还是丝织品与茶叶产国。自19世纪末起,中国竟然变成进口国,不仅进口钢、机器、铁路器材、武器等,而且还进口日用品。19世纪末从美国、英国进口的大批棉织品开始时仍局限于城市市场,后来竟充斥乡村。连照明用油也靠进口:中国桐油小手工业敌不过进口煤油的竞争;1910年煤油进口已达730 900 000升,至1923年增至976 100 000升。在这个辽阔国度里,农村居民为生存下去而不得不节衣缩食,粮食不足异常严重,甚至要从国外进口部分食品,如食糖、大米、面粉。大饥荒时,中国被迫大批购进食物,例如,1920年中国从东南亚采购了530万银圆的大米,1922年再次以8 000万银圆巨款进口大米。

西方国家很长时间之后才意识到自己的失策:中国并不拥有取之不尽、用之不竭的财源,也不是他们在1840年前后想象的新黄金国。当然,如果中国经济发展,确实是有可能成为黄金国的。19世纪末,各国与中华帝国的贸易总额不超过5 000万英镑,也就是说远远低于与一些小国的外贸额。中国的贫困是外贸衰落的主要原因。19世纪末至第一次世界大战初期,当中国经济走向破产时,西方诸国开始对中国失去兴趣。1914—1918年出现大劫后西方遭遇重重困难,而同时华夏世界亦深深陷入混乱与贫困之中,致令西方对中国兴趣大减。经历了1900年前后的大投资之后,投资速度减慢下来。有些国家后来放弃在中国取得的特权,留给南京蒋介石政府,另一些国家到第二次世界大战期间也放弃了自己的特权。西方人随后将这可怜的猎物留给了日本。

自然灾害

随着19世纪末的来临,中国似乎变成了命运的玩物而无法进行抗争。自然因素与人为作用全面结合起来。1850—1950年间,中国经历了历史上最惊人的暴动,遭受外国的炮轰、侵略、内战,也经受了巨大的自然灾害。大概世界史上还未有过如此众多的遇难者。

自17世纪中叶至18世纪末,中国遇饥荒与水灾不多,而自19世纪上半叶开始,自然灾害开始增多,而且达到史无前例的规模。广大农业地区人烟稠密,生活水平普遍低下,腐败的官府无能也没有预见性,种种因素加在一起确实使微不足道的气候反常演变为巨大灾祸。粮食储备缺乏,救援工作组织不力,交通不便等使华北的旱灾引起严重饥荒。河堤保养不善,河床增高,导致1850—1950年间的几次大洪灾。饥饿与贫困促使大批贫苦农民开发高地,主要用以种植玉米。但是19世纪大量的伐木毁林导致了水土流失,而冲积层却使河床增高。堤坝疏于保养,洪峰来临之时不足以挡住洪流。各个起因相互关联,而其中首要的起因是中国农民自19世纪上半叶开始对土地的渴求。历史学家林则徐(1785—1850年)、地理学家魏源(1794—1856年)、水文地理专家汪士铎(1802—1889年)都看到了这一点。由此而形成的大洪灾不仅祸及黄河下游,而且更严重、更经常地祸及汉水下游流域与长江下游。这些大洪水不仅当时造成大量破坏、伤亡,而且还酿成瘟疫。1855年黄河在开封西侧决堤,从淮河地区改道济南。1938年,黄河复取道安徽北部,并于1947年再次改道。1931与1935年间长江下游也出现了严重水灾。

然而华北的大旱灾为害更甚。1876—1879年间,陕西、山西、河北、河南以及山东一部分发生大旱,造成900万至1300万人死亡,1892—1894年间的旱灾造成约100万受害者。自1900年左右起铁路网得到了扩展,但并未在和平时期减轻大饥荒的严重后果:1920—1921年间死亡人数达50万人,1928—1931年间,由于政治原因,仅陕西一省死亡人数即达300万人。第二次世界大战期间,大部分领土被日军占领,1942—1943年,河南因饥荒而死亡的近200万人。

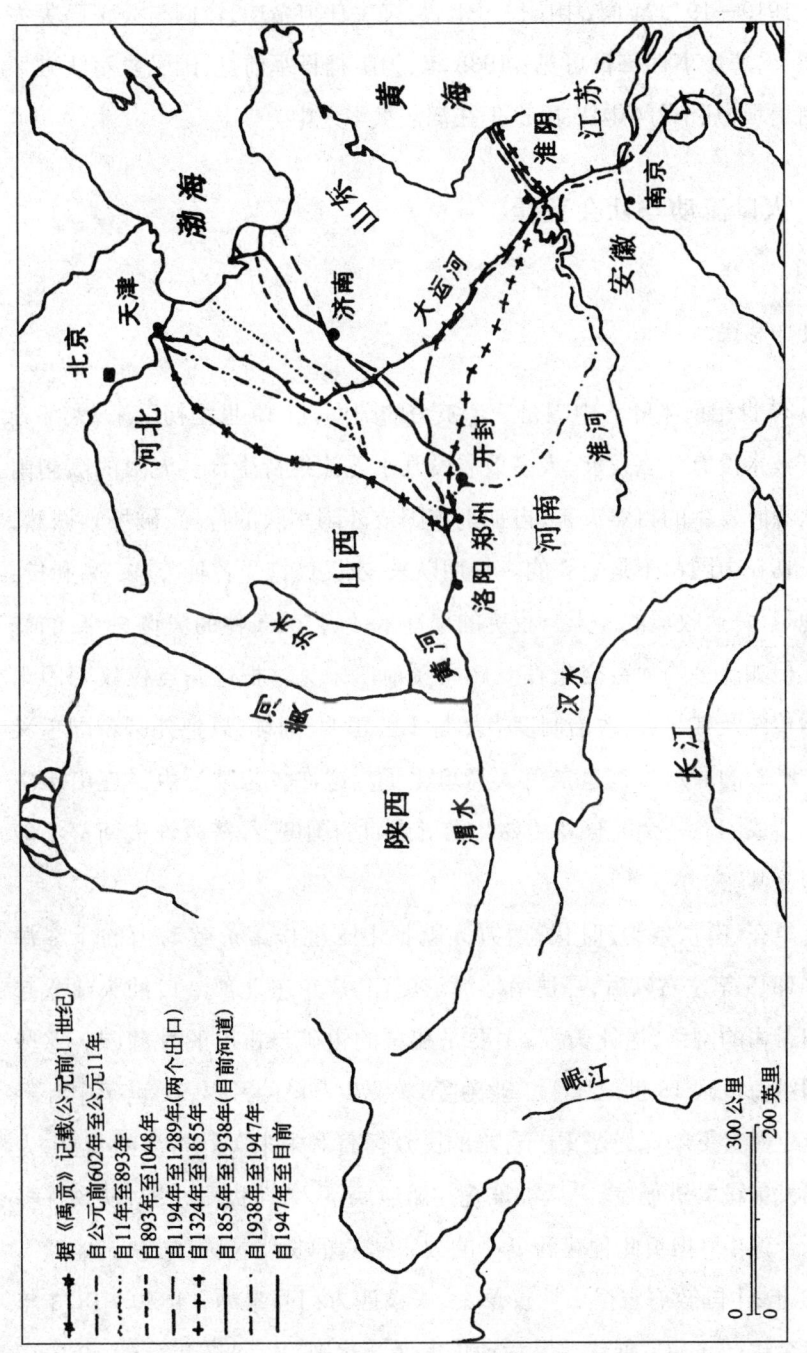

历史上的黄河改道

1919—1949年间,中国民气沮丧,丧失任何希望,怜悯与公正已失去其意义,悲惨事件每日可见:1938年,为阻挡日军前进,国民党军队破坏黄河堤坝,几十万中国农民丧生在滔滔洪水之中。

二、人口流动与社会变迁

迁徙与移民

20世纪前半叶的中国是一个贫穷的国度,自19世纪初以来,大部分生产技术没有什么发展,大多数居民几乎无法维持生计。无限的高剥削加上不时发生的自然灾害,再加上本国或外国军队的抢掠、破坏。诚然,这一切在中国都不是全新的。长期以来,农民就饱受各种苦难:高利贷、高地租(竟达收成的一半)、税吏的横征暴敛、自然条件的失调、士兵的暴力。但如此多的祸害交集在一起无疑前所未见。把这一点仅仅归因于中国传统及其社会、政治制度当然是不公正的,同样,只把外国帝国主义视作唯一的罪魁祸首也未免太简单化了。这许多苦难是由一连串历史事件造成的。一个能够养活如此大量人口的国度,经济少许失衡都不能不深受其害。

早在《南京条约》时代,西方人就把中国视作廉价劳动力的无尽源泉。1845年左右以后,福建南部海港厦门、广东东北部港口汕头建立起输出苦力的网络,送往美洲,主要是秘鲁的银矿与古巴的甘蔗园。这些中国沿海地区18世纪靠手工业为生,农业生产已经亏损,19世纪中叶经济衰退对其影响尤为严重。苦难的民众怀着对未来美好生活的希冀,先是出发前被关进棚屋,之后被堆叠在船舱底下,条件极端恶劣,以致许多人死于途中;担负此种获利丰厚的奴隶买卖的货船被称作"漂流地狱"。1866年,中国政府曾提出协议草案,未被西方列强采纳。1850—1873年间黄金生产飞速发展使移民活动再度活跃起来,从1867年开始,众多广东苦力被招募到加利福尼亚(中文称"旧金山"),1848年该处发现金矿;后来还到澳大利亚("新金山"),此处1851年亦发现黄金。然而这种刺激起来的或是自发的移民浪潮却引起美国工会的敌视,种族仇恨高涨起来。从1880年开始,美国政府迫于工会压力只得暂停中国移民入境。五年之后,即1885年,罗克斯普林斯(怀俄明州)暴动,29个中国矿工丧生。中国因自己的侨民受虐待而一再抗议,但没有奏效。中国移民在美国所受待遇以及不许任何移民入境的禁令使得1905年在中国引起广泛抵制美国货的运动。同年一本描述美国南方各州苦力悲惨生活的中国小说问世(题为《苦社会》)。

20世纪初,往美洲与澳洲的移民速度放慢。1917—1918年14万中国工人被送往法国,这是20世纪中国向西方国家移民最多的一次。这些中国工人为战事服务,后来已返回祖国。山东与黄河下游的中国农民纷纷在东北定居下来,东北人口由1910年的1 500万增至1940年的4 400万,同时广州人、客家人、福建人大批迁往东南亚的法属、英属、荷属殖民地,两者构成了20世纪前半叶中国历史上最重要的人口迁移现象。新加坡的华人由1866年的5 400人增至1911年的224 000人,同期荷属印度尼西亚华人由175 000人增至295 000人。不过往东南亚大规模移民却在20世纪前半叶。1900—1930年普遍增长50%～60%。新的移民浪潮大大超过往日中国的殖民开拓,这时新加坡、马六甲、槟城、堤岸(清入侵时流亡者所建)几乎完全成了中国城,而马来半岛上的居民几乎半数都是从前广东、福建的农民与苦力,以及潮州、厦门、福州、广州等地的人或是华南的客家人。

上述移民被东南亚殖民制度与资本主义制度发展带来的经济活动所吸引,融入当地社会,起到中介者的作用。锡矿、橡胶园、茶园、菠萝园、大米种植、园艺业、药店、建筑业、银行业,处处可见他们的身影。大部分人满足于做些小活计,如做小商贩、手工艺人、农民和种植园工人等。他们比当地居民更加勤奋进取,其中一些人终于赢得大笔财富,可以列举多位华人实业大家,他们相当于本世纪初美国的"白手起家"者。他们终于在马来西亚、泰国、缅甸、法属印度支那等的地方经济中占据重要地位。1936年左右,据估计,东南亚华侨掌握的资本达到6.44亿美元。

这样,海外也形成中国的资产阶级,它与开放口岸中的资产阶级很相似,同外国利益维持着紧密联系,一定程度接受西方的生活方式与观念。中国在建立议会民主制方面的徒劳尝试,海外资产者曾施加影响并起过作用,这点不容忽视。他们曾对共和派与同盟会给予道义上与财政上的支持。同盟会1905年由孙文(孙逸仙)、黄兴创立于东京。海外华侨普遍都接济广东、福建的家人,多少减轻他们的苦难。

一部分侨民的财富和影响以及他们施放高利贷的做法引起了土著居民的嫉妒、疑忌与仇视:东南亚旧有的英属、法属与荷属殖民地在第二次世界大战之后纷纷争取独立,随之而产生的高涨的民族主义对华人非常不利。

还可以指出的是,中国南部沿海省份的贫困促使华人大批移往马达加斯加、非洲、中亚、印度、大洋洲等地,中华民族进一步散布于世界各地。

中国人移民于东南亚的新近统计数字在解释上遇到困难,因为侨居国实行的措施往往迫使中国人更换国籍,同时也因为异族通婚与出现同化现象。因此官方数字只是一个约略数目。

东南亚的中国人

(1958年的统计数字,由1958年4月的《东方经济评论》提供)

国家和地区	中国居民数目	占总人数的百分比
泰国	3 500 000	18
马来西亚	3 013 000	44
印度尼西亚	1 598 000	2
越南、老挝、柬埔寨	1 221 000	4

续表

国家和地区	中国居民数目	占总人数的百分比
新加坡	861 000	77
缅甸	400 000	2
沙捞越(婆罗洲西北)	164 000	27
菲律宾	154 000	1
北婆罗洲	83 000	
合计	10 994 000	

(1960年,V.珀塞尔提供的数字总数略有增加,为:11 227 000)

传统社会解体

随着某些农村居民向开放口岸与周边地区(东北与东南亚)迁移扩散,中国社会也开始解体。资本与人才都从内地广大农村流失。普遍贫困的重担最终落在农民身上,这时更无人理会农民的悲惨命运。没有任何人以农民名义执言。过去的精英有很重的乡土观念,多少还与农村保持着联系。他们多少仍保持关心农民福利的传统。今非昔比,开放口岸中的实业资产阶级与知识阶层已大不相同;他们的生活方式、生存环境以及深受西方影响的观念,使他们与农民的距离越拉越远,因而对中国农村与农业问题视而不见。而这点从各个角度看来都是根本性问题。一切现象都促使他们鄙视这个苦难而迷信的世界;这个世界代表着过去,而大部分人奉为榜样的西方,正以其工业与商业的各方面强大实力展现在他们面前。

不过内地农民与开放口岸边缘地区特权阶层之间的隔绝却仅仅是20世纪前半叶中国的特点之一:可以说这时期的中国社会已处于分崩离析的状态。"吾人如同一盘散沙",共和国的缔造者孙文(孙逸仙)这样说。各种新团体借政治与经济受外侮之机成立起来,驳杂不一,彼此格格不入,而且常常分成对立派系。从总体而言,这类团体对局势的全面眼光逊于先前的中国精英,观念也不如他们鲜明。旧式官僚士大夫如湖南的张之洞(1837—1909年)①、长江下游北岸南通贫困地区的张謇(1853—1926年)都曾在自己省内发展钢铁生产,建设纺织厂以及新式学堂,以此竭力同外国控制抗争,而中国新兴资产阶级出身于没有文化基础的重利阶层(外国大公司的旧经纪人——买办,或是在外贸中发财的富商),却只追求一己私利。诚然,新兴资产者苦于附庸于人而且要与西方及日本企业竞争,本该有爱国热情。但他们身处陷阱之中,缺乏全局观念,无法摆脱外国设立的殖民剥削制度。况且,他们的活动也大体无助于将中国经济从附庸地位解脱出来:由于资金微薄,竞争激烈,中国资产阶级的工业企业为数不多。当时的经济与政治条件促其转向银行业及投机活动。

曾在日本或西方国家受教育的人思想较为开放,对祖国日趋没落感触尤深,他们都具有分析与比较的能力。他们的爱国情操比商业资产者更为热烈、博大。第一次世界大战后不久,知识分子与青年学生的突发行动——即著名的1919五四运动——以其猛烈、广泛程度而令人震惊。但是知识分子与新骨干亦未能摆脱普遍存在的沮丧情绪。他们的生活状况极端不稳(不少中国工程师失业),而且他们除了从政或从教之外并无其他出路。他们潦倒落魄,与自己的国家有点格格不入,生活在弱肉强食的环境中:当社会的凝聚力解体时,唯一的生活目的不是苟且偷生便是攫取财富。因此,西方资产阶级思想中某些主题在中国知识分子中引起共鸣,如:个人的浪漫主义激情、生存斗争、物竞天择等,部分原因便在于此。从1927年起,马克思主义似乎越来越成为拯救中国的唯一学说。

再说中国新兴的无产阶级。他们是外国资本入侵与农村贫困化的产物。矿山、铁路企业、码头、工业中心的工厂都吸引贫困农民中的剩余

---

① 应为湖广总督。——译注

部分。但这些无产者与下述民众区别不大：他们没有固定收入并以五花八门而且有时是不光彩的职业谋生（乞讨、杂耍、卖淫、勒索、作奸犯科、走私鸦片等等），失业人数极为庞大。1926年前后，无业游民例如旧农民或被遣散的士兵，总数约达2 000万。

中国工业无产者的生活条件比工业化初期欧洲工人的状况更为恶劣：12小时工作日，毫无职业保障，没有疾病或事故保险，雇佣女工、童工等。无产者处于招募人的完全控制之下，1920年之前不知有其他组织形式而只有传统的互助小团体：同乡会。与移居东南亚的苦力一样，工人与自己的乡下保持着联系，并将其部分微薄收入寄回家里。至1919—1921年间，在巴黎和约后产生的大规模革命爱国运动的推动下，工人组织才开始出现。但随后又在1927年被蒋介石扼杀。国民党政府建立的新的官方工会，受地痞、警察操纵，致使弱小的中国无产阶级在1928—1949年间未能在政治上起到任何作用。

除了这类松散的团体，还应加上一小群军事首领及其下属，这些人文化程度普遍不高，但在20世纪前半叶中国历史中却起了主要作用。

自10—11世纪以来中国传统上使用雇佣兵与职业军队，这是中国无力应付外来压迫的根源之一，后来20世纪上半叶还是它饱受灾难的一个主要原因。1840—1842年英国进攻时在广东组成的农民武装乃是自发反抗的表现，按清皇朝的观念，绝不允许直接利用民众主动组织的武装，因而其并未获得持久效果；军事问题传统上是属满洲贵族的事。同样，在太平天国反叛时期，湖南、江苏、安徽的地方官吏组成志愿武装，也未能导致观念与实际做法起变化。因此，这时组建的军队，随着中央政权的削弱便成为受长官直接控制的武装。由此便缺乏统一指挥，1884—1885年法国进攻时期，其后果表现得尤为明显。地方自治倾向亦发展起来，使中国军队变成相对自主并独立于中央政权的机构，而不是总政策的工具和以保卫皇朝为首要目标。因此随着国家衰弱，军队与军官便作为中国政治生活的真正主宰者而出现，这是无法避免的事。《马关条约》之后出现慌乱不安与政治真空,李鸿章失却权力,作为普通军人的袁世凯之所以得势的原因便在于此——1900年前后,袁氏是装备最好、训练最有素的军队的首领。演变追溯至太平天国战争时期,其结果是使中国军队在20世纪上半叶变成异己的、寄生的队伍,其功能并非对抗外国的控制与侵略,而相反却在国内政治方面担负任何其他政权已不再充当的角色。

可使中国重新统一并同时摆脱寄生军队与外国入侵的机制,只能是再求助于志愿兵制,并且逐乡逐区成立农民武装。这是解决民族统一面临崩溃的办法。自1870年左右起,如王韬之类的人,就曾在皇朝制度的框架内作过这种设想。

第二章 20世纪前半叶的政治演变

一、袁世凯时代

旧制度的灭亡

1894年战败与义和团运动的打击使清政府受到极大削弱,自1901—1903年起,清政府转而施行一系列改革,这些改革与康有为及其同伴在1898年倡议的变法维新颇为相似,如:1903—1906年间建立内阁各部,自1908年起公布政府的财政预算,废除科举制度(1905年),进行教育改革,各省成立谘议局(1909年),颁布著名法学家沈家本(1840—1913年)参照西方刑律修订的《大清新刑律》(1910年)。垂死的皇朝力求顺应潮流,甚至试图加强中央集权,以满足暗中敛财的迫切需求。满族贵族再度得势,加紧控制各省仅存的营利企业。袁世凯由于权势过重,威胁京师,于1907年被免去北洋陆军首领的职务,调任外务部尚书。同时,湖广(湖南、湖北)总督张之洞被召至京师,不得不离开他在长江中游的地盘。腐败官僚盛宣怀(1849—1916年)先入李鸿章幕,后从张之洞,于1908年依靠日本贷款,把持了中国轮船招商局及汉冶萍煤铁厂矿公司(张之洞经办的汉阳铁厂、湖北大冶铁矿与江西萍乡煤矿)。1911年5月,盛宣怀发起大量向外国银行借款,赎买铁路并收归国有,在各省激起爱国、护省的铁路风潮,导致皇朝的覆灭。清朝在劫难逃,固然是因为它笨拙、轻率,但更主要的是由于经济崩溃,不得不向各省施加压力,并靠"卖国"来向西方银行与日本银行借款。由此便导致旧统治阶级、开放口岸的资产阶级、保守派与维新派的不满情绪日益增长。

除上述基本弱点之外,反满与反君主制潮流还在不同阶层中日渐发展起来:如留日学生与学者、东南亚新兴的华侨资产阶级、华南与湖南的秘密社团、曾在由外国人主持的军事院校受训的新军军官。日本在这个过程中起了主要作用,自1896年起日本就被奉为榜样,1905年在对马岛击败俄国海军后更备受推崇,事实上别的一些集团也向形形色色的政治流亡者社团提供援助,当然援助并不总是无偿的。流亡者中最大的一派主张实行日本式的君主立宪,代表人物是旧维新派梁启超,他文思敏捷,在知识阶层中颇有影响。以孙文(1866—1925年)为代表的共和派离中国传统较远,在西方,孙逸仙的名字更为人所知。孙文与梁启超不同,一并非受传统教育出身,二无史哲的才情。他总是背井离乡,一生大部分光阴花在国外,寻求支持与资助。他出生于澳门附近,在檀香山长大,后在香港学医,最初以小谋反者的形象出现,与广东秘密组织联系。他在1894年建立兴中会,1905年在东京成立同盟会,这类组织与其说是真正的政党,毋宁说是密谋者社团,其行动多为策反与袭击活动,全告失败。最著名的一次起义于1911年4月27日在广州举行,共有72人丧生(称"七十二烈士")。孙文的共和理想比较简单:他的三个基本主题(三民主义)强调民族主义、自由民主、社会公正。但学说不如实际行动受重视。孙文的支持者(其友人黄兴,湖南人,与湖南秘密社团及新军中的革命派均有联系;汪精卫,1883—1944年;胡汉民,1879—1936年;章炳麟,1868—1936年)都天真地以为依靠自己的双手就能拯救中国。

旧制度终于覆灭了,但东拼西凑的共和革命派团体在其中所起作用甚微,最多只是一支不太重要的补充力量。有人将辛亥"革命"称作资产阶级革命,以便将它嵌入欧洲展示的历史发展模式,或是纳入马克思主义理论关于人类发展五大阶段(原始共产社会、奴隶社会、封建社会、资本主义社会、社会主义社会)的模式之中,而事实上,它只是中国政治权力瓦解过程中一幕小小的插曲。共和党人的胜利出人意料。1911年10月10日武昌(湖北)的一场兵变引发了大规模的分裂运动,蔓延大部分省区。12月初,中国南部、中部与西北部都在谘议局与军方达成协议后脱离北京,孙文从美国、英国及时赶回中国,在南京当选为共和国总统,于1912年元旦上任。但同时他又向袁世凯表示,只要袁氏愿意保卫新政权,就推举他为大总统,此事正表明共和国异常虚弱,因其既无财源又无兵权,虽有政治流亡团体之助,到底还只是旧谘议局的延续,不同的是,豪绅显贵头上再没有北京政府这一名存实亡的中央政权。实际上,虽然士绅同意在国会中有自己省份的代表,但所有人都指望着袁世凯,唯有他拥有一支训练有素、装备精良的军队,也唯有他能多少引起外国政府的重视。仅靠榨取各省以及向外国银行贷款度日的皇朝非灭亡不可,这场实际上并未流血的革命正是皇朝必然覆灭的结果。

袁世凯的专制统治

1911年10月奉召入京后,袁世凯利用混乱的局势赢得广泛的决策权,并借此与弱小的南京政府讨价还价,溥仪(年方6岁的宣统帝)退位仅两天,即1912年2月14日,谈判即取得结果:袁世凯代替孙文就任共和国总统,政府改设在北京。废除议会制以及随之而来的袁世凯专制是各种势力较量的必然结果。在华南与长江流域占上风的共和联盟不仅缺少军援与财力,而且缺乏协调一致,其组织成分包括属濒临消亡的旧统治阶层的各省乡绅、接受新思想的军事将领、共和派知识分子以及转而支持共和的立宪派。袁世凯已取得的广泛权力,日渐巩固下来。1913年3月22日,新的民族主义与共和政党——国民党的缔造者、议会制的忠诚卫士宋教仁在上海火车站遇刺身亡。

数月之后，黄兴与孙文被迫再度出走日本。

1914年1月10日，袁世凯解散国会，同年5月，公布《中华民国约法》，约法几乎赋予他一切权力。1916年元旦，袁世凯复辟帝制，当上皇帝。当然，此举并不意味旧政权的复辟，因为旧皇朝制度随着中国社会的变化已经消失。况且，地方主义势力并未减弱，外国，尤其是日本的压力一如既往，正如1901—1911年垂死挣扎的旧皇朝，这个弱不堪击的军事专制政府也是四面楚歌。1913年7月、8月间，华中、华南七省首领相继起义，反对袁世凯在全国推行帝制，这次闹独立的行动得到了一部分拥护议会民主制、不满袁世凯专制手段的人士的支持，史称"二次革命"。袁世凯在这期间安插在华中各省的部下不久便对其上司表现出独立倾向，南京有冯国璋、安庆(安徽省)有段祺瑞、南昌有李纯。袁世凯因屈从于日本的压力而大失民心，形势发展进一步促使政权崩溃。第一次世界大战一开始，日本便占领了原来德国在山东占据的铁路、军事基地、领土。1915年1月，日本驻北京使馆向袁世凯提出"二十一条"，目的是要把中国变为日本的保护国。袁世凯被迫承认日本占领满洲、蒙古、山东为既成事实，并将中国唯一稍有分量的工矿企业汉冶萍煤铁厂矿公司拱手让给日本人，连同汉阳的高炉、大冶与萍乡的铁路和煤矿。

1916年初，这个独裁者在他去世前半年就开始遇到自己扶植起来的亲信的抵制。华北的段祺瑞、南京的冯国璋已经作为他的对手而出现。云南都督唐继尧，依靠日本支持，宣布独立，紧接着南方与西部八省都脱离中央。从此开始军阀混战时代，袁世凯手下的北洋军队有十位旧军官成为独立将领。

二、军阀混战时代

内政与外部势力

与1910—1911年间濒临灭亡的旧皇朝一样，袁世凯及其1916—

1928年间的继承人都依赖外国财团贷款维持统治。控制国家固定收入（海关税、盐税、邮政收入）便可保证银行能收回贷款。但是外国总是要看中国政权是否能提出可靠保证才给予贷款的。各国拒绝向孙文弱小的共和政府贷款，随即却借款给袁世凯（袁氏1912—1916年间被视为是中国的"强人"），这种做法是合乎逻辑的。1913年达成最大的一宗借款：总数为2 500万英镑，首先扣除400万，预计从1913—1960年要还清的本息数达6 800万英镑。德、英、法、日、俄五国银行团向袁世凯贷出2 100万英镑，作为交换条件，五国银行团可以控制盐税与存进中国银行的资本。一个威胁着要结束外国在中国享有过分特权的政府（孙文于1923—1925年间就试图这样做）当然不可能取得这类贷款。

20世纪前30年的政治机制大体如此：外国没有直接插手干预这个财源枯竭、混乱不堪的国家的内政，但却阻挠采取任何有前途的解决办法。

列强曾在中华帝国划分势力范围，第一次世界大战的结束又引起列强再度争夺，更加剧了政治上的分裂；从此，英美报纸称为"军阀"的人地位上升，这些独立的军事首领（督军）拥有个人财源与私人军队，从而产生军阀间互相勾结、军事集团间相互对立。这类军队，由无以为生的农民组成，就装备（西方各国将第一次大战末未用的弹药销往中国）与运输工具（铁路、汽船）而言堪称是近代队伍，但其作风实与强盗无异。他们依靠流动作战为生，抢掠欺诈，无所不为。对外，实行奸诈手段，讨价还价，翻手为云，覆手为雨，对内则利诱腐蚀间或进行恫吓，这是军阀常用的政治手腕。在整个军阀混战时代，中国国内情况每况愈下：通货膨胀，匪盗横行，商业停顿，作为军阀主要财源的鸦片种植迅猛发展，麻醉剂（毒品）使用日趋广泛。中国农民进一步堕入贫困与苦难的深渊。

随着军阀及其盟友的分分合合，政治棋盘不断变化，而其中外来影响亦非无足轻重。袁世凯死后的数年之中，属日本势力范围的满洲成了奉（辽宁）系军阀首领张作霖（1875—1928年）的领地。段祺瑞（1865—

1936年)与徐树铮(1880—1925年)则依靠日本支持,控制了华中直至福建的地区。段氏在1918年得到日本大宗贷款(西原贷款)。这一派称作安福系(安徽-福建)。长江流域则属英国势力范围,由直隶军阀[曹锟(1862—1938年)与吴佩孚(1872—1939年)]控制。英国同时插手华南,觊觎这一影响香港经济的地区,法国也没有放弃深入西南的梦想,在云南扶植曾为日本效力的唐继尧(1882—1927年)。

1920年7月,奉天与直隶二派击败了安福系。1921—1922年冬的华盛顿会议对日本在东亚的扩张起了抑制作用,同时也促使各派政治力量重新分配,引起张作霖与吴佩孚之间的军事冲突,张是日本权益的代理人,吴则效力于英国。但是这种复杂局面,瞬息万变,难以详述。20世纪前半叶中国的政治生活无不与外国之间的争夺有关,也无不与其经济、政治、军事利益形成的压力密切相关,这是基本事实。

从孙文(孙逸仙)的努力至蒋介石取胜

在上述条件下,市民阶层的爱国主义浪潮、学生游行、一般工人与码头工人罢工、抵制洋货运动等显然不可能产生明显而长久的效果。因此梦想将中国从混乱中拯救出来的志士仁人均告失败,因为他们不得不向外国寻求并非无私的援助,也只能与军阀作短暂的联合。孙文(孙逸仙)的历次尝试劳而无功,原因就在这里。

1913年8月,孙文被迫再度流亡日本,至袁世凯死后的1916年夏天始回到上海。次年7月,他怀着将华南军阀争取过来的希望抵达广州,但很快便失望了,随即于1918年返回上海。由于当时西方列强认为日本是反布尔什维克制度的最佳盟友,巴黎和会条约便宣布将德国在华所取得的全部权益及领地都转让给日本,1919年5月4日,当条约公之于众时,学生、知识阶层及大部分资产者反应强烈。发源于北京大学的运动迅速波及各大城市。随之而来的便是抵制日货,水手、铁路工人、纺纱工人相继罢工……1920年12月孙文试图利用两个月前发生在华南的事件——当时新军阀陈炯明(1875—1933年)将盘踞在广州的桂系赶走。孙文以胜利者的姿态进入广州,1921年5月5日当选为当地的共和国总统,并着手建立符合其民主愿望的制度。但是,由华盛顿会议引发的政治力量再分配对孙文非常不利。英国采取敌对态度,孙文与陈炯明的冲突也越来越公开化,只好再次被迫离开家乡。1922年6月他回到上海,等待广州局势转机,以便于次年初回去。这时孙文在国外遇到了新盟友苏联,后者正设法削弱西方各国在远东的影响。1923年秋,蒋介石被派往莫斯科,在红军中受训,蒋氏为孙文未来的襟弟,是曾在日本受训的军人。同时一苏联使团(政治顾问鲍罗廷、军事顾问加伦)也抵达广州。1924年1月,国民党依照苏维埃模式重新改组,成为一个集中领导、等级分明、官僚式的集权的政党,要求控制政府与军队的各个部门。1924年5月,借苏联顾问之助,在广州郊区成立了黄埔军校。军校为新军培养出一批批军官,新军逐步发展起来,由蒋介石统领。1924年10月,北京形势发生剧变,"基督教将军"冯玉祥(1880—1948年)稳坐京城,促使孙文谋求与这位华北新主人合作。孙文抵京商谈协作,于1925年3月12日在京逝世。

国民党依靠逐渐壮大的军队在广州站稳了脚跟,军队拥有士兵85 000人,黄埔军校毕业的军官6 000人。1926年7月,国民党决定实现孙文多年的愿望,举兵北伐。北伐军与军阀的广大队伍联合(蒋介石手下的六支军队中,五支由军阀旧部重组而成,第六支为国民军中的新兵),势如破竹,挺进长江流域,收编部分地方军。1927年2月、3月间,已占领整个长江下游。

这时,蒋介石利用其军事首领职位,力图在国民政府这一成分混杂的联盟中取得统治地位。他确信能得到与外国利益息息相关的上海大商业资本家的支持,便与驻在长江中游武汉的国民党派别断绝关系。1927年4月12日,他血腥镇压了上海在国民党军队逼近时发动的民众起义。自此,在中国得益的外国可以无需担心任何革命危险,并决定支持 1927 年 4 月 18 日蒋介石在南京建立的新政权。

三、南京十年

蒋介石的成功,部分归因于他能巧妙地利用时局,善于谋略、谈判,这一点他和最精明的军阀不相上下。但其胜利还有更深层的原因,即其对手虚弱,而且内部不统一,加之经济、政治力量的自然作用,这种自然作用才真正决定中国的命运。蒋介石通过流氓地痞掌握了上海的警察局,同时在中国真正的经济中心江苏省首府上海血腥镇压起义,从而赢得了上海各大外国商号的偏袒以及中国商业资本家的支持。资本家厌倦军阀之争,担忧国民党内部已经露头的革命倾向,成立于南京的新政府很快赢得大部分有产者的支持。因为这个政权看来有能力维持商业发展所必需的秩序。就南京政府方面而言,也不得不与在中国拥有重要权益的列强合作。由于对革命派采取敌对立场,而且中国实业资本家不能不与外国公司保持着千丝万缕的联系,因而促成了这种合作。南京政府作为军阀的继承人,一面设法拉拢军阀,一面又力求清除军阀,但都未彻底奏效。政权的力量很大程度归因于苏联顾问于 1924—1925 年间建立起来的强大集权组织:一党制保证了政府对行政、军队与政治警探的绝对控制,使蒋介石得以用铁腕掌握政权。出现这一强权制度,符合外国长期以来的愿望,因而各国愿意提供维持其经济平衡必不可少的条件。1928—1931 年蒋介石治下的中国收回了清皇朝丧失的部分权利:开放口岸的外国租界数目下降,海关税、盐税以及邮政收入重归国民党政府。"大元帅"因而就拥有固定收入,其中海关税占一半左右。

国家迅速得到统一:早在 1928 年,国民党军队已占领北京,由于北京不再作为首都,便将其改名为北平。同时控制东北三省的张学良也倒向蒋介石一方;张学良是张作霖之子,其父的继承人。山西旧军阀阎锡山与"基督教将军"冯玉祥一度在华北联合反蒋,未遂,1930 年蒋介石重新控制华北。

国民党政权的基础与特征

南京时期之初(1927—1937年),蒋介石似乎已成为最强大的军事首领。他有一套强有力的政治组织(苏联模式的一党制),财政基础相当不差,还进一步紧紧控制银行界以加强这一经济基础,外国都正式承认南京政府,更增添其威望,这一切都非其对手可及。而南京政权有别于军阀之处正在于此:与先前的政府相比,它与商界的关系更为紧密,尤与集中中国银行资本90%的上海商界联系密切,而且对西方影响采取更开放的态度。大部分政府官员及工作人员与外国人有联系,或是学成于国外。南京政权源于开放口岸中的西化资产阶级,这也说明不管其如何标榜要发展农业,实际上却对农民的悲惨命运漠不关心。

但南京政权亦有与其时代紧密相关的特色。它成立之时,正是意大利法西斯、德国国家社会主义、日本军国主义上升时期,而议会民主制正遭受美国经济大萧条的打击,斯大林领导的官僚制度与警探制度则在莫斯科大行其道。蒋介石对革命运动强烈痛恨,对强权制度极为赞赏,便致力仿效强权制度的宣传手法,推行改换新装的"儒学",亦即"新生活运动"——一种将尊孔与颂扬中华民国创建者结合起来的道德观。一支政治警探(称为"蓝衣社")负责追捕自由派与革命派。

蒋介石的主要功绩,在于通过对金融界日益严密的控制,保持了财政平衡。

中国银行由实业家创立,他们先后与清朝政府、袁世凯政权及军阀政府都有联系;银行在军费开支方面曾起关键作用。因此,银行代表某种相对独立的权力,蒋介石发动政变时,金融界曾给予蒋以支持。当时,由于内地资本源源流入经济大中心上海,那里的银行存款1921—1932年间猛增245%,因而银行的势力蓬勃上升。这座大都市的中国银行数目从1919年的20家增至1923年的34家,1927年又增至67家,到1937

年达到 164 家。而国民党自立足于南京之后,便加强与金融界的合作,同时也给予其特殊优惠与方便的投机条件,以换取所需要的支持从而维持财源并填补亏空。由此便建立起某种国家资本主义,可使国民党政府时刻得到企业界支持,又能约束过于独立的资本家。国家财政很快就受几家与南京政府联系密切的银行业主控制,即宋氏家族(蒋介石的内弟、早年毕业于哈佛大学的宋子文)、孔氏家族(出生于山西商贾之家的孔祥熙)、陈氏家族(出身于江苏商贾之家的陈果夫、陈立夫兄弟)。1933—1934 年冬美国大量购买白银,随即导致多家银行破产,1934—1935 年间,国民党趁势加紧其财政控制。1935 年 11 月 3 日宣布白银收归国有。由此,中国钱币才趋于稳定,国民党发行的钞票通行全国,物价回复平稳。自此四大国有银行控制了货币市场:其主要功用在于通过发行利率 20%~40% 不等的债券满足军费开支,填补国库亏空,而主要得益者则是政府高级官员。

虽然农村苦难深重,但国民党与企业界保持千丝万缕的联系,加之表面繁荣,政权稳定的原因便在于此。

大部分研究现代中国的史学家认为,1927—1949 年间的地主阶级是旧制度士大夫阶层的延续,是农民悲惨命运的主要根源。但在国民党政权中操纵一切的新商业资本家与清皇朝旧统治阶层已无共通之处。虽然 3% 的乡绅与在城市居留的地主占据耕地总数的 26%(这种情形在长江流域与华南稻田平原尤为显著),但这时期农业收入微薄以致所有资本都另找投资场所,因而将政权与地产联系一起的旧模式不可能适用。事实上,农民负担极重,贫富稍有差异就能成为剥削他人的条件。在乡村社区中,最富有的经营者甚至比不上欧洲最贫困的农夫,而佃户倒不一定是一贫如洗。地租与高利贷已成为农村经济的沉重负担,更加上国家政权及其各省代理人征收的形形色色的捐税、敲诈勒索以及军队征调。1927—1949 年间中国农民经常处于人类苦难的最底层。不过将如此深重的贫苦主要归罪于社会制度与贫富间不可避免的悬殊,又怎能成立呢？城市特权阶层试图将贫困置于脑后，事实上苦难是50余年历史发展的结果，而并非社会制度的产物——中国旧制度或许是其独有的，但并不比其他许多制度更坏。苦难的根源在于：人口与财富流往开放口岸，旧时的生产活动转为非生产活动（鸦片、烟草、投机、从军等），存在与外国资本渗透相联系的违背自然的政制。归根结底，苦难乃是19世纪末以来华夏世界日渐受外侮的产物。

日本入侵满洲与红军的发展

蒋介石的主要目标在于扩大并巩固其对国民以及整个国家机器包括军队、警察、财政的控制权，同时为政权建立强大的军事实力。国家开支的大部分用于装备军队，清除尚存于华南与西部的独立军阀。但很快出现另一个敌手，即持不同政见的共产党在长江以南领导建立的农民联盟以及随后在江西东北部瑞金地区成立的农村苏维埃。自1931—1934年，蒋介石对瑞金苏维埃共和国发动了一系列进攻，第五次亦即最后一次围剿，借德国顾问之助而且赢得外国贷款，成功地将共产党人逐出上述地区。

正是在这一阶段初期，发生了中国现代史上至关重要的大事：1931—1932年间日本入侵并占据东北三省，蒋介石由于全力与"共匪"作战，竟将失去东北视作无法避免的事情接受下来，况且日资渗入东北由来已久，而东北军阀与日本常常联系密切。张学良归附蒋介石乃不久的事情。再者，创建中的国民党军队如果与装备精良、训练有素的侵略军直接对抗，也会败阵，这样的冲突对于刚开始巩固的政权很可能造成致命的打击。可是日本占据这片大于法国的土地，获得近4 000万人口，得到优良港湾、煤矿以及东亚最发达的铁路网，显然能大大增强其经济实力。占领东三省，为占领全中国打下良好战略基础，迫使国民党政府在日本节节进犯华北之时迁就姑息，退缩不前。

由于日军入侵满洲威胁到蒋介石政权的命运，而且对中国政治生活

533

产生巨大影响,因而此事应视为这一时期中国历史上的最重要事件。

受事物发展逻辑的支配,国民党政权更坚定地站在反动立场上,打击自由派与革命派,使最偏激的倾向获得成功。值得注意的是,无政府状态的军阀时代曾出现各种各样的政治与思想派别,经过充分发展之后,从1928年起进入另一个时期:共产党人在反对派中取得优势,马克思主义在知识界中占了上风。国民党政府面对日本侵略采取迁就妥协态度而农民军则进行爱国主义斗争,终至令越来越多的反对派转而支持共产党人。

共产党人终于取得胜利,回顾历史,令人对它愈发重视,而共产党在建党之初以及在广州时代即1923—1926年间,远未显示出如此强大的实力。共产党是几位知识分子在1921年建立起来的政治小团体,旨在组织并推动开放口岸的工人运动。如果恪守苏联顾问为其划定的框框以及遵从莫斯科的远方指令,则永远也不可能取得胜利,因为苏联人对中国现实一无所知。确实,最初阶段先验主义占了主导地位,当时盛行先入之见,认定革命只有一条道路:俄国所走之路。共产主义正统的基本点在于确信无产阶级的革命使命,同时对农民阶级抱有很深的疑虑。由此共产党必须与国民党的民族资本家达成暂时合作以待中国工业资本主义慢慢发展成熟。这样的政策自然导致共产党受镇压,工人领袖被屠杀。正是违背苏联指令,对抗正统学说,农民革命运动才在乡村里发展起来。西方的老传统是城市爆发起义,十月革命夺取政权即如此,中国则不同,从农村慢慢包围城市。

中国共产党早期领导人是城市知识分子:陈独秀(1880—1942),曾留学日本与法国;李大钊(1889—1927),毕业于北洋军校,后留学日本。与此不同,农民运动及1927年后成立的农村苏维埃政权的主要领导者都是来自内地省份,从未到过外国:朱德1886年生于四川一农民家庭,毛泽东生于1893年,出身于湖南湘潭附近的富裕农民之家,只有周恩来例外,他生于1896年,曾留学日本、法国及德国。共产主义农民运动与受西方影响的大城市的人为环境相距甚远,而与中国真正的革命传统则一脉相承。实践替代理论,推理让位于直觉,于是有了如下认识:农村剥削制度与开放口岸的资产阶级政权紧密相关,而后者又与外国资本的控制不可分割。为打破这种恶性循环,必须让遭受外国资本与中国资本家双重剥削的农村战胜城市,因而要依据切合时势的战术要求(1927—1934年间与国民党政权对抗时强调社会公正,后来又着重抗日爱国斗争),凭借坚强的领导与不屈不挠的努力才能达到目标。还须在战斗中逐步培养适宜于担任领导职务的干部,要不断进行教育与灌输。由于中国人特有的对抽象与理论的反感厌恶,于是形成中国共产主义思想注重实践的特征,及其在西方人眼里的明显缺陷。

四、自日本入侵至人民共和国成立

1937年7月日本从东三省大举入侵,8月间上海遭受突然炮轰,标志着最后阶段的开端:国民党政权衰落与抗日运动高涨。

重庆时代

1937年末国民党政府退守汉口,复从汉口撤到偏远的四川重庆(位于长江三峡上游),而同时日本军队则占领了黄河以东、以北诸省,整个长江流域直至洞庭湖,以及郑州—广州一线以东的各大城市。日本侵略与连绵战火使百姓颠沛流离,人心惶惶。1938年末至1939年中,遭受日本空军猛烈轰炸的内地老城重庆,居民人数从20万猛增至100多万。国民党政权受到突然打击,财源告断:以往主要收入为海关税及其他赋税,现在有关省份已被日本占据。与经济大中心上海、与金融界及国际社会的联系亦被切断,亦就失却其政治后盾与主顾。国民党真正是流亡到重庆,到了人生地不熟的中国内地。它只掌握中国银行收回的资本以及外国给予的有限援助:援助主要来自苏联,1937—1939年间的援助额为2.5亿美元,直至农民共产党人最终获得胜利苏联才承认共产党存在。此外援助还来自美国、英国和法国。不过自1941年12月7日日本袭击珍珠港后,国民党便获得美国的实质性支援。在第二次世界大战期间,它从美国获得20多亿美元的资助(1945—1949年间又再得到20亿)。当然,这个数字与对德国及其盟国作战的各国所得的数目相比,仍然相当微薄(美国为后者提供了500亿美元),但这笔款项对于重庆国民党中国可怜的经济状况已是巨大的支持。然而在维持这一政权的同时,又导致其内部的严重贪污腐化。

国民党政权设置了日益庞大的官僚机构,建立起一支曾一度达500万人的臃肿军队,充分显示出其腐朽性。它听任通货膨胀,致使物价飞涨,货币迅速贬值。从1944年起,中国货币贬至日本侵略前夕的1/500。货币狂跌,同时外援增加,美国势力影响达到顶峰,到处可见美国基地、空军、仓库、运输工具、电台。上述情况助长了投机、受贿、贪污腐化。一部分从前的特权阶层、小官吏、教师,总之一切无法靠不义之财致富的人都落进苦难之中,越来越不满国民党政权。

同时,蒋介石战绩不佳,而对抵抗日本的共产党人却一直仇视,更加深民众的反叛情绪。1931—1934年间因受围剿的削弱,江西中华苏维埃共和国的干部战士于1934年10月向西撤退,经过四川西部的崇山峻岭抵达陕西北部。他们受国民党军队追击,被迫在最荒芜的地区开辟出一条道路。这一长达12 000公里的"长征"是中国共产主义的伟大史诗,出发时计有10万人,最后到达终点的只有7 000~8 000人。幸存者很快将延安作为新建苏维埃根据地的中心,组织起对抗侵略者的斗争,并不断在农民中招募新人。1936年,蒋介石被迫与共产党力量联合抗日,但两年之后,他对西北革命根据地却发动猛烈进攻。第二次世界大战期间,由于美国施加压力,蒋介石违心地接受了统一战线原则,而且带有保留。

1946—1949年间的内战

1945年8月,日本战败,局面顿然为之一新,仿佛为蒋介石政权注入了新的活力。国民党中国重新占领日军退出的大片地盘,首都迁回南京,国际社会正式承认它是第二次世界大战的战胜国之一,参加各种国际会议,等等。凡此种种,引起一时间的欣喜若狂。既有各国支持,又有由美国装备起来的庞大军队,看来国民党政权只要将"共匪"消灭干净就可以万事大吉了。于是现代史上最大内战之一便于1946年拉开序幕。

交战双方有天渊之别。一方是旧式的庞大军队,靠抢掠、勒索当地居民的寄生方式为生,另一方是只有对方人数1/3的农民军,他们与乡村默默无闻的农民大众打成一片,进行突然袭击及局部小战,打的是消耗战。日本战败后,国民党占据了交通要道,而农民军却无此便利。共产党在对日作地下斗争时曾在东北立足,即使在那里,苏联撤退后国民党军队也成功地占领了中心城市。苏军撤退前曾把这一工业区的工厂拆成零件,往西装运。不过,国民党的优势表面大于实际:其交通网铺得太大而其军队只控制着城市,政权的各种弊病依然存在。随着战事发展,农民队伍(因实行土地分配政策,在农村甚得人心)越来越占战术优势。国民党政权则士气日渐低落,后来农民军重新组合成为一支纪律严明而且善战的大军,并由此取得最初几次重大胜利,这时公众舆论便全面倒向共产党人。1947年中,红军在东北发动进攻,包围了国民党部队。接着于1948年,占领了河南洛阳、开封以及山东济南,于是转入进攻最后阶段:红军动用大批部队,其装备从缴获得来,部分兵员来自带着武器辎重叛逃的敌军。在1948年9月至10月的进攻中,红军彻底占领了东北,国民党军队损失40万人,其中包括它最精锐的部队。1948—1949年冬,徐州(江苏北部)地区打了一场具有决定意义的战役,共歼灭国民党军队55万人。共产党军队进驻北京与天津之后于5月抵达上海,10月进入广州,11月到达重庆。国民党政府逃往台湾之际,中华人民共和国于1949年10月1日宣布成立。

有人认为民族感情在中国当代史上起了主要推动作用。实际上,只在最后阶段即抗击侵略者时期才是这样:中国的爱国主义是一种软弱无力的理想,长久以来主要体现在青年学生与知识阶层身上,因当时缺乏唯一可行的表现方式,即一支不受外国利益左右的人民军队。在日本侵占的土地上,农民与红军战士共同抗击日本侵略者,结成紧密的联盟,由此解放运动才获得力量,赢得成功,得到广泛的支持。20世纪前30年间的政治风云与江西及延安时代的农民苏维埃组织有着天壤之别:一边是梦想,另一边是现实;一边是知识分子在大堆引进的思想观念中寻求救国理论的惶惑茫然,另一边是战士与广大农民恢复接触,牢牢控制局势的坚定自信。

第三章　哲学与文学的发展

19世纪,西方影响纷至沓来,作用不一,引发儒学变革,激起正统观念的抵制,而20世纪前半叶的整个思想史则完全被来自西方的思潮统治。但对这种现象的意义不应产生误解。大量与中国传统迥然不同的各式观念涌入中国,只是华夏世界受外侮的一个表现,再者,这种情况亦与这段时期中国受辱与惶惑茫然的历史背景紧密相关。中国曾遭受如下各种凌辱:《马关条约》,"租借地"被占,《辛丑条约》,以中国仅有的固定收入为抵押的贷款,向外国出让铁路,巴黎和约规定将德国在山东的既得权益转让给日本,1925年5月30日上海租界军队枪杀民众(死13人),同年6月23日广州租界军队开枪打死52人,日本占领东北三省,等等,更不必说海内外中国人所忍受的日常屈辱了,中国知识分子因而深受自卑感折磨之苦。这时期的思想文化生活与政治史紧密相连。

早在20世纪初期,哲学领域中西方思想的渗入已明显可见,后来由于旧政权的士大夫阶层逐渐消失,留日、留美、旅欧以及在外国人开办的学校中受教育的知识分子日益增多,西方思想影响更为显著。许多中国知识分子都或多或少接受西方生活方式,本身亦生活在靠外国势力维持其表面繁华的开放口岸,他们及青年学生竟致认为,拯救中国之道在于全面否定传统,全盘西化。由此便产生强烈的求知欲,涌现出各种纷繁复杂的思想、主张。大量杂乱无章的观念在不同情况下从西方传进中国,都被狂热地接受下来。但是,试图用数年时间熟悉整个精神宝库是不可能的:新鲜感与短时迷恋一旦得到满足,便发现自己是戴着本身传统的有色眼镜来读西方著作。几乎所有借鉴都可以视作是纯中国思潮的延续。

20世纪前半叶的思想史可以划分为三个时期,与政治史的三个阶段相对应。第一阶段,自1900年前后至旧制度覆灭,特点是努力适应,以响应或温和或激烈的维新派主张,当时维新派获得极大成功。这时期最著名的思想家仍属于渐趋消失的旧士大夫阶级。反之,第二阶段则是大混乱时期,西方影响如潮水般涌进中国开放口岸。最后一阶段即蒋介石专政时期,这种惊人的思想大骚动渐渐平息下来:面对马克思主义缓慢而稳定的进展,浪漫的个人主义、对西方资产阶级的盲目模仿退缩下来。文学艺术转而为革命服务。由于政治进程的推动,思想明朗起来了:中国似乎又找到精神凝聚力的途径。

日本影响与发现进化论学说

20世纪前十年,政治、哲学、文学运动的特点是诸说混合倾向的存在。当时占上风的是较为激烈的维新主义,其捍卫者与代言人仍属于日渐消失的旧制度的士大夫。经过《马关条约》,中国分割成势力范围并发生义和团运动等事件之后,中国已无法逃脱悲惨命运,这些杰出思想家未能认识到这一点,而竟以为,日本之路(传统与现代化妥协)仍然可行。这种幻想的根源也许是政治制度尚未垮台之故。内陆中国依然存在。各种不同倾向与出身的改良派都认为,日本这个地域相近、文化相似的国家在教育、军队、政治制度、公共道德诸方面都堪称楷模。大批中国学生赴日本大学、技校、军校深造(估计1906年中国留学生达15 000人);政治流亡者得到日本社团与明治政府的欢迎接待,1898年,还成立了东亚文会,旨在扩大日本在远东的影响。自 1905 年日本战胜俄国陆海军后,日本威望日增,凡此种种,无不加强日本对中国的影响。这时期的中国学生常常通过日文译本接触西方文学著作与哲学著作。

革命党人与造反的共和派,亦得到日本支持,他们是居于少数的非主流秘密派别。反之,主张日本式君主立宪的维新派在知识阶层与学生中影响最大。其代言人是梁启超,他表明自己是出色的批评家。梁氏于 1898 年百日维新失败后流亡日本,坚持不懈地展开活动,试图通过在报刊上发表文章、写小册子、出版著作来唤醒同胞,分析中国衰落的原因,吸收当时新思想如进化论、自由主义、进取意识、科学至上等等,并按中国传统加以改造利用。当务之急是造就新人,因为弊病源于大家惯于忍辱负重。必须抛弃柔顺、服从、宽容意识以及传统道德,后者与已消失的过时政治制度与文明模式相联系,而代之以竞争意义、斗争性、民族主义、不妥协精神,总之,代之以西方国家及日本表现出来的所有长处。

与梁启超同时代的严复(1853—1921 年)也同样强调必须改变国民精神状态这一深层变革。严氏是福建人,曾受传统教育,就读于福州船政学堂,学会英文并受过技术科学训练,后赴英留学,入皇家海军。当时他接触达尔文与斯宾塞的著作,对英国法律与行政管理发生兴趣。19 世纪末他学成回国,成为英国进化论哲学家的首批译者之一。1898 年,他译述赫胥黎的《天演论》(今译《进化论与伦理学》),一举成名。随后又于 1900—1910 年间推出一系列译著,计有:斯宾塞的《群学肆言》、亚当·史密的《原富》、穆勒的《群己权界论》、孟德斯鸠的《法意》。

严译运用文言文,高雅精炼,富于文学譬喻,有时显得晦涩,多附有严复本人的评说。这些译著倡导物竞天择、生存竞争的观念,阐明它不仅适用于动物界,而且适用于国家之间,故影响极大。严复及其同代人之所以对达尔文进化论以及英美社会学表现出极大关注,确有其政治背景:他们为传播受西方影响的新道德观提供依据;个人主义、自由、民主都应慢慢成为风尚并渗透到中国的政体中去。

并非要抄袭西方,而是从中借鉴,这一意图从形式本身也体现出来。严复译著采用文言文,夹杂个人感想。当时,西方文学著作的首批译本亦使用文言文,事实上,与其说是译本,毋宁说是改写本。文学作品的译者林纾(1852—1924年)是严复的同辈人,也是福建人。19世纪末林纾因译出小仲马的《茶花女》而骤然名声大振。他不通任何外语,靠他人口译,自由改写了160多本西方小说,其中包括斯各特、笛福、狄更斯、塞万提斯、易卜生、雨果等不同作家的作品。

新内容与旧形式结合成为20世纪初两位重要翻译家译作的特色。这种结合也体现在文学创作方面。1900年至1910年间有千余部小说问世,都与维新运动有关,有感于国事而发,针砭时弊。不过这些小说仍然离不开18世纪与19世纪的中国小说模式,如采用章回体、人物众多、运用写实主义手法。最负盛名的作品要数大文士刘鹗(1857—1909年)的《老残游记》(1902年)、1900—1910年间出书30多本的吴沃尧(又名吴趼人,1866—1910年)的作品、李宝嘉(又名李伯元,1867—1906年)揭露当时腐败官场的名著《官场现形记》。

西方入侵

自1915—1917年之后,政治气候与文化气氛产生变化,开始出现了精神大混乱时期的种种先兆。预示着思想大骚动以及西方观念与生活方式涌入中国。1919年后这种现象达到了顶峰。精神生活的改变究其原因无疑是多方面的,其中产生作用的有:皇朝覆灭与士大夫阶层消失的反响,日本帝国主义的种种表现(占领山东领土,提出二十一条,步步控制中国经济),议会民主丑剧以及袁世凯专制政权力图复辟帝制推行复古尊孔引起的失望不满,留学生尤其是留学西方各国的学生日益增多,如此等等。但似乎最主要的是这一时期两代人之间发生深层的断裂。运动主要由青年学生与回国留学生发动并领导。

留日、留欧、留美中国学生日益增多,他们对自己的祖国及其传统深感羞愧。在他们看来,中国如此衰败,旧时代遗留下来的传统风俗、习惯、士大夫的文学艺术一切都成了滑稽的丑物。任何与过去的折中妥协都不可能,唯有彻底与中国传统决裂。为了将中国从衰弱状态中拯救出来,必须唤醒民众意识,触动尽可能多的群众。

青年学生与开放口岸中多少已西化的新知识阶层都卷入这场激烈运动——内地则因穷困偏僻与此无缘——最初的活动是创办文学刊物与建立社团。1915年,陈独秀(1880—1942年)在上海创办了最早而又最重要的刊物。陈氏早年获奖学金留日,1921年成为中国共产党创始人之一。该刊取了耐人寻味的名称:《新青年》,附上法文的副标题:"*La Nouvelle Jeunesse*"。陈独秀发表第一篇文章《敬告青年》,向中国传统道德观念发起挑战,因为这种传统道德观念与西方的能动性与进取精神根本对立。两年之后,一位名胡适(1891—1962年)的留美中国青年发表了《文学改良刍议》,提出彻底改革文学手法,主张在传统使用文言文的领域放弃文言文,抛弃老格式与文学典故,改为使用源于口语(白话)的简单直接的语言,自此白话的使用迅速推广开来。同时,陈独秀则全力提倡发展生动而富于现实性的革命文学。

1919年,德国在中国的既得权益转给日本的消息传到中国后,北京学生发动了五四运动。这个运动对最激进的政治思潮与文学思潮的发展起了决定性推动作用。随即便出现其他示威、罢工与抵制日货运动,表达了对中国权益再次受损害的愤怒。而中国是1917年便已参战的对德作战国。北京学生的创举标志着一个政治动荡时期的开端,而军阀政府采取的镇压措施更加剧动荡不安。各种政治团体、文学社团以及寿命长短不一的刊物如雨后春笋般涌现出来。西方影响愈来愈明显。各种译作增多,持不同哲学观念的人争长论短。一种仿效欧洲模式的新小说开始出现并逐步发展起来。

究其深层,这一思想大骚动远比表面认识所见纷繁复杂得多,而不能简单归结为受西方观念(科学、民主、个人主义、民族主义)激发的爱国主义冲动。这场骚动因华夏世界受外侮而致,反映一代青年与知识阶层的失落感与不适应,他们深感各种矛盾,自身又是矛盾的受害者。他们既有行动意愿,又想逃避毫无出路的处境;绝望、自我封闭、带着病态的浪漫主义,全表现在哲学观念与文学作品之中。性格各异,教养不同,从中国传统承袭的思潮不一,外国的影响五花八门;由此便可以明白何以存在个人差异,何以学说、流派又如此繁多。

由于西方观念与方式涌入中国发生在这样的条件下,所以热潮一退,留下的痕迹也就不深。1917—1928年间的许多思潮明显表现出其昙花一现与人为的性质,其成功之处往往在于中国传统与西方传统一定程度的结合。例如有人就看出柏格森哲学与王阳明直觉主义有若干相似之处,盎格鲁撒克逊的为艺术而艺术的观点与中国士大夫阶层的某些典型态度也有类似之处,道家与达尔文主义也是这样,各作者自己也强调这种相似。

与20世纪情况一样,英美影响占了上风,因为英国在中国立足已久而留美学生人数众多。胡适是其中之一,他介绍了其导师杜威(1859—1952年)的实用主义哲学,而杜威本人也于1919—1921年应邀访问中国。英国新现实主义者、逻辑学家罗素也曾于1920—1921年间居留中国。德国与法国的影响相对较弱。1917年,蔡元培(1868—1940年)在北京大学发起改革,他早年曾就读于柏林与莱比锡,后翻译了F.保尔逊的《道德体系》(*Système de morale*),并写出《中国伦理学史》(1917年)。蔡元培的活动加强了王国维的影响,王氏乃学者、历史学家,是最早介绍尼采与叔本华的德国唯意志论的译者之一,译作收录在《静安文集》中(1905年)。还应指出的是:当时存在一股无政府主义思潮,与秘密社团的平均主义思想有密切关系。这股思潮早在巴黎的中国留学生中表露出来,他们创办了《新世纪》杂志(1907—1908年),创刊人为李石曾,生于1882年,在蒙彼利埃攻读生物学,是克鲁泡特金的译者。1922年抵达巴黎的作家巴金,年轻时代也加入无政府运动。他分别从其喜爱的作家巴枯宁与克鲁泡特金的姓名中取出第一个与最后一个音节合成其笔名①。

1919年五四运动暂时取得共识,紧接着便产生激烈争论。道学家与主张纯科学社会观的人发生冲突,批评家则起而抨击西方的重商文明与机器文明。梁启超于1919年自欧洲回国后发出最早的批评。接着梁漱溟(生于1893年)通过对东西方文明与哲学的比较研究(《东西文化及其哲学》)重复并深化这种批评。梁漱溟认为,中国传统要欲望适应经济与社会要求乃是高层次的人文主义,反之西方文明特点在于刺激欲望,而印度文明则是走向另一个极端的典型,印度传统教人扼杀自我,消灭欲望。不过这种学术性分歧很快便让位于革命者与纯学人之间的根本对立。1917年以来一直产生巨大影响的胡适至1928年开始过时了,接替他的是郭沫若(生于1892年),郭氏是最早接受马克思主义的人士之一。

同时,文学领域亦发生相同的变化,1917—1928年间同样各种流派纷呈。鲁迅(1881—1936年)是当时最伟大的小说家,又是批评家、杂文家,他还翻译了果戈理、普列汉诺夫、卢那察尔斯基、凡尔纳以及日本、波兰、匈牙利等国作家的著作。除他而外,还有许多有才华的作家:叶圣陶(生于1892年)、郁达夫(1896—1945年)、茅盾(生于1896年)、巴金(生于1904年)、女作家丁玲(生于1907年),上述作者的作品调子暗淡,常常富于情节变化,表达的是反抗或绝望。

马克思主义的胜利

1919—1920年间有了重大发现,即半殖民地中国遭受的压迫与孕育帝国主义的资本主义制度息息相关。这是由以陈独秀与李大钊(1889—1927年)为首的一小群知识分子提出来的。对人类历史的总体解释为鸦片战争以来的华夏世界专史提供了线索。资本主义与帝国主义国家的特点——崇尚个人、宗教偏执、追求私利、自由企业——及其与华夏世界

---

① 此种说法流传甚广,但巴金本人曾公开予以否认。——译注

深层倾向冲突的缘由突然变得明晰了然。马克思主义在中国很快大受欢迎,其原因大体是与中国传统有许多相似之处。马克思主义否认任何超现实,看来与中国思想中某一恒久观念相通。五个发展阶段理论(即通过社会经济辩证法的作用,人类由原始共产主义发展为将来的社会主义),令人想起公羊学派"大同"世界的终极远景,康有为曾作为这个学派的代表,而这是晚近的事情。马克思主义理论亦与17世纪中国哲学家某些仍有影响的历史观不谋而合。19世纪中叶太平天国实行的废除私有制便与中国革命传统的远大愿望相通,而且也符合某些年代更为久远的国治传统。在所有西方哲学中,马克思主义看来是最接近中国思想总方向的,而且共产主义也显示行动的可能性并提供类似于中国秘密社团的革命组织模式。苏联的支援则似乎更加深这种信念。

只是共产主义在中国必须适应种种特殊条件:中国是个辽阔的农业国,自身经济不独立而且异常贫困;半殖民地的中国,工业无产阶级弱小贫穷,无法起任何决定性作用;而且从1927年起至1949年最后胜利,战火连绵不断,开始是与国民党军队较量,接着是抵抗日本侵略,过后复与国民党军队交战。中国的共产主义之所以看起来首先是农民、军事、爱国的共产主义,正归因于上述特殊条件。

这一新信仰的最初信徒不可避免地首先成为牺牲品:他们曾深信可以在开放口岸发起工人运动,却在中国资产阶级与外国资本的联盟前碰壁,只好听从莫斯科指令,无可奈何地同意与自己的天敌合作。1927年,李大钊在北京被军阀政府处决。两年之后,陈独秀被清除出党。他曾违心地听从克里姆林宫的指令,被认为要对当时的政策负责,城市知识分子让步于农村默默无闻的战士,日常实践代替正统教条理论。

蒋介石上台之后,一切都朝着有利于共产党人的方向发展:国民党警察大肆迫害自由派,当权政府消极抗日,而且反对以共产党人为代表的抵抗运动。蒋介石政权腐化成风,迅速崩溃。中国知识分子随时间推移愈来愈皈依马克思主义。大众向共产党人靠拢。1935—1945年间,马克思主义刊物大增,最畅销的是马克思、恩格斯、列宁及布哈林的著作。文学则逐渐摆脱西方"资产阶级"的影响,自省、怀疑、个人浪漫主义激情已不时髦。文学正演变成服务于革命的武器,在延安的推动下更朝此方向发展。1942年,毛泽东确定文学艺术创作的革命功能,建议作家随时从中国旧传统中提取适应当前斗争需要的题材。

历史学科与自然科学

令人瞩目的是:虽然时代悲剧不断,生活条件异常不稳,但中国的专家、学者仍然继续进行研究,努力发展中国的科学教育。他们在混乱与贫困中进行无私的研究,这种惊人的毅力部分归因于中国传统与西方传统的活跃接触以及与欧美学者建立起来的联系,不过中国能保存自己的科学传统,尤其归功于专家学者的爱国情操。

在历史学科(历史学、金石学、考古学)与文献学方面,中国早已达到非常成熟的水平,自17—18世纪已有坚实的科学传统,各种重要发现赋予研究工作以新的动力:1899年以后,发现公元前20世纪末的甲骨文;1927年开始发掘河南安阳商朝(公元前14—前11世纪)最后一个都城的遗址;自1900年起,在甘肃西部敦煌附近发现大量5—10世纪的纸抄本;自1906年起,在敦煌地区及蒙古西部的居延地区出土汉代木简与竹简(公元前1世纪及公元1世纪);开放北京故宫的明清档案(15—19世纪)。上述发现以及1950年以后的其他发现足以令人以全新的历史眼光看待华夏世界的远古时代,更新金石学与考古学知识,重新审视文学史、宗教史、艺术史。

参与开发这些新发现文献的人来自各个阶层、分属各种政治流派,全都力求在中国丰富的文明遗产中找出某些与西方传统有相似之处而被忽视的传统(通俗文学、戏剧、诡辩术、逻辑、佛教玄学……),而其中最杰出的人士属于浙江学派,即18世纪考据学派的传人。1900年前后,该学派的代表是俞樾(1821—1907年),历史学家、文学家,还是公元前4—

前3世纪中国哲学的研究专家,他甚至在日本亦颇有知名度。另一代表人物为孙诒让(1848—1908年),是研究公元前20世纪甲骨文的首批专家之一,同时又是搜寻日本收藏的中国著作的书志学家,他出版了哲学家墨子的作品,并在浙江创办新式学校。20世纪前半叶考据学派最著名同时也是最末的一位代表当推章炳麟(1869—1936年)。他生于杭州,是孙文与黄兴的朋友及同志(三人同被奉为"革命三尊"),俞樾的门生,章氏曾一度受康有为的改良主义吸引,1899年赴日,在旅日期间结识了孙文,不久即转而成为反君主制的反对派。

浙江学派中还可举出罗振玉(1866—1940年)与王国维(1877—1927年)。罗氏青年时代醉心于农业研究,认为农学是基础。《马关条约》签订之后,他在上海创立了研究东亚文明的协会(东文学社),以实用为目的,并邀请日本教授参加。1909年任京师大学堂农科监督,1911年辛亥革命时出国,1912—1919年间避居日本。1925—1929年,罗振玉在天津担任年轻的宣统帝溥仪的顾问,后来又在日本人建立的新国——满洲国任职。他是研究敦煌手稿、甲骨文以及故宫文物的先驱者之一。另一位坚定的保皇党人是王国维。他于1898年加入上海的东文学社,在该处学习日文、英文。1902年在日本攻读完物理之后,他先后在江苏的南通与苏州的师范学堂讲授哲学,并在这一时期接触德国哲学家(康德、叔本华、尼采)的著作。1911年皇朝覆灭后,他大受打击,逃亡日本,一如其友人罗振玉。这时他放弃西洋哲学,重新回到考据学的传统上去,陆续出版关于宋元戏剧史(1915年)、经典古籍、史学家、周代金文等的著作,他还研究敦煌与居延发现的汉简、安阳的甲骨文以及敦煌的手稿。同时代还有另一位历史学家以其批评方法及修史观念大大推动更新了有关古代中国的看法,他就是顾颉刚,生于1893年,是章炳麟和胡适的友人。

自然科学方面的教学与研究的发展较少为人所知,但也许更值得注意,此事归功于既受国内教育又受国外教育(1927年之后主要在美国)的学者们的大力推动。他们致力于培养学生并创办学校及实验室。多亏他们,中国的科学在好几个领域都达到世界水平。好些学者对国际科学发展作出贡献,得到全世界的公认。如丁文江(1887—1936年),著名地质学家,1922年创办中国地质研究所,1929年创办中国古生物研究所(同年发现北京人);数学家陈省身(生于1911年)与周炜良(生于1911年),后者是代数几何的先驱之一;还有生物化学家吴宪(1893—1959年)、物理学家严济慈(生于1900年)与吴大猷(生于1907年),后者是诺贝尔奖金获得者李政道的老师。某些科学家,如约里奥-居里夫妇的门生、原子物理学家钱三强(生于1910年),如今在中华人民共和国科研组织工作中以及在加强军事实力方面发挥重要作用。

第十一卷
历史新篇章：中华人民共和国

第十一卷

自1949年10月1日在北京宣布中华人民共和国成立至1976年9月共和国的缔造者与推动者去世，这1/4世纪很有可能作为独特时期永志于历史之中。这个时期存在过悲剧性的动乱、深刻的危机和非常危险的人口增长。但要说明它在历史上的位置如何，现在为时尚早，因为历史还在演变过程中。

　　这段时期与以往时期的决裂则十分明显，当代中国与1919—1945年中国之间的区别之处，谁也不能否认，更不必说与19世纪中国的差别了。但外行人看来的新鲜事有时并不如想象中的新鲜。现在与不久的过去有着千丝万缕的联系：经历南京十年与抗日战争的一代人将于20世纪末全部离去，而1950—1975年间的主要领导人全都成长于蒋介石主宰中国命运的时期。1893年出生的毛泽东本人，一直至去世，依然保持着江西苏维埃、长征以及延安时期的本色。但与更遥远的过去也有着联系——或许较难以捉摸，但仍然相当牢固。民间传统中的均等与乌托邦的愿望似乎曾深深影响新中国的主要领导人。此外，组织意识、集体纪律、思想灌输、大规模工程乃至从动荡混乱突然转向大治，凡此种种，在中国并不算新鲜事物。在一个或许是全新的背景中，某些国治传统、道德传统一直保留至今日。虽然参照系已迥然不同，而且国际环境亦大有差别，但随着时间推移，当今中国与过去中国之间的联系会表露得愈加明显：窘于缺乏信息，或甚至被无所不在的宣传左右，人们对当今可能出现的轶事式的情况长时间以来十分敏感。

新政权的特征

1960年之后中国与苏联出现深刻分歧，涉及一切领域，但不应因而忘记：新中国的全部政制都仿效苏联，中国共产党是布尔什维克党的忠实翻版（国民党的情况也一样）。新政权打基础之时，苏联在中国的影响就已非常深刻。中国与苏联无异，国家机构全由党控制。党无处不在，领导一切，即使在它无法去领导的领域也这样，如行政、企业、农村公社、工厂、医院、中小学、大学等等。虽然党员享受的特权不如苏联（特别是小干部的生活依然相当艰苦），不过入党还是有不少好处。执政精英由资深的老党员组成，即出自解放前参加斗争的人士。这些老党员（苏联也存在干部老龄化现象）有别于新入党的大众，后者仅居于次要的岗位，只完成执行者的任务。在这种沉重的等级制度中，晋升的唯一标准是对党、对政治正统的忠诚。因此，中国制度与苏联制度有基本相似之处。某些当代问题专家由此预料，1950—1975年的动荡不安一旦平静，中国就可能出现像苏联一样的演变。

然而，在整个新时期中，中国新政权表现出深刻的特色，一方面对思想灌输与思想改造十分重视，另一方面表现出某种革命浪漫主义。自1950—1979年，中国人的生活因一连串无休止的"运动"而动荡不已，有时竟致弄得天翻地覆。"运动"坚持运用各种沟通手段，如标语、报刊、电台、报告、讨论等，以动员全体或部分民众。在家庭中、在工作现场安排的无数会议上，每个人都要揭发自己亲友中的反对派、消极者、自由思想者，否则就会惹来严重麻烦。自我揭露过失（即便是微不足道的过失），自我检查对党的不忠，也是非做不可的。学习会议（通常学毛泽东著作或《人民日报》社论）、思想检查、反省、悔改、自我责备，这些都被认为可以维持高水平的"政治"觉悟，粉碎众人的抗拒。由此民众便清除自己内部的"反革命分子"，通过不断竞赛与层层加码进行自我改造。

可以说，自1950年以来，新中国的主要活动是宣传与思想灌输活动。它所费的人力、物力可能永远无法估计,但为数不会很少。毛泽东去世之前,社会改造几乎一直置于经济发展与管理问题之上。这种"政治"优于经济的现象如何解释？中国共产党党史或许可以为此提供线索。红军在农村扎下根来靠的正是以身作则和大力进行说服工作。公审富农的农会大概也作为更广泛的实践模式,目的是推进受党控制的革命并改变众人的心态。但毛泽东的气质及其凌驾一切的影响,以及中国共产党自成立时起便独具的若干倾向,都应是重要因素。党一建立便显示出继承古老升平治世传统的乌托邦愿望："大同"或"太平"传统,原来曾激发太平天国的暴动并于19世纪末反映在康有为的《大同书》中。社会不存在阶级,全体一致,任何财物均属大众——这是官场社会的反面;这个古老神话,随着时间推移,却带上极其现代化的色彩。这种愿望建筑在如下的信念上：凡事皆可能,只需有志于此。信仰重于知识,党的意见高于专家的意见。这种唯意志论在李大钊身上表现得尤为明显,这也是毛泽东气质的基本要素之一。

中华人民共和国成立以来所经历的危机与悲剧往往源于在执行过于奢望的指示过程中遇到困难。这些困难引起后退以及"政治路线"的改变并暴露高层人士的观点分歧。主张迅速而彻底变革社会的人士不久便遭到反对,意识到即兴处事的危险的管理者以及力主符合人力情况的发展速度的人士都不赞同。不同倾向的对立导致党内派别斗争。每一方都力求利用因干部专横与无能而引起的民众不满。在"文化大革命"期间,这类冲突演变为真正的无政府主义,当时,党机器的无限权力与青年追求独立的愿望,二者之间的矛盾充分显示出来。在这类冲突中也和在日常活动中一样,常常随意运用马克思主义词句,所用的术语旨在表达对当时敌手的道德判断而并不反映对社会的客观分析。

第一章　与苏联的关系从同盟至决裂

内战持续12年之久,最后很快以共产党人得胜而终结,原因是蒋介石政权崩溃造成真空,而且经长年累月的苦难之后所有人都渴望和平。再者,红军也赢得部分居民以及众多知识分子的拥护。共产党人不似国民党军队,他们非但不去掠夺敲诈农民,而且与农民保持密切接触,组织分田分地,贫苦人的受剥削遂告结束。此外,共产党军队是唯一有效抗击日本占领者的队伍。因其遵守纪律,主张社会公正,表现爱国精神以致赢得大众的拥护。但看来,国民党政权腐败,通货膨胀,全面松懈更起决定性作用:民众几乎普遍趋奉新政权。

虽然共产党干部不乏时间为其新职责作准备,但对于他们来说胜利还是来得太快了。他们的经验只局限于农村天地与游击战争。数月之间,辽阔领土,广大城市,须要由他们管理起来。他们接收一个贫苦的中国,生活水平之低世界有数,工业严重落后。自1937年以来内战外战频仍,大家对于不公正与腐败现象早已司空见惯。然而,新领导人很快便清除一切反对派,全面建立秩序与纪律,结束通货膨胀,起码让每个人有吃有穿,使工厂再度开工,铁路全线恢复通车。1952年重建任务已告结束。复兴工作如此迅速,而且1958年之前继续向前发展,与苏联1917

年之后的漫长困难形成鲜明的对照,对此该作如何解释呢？中国人的某些品质(吃苦耐劳、机敏灵巧、互助意识、组织性)与此不无关系,但还有其他因素：热爱独立并为此自豪,长期受不公正鄙视的伟大人民充满爱国精神,许多人对新政权抱有希望,干部忠诚守纪,掌握局势坚决而谨慎。

就人口数量(1960年约有6亿居民)来考察,共产党革命流血程度并不如人料想之高。早期新政权坚持争取资产阶级,后者在公私合营企业中参与重建工作。此外,执政者将解放前红军管辖区所采取的措施推广至中国整个农村。自1950年6月30日起,村民被人为地分为五等(地主、富农、中农、贫农、雇农),到处都被发动起来控诉地主及高利贷者对人民的不公正待遇,并要求惩办犯罪者,暴风雨式的集会常常以使用暴力与当场处决而结束。但分配田地,让每个人成为小片土地的主人,似乎受到绝大多数人欢迎。早期的谨慎措施常常有人予以强调,这一点表明中国有一定程度的灵活性。事实上,这是当时情况使然；不久,人民中国便转而忠实照搬苏联模式。

苏联模式

自1952年起,由土地改革而形成的个人经营单位开始合并集中。1954年开始出现首批"生产合作社",相当于苏联的集体农庄。但在土地集体化渐次推广的同时,1955—1957年间还大力发展重工业,诸如钢铁、煤炭、石油、电力等。在优先发展重工业方面,中国仿效苏联模式。当时到中国的苏联顾问与技术人员人数众多。农民须要作出巨大努力,既要改变自己的习惯,又要为城市提供粮食(由于农村人口迁移,城市居民迅速增长),而且要支付苏联与东欧国家销售来的设备的费用并为某些工厂提供农产品原料。但在中国历史上却第一次开始拥有为其独立所必不可少的基础工业。开发工作不再如半殖民地时期,仅仅涉及沿海与上海地区,而是深入内地,也不像从前只局限于消费品工业。为扩展铁路网使之通达内地各省而作的努力也出于同一目标。

然而,1955—1957年间,局势异常紧张,就领导阶层看来,也必须放松某些压制。由土地集中而引起的农村不稳表现在生产下降上。于是便决定让农民有更多的独立、更大的主动性。来自城市的干部的无能与命令作风,往往激怒农民。自由市场再度被许可开设。自苏联共产党二十大以来,一阵自由化之风吹遍全体共产党国家。当时的中国对此更为敏感,因为放松压制已经是非如此不可。到处都听任基层表达愿望。首先是争取知识分子支持,其中几乎一半人或是敌视新政权,或是对其采取极大的保留态度。知识分子曾被迫参加许多"思想改造"会议,由此而变得极其谨慎。最初他们不为恳请所动,不愿对不纯的党风提出批评。经过许多鼓励督促,才使其下决心表达意见。但是,称作"百花齐放"的运动一旦发动起来之后便导致1957年5月对新政权的真正批评。大学生与知识分子揭露各级都可见的假民主;全部权力由六名常委掌握,凡事处处都事先决定。党在所有领域进行不断的干预,影响一切重大工作完成。作出决断的人往往并非能人,只知表示顺从并以政治正统自居以提高自己。浮夸不实较之于工作与才能有时更受报偿。甚至苏联也受到攻击,有人指责苏联拆去东北的工厂,讨还给予世界上最穷的国家之一的援助额,直至最后一个戈比也不放过。这次运动已预示后来"文化大革命"时期青年们对专断作风的反叛。然而,领导者真个是莫名惊诧:他们想不到有这样的不满和对自由的深切向往。因大学生骚动以及1957年6月末武汉发生动乱,因此便急于重新控制局势。党的权威以断然方式恢复起来,"百花齐放"试验彻底结束。总共历时不过五个星期。

于是知识界的自由化企图反过来针对新政权。农村的情况也一样:由于普遍放松强迫命令,承认自由市场,便使农民忽视集体化部门而将全部注意力转向能获得个人利益的一切源泉。在这方面也必须予以制止,以免影响政权的稳定。问题不再是回复到先前的状况,而是进行灾难性的荒唐试验。

大跃进

　　毛泽东早已反对非斯大林化并对苏联人蔑视中国感到恼火。他发动取名为"大跃进"的庞大集体运动。这是一次乌托邦的尝试,试图彻底改组农村社区与城市社区,在几年之内赶上工业化国家并借助全面权力下放趁机摆脱新兴的官僚阶层。这表明他的革命浪漫主义以及他对人民的创造性的信念。他认为,知识分子与农民之所以利用自由化措施转而反对新政权并恢复传统做法,特权官僚阶层之所以发展起来,那是因为思想改造尚未认真深入之故,因而必须采取有力的新步骤以彻底改变整个中国社会。1958—1959年间,进行了惊人的动员。宣传与组织工作前所未见。苏联式的集体农庄被抛弃了,而代之以称为"人民公社"的更广泛的自治单位。这类公社,每个有2 000~20 000个家庭,必须实行自我管理,解决一切有关自身的问题,如:农业、工业、商业、社会事务、防卫……一切都实行集体化,乃至个人的小块土地;而1957年这种小块土地是允许农民加以扩大的。全部个人财产,甚至与日用品有关的,都被取消。家庭生活消失,集体生活取而代之。与此同时,还想消灭城乡之间的差别,为此目的,大力促使乡村工业化,建设小高炉,调动所有人的创造才能,并号召运用传统技术。同时致力于迅速增加农业生产,利用所有土地,大大扩充灌溉规划。有步骤地消灭损害谷物的鸟类。各地乡村都响起深翻密植的口号。目标是用两年时间完成第二个五年计划的指标,一步踏进社会主义社会。似乎没有什么事不可能。

　　从1958年的丰收看来,似乎一切希望都可以实现,而且在当时盛行的竞赛气氛中,根据各级好大喜功的干部上报的夸大数字而作的统计,的确令人十分鼓舞。但1959年的收成不佳,热情开始下降。大家慢慢看清楚:大跃进造成人力财力的巨大浪费,对于工农业是一场大灾难。在普遍的无政府状态中,到处凭兴之所至办事,强行推广新的耕作方式,轻视农民经验,徒然地打乱农村的生活。紧接下去的两年是新政权历史上最黯淡的日子：由于百年未遇的干旱，1960年及1961年的歉收十分惨重，中国又面临曾以为已经永远排除的大饥荒；估计起码有1 300万人死于饥饿，比过去严重得多。还有另外一个因素促使危机进一步加深：苏联因中国表现出独立性，又担忧又气恼，竟于1960年突然中断其援助，撕毁科技合作合同，召回全部技术人员。于是中国便进入长期与国际隔绝的时期。

第二章　与苏联决裂至毛泽东去世

中华人民共和国自成立以来的历史,考察观点不同,景象随之而异。但也许从不断运动中可看清这段历史一个最显著的因素,不断运动使中国摆脱苏联的控制与模式。

首先,与苏联的结盟使中国刚解放便不得不参与在朝鲜的血腥战争,当时重建任务正十分迫切。但是,这场冲突加剧了冷战,真正促成两国密切联系,将中国推向受苏联指挥的国家一边。1950年6月25日朝鲜战争爆发,结果是美国随即控制台湾海峡。美国给予流亡台湾的国民党政权残余以大量武器与资金的援助,必然人为地延长蒋介石在岛上的垂危政权。台湾岛曾被日本帝国侵占达50年之久。自此便开始海峡两岸分离的故事,一直到1971年,8亿人口的国家才恢复联合国席位并参与其他国际组织。美国将中国置于诸国之外,并在其周围组织自韩国、日本至东南亚的大封锁圈,于是加强了中国的锁国倾向,使新政权强硬起来,令中国进一步受制于苏联。在所有领域(工业、科学技术、教育、对外政策等)当时中国都完全依赖苏联。自1950年以来两国订立了《中苏友好互助同盟条约》,历时30载。诚然,苏联贷款以及苏联及东欧各国的技术援助,的确有助于重建工作及经济复兴。但显而易见,苏联模式极不符合中国情况(一个劳动力过剩的穷国并不宜于大量投资于联合工厂),而中国对苏联的依赖状况本身也不合常情。此种局面迟早总归要结束。1959年前后,大转折出现了。请记住,西方的毛派运动是从中苏分手之后发生的。

大跃进正是中国闹独立性的第一次表现:决定兼程前进,步入社会主义,进行一系列过去从未尝试过的试验(人民公社、极度集体化、乡村工业化等等),这就等于否认苏联模式,实行分裂。苏共二十大、非斯大林化、和平共处,1956年以来苏联及东欧国家出现的整个大解冻运动,对中国领导人来说尤为不合时宜。正当他们在中国大力调动各种力量之时,不能让众人泄气。同时,苏联方面的疑忌与气恼不断增长。自1957年10月15日起,就在大跃进发动之前,赫鲁晓夫即已指斥规定要向中国提供核武器的秘密条约(1959年6月才向北京正式通告废除)。而在苏联人看来,大跃进不过是疯狂之举。此外,苏联人也有各种担心:中国人的态度咄咄逼人,中国竭力要收复深入福建海岸深处的金门岛,它与苏联的盟友印度发生分歧。1959年,向金门发动攻击之前,西藏发生了大暴动,立即被镇压下去,1962年与印度发生冲突就因为这次西藏事件。不久,就沙皇俄国夺去中国领土的问题,中国开始与苏联发生争斗。冷战曾令中苏关系密切起来,而"和平共处"则产生相反的结果;无论就对内政策(关于革命道路与社会主义道路)或国际关系方面,中国领导人都只好离开苏联人;不久他们便视之为"修正主义者"、新沙皇。

1960—1965年的插曲

1960年,一方面要总结大跃进的失败教训,另一方面要应付各社会主义国家在最危急时刻突然中断援助的挑战。中国几乎与外界隔绝,而却能在无任何人援助的情况下,面对逆境,再一次表现出正确的决断意识。自1960年起,便放弃某些不得人心的革新,压缩人民公社规模,恢复"物质刺激",亦即又重新允许开设自由市场;给技术人员与专家发言权,重视其意见。这种方向转变伴随着领导班子成分的改变。毛泽东事实上被搁置一边,1959年起刘少奇代替毛氏担任共和国主席职务。高层人士以及某些知识分子,不公开地批评毛泽东的冒险政策。大家认为,是毛的政策造成这场灾难,必须扭转局势,将农业置于本来应有的优先地位。自此,集中注意发展农业,建立化肥工业、轻工业,实现农业机械化。大跃进带来的事物并未全部失去。工场与乡村小工厂一直表现出对非集中化的关心,与苏联传统正相反。1963年之后,中国已摆脱饥荒,一直承担整个工业化重担的农民,这时的生活水平得到稍微改善。最后,从1962年起,第一次实行限制生育的政策,为什么效果欠佳,尚待解释。因此,应当承认这一时期领导人的功绩,他们将中国从危急状况中挽救出来,而在文化大革命中却成了激烈批评的对象。

然而掌权的班子并不是在十分安宁的情况下执政的。毛泽东虽然退居二线,但仍然享有巨大威望,他在军中拥有可靠的支持者。他的老战友之一林彪,自1962年末起,主动推广学习"毛泽东思想"。1962年9月,毛派在八届十中全会上开始反击。人民解放军及其英雄被推为榜样,与此同时,军人参加文职机构,内部形成忠于毛泽东的平行等级。然而,毛泽东发动的"运动"却遇到党组织的消极抗拒。1965年末,毛泽东将攻击矛头指向曾在大跃进时期批评过他或以个人举止表示过不满的人士。首先针对知识分子(主要是吴晗、邓拓、廖沫沙),要求大学生揭露他们作品中隐藏的思想异端。这次新"运动"可能也和先前的运动一样,遇到党的阻挠而归于失败,但却在各类学校中获得广泛响应。"文化大革命"的名称由此而来,这个词尤其适用于运动发起阶段。由于"文化大革命"发动青年,诉诸其激情与热心,终于导致众所周知的惊人爆发。大中学生很快便被引导到将攻击矛头指向整个党组织——这是毛泽东的真正目标,而不限于几名作家。他们作为反对派站在新中国最有威望的领袖一边,陶醉于自以为成为中国的一支伟大力量,正操纵着政权。

"文化大革命"

1965年11月,"文化大革命"拉开序幕,先是抨击某些作家,随后罢免北京市长、文化部长及其副手,1966年夏天以后才真正以革命的形式出现。批评与指责运动不再是针对几个知识分子、高级官员,而是指向党与国家的两个主要人物:刘少奇本人以及党总书记邓小平。1966年8月,在十一中全会上以巧妙的手段将刘少奇降级,而林彪则被宣布为毛泽东的继承人。与此同时,大中学生响应毛泽东的号召,在全国组成红卫兵。他们以革命前途为己任,对于认为是反革命分子的人(地方领导人、知识分子、旧资产者),进行追捕、围攻、羞辱,甚至有时横施暴力。他们受盲目的热情支配,竟将新政权的受害者与得益者混为一谈。他们在抄家时,没收、毁坏古书与艺术品,进行凌辱、虐待,有时逼人走上自杀之途。他们还强行乘坐受其支配的火车,从中国各地抵达北京,会集数百万之众晋见毛泽东并受其检阅。"文化大革命"的整个力量和暴力来自于中国青年的愿望,来自于其对纯洁与解放的憧憬,来自于其对神奇人物的忠诚与景仰的需要。1966年夏秋之间,"文化大革命"成了中国青年的伟大节日,成为他们充分发泄的重大时机。

但1966年末,整个中国陷于无政府状态。地方干部受红卫兵攻击往往不得不放弃自己的岗位,有些地方已不知道谁在掌权。毛泽东追求的目标迅速达到而且有过之而无不及,所有部门的权力机构均告消失。有些人受不了红卫兵的过火行为,自行组成敌对组织,也依仗毛泽东的名声行事,两派斗争迅速扩大。1966年12月至1967年1月间,上海因罢工而瘫痪,发生巷战。这时,内战威胁以及各省分离的危险已清晰可见。免于全面解体的唯一实体是军队。毛泽东与林彪愈来愈频繁地借助军队去恢复秩序,建立亦民亦军的新行政机构,称之为革命委员会。到处谋求艰难的妥协,恢复秩序的任务费时甚长:1967年夏天,在武汉七月事变之后开始,至1969年春天才告结束。官方一直称这为"文化大革命",但这段漫长时期已没有任何革命之处。为了重建政府和党,开始召回被红卫兵赶走、后来已经归顺并洗刷清楚的旧干部,与此同时运动矛头指向"极左分子",即针对曾希望真正革命、并力求继续进行下去的人。面对机会主义者再度胜利,许多人深感失望。最不守纪律的红卫兵安静下来,恢复理智,小部分"文化大革命"中出来的干部被纳入国家机器之中。1967年被摧垮的政府和党好歹重建起来,领导班子中起了重大变化,军队占据优势,这是新的现象。1968年10月的十二中全会撤销刘少奇的职务,将林彪定为毛泽东的接班人。自此,这位老领袖越来越受一个后来被称为"四人帮"的小组支配,其中的主要人物是他的妻子江青,还有林彪。

但"文化大革命"并不只是为毛泽东重掌政权而设计的活动:在此之前以及伴随而来的还有广泛的政治整治运动。经常宣称的目标之一是防止革命停顿,及时制止官僚特权阶级形成,总之是预防类似于苏联的演变。在大跃进之后,刘少奇及其他领导人曾重振中国经济,这时在针对刘少奇等人的攻击中,却将其视之为"修正主义者"。从此,"政治"便摆在经济之上。在"文化大革命"的过程中所提出的课题中,毛泽东的启示十分明显,追求的目标仍然是:彻底改变社会和人的行为,消灭体力劳动与脑力劳动的差别,取消一切阶级特权。而政权一建立就定下的家庭出身的划分此时也同时严格实行,于是在中国社会内部造成了等级之分。父母出身资产阶级的人变成真正的卑贱者。"文化大革命"尚有另一个十分严重的现象:对毛泽东的崇拜。崇拜由林彪组织,取得惊人的发展,几年时间便达到登峰造极的地步。毛泽东思想选集("小红书")的发行量超过已知的一切记录。"伟大舵手"像、他的生平及作品亦成为真正的崇拜对象。

毛派时代的结束

1969年至1976年毛泽东去世这段时期,可视之为"文化大革命"的继续。其后果仍在一切领域反映出来。社会与政治危机极为严重，每个人都深受其影响。年青人及强硬派受镇压，留下许多怨恨。对政府的厌倦与不满情绪广为蔓延。而大小犯罪活动、贪污舞弊、黑市交易、违纪行为等长期盛行。此外"文化大革命"对中国经济还造成灾难性的后果。由于铁路混乱、罢工、动乱、负责干部被免职等，生产一落千丈。大跃进之后经过短暂歇息，这第二次的可怕考验便随之而来，无论中国人民如何富于勇气和智慧，也无论他们自1950年以来所作出的巨大努力，中国较之于其远东周围的国家，依然是那么贫穷落后，原因就在于此。

在教育和文学艺术方面，清算异常彻底，凡是官方宣传以外的事物全被取消。大中学校长年关闭（大学很晚才重开），许多教师被遣往农村让其通过体力劳动进行自我改造。在音乐与戏剧方面，只有江青所宣扬的几部作品通行无阻，江青曾被提升到文化事务的领导岗位上。

"文化大革命"对政权的变化也不无影响：领导班子从高层人士的联盟变成垂老的毛泽东身旁一小群得宠亲信，笼罩在疑忌与阴谋的气氛中。1971年林彪的神秘消失是这个政权演变的一个先兆。林彪被指控为企图抢班夺权。

中国先是在政制与经济发展方面依赖苏联并忠于苏联模式，后来即摆脱这种控制。在对外政策、防务（中国首批核试验始于1964年）、政治观念方面均告独立。中国进行了两次重大试验（大跃进与"文化大革命"），也就是两次严重考验，留下了深深印记。两次都未能实现如毛泽东所梦想的彻底改造社会。最后，党几乎按"文化大革命"前的形式重建起来，锤摆已开始向其相反方向运动。可以预期，要回复到管理学家与经济学家执政的时期。

中国通过巨大的集体工程整治了为害的江河，恢复了粮食产量与人口数量之间的平衡（这一平衡仍不稳固，但由于计划生育有可能稳定下来），发展了工业、运输与交通手段，绿化了大片地区或对其进行灌溉，提高了全体人口的生活水平。上述成就表明中国人民的优秀品质：中国的八九亿人口蕴涵着劳力、精力、智慧的巨大潜能。1950年以来只作出部分努力便足以在国力、财富、独立方面取得如许进步。事实上还须将领导人的错误、摸索、无能等考虑在内,而且还应计及"文化大革命"与大跃进期间各种试验的高昂代价。在这25年间大小会议、政治学习、各种示威运动不断占去工作时间。新政权在财力、人力方面浪费极大。从严格的经济观点而言,可以说是能源的巨大浪费。不过按此观点看待问题是不确切的,因为任何人类社会都不遵从理性规则。

注 释

有关整个当代史部分,我曾利用吕西安·比昂科的建议与意见,在这里谨向他表示深切的谢意。——原注

跋

中国不会忘记,作为伟大文明的发祥地,它的辉煌曾辐射整片辽阔的地域,从中亚至太平洋之滨,从西伯利亚到热带地区。直至19世纪中叶,它还是该地区最突出的文明,好比我们西方在中东、地中海沿岸和欧洲发展起来的文明一样。尽管学校传统的教育教我们把埃及与希腊,基督教与伊斯兰教,"东方"和"西方"区分开来,但其实这一切是密不可分的。中国也不可能忘记自身的历史,以及在漫长岁月中它曾主宰世界上这一广大区域。这段过去留存着取之不竭的大量文献资料和纪念实物,而考古发掘又每年提供不可胜数的遗迹,对于如此丰富、如此显赫的过去的记忆,一个民族是不可能轻易从脑海里抹去的。世界上没有任何民族赋予其历史以如此重大的意义,因此中国人有着理所当然的自豪感。近代中国受到西方国家和日本的欺凌,曾经一度想成为众穷国的首领并向它们指出解放之路。但毛派的乌托邦——希望以集体力量的非凡跃进,以及通过浪漫方式调动民众的创造才华来赶上工业化国家,实现无阶级、无官僚主义、无国家机器的社会,消除城乡差别——这种乌托邦理想带来深重而无益的苦难,导致惨痛的失败,反倒令中国愈发落后,使问题的解决更为困难。拿中国大陆与当今东亚最繁荣的地区之一的中国台湾相比较是不公平的,因为人民共和国自成立以来不得不面对极其严峻的困难:要掌管一个饱受长期战争摧残的辽阔国度,而且还是世界上最贫困的国家之一。当时这个大国仅用数年时间便实现复兴,赢得了几乎是一致的赞誉。毛派时代结束以后,中国来了一个真正的转向:借助外国的技术和资金,摈弃了共产主义传统沿袭而来的大部分限制。

从1950—1980年,中国曾经自我封闭于大陆上,如今又重新向海外开放。沿海的省份最早受到现代化的冲击。看来人们正面临着历史上的一次大变动。但不消说,中国的现代化不可能仅仅局限于其经济和生产机构方面。少数要员秘密作决定,而其内部冲突因政策方向突变和政界人士的忽然更迭才显露出来。这种苏联式的体制不能适应今天的需要。中国的青年领悟到这一点。他们也知道,在玩世不恭和腐化盛行的时候,国家最缺乏的是:尊重法律,在法律面前人人平等。然而,共产主义政权更注重的是思想灌输和在小集体内不断互相监督,而不是法律主宰。随着这种互相监督和告密制度的消失,经历大跃进和"文革"的悲剧性错误之后,低落沮丧的情绪自然而然很快蔓延,令人不安。中国如要摆脱困境,在制度以及社会和个人行为方面,还必须进行深刻的改革。如果以为中国可以一切照抄照搬西方国家而达到目的,那就错了。西方国家特有的事物并不构成普世准则,不是所有西方的东西都是进步的同义语。中国具有宝贵的传统,属于人类共同的遗产;相对于世界上其他任何国家,中国也拥有独特的历史经验。经济学家有时将日本归于西方国家之列,但日本整个历史和文化都体现出它有别于西方国家。就是这个别具特色的国度深深受益于中国,比它自己所了解和承认的多得多。就如西方或日本一样,中国也没有理由否定自己的历史。

中国的政治、社会和经济的发展刚刚受到一记重创,带来灾难性的后果。但这只是一个不会延续下去的片断。因为无法想象,处于世界上最富活力的诸国当中的中国,会长期停留在原来的落后状态,而这些国家正是中国的道德、智慧和美学传统的继承者,如韩国和日本,还有属于华夏世界不可分割的组成部分、大家经常遗忘的"外部中国":台湾、香港,以及新加坡、泰国和马来西亚的庞大的华人社会。也许西方过于仓促地把现代化和西化等同起来,大概它还未意识到,它对人类这部分地区、其历史与根基的无知会在将来成为严重的障碍。

附　录

一、参考书目

本书原则上为非专家的大众而写,有关中国及其周边地区的大量著作的中文和日文出版物都没有收进本书目。此处所提供的资料必然是极不完整的,大家最好还是参阅科尔迪耶的大型书目集《西洋人论中国书目》,4 卷本,巴黎吉尔莫托书店 1904—1908 年版和格特纳 1924 年版;袁同礼:《西方文献中的中国》,耶鲁大学 1958 年版。大家还可以参阅《东方学书目》,京都大学人文科学研究所版,1935 年之后;《汉学书目杂志》,巴黎-海牙木东出版社版,1955 年之后;《东方书目学报》,纽约 1936—1957 年版(《东方学季刊》的增刊号)和自 1957 年起出版的《亚洲研究》中的书目补遗。1953 年发表了 H. 弗兰格对于汉学研究的总结《汉学》,伯尔尼版,由 A. 弗兰格刊布;大家还可以在鲁斯特的《中国研究索引》(1920—1955 年)中发现有关1920—1955 年间对各期刊中文章的摘录,剑桥赫弗书店 1964 年版;傅路德(L. C. Goodrich)和芳泰瑞(H. C. Fenn):《中国文明和文化简史》,纽约美国中国学会 1958 年版;鲁凯:《中国,书目评论》,托克逊 1962 年版,其中都包括某些有用的导读性资料。

期刊

Acta Orientalia Academiae Scientiarum Hungaricae, Budapest, 1950.
《匈牙利科学院东方学报》,布达佩斯,1950 年。
Archiv Orientální, Prague, 1929.

《捷克东方学报》,布拉格,1929年。

Archives of the Chinese Art Society of America, New Youk, 1945.

《美国中国艺术研究会学报》,纽约,1945年。

Ars Orientalis, Washington, 1945.

《东方艺术》,华盛顿,1945年。

Artibus Asiae, Ascona-New York, 1925.

《亚洲艺术》阿斯科纳,纽约,1925年。

Asia Major, Londres, 1949.

《极东》(《大亚细亚学报》),伦敦,1949年。

Asiatische Studien, Berne, 1947.

《亚洲研究》,伯尔尼,1947年。

Bulletin de L'Ecole francaise d'Extrême-Orient, Hanoï, 1901.

《法兰西远东学院通报》,河内,1901年。

Bulletin of the Museum of Far Eastern Antiquities, Stockholm, 1929.

《远东文物博物馆学报》,斯德哥尔摩,1929年。

Bulletin of the School of Oriental and African Studies, Londres, 1917.

《东方和非洲研究院学报》,伦敦,1917年。

Central Asiatic Journal, La Haye, 1955.

《中亚学报》,海牙,1955年。

Far Eastern Quarterly, Ithaca, N. Y., 1941—1956.

《远东季刊》,伊萨卡(纽约),1941—1956年。

Harvard Journal of Asiatic Studies, Cambridge, Mass., 1936.

《哈佛亚洲研究学报》,坎布里奇(马萨诸塞州),1936年。

Journal of Asian Studies, Ann Arbor, 1956.

《亚洲研究学报》,安娜·阿波尔,1956年。

Journal asiatique, Paris, 1822.

《亚细亚学报》,巴黎,1822年。

Journal of Economic and Social History of the Orient, Leiden, 1957.

《东方经济和社会史学报》,莱顿,1957年。

Journal of Oriental Studies, Hongkong, 1954.

《东方研究学报》,香港,1954年。

Journal of the Royal Asiatic Society, Londres, 1834.

《皇家亚洲学会会刊》,伦敦,1834年。

Mélanges chinois et bouddhiques, Bruxelles, 1931.

《中国和佛教论丛》,布鲁塞尔,1931年。

Monumenta Serica, Tôkyô, 1935.

《中国文化研究》,东京,1935 年。

Narody Azii i Afriki, Moscou, 1961.

《亚非民族》,莫斯科,1961 年。

Oriens, Leiden, 1948.

《荷兰东方学报》,莱顿,1948 年。

Oriens Extremus, Wiesbaden, 1954.

《远东》,威斯巴登,1954 年。

Philosophy East and West, Honolulu, 1951.

《东方和西方哲学》,檀香山,1951 年。

Problemy Vostokovedenija, Moscou, 1959.

《东方科学问题》,莫斯科,1959 年。

Rivista dei Studi Orientali, Rome, 1907.

《意大利东方学报》,罗马,1907 年。

Rocznik Orientalistyczny, Varsovie, 1914.

《波兰东方学报》,华沙,1914 年。

Sinologica, Bâle, 1947.

《汉学》,巴尔,1947 年。

Toung Pao, Leiden, 1890.

《通报》,莱顿,1890 年。

Zeitschrift der deutschen morgenländischen Gesellschaft, Wiesbaden, 1847.

《德国东方学报》,威斯巴登,1847 年。

通史著作

有关东亚和中国的地理的资料,可以参阅:

古鲁(P. Gourou):《亚洲》,巴黎阿歇特书店 1953 年版,542 页。

古鲁:《远东的土地和人》,巴黎阿尔芒·科兰书店 1947 年版,224 页。

葛德石(G. B. Cressey):《中国,5 亿人口的国家》,纽约麦克劳-希尔书店 1955 年版。

佩泽-玛萨保(J. Pezeu - Massabuan):《中国》,巴黎阿尔芒·科兰书店 1970 年版,334 页。

特雷扎尔(T. R. Tregear):《中国的地理经济》,莱顿 1970 年版。

赫尔曼(A. Herrmann):《中国的历史和商业地图集》,哈佛大学出版社 1935 年第 1 版,1966 年阿姆斯特丹再版。

布伦登(C. Blunden)和艾尔宛(M. Elvin):《中国地图集》,巴黎纳唐书店 1986 年版,328 页。

在有关中国的通史著作中,我们可以引证:

埃布拉尔(W. Eberhard):《中国历史》,巴黎帕约出版社 1952 年版,352 页

(A. 弗兰格 1948 年在伯尔尼出版的《中国史》的法译本)。

埃希霍恩(W. Eichhorn):《中国史》,载《欧洲之外文化史纲》第 2 卷,第 85～161 页,慕尼黑-奥登堡 1964 年版。

费子智(C. P. Fitzgerald):《中国文化简史》,伦敦克雷塞出版社 1935 年版,纽约阿普尔顿世纪出版社 1950 年再版(616 页)和伦敦克雷塞出版社 1954 年版。

弗兰克(H. Franke)和特雷泽特尔(R. Trauzettel):《中华帝国》,收入《世界史札记》第 19 卷,莱茵河畔法兰克福 1968 年版,384 页。

傅路德(L. C. Goodrich):《中国民族简史》第 1 版,纽约-伦敦普伦敦哈尔卜书店 1943 年初版,1959 年再版,260 页。

只是部分论述中国历史的著作:

谢诺(J. Chelsneaux):《19—20 世纪的东亚》,法国大学出版社,格里奥 1966 年版,366 页。

麦克·阿拉维(Mc. Aleavy):《中国近代史》,伦敦维登费尔德和尼科尔松出版社,1967 年版,392 页。

格鲁塞(R. Grousset):《蒙古入主中原之前的中国》,巴黎法国大学出版社,1941 年版。

龙尔巴(D. Lombard):《中华帝国》,巴黎法国大学出版社,1967 年版,126 页。

马伯乐(H. Mospero)和白乐日(E. Balazs):《古代中国的历史和制度》,巴黎法国大学出版社 1967 年版,322 页。

谢和耐(J. Gernet):《古代中国》,巴黎法国大学出版社 1964 年版,124 页。

赖肖尔(E. O. Reischauer)和费正清(J. K. Fairbank):《东亚的伟大传统》,波士顿,胡格东-米弗林书店 1960 年版,740 页。

费正清、赖肖尔和克雷格(A. M. Craig):《东亚的近代变化》,波士顿,胡格东-米弗林书店 1965 年版,956 页。

恒慕义(A. W. Hummel):《中国清代(1644—1912 年)名人录》,2 卷本,华盛顿国会图书馆版,政府印刷厂印,这是关于整个清代时期的基本著作。

在以下著作中还可找到有关中国历史和文明概貌的论述:

《中国的面貌》,戴密微(P. Demiéville)作序,2 卷本,巴黎法国大学出版社 1959 年版,440 页。

戴密微:《汉学论文选》和《佛教学论文选》,莱顿布里尔出版社 1973 年版,分别为 634 页和 498 页。

道森(R. Dawson):《中国的遗产》,牛津克拉伦登出版社 1964 年版,392 页。

鲁维一(M. Loewe):《中华帝国,近代的历史背景》,伦敦阿伦和昂温书店 1966 年版,326 页。

白乐日(E. Balazs):《天朝官吏制》,巴黎加利玛尔出版社 1968 年版,346 页(英译本作《中国的文明和官制》,纽黑文 1964 年版)。

费正清:《中国的思想和制度》,芝加哥大学出版社版,438页。

有关中国的经济和人口问题,可以引证以下著作:

何炳棣:《中国 1368—1953 年间人口研究》,坎布里奇(马萨诸塞州),哈佛大学出版社 1959 年版,342 页。

别伦斯坦因(H. Bielenstein):《公元 2—742 年间中国的人口普查》,载《远东古物博物馆学报》第 19 卷,第 125~163 页,斯德哥尔摩 1957 年版。

冀朝鼎:《中国历史上的经济要害部门》,伦敦阿伦和昂温书店 1936 年版,168 页;纽约巴拉贡书店 1969 年再版。

泊金斯(D. H. Perkins):《1368—1968 年中国的农业发展》,阿尔杜斯出版公司 1969 年版,396 页。

杨联陞:《中国的货币和信贷简史》,坎布里奇(马萨诸塞州),哈佛大学出版社 1952 年版。

杨联陞:《中华帝国时代的公共工程》,巴黎法兰西学院 1964 年版,84 页。

有关中国科学技术史,可以参阅以下著作:

李约瑟(J. Needham):《中国科学技术史》,已出版 15 卷,剑桥大学出版社 1954—1989 年。

李约瑟:《中国和西方的技术人员与工匠》,剑桥大学出版社 1970 年版,470 页。

李约瑟:《中国钢铁工艺的发展》,伦敦新移民会 1958 年版。

马若安(J. - C. Martzloff):《中国数学史》,巴黎马松出版社 1988 年版,XX＋378 页。

洛埃(J. Hoe):《〈四元玉鉴〉(1303 年)中的多项方程运算法》,巴黎汉学研究所 1977 年版,388 页。

有关中国哲学史问题,请参阅以下著作:

冯友兰:《中国哲学史》,卜 德(D. Bodde)译本,普林斯顿大学出版社 1952 和 1953 年再版,2 卷本。

佛尔克(A. Forke):《中国哲学史》、《中国中期哲学史》和《中国新哲学史》,汉堡格吕耶泰出版社 1927、1934 和 1938 年版。

狄百瑞(W. T. de Bary)、陈荣捷(W. T. Chan)和瓦特森(B. Watson):《中国传统的起源》,哥伦比亚大学 1964 年版,2 卷本,VⅡ＋578 和 XⅡ＋322 页。

有关中国宗教史的问题,请参阅以下著作:

戴密微:《中国佛教》;康德谟(M. Kaltenmark):《道教》,以上二文均载七星诗社的百科全书《宗教史》,加利玛尔出版社 1970 年版。

康德谟:《老子和道教》,巴黎赛伊出版社 1965 年版,190 页。

樊德隆(N. Vandier - Nicolas):《道教》,巴黎法国大学出版 1965 年版,132 页。

陈观胜(K. S. Ch'en):《中国佛教简史》,普林斯顿 1964 年版,560 页。

芮沃寿(A. F. Wright):《中国佛教史》,斯坦福大学出版社 1949 年版,144 页。

皮肯斯(C. L. Pickens):《中国伊斯兰教的注释书目》,汉口1950年版,72页。

马丁(M. Martin):《中国伊斯兰教史》,莱比锡汉斯出版社1921年版,152页。

格罗特(J. J. M. de Groot):《中国的宗派主义和宗教迫害》,阿姆斯特丹1903—1904年版,北京1940年再版,2卷本。

马伯乐(H. Maspero):《中国宗教和历史遗作集》,巴黎吉美博物馆1950年版,第1~2卷(分别为《中国宗教》卷和《道教》卷)。

施舟人(K. Schipper):《道教修身术》,巴黎法雅尔出版社1982年版,340页。

格罗特(J. J. M. Groot):《中国的宗教体系》,莱顿布里尔出版社1892—1910年版,6卷本。

葛兰言(M. Granet):《中国人的宗教》,巴黎法国大学出版社1951年第2版,176页。

许烺光(F. L. K. Hsü):《在先祖的庇荫下,中国的文化和人格》,伦敦劳特利奇出版社1949年版,318页。

石泰安(R. A. Stein):《壶中九华》,巴黎弗拉玛里雍书店1987年版,352页。

金葆光(H. Doré):《中国迷信手册》,巴黎-香港1970年重版,巴黎第七大学东亚外国研究中心再版,230页。

穆尔(A. C. Moule):《1550年之前的中国基督教徒》,基督教知识促进会1930年版,294页。

德里贤(P. M. d'Elia):《中国的天主教传教区》,上海商务印书馆1934年版,122页。

赖德烈(K. S. Latourette):《中国基督教传教区史》,纽约麦克米伦公司1929年版,930页。

有关中国艺术史问题的著作有:

沙利文(M. Sullivan):《中国艺术概论》,伯克利-洛杉矶,加利福尼亚大学出版社1961年版,223页。

魏立特(W. Willets):《中国艺术》,伦敦企鹅书店1958年版,802页。

喜龙士(O. Siren):《中国绘画》,纽约罗纳德出版社1956—1958年版,7卷本。

喜龙士:《中国绘画的艺术》,北京版。魏智(H. Vetch)发行,1936年版。

喜龙士:《中国的花园》,纽约罗纳德出版社1949年版。

喜龙士:《5—14世纪的中国雕刻》,伦敦本恩出版社1925年版,4卷本。

加希尔(J. Cahill):《中国绘画》,巴黎-日内瓦斯基拉书店1964年版,214页。

斯旺(P. C. Swan):《中国绘画》,巴黎提斯纳出版社,1958年版。

沙利文(M. Sullivan):《中国风景画的诞生》,伯克利-洛杉矶,加利福尼亚大学出版社1962年版。

伯希和(P. Pelliot):《敦煌石窟,魏、唐和宋代的佛教绘画与彩塑》,巴黎版,伯希和中亚探险团档案,1920—1924年版,6卷本,附图版。

蒋彝(Chiang Yee):《中国书法》,1938年第1版,坎布里奇(马萨诸塞州)1954年和伦敦麦冬书店1961年再版,230页。

比尔特尔(J.‐F. Billeter):《中国的书法艺术》,日内瓦斯基拉书店1989年版,320页。

毕梅雪(Pirazzoli‐t'Serstevens):《中国》,收入《世界建筑丛刊》,弗里布尔书籍刊印局1970年版。

西克曼(L. Sickmann)和索珀(A. Shoper):《中国的艺术和建筑》,巴尔的摩1956年版。

博伊德(A. Boyd):《中国建筑》,伦敦1962年版。

有关中国文学史问题,请参阅下述著述:

康德谟:《中国文学》,载七星诗社百科全书《文学史》第1卷,巴黎加利玛尔出版社,第1166～1300页。

班巴诺(J. Pimpaneau):《中国文学史》,巴黎比吉耶书店1989年版,260页。

柳无忌(Liu Wu‐Chi):《中国文学概论》,布卢明顿-伦敦,印第安纳大学出版社1966年版,322页。

陈宋颐:《中国文学史概论》,纽约罗纳德出版社1961年版。

海陶玮(J. R. Hightower):《中国的文学主题》,坎布里奇(马萨诸塞州),哈佛大学出版社1953年版,142页。

伯奇(C. Birch):《有关14世纪之前的中国义学文选》,纽约格罗夫出版社1965年版。

玛尔古利埃(G. Margouliès):《中国文学精选》,巴黎帕约出版社1948年版,458页。

查维斯(J. Chaves,发行人):《哥伦比亚大学馆藏中国元、明、清朝(1279—1911年)的中国晚期诗人的作品》,纽约哥伦比亚大学出版社1986年版,842页。

沃森(B. Watson,发行人):《哥伦比亚大学馆藏13世纪之前中国诗人的作品》,纽约哥伦比亚大学1984年版,396页。

斯科特(A. C. Scott):《中国的古典戏剧》,伦敦阿伦和昂温书店1957年版,250页。

鲁迅:《中国小说简史》,杨宪益、杨·G.译,北京外文出版社1959年版。

普实克(J. Prušek):《中国的历史和文学》,布拉格科学院1970年版,588页。

比斯利(W. G. Beasley)和蒲立本(E. G. Pulleyblank,出版者):《中国和日本的历史学家》,伦敦牛津大学出版社1961年版,352页。

嘉德纳(C. S. Gardner):《中国的传统史学》,坎布里奇(马萨诸塞州),哈佛大学出版社1961年版,120页。

戴维森(M. Davidson):《英国、法国、德国的中国出版物的译著统计》,华盛顿大学美国学会理事会1952年版。

诺尔曼(J. Norman):《中国人》,剑桥大学出版社1988年版,292页。

拉姆齐(R. S. Ramsey):《中国的语言》,普林斯顿大学出版社1987年版,340页。

断代史著作

从上古时代到公元前5世纪

张光直:《古代中国的考古学》,纽黑文、伦敦,耶鲁大学出版社1986年第4版,450页。

张光直:《商代文明》,纽黑文、伦敦,耶鲁大学出版社1980年版,418页。

郑德坤:《中国的考古学》,第1卷《史前时代的中国》,第2卷《商代中国》,第3卷《周代中国》,剑桥赫弗出版社1959—1963年版。

顾赛芬(F. S. Couvreur):《诗经》译注本,河间府1896年版,献县1926年再版。

顾赛芬:《鲁国编年史——〈春秋〉和〈左传〉》译注本,3卷本,河间府1914年版,巴黎1919年重版,美文学出版社1951年再版。

顾赛芬:《礼记》译注本,4卷本,巴黎重版本,美文学出版社1951年再版。

顾赛芬:《礼记》译注本,巴黎重版本,美文学出版社1951年再版。

顾赛芬:《书经》译注本,巴黎重版本,美文学出版社1950年再版。

冯·德瓦尔(Von Dewall):《上古时代中国的马和车》,波恩哈伯尔特出版社1964年版,280页。

葛兰言(M. Granet):《古代中国的舞蹈和传说》,2卷本,1959年巴黎法国大学出版社再版,760页。

葛兰言:《中国的文明》,1929年第1版,1948、1969年巴黎阿尔班·米歇尔书店再版,506页。

葛兰言:《中国的封建社会》,奥斯陆、阿舍堡、坎布里奇(马萨诸塞州),哈佛大学出版社1952年版,228页。

葛兰言:《中国古代的节日和歌曲》,1919年第1版,1929年巴黎勒鲁书店再版,304页。

许倬云:《变化中的古代中国》,斯坦福大学出版社1956年版,238页。

李祁:《中国文明的摇篮》,西雅图华盛顿大学出版社1957年版,124页。

勒赫(M. Loehr):《中国青铜时代的兵器》,安阿伯密西根大学出版社1956年版,234页。

马伯乐:《古代中国》(覆盖从起源到帝国时代),巴黎1955和1965年法国大学出版社修订再版本,520页。

肖孚(E. H. Schaffer):《古代中国》,纽约时代-生活书店1967年版,192页。

沃尔克(R. L. Walker):《古代中国的列国制度》,哈姆登鞋带出版社1953年版,136页。

沃尔克:《古代中国》,纽约韦特出版社1969年版。

沃森(Watson):《汉代之前的中国》,纽约普拉杰出版社1961年版,264页。

沃森:《中国的古代文明》,伦敦泰晤士-哈得逊河出版社1966年版。

卫德明(R. Wilheim)和贝恩斯(C. F. Baynes):《〈易经〉或〈变化之书〉》,伦敦1951年版,纽约1950年再版,普林斯顿大学出版社1967年再版,2卷本。

战国时代

顾赛芬:《孟子的著作》,巴黎美文学出版社1949—1950年再版本。

顾赛芬:《孔子的〈论语〉》,巴黎美文学出版社1950年重版本。

克伦普(J. I. Crump):《〈战国策〉研究》,安阿伯密西根大学出版社1964年版。

德效骞(H. H. Dubs):《古代儒学的仿效者荀子》,伦敦普罗布斯坦出版社1927年版,308页。

德效骞:《荀子的著作》,伦敦普罗布斯坦出版社1928年版,338页。

戴闻达(J. J. L. Duyvendak):《〈商君书〉研究》,伦敦普罗布斯坦出版社1928年版。

戴闻达:《道德经》,巴黎麦松奈夫书店1953年版,187页。

佛尔克(A. Forke):《社会活动家墨翟及其弟子们的哲学著作》,柏林东方语言讲座的报告,1922年,638页。

翟理斯(L. Giles):《列子诸书中有关道教的教义》,伦敦姆赖书店1947年版。

格拉厄姆(A. C. Graham):《列子著作的新译本》,伦敦姆赖书店1960年版,184页。

格里菲思(S. B. Griffith):《孙子兵法》,牛津克拉伦登出版社1963年版,568页。

葛兰言:《中国人的思想》,1934年第1版,1968年巴黎阿尔班·米歇尔出版社重版,568页。

霍克斯(D. Hawkes):《南宋的朱子,中国古代文选》,伦敦牛津大学出版社1959年版,230页。

廖文凯:《韩非子全集》,伦敦普罗布斯坦出版社1939—1959年版,2卷本。

郭保柯:《中国的两位诡辩学者惠施和公孙龙》,巴黎法国大学出版社1953年版,164页。

马弗里克(L. Mavorick):《有关古代中国经济的对话,管子著作选》,卡博纳拉1954年版,470页。

梅贻宝(Y. P. Mei):《墨子:孔夫子那被人忽略的对立者》,伦敦普罗布斯坦出版社1934年版。

列维(J. Lévi,译者):《商鞅的〈商君书〉》,巴黎弗拉玛里雍出版社1981年版,214页。

托凯(F. Tokei):《中国悲歌的诞生:屈原及其时代》,巴黎加利玛尔出版社1967年版,226页。

汪德迈(L. Vandermeersch):《法家的形成》,巴黎法兰西远东学院1965年版,302页。

魏礼(A. Waley):《古代中国思想的三种潮流》,纽约麦克米伦出版公司1939年版;其法译本于1949年在巴黎帕约书店出版,198页。

魏礼:《道与权,〈道德经〉及其在中国思想中地位的研究》,伦敦阿伦和昂温书店1934年版,262页。

魏礼:《〈九歌〉,古代中国萨满教研究》,伦敦阿伦和昂温书店1955年版,64页。

王毓铨:《古代中国的铸币》,纽约美国古钱币学会1951年版。

沃森:《韩非子的基本著作》,纽约哥伦比亚大学出版社1964年版,134页。

沃森:《墨子、荀子和韩非子的基本著作》,纽约哥伦比亚大学出版社1967年版,140+178+136页。

戴遂良(L. Wieger):《道教天师》,巴黎美文学出版社1950年版,522页。

卫德明(R. Wilheim):《吕氏春秋》译注本,伊埃纳,迪德里克1928年版,542页。

秦汉帝国

白乐日(E. Balazs):《汉代末年的社会危机和政治哲学》,载《通报》第39卷,1948—1950年,第83~131页。

别伦斯坦因(H. Bienlenstein):《汉代的复兴》,载《远东古物博物馆馆刊》第36卷,斯德哥尔摩1953年版,第1~209页。

《剑桥中国史》第1卷,《秦汉帝国,公元前221—公元220年》,剑桥大学出版社1968年版,XLI+981页。

卜德(D. Bodde):《中国的第一次统一:秦王朝及李斯(公元前280?—前208年)生平研究》,莱顿布里尔出版社1938年版,270页。

沙畹(E. Chavannes):《司马迁的〈史记〉》,1895—1905年巴黎第1版,勒鲁1967年再版,5卷本。

杰溺(J. P. Diény):《中国古典诗歌的起源:汉代抒情诗研究》,莱顿布里尔出版社1968年版,168页。

杰溺:《古诗19首》,载《佛和会馆学报》,新编第7卷,第4期,巴黎法国大学出版1963年版,194页。

德效骞(H. H. Dubs):《前汉史》,3卷本,巴尔的摩韦弗利出版社1938—1955年版。

佛尔克(A. Forke):《〈论衡〉:王充文集》,纽约巴拉贡书店再版,2卷本,1962年版。

加勒(E. Gale):《〈盐铁论〉:古代中国有关国家控制贸易与工业的辩论》,莱顿布里尔出版社版,165页;其续文载《皇家亚洲学会华北分会会刊》第65卷,1934年,第73~110页。

吴德明(Y. Hervouet):《汉代宫廷诗人司马相如》,巴黎汉学研究所1964年版,480页。

何四维(A. F. P. Hulsewé):《汉代法律的残余》第1卷,莱顿布里尔出版社1955年版,456页。

何四维:《秦代法律的残余》,莱顿汉学研究院丛书第18卷,莱顿布里尔出版社

1985年版,242页。

康德谟:《列仙传》,北京汉学研究中心1953年版,204页。

克雷默(R. P. Kramers):《孔子家语》,莱顿布里尔出版社1949年版,380页。

孔斯蒂勒(M. J. Künstiler):《马融的生平与著作》,华沙波兰科学院1969年版,224页。

鲁唯一(M. Loewe):《汉代行政文书》,剑桥大学出版社1967年版,2卷本。

鲁唯一:《中国汉代(公元前202—公元220年)的生死观、信仰、神话和理性》,阿伦和昂温书店1982年版,226页。

摩尔根(E. Morgan):《道——大光明,〈淮南子〉文集》,基根·保罗1935年版,228页。

毕梅雪(M. Pirazzoli－t'Serstvens):《汉代中国的历史和文明》,巴黎法国大学出版社,1982年版,234页。

鲁道夫(R. C. Rudolph)和闻宥:《华西汉墓的艺术》,伯克利加利福尼亚大学出版社1951年版,68页。

施舟人(K. Schipper):《道教传说中的汉武帝,〈汉武帝内传〉研究》,法兰西远东学院1965年版,132页。

赛德勒(A. Seidel):《道教中老子的神化》,法兰西远东学院1969年版,172页。

斯旺(N. L. Swann):《中国的第一位女文人班昭》,纽约-伦敦世纪出版社1932年版,123页。

斯旺:《古代中国的食物和货币》,普林斯顿大学出版社1950年版,482页。

詹卓松(T. S. Tjan):《〈白虎通〉:在白虎观的大辩论》,莱顿布里尔出版社,两卷本,1949和1952年版。

王毓铨:《前汉中央政府概观》,载《哈佛亚洲研究学报》第12卷,1949年,第134~187页。

沃森(B. Watson):《中国史学大家记》,纽约-伦敦,哥伦比亚大学出版社,2卷本,1961年。

沃森:《中国的史学大家司马迁》,纽约哥伦比亚大学出版社1958年版,276页。

韦慕庭(C. M. Wilbur):《中国前汉朝时代的奴隶制》,芝加哥自然史博物馆1943年版,纽约鲁赛尔出版社1967年再版,490页。

杨联陞:《东汉的豪门望族》,载于由宋任以都和德弗朗西斯(de Francis)出版的《中国社会史》中,华盛顿美国学会理事会1956年版,第103~134页。

余英时:《中国汉代的贸易与扩张》,伯克利-洛杉矶,加利福尼亚大学出版社,1967年版,252页。

中世纪时代(自汉至隋)

白乐日:《〈隋书·食货志〉译注》,载《通报》第42卷第3~4期,第113~329页,莱顿布里尔出版社1953年版。

白乐日:《〈隋书·刑法志〉译注》,莱顿布里尔出版社1954年版,228页。

卡罗尔(T. D. Carroll):《晋代吐谷浑史资料》,伯克利加利福尼亚大学出版社,1953年版,48页。

陈世骧:《顾恺之传》,伯克利加利福尼亚大学出版社1953年版,32页。

戴密微(P. Demiéille):《佛教,中文史料》,载勒努(L. Renou)和菲利奥扎(J. Filliozat):《古典印度:印度研究手册》,第3卷,第398~463页,法兰西远东学院,河内1953年版。

丁爱博(A. E. Dien):《宇文护传》,伯克利加利福尼亚大学出版社1962年版,162页。

埃布拉尔(W. Eberhard):《中国北方的拓跋帝国,社会学研究》,莱顿布里尔出版社1949年版,396页。

埃布拉尔(W. Eberhard):《征服者和统治者:中世纪的中国社会力量》,1965年莱顿布里尔出版社1965年第2版,192页。

方志彤(A. Fang):《〈三国志〉(公元220—265年)译注》,2卷本,坎布里奇(马萨诸塞州),哈佛大学出版社1962年和1965年版,698和522页。

翟理斯(H. A. Giles):《法显行记》,剑桥大学出版社1923年版,伦敦劳特利奇和基根·保罗出版社1956年再版,112页。

古德利奇(C. S. Goodrich):《苏倬传》,伯克利加利福尼亚大学出版社1953年版,116页。

高罗佩(R. H. Van Gulik):《成就,中国和日本的梵文研究》,那格浦尔版,载《百藏丛书》第36卷,1956年。

海陶玮(J. R. Hightower):《诗人陶潜》,牛津克拉伦登出版社1970年版,270页。

侯思孟(D. Holzman):《竹林七贤及其时代的中国社会》,载《通报》第44卷,第317~346页,莱顿布里尔出版社1956年版。

侯思孟:《嵇康(223—262年)的生活与思想》,莱顿布里尔出版社1957年版,186页。

池内(H. Ikeuchi):《古代朝鲜半岛上的中国郡乐浪与带方》,载《东洋文库研究部论丛》第5卷,1930年。

李雅各(J. Legge):《法显的〈佛国记〉研究》,牛津1886年版,1966年纽约巴拉贡书店再版。

水野和永代:《中国北方5世纪时的佛教石窟云冈》,16卷本,京都1951—1956年版。

罗杰斯(M. C. Rogers):《福建史》,伯克利加利福尼亚大学出版社版,406页。

R. 施:《慧皎的〈高僧传〉》,鲁汶大学东方学院1969年版,178页。

施友忠(Shih Yu-Chung):《刘勰的〈文心雕龙〉研究》,纽约哥伦比亚大学出版社1959年版。

施洛克(J. K. Shryock):《关于人的能力的研究:刘邵的〈人物志〉》,纽黑文美国东方学会1937年版,168页。

杨联陞:《中国晋代经济史札记》,《哈佛亚洲研究学报》,坎布里奇1946年6月版,145页。

许理和(E. Zürcher):《佛教征服中国:佛教在古中世纪中国的传播与同化》,2卷本,莱顿布里尔出版社1959年版,468页。

隋唐和五代

阿克尔(W. R. B. Acker):《有关中国唐代和后唐时代绘画的文献》,莱顿布里尔出版社1954年,414页。

宾板桥(W. Bingham):《唐代的建立》,巴尔的摩未弗利出版社1941年版,184页。

《剑桥中国史》第3卷(589—906年)《隋唐史》第1册,剑桥大学出版社1979年版,XX+850页。

沙畹(E. Chavannes):《西突厥史料》,圣-彼得堡1903年版,巴黎麦松奈夫出版社1942年重版,378+110页。

戴密微:《吐蕃僧诤记》,巴黎法国大学出版社1952年版,400页。

爱德华兹(E. D. Edwards):《唐代中国的散文文学》,伦敦普罗布斯坦1937—1938年版,2卷本。

费尔泽格拉尔德(C. P. Firzgerald):《李世民传》,巴黎帕约出版社1935年版,248页;译自英文,原版为剑桥大学出版社1933年版。

费尔泽格拉尔德:《武氏女皇帝》,伦敦克雷塞出版社1956年版,温哥华不列颠哥伦比亚大学1968年版,264页。

福尔特(A. Forte):《7世纪末年中国的政治宣传与意识形态》,那不勒斯东方大学研究所,1976年版,312页。

格雷(B. Gray):《敦煌佛洞绘画》,芝加哥市芝加哥大学出版社1959年版,70幅图版。

哈密屯(J. R. Hamilton):《五代回鹘史》,巴黎法国大学出版社1955年版,204页。

洪煨莲(W. Hung):《中国诗人杜甫》,坎布里奇(马萨诸塞州),哈佛大学出版社1952年版,300页。

列维(H. S. Levy):《黄巢传》,伯克利-洛杉矶,加利福尼亚大学出版社1955年版,144页。

卢斯(G. H. Luce):《〈蛮书〉研究》,伊萨卡康奈尔大学1961年版,116页。

麦肯拉(C. Mackerras):《回鹘汗国(744—840年)》,堪培拉澳大利亚国立大学1968年版,187页。

伯希和(Paul Pelliot):《交广印度两道考》,载《法兰西远东学院通报》第4卷,第131~413页,河内1904年版。

蒲立本(E. G. Pulleyblank):《安禄山叛乱的背景》,伦敦-纽约,牛津大学出版社,

264 页。

蒲立本:《内蒙古的粟特人聚落》,载《通报》第 41 卷,第 317~357 页,1952 年。

赖肖尔(E. O. Reischauer):《〈圆仁入唐求法巡礼行记〉》,纽约罗纳德出版社 1955 年版,454+342 页。

利科(L. Ricoud):《武则天》,载《印度支那研究会学报》第 34 卷,第 2 期,西贡 1958—1959 年版,172 页。

戴何都(R. des Rotours):《〈新唐书·选举志〉》,巴黎勒鲁书店 1932 年版,414 页。

戴何都:《〈新唐书·百官志〉》和《〈新唐书·兵志〉》译注本,莱顿布里尔出版社 1948 年版,2 卷本,1094 页。

戴何都:《安禄山传》,巴黎法国大学出版社 1962 年版,398 页。

戴何都:《〈北里志〉译注》,巴黎法国大学出版社 1968 年版,200 页。

佐伯:《中国景教的文献和遗迹》,东京 1951 和 1955 年再版。

索瓦热(J. Sauvaget):《中国印度见闻录》,巴黎美文学出版社 1948 年版,82 页。

谢菲(E. H. Schafer):《明帝国》,东京鲁特兰 1954 年版,146 页。

谢菲:《朱雀:唐代的南方形象》,伯克利-洛杉矶,加利福尼亚大学出版社 1967 年版,380 页。

谢菲:《撒马儿罕的金桃:唐代外来物研究》,伯克利-洛杉矶,加利福尼亚大学出版社 1963 年版,400 页。

谢菲:《南汉的第一位皇帝刘龚》,伯克利-洛杉矶,加利福尼亚大学出版社 1947 年版,200 页。

所罗门(B. S. Solomon):《唐顺宗本纪》,坎布里奇(马萨诸塞州),哈佛大学出版社 1955 年版,82 页。

苏思(M. T. South):《李贺:元和时代(806—821 年)的官方学者》,莱顿布里尔出版社 1959 年版,495 页。

高楠:《义净对印度和马来群岛佛教活动的记述(671—695 年)》,牛津克拉伦登出版社,240 页。

崔瑞德(D. Twitchett):《陆贽(754—805 年)皇帝谏官及其官宦生涯》,载《儒教人物》,由崔瑞德和芮沃寿刊行,斯坦福大学出版社 1962 年版,第 84~122 页。

崔瑞德:《唐代的财税机构》,剑桥大学出版社 1963 年版,1970 年再版,186 页。

魏礼(A. Waley):《白居易(772—846 年)的生平与时代》,纽约麦克米伦公司 1949 年版,238 页。

魏礼:《李白的诗歌及其生涯》,纽约麦克米伦公司 1950 年版,124 页。

王赓武:《中国南海贸易史研究》,载《皇家亚洲学会马来分会学报》第 31 卷,第 2 期,1958 年。

王赓武:《五代时期中国北方的政权结构》,吉隆坡 1963 年版,斯坦福大学出版社 1967 年版,258 页。

宋代

卡特(T. F. Carter):《中国印刷术的发明及其西传》,傅路德增订本,纽约罗纳德出版社 1955 年版,293 页。

谢和耐(Jacques Gernet):《蒙元入侵前夜的中国日常生活》,巴黎阿歇特出版社 1959 年版,286 页。

高罗佩:《唐寅秘史》,莱顿布里尔出版社 1956 年版,198 页。

贡德特(W. Gurdert):《洗冤录》,慕尼黑卡尔-汉森出版社 1960 年版,580 页。

吴德明(Y. Hervouet):《1946—1965 年用西文出版的有关宋代著作的目录》,波尔多大学 1969 年版,140 页。

夏德(F. Hirth)和柔克义(W. W. Rockhill):《赵汝适的〈诸藩志〉译注》,圣彼得堡皇家科学院 1911 年版,阿姆斯特丹东方出版社 1966 年版,288 页。

左滕:《中国的商业联合会——行》,载《东洋文库研究部论丛》,东京版,第 8 卷,1936 年。

柯睿格(E. A. Kracke Jr.):《中国宋初的文职机构》,坎布里奇(马萨诸塞州),哈佛大学出版社 1953 年版,262 页。

桑原:《蒲寿庚考》,载《东洋文库研究部论丛》,第 2 卷第 1 期和第 7 卷第 1 期,东京 1928 和 1935 年版。

勒加尔(S. Le Gall):《哲学家朱熹的教理及其影响》,载《汉学论丛》第 5 卷,1894 年上海徐家汇第 2 版,上海天主教传教区 1923 年第 2 版,132 页。

李渡南(D. Leslie):《中国犹太人的遗存:开封犹太人集团》,莱顿布里尔出版社 1972 年版,270 页。

李淑华:《指南车和罗盘的使用》,台北叶文出版公司 1959 年版,124 页。

林语堂:《苏东坡的生平与时代》,纽约 J. 戴出版社 1947 年版,伦敦-墨尔本,海恩曼出版社 1949 年版,370 页。

刘子键(J. T. C. Liu):《宋初的改革家范仲淹》,载由费正清主编的《中国的思想和制度》一书第 105~131 页,芝加哥大学出版社,1957 年版。

刘子键:《中国宋代的改革家王安石及其新政》,坎布里奇(马萨诸塞州),哈佛大学出版社 1959 年版,140 页。

刘子键:《11 世纪的理学家欧阳修》,斯坦福大学出版社 1967 年版,228 页。

罗荣邦:《宋末元初中国作为海洋政治势力的出现》,载《东方季刊》第 14 卷第 4 期,1955 年,第 489~503 页。

李约瑟(J. Needham)等:《天动》,剑桥大学出版社 1960 年版,254 页。

米诺尔斯基(V. Minorsky):《马韦奇论中国、突厥和印度》,伦敦卢扎克出版社 1942 年版,170 页。

穆尔(A. C. Moule):《马可·波罗游记中的"行在"考》,剑桥大学出版社 1957 年版,第 92 页。

伯希和:《中国印刷术的起源》,巴黎麦松奈夫出版社 1953 年版,138 页。

平克(E. Pinks):《宋代初期(960—1028 年)的甘州回鹘人》,威斯巴登哈拉索维茨出版社 1968 年版,226 页。

萨尔让(G. E. Sargent):《朱熹反佛》,巴黎法国大学出版社 1955 年版,156 页。

孙任以都(E‐tu Zen Sun)和弗兰西斯(J. de Francis):《中国社会史》,华盛顿美国学会理事会 1956 年版,400 页。

特劳泽代尔(R. Trauzettel):《奸相蔡京(1046—1126 年)》,柏林乌尔劳卜出版社 1964 年版,214 页。

翟理斯(H. A. Giles,译者):《〈洗冤录〉和法医学概论》,伦敦巴尔和达尼埃尔松出版社 1924 年版。

樊隆德(N. Vandier‐Nicolas):《中国的艺术和智慧:米芾(1051—1107 年)》,巴黎法国大学出版社 1964 年版,194 页。

惠特利(P. Wheatley):《宋代海上贸易有关的某些商品的地域札记》,载《亚洲皇家学会马来亚分会学报》第 32 卷,第 2 期,吉隆坡 1961 年版。

威廉姆森(H. R. Williamson):《中国宋代的政治家和教育家王安石》,2 卷本,伦敦普罗布斯坦出版社 1935 和 1937 年版。

辽、金、夏和元帝国

巴格德(E. A. Bugde):《忽必烈汗的修士:拉班扫玛和马尔格斯的生平与旅行》,伦敦宗教追随者学会 1928 年版,336 页。

陈垣:《蒙古人统治时代的西域和中亚》,加利福尼亚洛杉矶大学出版社 1966 年版,328 页。

戴密微:《马可·波罗时代的中国宗教状况》,载《意大利东方学报》,罗马 1957 年版,第 193~234 页。

弗兰格(H. Franke):《蒙古统治时代的中国货币和经济》,莱比锡哈拉索维茨出版社 1949 年版,172 页。

弗兰格:《蒙古帝国时代的中国文化史论著:杨瑀的〈山居新话〉》,威斯巴登斯泰纳书店 1956 年版,160 页。

傅乐欢:《"营""帐":契丹帝国及其人民的生活方式和军事组织》,伦敦东方和非洲研究学院 1950 年版,230 页。

格鲁塞(R. Grousset):《蒙古帝国》,巴黎博卡尔书店 1941 年版,584 页。

科姆洛夫(M. Komroff):《马可·波罗同时代的事件》,纽约博尼和利夫利奇出版社 1928 年版,358 页。

穆尔(A. C. Moule)与伯希和:《马可·波罗世界志》,伦敦劳特利奇出版社 1938 年版,2 卷本。

奥尔布里希特(P. Olbricht):《公元 13—14 世纪元帝国时代的中国邮政特征》,

威斯巴登哈拉索维茨出版社1954年版,110页。

奥尔斯基(L. Olschki):《马可·波罗的先驱》,巴尔的摩约翰·赫卜肯斯出版社1943年版,100页。

奥尔斯基:《法国艺术家纪尧姆·布歇在大汗宫中》,巴尔的摩约翰·赫卜肯斯大学出版社,1946年版,126页。

伯希和:《〈真腊风土记〉译注》,载《法兰西远东学院通报》第4卷,1904年。

伯希和:《〈蒙古秘史〉译本》,巴黎麦松奈夫出版社1949年版,196页。

拉切聂夫斯基(P. Ratchnevsky):《元典章》,巴黎麦勒鲁出版社1937年版,348页。

苏尔曼(H. F. Schurmann,译者):《元王朝的经济结构》,坎布里奇(马萨诸塞州),哈佛燕京学社第16套,1956年,352页。

符拉基米尔佐夫(Vladimirstov):《蒙古社会制度史》,巴黎麦松奈夫出版社1948年版,292页。

魏礼(A. Waley):《炼丹术士的游历》,伦敦劳特利奇出版社1931年版,166页。

魏特夫(K. A. Wittfogel)和冯家昇:《中国社会史·辽(907—1125年)》,费城美国哲学学会,纽约麦克米伦出版公司1949年版,752页。

裕尔(H. Yule):《马可·波罗游记》,第3版,由考狄校订,伦敦劳特利奇出版社1938年版,2卷本。

明代

阿大诺尔(L. Avenol,译者):《西游记》,巴黎赛伊出版社1957年版,956页。

狄百瑞(W. T. de Bary,发行人):《明代思想的个人与社会性》,哥伦比亚大学出版社1970年版,516页。

比肖夫(J. P. Bishoff):《中国通俗故事》,坎布里奇(马萨诸塞州),哈佛大学出版社,1956年版,144页。

博克塞(C. R. Boxer):《菲达尔戈斯于1550—1610年在远东》,海牙尼若夫出版社1948年版,297页。

博克塞:《16世纪的华南史》,伦敦哈克鲁特学会1953年版,388页。

布希(H. Busch):《东林书院及其政治与哲学意义》,载《华裔学志》第14卷,1949—1955年版,第1~163页。

《剑桥中国史》第7卷,《明史,1368—1644年》,第1册,剑桥大学出版社1988年版,XXV+976页。

贾永吉(M. Cartier):《16世纪中国的一次地方性改革:海瑞于1558—1562年在淳安县》,巴黎-海牙木东出版社1973年版,170页。

张天之:《1514—1644年间的中国-葡萄牙的贸易》,莱顿布里尔出版社1934年版,158页。

谭霞客(J. Dars,译者):《水浒传》,巴黎加利玛尔出版社,七星诗社1978年,2卷本,CXLI+1233和II+1356页。

戴闻达(J. J. L. Duvendak):《有关马欢的初步研究》,阿姆斯特丹北荷兰出版社,1933年,74页。

戴闻达:《中国发现非洲考》,伦敦布斯坦出版社1949年版,36页。

加拉盖(L. J. Gallagher):《16世纪末耶稣会士发现的中国》,密尔沃基布鲁斯出版社1959年版,616页。

加拉盖:《16世纪的中国利玛窦日志》,坎布里奇(马萨诸塞州),哈佛大学出版社,1959年版,616页。

弗兰克(O. Franke):《李贽,16世纪中国思想斗争史》,柏林科学研究院,1938年,62页。

弗里(H. Friese):《明朝的官职制度》,威斯巴登哈拉索维茨出版社,1959年版,164页。

谢和耐(J. Gernet):《中国和基督教》,巴黎加利玛尔出版社1982年版,342页。

格里木(T. Grimm):《明代中国儒教的教育和政治》,威斯巴登哈拉索维茨出版社1960年版,178页。

高罗佩(R. H. van Gulik):《狄仁杰三断命案》,东京1949年版,238页。

亨克(F. G. Henke,译者):《王阳明的哲学》,纽约巴拉贡书店1964年第2版。

何炳棣:《1368—1911年中华帝国发迹的阶梯,社会变动性的几个方面》,纽约-伦敦,哥伦比亚大学出版社1962年版,386页。

黄仁宇(R. Huang):《1587年:明朝衰落的一年》(此书的汉译本叫作《万历十五年》——译者),巴黎法国大学出版社1985年版,244页。

贺凯(C. O. Hucker):《中国明朝的审查制度》,斯坦福大学出版社,1966年版,406页。

贺凯:《明代的中国政府》,纽约哥伦比亚大学出版社,1969年版,286页。

贺凯:《中国明代的传统国家》,托克逊亚利桑纳大学出版社1961年版,86页。

卡美雷(A. Kammerer):《葡萄牙人于16世纪发现中国》,莱顿布里尔出版社1944年版,260页。

久野(Y. Kuno):《日本向亚洲大陆的扩张》第1卷,伯克利加利福尼亚大学出版社1937年版。

雷威安(A. Lévy,译者):《凌濛初所著的狐狸爱情故事》,巴黎加利玛尔出版社1970年版,285页。

雷威安(译者):《金瓶梅》,巴黎加利玛尔出版社,七星诗社丛书,1985年版,2卷本,CXXXIII+1272和LIX+1484页。

梁方春:《一条鞭法》,坎布里奇(马萨诸塞州),哈佛大学出版社1956年版,71页。

米勒(J. V. G. Mils):《马欢和〈瀛涯胜览〉》,剑桥大学出版社1971年版,394页。

阮端和利高(L. Rigaund):《三国演义》译本,西贡印度支那研究会1960—1963年版,3卷本。

帕森斯(J. B. Parsons):《晚明的农民起义》,图森亚利桑纳大学出版社1970年版,260页。

伯希和:《明史中的火者与写亦虎仙》,载《通报》第38卷,1948—1950年版,第81～292页。

司律思(H. Serruys):《永乐时代(1403—1424年)汉族-女真族的关系》,威斯巴登哈拉索维茨出版社1955年版,118页。

孙任以都和宋诗倩(译者):《《天工开物》:17世纪的中国工艺》,伦敦帕克大学出版社和宾夕法尼亚州大学出版社1966年版,272页。

王长智:《王阳明的伦理哲学》,巴黎大学1936年版,217页。

威托夫(B. Wiethoff):《1538—1567年之后中国的隐蔽政治》,汉堡东方自然和民族研究会1963年版,第45卷,235页。

1644—1798年

奥库尔(P. Aucourt):《一个杭州市民的日记(1645年)》,载《法兰西远东学院通报》第7卷,第297～312页。

《剑桥中国史》第10和11卷:《晚清史(1800—1911年)》,剑桥大学出版社1978年和1980年版,XVI+713和XX+754页。

德尔米尼(L. Dermigny):《18世纪(1716—1833年)的广州贸易》,巴黎国民教育刊物出版及销售处1964年版,4卷本。

埃布拉尔(W. Eberhard):《17—18世纪的中国中篇小说,社会学调查》,阿斯科纳亚洲论坛1948年版,240页。

安田朴(R. Etiemble):《入华耶稣会士和礼仪之争(1552—1773年)》,巴黎朱利雅尔出版社版,302页。

安田朴:《中国化的欧洲》,第1卷,《从罗马帝国到莱布尼茨》,第2卷。《从亲华到排华》,巴黎加利玛尔出版社1988和1989年版,438页和402页。

翟理斯(H. A. Giles,译者):《聊斋志异》,1880年第1版,1925年纽约的博尼和利维奇出版社再版,2卷本。

傅路德(L. C. Goodrieh,发行人):《乾隆时代的文字狱》,巴尔的摩沃韦利出版社1935年版,276页。

吴德明(Y. Hervouet,发行人):《蒲松龄的〈聊斋志异〉》,巴黎加利玛尔出版社1969年版,218页。

希伯特(E. T. Hibbert):《耶稣会士们于康熙时代在中国的冒险》,纽约杜通出版社1941年版,298页。

希伯特:《中国皇帝康熙》,伦敦基根·保罗出版社1940年版,298页。

何炳棣:《扬州的盐商:中国18世纪商业资本主义的研究》,载《哈佛亚洲研究》第17卷,1954年,第130～168页。

儒丹(M. Jourdan):《18世纪中国输出的艺术》,伦敦国家生活出版社和纽约斯克里卜纳出版社 1950 年版,152 页。

凯恩(D. Keene):《国姓爷的战斗》,伦敦泰勒外国读物出版社,1951 年版。

莱辛(F. Lessing):《雍和宫,北京喇嘛庙的画像》,哥德堡埃兰德出版社 1942 年版,180 页。

李治华和雅歌(J. Alezaïs,译者):《红楼梦》,巴黎加利玛尔出版社,七星诗社丛书,1981 年,2 卷本,分别为 CXXXIX+1638 和 XLVI+1640 页。

迈克尔(F. Michael):《中国满族规矩之起源》,巴尔的摩约翰·赫卜肯斯出版社 1942 年版,128 页。

尼维森(D. S. Nivison):《章学诚(1738—1801 年)的生平与思想》,斯坦福大学出版社 1966 年版,336 页。

庞敬仁:《马勒伯朗士的神学思想和朱熹的理学思想》,巴黎丁·福兰出版社 1942 年版,130 页。

伯戴克(L. Petech):《18 世纪初期的中国中原与西藏》,莱顿布里尔出版社 1950 年版,第 286 页。

毕诺(V. Pinot):《中国与法国哲学思想的形成(1640—1740 年)》,格特纳出版社 1932 年版,480 页。

舒尔茨(A. Schclz):《西洋楼:乾隆皇帝的"欧洲景"的研究》,施密德和舒尔茨出版社,1966 年版,98 页。

斯宾塞(J. D. Spence):《曹寅和康熙皇帝:奴才和主子》,纽黑文-伦敦,耶鲁大学出版社 1966 年版,330 页。

司买卖:《道教画家》,纽约博林根基金会 1956 年版,2 卷本。

邓嗣禹:《中国科举制对西方的影响》,载《哈佛亚洲研究学报》第 7 卷,1943 年,第 267~312 页。

菲赫勒(E. J. Vierheller):《民族精英——思想家王夫之》,载《汉堡东亚自然和民族科学史学报》第 49 卷,1968 年,共 138+30 页。

魏礼(A. Waley):《18 世纪的中国诗人袁枚》,纽约阿伦和昂温书店 1956 年版,228 页。

王·C. C(C. C. Wang,译者):《红楼梦》,伦敦劳特利奇出版社 1929 年版,372 页。

杨宪益和杨·G(译者):《学者传》,北京外文出版社 1957 年版,722 页。

19 世纪

贝尔斯(W. L. Bales):《左宗棠:旧中国的军人和战略家》,上海凯利和瓦尔什出版社 1937 年版,436 页。

毕乃德(K. Biggerstaff):《中国近代早期的文人政府》,伊萨卡康奈尔大学出版社 1961 年版,276 页。

濮兰德(J. O. P. Bland)和巴克斯(E·Backhouse):《慈禧外记》,北京魏智(Vetch)版,1939 年,470 页。

濮友真(Boardman Eugene Powers):《基督教对太平天国起义(1851—1864 年)的思想

影响》,麦迪逊威斯康星大学出版社1952年版,188页。

《剑桥中国史》第12和13卷,《中华民国史(1912—1949年)》,XVIII+1002页和XIX+1092页,剑桥大学出版社1983和1986年版。

张钟利:《中国的贵族及其在中国19世纪所起作用的研究》,西雅图华盛顿大学出版社1955年版,250页。

张新保:《李钦差和鸦片战争》,坎布里奇(马萨诸塞州),哈佛大学出版社1964年版,318页。

张相则:《捻军起义》,西雅图华盛顿大学出版社1954年版,160页。

朱昌峻:《近代中国的改革家张謇(1853—1926年)》,纽约和伦敦,哥伦比亚大学出版社1965年版,256页。

朱文长:《中国西北1861—1878年的回乱》,海牙木冬出版社1966年版,232页。

崔冬秋:《中国清代的地方政府》,坎布里奇(马萨诸塞州),哈佛大学出版社1962年版,360页。

孔宝荣(P. A. Cohen):《传教运动和中国排外主义的发展,1860—1870年》,坎布里奇(马萨诸塞州),哈佛大学出版社1963年版,392页。

科利斯(M. Collis):《鸦片战争》,巴黎卡尔芒-列维书局1948年版,336页。

费正清(J. K. Fairbank):《中国沿海地区的贸易和外交,1842—1852年的开埠通商条例》,坎布里奇(马萨诸塞州),哈佛大学出版社1964年版,2卷本,490页。

费维凯(A. Feurwerker):《中国早期的工业化——盛宣怀(1844—1916年)和官僚企业》,坎布里奇(马萨诸塞州),哈佛大学出版社1958年版,312页。

福尔索姆(K. E. Folsom):《幕友、幕宾和幕僚:晚清时代的幕府制度》,伯克利加利福尼亚大学出版社1968年版,234页。

谢诺(J. Chesneaux)和巴士蒂(M·Bastid):《从鸦片战争到中法战争(1840—1885年)》,巴黎阿捷出版社1969年版,224页。

解维廉尔(W. J. Hail):《曾国藩和太平天国的起义》,纽黑文耶鲁大学出版社1927年版,422页,纽约巴贡书店1964年再版。

郝延平:《中国19世纪的买办资产阶级》,坎布里奇(马萨诸塞州),哈佛大学出版社1970年版,315页。

萧公权:《农业中国:19世纪的皇帝控制》,西雅图华盛顿大学出版社1960年版,784页。

徐中约:《伊犁事件:1871—1881年的中俄外交研究》,牛津克拉伦登出版社1965年版,230页。

约翰逊(D. Johnson)、黎安友(A. J. Nathan)和罗斯基(E. S. Rawski,发行人):《中华帝国晚期的民间文化》,伯克利加利福尼亚大学出版社1985年版,450页。

弗兰克·金(F. H. H. King):《1845—1895年的中国货币和货币政策》,坎布里奇(马萨诸塞州),哈佛大学出版社1965年版,330页。

赖德烈(K. S. Latourette):《基督传教团来华史》,1929 年第 1 版,纽约拉塞尔与拉塞尔出版社,1967 年再版,930 页。

梁启超:《清代学术思想倾向》,坎布里奇(马萨诸塞州),哈佛大学出版社,1959 年版。

林太一:《镜花缘》(李汝珍著《镜花缘》的英译本),伦敦和伯克利的欧文书店 1965 年版,310 页。

刘广京:《英-美轮船于 1862—1874 年间在中国的竞争》,坎布里奇(马萨诸塞州),哈佛大学出版社 1962 年版,218 页。

玛尼斯(W. F. Mannix):《回忆李鸿章》,波士顿-纽约,胡通-米夫林出版社 1923 年版,298 页。

马士(R. M. Marsh):《官吏——中国精英人物的流动性》,格伦科自由出版公司 1961 年版,300 页。

梅谷(F. Michael):《太平天国起义》第 1 卷《历史》,西雅图华盛顿大学出版社 1966 年版,243 页。

罗林松(J. L. Rawlinson):《中国 1839—1895 年发展海军的努力》,坎布里奇(马萨诸塞州),哈佛大学出版社 1967 年版,318 页。

海克鲁斯(J. Reclus,译者):《沈复的〈浮生六记〉》,巴黎加利玛尔出版社 1967 年版,180 页。

施友忠(V. Y. C. Shih):《太平天国的意识形态及其起源、诠释和影响》,西雅图华盛顿大学出版社 1967 年版,554 页。

斯佩克托尔(Spector):《李鸿章及其淮军:19 世纪的中国地区性研究》,西雅图华盛顿大学出版社 1964 年版,359 页。

邓嗣禹:《捻军及其游击战》,巴黎-海牙木冬 1961 年版,254 页。

邓嗣禹:《太平军起义历史新探》,坎布里奇(马萨诸塞州),哈佛大学出版社 1950 年版,132 页。

邓嗣禹和费正清:《1839—1923 年中国对西方的答复》,坎布里奇(马萨诸塞州),哈佛大学出版社 1954 年版,纽约阿瑟诺姆出版社 1963 年再版。

魏濮德(F. Wakeman):《门口上的外夷,1838—1861 年华南社会的混乱》,伯克利加利福尼亚大学出版社 1966 年版,276 页。

魏礼(A. Waley):《中国人眼里的鸦片战争》,伦敦阿伦和昂温书店 1958 年版,258 页。

卫清心:《法国 1842—1856 年的在华传教政策》,巴黎拉丁文新版本,1960 年版,625 页。

魏丕信(P.-E·Will):《中国 18 世纪的荒政史》,巴黎木冬和高等社会科学研究院 1980 年版,312 页。

芮沃寿(M. C. Wright):《中国保守主义的最后阶段:1862—1874 年的同治复兴》,斯坦福大学出版社 1957 年版,426 页。

20 世纪上半叶

毕仰高(L. Bianco):《中国革命的起源:1915—1949 年》,加利玛尔出版社 1967 年版,384 页。

仓毕德(H. L. Boorman,主编):《民国人物传记辞典》第 1 卷,从爱—曲姓卷,纽约哥伦比亚大学出版社 1967 年版,484 页。

凡·保文(H. van Bovin):《中国近代文学史》,北京天主教大学(辅仁大学)1946 年版,188 页。

布里埃尔(O. Brière):《50 年来的中国哲学思潮》,载《震旦大学学报》第 10 卷,第 40 期,上海 1949 年版,英译本于 1956 年在伦敦阿伦和昂温书店出版,160 页。

卡梅伦(M. Cameron):《中国 1898—1912 年的改革运动》,斯坦福大学出版社 1931 年版,224 页。

陈荣捷(Chan Wing-tsit):《近代中国的宗教倾向》,纽约哥伦比亚大学出版社 1953 年版,328 页。

张轲(J. K. Chang):《共产党执政前的中国工业发展》,芝加哥阿尔丁出版公司 1969 年版,144 页。

谢诺(J. Chesneanx):《有关中国 1919—1927 年的工人运动研究》,巴黎-海牙木东出版社 1962 年版,652 页。

谢诺:《中国的秘密会社》,巴黎于雅尔出版社 1965 年版,277 页。

谢诺和鲁斯特(J. Lust):《当代中国史研究概论》,巴黎 海牙木东出版社 1964 年版,148 页。

《中国年鉴》,伦敦 1912—1919 年版,天津 1912—1939 年版。

周策纵(Chow Tse-tsung):《近代中国的思想革命——五四运动》,斯坦福的加利福利亚大学出版社 1960 年版,1967 年再版,486 页。

金保光(H. Doré):《中国迷信研究》,上海徐家汇 1914—1929 年版,15 卷本。

费孝通:《中国的农民生活:长江流域乡村生活的实地考察》,伦敦基根·保罗出版社 1939 年版,300 页。

法兰西斯(J. F. de Francis):《中国的民族主义和语言改革》,普林斯顿大学出版社 1950 年版,306 页。

弗兰格(W. Franke):《中国的文化革命——1919 年五四运动》,慕尼黑奥登堡出版社 1957 年版,90 页。

基林(D. G. Gillin):《山西军阀阎锡山,1911—1949 年》,普林斯顿大学出版社 1967 年版,334 页。

吉列玛兹(J. Guillermaz):《中国共产党史:1921—1949 年》,巴黎帕约出版社 1968 年版。

格雷德(J. B. Grieder):《胡适和中国的文艺复兴:中国革命中的自由主义》,坎布里奇(马萨诸塞州),哈佛大学出版社 1970 年版,350 页。

赫梅里(M. Hemery):《从文学革命到革命文学》,巴黎莱尔纳出版社1970年版,336页。

夏志清(T. C. Hsia):《近代中国的小说史:1917—1957年》,纽黑文耶鲁大学出版社1961年版,622页。

伊萨克(H. Isaacs):《中国革命中的悲剧》,伦敦1958年版,法文译本1967年由加利玛尔出版社出版,446页。

恒慕义(A. Hummel,译者):《一位中国史学家的自传》(顾颉刚著),莱顿布里尔出版社1931年版,200页。

郎·O(O. Lang):《巴金及其著作》,坎布里奇(马萨诸塞州),哈佛大学出版社1967年版,402页。

李文森(J. R. Levenson):《梁启超与现代中国的愿望》,坎布里奇(马萨诸塞州),1953年,第2版,伯克利加利福尼亚大学出版社1967年版,316页。

李文森:《儒家中国及其在现代的命运》,伯克利加利福尼亚大学出版社1958年版,224页。

李剑农:《1840—1928年的中国政治史》,译自中文,斯坦福大学出版社1967年版本,544页。

林树声:《中国的新闻史》,阿维纳《观察家》出版社1937年版,164页。

林语堂:《中国的新闻与公共舆论史》,芝加哥大学出版社1936年版,180页。

迈斯纳(M. Meisner):《李大钊与中国马克思主义的起源》,坎布里奇(马萨诸塞州),哈佛大学出版社1967年版,326页。

鲍威尔(R. L. Powell):《中国军事力量的兴起:1895—1912年》,普林斯顿大学出版社1951年版,802页。

珀塞尔(V. Purcell):《东南亚的中国人》,伦敦-纽约,牛津大学出版社1951年版,802页。

珀塞尔:《义和团起义的背景研究》,剑桥大学出版社1963年版,271页。

普实克(J. Prusek):《中国的解放文学及其民族传统》,布拉格阿尔蒂亚出版社1955年版,740页。

赛里丹(J. E. Sheridan):《中国军阀冯玉祥的生涯》,斯坦福大学出版社1966年版,386页。

斯诺(E. Snow):《红星照耀中国》,(即《西行漫记》——译者),巴黎斯托克出版社1965年版,439页。

谭春霖(C. C. Tan):《义和团大灾难》,纽约哥伦比亚大学出版社1955年版,276页,纽约奥克塔贡书局1967年再版。

盛成(译者):《刘鹗的〈老残游记〉》,巴黎加利玛尔出版社1964年版,280页。

汤姆逊(L. G. Thompson):《康有为的〈大同书〉》,伦敦阿伦和昂温书店1958年版,300页。

王·C.C(C. C. Wang):《中国的知识分子和西方》,查珀尔希尔北卡罗莱纳大学出版社1966年版,588页。

芮沃寿(M. C. Wright)等:《中国革命的第一阶段:1900—1913年》,纽黑文耶鲁大学出版社1986年版,505页。

自1949年以后

巴尼特(A. D. Barnett):《早期的共产主义中国:1945—1955年》,纽约普拉杰出版社1964年版,338页。

白吉尔(M. C. Bergère):《1949年至今的中华人民共和国》,第2版,1989年巴黎的阿尔芒·科兰出版社版,332页。

毕仰高(L. B. Bianco)和白吉尔:《20世纪的中国史》,第1卷(1895—1949年),巴黎法雅尔出版社1989年版,442页。

毕仰高和谢维里埃(Y. Chevrier):《国际工人运动传记词典·中国》,巴黎工人出版社1985年版,846页。

《剑桥中国史》第14卷,《中华人民共和国史》第1册《中国革命的事件:1949—1965年》,剑桥大学出版社1987年版,XVII+722页。

费维凯(A. Feuerwerker,发行人):《共产主义中国史》,剑桥大学-麻省理工大学出版社1968年版,382页。

基廷(J. Gittings):《中国军队的作用》,纽约牛津大学出版社1967年版,330页。

格尔德曼(M. Goldman):《共产主义中国的异端文学》,哈佛大学出版社1967年版,344页。

安通(W. H. Hinton):《中国一个村庄中的共产主义革命》,巴黎普伦出版社1971年版,766页。

雷斯(S. Leys):《毛主席的新衣》,巴黎自由阵地书店1971年版,312页。

麦克法夸尔(R. Mcfarquhar,发行人),《毛泽东领导下的中国:政治挂帅》,麻省理工大学出版社1966年版,525页。

诺思(R. C. North):《中国的共产主义》,(法译本),巴黎阿歇特书店1966年版,248页。

巴斯加里尼(J. Pasqualini):《毛泽东的囚徒:在中国劳改营中的7年》,巴黎加利玛尔出版社1975年版,338页。

施拉姆(P. Schram):《中国农业在1950—1959年间的发展》,伊利诺斯大学出版社1969年版,200页。

舒尔曼(F. H. Schurmann):《共产党中国的意识形态和组织》,伯克利加利福尼亚大学出版社1966年版,540页。

汪德迈(L. Vandermeersch):《新的汉文化圈》,巴黎法国大学出版社1986年版,224页。

杨庆堃(C. K. Yang):《中国的共产主义社会:家庭和村庄》,剑桥大学-麻省理工大学出版社 1965 年版,276 页。

二、历史纪年表

中国历代王朝大事年表

新石器时代	
前 8000 年(左右),农业的开始。 前 6000 年—前 5000 年(左右),华北种黍,华南种稻。饲养犬和猪。商朝的许多特征已经出现。	神话君主:伏羲、神农、黄帝、尧、舜。 前 2207—前 1765 年,夏朝(传说的年代)。
上 古 时 代	
前 1800 年(左右),青铜器、车辆、文字、宫廷文明、许多小诸侯国的联系网。种植的极其多样性。	前 1765—前 1122 年,商或殷朝(传说年代)。 前 1122—前 256 年,周朝。
前 700—前 500 年(左右),大王国的形成,战争推动政治上的中央集权。新兵器、铸铁用具、合理的套马拉车方式。	前 722—前 481 年,春秋时期。 前 453—前 222 年,战国时期。
早 期 帝 国	
华夏诸国统一。统一度量衡和文字。征募军队。	前 221—前 206 年,秦帝国。
汉武帝时代(前 140—前 87 年),取消封地并在亚洲大扩张。	前 206—220 年,汉朝。 前 206—9 年西汉。
从公元 187 年起,多次起义与各路诸侯之间的斗争。非汉族居民定居在华北。	9—25 年,王莽篡权。 25—220 年,东汉。
中 世 纪	
中国三足鼎立,然后又是短暂的统一。从 317 年起,中国北方分裂成各非汉族血统的王国。汉族精英亡命于长江流域。形成贵族阶级。	220—265 年,三国。 265—316 年,西晋。 317—589 年,东晋、南北朝。

596

续表

隋 唐 帝 国	
隋统一中国。 　　7世纪,向亚洲大扩张。水稻在中国(长江流域)大发展。税收改革。旧贵族消亡。中国分裂成10多个小国。中国海上向南部和东南部拓展,长江流域大发展。旧贵族消亡。	581—618年,隋。 618—907年,唐。 755—764年,安禄山叛乱。 907—960年,五代。
第一个文官帝国	
11世纪时,可以经常重印文字之作。中国士人阶层得到发展。经济、城市、海运大发展。通过科举选拔官吏。组成职业军队。 　　12世纪初叶,金人(女真)占领中国北方。	960—1279年,宋代。 960—1127年,北宋。 916—1127年,东北的辽(契丹)。 1032—1127年,西北的西夏。 1115—1234年,先为金(女真),后为中国北方的蒙古。 1127—1279年,南宋。
蒙古人入主中国	
中国被纳入蒙古人的欧亚大陆帝国的范围。从14世纪中叶起的民族起义。	1206—1368年,元朝(蒙古)。
文官帝国的恢复	
1368—1420年,蒙古人被驱向北方。专制主义的加强。1520—1644年,发行银币,城市和贸易大发展。 　　1590—1640年,政治危机和大规模暴动。满族人的威胁。	1368—1644年,明朝。
汉-满帝国(大清帝国)	
1644—1663年,满族人政权建立。 　　18世纪时,向蒙古、中亚和西藏大扩张。全面繁荣和人口迅速增长。 　　从18世纪末起,发生边界冲突、起义、腐败、经济窒息。	1644—1911年,清朝。 1851—1864年,太平军大起义。

续表

汉-满帝国（大清帝国）	
从1820年起，由于进口鸦片而引起财政亏损。 从1840年起，西方国家发动进攻。 1860—1898年，现代化的失败。 19世纪末，外国人在中国建立飞地，中国逐渐丧失了其独立性。	
从帝国末年到中华民国	
1911—1927年，军阀混战时期。 1927—1949年，蒋介石统治下的中华民国。 1937—1949年，日本入侵和内战。	1912年建立中华民国。
中华人民共和国	
1949年，建立中华人民共和国。 1950—1979年，国家重建。 1958—1959年，大跃进。 1960—1961年，大饥荒。 1962—1965年，致力重建经济。 1966—1968年，"文化大革命"，无政府状态和破坏。 1968—1978年，"文化大革命"继续。 1978年，务实主义再度掌权，非毛化。向外国技术和资本开放。 1984年，加快改革。	

中国历史和文明大事纪年表

历　　史	文　　明
公元前17世纪，商或殷朝建立。	前17世纪，黄河流域开始有青铜器。
前1384年，据董作宾的纪年表，商朝最后定都于安阳附近。	前1384—前1025年左右，安阳（河南）商末甲骨文。

续表

历 史	文 明
前1025年(左右),周灭商,西周开始。	
前1000年(左右),在亚洲西部发展了骑马的技术。	前10—前9世纪,首批青铜钟鼎文,《诗经》中最古老的宗教颂歌。
前827—前782年(宣王执政年间),北方民族入侵(首批游牧民骑士?)。	前841年,有明确断代的历史开始。
前771年,胡人入侵陕西,周人离开其渭水流域的京都,主要定居于洛阳。东周开始。	前753年,秦国编年史开始。
前722年,春秋时期的初年。	前722年,鲁国编年史《春秋》开始。
前704年,湖北和长江中游已经汉化的楚王国一直扩展到河南的南部。	
前688年,首次记述到将"县"的名称用于所占领土。	
前667年,诸侯国之间举盟誓仪式,山东的齐国成为对付夷族入侵的盟国之霸主。齐国称霸开始。	
前632年,山西的晋国获得霸权。	
前606年,楚国威胁着河南周朝的领地。	
前597年,楚庄王战胜晋国后被推为霸主。	
前594年,山东鲁国实施税收改革。	
前589年,当时的主要对手,齐国与晋国,发生大规模战斗。	
前562年,鲁国国君被剥夺权力,仅仅保留宗教特权。	
前543年,郑国实施税收改革。	
前506年,吴(江苏南部)国进攻楚国,吴国占领楚国国都郢。	前513年,首次记载到炼铁。
前494年,越国向吴国称臣。	
前486年—前482年,吴国用运河把长江与山东南部联系起来。	前501年,记述四种诊治方法:检查气色和舌苔,应用早期听诊方式,了解病人的病历,诊脉。
前481年,春秋时代结束。	前535年,郑国编成第一部法典。

续表

历　史	文　明
前 473 年,吴国被其南部近邻越国所灭。	前 479 年,传说上认为是孔子去世的年份。
前 461 年,秦加固黄河西南段的堤防。	前 467 年,观察到哈雷彗星。
前 453 年,三分晋国(汉、魏、赵)。战国时期开始。	
前 445 年,楚国扩张向东侵吴。	前 444 年,阳历年的计算:365.25 天。
前 408 年,北氏人被挫败。魏将秦驱向西方,一直扩张到北部的洛水并在那里建造一道防线。	前 395 年(左右),魏相法家代表人物李悝(李克)去世。
	前 381 年(左右),墨子去世。
前 367 年,周王室分裂成两国:西周与东周。	
前 361 年,法家变法派公孙鞅(商鞅)入秦。	
前 358—前 352 年,魏加强了北部洛水流域的防务,并将其防卫区扩至鄂尔多斯河套。	
前 356—前 338 年(左右),商鞅在秦国实行大变法。	前 350 年(左右),比较古老的星位表。
前 354—前 351 年,河北西南的赵国京都邯郸被围。	
前 334 年,楚国吞并越国(长江下游和浙江北部)。	前 335 年(左右),重己主义的倡导者、悲观主义哲学家杨朱逝世。
前 328 年,秦朝设第一位丞相。	
前 325 年,秦公称王。	
前 318—前 316 年,秦进入四川的成都平原。	
前 307 年,山西北部的赵国建立一支抗击草原游牧民的骑兵。	
前 300 年左右,北方诸国(秦、赵、燕)修筑一道抵御蒙古和满洲草原游牧民骑兵的长城。四川岷江上游大兴水利工程。	前 300 年左右,名家惠施和《庄子》的作者道家的庄周(庄子)逝世。
前 298—前 280 年,楚国远征四川东部和云南。	
前 286 年,齐国消灭了河南东部的宋国。	前 289 年左右,孔子的继承人孟子逝世。

续表

历史	文明
前 280 年,秦进入贵州。 前 278—前 287 年,秦击楚而向湖北和湖南扩张。 前 277 年,秦国再次远征长江三峡和贵州地区。 前 256 年,秦灭周王室,东周结束。 前 246 年,未来秦皇朝的第一位皇帝秦王政即位。秦国在陕西修造一条长 150 公里的灌渠。 前 239—前 235 年,向秦移民,移至渭水流域。 前 237 年,李斯继吕不韦出任秦相。 前 221 年,秦帝国建立。 前 221—前 214 年,远征福建、广东、广西和越南北部。 前 220 年,建立驰道。重建和延长前 300 年左右建造的长城。 前 215 年,蒙恬在蒙古发动了对匈奴的远征。 前 214 年,远征南越(广州和河内地区)。将 50 万囚犯迁至南越。 前 212 年,始皇晏驾。 前 200 年,起义和内战开始。匈奴单于冒顿建立第一个草原汗国。 前 208 年,陈涉领导的民众起义。 前 207 年,秦二世皇帝遇害。 前 206 年,秦皇朝灭亡。 前 203 年,项羽和刘邦瓜分帝国。项羽的楚国在东,刘邦的汉国在西。 前 202 年,刘邦消灭项羽,自称汉朝皇帝。 前 201 年,刘邦将帝国的部分国土作为封地封给其旧日的战友。 前 200 年,刘邦建都长安,即今陕西之西安。 前 200 年左右,汉朝的防线全面向长城以南撤退。	前 277 年左右,楚国大诗人屈原逝世。 前 250 年左右,名家公孙龙逝世。 前 240 年,观察到了哈雷彗星。约前 240 年,齐国五行专家邹衍逝世。 前 235 年,受法家影响的具有儒家倾向的社会学家荀子逝世。 前 213 年,"焚书"事件。

续表

历　史	文　明
前198年,齐(山东)和楚(长江下游)的豪门富户大量迁至长安。与匈奴议和。	
前191年,秦朝最严酷的法律被废除。	
前188年,对待商贾的法律放宽。	
前187年,再次撤销秦代刑法。	
前180年,吕后去世,吕氏集团成员被铲除。	
前179年,南越归附汉朝。	
前177年,匈奴推进到河南。	
前175年,允许私人铸币。	
前174年,匈奴汗国的缔造者冒顿单于逝世。	前174年,贾谊(前200—前168年)呈奏《治安策》。
前167年,截肢酷刑从法典上删除,新设强迫劳役。	
前166年,首次提到在草原边境上的信号系统(火、烟)。匈奴入侵。	
前165年,为选拔官吏而首开科场。	
前158年,首次提到北方边境上的军屯。	前157年,道士、《新语》作者陆贾去世。
前144年,匈奴入侵山西并劫掠御马场的马匹。	
前141年,武帝(孝武帝)登基。	前140年,第一部中国炼丹术著作。
前139年(或前135年),张骞出使西域寻找大月氏。	
前136年,据唐蒙上书建议开始考察从四川通向缅甸和印度的道路。	前135年(左右),《韩诗外传》首次提及雪结晶的六棱形状。
前131年,为进入云南和贵州而作出努力。	前133年,派遣方士寻找长生仙人岛。
前130年,四川与贵州之间的道路建成。	
前129年,在陕西与河南之间建成一条150公里的灌渠。	
前128年,第一次远征满洲和高丽。	
前127年,制订诸王子之间分封的法律。	

续表

历　　史	文　　明
前126年,张骞自大宛和大夏返回。	
前124年,淮南王刘安企图叛乱。	前124年,设立一个由50名今文经学家组成的机构。
前122—前109年,汉朝向南扩张。	前122年,淮南王刘安自杀,在其宫廷曾编写出道家著作《淮南子》。
前120年,70余万已汉化的山东人被迁至陕西。	前120年,建立负责搜集民歌和杂曲的乐府。
前119年,建立国家对盐和铁的专营权。	
前117—前115年,创设甘肃诸郡。	前117年,著名的赋作家司马相如逝世。
前115年,张骞再次出使西域,前往乌孙地区(伊犁河流域)。	
前113年,在西北地区大举从事灌溉和土地开发工程。	前109年,寻找长生仙人岛。
前102年,在蒙古设立防御工事。士兵和苦役犯将长城从兰州延长到玉门关。	前105年,公元前2世纪时最重要的经典诠释人董仲舒去世。通过西域诸国的来使,葡萄和苜蓿传入中国。
前99年,汉帝国东部民众起义。	前104年,对历书实施根本改革。
前98年,国家对酒业专营。	
前95年,在陕西修成将渭水与泾水连接起来的100公里的灌渠。	
	前93年,发现古文经典手稿。
	前92年,对皇宫中巫术活动审判开始。
	前92年左右,《史记》的作者——大史学家司马迁逝世。
	前89年,登泰山封禅。赵过发明新农具和新耕作法——"代田法"。
前87年,武帝晏驾。	
	前81年,有关放弃或维持国家对盐、铁和酒的专营权的辩论。辩论内容数年之后发表在《盐铁论》中。
前68年,放弃位于长城之外的哨卡。	
前64年,汉朝将其力量集中在对绿洲南路一线的防卫上。	

603

续表

历 史	文 明
	前63年,小亚细亚出现最古老的水磨。
前60年,匈奴势力开始衰落。	
	前52年,郭守常发明赤道浑天仪。
	前51年,宫中召开有关经典诠释的会议。
	前46年,招募阴阳家和预言家。
	前41年,国学学生的数目达1 000人。
	前28年,开始系统记载太阳黑子。
	前26年,皇家图书家刘向呈出其《洪范五行传》。搜求佚书。
前18年,出售官衔。	
	前15年,有关汉语方言的第一部著作《方言》问世。
前14年,农民起义。	
	前8年,太学的学生增加到3000人。
前7年,提出限制私人地产的计划。	前7年,取消乐府官,刘向做《七略》的图书分类。
	前6年,《新序》和《说苑》的作者刘向逝世。
前3年,鲍宣对时政的批评和农民所受的压迫。	前3年,西王母的护身符在山东平民中流传。
前1年,王莽势力开始强大。	前2年,禁止"人殉"。
2年,已知的最早人口普查,共有12 366 470户和51 671 400口人。	
	5年,法制专家和经典诠释者孔光逝世。
6年,平王晏驾后自称"假皇帝"的王莽实行某种摄政。一名刘氏宗王反叛王莽。	
7年,王莽改革币制。	
	8年,唯理主义哲学家和道家扬雄逝世,他是古文传统的支持者,也是《方言》与《太玄经》的作者。

续表

历　　史	文　　明
9年，王莽创建新王朝，将土地收为"王田"（"国有化"）。 10年，汉朝旧贵族降至平民百姓的地位。 11年，黄河决堤并改变河道。 17年，由于自然灾害和征兵民众起义扩大。 20年，王莽在长安兴修豪华建筑。 22年，为镇压山东与河北被称为赤眉军的起义而发动征战。 23年，由王莽建立的朝廷因民众起义和皇家旧贵族的反抗而崩溃。 25年，赤眉军进入长安。刘秀称帝，始创东汉，定都洛阳。 27—28年，汉朝新皇帝除掉其竞争者，将赤眉起义镇压下去。	20年，首次提到水动臼槌组。 23年，皇家图书家刘歆出版古代文献，其中包括《左传》和《周礼》。
36年，重占四川并消灭成汉王国。 40年，红河流域和广东西部的人民起义。 42—43年，马援胜利平息征侧和征贰姊妹领导的越南人叛乱。 50年，归附汉朝的南匈奴人定居于山西和陕西之北的各郡。	31年，首次提到将水力用于炼铁高炉的鼓风箱。 56年（左右），唯理主义哲学家桓谭去世。
57年，九州北部一日本公国的使节来华。	65年，首次提到江苏北部彭城的一个僧众团体。
69年，修复500多公里的黄河河堤。 70年，修成河南汴河上的运河。 73—94年，班超将军再度控制汉朝失去60余年的西域诸绿洲。	78年，赋和政论文《明世论》的作者杜笃逝世。

续表

历　　史	文　　明
77—79年,于阗成为汉朝安西都护府的所在地。	79年,宫中举行有关经典诠释的会议,其纪要为《白虎通》提供了内容。 82年左右,班固及其妹班昭所修的《汉书》问世。 83年,王充的《论衡》问世,对迷信和世人定见作了批判,对自然现象作了博物学的解释。选拔研究《左传》、《穀梁传》、《古文尚书》和《毛诗》的专家。
87年,贵霜使节出使洛阳(进贡狮子)。 88年,取消对盐铁的专营。 89—105年,印度使节至洛阳。 97年,班超派遣甘英出使东罗马,在安息帝国边境受阻。	
	100年,第一部字典《说文解字》问世(9 353条目)。首次用中文编译印度佛经。
101年,安息遣使中国。 106年,缩减宫廷开支,减低某些官员的俸禄。 107年,日本的一个公国遣使中国。	101年,古文经典诠释者贾逵逝世。 105年,宦官蔡伦向皇帝呈献最早类型的纸。 118年(左右),张衡的天文学著作《灵宪》问世。
120年,缅甸掸国的使节向洛阳宫中进贡大秦国的舞者和幻人。 125年(左右),宦官的势力得到发展。 125—150年(左右),汉朝恢复其在西域的统治。 132年,首次记述中国与爪哇的官方关系。 135年,太监获准收养子嗣。	124年,张衡造浑天仪。 127年,方术专家樊英被召入宫。 132年,由张衡造成候风地动仪。 139年,天文学家、算学家和诗人张衡逝世。

续表

历 史	文 明
140年,浙江会稽地区兴修灌溉工程。鲜卑人入侵迫使汉朝让出很大一块领土。	
	142年,炼丹术著作《周易参同契》问世。
	147年,安息僧安世高到达长安,他是已知的第一位将印度佛经译成中文的译经师。
	151年,《政论》问世,作者是具有法家倾向的崔寔。
157年,人口普查,共有56 486 856口人。	
161年,印度使节经东南亚来华。	
	165年(左右),社会和政治批评著作《潜夫论》的作者王符逝世。
166年,东罗马商人使者到达中国。	166年,首次提及洛阳宫廷的佛教祭礼。伟大的经典诠释家马融逝世。
169年,大胜羌人。	173年,发明弓弩的瞄准环。
175年,宦官的权力扩大。	175年,蔡邕在京师用三种文字将经典雕版。
	182年,何休去世,他是当时今文传统的唯一代表人物,董仲舒的继承人。
189年,屠杀宦官,董卓军抢劫洛阳。	
190年,曹操势力开始扩大。190年左右,五斗米道教派的信徒们在四川和陕南创建一独立国。与西域交通从190年起中断。	190年,汉代文集与档案在董卓军洗劫洛阳时失散。190年左右,《数书记遗》问世,认为是徐岳所作。
	192年,有关汉代政制著作《独断》的作者蔡邕去世。有关今北京地区习俗的论集和《礼记》注疏的作者卢植逝世。
	193年,江苏北部彭城建立佛寺。
194年,长安发生饥荒。	
195年,孙策身亡,其弟孙权继任。	
	200年,伟大的经典注疏家郑玄去世。

续表

历　　史	文　　明
201年,曹操几乎控制整个中国北方。	
208年,刘备与孙权联盟破曹,曹军在长江遭到重大的失败(赤壁之战)。	
211年,刘备立足于四川。	
212年,孙权立足于南京,他加强南京的防卫,并将其命名为建康。	
220年,曹操逝世,其子曹丕称魏帝,汉朝亡。三国时代开始。	220年,诗人兼将军曹操逝世。
221年,刘备于四川建立蜀汉国并定都成都。	220—225年,洛阳的印度-斯基泰(大月氏)家族的高僧支谦在南京译《大阿弥陀经》和《维磨诘经》等大乘经文。
	226年,曹操之子、曹魏第一代皇帝诗人曹丕晏驾。
222年,孙权自称吴帝。	229年左右,吴国出使扶南(柬埔寨)的使者朱应写成《扶南异物志》。
230年,吴国发动海上远征。	
234年,蜀汉丞相诸葛亮逝世。	240—248年左右,在洛阳将三部经典(《诗经》、《春秋》和《左传》)勒石为纪。
243年,扶南(柬埔寨)使节出使南京。	
	247年,出身于越南的粟特人家族的士人高僧康僧会到达南京。
249年,司马懿将军在魏国发动军事政变。	249年,玄学派哲学家何晏与王弼逝世。
	255年(左右),佛经译师高僧支谦圆寂。
	256年,具有法家倾向的经学家王肃逝世。
263年,魏兼并蜀汉,蜀汉亡国。	259年,已知的第一位中国朝圣者出发赴西域。
	260年左右,被认为是"反切"的发明人孙炎逝世。
	262年,有道家倾向的诗人、音乐家嵇康去世。
	263年,诗人阮籍去世。

续表

历 史	文 明
265年,司马炎在洛阳创建晋王朝。	265年,名医华佗去世,医操(五禽戏)、按摩和理疗法应追溯到此人。①
268年,晋泰始年间晋律问世(共计2 926条)。	
	271年,第一位使用北-南和东-西格方法的地图学家裴秀去世。
	279年,在河南的一座墓中发现了一批年代为战国时代的竹简,其中包含《魏书》与《穆天子传》。
280年,晋夺取南京并吞并吴国。	
	282年,针灸著作《针灸甲乙经》的作者皇甫谧逝世。
	284年,法律家、《左传》注疏者、工程师和机械发明人杜预逝世。
	285年(左右),《三国志》(220—280年)问世。
	286年,竺法护在长安首次将《正法华经》译作汉文。
	300年,《左传》的诠释者、玄学派哲学家裴頠和向秀逝世。约300年,被认为是王叔和所著的《脉经》问世。
304年,李雄在成都称王,四川与云南的一部分地区组成一个独立王国。汉化的匈奴部族首领刘渊在山西创建了一个独立的汉国。	
310年,将大批汉族上层阶级人士放逐到南方。	310年,方术高僧佛图澄入长安。陈卓绘成第一幅天图。
311年,洛阳被匈奴雇佣军抢劫一空。	
	312年,《庄子》的诠释人、玄学派哲学家郭象逝世。
313年,朝鲜乐浪郡被撤销。	
316年,匈奴人刘曜包围并夺取长安。西晋王朝在无政府状态和汉化的胡族起义的冲击下崩溃。	

---

① 据《辞海》,华佗逝世于208年,为曹操所杀。——译注

续表

历　　史	文　　明
317年,司马睿在南京称帝,东晋王朝开始。	317年左右,葛洪大师的道家修持术著作《抱朴子》问世。
319年,石勒在河北称赵王。	
	320年左右,发现岁差分点(希腊前134年就已了解)。
	324年,东晋占卜家、《穆天子传》与《山海经》的诠释家郭璞逝世。
347年,晋军进至成都并吞并成汉国。	
	349年,关椎指出,在芽庄(越南)的纬度线上,日晷影子转向南面。
351年,在长安创建秦国。	
354年,在甘肃建前凉朝。	
357年,前凉第三位君主苻坚即位。①	
364年,晋朝设立"黄册"以清点北方流民。	
	365年,道安的弟子佛教高僧慧远离开襄阳前往江陵。
	365年左右,书法家王羲之去世。僧人学者、《庄子》专家支遁去世。敦煌千佛洞首批工程开工。
373年,苻坚占据四川、云南和贵州的部分地区。	
	374年,道安编撰译成中文的大藏经目录(共600多种)。
376年,苻坚吞并甘肃的凉国并将其控制扩展至西域。整个中国北方统一。	
	380年,佛教高僧慧远定居庐山(江西的九江地区)。
385年,苻坚身故,其帝国衰落。	384年左右,庐山的大佛寺东林寺建成。
386年,拓跋魏或北魏王朝建立。	386年左右,一位佛教出家人首次自焚。
389年,后凉王朝建立。	
398年,魏王朝夺取后燕首都邺。从山东和东北移民至魏国首都大同。	

---

① 原文如此,疑有误。——译注

续表

历　　史	文　　明
	399年,法显和尚出发经西域赴印度。
400—402年,宋恩在浙江和苏南起义。	401—404年左右,智严和尚在克什米尔居住。
402年,晋国控制中央省份的桓玄反叛并向南京推进。	402年,龟兹的大译师鸠摩罗什到达长安。
	404年,智猛率另外15名僧侣出发赴西域和印度。慧远的著作肯定出家人对于世俗政权的独立关系。
	411年,历史上第一位名画家顾恺之逝世。
404年,桓玄专制政权崩溃,东晋恢复在南京的统治。	412年,法显自印度、锡兰和苏门答腊返回,在山东海岸登陆。
407年,北魏国内实行行政上中央集权的首批措施。	414年,《法显传·佛国记》问世。
417年,晋军进入长安并消灭后秦朝。	420年,道教民俗著作《搜神记》的作者干宝逝世。法勇率另外25名佛教出家人出发赴印度。
420年,刘裕篡权并在南京创建宋朝。	
422年,北魏进攻宋帝国。	
423年,北魏占据河南洛阳并筑一道长1 000多公里的长城抵御柔然入侵。高丽(朝鲜)使者入宋。	
	427年,受道家影响的著名诗人陶潜(陶渊明)逝世。
	430年左右。《后汉书》问世。
	433年,受佛教影响的大诗人谢灵运逝世。
	435年,印度僧人求那跋陀罗抵达广州。
439年,南北朝时期(420—589年)开始。	
	444年,在寇谦之的影响下,道教在北魏被提升为国教。
450年,名相崔浩逝世,他是北魏变法的主要设计者(中国行政方法与中国刑法)。	

续表

历　　史	文　　明
	456年,南朝宋著名诗人颜延之逝世。
460年,高僧昙曜被敕封为北魏僧众的都统。
477年,在一部中文著作中,首次描述马镫。
478年,魏王朝禁止贵族和平民之间通婚。
479年,萧道成称帝并在南京创建齐王朝。
485年,魏王朝开始实行一种分配土地的制度(区别大作物耕地与桑田)。	488年,南京宋王朝的断代史《宋书》出版(420—479年)。
489年,大同附近的云冈佛教石窟工程开始。
493年,魏迁都洛阳。	495年,北魏新首都洛阳附近的龙门佛教石窟工程开始。
496年,河南嵩山佛教名刹少林寺建成,它在唐代成为中国禅宗的大中心之一。
500年左右,文学批评名著《文心雕龙》问世。最古老的绘画批评著作《古画品录》和童蒙读本《千字文》问世。
502年,萧衍在南京称帝并创建梁王朝。	502—549年,梁武帝成为菩萨之主,虔诚的佛教徒。
508—525年,北魏在龙门大举建造佛教石窟的时代。
510年,《水经注》(地理学和民俗学著作)问世。
513年,梁武帝的谋臣音律学家沈约去世。
515年,由僧佑编写的中译佛经目录《出三藏记集》问世。大概在515—518年间,《弘明集》问世,这是一部支持佛教的护教性著作。

续表

历 史	文 明
518年,宋云被魏王朝的胡皇后派遣出使印度。 525—527年,魏帝国北部边陲的军人和旧游牧民起义。	
	530年(左右),梁慧皎的《高僧传》问世。
534年,高欢迁都邺(建立东魏)。 535年,西魏开国于长安。	
	536年,梁道教天师陶弘景去世。 540年(左右),著名的农业技术(华北)著作《齐民要术》问世。
543年,东魏建筑防御突厥人的长城。 544年,越南宣布成立大越国。	
	547年,描述洛阳及其寺庙的著作《洛阳伽蓝记》问世。
548年,侯景包围南京。 550年,高洋在邺夺权并创建北齐王朝。 552年,突厥人于522—555年间创建一个新的草原汗国。 553年,西魏占据四川。	
	554年,魏收在北齐撰成《魏书》。
555—556年,征募180万民工为在北齐的北疆修建大长城;自543年以来建成的工程达1 500公里。 557年,宇文觉在长安建北周帝国。陈霸先在南京建陈帝国。 564年,北齐律问世,成为隋律与唐律之祖。	
	574年,北周采取灭佛措施。
577年,周兼并齐的领地。整个中国北方统一。 581年,杨坚将军在长安建立隋王朝。 583年,隋战胜突厥和吐谷浑。	

613

续表

历 史	文 明
585—587年,在北部建长城并在扬州地区建大运河。 589年,隋军进入南京,陈帝国灭亡。	
	594年,中译佛经目录——法景的《众经目录》问世。 597年,佛教天台宗创始人智𫖮圆寂。 600年左右,最早的悬空铁索桥建成。
604年,隋炀帝登基称帝。 605年,大运河水系工程竣工。洛阳大兴土木。 614年,隋炀帝第三次征高丽。 617年,山西太原留守李渊联合突厥人向长安进军。 618年,在扬州弑炀帝,李渊在长安建唐朝。 619年,唐朝制定了租庸调法。	
	620年,非洲东海岸发掘出中国最古老的钱币。
624年,颁布农业法(以永业田名义分配大片耕地的制度)。	
	629年,玄奘离长安经西域赴天竺求法。
630年,唐朝取得对突厥人的决定性胜利。日本派第一个遣唐使入唐。 630—645年,唐进入西域并控制了交通要道。 638年,波斯使节进长安。 643年,拜占庭使节进长安。 644年,唐朝从陆路和海路向高丽发动进攻。	631年,《福音书》由来自伊朗的景教徒们传入长安。
	645年,6—7世纪的高僧传《续高僧传》问世。高僧玄奘自印度返回。《大唐西域记》问世。

续表

历 史	文 明
	652年(左右),印度人甲士校卫受钦天台录用。
655年,唐朝为支援受高丽和百济攻击的新罗远征朝鲜。	
	656年,《隋书》、《算经十书》问世。
657年,唐与回纥大败西突厥人。	
	659年,《南史》问世。
661年,中国在克什米尔、乌浒水流域、吐火罗和东伊朗的边陲建立行政机构。	
663年,中国军队战胜前来支援百济的倭国军队。	
	664年,佛教高僧玄奘圆寂。佛教的护教文集《广弘明集》问世。
665年,唐朝在国家养马场中拥有70万匹战马。	
666—668年,中国在朝鲜获胜。高丽和百济国灭亡。满洲和朝鲜置于中国的控制之下。朝鲜南部由唐朝的盟友新罗王国占据。	667年,有关修行律和中国佛教史的专家高僧道安圆寂。
	668年,佛教百科全书《法苑珠林》问世。
	670年,饮食学论著《食疗本草》问世。天文学家李淳风去世。
	671年,高僧义净从广州离开中国前往东南亚和印度。
	672年,天象图。
	673年,大画家、中世纪传统的继承人阎立本逝世。
680年,吐蕃(西藏)对西北和西域的入侵日趋严重。	
	681年,佛教净土宗第一代祖师善导圆寂。
684年,武后攫取朝政。	
690年,武后创建新王朝周(690—705年)。	690年(左右),义净记述赴印度朝圣者的《大唐西域求法高僧传》问世。

续表

历 史	文 明
691年,渭水流域的数十万家庭被迁至洛阳地区。	
692年,通过科举选拔官吏的办法发展起来。在西域于龟兹重建都护府。	692年,义净记述印度和东南亚佛教状况的《南海寄归内法传》问世。
694年,唐朝战胜吐蕃和突厥人。	694年,摩尼教释祭获武则天皇后准许。
705年,重建唐皇朝。	
710年,初设节度使。	710年,刘知幾的《史通》问世。
712年,玄宗皇帝登基。	
	713年,南禅宗之祖、广州高僧慧能圆寂。
	716—746年,日本僧人玄昉来华。
	718年,由瞿昙·悉达所译的印度天文学著作《九执历》问世,译者乃长安天文馆的主持者。天文著作集《开元占经》问世,书中出现零的代号。
	721—725年,一行禅师为测量从纬度41°~17°线的二至点影子而进行科学考察。
725年,自705年起重建国家牧场,养有42万匹马。	725年,一行发明用漏水转动浑天铜仪。
733年,皇家官吏的数目多达17 680名,而地方上选拔的职员则多达57 416名。	
734年,裴耀卿改革漕运系统。	
742年,由10位节度使负责守卫边境。安禄山掌控河北、山西、山东和南满诸军。	
745—751年,唐军在河中府和位于巴尔喀什湖以南地区反击外奥克散的阿拉伯人(大食人)。	
751年,由高丽血统的高仙芝将军指挥的唐朝军队被大食人于怛逻斯河畔的阿拉木图击败。	
755—763年,安禄山和史思明叛乱。	
756年,安禄山称帝,唐玄宗亡命四川。	

续表

历　　史	文　　明
757年,安禄山去世。史思明继任为叛军首领。	
758年,唐朝建立盐业的专营制度。	761年,画家、诗人王维去世。 761年左右,《Manyoshu》①传到日本。
762年,维吾尔(回鹘)人劫掠长安并威胁其居民。	
763年,安禄山叛乱被平息。肃宗皇帝返回长安。	
768年(之后),节度使越来越自主地行事。	
778年,出自盐专营的收入超过唐朝全部收入的半数。	770年,诗人杜甫逝世。
780年,杨炎对税收作了根本改革:由按收成课税取代按家庭收税的税制。	
787年,唐蕃会盟条约。唐与回鹘人和南诏人结盟以抵御吐蕃人。	781年,长安竖立中文和叙利亚文的景教石碑。
790年,唐失去了对位于玉门关(甘肃西部)以西的全部领土的控制。	
	797年,中国与印度僧侣在拉萨大辩论。
	800年左右,从上古至800年左右的制度史——杜佑的《通典》问世。
	805年,著名舆地学家贾耽和史学家陆贽逝世。
806—820年,宦官控制了政府。	806—820年,最早的期票(飞钱)出现。
	819年,韩愈上表抑佛。与韩愈同为"古文"最早捍卫者的柳宗元逝世。
821年,在长安缔结、次年在拉萨得到批准的唐蕃会盟条约,承认叶蕃(西藏)独立、吐蕃人占领甘肃。	

---

① 书名不详。——译注

续表

历　　史	文　　明
826年,一个宦官家族匡扶文宗皇帝即位。 　840年,回鹘部族四散并分裂。	
	841年左右,朱景玄的绘画评论著作《唐朝名画录》问世。 　842—845年,禁制外来宗教和佛教。 　844年左右,11世纪"理学"的先驱李翱逝世。
845年,继大规模的禁佛之后,又没收了寺院的铜器、土地和奴仆。	
	846年,诗人白居易逝世。 　847年,张彦远的《历代名画记》问世。 　858年,诗人李商隐去世。 　860年左右,有关云南史(历史、人种和植物)的《蛮书》问世。 　862—866年,日本僧人宗睿旅华。
863年,南诏军队夺取河内。南诏入侵四川。 　866年,南诏面对唐朝的攻击而撤出越南北方。 　874—884年,黄巢和王仙芝实行流窜性叛乱。 　879年,黄巢军队洗劫广州。 　880年,黄巢军队返回河南。洛阳遭刀火之劫。 　884年,黄巢反叛结束。 　893年,黄河决堤并改变河道。 　894年,日本第19次也是最后一次派出遣唐使。 　895年,长安大混乱。 　902—909年,唐帝国被瓜分为数个独立王国。 　907年,朱全忠在开封创建梁王朝,五代时期开始。	

续表

历 史	文 明
916年,在东蒙古和满洲建立突厥-蒙古族的契丹王国。	
	920年(或923)年,契丹人为其语言记音而采纳一种模拟汉字的文字。
923年,后唐帝国建立。	
936年,在开封建立后晋国。	932—952年,在开封刊印木刻版九经。
939年,越南变成独立国。	
	940年,中文文献中首次提及舵。
947年,契丹大举入侵晋帝国并夺取开封,后晋帝国崩溃。契丹取辽的朝号。后汉在开封建立。	
951年,后周在开封建立。	
	955年,北周实行灭佛措施。
960年,赵匡胤在开封建立宋朝。	
	966—976年,中国僧人最后一次大规模赴西域和印度取经。
	967年,《旧五代史》(907—960年)修成。画家、绘画技术革新者李成逝世。
969年,在地方上,文职官吏逐渐取代军人官吏。	
	970年开始,借助偏心轮、连杆和活塞杆实现往返运动和旋转运动的交替(欧洲1450年左右才发现)。
971年,宋军进入广州,南汉国亡。	971—983年,成都刊印佛经。
973年,宋朝开科取士。	
975年,宋军进入南京,江南王国(南唐)亡。	
978年,宋吞并吴越国。	978年,可能为传力而首次使用链式传送带(欧洲19世纪才出现)。
979年,宋朝统一华夏诸国。	
	981年,首次刊印自汉至宋的巨型故事集《太平广记》。
983年,设立主管经济的三司:国家专营、农业税和度支。	983年,类书《太平御览》问世。

续表

历　史	文　明
	984年,第一道河渠的闸门造成。
	986年,6—10世纪的文集《文苑英华》问世。辞书《龙龛手鉴》在契丹问世。
	990年左右,在一部堪舆著作中提到了罗盘。
993年,宋帝国的大行政区中建立盐茶署。	
1004年,宋与契丹之间签订澶渊之盟,契丹迫使宋皇朝每年进贡大量的丝绸和白银。	1004年,禅宗高僧传《景德传灯录》问世。
	1010年,共计1 566卷的宋帝国的图解舆地书《诸道图经》问世。
1012年,宋朝首次从占婆大量进口早熟稻品种。	
	1013年,文献与政论集《册府元龟》问世。
	1022年左右,大型道教类书《云笈七籤》问世。
	1024年,第一次在四川发行纸币。
	1027年,造出一个车辆里程计。
	1034—1036年,范仲淹和欧阳修编制皇家藏书阁目录。
1038年,唐古特人建立了夏帝国,即西夏。	
	1040年,兵书巨著《武经总要》问世(书中通过剩余磁感应描述磁化现象)。
	1041—1048年,最早试用活字印刷。
1044年,宋与西夏之间签订会盟条约,西夏迫使宋皇朝每年进贡大量的丝绸、白银和茶叶。	
	1053年,改革家范仲淹逝世。
	1054年,记录到一颗超新星。
	1061年,欧阳修修成了《新唐书》(618—907年)。

续表

历　　史	文　　明
	1063年,欧阳修的石刻碑铭著作《集古录》问世。
1068年,实行王安石在税收、行政和军事方面的新法。	
	1070年左右,欧阳修修成《新五代史》。
1073年,仅在1073年间就共铸造60亿枚铜钱。	1073年,哲学家周敦颐逝世。
1077年,黄河在开封下游决堤。	1077年,数学家和博物学家邵康节(邵雍)逝世。哲学家张载去世。
	1080年,杂记集、中国科学史的主要史料之一《梦溪笔谈》问世。
	1084年,公元前403—公元959年间的著名中国通史——司马光的《资治通鉴》问世。数学著作集《算经十书》付梓。
1085年,保守派人士司马光应召参政。废除王安石新法。	1085年,哲学家程颢逝世。
1086年,王安石和司马光逝世。	1086年,苏颂的仪象著作问世。
1087年,在泉州设立市舶司。	
	1088年,苏颂的天文钟——水运仪象台建成。
	1090年,已证实中国船舶上首次使用指南针。
1094年,王安石的新法逐渐再度施行,改革变法家从其流放地被召回。	
	1101年,著名诗人苏轼(苏东坡)逝世。
	1103年,《营造法式》问世,这是一部有关建筑术的巨著。
	1105年,著名诗人黄庭坚逝世。
	1107年,画家、美学家、《画史》的作者米芾逝世。
	1108年,程颐逝世。
1115年,女真人在满洲创建金帝国。	
1122年,金和宋联合夹攻辽帝国。金人夺取北京。	
	1123年,皇家收藏的绘画和书法作品目录《宣和书画谱》问世。

续表

历　史	文　明
	1124年，禅宗"公案"集（禅思主题）《碧岩集》问世。
1125年，契丹的辽帝国亡，金大举入侵中国北方。	1125年，画家、美学家、文物搜集家徽宗皇帝的统治结束。
1127年，面对金人的进攻，宋王朝逃往长江以南。南宋王朝开始。	
1138年，宋金之间签订和约。	
	1141年（？），女词人李清照逝世。
	1147年，《东京梦华录》序成，该书是描述12世纪初叶开封的著作。
1148年，黄河改道。	
1151年，金迁都北京（燕京）。	
1154年，金人首次发行纸币。	
	1162年，《通志》作者郑樵逝世，这是一部新体裁的历史百科全书。
	1163年，开封犹太教寺建成。
	1178年，周去非关于东南亚和印度洋的著作《岭外代答》问世。
	1192年，心学、哲学家陆九渊逝世。
	1193年，苏州的天球平面图（极投影）。
1194年，黄河由山东半岛之北改道至其南面。	
	1196年，朱熹注《四书》被宋朝朝廷宣布为异端。
	1200年，朱熹逝世。
1206年，成吉思汗在蒙古掌权。	
	1209年，著名诗人陆游去世。
1214年，金人在蒙古人的压力下迁都开封。	
1227年，西夏国亡。成吉思汗晏驾。	1227年，成吉思汗的宗教顾问道长长春真人去世。
1229年，耶律楚材成为中国北方为蒙古人效力的总管。	
1233年，蒙古人夺取开封。	
1234年，在蒙古与宋朝的联合攻击下，金亡。	

续表

历 史	文 明
	1235年,宋朝著名诗论著作《沧浪诗话》的作者严羽逝世。
1236年,蒙古人中首次发行纸币。	
1239年,蒙古人将中国北方税收的包税权交给了西域穆斯林。	
	1242年,蒙古人偏爱佛教禅宗。南宋第一部法医著作《洗冤录》问世。
	1247年,宋代秦九韶的《数书九章》问世,这是第一部使用符号"0"的著作。
1251年,刘秉忠在蒙古的变革开始。	
1253年,蒙古军队进入云南和四川。	
1257年,蒙古入侵越南。	
1260年,忽必烈登基。蒙古人强行使用纸币,排斥其他任何形式的货币。	1260年,吐蕃高僧八思巴奉诏主持中国北方的僧众团体。
	1261年,蒙古宫廷转而偏重藏传喇嘛教。
1267年,元大都(汗八里)城墙的修筑工程开始。	
	1269年,采纳由吐蕃高僧八思巴创制的蒙文拼音法。
1271年,工程师、数学家郭守敬受蒙古人委托而负责全部水道调节与灌溉的事宜。蒙古人取元朝之名称。	
1274年,蒙古人第一次试图入侵日本。	1274年,《梦梁录》序成,该书是南宋京都杭州的巨型城市志。
	1275年,北京景教大主教府建立。南京数学家杨辉的几种著作问世。
1276年,蒙军进入杭州。	
	1277年,一名吐蕃喇嘛被任命为中国南方的僧众统管。
1279年,南宋末帝自杀,蒙古人占领全中国。	1279年,郭守敬于北京造天象仪。宋代的数学家李冶(或李治)逝世。

续表

历　　史	文　　明
1279—1294年,蒙古人第二次试图入侵日本。"神风"舰队摧毁了由蒙古人率领的中国-朝鲜人舰队。 1285年,占婆和柬埔寨承认蒙古人的宗主权。 1287年,对越南发动新的远征。 1288年,越南承认蒙古人的宗主权。 12089年,黄河改道。 1292—1293年,蒙古人远征爪哇。 1294年,忽必烈晏驾。	1289年,在大臣穆札尔丁的提议下,北京创建伊斯兰学院(回回国子学)。 1296年,巨型类书《玉海》的编者王应麟逝世。 1300年左右,北京人剧作家王实甫去世,他是名剧《西厢记》的作者。蒙古宫中天文地理学家扎马剌丁去世。 1303年,朱世杰的代数巨著《四元玉鉴》问世。元王朝宣布经典的"理学"诠释为正统。 1307年,约翰·孟德高米诺被任命为汗八里(元大都北京)的大主教。 1317年,从上古到宋代的政制史《文献通考》问世。 1320年,《舆地图》问世。
1324年,黄河改道。 1336年,黄河回归故道。	1337年,大地理学家朱思本逝世。 1344—1345年,《宋史》、《辽史》和《金史》相继问世。
1346年,饥荒地区的农民起义。 1351年,反蒙古起义扩大,首次提到红巾军。 1355年,起义军首领韩林儿自称宋帝国的皇帝。中华帝国的一大部分领土从这个时代起摆脱了蒙古人的控制。	

续表

历　　史	文　　明
1364年,朱元璋称吴王。缅甸高原建立了阿瓦掸国。	
	1365年,论述3—14世纪共1 500名画家的绘画与传记的《图绘宝鉴》问世。
	1366年,有关元代中国社会史的札记《辍耕录》问世。
1368年,朱元璋宣布建立明王朝,北京解放。	1368年,在明朝首都南京创建钦天监。
1369年,蒙古军队被包围在东蒙古。	
1370年,遣使赴占城、柬埔寨、婆罗洲、巨港(苏门答腊)和爪哇。	1370年,《元史》修成。
	1374年,古典派画家倪瓒逝世。
	1378年(左右),传奇小说集《剪灯新话》完成。
1380年,政治大清洗。审判明朝缔造者的老战友胡惟庸。	
1387年,整个中国从蒙古的统治下解放出来,帝国全面实行地册。	1387年,开始在科举中使用八股文(据顾炎武)。
1398年,明王朝的缔造者朱元璋晏驾(洪武时代结束)。	
1402年,朱棣夺取南京并称帝。永乐时代开始,1403—1424年。1403—1435年,在中国北方修万里长城。	
1405—1433年,明朝向东南亚、印度洋、波斯湾、红海和非洲东海岸遣使远航。	
1406年,明军占领越南。	
	1407年,巨型著作汇集《永乐大典》问世。
1411—1415年,修复元代的大运河。	
	1415年,关于理学、经典和"四书"的教科书《性理大全》、《五经大全》和《四书大全》问世。

续表

历　　史	文　　明
1412年,明朝决定从南京迁都北京。	
1426年,内阁秘密会议起决定作用,专制主义加强。	
1427年,越南恢复独立。	
1433年,郑和最后一次远航印度洋和红海后返航。	
1440—1441年,建北京皇宫。	
1449年,明军在山西土木堡惨败,皇帝被蒙古人俘虏。	
1470—1480年,在中国北方建成万里长城。	
	1500年,广东哲学家陈献章逝世。
1505年,宦官刘瑾的势力极度增强。	
1511年,亚伯奎在满剌加。	
1514年,在云南开采金矿。	
	1518年,哲学家王守仁(王阳明)的哲学著作《语录》第1版问世。
	1520年,首次使用由明朝向葡萄牙采购的大炮。
1528年,修复大运河。	
	1529年,王阳明去世。赋和诗作家、仿古派支持者李梦阳逝世。
1530—1581年,扩展以银锭为基础的货币税制。	
	1530—1540年左右,最早记载到花生。
1540年(从这一年起),沿海海盗活动再度猖獗。	
	1541年,王阳明派哲学家王艮逝世。
	1543年,梅鷟揭露古经典之一的古文《尚书》某些部分的伪造特征。
1550年,北京被蒙古人包围8日。	1550年,云南南诏国和大理国(649—1253年)的历史《南诏野史》问世。

续表

历　　史	文　　明
1555年,倭寇海盗袭击杭州并威胁南京。中国西北大地震,83万受害者。 1570年左右,开始进口来自美洲的白银(鹰洋)。 1570—1580年,全面推广以银锭为本位的货币税制。 1584—1590年,建造万历皇帝的寝陵。 1590—1605年,"开矿热"。 1592年,日本军队在丰臣秀吉的率领下于朝鲜登陆,中国军队在平壤遭到失败。 1593年,中国军队在朝鲜战胜日本人。 1596年,日本第二次入侵朝鲜。从1596年起,中国城市中的工匠和商人不断发生暴动。 1598年,日本人从朝鲜撤退。	1570年左右,记述高僧玄奘及孙悟空之奇遇的《西游记》问世。种痘成为常规。 1573年,首次提到种植玉米。 1573年—1619年(万历年间),中国印刷术发展的顶峰。 1574年,用活字印刷大型文学故事集《太平御览》。 1578年,李时珍著名的大型药草学著作《本草纲目》完成。 1583年,耶稣会传教士罗明坚和利玛窦定居于广东。有关东亚和中亚地区的著作《殊域周咨录》问世。 1584年,宗王朱载堉确定律吕。第一部中文天主教教理书《天主圣教实录》问世。利玛窦的全舆图第1版付梓。 1598年,福建人——三一教的立教人林兆恩逝世。 1601年,利玛窦定居北京。 1602年,利玛窦的中文全舆图付梓。反传统的哲学家李贽去世。 1606年,克拉维于斯的《欧几里得几何原理》的前6卷编译本《几何原本》出版。 1607年,刊印道藏。

续表

历 史	文 明
	1609年,绘图类书《三才图绘》问世。
1615—1627年,阉党与东林党之间发生冲突。	1615年,文士僧人袾宏圆寂。
	1619年(左右),著名的风俗小说《金瓶梅》问世。
1621年,女真人夺取沈阳(盛京)和辽阳。	1621年,兵书巨著《武备志》问世。
1624年,荷兰人驻扎于台湾沿岸。	1623年,艾儒略神父的世界舆地书《职方外纪》问世。
	1623—1632年,出版大型文学故事作品集《三言》和《二拍》。
1624—1627年,宦官魏忠贤专制。	
1625年,对东林党成员残酷镇压。	
1626年,女真满族势力的奠基人努尔哈赤晏驾。	
1627年,明末军人和农民大起义开始。	
1635年,女真人采纳满洲之名。	1635年,《崇祯历书》问世,这是由耶稣会传教士和中国文人合作编纂的一部科学著作集。
	1636年,画家董其昌逝世。
	1637年,有关技术的巨著《天工开物》问世。
	1639年,徐光启的农业著作《农政全书》问世。
	1640年,著名地理学家徐弘祖(徐霞客)逝世。
1644年,李自成进入北京,明朝皇帝在京自缢。李自成后来被满族人逐出北京。清朝开国。张献忠追占四川。	
1645年,满族人强迫汉族人扎辫子和行满族习俗,在中国北方设立禁地。	
1646年,清军占据浙江,福建和四川。	
1647年,清军夺取广州。	

续表

历 史	文 明
1649—1662年,郑成功(国姓爷)在福建沿海和台湾地区从事海盗活动。	
	1650年,北京建立第一座天主教教堂,南堂。1650年之后,方以智有关自然哲学的著作《物理小识》问世。
	1656年,王夫之有关政治哲学和中国民族主义理论的《黄书》问世。
1657年,重开科场。	
1661年,康熙皇帝登基。国姓爷在台湾登陆,将荷兰人从那里驱逐出去。南明抵抗结束。	
1662年,清朝命令撤空整个沿海地区。	
	1663年,黄宗羲的《明夷代访录》问世,这是对专制制度的批判。
1668年,禁止汉人进入满洲。	1664年,杨光先的辟基督教文集《不得已》问世。耶稣会传教士们处境困难。
	1670年,康熙的圣谕《十六字圣训》问世。
1673年,吴三桂反清和南方诸省闹分裂。	
	1676年,顾炎武的史学札记《日知录》问世。黄宗羲有关明代学术思想史的《明儒学案》问世。
1677年,清朝收复福建和西南诸省。	
	1679年,选拔修纂《明史》的编纂人。
1680年,清军重新占据四川。	
1681年,清军收复贵州。	
1683年,清军最终占领台湾。	
1685年,严禁为诸旗而采取的任何没收土地新举措。	
1689年,清皇朝与俄罗斯人签订尼布楚条约。	
	1692年,哲学家王夫之去世。

续表

历 史	文 明
1697年,清军占据外蒙古。	
	1700年左右,蒲松龄的文言文故事集《聊斋志异》问世。
	1703年,唐诗全集《全唐诗》问世。
	1704年,反传统哲学家颜元逝世。
	1707年,多罗(锋罗)主教在南京发出谴责中国人的行为和习俗的通谕。
	1710年,冯秉正和雷孝思神父奉康熙诏令绘制帝国的全舆图。
	1714年,哲学家胡渭去世。
	1716年,有关音韵的大辞书《佩文韵府》问世,《康熙字典》出版。
	1721年,数学家梅文鼎逝世。
1723年,雍正皇帝登基。	
1727年,中俄签订恰克图条约。	
1729年,创建政府的最高机构军机处(中央集权发展)。	1729年,用活字印刷类书《图书集成》。雍正皇帝为捍卫大清皇朝之合法性而作的《大义觉迷录》问世。
1735年,乾隆皇帝登基。	1735年,《明史》修成。
	1745—1749年左右,伟大的社会批评小说《儒林外史》问世。
1746—1749年,四川西北金川民众起义。	
	1747年,乾隆皇帝的夏宫圆明园按西方方式加以装修。
1751年,清朝最终在西藏立足。	
1756—1757年,清军平定准噶尔,占领伊犁河流域。	
1758—1759年,清军占领塔里木盆地。	1758年,汉代经典诠释家惠栋逝世。
1762年,人口普查的结果共有2亿人口。	1763年,曹雪芹逝世时留下有关风俗、爱情和心理的长篇小说《红楼梦》(或称《石头记》)。
1766年,再度出现动乱。	
1767—1771年,缅甸之战。	
	1769年,耶稣会传教士与中国舆地家的集体成果乾隆大舆图问世。

续表

历　史	文　明
	1774—1789 年,乾隆时代制造大规模的"文字狱"。
1775 年,正红旗青年将领和珅成为乾隆皇帝的宠臣。腐败得以发展。全国共普查到 2.64 亿人口。 1776 年,金川起义被平息。	
	1777 年,数学家、训诂学家兼哲学家、考证学派的最著名代表人物戴震逝世。
1781—1784 年,马明心创建穆斯林新教派之后,甘肃发生回民起义。	
1782 年,1 万多名中国移民被越南人屠杀。	1782 年,《四库全书》修成,这是中文著作的全集;《四库全书提要》问世。
1787—1788 年,对台湾起义进行血腥镇压。 1788—1789 年,清军远征越南。 1791—1792 年,清军远征尼泊尔攻打廓尔喀人。	
1795—1803 年,中国北方爆发白莲教起义。 1796 年,乾隆禅位于嘉庆,但实际上仍在继续执政。	
1799 年,乾隆晏驾,其宠臣和珅去世。	1799 年,阮元的《畴人传》问世,这是有关中国数学家和历法天文学家的传记集。 1801 年,史学家兼哲学家章学诚逝世。 1804 年,数学、地理学、历史学和金石学著作的作者钱大昕逝世。
1811—1814 年,山东和河北天理教起义。 1812 年,人口普查:3.61 亿人口。	
	1814 年,唐朝文的全集《全唐文》(1 000 卷)问世。
1816 年,东印度公司决定迫使中国进口鸦片。	

续表

历　　史	文　　明
1820—1825年,进口鸦片引起了中国外贸的逆差。	
	1825年,语言学家李汝珍的女性小说《镜花缘》完成(1828年印出)。
	1825—1829年,阮元有关经典诠释的大型考证著作《皇清经解》问世。
	1829年,新文经典的大改革派(公羊派)的奠基人刘逢禄逝世。
1830年,人口普查:3.9478亿人。从1860年起,走私进口鸦片猛增。	
1839年,两广总督林则徐,为禁止在广州进口鸦片而采取了彻底的禁烟措施,从而招致来自英国方面的海盗行径。	
	1841年,刘逢禄的弟子和继承人龚自珍逝世。
1842年,签订南京条约(香港割让给英国,广州、上海、厦门、福州和宁波5口岸向进口鸦片开放)。	
1843年,承认有利于外国人的早期治外法权。洪秀全创建拜上帝会。	
	1844年,魏源的《海国图志》问世。
1846年,人口普查:4.2134亿人口。	
1850年,太平军在广西东部举行起义。	
1851年,人口普查,4.32亿人口。洪秀全自称天王。	
1853年,被太平军占领的南京变成了"天京"。捻军大起义。	
1854年,太平军威胁北京。曾国藩在湖南组成湘军。	
1855年,黄河在山东半岛由北向南改道。云南回民起义。	
1858年,李鸿章组成淮军。签订天津条约。签订瑷珲条约,位于乌苏里江以东地区的领土归属俄罗斯。	1859年,译出西方的代数、解析几何和植物学著作。
1860年,法英联军抢掠北京。	

续表

历　　史	文　　明
1861年,陕西和甘肃的回民起义。设立总理衙门,处理对外关系。 　　1862年,新疆的回民领土闹分裂。过境厘金扩展至全部省份。 　　1864年,左宗棠收复杭州,南京被包围后陷落。洪秀全及太平军主要首领自尽。 　　1866年,福建附近的马尾船坞竣工。 　　1867年,捻军威胁北京,但李鸿章战胜了他们。福建海军学校开学。 　　1868年,左宗棠奉命赴西北平息回乱。 　　1870年,天津事件。上海江南造船厂成为1870年左右世界上最大的造船厂之一。 　　1873年,中国进口鸦片创纪录。云南的回民起义经大屠杀和全面破坏之后被镇压下去。整个新疆处于叛乱之中。 　　1875年,慈禧太后独揽朝政。 　　1876年,签订芝罘条约,使6个新城市对外国人开放。 　　1878年,全新疆被平定。 　　1880年,由李鸿章主持建造一支新的舰队的工程开始。 　　1883—1885年,中法之间的军事冲突开始。 　　1890年,汉阳铁厂建成。	1862年,设立北京同文馆,这是一所学习西方语言和科学的学校。 　　1872年,首次向美国派遣中国留学生。 　　1874年,改革家曾国藩逝世。 　　1891年,康有为的《新学伪经考》问世。 　　1893年,康有为在武汉创建一座近代学堂,共包括四个部:外语、数学、自然科学和贸易。

续表

历　　史	文　　明
1894年,朝鲜东学党起义导致中日战争的爆发。津沪铁路开通。	
1895年,签订马关条约,台湾和澎湖列岛割让给日本,赔偿战争款2亿两白银。康有为发表变法宣言。	1895年,康有为在上海创建强学会。
1897年,德国侵占了山东青岛地区。	1897年,康有为发表《孔子改制考》。严复译赫胥黎的《天演论》。
1898年,英国人侵占山东威海地区,俄罗斯侵占辽东的大连和旅顺。百日维新以失败告终,处死变法派人士谭嗣同。	1898年,发现第2个千年纪末的金石文。有关北京的节日与风俗习惯的《燕京琐事记》问世。
1900年,义和团占领北京并包围西方公使馆。外国联军侵入北京并向中国宣战。	1900年,严复译亚当·斯密的《国富论》(《原富》)。敦煌写本卷子被发现(公元5—10世纪)。
1901年,庚子赔款,多达4.5亿两白银。李鸿章逝世。	
1903年,邹容发表《革命军》。	
1904—1905年,俄日战争以日本的辉煌胜利而结束。	
1905年,孙文在东京创建"同盟会"。京汉铁路竣工。	
	1906年左右,约1 300名的中国留学生赴日留学。
	1908年,文字学家孙诒让逝世。
1910年,东北被瓜分为俄国和日本的势力范围。	
1911年,武昌十月辛亥共和革命。外蒙古落入俄国的控制之下。	
1912年1月1日,孙文在南京创建中华民国。孙文让权于袁世凯,袁氏将共和政府迁往北京。	1912年,对教育制度全面改革。京师大学堂被改为北京大学。
1914年,袁世凯解散国会。第一次世界大战开始。日本占领德国在山东的租借地。	
1915年,日本提出"二十一条"。	1915年,在上海创办《新青年》杂志。

续表

历 史	文 明
1916年,袁世凯逝世。军阀时代开始。	
1919年,巴黎和会将德国原先在中国的租借地转给日本。	1919年,五四运动。
1921年,若干知识分子在上海创建中国共产党。广州成立由孙文领导的国民政府。	
1923年,苏俄决定支持广州的国民政府。	
	1924年,对西方文学著作进行翻译和改写的林纾去世。
1925年3月12日,北上与军阀集团谈判的孙文逝世于北京。	
1926年,兴师北伐。	
1927年,蒋介石在上海镇压革命并在南京建立自己的政府。	1927年,语文学家、史学家王国维自杀。
	1927—1937年,对南阳附近的商朝末都遗址(公元前14—前11世纪)进行科学发掘。
	1928年,实行新的国民教育制度。中央研究院成立。
1929年,赣南苏维埃共和国成立。	
1930—1934年,围剿江西苏区。	
1931年,日本人入侵满洲。	
1932年,日军进攻上海。日本人建立满洲国。	
1933—1935年,日本人在华北取得进展。	
1934年,长征开始。蒋介石发起"新生活运动"。	
1935年,遵义(贵州北部)会议,确定毛泽东作为共产党的领袖。	
1936年12月6日,蒋介石在西安被捕,被迫答应集中力量抗日。	1936年,伟大的小说作家鲁迅(周树人)去世,语文学家、史学家王树枏和革命文人章炳麟逝世。地质学家丁文江去世。

续表

历 史	文 明
1937年,延安(陕甘宁边界地区)的苏维埃政府建立。日本人发动了对华北的全面进攻并夺取所有的大城市。	
1938年,国民政府撤退到重庆。	
1940年,汪精卫在南京建立为日本人效劳的伪政权。	1940年,语文学家罗振玉和哲学家蔡元培去世。古文献的大汇辑《丛书集成》修成。
1942—1943年,河南发生饥荒,估计有200万人死亡。	1942年,毛泽东在延安文艺座谈会发表讲话。
1945年8月14日,日本投降。	
1947年,国民党人在军事上取得成功,夺取了延安和南京。共产党人在满洲取得进展。	
1948年,人民政府在中国北方成立。黄河回归1855年的故道并在山东从南向北迁移。	
1949年,共产党人占领整个中国北方。人民解放军渡过长江并占领南京和上海。中华人民共和国于10月1日在北京宣告成立。国民党政府亡命台湾。	
1950年,中苏同盟条约签订。朝鲜战争的爆发,中国开始赴朝参战。	
1951年,镇压反革命运动。	1951—1955年,知识分子受到批判,这场运动1955年达到顶峰。
1953年,第一个五年计划。朝鲜战争结束。人口普查:5.82亿。	
1954年,美台签订防御条约。	
1955年,万隆会议。	1956—1957年,"百花齐放"年代。
1957年,大批农村人口流入城市。	
1958年,"大跃进"开始。成立人民公社,取缔私人生活和任何形式的个人财产。8—10月间,开始炮轰被国民党人占领的岛屿金门。	
	1958—1961年,大跃进期间,科学工作者的困难时期。

续表

历　　史	文　　明
1959年,西藏叛乱。毛泽东在庐山会议上排除所有对手。	
1960年,苏联于8月间从中国撤走了其全部技术人员并停止其经济援助。1960—1961年间发生了可怕的饥荒,至少有1 300万人饿死。毛泽东被迫退居二线。	
1961年,重新注重农业。	
1962年,中印喜马拉雅边境冲突。	1962年,胡适逝世。
1963年,城市人口开始大量返回农村。	1963年,戏剧改革。
1964年10月,中国第一次核试验。	
1964年,对毛泽东的个人崇拜开始。	
1965年,林彪排除军内异己。	
1966年,"无产阶级文化大革命"开始。	1966—1969年,"文化大革命"是知识分子、老干部和旧资产者的一场大灾难,在所有地区都表现为对过去宝藏的破坏。
1967年,无政府状态和内战。生产严重下降。氢弹试验成功。	
1968年,平息红卫兵运动。	
1969年,中苏乌苏里江冲突事件。"文化大革命"结束。2 000万青年"上山下乡"。凭军队的巨大支持而重建党组织。	
1970年,开始控制生育。	
1971年,林彪死亡。中国进入联合国。	
1972年,尼克松总统访问北京。	
1973年,被"文化大革命"排斥的领导干部复职。	
	1974年,广州学生为要求民主而游行。
1976年,周恩来(元月)和毛泽东(9月)逝世。	
1976—1978年,在华国锋的领导下,出现新毛派的短暂时期。	

续表

历 史	文 明
1978年,以邓小平为首的改革派掌权。非毛化运动开始。	1978年,所谓"北京之春"于1979年被镇压。
1979年,中国对外国企业开放。与美国恢复对话。中国对越南无益而又昂贵的干预。	
1980年,审判"四人帮"。	
1981年,限制投资热。	
1982年,取消自毛派时代继承下来的社会等级。	
	1983年,毛派式的反"精神污染"运动。
1984年,大力推动经济改革。与苏联恢复关系。	
1985年,中国恢复执行一种温和的对外政策。裁减兵员,改革军队。	
1987年(自该年起),中国大陆与台湾的联系实际恢复。	

三、谢和耐教授主要汉学著作目录

专著

1.《菏泽神会大禅师(668—760年)遗迹》:《法兰西远东学院丛刊》之一,1949年河内版,1977年巴黎法兰西远东学院再版。

2.《中国5—10世纪的寺院经济》:《法兰西远东学院丛刊》之一,1956年西贡版,1974年巴黎法兰西远东学院影印再版,1987年甘肃人民出版社中译本。

3.《蒙元入侵前夜的中国日常生活》:1959年巴黎版,1978年重版。1961年里斯本出版西班牙文译本。1961年巴恩出版荷兰文译本。1962年伦敦出版英译本,1977年再版。1980年出版匈牙利文译本。1983年出版意大利文译本。1980年我国台湾出版中译本。

4.《从起源到帝国时代的古代中国》:1964年巴黎版,后来又多次重版。1965年东京出版日译本,1966年华沙出版波兰文译本,1968年伯克利和洛杉矶出版英译本,1971年米兰出版意大利文译本。

5.《巴黎国立图书馆所藏伯希和敦煌汉文写本目录》第1卷(与吴其昱合作):巴黎1970年版。

6.《中国社会文化史》:巴黎1972年版,1976年重版。1978年都灵出版意大利文译本,1979年法兰克福出版德文译本,1972年伦敦和纽约出版英文译本,1985年布加勒斯特出版罗马尼亚文版,1991年巴塞罗那出版西班牙文版,1985年汉城出版韩语译本。

7.《中国和基督教》:1982年巴黎版。1984年苏黎世和慕尼黑出版德文译本,1984年卡萨列蒙菲拉托出版意大利文译本,1986年在巴黎和伦敦出版英译本,1991年上海中译本,1992年巴黎修订第2版。

8.《唐甄及其〈潜书〉》:巴黎加利玛尔出版社1992年版。

9.《中国的智慧:社会与心态》:巴黎加利玛尔出版社1994年版。

10.《事物之理:试论王夫之(1619—1692)的哲学》:巴黎加利玛尔出版社2005年版。

论文

1.《神会禅师传》:载《亚细亚学报》,巴黎1951年,第1期。

2.《神会遗迹补遗》:载《法兰西远东学院通报》第44卷,1954年第2期。

3.《上古中国人的行为和生活方式》:载《经济、社会和文明年鉴》,1952年。

4.《沩山灵祐大师遗迹》:载《法兰西远东学院通报》第45卷,1955年第1期。

5.《中国的经济和人类活动》:载《评论》第103期,1956年。

6.《宋代城市的商人和匠人》:载《中国宋代的艺术》,巴黎1956年。

7.《从9—10世纪敦煌的卖契看中国的专卖制度》:载《通报》第45卷,1957年,第4~5期。

8.《中国人对颜色的表述》:载《颜色问题》,巴黎1957年。

9.《中国的文字与历史》:载《正常和病态心理学学报》,1959年1~3月号。

10.《唐代的经济和社会》:载《中国概况》,1960年第1卷。

11.《论中国5—10世纪中佛教徒的引火自焚》:载《高等中国研究所论丛》第2卷,1960年。

12.《中国的铁器时代》:载《人文》杂志,第1卷,第1期,1961年。

13.《远东史》:载《史学杂志》,1963年第2期。

14.《中国文字的心理表现形式及其作用》:载《各民族文字和心理学》,巴黎1963年。

15.《公元前5—前3世纪中国和希腊思想的发展》:载《布德学会学报》,1964年,第4卷,第3期。

16.《敦煌旅行中租骆驼的契约》:载《戴密微祝寿文集》第1卷,1966年。

17.为《法宝义林》所写的《知事》和《知净语》条目:载《法宝义林》第4册,巴黎-

东京 1967 年版。

18.《中国的文明》:载《人类的奇遇》,日内瓦 1967 年版。

19.《中国车辆小考》:载《古代希腊的战争问题》,海牙 1968 年版。

20.《论伊斯兰教鼎盛时期中国的城市》:载《伊斯兰城市研究》,牛津 1969 年版。

21. 为《世界百科全书》所写的《中国佛教》和《中国》(1840 年之前的中国史)条目,巴黎 1970 年。

22.《中国的第二次文艺复兴》:载《语言、技术、自然和社会》,1971 年巴黎版。

23.《论 17 和 18 世纪中国和欧洲的交流》:载《亚洲学报》,东京 1972 年(该文有 1972 年的日译文,载东京《东方学报》第 45 卷)。

24.《论利玛窦的归化策略及 1600 年左右中国文化生活的发展》:载《宗教社会学档案》第 36 卷,1974 年巴黎版(此文有 1975 年的汉译文,载《国外中国学译丛》第 1 卷)。

25.《中国的科学观念和占卜术》:载东京《东方学报》第 45 卷。

26.《李约瑟对中国和欧洲科学技术史的比较研究》:载《李约瑟纪念文集》,韩国大丘 1974 年。

27. 为《世界百科全书》所写的"鸠摩罗什"、"慧远"、"玄奘"、"黄巢"和"李贽"等条目,巴黎 1974 年。

28.《小偏差和大偏差》:载《占卜及其合理性》,巴黎 1974 年。

29.《在法兰西学院的中国社会和文化史讲座中的开课讲演》:巴黎 1976 年。

30.《16 世纪末至 17 世纪中叶的中国哲学和基督教》:载《尚蒂伊国际汉学讨论会论文集》,巴黎 1970 年版。

31.《论古代中国法律中的责任观》:载《中国法律》,佛罗伦萨 1978 年。

32.《17 世纪基督徒和中国人世界观之比较》:载《第欧根尼》杂志第 105 卷,1979 年巴黎版(此文有 1980 年的英译本,载费城出版的《中国科学》一书)。

33.《戴密微传》(1894—1979 年):载《通报》第 45 卷,第 1~3 期,1979 年。

34.《论 1584 年第一部汉文教理书的不同版本》:载《中国-蒙古研究》,德国威斯巴登 1979 年。

35.《中国的帝国观》:载《帝国的观念》,巴黎 1980 年。

36.《在大海的附近》:载《安田朴的神话》,巴黎 1979 年。

37.《普实克传》(1906—1980 年):载《通报》第 46 卷,第 4~5 期,1980 年。

38.《论 17 世纪的中国史》:载《经济、社会和科学年鉴》,巴黎 1981 年。

39.《静坐,宗教和哲学,论理学的静坐》:载《法兰西远东学院通报》第 49 卷,巴黎 1981 年。

40.《论唐甄的政治观》:载《东亚的国家和法律》,德国威斯巴登 1981 年。

41.《戴何都传》(1891—1980 年):载《通报》第 47 卷,第 1~2 期,巴黎 1981 年。

42.《明末的中国社会》:载《东西方的交流》,巴黎 1983 年。

43.《论利玛窦时代的中国文化形势》:载《第1届利玛窦研究国际讨论会论文集》,意大利玛切拉塔1984年。

44.《马伯乐的生平和著作》:载《纪念马伯乐文集》,巴黎1984年。

45.《近代中国和传统中国》:载《中国研究》第4卷,第1期,巴黎1985年版。

46.《戴密微生平及著作提要》:载《金石学与文学院报告集》,巴黎1986年版。

47.《论中国古代的厚葬及汉代的裸葬》:载《学者通报》,巴黎1986年。

48.《论胡人的道德》:载《大地上的天堂》,巴黎1987年。

49.《16—17世纪中国的俱乐部、书社和会社》:载《金石学与文学院报告集》,巴黎1986年版。

50.《中国的历史和农业》:载《东方经济和社会史学报》第30卷,1987年版。

51.《论中国人的身心》:载《约翰·彼埃·维尔南纪念文集》,巴黎1987年版。

52.为《欧洲在中国》一书写的序,法兰西学院汉学研究所1993年版。

53.为荣振华的《中国的犹太人》所写的序,巴黎1982年版。

54.《对中国与反改革的欧洲早期进行交流时的不同看法》:载《哥伦布研究国际讨论会论文集》,热那亚1987年版。

55.为马若安的《中国数学史》所写的序,1988年巴黎版。

56.《中国的历史和民族》:载巴黎大学出版社《杂文集》第25卷,1988年。

57.为博西埃夫人的《安多传》所写的序,巴黎1982年版。

58.《论中国的变化观》,载《中国的变化观念》一书,巴黎1994年版。

59.《在中国与反改革的欧洲之间最早交流中的另一方的观念》:载《第5届哥伦布研究国际学术研讨会论文集》,热那亚哥伦布基金会1987年版。

60.《中国11—12世纪的组织,准则和实践》:载《为国家服务》,巴黎高等社会科学研究院1987年版。

61.为英国东方和非洲研究院的施拉姆(S. Schram)所著《中国国家政权的基础和界限》写的序言,香港中文大学1987年版;其法文版又载《佛和会馆学刊》,东京1988年版。

62.《另一方的形象,中国的史学和人类学》:载《17世纪论集》,巴黎法国大学出版社1988年版。

63.为马若安(Jean-Claude Martzloff)的《中国数学史》写的序,巴黎马松出版社1988年版。

64.《基督教于17世纪在中国的同化问题》:载《天主教和亚洲社会》,巴黎-东京1988年版。

65.《科学与合理性,中国问题的新颖特征》:载《科学史杂志》第74卷第4期,巴黎1989年版。

66.《中国思想概论》:载《世界哲学百科全书》,巴黎1989年版。

67.为许理和(Erik Zürcher)的《佛教、基督教和中国社会》写的序,巴黎朱利亚尔出版社 1990 年版。

68. 为卡詹嘉玲(Catherine Jami)《三角与圆周率的速算法》写的序,法国汉学研究所 1990 年版。

69. 《论王夫之有关汉代权力的九条注释》:载《中国秦汉的思想和法律》,莱敦 1990 年版。

70. 《怎样读历史,王夫之思想简介》:载东京佛和会馆 1991 年版。

71. 《17 世纪的中国哲学家王夫之的智慧》:载《世界的智慧》,巴黎 1991 年版。

72. 《中国最早的基督教》:载《文学和艺术》,1991 年 9 月 14—15 日,第 213 卷,第 67 期。

73. 《论儒教对中国社会的影响》:载《儒教和亚洲社会》,巴黎-东京 1991 年版。

74. 为戴廷杰(Pierre - Henri Durand)著《文士和政权,中华帝国的文字狱》写的序,巴黎法兰西远东学院 1992 年版。

75. 为雅胜律(H. Von Senger)所著《三十六计》所写的序,1992 年巴黎版。

76. 《中国与欧洲交流中的时-空、科学和宗教》:载《欧洲在中国》文集,1993 年巴黎版。

77. 《文化多样性与历史大变动》:载《中国,皇帝的光辉》展览目录,巴黎 2000 年,2001 年。

78. 《人与兽的差别之处》:载《中国研究》第 18 卷 no1- 2,巴黎1999 年。

79. 《法兰西远东学院与中国研究》:载《金石学与文学院报告集》2000 年。

80. 《推论逻辑与组合逻辑》:载《中国研究》第 22 卷,巴黎 2003 年。

81. 《对中国的一些错误看法》:载《历史》专号,巴黎 2005 年。

译 后 记

记得我开始执笔翻译此书，已是上世纪 80 年代末的事情了。我说的"执笔"，是名副其实的，因为我那时还不懂得使用电脑键盘。译稿所据的版本是 Armand Colin 出版社的 *Le Monde Chinois*（华夏世界）修订本第二版。国内出版社约译时中国尚未加入世界版权公约，待到发稿的时候，社方却要我帮忙去取得原作者和原出版社的授权。这就叫我犯难了。幸而本书的另一译者黄迅余，当时人在巴黎，通过她的积极联系，终于获得对方的慨然允诺。谢和耐先生还把该书修订本第三版要改动的地方列出打印给我们，使我们的译稿大部分能够赶上新的修订本。后来，谢和耐先生把修订本赠给了我，他亲笔在扉页上用中文写上如下的字样："黄建华教授留念　谢和耐敬上　于巴黎九二年六月一日"。我和迅余的译本终于 1994 年 7 月由湖南教育出版社出版了。随后国内还出了该书的另一个译本。

翻译此书之前，我和迅余只知谢和耐院士之名，并未面识其人。从征求版权开始，我们便结下了文字之缘。我还记得 90 年代初本人访问巴黎的时候，曾蒙他邀请至他工作的法兰西学院参观，内中所藏中国典籍之丰富，令我十分惊讶。他还邀请我至附近一家餐馆就餐，席间彼此交谈甚欢,长者的笑貌仪容至今还不时浮现脑际。

去年,谢和耐先生向迅余提起,国内有一家出版社要重出 *Le Monde Chinois* 的译本,并表示已向法方出版社推荐我们的本子。可是,一直没见到国内有哪一家出版社跟我们联系,直至去年下半年,方接到一封陌生的来信,那是江苏人民出版社五编室主任府建明编审寄来的。信中人作自我介绍之后,即谈及重出译本的问题。府建明先生写道:"现我们已购得此书的中文版权。谢和耐先生对先生之译本情有独钟,特别言明此书再版时须采用先生之译本。故不揣冒昧,祈望先生授权给我们。……因不知先生现有地址和通讯方式,故寄至广东外语外贸大学校办。"

在互致新年问候的同时,迅余把这消息告诉了谢和耐先生,先生十分高兴,他也没有忘记我这个远在南中国的译者,请迅余向我转达他的新年祝愿。看来我们的文字情缘还将延续下去。

译本重出,本应趁这个机会对照原文,认真校阅一遍,但近来我的工作任务异常繁重,实在无法抽空,只好借助责编在文字上做些润色功夫,基本照印。不过原来缺译的正文(当时因考虑某种影响而未译),则悉数补译。而附录部分,也是原译所没有的,此次根据江苏人民出版社的决定,参考耿昇先生的译文,予以补上。在此特别一提,以示不掠他人之美,同时借此向耿昇先生表示由衷的谢意!

黄建华
2007 年 3 月 1 日于广外大校园

"海外中国研究丛书"书目

1. 中国的现代化 [美]吉尔伯特·罗兹曼 主编 国家社会科学基金"比较现代化"课题组 译 沈宗美 校
2. 寻求富强:严复与西方 [美]本杰明·史华兹 著 叶凤美 译
3. 中国现代思想中的唯科学主义(1900—1950) [美]郭颖颐 著 雷颐 译
4. 台湾:走向工业化社会 [美]吴元黎 著
5. 中国思想传统的现代诠释 余英时 著
6. 胡适与中国的文艺复兴:中国革命中的自由主义,1917—1937 [美]格里德 著 鲁奇 译
7. 德国思想家论中国 [德]夏瑞春 编 陈爱政 等译
8. 摆脱困境:新儒学与中国政治文化的演进 [美]墨子刻 著 颜世安 高华 黄东兰 译
9. 儒家思想新论:创造性转换的自我 [美]杜维明 著 曹幼华 单丁 译 周文彰 等校
10. 洪业:清朝开国史 [美]魏斐德 著 陈苏镇 薄小莹 包伟民 陈晓燕 牛朴 谭天星 译 阎步克 等校
11. 走向21世纪:中国经济的现状、问题和前景 [美]D. H. 帕金斯 著 陈志标 编译
12. 中国:传统与变革 [美]费正清 赖肖尔 主编 陈仲丹 潘兴明 庞朝阳 译 吴世民 张子清 洪邮生 校
13. 中华帝国的法律 [美]D. 布朗 C. 莫里斯 著 朱勇 译 梁治平 校
14. 梁启超与中国思想的过渡(1890—1907) [美]张灏 著 崔志海 葛夫平 译
15. 儒教与道教 [德]马克斯·韦伯 著 洪天富 译
16. 中国政治 [美]詹姆斯·R. 汤森 布兰特利·沃马克 著 顾速 董方 译
17. 文化、权力与国家:1900—1942年的华北农村 [美]杜赞奇 著 王福明 译
18. 义和团运动的起源 [美]周锡瑞 著 张俊义 王栋 译
19. 在传统与现代性之间:王韬与晚清革命 [美]柯文 著 雷颐 罗检秋 译
20. 最后的儒家:梁漱溟与中国现代化的两难 [美]艾恺 著 王宗昱 冀建中 译
21. 蒙元入侵前夜的中国日常生活 [法]谢和耐 著 刘东 译
22. 东亚之锋 [美]小R. 霍夫亨兹 K. E. 柯德尔 著 黎鸣 译
23. 中国社会史 [法]谢和耐 著 黄建华 黄迅余 译
24. 从理学到朴学:中华帝国晚期思想与社会变化面面观 [美]艾尔曼 著 赵刚 译
25. 孔子哲学思微 [美]郝大维 安乐哲 著 蒋弋为 李志林 译
26. 北美中国古典文学研究名家十年文选 乐黛云 陈珏 编选
27. 东亚文明:五个阶段的对话 [美]狄百瑞 著 何兆武 何冰 译
28. 五四运动:现代中国的思想革命 [美]周策纵 著 周子平 等译
29. 近代中国与新世界:康有为变法与大同思想研究 [美]萧公权 著 汪荣祖 译
30. 功利主义儒家:陈亮对朱熹的挑战 [美]田浩 著 姜长苏 译
31. 莱布尼兹和儒学 [美]孟德卫 著 张学智 译
32. 佛教征服中国:佛教在中国中古早期的传播与适应 [荷兰]许理和 著 李四龙 裴勇 等译
33. 新政革命与日本:中国,1898—1912 [美]任达 著 李仲贤 译
34. 经学、政治和宗族:中华帝国晚期常州今文学派研究 [美]艾尔曼 著 赵刚 译
35. 中国制度史研究 [美]杨联陞 著 彭刚 程钢 译

36. 汉代农业:早期中国农业经济的形成　［美］许倬云 著　程农 张鸣 译　邓正来 校
37. 转变的中国:历史变迁与欧洲经验的局限　［美］王国斌 著　李伯重 连玲玲 译
38. 欧洲中国古典文学研究名家十年文选　乐黛云 陈珏 龚刚 编选
39. 中国农民经济:河北和山东的农民发展,1890—1949　［美］马若孟 著　史建云 译
40. 汉哲学思维的文化探源　［美］郝大维 安乐哲 著　施忠连 译
41. 近代中国之种族观念　［英］冯客 著　杨立华 译
42. 血路:革命中国中的沈定一(玄庐)传奇　［美］萧邦奇 著　周武彪 译
43. 历史三调:作为事件、经历和神话的义和团　［美］柯文 著　杜继东 译
44. 斯文:唐宋思想的转型　［美］包弼德 著　刘宁 译
45. 宋代江南经济史研究　［日］斯波义信 著　方健 何忠礼 译
46. 一个中国村庄:山东台头　杨懋春 著　张雄 沈炜 秦美珠 译
47. 现实主义的限制:革命时代的中国小说　［美］安敏成 著　姜涛 译
48. 上海罢工:中国工人政治研究　［美］裴宜理 著　刘平 译
49. 中国转向内在:两宋之际的文化转向　［美］刘子健 著　赵冬梅 译
50. 孔子:即凡而圣　［美］赫伯特·芬格莱特 著　彭国翔 张华 译
51. 18世纪中国的官僚制度与荒政　［法］魏丕信 著　徐建青 译
52. 他山的石头记:宇文所安自选集　［美］宇文所安 著　田晓菲 编译
53. 危险的愉悦:20世纪上海的娼妓问题与现代性　［美］贺萧 著　韩敏中 盛宁 译
54. 中国食物　［美］尤金·N. 安德森 著　马孆 刘东 译　刘东 审校
55. 大分流:欧洲、中国及现代世界经济的发展　［美］彭慕兰 著　史建云 译
56. 古代中国的思想世界　［美］本杰明·史华兹 著　程钢 译　刘东 校
57. 内闱:宋代的婚姻和妇女生活　［美］伊沛霞 著　胡志宏 译
58. 中国北方村落的社会性别与权力　［加］朱爱岚 著　胡玉坤 译
59. 先贤的民主:杜威、孔子与中国民主之希望　［美］郝大维 安乐哲 著　何刚强 译
60. 向往心灵转化的庄子:内篇分析　［美］爱莲心 著　周炽成 译
61. 中国人的幸福观　［德］鲍吾刚 著　严蓓雯 韩雪临 吴德祖 译
62. 闺塾师:明末清初江南的才女文化　［美］高彦颐 著　李志生 译
63. 缀珍录:十八世纪及其前后的中国妇女　［美］曼素恩 著　定宜庄 颜宜葳 译
64. 革命与历史:中国马克思主义历史学的起源,1919—1937　［美］德里克 著　翁贺凯 译
65. 竞争的话语:明清小说中的正统性、本真性及所生成之意义　［美］艾梅兰 著　罗琳 译
66. 中国妇女与农村发展:云南禄村六十年的变迁　［加］宝森 著　胡玉坤 译
67. 中国近代思维的挫折　［日］岛田虔次 著　甘万萍 译
68. 中国的亚洲内陆边疆　［美］拉铁摩尔 著　唐晓峰 译
69. 为权力祈祷:佛教与晚明中国士绅社会的形成　［加］卜正民 著　张华 译
70. 天潢贵胄:宋代宗室史　［美］贾志扬 著　赵冬梅 译
71. 儒家之道:中国哲学之探讨　［美］倪德卫 著　［美］万白安 编　周炽成 译
72. 都市里的农家女:性别、流动与社会变迁　［澳］杰华 著　吴小英 译
73. 另类的现代性:改革开放时代中国性别化的渴望　［美］罗丽莎 著　黄新 译
74. 近代中国的知识分子与文明　［日］佐藤慎一 著　刘岳兵 译
75. 繁盛之阴:中国医学史中的性(960—1665)　［美］费侠莉 著　甄橙 主译　吴朝霞 主校
76. 中国大众宗教　［美］韦思谛 编 陈仲丹 译
77. 中国诗画语言研究　［法］程抱一 著　涂卫群 译
78. 中国的思维世界　［日］沟口雄三 小岛毅 著　孙歌 等译

79. 德国与中华民国 [美]柯伟林 著 陈谦平 陈红民 武菁 申晓云 译 钱乘旦 校
80. 中国近代经济史研究:清末海关财政与通商口岸市场圈 [日]滨下武志 著 高淑娟 孙彬 译
81. 回应革命与改革:皖北李村的社会变迁与延续 韩敏 著 陆益龙 徐新玉 译
82. 中国现代文学与电影中的城市:空间、时间与性别构形 [美]张英进 著 秦立彦 译
83. 现代的诱惑:书写半殖民地中国的现代主义(1917—1937) [美]史书美 著 何恬 译
84. 开放的帝国:1600年前的中国历史 [美]芮乐伟·韩森 著 梁侃 邹劲风 译
85. 改良与革命:辛亥革命在两湖 [美]周锡瑞 著 杨慎之 译
86. 章学诚的生平与思想 [美]倪德卫 著 杨立华 译
87. 卫生的现代性:中国通商口岸健康与疾病的意义 [美]罗芙芸 著 向磊 译
88. 道与庶道:宋代以来的道教、民间信仰和神灵模式 [美]韩明士 著 皮庆生 译
89. 间谍王:戴笠与中国特工 [美]魏斐德 著 梁禾 译
90. 中国的女性与性相:1949年以来的性别话语 [英]艾华 著 施施 译
91. 近代中国的犯罪、惩罚与监狱 [荷]冯客 著 徐有威 等译 潘兴明 校
92. 帝国的隐喻:中国民间宗教 [英]王斯福 著 赵旭东 译
93. 王弼《老子注》研究 [德]瓦格纳 著 杨立华 译
94. 寻求正义:1905—1906年的抵制美货运动 [美]王冠华 著 刘甜甜 译
95. 传统中国日常生活中的协商:中古契约研究 [美]韩森 著 鲁西奇 译
96. 从民族国家拯救历史:民族主义话语与中国现代史研究 [美]杜赞奇 著 王宪明 高继美 李海燕 李点 译
97. 欧几里得在中国:汉译《几何原本》的源流与影响 [荷]安国风 著 纪志刚 郑诚 郑方磊 译
98. 十八世纪中国社会 [美]韩书瑞 罗友枝 著 陈仲丹 译
99. 中国与达尔文 [美]浦嘉珉 著 钟永强 译
100. 私人领域的变形:唐宋诗词中的园林与玩好 [美]杨晓山 著 文韬 译
101. 理解农民中国:社会科学哲学的案例研究 [美]李丹 著 张天虹 张洪云 张胜波 译
102. 山东叛乱:1774年的王伦起义 [美]韩书瑞 著 刘平 唐雁超 译
103. 毁灭的种子:战争与革命中的国民党中国(1937—1949) [美]易劳逸 著 王建朗 王贤知 贾维 译
104. 缠足:"金莲崇拜"盛极而衰的演变 [美]高彦颐 著 苗延威 译
105. 饕餮之欲:当代中国的食与色 [美]冯珠娣 著 郭乙瑶 马磊 江素侠 译
106. 翻译的传说:中国新女性的形成(1898—1918) 胡缨 著 龙瑜宬 彭珊珊 译
107. 中国的经济革命:20世纪的乡村工业 [日]顾琳 著 王玉茹 张玮 李进霞 译
108. 礼物、关系学与国家:中国人际关系与主体性建构 杨美惠 著 赵旭东 孙珉 译 张跃宏 译校
109. 朱熹的思维世界 [美]田浩 著
110. 皇帝和祖宗:华南的国家与宗族 [英]科大卫 著 卜永坚 译
111. 明清时代东亚海域的文化交流 [日]松浦章 著 郑洁西 等译
112. 中国美学问题 [美]苏源熙 著 卞东波 译 张强强 朱霞欢 校
113. 清代内河水运史研究 [日]松浦章 著 董科 译
114. 大萧条时期的中国:市场、国家与世界经济 [日]城山智子 著 孟凡礼 尚国敏 译 唐磊 校
115. 美国的中国形象(1931—1949) [美]T.克里斯托弗·杰斯普森 著 姜智芹 译
116. 技术与性别:晚期帝制中国的权力经纬 [英]白馥兰 著 江湄 邓京力 译

117. 中国善书研究　［日］酒井忠夫 著　刘岳兵 何英莺 孙雪梅 译
118. 千年末世之乱:1813年八卦教起义　［美］韩书瑞 著　陈仲丹 译
119. 西学东渐与中国事情　［日］增田涉 著　由其民 周启乾 译
120. 六朝精神史研究　［日］吉川忠夫 著　王启发 译
121. 矢志不渝:明清时期的贞女现象　［美］卢苇菁 著　秦立彦 译
122. 明代乡村纠纷与秩序:以徽州文书为中心　［日］中岛乐章 著　郭万平 高飞 译
123. 中华帝国晚期的欲望与小说叙述　［美］黄卫总 著　张蕴爽 译
124. 虎、米、丝、泥:帝制晚期华南的环境与经济　［美］马立博 著　王玉茹 关永强 译
125. 一江黑水:中国未来的环境挑战　［美］易明 著　姜智芹 译
126. 《诗经》原意研究　［日］家井真 著　陆越 译
127. 施剑翘复仇案:民国时期公众同情的兴起与影响　［美］林郁沁 著　陈湘静 译
128. 华北的暴力和恐慌:义和团运动前夕基督教传播和社会冲突　［德］狄德满 著　崔华杰 译
129. 铁泪图:19世纪中国对于饥馑的文化反应　［美］艾志端 著　曹曦 译
130. 饶家驹安全区:战时上海的难民　［美］阮玛霞 著　白华山 译
131. 危险的边疆:游牧帝国与中国　［美］巴菲尔德 著　袁剑 译
132. 工程国家:民国时期(1927—1937)的淮河治理及国家建设　［美］戴维·艾伦·佩兹 著　姜智芹 译
133. 历史宝筏:过去、西方与中国妇女问题　［美］季家珍 著　杨可 译
134. 姐妹们与陌生人:上海棉纱厂女工,1919—1949　［美］韩起澜 著　韩慈 译
135. 银线:19世纪的世界与中国　林满红 著　詹庆华 林满红 译
136. 寻求中国民主　［澳］冯兆基 著　刘悦斌 徐硙 译
137. 墨梅　［美］毕嘉珍 著　陆敏珍 译
138. 清代上海沙船航运业史研究　［日］松浦章 著　杨蕾 王亦诤 董科 译
139. 男性特质论:中国的社会与性别　［澳］雷金庆 著　［澳］刘婷 译
140. 重读中国女性生命故事　游鉴明 胡缨 季家珍 主编
141. 跨太平洋位移:20世纪美国文学中的民族志、翻译和文本间旅行　黄运特 著　陈倩 译
142. 认知诸形式:反思人类精神的统一性与多样性　［英］G.E.R.劳埃德 著　池志培 译
143. 中国乡村的基督教:1860—1900江西省的冲突与适应　［美］史维东 著　吴薇 译
144. 假想的"满大人":同情、现代性与中国疼痛　［美］韩瑞 著　袁剑 译
145. 中国的捐纳制度与社会　伍跃 著
146. 文书行政的汉帝国　［日］富谷至 著　刘恒武 孔李波 译
147. 城市里的陌生人:中国流动人口的空间、权力与社会网络的重构　［美］张骊 著　袁长庚 译
148. 性别、政治与民主:近代中国的妇女参政　［澳］李木兰 著　方小平 译
149. 近代日本的中国认识　［日］野村浩一 著　张学锋 译
150. 狮龙共舞:一个英国人笔下的威海卫与中国传统文化　［英］庄士敦 著　刘本森 译　威海市博物馆 郭大松 校
151. 人物、角色与心灵:《牡丹亭》与《桃花扇》中的身份认同　［美］吕立亭 著　白华山 译
152. 中国社会中的宗教与仪式　［美］武雅士 著　彭泽安 邵铁峰 译　郭潇威 校
153. 自贡商人:近代早期中国的企业家　［美］曾小萍 著　董建中 译
154. 大象的退却:一部中国环境史　［英］伊懋可 著　梅雪芹 毛利霞 王玉山 译
155. 明代江南土地制度研究　［日］森正夫 著　伍跃 张学锋 等译　范金民 夏维中 审校
156. 儒学与女性　［美］罗莎莉 著　丁佳伟 曹秀娟 译

157. 行善的艺术:晚明中国的慈善事业(新译本)　[美]韩德玲 著　曹晔 译
158. 近代中国的渔业战争和环境变化　[美]穆盛博 著　胡文亮 译
159. 权力关系:宋代中国的家族、地位与国家　[美]柏文莉 著　刘云军 译
160. 权力源自地位:北京大学、知识分子与中国政治文化,1898—1929　[美]魏定熙 著　张蒙 译
161. 工开万物:17世纪中国的知识与技术　[德]薛凤 著　吴秀杰 白岚玲 译
162. 忠贞不贰:辽代的越境之举　[英]史怀梅 著　曹流 译
163. 内藤湖南:政治与汉学(1866—1934)　[美]傅佛果 著　陶德民 何英莺 译
164. 他者中的华人:中国近现代移民史　[美]孔飞力 著　李明欢 译　黄鸣奋 校
165. 古代中国的动物与灵异　[英]胡司德 著　蓝旭 译
166. 两访中国茶乡　[英]罗伯特·福琼 著　敖雪岗 译
167. 缔造选本:《花间集》的文化语境与诗学实践　[美]田安 著　马强才 译
168. 扬州评话探讨　[丹麦]易德波 著　米锋 易德波 译　李今芸 校译
169. 《左传》的书写与解读　李惠仪 著　文韬 许明德 译
170. 以竹为生:一个四川手工造纸村的20世纪社会史　[德]艾约博 著　韩巍 译　吴秀杰 校
171. 东方之旅:1579—1724耶稣会传教团在中国　[美]柏理安 著　毛瑞方 译
172. "地域社会"视野下的明清史研究:以江南和福建为中心　[日]森正夫 著　于志嘉 马一虹 黄东兰 阿风 等译
173. 技术、性别、历史:重新审视帝制中国的大转型　[英]白馥兰 著　吴秀杰 白岚玲 译
174. 中国小说戏曲史　[日]狩野直喜 张真 译
175. 历史上的黑暗一页:英国外交文件与英美海军档案中的南京大屠杀　[美]陆束屏 编著/翻译
176. 罗马与中国:比较视野下的古代世界帝国　[奥]沃尔特·施德尔 主编　李平 译
177. 矛与盾的共存:明清时期江西社会研究　[韩]吴金成 著　崔荣根 译　薛戈 校译
178. 唯一的希望:在中国独生子女政策下成年　[美]冯文 著　常姝 译
179. 国之枭雄:曹操传　[澳]张磊夫 著　方笑天 译
180. 汉帝国的日常生活　[英]鲁惟一 著　刘洁 余霄 译
181. 大分流之外:中国和欧洲经济变迁的政治　[美]王国斌 罗森塔尔 著　周琳 译　王国斌 张萌 审校
182. 中正之笔:颜真卿书法与宋代文人政治　[美]倪雅梅 著　杨简茹 译　祝帅 校译
183. 江南三角洲市镇研究　[日]森正夫 编　丁韵 胡婧 等译　范金民 审校
184. 忍辱负重的使命:美国外交官记载的南京大屠杀与劫后的社会状况　[美]陆束屏 编著/翻译
185. 修仙:古代中国的修行与社会记忆　[美]康儒博 著　顾漩 译
186. 烧钱:中国人生活世界中的物质精神　[美]柏桦 著　袁剑 刘玺鸿 译
187. 话语的长城:文化中国历险记　[美]苏源熙 著　盛珂 译
188. 诸葛武侯　[日]内藤湖南 著　张真 译
189. 盟友背信:一战中的中国　[英]吴芳思 克里斯托弗·阿南德尔 著　张宇扬 译
190. 亚里士多德在中国:语言、范畴和翻译　[英]罗伯特·沃迪 著　韩小强 译
191. 马背上的朝廷:巡幸与清朝统治的建构,1680—1785　[美]张勉治 著　董建中 译
192. 申不害:公元前四世纪中国的政治哲学家　[美]顾立雅 著　马腾 译
193. 晋武帝司马炎　[日]福原启郎 著　陆帅 译
194. 唐人如何吟诗:带你走进汉语音韵学　[日]大岛正二 著　柳悦 译

195. 古代中国的宇宙论　[日]浅野裕一 著　吴昊阳 译
196. 中国思想的道家之论:一种哲学解释　[美]陈汉生 著　周景松 谢尔逊 等译　张丰乾 校译
197. 诗歌之力:袁枚女弟子屈秉筠(1767—1810)　[加]孟留喜 著　吴夏平 译
198. 中国逻辑的发现　[德]顾有信 著　陈志伟 译
199. 高丽时代宋商往来研究　[韩]李镇汉 著　李廷青 戴琳剑 译　楼正豪 校
200. 中国近世财政史研究　[日]岩井茂树 著　付勇 译　范金民 审校
201. 魏晋政治社会史研究　[日]福原启郎 著　陆帅 刘萃峰 张紫毫 译
202. 宋帝国的危机与维系:信息、领土与人际网络　[比利时]魏希德 著　刘云军 译
203. 中国精英与政治变迁:20世纪初的浙江　[美]萧邦奇 著　徐立望 杨涛羽 译　李齐 校
204. 北京的人力车夫:1920年代的市民与政治　[美]史谦德 著　周书垚 袁剑 译　周育民 校
205. 1901—1909年的门户开放政策:西奥多·罗斯福与中国　[美]格雷戈里·摩尔 著　赵嘉玉 译
206. 清帝国之乱:义和团运动与八国联军之役　[美]明恩溥 著　郭大松 刘本森 译
207. 宋代文人的精神生活(960—1279)　[美]何复平 著　叶树勋 单虹泽 译
208. 梅兰芳与20世纪国际舞台:中国戏剧的定位与置换　[美]田民 著　何恬 译